I COLÓQUIO
BRASIL-ITÁLIA
DE DIREITO PROCESSUAL CIVIL

I COLÓQUIO
BRASIL-ITÁLIA
DE DIREITO PROCESSUAL CIVIL

COORDENADORES
Camilo Zufelato
Giovanni Bonato
Heitor Vitor Mendonça Sica
Lia Carolina Batista Cintra

AUTORES
Ada Pellegrini Grinover
Antonio Carratta
Antonio do Passo Cabral
Bruno Sassani
Camilo Zufelato
Diego Corapi
Eduardo Henrique de Oliveira Yoshikawa
Giovanni Bonato
Gresiéli Taíse Ficanha
Heitor Vitor Mendonça Sica
José Rogério Cruz e Tucci
Lia Carolina Batista Cintra
Marco De Cristofaro
Michele Taruffo
Paolo Biavati
Roberto Poli
Thaís Aranda Barrozo

2016

EDITORA
JusPODIVM

www.editorajuspodivm.com.br

www.editorajuspodivm.com.br

Rua Mato Grosso, 175 – Pituba, CEP: 41830-151 – Salvador – Bahia
Tel: (71) 3363-8617 / Fax: (71) 3363-5050 • E-mail: fale@editorajuspodivm.com.br

Copyright: Edições JusPODIVM

Conselho Editorial: Dirley da Cunha Jr., Leonardo de Medeiros Garcia, Fredie Didier Jr., José Henrique Mouta, José Marcelo Vigliar, Marcos Ehrhardt Júnior, Nestor Távora Robério Nunes Filho, Roberval Rocha Ferreira Filho, Rodolfo Pamplona Filho, Rodrigo Reis Mazzei e Rogério Sanches Cunha.

Capa: Rene Bueno e Daniela Jardim (www.buenojardim.com.br)

Diagramação: PVictor Editoração Eletrônica (pvictoredit@live.com)

Fechamento desta edição: out./2015

C718   I Colóquio Brasil-Itália de Direito Processual Civil. / Coordenadores Camilo Zufelato, Giovanni Bonato, Heitor Vitor Mendonça Sica, Lia Carolina Batista Cintra. - Salvador: JusPODIVM, 2015.

528 p.

Vários autores.
ISBN 978-85-442-0601-0

1. Direito Processual – Congressos. 2. Processo Civil – Brasil – Congressos. I. BONATO, Giovanni. II. CINTRA, Lia Carolina Batista. III. SICA, Heitor Vitor Mendonça. IV. ZUFELATO, Camilo. V. Título.

CDD 364.981

Todos os direitos desta edição reservados à Edições JusPODIVM.

É terminantemente proibida a reprodução total ou parcial desta obra, por qualquer meio ou processo, sem a expressa autorização do autor e da Edições JusPODIVM. A violação dos direitos autorais caracteriza crime descrito na legislação em vigor, sem prejuízo das sanções civis cabíveis.

APRESENTAÇÃO

Este livro reúne os textos das conferências e dos trabalhos apresentados no I Colóquio Brasil-Itália de Direito Processual Civil, evento que ocorreu na Associação dos Advogados de São Paulo (AASP) e contou com o apoio dessa entidade, da Faculdade de Direito da Universidade de São Paulo (*campus* de São Paulo e *campus* de Ribeirão Preto) e da Fundação de Amparo à Pesquisa do Estado de São Paulo (FAPESP).

A ideia da realização de um evento acadêmico que pudesse reunir professores italianos e brasileiros para a promoção de efetivos debates sobre temas polêmicos e comuns aos dois países surgiu, sob a iniciativa do Prof. Heitor Vitor Mendonça Sica, da intensa e profícua convivência do Prof. Giovanni Bonato, professor-visitante no Brasil desde o início de 2013, com alunos de pós-graduação e professores da FDUSP, tanto no *campus* de São Paulo (Largo São Francisco) como no de Ribeirão Preto.

O evento realizado teve modelo absolutamente diverso daquele dos congressos jurídicos conhecidos no Brasil e aproximou-se do modelo adotado por congressos internacionais, em especial os Congressos Mundiais de Direito Processual promovidos pela IAPL (Internacional Association of Procedural Law), que, além de promover verdadeiros debates internacionais sobre os temas selecionados, exige de seus palestrantes sempre o envio de um relatório prévio sobre o tema a ser abordado, a fim de que os envolvidos no debate estejam plenamente cientes das realidades (especialmente as normativa, doutrinária e jurisprudencial) dos outros países. E é esse rico material que é agora publicado, a fim de que as discussões possam ser ainda mais difundidas no seio da comunidade jurídica.

O evento contou também com a possibilidade de envio de trabalhos que apresentassem necessariamente um viés comparativo entre os ordenamentos brasileiro e italiano em relação ao tema escolhido. Tais trabalhos foram apresentados publicamente após prévia seleção por comissão examinadora e também se encontram publicados neste livro.

A escolha da Itália como país para realizar esse diálogo acadêmico decorre não só do encontro entre professores e estudantes brasileiros com o Prof. Giovanni Bonato, que foi um dos organizadores do evento (junto com Camilo Zufelato, Heitor Vitor Mendonça Sica e Lia Carolina Batista Cintra), mas também da muito anterior proximidade acadêmica e legislativa entre os dois países.

Para os estudiosos do processo civil sequer é necessário muito esforço para justificar a importância de um evento que estabeleça um diálogo acadêmico entre Brasil e Itália, tamanha é a influência da doutrina e da legislação italianas sobre a doutrina e a legislação brasileiras. Por isso, quando se pensa em pesquisa acadêmica em processo civil é quase natural recorrer, de algum modo, aos italianos, ainda que em tempos mais recentes o estudo da doutrina de outros países – Estados Unidos, Espanha, Inglaterra, Alemanha e Portugal, especialmente – venha ganhando também muito espaço entre os brasileiros.

Grande parte dessa influência deve-se, de algum modo, a Enrico Tullio Liebman, um dos mais importantes juristas italianos, que se radicou no Brasil durante a Segunda Guerra Mundial, fundador da Escola Processual de São Paulo e inspirador de seu discípulo Alfredo Buzaid na elaboração do vigente Código de Processo Civil brasileiro. O pensamento liebminiano é claramente identificável em diversos pontos do Código de Processo Civil de 1973.

Essa estreita relação entre Liebman e Buzaid acabou intensificando a influência do ordenamento processual civil italiano sobre o brasileiro. Além disso, Liebman participou da formação de um grupo de grandes processualistas que até hoje influencia as novas gerações de estudiosos do processo civil.

De todo modo, ainda que não houvesse toda essa influência direta, é recomendável a realização de eventos como esse, raros no Brasil, em razão da importância que com razão se atribui aos estudos de direito comparado. Já em 1997, ao proferir palestra que veio a ser ulteriormente publicada em forma de artigo, Cândido Rangel Dinamarco defendia o estudo do processo civil comparado:

> "A ciência processual civil brasileira vive, em tempos presentes mais que nunca, uma grande necessidade de tomar consciência das realidades circundantes representadas pelos institutos e conceitos dos sistemas processuais de outros países, para a busca de soluções adequadas aos problemas da nossa Justiça".[1]

Complementando essa ideia, destaca o autor as utilidades fundamentais do direito comparado:

> "a) enriquece as pesquisas históricas e sociológicas relativas ao direito (embora seja ele próprio uma disciplina jurídica e não histórica, sociológica, filosófica, antropológica etc.); b) contribuiu para o melhor conhecimento e aprimoramento do direito

---

1. Cf. "O processo civil comparado". *Fundamentos do processo civil moderno*. 6. ed. São Paulo: Malheiros, 2010, p. 159. t. I.

nacional; c) facilita a compreensão dos povos estrangeiros e melhor regime das relações internacionais".[2]

Em tempos de renovação legislativa – especialmente agora que o Brasil tem um Novo Código de Processo Civil prestes a entrar em vigor –, é inegável que essa necessidade de comparação jurídica é ainda maior. E se já é relevante um estudo individual do pesquisador sobre o ordenamento de outros países, para que então possa realizar a comparação jurídica entre o ordenamento brasileiro e o estrangeiro, relevância ainda maior se deve atribuir ao verdadeiro diálogo entre juristas de dois países no evento ocorrido. Com efeito, mais do que um estudo teórico de direito comparado, o vivo debate entre juristas dos dois países proporcionou um conhecimento ainda mais aprofundado das experiências do direito italiano que possam ser aproveitadas no Brasil.

Espera-se que este livro sirva não só como memória de um proveitoso evento realizado, mas também como inspiração para muitos outros.

São Paulo, setembro de 2015.

Heitor Vitor Mendonça Sica
Camilo Zufelato
Giovanni Bonato
Lia Carolina Batista Cintra

---

2. Idem, p. 166. Sobre a importância da comparação jurídica, veja-se também: TARUFFO, Michele. "Il processo civile di 'civil law' e di 'common law': aspetti fondamentali". *Foro Italiano*, 2000, parte V°, p. 345. ss.

PRESENTAZIONE

Il presente volume riunisce i testi delle relazioni ed altri scritti presentati nel corso del I Congresso Brasile-Italia di diritto processuale civile, tenutosi presso l'Associazione degli Avvocati di San Paolo del Brasile (AASP); Associazione che, congiuntamente alla Facoltà di Giurisprudenza dell'Università di San Paolo (*campus* di San Paolo e *campus* di Ribeirão Preto) e alla *Fundação de Amparo à Pesquisa do Estado de São Paulo* (FAPESP), ha sostenuto finanziariamente tale Congresso.

L'idea di realizzare un evento accademico che potesse riunire professori italiani e brasiliani per promuovere un reale dibattito su alcuni aspetti polemici e comuni ai due paesi è nata, su iniziativa del Prof. Heitor Vitor Mendonça Sica, dalla intensa e proficua collaborazione del Prof. Giovanni Bonato, professore visitante in Brasile dall'inizio dell'anno 2013, con alcuni studenti della *pós-graduação* (master e dottorato) e professori della Facoltà di Giurisprudenza dell'Università di San Paolo, sia nel *campus* di São Paulo (Largo São Francisco) che in quello di Ribeirão Preto.

Tale evento ha seguito un modello del tutto diverso da quello dei congressi in materie giuridiche conosciuti in Brasile e si è inspirato alle modalità adottate in altri congressi internazionali, in particolare nei Congressi Mondiali di diritto processuale promossi dalla IAPL (*Internacional Association of Procedural Law*), che, oltre a promuovere dei reali dibattiti internazionali sui temi selezionati, richiede sempre che i relatori inviino previamente il contributo scritto sul tema che verrà trattato, di modo che i partecipanti al dibattito siano pienamente consapevoli della realtà normativa, dottrinaria e giurisprudenziale degli altri paesi. Pubblichiamo ora questo ricco materiale, affinché le discussioni possano essere diffuse all'interno della comunità giuridica.

Tale evento è stato arricchito anche dall'invio di contributi scritti, sempre con un approccio comparatistico tra l'ordinamento brasiliano e l'ordinamento italiano in relazione al tema prescelto. Tali contributi sono stati presentati pubblicamente in seguito a una preliminare selezione della commissione esaminatrice e vengono, quindi, pubblicati in questo libro.

La scelta dell'Italia come paese per la realizzazione del richiamato dialogo accademico non deriva solamente dall'incontro tra i professori e gli studenti brasiliani con il Prof. Giovanni Bonato, che fu uno degli organizzatori dell'evento (insieme a Camilo Zufelato, Heitor Vitor Mendonça Sica e Lia Carolina Batista

Cintra), ma anche dalla vicinanza e affinità sia accademica che legislativa tra i due paesi in discorso.

Per gli studiosi del processo civile non è nemmeno necessario sforzarsi per giustificare l'importanza di un Congresso finalizzato a riaffermare il dialogo scientifico tra Brasile e Italia, essendo grande l'influenza della dottrina e della legislazione italiana sulla dottrina e sulla legislazione brasiliana. Per tale motivo, quando si pensa in una ricerca accademica in diritto processuale civile è quasi naturale ricorrere, in una certa forma, agli italiani, sebbene, in tempi più recenti, i brasiliani abbiano iniziato a studiare anche la dottrina di altri paesi, tra cui ricordiamo: Stati Uniti, Spagna, Inghilterra, Germania e, specialmente, Portogallo.

Gran parte dell'influenza italiana è dovuta, in un certo modo, a Enrico Tullio Liebman, uno dei più importanti giuristi italiani, radicatosi in Brasile durante la seconda guerra mondiale, fondatore della scuola processuale di San Paolo e inspiratore del suo allievo Alfredo Buzaid nell'elaborazione del vigente codice di procedura civile brasiliano. Il pensiero liebmaniano è, infatti, chiaramente rintracciabile in diversi punti del codice di procedura civile del 1973.

Questa stretta relazione tra Liebman e Buzaid ha permesso di intensificare l'influenza dell'ordinamento processualcivilistico italiano su quello brasiliano. Inoltre, Liebman partecipò alla formazione di un gruppo di grandi processualisti brasiliani che ancora oggi influenza le nuove generazioni degli studiosi del processo civile.

Ad ogni modo, anche senza tale influenza diretta, la realizzazione di un congresso di questo tipo – evento raro in Brasile – è fondamentale in ragione dell'importanza che gli studiosi attribuiscono alla comparazione giuridica. Già nel 1997, nel corso di una relazione, successivamente pubblicata in forma di saggio, Cândido Rangel Dinamarco difendeva l'importanza dello studio comparatistico del diritto processuale civile:

> «La scienza processualcivilistica brasiliana vive, oggi più che mai, la grande necessità di prendere coscienza delle realtà che ci circondano, rappresentate da istituti e concetti di sistemi processuali di altri paesi, alla ricerca di soluzioni adeguate ai problemi della nostra Giustizia».[3]

Rinforzando questa idea, l'autore richiama le utilità del diritto comparato, trattandosi di una disciplina che:

> «a) arricchisce le ricerche storiche e sociologiche relative al diritto (nonostante si tratti proprio di una disciplina giuridica e non

---

3. Cf. "O processo civil comparado". *Fundamentos do processo civil moderno*. 6. ed. São Paulo: Malheiros, 2010, p. 159. t. I.

storica, sociologica, filosofica e antropologica *etc.*); b) contribuisce a raggiungere una migliore conoscenza del diritto nazionale e al suo perfezionamento; c) facilita la comprensione dei popoli stranieri e migliora lo stato delle relazioni internazionali».[4]

In un periodo di rinnovamento legislativo – specialmente ora che il Brasile ha un nuovo codice di procedura civile pronto ad entrare in vigore – è innegabile la necessità di procedere ad una comparazione giuridica. Se, quindi, sono già importanti l'analisi e le riflessioni individuali dello studioso del processo in relazione a sistemi di altri paesi, affichè si possa realizzare una comparazione giuridica tra ordinamento brasiliano e straniero, un'importanza ancora più rilevante si deve attribuire all'effettivo dialogo tra giuristi dei due paesi coinvolti nel Congresso che ha avuto luogo. In effetti, più che costituire uno studio teorico di diritto comparato, il vivo dibattito tra i giuristi dei due paesi ha permesso di raggiungere una conoscenza ancora più profonda delle esperienze del diritto italiano che potranno essere utilizzate in Brasile.

Si spera che questo libro possa servire non solo come memoria della realizzazione di un proficuo evento scientifico, ma anche come ispirazione di tanti altri.

San Paolo, settembre 2015.

Heitor Vitor Mendonça Sica

Camilo Zufelato

Giovanni Bonato

Lia Carolina Batista Cintra

---

4. Idem, p. 166. Sull'importanza della comparazione giuridica si rinvia anche a: TARUFFO, Michele. "Il processo civile di '*civil law*' e di '*common law*': aspetti fondamentali". *Foro Italiano*, 2000, parte V°, p. 345 ss.

Sumário

1ª CONFERÊNCIA DE ABERTURA:
AS RAÍZES ITALIANAS DO PROCESSO CIVIL BRASILEIRO

AS RAÍZES ITALIANAS DO MODERNO PROCESSO CIVIL BRASILEIRO 23
Ada Pellegrini Grinover

2ª CONFERÊNCIA DE ABERTURA:
O PAPEL DAS CORTES SUPREMAS ENTRE UNIFORMIDADE E JUSTIÇA

LE FUNZIONI DELLE CORTI SUPREME TRA UNIFORMITÀ E GIUSTIZIA 27
Michele Taruffo

1. IL VALORE DELL'UNIFORMITÀ 27
2. LE FUNZIONI DELLE CORTI SUPREME 28
3. UNIVERSALISMO E PARTICOLARISMO 32
4. CONCLUSIONI 37

AS FUNÇÕES DAS CORTES SUPREMAS ENTRE UNIFORMIDADE E JUSTIÇA *(tradução)* 39
Michele Taruffo

1. O VALOR DA UNIFORMIDADE 39
2. AS FUNÇÕES DAS CORTES SUPREMAS 40
3. UNIVERSALISMO E PARTICULARISMO 44
4. CONCLUSÕES 49

1º PAINEL BINACIONAL:
MOTIVAÇÃO DAS DECISÕES JUDICIAIS

LA MOTIVAZIONE DELLE DECISIONI GIUDIZIALI 51
Marco De Cristofaro

1. I PRINCIPI COSTITUZIONALI SULLA MOTIVAZIONE DELLE SENTENZE; LA MOTIVAZIONE QUALE ELEMENTO VIVIFICANTE DELLA GARANZIA DEL CONTRADDITTORIO 51

2. L'ESTENSIONE DELL'OBBLIGO DI MOTIVAZIONE E LE RICORRENTI TENTAZIONI DI ALLEGGERIRLO ANCHE RENDENDO LA MOTIVAZIONE UNA GARANZIA DI CUI SI BENEFICI "A RICHIESTA"; MOTIVAZIONE E RICONOSCIMENTO DELLE SENTENZE STRANIERE 54

3. IL SINDACATO SULLA MOTIVAZIONE NEI GRADI D'IMPUGNAZIONE E, SOPRATTUTTO, DAVANTI ALLA CORTE SUPREMA DI CASSAZIONE 58

4. SINDACATO SULLA MOTIVAZIONE E DISCIPLINA LEGISLATIVA: LA PIÙ RECENTE RIFORMA DEL 2012 60

5. CONTROLLO SULLA MOTIVAZIONE E C.D. "DOPPIA CONFORME" 66

A MOTIVAÇÃO DAS DECISÕES JUDICIAIS (tradução) 69
Marco De Cristofaro

1. OS PRINCÍPIOS CONSTITUCIONAIS ACERCA DA MOTIVAÇÃO DAS SENTENÇAS; A MOTIVAÇÃO COMO ELEMENTO VIVIFICANTE DA GARANTIA DO CONTRADITÓRIO 69

2. A EXTENSÃO DA OBRIGAÇÃO DE MOTIVAÇÃO E AS RECORRENTES TENTAÇÕES DE MITIGÁ-LA, TORNANDO A MOTIVAÇÃO, TAMBÉM, UMA GARANTIA DA QUAL [A PARTE] SE BENEFICIE "A PEDIDO"; MOTIVAÇÃO E RECONHECIMENTO DAS SENTENÇAS ESTRANGEIRAS 72

3. A ANÁLISE DA MOTIVAÇÃO NAS INSTÂNCIAS RECURSAIS E, SOBRETUDO, DIANTE DA SUPREMA CORTE DE CASSAÇÃO 76

4. EXAME SOBRE A MOTIVAÇÃO E DISCIPLINA LEGISLATIVA: A MAIS RECENTE REFORMA DE 2012 78

5. CONTROLE DA MOTIVAÇÃO E A CHAMADA "DUPLA CONFIRMAÇÃO" 84

GARANTIAS CONSTITUCIONAIS DA PUBLICIDADE DOS ATOS PROCESSUAIS E DA MOTIVAÇÃO DAS DECISÕES NO NOVO CPC 87
José Rogério Cruz e Tucci

1. PRINCÍPIOS CONSTITUCIONAIS DA PUBLICIDADE DOS ATOS PROCESSUAIS E DA MOTIVAÇÃO DAS DECISÕES 87
2. GARANTIA DA PUBLICIDADE DOS ATOS PROCESSUAIS 89
3. GARANTIA DA MOTIVAÇÃO DAS DECISÕES 92
4. DECISÃO DESMOTIVADA 94
5. NOTA CONCLUSIVA 97
6. BIBLIOGRAFIA 97

2º PAINEL BINACIONAL: ARBITRAGEM

A ARBITRAGEM NO DIREITO ITALIANO 101
Diego Corapi

3º PAINEL BINACIONAL:
INVALIDADES PROCESSUAIS

LA INVALIDITÀ DEGLI ATTI PROCESSUALI 115
Roberto Poli

1. IL PROCESSO NELLA PROSPETTIVA DELLA INVALIDITÀ DEGLI ATTI 115
2. L'ATTO PROCESSUALE 118
    2.1. PIANO DEFINITORIO E PIANO DELLA DISCIPLINA 118
    2.2. IL CONCETTO DI FORMA DELL'ATTO PROCESSUALE 122
3. LA DISCIPLINA DELL'ATTO PROCESSUALE 125
    3.1. IL PRINCIPIO DI LEGALITÀ DELLE FORME 125
    3.2. IL PRINCIPIO DI EQUIPOLLENZA IN SENSO STRETTO 125
    3.3. IL PRINCIPIO DI STRUMENTALITÀ DELLE FORME 126
4. L'INVALIDITÀ DEGLI ATTI PROCESSUALI 126
    4.1. LA NULLITÀ 127
        4.1.1. IL PROFILO STRUTTURALE 127
        4.1.2. IL PROFILO FUNZIONALE 128
    4.2. LE SPECIE DI INVALIDITÀ DIVERSE DALLA NULLITÀ 135
5. CONCLUSIONI 140
6. BIBLIOGRAFIA ESSENZIALE 141

A INVALIDADE DOS ATOS PROCESSUAIS (tradução) 143
Roberto Poli

1. O PROCESSO NA PERSPECTIVA DA INVALIDADE DOS ATOS 143
2. O ATO PROCESSUAL 146
    2.1. PLANO DEFINITÓRIO E PLANO DA DISCIPLINA 146
    2.2. O CONCEITO DE FORMA DO ATO PROCESSUAL 151
3. A DISCIPLINA DO ATO PROCESSUAL 153
    3.1. O PRINCÍPIO DA LEGALIDADE DAS FORMAS 153
    3.2. O PRINCÍPIO DA EQUIPOLÊNCIA EM SENTIDO ESTRITO 153
    3.3. O PRINCÍPIO DA INSTRUMENTALIDADE DAS FORMAS 154
4. A INVALIDADE DOS ATOS PROCESSUAIS 155
    4.1. A NULIDADE 155
        4.1.1. O PERFIL ESTRUTURAL 155
        4.1.2. O PERFIL FUNCIONAL 156

4.2. AS ESPÉCIES DE INVALIDADE DIVERSAS DA NULIDADE 163
5. CONCLUSÕES 168
6. BIBLIOGRAFIA ESSENCIAL 169

INVALIDADES PROCESSUAIS - RELATÓRIO NACIONAL (BRASIL) 171
Antonio do Passo Cabral

1. O SISTEMA BRASILEIRO DE FORMALIDADES PROCESSUAIS 171
2. INVALIDADE COMO SANÇÃO OU CONSEQUÊNCIA. REQUISITOS FORMAIS E A GRADUAÇÃO DA INTENSIDADE DA CONSEQUÊNCIA LEGAL. DIFERENÇA DAS INVALIDADES NO DIREITO PRIVADO DAS INVALIDADES NO PROCESSO 173
3. AS ESPÉCIES CLÁSSICAS DE INVALIDADES PROCESSUAIS. SUPOSTA GRADUAÇÃO ENTRE OS DEFEITOS E AS SANÇÕES 177
    3.1. NULIDADES ABSOLUTAS, NULIDADES RELATIVAS, ANULABILIDADES 180
    3.2. INVALIDADES COMINADAS E NÃO COMINADAS 183
    3.3. PRINCÍPIOS OU REGRAS DA TEORIA DAS NULIDADES NA DOUTRINA CLÁSSICA 185
        3.3.1. PRINCÍPIOS DA LIBERDADE E DA INSTRUMENTALIDADE DAS FORMAS 185
        3.3.2. PRINCÍPIOS DO PREJUÍZO E DO INTERESSE 187
        3.3.3. PRINCÍPIO DA CAUSALIDADE 188
        3.3.4. PRINCÍPIO DA CONVERSÃO OU DA FUNGIBILIDADE 189
4. CRÍTICAS À TEORIZAÇÃO TRADICIONAL DAS NULIDADES 189
5. NOVAS TENDÊNCIAS 193
    5.1. RESGATE DA VONTADE NOS ATOS PROCESSUAIS. NOVA CONCEPÇÃO SOBRE A FINALIDADE 193
    5.2. ADEQUAÇÃO OU ADAPTABILIDADE DO PROCEDIMENTO. ACORDOS PROCESSUAIS E NULIDADES ... 194
    5.3. FORMALIDADES NO PROCESSO CONTEMPORÂNEO. FORMA-FUNÇÃO E O RETORNO ÀS PARTES: AS FORMAS COMO CONTENÇÃO DO JUIZ E GARANTIAS DE EQUILÍBRIO DE PODER. A NULIDADE COMO SANÇÃO REGULATÓRIA OU INDUTIVA 195
    5.4. PRINCÍPIO DE VALIDADE PRIMA FACIE DOS ATOS PROCESSUAIS E A DIFERENÇA PARA O EXAME DA INSTRUMENTALIDADE DAS FORMAS 195
    5.5. A NULIDADE COMO SANÇÃO REGULATÓRIA, PREMIAL OU INDUTIVA 199
    5.6. REFORMULANDO OS "PRINCÍPIOS" DAS INVALIDADES. DA "CAUSALIDADE" A UMA RELAÇÃO NORMATIVA ENTRE ATIPICIDADE E ATO VICIADO; DO "PRINCÍPIO DO INTERESSE" À ILEGITIMIDADE AD ACTUM; DO PREJUÍZO DEFINIDO A PRIORI À SIGNIFICAÇÃO COMUNICATIVA DO VÍCIO A POSTERIORI 201
6. CONCLUSÃO 201
7. BIBLIOGRAFIA 202

4º PAINEL BINACIONAL:
FLEXIBILIDADE, SIMPLIFICAÇÃO PROCESSUAL E A GESTÃO DO PROCESSO

FLESSIBILITÀ, SEMPLIFICAZIONE E GESTIONE DEL PROCESSO CIVILE: LA PROSPETTIVA ITALIANA 207
Paolo Biavati

1. UN TENTATIVO DI DEFINIZIONE 207
2. LE RAGIONI DELLA SEMPLIFICAZIONE: SPINTE CULTURALI ED ESIGENZE PRATICHE 211
3. FLESSIBILITÀ E SEMPLIFICAZIONE NEL DIRITTO ITALIANO VIGENTE 213
4. UN ASPETTO PARTICOLARE: LA SINTETICITÀ DEGLI ATTI 216
5. LE OBIEZIONI PRATICHE: L'IDONEITÀ DEL GIUDICE E LA MANCANZA DI PREVEDIBILITÀ 218
6. L'OBIEZIONE COSTITUZIONALE: IL GIUSTO PROCESSO "REGOLATO DALLA LEGGE" NEL QUADRO DEL PRINCIPIO DI UGUAGLIANZ 220
7. RIFORME ANNUNCIATE E CONDIZIONI PER IL LORO SUCCESSO 222
8. BREVISSIME NOTE CONCLUSIVE 224

FLEXIBILIDADE, SIMPLIFICAÇÃO E GESTÃO DO PROCESSO CIVIL: A PERSPECTIVA ITALIANA *(tradução)* 225
Paolo Biavati

1. UMA TENTATIVA DE DEFINIÇÃO 225
2. AS RAZÕES DA SIMPLIFICAÇÃO: PRESSÕES CULTURAIS E EXIGÊNCIAS PRÁTICAS 229
3. FLEXIBILIDADE E SIMPLIFICAÇÃO NO DIREITO ITALIANO VIGENTE 231
4. UM ASPECTO PARTICULAR: A CONCISÃO DOS ATOS 235
5. AS OBJEÇÕES PRÁTICAS: A IDONEIDADE DO JUIZ E A FALTA DE PREVISIBILIDADE 237
6. A OBJEÇÃO CONSTITUCIONAL: O JUSTO PROCESSO "PREVISTO EM LEI" NO QUADRO DO PRINCÍPIO DA IGUALDADE 239
7. REFORMAS ANUNCIADAS E CONDIÇÕES PARA SEU SUCESSO 240
8. BREVÍSSIMAS NOTAS CONCLUSIVAS 243

FLEXIBILIZAÇÃO PROCEDIMENTAL E GESTÃO PROCESSUAL NO DIREITO BRASILEIRO 245
Camilo Zufelato

1. ALCANCE E ENFOQUE DO TEMA PROPOSTO 245
2. SITUAÇÃO CONSTITUCIONAL DO TEMA 246
3. FLEXIBILIZAÇÃO E GESTÃO: ENTRE SEGURANÇA JURÍDICA E EFETIVIDADE 248
4. A DIMENSÃO PRINCIPIOLÓGICA DA ADEQUAÇÃO E DA ADAPTABILIDADE: FUNDAMENTOS DO TEMA 251
    4.1. HIPÓTESES LEGAIS DE ADEQUAÇÃO E ADAPTABILIDADE PROCEDIMENTAL NO DIREITO BRASILEIRO VIGENTE 253

4.2. NOVO DIREITO PROCESSUAL CIVIL CODIFICADO 257
4.3. CONDIÇÕES ESSENCIAIS À FLEXIBILIZAÇÃO PROCEDIMENTAL 260
5. GESTÃO PROCESSUAL 261

5º PAINEL BINACIONAL:
REFORMAS DA EXECUÇÃO

AS REFORMAS DA EXECUÇÃO NO PROCESSO CIVIL ITALIANO 265
Giovanni Bonato

1. INTRODUÇÃO 265
2. TENDÊNCIAS ACERCA DO TÍTULO EXECUTIVO 268
3. O CONCURSO DOS CREDORES NA EXECUÇÃO POR QUANTIA CERTA 274
4. A MUDANÇA DA DISCIPLINA DA EXPROPRIAÇÃO EM FACE DE TERCEIROS 277
5. A MEDIDA COERCITIVA ATÍPICA DO ART. 614 *BIS* 280
6. CONSIDERAÇÕES CONCLUSIVAS 290

TENDÊNCIAS EVOLUTIVAS DA EXECUÇÃO CIVIL BRASILEIRA 293
Heitor Vitor Mendonça Sica

1. INTRODUÇÃO 293
2. AMPLIAÇÃO DO (JÁ EXTENSO) ROL DE TÍTULOS EXECUTIVOS EXTRAJUDICIAIS ... 294
3. REDUÇÃO DO PAPEL DO JUIZ NA PRÁTICA DE ATOS EXECUTIVOS 298
4. REFORÇO DO DEVER DE COLABORAÇÃO DO EXECUTADO 303
5. FACILITAÇÃO DOS MECANISMOS PARA VENDA FORÇADA DE BENS CONSTRITOS JUDICIALMENTE ... 305
6. UTILIZAÇÃO DE MEIOS ELETRÔNICOS 307
7. EFETIVIDADE DA EXECUÇÃO DAS OBRIGAÇÕES DE FAZER E NÃO FAZER 307
8. TENDÊNCIAS EM MATÉRIA DE DEFESAS DO EXECUTADO 312
9. BREVES CONCLUSÕES 315

1ª CONFERÊNCIA DE ENCERRAMENTO:
FUNÇÃO E ESTRUTURA NA TUTELA JURISDICIONAL SUMÁRIA

FUNZIONE E STRUTTURA NELLA TUTELA GIURISDIZIONALE SOMMARIA 317
Antonio Carratta

1. IL DIFFICILE INQUADRAMENTO DEI PROCEDIMENTI GIURISDIZIONALI SOMMARI ... 317

2. L'INDIFFERENZIATA CATEGORIA DEI PROCESSI SOMMARI: UNO SGUARDO D'INSIEME 319
3. L'APPROCCIO TRADIZIONALE AL TEMA E IL CONFRONTO CON I PROCESSI A COGNIZIONE PIENA: LA SOMMARIETÀ COME «SEMPLIFICAZIONE» DELLE FORME PROCESSUALI 323
4. NECESSARIA ELABORAZIONE DI UNA NOZIONE TECNICA DI «PROCESSO SOMMARIO» 325
5. LA SOMMARIETÀ COME VOLONTÀ DEL LEGISLATORE DI OTTENERE UNA DECISIONE GIUDIZIALE BASATA SU UNA COGNIZIONE QUALITATIVAMENTE E/O QUANTITATIVAMENTE RIDOTTA 326
6. FONDAMENTO NORMATIVO DELLA NOZIONE DI «PROCESSO SOMMARIO» PROPOSTA 328
7. PROCESSI SOMMARI E PRINCIPI COSTITUZIONALI: LA "REGOLA AUREA" DELLA CORRELAZIONE FRA FUNZIONE E STRUTTURA 330
8. L'APPLICAZIONE DELLA REGOLA "AUREA" DEL RAPPORTO STRUTTURA-FUNZIONE DA PARTE DEL LEGISLATORE ORDINARIO: PROCESSI SOMMARI CONTENZIOSI E GIURISDIZIONAL-VOLONTARI 333
9. LE DIVERSE CATEGORIE DI PROCESSI SOMMARI CONTENZIOSI: A) I PROCESSI SOMMARI CON FUNZIONE DECISORIA 335
10. SEGUE: B) I PROCESSI SOMMARI CON FUNZIONE ESCLUSIVAMENTE ESECUTIVA 336
11. SEGUE: C) I PROCESSI SOMMARI CON FUNZIONE CAUTELARE 338
12. LA TESI CHE RICOLLEGA LA FUNZIONE DEI PROVVEDIMENTI SOMMARI ALLA QUALITÀ DELL'ACCERTAMENTO: CRITICA 340
13. «VEROSIMIGLIANZA», «PROBABILITÀ» E PROCESSI SOMMARI 341
14. LA DISCREZIONALITÀ DEL GIUDICE NEI PROCESSI SOMMARI È INVERSAMENTE PROPORZIONALE ALL'EFFICACIA DEL PROVVEDIMENTO CHE LI CONCLUDE 345
15. CONSIDERAZIONI CONCLUSIVE 347

FUNÇÃO E ESTRUTURA DA TUTELA JURISDICIONAL SUMÁRIA (tradução) 349

Antonio Carratta

1. O DIFÍCIL ENQUADRAMENTO DOS PROCEDIMENTOS JURISDICIONAIS SUMÁRIOS 349
2. A INDIFERENCIADA CATEGORIA DOS PROCESSOS SUMÁRIOS: UMA VISÃO PANORÂMICA 351
3. A ABORDAGEM TRADICIONAL DO TEMA E O CONFRONTO COM OS PROCESSOS DE COGNIÇÃO PLENA: A SUMARIEDADE COMO "SIMPLIFICAÇÃO" DAS FORMAS PROCESSUAIS 355
4. NECESSÁRIA ELABORAÇÃO DE UM CONCEITO TÉCNICO DE "PROCESSO SUMÁRIO" 357
5. A SUMARIEDADE COMO VONTADE DO LEGISLADOR DE OBTER UMA DECISÃO JUDICIAL BASEADA EM COGNIÇÃO QUALITATIVAMENTE E/OU QUANTITATIVAMENTE REDUZIDA 358
6. FUNDAMENTO NORMATIVO DO CONCEITO DE "PROCESSO SUMÁRIO" PROPOSTO 360
7. PROCESSOS SUMÁRIOS E PRINCÍPIOS CONSTITUCIONAIS: A "LEI ÁUREA" DA CORRELAÇÃO ENTRE FUNÇÃO E ESTRUTURA 362
8. A APLICAÇÃO DA "REGRA DE OURO" DA RELAÇÃO ESTRUTURA-FUNÇÃO PELO LEGISLADOR ORDINÁRIO: PROCESSOS SUMÁRIOS CONTENCIOSOS E JURISDIÇÃO VOLUNTÁRIA 365
9. AS DIVERSAS CATEGORIAS DOS PROCESSOS SUMÁRIOS CONTENCIOSOS: A) OS PROCESSOS SUMÁRIOS COM FUNÇÃO DECISÓRIA 367
10. SEGUE: B) OS PROCESSOS SUMÁRIOS COM FUNÇÃO EXCLUSIVAMENTE EXECUTIVA 368

11. SEGUE: C) OS PROCESSOS SUMÁRIOS COM FUNÇÃO CAUTELAR 370
12. A TESE QUE RELACIONA A FUNÇÃO DOS PROVIMENTOS SUMÁRIOS À QUALIDADE DO ACERTAMENTO: CRÍTICA 372
13. "VEROSSIMILHANÇA", "PROBABILIDADE" E PROCESSOS SUMÁRIOS 373
14. A DISCRICIONARIEDADE DO JUIZ NOS PROCESSOS SUMÁRIOS É INVERSAMENTE PROPORCIONAL AO PROVIMENTO FINAL 376
15. CONSIDERAÇÕES CONCLUSIVAS 379

2ª CONFERÊNCIA DE ENCERRAMENTO:
CRISE DA JUSTIÇA CIVIL

IL CODICE DI PROCEDURA CIVILE E IL MITO DELLA RIFORMA PERENNE 381
Bruno Sassani

1. RIFORMARE IL PROCESSO, UN MANTRA 381
2. ÆRE PERENNIUS: IL CODICE DEL 1940 383
3. LA SVOLTA: IL PROCESSO DEL LAVORO 387
4. L'ILLUSIONE DEL TRAPIANTO: LA LEGGE N. 353/1990 388
5. GREAT EXPECTATIONS: IL PROGETTO TARZIA, IL PROGETTO VACCARELLA E LA METEORA DEL PROCESSO SOCIETARIO 394
6. "UN MOSAICO DI SOPRAVVIVENZE" 398
7. MOTUS IN FINE VELOCIOR: ACHILLE, LA TARTARUGA E LA DICOTOMIA ALL'INFINITO. 402

O CÓDIGO DE PROCESSO CIVIL E O MITO DA REFORMA PERENE *(tradução)* 405
Bruno Sassani

1. REFORMAR O PROCESSO: UM MANTRA 405
2. AERE PERENNIUS: O CÓDIGO DE 1940 407
3. A MUDANÇA: O PROCESSO DO TRABALHO 411
4. A ILUSÃO DO TRANSPLANTE: A LEI N. 353/1990 413
5. GREAT EXPECTATIONS: PROJETO TARZIA, PROJETO VACCARELLA E O METEORO DO PROCESSO SOCIETÁRIO 419
6. "UM MOSAICO DE SOBREVIVÊNCIAS" 423
7. MOTUS IN FINE VELOCIOR: AQUILES, A TARTARUGA E A DICOTOMIA AO INFINITO 426

TRABALHOS APRESENTADOS

A EFICÁCIA TEMPORAL DA DESCONSTITUIÇÃO DA SENTENÇA TRANSITADA EM JULGADO NO BRASIL E NA ITÁLIA 429
Eduardo Henrique de Oliveira Yoshikawa

1. INTRODUÇÃO 429
2. AÇÃO RESCISÓRIA E REVOCAZIONE: PRINCIPAIS SEMELHANÇAS E DIFERENÇAS 432
3. EFEITOS DA PROCEDÊNCIA DO PEDIDO RESCINDENTE SOBRE OS FATOS PRETÉRITOS 435
   3.1. A DISCIPLINA DO ART. 402 DO CÓDIGO DE PROCESSO CIVIL ITALIANO 435
   3.2. A AUSÊNCIA DE REGRAMENTO EXPRESSO NO DIREITO PROCESSUAL BRASILEIRO 438
4. CONCLUSÃO 447
5. BIBLIOGRAFIA 448

NÃO COMPARECIMENTO DO RÉU NO PROCESSO CIVIL BRASILEIRO E NO PROCESSO CIVIL ITALIANO 451
Lia Carolina Batista Cintra

1. INTRODUÇÃO 451
2. PRELIMINARMENTE: BREVE ESCLARECIMENTO TERMINOLÓGICO E O OBJETO DESTE ESTUDO ... 454
3. O NÃO COMPARECIMENTO DO RÉU NO PROCESSO CIVIL BRASILEIRO 456
   3.1. CÓDIGO DE PROCESSO CIVIL DE 1973 456
   3.2. CÓDIGO DE PROCESSO CIVIL DE 2015 465
4. O NÃO COMPARECIMENTO DO RÉU NO PROCESSO CIVIL ITALIANO 466
   4.1. DIREITO VIGENTE 466
   4.2. O PROCESSO SOCIETÁRIO 473
   4.3. O PROJETO VACARELLA 475
   4.4. O PROJETO PROTO PISANI 476
   4.5. O NOVO PROJETO VACCARELLA 477
5. CONCLUSÃO 478
6. REFERÊNCIAS 479

O CALENDÁRIO PROCESSUAL NO DIREITO FRANCÊS E NO ITALIANO: REFLEXOS NO NOVO CÓDIGO DE PROCESSO CIVIL 481
Thaís Aranda Barrozo

1. INTRODUÇÃO 481
2. O CALENDÁRIO PROCESSUAL NO DIREITO FRANCÊS 482

2.1. CONTRATUALIZAÇÃO E GERENCIAMENTO DO TEMPO PROCESSUAL 482
  2.2. O JUIZ DE LA MISE EN ÉTAT 485
  2.3. O CALENDÁRIO PROCESSUAL 486
3. O CALENDÁRIO PROCESSUAL NO DIREITO ITALIANO 488
  3.1. A GESTÃO DO TEMPO PROCESSUAL E O CALENDÁRIO DO ART. 81 BIS DISP. ATT. C.P.C. 488
  3.2. CALENDÁRIO PROCESSUAL E ADAPTABILIDADE DO PROCEDIMENTO À LIDE 490
  3.3. CALENDÁRIO PROCESSUAL: PODER OU DEVER DO JULGADOR? 493
4. REFLEXOS DO DIREITO FRANCÊS E ITALIANO NO CALENDÁRIO PROCESSUAL DO NOVO CÓDIGO DE PROCESSO CIVIL 494
  4.1. A ADAPTABILIDADE PROCEDIMENTAL E OS ACORDOS DE PROCEDIMENTO NO NOVO CÓDIGO DE PROCESSO CIVIL 494
  4.2. O CALENDÁRIO PROCESSUAL NO NOVO CÓDIGO DE PROCESSO CIVIL 497
5. CONCLUSÕES 499
6. REFERÊNCIAS BIBLIOGRÁFICAS 501

APONTAMENTOS SOBRE A ESTABILIZAÇÃO DA TUTELA ANTECIPADA NO NOVO CÓDIGO DE PROCESSO CIVIL 503

Gresiéli Taíse Ficanha

1. INTRODUÇÃO 503
2. BREVE ANÁLISE DO RITO ORDINÁRIO 504
  2.1. A PRETENSA NEUTRALIDADE 504
  2.2. A INSUFICIÊNCIA 505
3. SUCESSÃO LEGISLATIVA BRASILEIRA 507
4. INFLUÊNCIAS ESTRANGEIRAS 509
  4.1. O RÉFÉRÉ FRANCÊS 509
  4.2. OS PROVVEDIMENTI D'URGEZA ITALIANOS 511
5. A TUTELA ANTECIPADA NO NOVO CÓDIGO DE PROCESSO CIVIL 514
  5.1. A ANTECIPAÇÃO E A TUTELA CAUTELAR 514
  5.2. A AUTONOMIA DA ANTECIPAÇÃO DE TUTELA 517
6. ESTABILIZAÇÃO 519
  6.1. OS EFEITOS DA DECISÃO 519
  6.2. A PROPOSTA LEGISLATIVA 523
7. CONSIDERAÇÕES CONCLUSIVAS 524
8. BIBLIOGRAFIA 525

> 1ª Conferência de abertura: As raízes
> italianas do processo civil brasileiro

AS RAÍZES ITALIANAS DO MODERNO PROCESSO CIVIL BRASILEIRO

Ada Pellegrini Grinover
Professora Titular de Direito Processual da Faculdade de Direito da Universidade de São Paulo.

O surgimento do moderno processo civil brasileiro começou com a chegada a São Paulo de Enrico Tullio Liebman, em 1940. Ainda jovem, tangido pela II Guerra Mundial, recebeu ele calorosa acolhida na Faculdade de Direito do Largo de São Francisco. Era então professor titular de direito processual civil na Universidade de Parma, tendo se notabilizado por duas obras magistrais, que se tornaram clássicas na literatura processual: *Le opposizioni di merito nel processo di esecuzione*, de 1931 (traduzido para o português como *Embargos do executado*) e *Efficacia e autorità della sentenza*, de 1935 (também vertida para o português).

Aluno de Giuseppe Chiovenda na Universidade de Roma, dele herdou o gosto pela pesquisa histórica e comparativa; trazia, em sua bagagem cultural, a moderna doutrina processual civil da Alemanha e da Itália e, apesar do respeito por seu Mestre, uma grande independência cultural, alimentada por suas inquietações e sua insatisfação com as conclusões a que chegara a doutrina processual. Fiel ao método e aos princípios da moderna escola científica processual, não estava satisfeito com seus resultados, ansioso por novas respostas para questões ainda não satisfatoriamente resolvidas. A autonomia científica do direito processual nunca afastou Liebman da idéia da instrumentalidade do processo, vendo-o como um meio – não apenas técnico, mas também ético e político – a serviço do direito objetivo material.

Assumiu, na Faculdade, o curso de bacharelado, demonstrando de imediato o conhecimento profundo da anterior doutrina portuguesa e brasileira, numa excepcional adaptação ao espírito do direito brasileiro e provando conhecer profundamente sua história, seus clássicos, suas tradições. Sem descurar do passado, examinava à sua luz as novas doutrinas da moderna ciência processual, introduzindo o método científico que ainda faltava aos processualistas brasileiros. Deixou preciosas apostilas que retratam suas aulas vivas, agudas e profundas.

Mas seu temperamento, generoso e criativo, não permitiu que limitasse suas lições aos estudantes. Seria possível formar uma verdadeira escola, sólida e permanente. E encontrou para tanto o ambiente propício.

Passou a reunir-se, nas tardes de sábado, com os jovens docentes da faculdade, em sua casa da Alameda Ministro Rocha Azevedo. Provavelmente, o Mestre não sabia exatamente o que resultaria desses encontros, mas sabia se dar aos colegas e amigos com muita generosidade e sapiência. Sob sua orientação segura, os discípulos alçaram vôo. E aí vieram os trabalhos fecundos de Alfredo Buzaid, com seus escritos repletos de dados histórico-comparativos e rigorosamente fiéis aos grandes princípios do moderno direito processual. Vieram os estudos de Luiz Eulálio de Bueno Vidigal, que conquistou – primeiro do grupo – a cátedra de direito processual em nossa Escola. Vieram os trabalhos de José Frederico Marques, transitando pelo processo civil e pelo processo penal, ao qual trouxe, pela primeira vez, o método científico.

Surgia, assim, uma verdadeira Escola, a *Escola Processual de São Paulo*.

O nome apareceu, pela primeira vez, num trabalho de Niceto de Alcalá-Zamora y Castillo, processualista espanhol radicado no México. Uma Escola caracterizada pela aglutinação dos estudiosos numa unidade metodológica em torno de certas premissas fundamentais, pela aceitação crítica dos princípios fundamentais da ciência do processo e pela maneira comum de ver os seus grandes institutos: jurisdição, ação e processo, relação jurídica processual distinta da relação jurídica material, as condições da ação e os pressupostos processuais, a coisa julgada como qualidade da sentença e de seus efeitos.

A partir daí nasceu a se desenvolveu, por todo o Brasil, a moderna ciência processual, com seu método científico e suas raízes italianas.

Ainda me lembro das aulas de processo civil de Mestre Vidigal, nos anos 50 do século passado: ele expunha as diversas idéias, posturas e controvérsias dos autores clássicos da doutrina italiana e alemã. E nós, alunos do segundo ano, no começo pouco entendíamos, até que de repente se fez a luz e todos passamos a apreciar a disciplina. Foi como São Paulo fulgurado na via de Damasco. Basta dizer que Cândido Dinamarco e eu fomos alunos dele. Mas, na minha turma, sempre brincávamos, chamando de esquadra a formação que Vidigal punha em campo: Pescatore, Menestrina, Mortara e Chiovenda, como zagueiros; Carnelutti e os irmãos Rocco no meio de campo; dois volantes nas pontas (que, como bons volantes, mudavam, sendo às vezes convocados os alemães Mutter e Von Bülow, e às vezes os italianos Redenti e Zanzucchi), Calamandrei como centroavante, e, naturalmente, o próprio Liebman como goleiro. Era uma formação 4-3-3, em que defesa e ataque se serviam do meio campo para o time sempre se sair vitorioso.

Dessa maneira, entre séria e jocosa, o método científico e suas raízes italianas acabaram impregnando os estudos de processo civil sucessivos, dentro e fora de nossa faculdade, cunhando os trabalhos de Moacyr Amaral Santos, Celso Agrícola Barbi, Alcides de Mendonça Lima, Galeno Lacerda, Moniz de Aragão, Celso Neves, José Carlos Barbosa Moreira e outros mais recentes, dentre os quais se inscrevem minha geração e a dos nossos alunos, hoje já processualistas de escol. E a partir dos anos 60, uma segunda geração de processualistas – não só paulistas, mas brasileiros – retomou o contato direto com Liebman, agora na Universidade de Milão. De vários Estados do Brasil, chegaram novos processualistas, que também puderam levar a seus rincões os ensinamentos do Mestre e a doutrina italiana.

Veio mais tarde o Projeto de Código de Processo Civil, de autoria de Alfredo Buzaid, substituindo o antiquado Código de 1939. Entrando em vigor em 1973, o novo Código representou um verdadeiro monumento à postura técnico-científica do direito processual. Ainda hoje em vigor, apesar das alterações nele introduzidas a partir dos anos 90 e de estarmos às portas de um novo Código de Processo Civil, espelhando a nova fase instrumentalista da ciência processual, que busca a efetividade do processo, o Código Buzaid reproduz inúmeras idéias de Liebman.

Por tudo que significou na evolução científica do direito processual brasileiro, Enrico Tullio Liebman foi agraciado, em 1977, com a Comenda da Ordem do Cruzeiro do Sul, máxima condecoração que o Governo brasileiro concede a personalidades estrangeiras beneméritas à nossa nação. O Mestre faleceu em 1986, mas sua influência permanece viva entre nós. Assim como permanecem até hoje, moldando nossa ciência processual, as raízes italianas da moderna processualística brasileira.

Chiovenda, Carnelutti, o próprio Liebman, Calamandrei, Cappelletti, Denti, Vigoriti, Troker, o Congresso de Pavia sobre os interesses difusos, Attardi, Comoglio, Fazzalari, Proto Pisani, Tarzia, Ricci, Taruffo – com quem tenho a honra de compartilhar essa abertura –, são apenas alguns dos nomes que mais influenciaram nossa processualística.

Chiovenda, com o marco histórico da "prolusione bolognese" de 1903, sobre "L'azione nel sistema dei diritti", sustentando a autonomia do direito de ação e cunhando a celebérrima frase "il processo deve dare per quanto possibile a chi ha um diritto quello e proprio quello ch'egli ha diritto di conseguire": frase, esta, que se tornou lema e leme do processualista brasileiro contemporâneo na busca incessante de um "processo de resultados" e que constituiu inspiração para a criação legislativa de uma tutela específica pela qual se obtém resultado equivalente ao cumprimento da obrigação; Carnelutti, com seu Sistema construído tijolo por tijolo, numa edificação inabalável, e o conceito central de lide, que tanto influiu em nossos estudos; Liebman, cuja distinção entre autoridade e eficácia da sentença ainda impregna as construções brasileiras; Calamandrei que deu ao processo um significado político e democrático, sendo também, até hoje, fonte de inspiração para os que se debruçam sobre a tutela cautelar; Cappelletti, com sua visão sociológica e a monumental obra sobre acesso à justiça, em que os estudiosos brasileiros ainda revivem as três "ondas renovatórias": o acesso para os necessitados, a tutela dos interesses difusos, o modo de ser do processo; Denti, Vigoriti e Troker, inaugurando o processo constitucional e levando adiante as idéias sobre interesses coletivos; o famoso congresso de Pavia sobre os interesses difusos, de cujas idéias se serviram os processualistas brasileiros para construir nosso minissistema de processos coletivos; Attardi, com o lúcido e eterno estudo sobre o interesse de agir, ponto central das construções brasileiras; Comoglio, dedicando-se às garantias constitucionais do processo, que hoje tanta relevância têm na doutrina, na jurisprudência e na legislação brasileiras; Fazzalari, com o conceito genial de processo como procedimento em contraditório, ao qual hoje adere a doutrina brasileira, e com sua ampla visão de Teoria Geral do Processo, demonstrada nas Istituzioni; Proto Pisani, criador da tutela diferenciada, de suas características e espécies, que tanta importância adquiriu nos estudos e na legislação brasileira; Tarzia, com sua lição inolvidável sobre o conteúdo do contraditório, Ricci, que alimentou o movimento brasileiros em prol da estabilização da tutela antecipada, que hoje integra os dispositivos do Projeto de Código de Processo Civil; e finalmente Taruffo, presença constante no Brasil e na América Latina, esquadrinhando temas atuais e polêmicos, de amplo respiro sociológico e político, que nos instigam a refletir e pensar, como "Verità e processo" ou o de hoje, sobre a uniformidade da jurisprudência, grande preocupação do processualista brasileiro contemporâneo.

Essas são as raízes da moderna processualística brasileira: mas o diálogo e o intercâmbio continuam, com estudos conjuntos, num caminho que já é de duas mãos, pela visão comum do processualista italiano e brasileiro, que objetiva, em última análise, uma Justiça de qualidade.

> 2ª Conferência de abertura: O papel das
> cortes supremas entre uniformidade e justiça

LE FUNZIONI DELLE CORTI SUPREME TRA UNIFORMITÀ E GIUSTIZIA

Michele Taruffo
Prof. Ordinario nell'Università di Pavia.

SOMMARIO: 1. IL VALORE DELL'UNIFORMITÀ; 2. LE FUNZIONI DELLE CORTI SUPREME; 3. UNIVERSALISMO E PARTICOLARISMO; 4. CONCLUSIONI.

1. IL VALORE DELL'UNIFORMITÀ

L'uniformità nella interpretazione e nell'applicazione del diritto costituisce da molto tempo un valore fondamentale (si potrebbe dire addirittura: un oggetto del desiderio) presente in pressochè tutti gli ordinamenti, che tentano in vario modo – come si vedrà – di realizzarlo nella più ampia misura possibile.

Le giustificazioni che stanno alla base di questa generale aspirazione sono varie e non possono essere qui esaminate in modo completo[1]. Per indicare solo quelle a cui si fa più spesso riferimento si può ricordare anzitutto l'esigenza di assicurare la certezza del diritto, dato che una giurisprudenza uniforme evita l'incertezza nell'interpretazione del diritto e la conseguente varietà e variabilità delle decisioni giudiziarie. Si fa inoltre riferimento alla garanzia dell'uguaglianza dei cittadini di fronte alla legge, in base al principio dello *stare decisis* tipico degli ordinamenti angloamericani, secondo cui casi uguali debbono essere decisi in modo uguale[2].

---

1. In argomento cfr. anche per ulteriori riferimenti, Taruffo, *Giurisprudenza*, in *Enc.Treccani Sc.Soc.*, vol. IV, Roma 1994, p. 357. V. inoltre Bankowski-MacCormick-Morawski-Ruiz Miguel, *Rationales for Precedent*, in *Interpreting Precedents. A Comparative Study*, ed.by D.N.MacCormick and R.S.Summers, Aldershot-Brookfield-Singapore-Sydney 1997, p. 481 ss.
2. In proposito si può osservare *en passant* che questo argomento, diffusissimo in molti ordinamenti che mirano ad utilizzare i precedenti, è -se preso alla lettera- filosoficamente inconsistente. Esso viola infatti la legge lebniziana degli *indiscernibili*, secondo la quale due fatti uguali non esistono, e se di due fatti si dice che sono uguali essi sono in realtà un fatto solo. Accade spesso, peraltro, che i giuristi non siano sofisticati filosofi.

Si fa poi capo molto spesso alla necessaria prevedibilità delle decisioni future, in base alla quale le parti debbono poter fare affidamento sul fatto che i giudici futuri si comporteranno allo stesso modo di quelli passati. La prevedibilità può svolgere, inoltre, anche una funzione economica, dato che se la decisione è prevedibile si può evitare di ricorrere al giudice. Infine, una giurisprudenza costante nell'interpretare e nell'applicare le norme si può conoscere più facilmente e quindi orienta in modo più efficace i comportamenti dei consociati.

E' facile vedere che queste giustificazioni non sono in contrasto tra loro, ed anzi convergono verso la necessità che l'interpretazione e l'applicazione del diritto siano il più possibile uniformi e costanti. Alla base di esse, e malgrado le rispettive differenze di formulazione, si intravede una immagine ideale dell'ordinamento giuridico secondo la quale esso dovrebbe essere completo e sincronicamente coerente, statico ed uniforme, e dovrebbe anche assicurare che tutte le controversie che sorgono al suo interno trovino una soluzione stabile ed unitaria.

Rimane invece in secondo piano, o ai margini dell'orizzonte concettuale entro il quale si colloca questa immagine, la dimensione dell'ordinamento che si potrebbe chiamare dinamica o diacronica, poiché essa presuppone che nel sistema vi siano incertezze e variazioni, differenze e mutamenti. L'esistenza di questa dimensione è indubitabile ed inevitabile, come si vedrà meglio in seguito, ma essa tende ad essere vista negativamente, come una eccezione che -come tale- dovrebbe essere il più possibile ridotta e circoscritta. Si ammette dunque –né potrebbe essere diversamente- la variazione all'interno della giurisprudenza, ma si tende a considerarla possibile solo quando ne esistano ragioni particolarmente rilevanti, che solitamente si indicano in termini piuttosto vaghi con riferimento a mutamenti sociali, morali o economici. Non a caso si tende talvolta a conciliare le opposte esigenze della prevedibilità e del mutamento della giurisprudenza, come accade ad esempio nel *prospective overruling* della corte suprema degli Stati Uniti[3].

2. LE FUNZIONI DELLE CORTI SUPREME

La realizzazione della finalità rappresentata dall'uniformità della interpretazione e applicazione del diritto viene di solito affidata, soprattutto, alle corti supreme[4]. Si tratta anzi di un aspetto importante –forse il più importante- di quello che chiamerei il mito delle corti supreme: esse si collocano al centro del

---

3. Cfr., anche per ulteriori riferimenti, Taruffo, *Giurisprudenza*, cit., p. 561.
4. Sulle principali funzioni che vengono attribuite a queste corti v.Taruffo, *Le funzioni delle Corti Supreme. Cenni generali*, in *Ann.dir.comp.e st.leg.* 2011, p.11 ss.. Di una funzione *jurisprudentielle et normative* della Cour de Cassation francese parla ad es. Cadiet, *Le rôle institutionnel et politique de la Cour de Cassation en*

sistema giuridico e all'apice della struttura giudiziaria, e si tende a pensare che in esse si concentri l'aspetto più rilevante dell'amministrazione della giustizia. Da qui la conseguenza che spetti a queste corti la funzione fondamentale di assicurare il valore rappresentato dall'uniformità della giurisprudenza.

Si tratta invero di cose note: per quanto riguarda l'Italia basta far riferimento al Calamandrei della *Cassazione Civile*[5], all'unificazione della Cassazione realizzata nel 1923[6], e all'art.65 della legge del '41 sull'ordinamento giudiziario, tuttora in vigore, ove si legge che la corte "assicura l'esatta osservanza e l'uniforme interpretazione della legge", oltre a garantire "l'unità del diritto oggettivo nazionale"[7].

E' tuttavia interessante osservare che i diversi ordinamenti impiegano varie tecniche per disciplinare le modalità con cui dovrebbe attuarsi la funzione "uniformatrice" delle rispettive corti supreme. La più diffusa di queste tecniche è senz'altro costituita dallo *stare decisis*, ossia dall'attribuzione ad una decisione anteriore, ed essenzialmente alla *ratio decidendi* che ne giustifica giuridicamente l'esito, della capacità di influenzare[8] la decisione di un caso successivo identico o analogo[9]. Nata principalmente nelle corti inglesi e nordamericane, la prassi del precedente si è diffusa in moltissimi ordinamenti anche di *civil law*[10]. In alcuni casi, anzi, il richiamo al precedente è diventato una specie di *mantra* che viene recitato a ripetizione, fino a costituire una sorta di ossessione che influenza anche il legislatore processuale.

France: tradition, transition, mutation?, ivi, p.191 ss.. Cfr.inoltre i saggi raccolti nel volume *The Role of the Supreme Courts at the National and International Level*, ed by P.Yessiou-Faltsi, Thessaloniki 1998.

5. Cfr. CALAMANDREI, *La Cassazione civile.II.Disegno generale dell'istituto* (1920), in ID., *Opere Giuridiche*, vol.VII, Napoli 1976, p.57 ss.
6. Cfr. TARUFFO, *Calamandrei e l'unificazione della Cassazione*, in ID., *Il vertice ambiguo. Saggi sulla Cassazione civile*, Bologna 1991, p.51 ss., e da ultimo RICCI, *Il giudizio civile di Cassazione*, Torino 2013, p. 23 ss.
7. In argomento sia consentito il rivio a TARUFFO, *La Corte di Cassazione e la legge*, in Id., *Il vertice ambiguo*, cit., p.59 ss., 70 ss.. V. inoltre RICCI, *Il giudizio civile*, cit., p.32 ss.
8. Uso qui deliberatamente un termine atecnico e generico, al fine di non prendere posizione sulla *vexata quaestio*, che conosce soluzioni diverse anche in funzione dei differenti contesti ordinamentali, relativa al se il precedente abbia una efficacia vincolante o soltanto persuasiva. In questa sede non occorre, e non sarebbe d'altronde possibile, affrontare il tema. Rimane comunque importante il saggio di PECZENIK, *The Binding Force of Precedent*, in *Interpreting Precedents*, cit., p.461 ss.
9. Non ripeto qui il riferimento già fatto alla legge di Leibniz. Una sua corretta applicazione richiederebbe comunque di precisare che l'applicazione della *ratio decidendi* che ha fondato la decisione sul caso precedente, al caso successivo, richiede che il secondo giudice rilevi una *sufficiente analogia* tra il *fatto* del caso che deve decidere e il *fatto* che è stato oggetto della decisione precedente. In argomento v. l'ampia analisi di SERIO, *La rilevanza del fatto nella struttura del precedente giudiziario inglese*, in *Casistica e giurisprudenza*, a cura di L.Vacca, Milano 2014, p. 91 ss.
10. La letteratura sul precedente è ormai immensa, al punto che qualunque indicazione bibliografica sarebbe incompleta e inaffidabile. Si veda comunque una utile analisi comparativa nei saggi raccolti in *Interpreting Precedents*, cit.

E' significativo al riguardo l'esempio italiano, dato che il recente legislatore tenta in tutti i modi, senza peraltro riuscirvi (data la scarsa qualità tecnica delle norme di cui si serve) di far sì che in Italia si instauri una seria prassi del precedente, naturalmente sotto l'illuminata guida della Corte di Cassazione. Basti qui ricordare l'ormai famigerato "filtro" dei ricorsi in cassazione previsto dall'art.360 bis n.1) cod.proc.civ., introdotto nel 2009, secondo il quale sarebbe inammissibile il ricorso qualora la sentenza impugnata sia conforme alla giurisprudenza della Cassazione (e il ricorso non offra elementi che inducano a confermare o a mutare tale giurisprudenza)[11]. A parte le numerose critiche di carattere tecnico, sulle quali non vale la pena di insistere, si può rilevare che il legislatore italiano ignora in maniera totale che cosa sia il precedente: viene infatti trascurata la natura fondamentale del *vero* precedente, ossia –come si è detto- l'analogia tra i *fatti* dei due casi, e si considera come precedente una qualsiasi affermazione astratta della Corte di Cassazione su una *quaestio juris* in qualche modo riferibile al caso di specie[12]. La conseguenza è che nella maggior parte dei casi il "precedente" della Corte di Cassazione non è la sentenza nella sua integrità, ed è invece una "massima" di poche righe che enuncia una regola in termini generali e astratti[13]

Una tecnica molto diversa consiste nel configurare la possibilità che la corte suprema emani pronunce dotate di efficacia *ultra partes*, ossia di effetti vincolanti capaci di determinare direttamente la decisione dei casi successivi. L'esempio più noto è stato in passato quello delle direttive della corte suprema dell'URSS, ma non va dimenticato che questa tecnica è tuttora presente nella cassazione cubana, che segue il modello sovietico. In Russia, inoltre, questa prassi prosegue con i decreti –veri e propri atti normativi- che vengono emanati dal *plenum* della corte suprema con efficacia vincolante per tutti i giudici che si trovino a dover applicare le stesse norme o a giudicare su casi analoghi, ed anche per tutti gli organi amministrativi. Lo stesso sistema si applica ai decreti della Corte Suprema Commerciale, ed anche alle decisioni che il *presidium* di questa corte emana in sede di revisione di casi concreti[14].

Una tecnica analoga molto interessante, e per certi versi estrema, è quella che fa perno sulle *súmulas vinculantes* del sistema brasiliano. La formulazione

---

11. Su questa discutibile norma si è ormai creata una ricca letteratura, e una non meno ricca giurisprudenza. In proposito v.per tutti, anche per riferimenti, Ricci, *Il giudizio civile*, cit., p.209 ss.; Poli, *Le modifiche relative al giudizio di cassazione*, in Punzi, *Il processo civile. Sistema e problematiche. Le riforme del quadriennio 2010-2013*, Torino 2013, p.193 ss.
12. Sul radicale malinteso che sta alla base di molti discorsi che in Italia si fanno –*in primis* da parte del legislatore- a proposito del precedente, v. più ampiamente, ed anche per ulteriori riferimenti, Taruffo, *Precedente e giurisprudenza*, in *Riv.Trim.Dir.Proc.Civ.*, 2007, p.709 ss.
13. In proposito v. più ampiamente Taruffo, *op.ult.cit.*, p.712 ss.
14. Cfr. Rudovkas, *Precedente giudiziario come fonte del diritto nell'ordinamento giuridico della Federazione Russa*, in *Casistica e giurisprudenza*,cit. , p.129 ss.

delle *súmulas* risale ad una prassi consolidata in quell'ordinamento: esse in passato non avevano efficacia vincolante, mentre ora hanno questa efficacia, dopo una riforma costituzionale che risale al 2004[15]. Si tratta di enunciazioni che vengono formulate dal *Supremo Tribunal Federal* dopo una riunione dei suoi membri ed una votazione (con una maggioranza di due terzi). Esse hanno la funzione di risolvere un contrasto che si sia verificato nella giurisprudenza delle corti inferiori. Vale la pena di osservare che la *súmula* non deriva dalla decisione di un caso concreto, poichè si tratta di una enunciazione interpretativa formulata in termini generali. Di conseguenza, essa non fa alcun riferimento ai fatti che sono alla base della questione giuridica affrontata, e quindi non può essere considerata come un precedente in senso proprio, ma solo come una decisione che esprime la scelta tra due opzioni interpretative relative a norme generali e astratte[16]. La sua evidente funzione consiste nell'eliminazione di incertezze e conflitti nell'ambito della giurisprudenza, assicurandone l'uniformità[17]. Per questo scopo si prevede che essa abbia efficacia vincolante per tutti i giudici ed anche per tutti gli organi pubblici dello Stato federale.

Qualcosa di analogo, anche se non paragonabile per importanza e dimensioni all'esperienza brasiliana, si è verificato di recente in Spagna: con un *Acuerdo del Pleno no jurisdiccional* del 30 dicembre 2011 il *Tribunal Supremo* spagnolo ha indicato, con un atto che non era la decisione su un ricorso ma una dichiarazione stragiudiziale, i propri orientamenti relativi all'interpretazione di una norma di grande importanza sotto il profilo dell'ammissibilità dei ricorsi allo stesso *Tribunal*, ossia dell'art.477 n. 3 della *Ley de Enjuiciamiento Civil*. Si tratta della norma che subordina l'ammissibilità del ricorso alla presenza di un *interés casacional*, ed è appunto con il fine di chiarire come deve essere interpretata questa clausola, di significato incerto, che il *Tribunal* ha emanato quella dichiarazione[18].

Talvolta, dunque, si fa un riferimento più o meno appropriato all'efficacia del precedente in senso proprio; altre volte si cade nell'equivoco intorno a ciò che costituisce o non costituisce un precedente, ed altre volte ancora si abbandona il riferimento alla tecnica del precedente per ricorrere a pronunce o a provvedimenti che precedenti non sono, dato che non vengono pronunciati in occasione della decisione di casi concreti, ed hanno piuttosto la natura di atti

---

15. Cfr. Higashiyama, *Teoria do Direito Sumular*, in Rev.de processo 2011, p.74 ss.; Bahia, *As Súmulas Vinculantes e a Nova Escola da Exegese*, ivi 2012, p.362 ss.
16. Cfr. Higashiyama, *Teoria*, cit., p.87, 99.
17. Cfr. ancora Higashiyama, *Teoria*, cit., p.109 ss., 118. In senso critico Bahia, *As Súmulas*, cit., p. 360 ss, parla di uniformità ad ogni costo, procurata con enunciati generali e astratti che non decidono un caso e si prestano ad operazioni esegetiche fondamentalmente non diverse da quelle che hanno ad oggetto le norme.
18. In argomento cfr. de la Oliva Santos-Díez-Picazo Giménez-Vegas Torres, *Curso de derecho procesal civil. II. Parte especial*, Madrid 2012, p. 282 ss.

normativi, pur non essendo di fonte legislativa. Tuttavia, a parte la varietà di queste tecniche, e delle differenze che riguardano gli effetti che esse possono produrre, un orientamento costante è nel senso di individuare nelle corti supreme gli organi a cui si affida il compito di assicurare l'uniformità della interpretazione e dell'applicazione del diritto. In ciò non vi è nulla di sorprendente, trattandosi di corti tipicamente collocate ai vertici delle piramidi giudiziarie. Viene così esaltata proprio la collocazione verticistica di tali organi, in quanto si prevede che essi possano imporre –in un modo o nell'altro- le proprie scelte interpretative ed applicative a tutti i giudici collocati nei gradini inferiori della piramide. Ciò corrisponde al modello classico della burocrazia accentrata, nel quale il potere aumenta e si concentra man mano che dal basso si sale verso l'alto, e diventa massimo quando si giunge al vertice. Naturalmente questo modello implica che il potere sia inferiore e decentrato man mano che dal vertice si scende alla base, ossia ai giudici di prima istanza.

Sotto altro profilo, si avverte che in questo modello di ordinamento la corte suprema finisce con l'essere più importante del legislatore: a costui spetta la funzione di produrre norme generali e astratte, ma è la corte suprema che stabilisce il significato che a queste norme deve essere attribuito e che quindi deve essere tendenzialmente applicato da tutti i giudici inferiori, e quindi a tutti i soggetti dell'ordinamento, senza contare che non di rado –come si è visto negli esempi citati più sopra- è la stessa corte suprema a produrre norme generali e astratte con lo scopo di vincolare l'interpretazione che ne può essere data da altri organi.

3. UNIVERSALISMO E PARTICOLARISMO

La concezione che si è sommariamente esposta costituisce una versione specifica, ma assai diffusa, di ciò che i filosofi chiamano "universalismo giuridico"[19], fondata essenzialmente sull'idea che esistano regole generali destinate ad essere applicate in modo uniforme dai giudici, e che la relativa decisione si giustifichi solo se il caso particolare che è oggetto di decisione può essere "sussunto" in una norma generale che deve applicarsi allo stesso modo in tutti i casi uguali o simili. In questa versione, l'elemento caratterizzante è rappresentato dal fatto che –come si è visto- si attribuisce alla corte suprema la funzione di stabilire quali sono le regole generali che debbono essere applicate in ogni

---

19. In argomento cfr. da ultimo Bouvier, *Particularismo y derecho. Un abordaje postpositivista en el ámbito práctico*, Madrid-Barcelona-Buenos Aires 2012, p.19 ss., 21 ss., 38 ss.. Cfr. inoltre Grossi, *Universalismo e particolarismo nel diritto*, Napoli 2011; Sacco, *Il diritto tra uniformazione e particolarismi*, Napoli 2011; Palazzo, *Il diritto penale tra universalismo e particolarismo*, Napoli 2011.

singolo caso, e qual è il significato costante che ad ogni regola generale deve essere attribuito in ogni singolo caso.

L'universalismo giuridico è oggetto di varie critiche, fondate soprattutto sulla considerazione -che ormai costituisce un luogo comune tra i filosofi del diritto- che la decisione non è mai il frutto dell'applicazione meccanica di norme generali, e che invece l'applicazione della norma non può avvenire se non facendo riferimento alla complessità del caso particolare su cui verte la decisione. Gli orientamenti che in vario modo seguono questa prospettiva si indicano comunemente come "particolarismo giuridico"[20], e fanno riferimento in particolare al ragionamento con cui si formulano le decisioni giudiziarie[21].

Il particolarismo si presenta in diverse versioni, alcune delle quali sono assai radicali e giungono a sostenere che la decisione dovrebbe fondarsi soltanto sulle circostanze particolari del caso concreto senza alcun riferimento a norme. Non è il caso di prendere qui in considerazione queste tesi[22]. Si può tuttavia osservare che anche se si seguono versioni moderate del particolarismo, come quella che ritiene pur sempre necessario il riferimento a regole generali anche quando la decisione si concentra sui *particulars* del caso specifico[23], è pur sempre il rilievo che viene dato ai *particulars* che determina la configurazione della regola che costituisce il criterio di decisione. Ne derivano alcune considerazioni forse non prive di rilevanza nel discorso che qui si va svolgendo.

Anzitutto, va precisato che la decisione giudiziaria non consiste nella mera enunciazione di regole (o di massime) presentate come l'unica interpretazione astrattamente corretta, uniforme e vincolante, di disposizioni normative, posto che -come ormai si riconosce uniformemente- è l'interprete a scegliere e a determinare il loro significato[24]. D'altronde, bisogna pure riconoscere che vi possono essere buone ragioni per decidere casi simili in modi diversi: posto che non esistono due fatti uguali[25], è piuttosto sulle differenze, ossia sui *particulars*, che deve fondarsi l'interpretazione della norma che deve essere applicata al caso specifico. Pare evidente che quando una norma viene interpretata per derivarne la regola di giudizio da applicare ad un caso concreto, come accade nel

---

20. Per un'ampia analisi di questi orientamenti cfr. Bouvier, *Particularismo*, cit., p.58 ss., 175 ss., 309 ss., 349 ss., e gli altri scritti citati nella n.14. Cfr. inoltre Taruffo, *La semplice verità. Il giudice e la costruzione dei fatti*, Bari 2009, p.200 ss., anche per altri riferimenti.
21. Cfr. i saggi raccolti nel volume *The Universal and the Particular in Legal Reasoning*, ed.by Z.Bankowski and J.MacLean, Aldershot 2006.
22. In argomento cfr. Pavlakos, *Two Conceptions of Universalism*, in *The Universal*, cit., p.163 ss.; Taruffo, *La semplice verità*, cit., p.200.
23. Si tratta ad es. della posizione sostenuta da MacCormick, *Particulars and Universals*, in *The Universal*, cit., p.3 ss., e condivisa da Walker, *The Burden of Universalism*, ivi, p.53 ss.
24. In argomento v. da ultimo Gentili, *Il diritto come discorso*, Milano 2013, p.8 ss., 15 ss.
25. Sul punto cfr. MacCormick, *Particulars*, cit., p.5, e v. supra, n. 2.

processo, è il riferimento ai fatti di quel caso a guidare l'interpretazione della norma[26]. In caso contrario, ossia se la norma non viene interpretata con riferimento a quei fatti, la conseguenza è che quella norma non è applicabile in quel caso[27]. Analogamente, come si è già accennato[28], è essenzialmente analizzando i fatti e stabilendo una sufficiente analogia tra i fatti del caso precedente e i fatti del caso successivo che il giudice di questo secondo caso decide circa l'applicabilità della *ratio decidendi* che costituisce il precedente.

In sostanza, è il fatto che determina l'interpretazione della regola di diritto che ad esso dev'essere applicata. Non a caso è proprio il rapporto della norma con il fatto a costituire uno dei problemi fondamentali della teoria del diritto[29] e del diritto processuale[30]. Di conseguenza, sono le peculiarità dei fatti dei vari casi che possono portare a diverse interpretazioni della stessa regola, e di conseguenza a non applicarla in casi apparentemente simili o ad applicarla in casi apparentemente diversi. Questo discorso non può essere qui approfondito come meriterebbe, ma qualche esempio può essere utile a chiarirne il significato.

Un primo esempio può essere costituito da una situazione che da qualche tempo è oggetto di particolare attenzione da parte dei costituzionalisti e dei filosofi del diritto: si tratta del c.d. *bilanciamento* o (*ponderazione*) tra principi, che occorre quando si tratta di risolvere antinomie tra diversi principi costituzionali. In tal caso sono le particolarità del caso che deve essere deciso a determinare la scelta favorevole all'applicazione di un principio invece che all'applicazione di un altro principio[31].

Un secondo esempio, che pare particolarmente significativo in vari Paesi dell'America Latina, riguarda le situazioni in cui esistono popolazioni indigene alle quali vengono riconosciute particolari condizioni di autonomia, sino alle creazione di apposite giurisdizioni. In questi casi pare evidente il riconoscimento esplicito di differenze soggettive rilevanti, a fronte delle quali sembra

---

26. In argomento v. più ampiamente Taruffo, *Il fatto e l'interpretazione*, in *La fabbrica delle interpretazioni*, a cura di B.Biscotti, P.Borsellino, V.Pocar e D.Pulitanò, Milano 2012, p.123 ss.
27. In proposito v. più ampiamente Taruffo, *La semplice verità*, cit., p.199.
28. V. *supra*, n.9 e ivi nel testo.
29. Nella sterminata letteratura in argomento è sempre fondamentale il riferimento ad Engisch, *Logische Studien zur Gesetzesanwendung*, 2 Aufl., Heidelberg 1960.
30. Particolarmente interessante è l'analisi di questo problema nei termini in cui esso è stato affrontato dalla dottrina nella prima metà del '900. Cfr. al riguardo Nitsch, *Il giudice e la legge. Consolidamento e crisi di un paradigma nella cultura giuridica italiana del primo Novecento*, Milano 2012.
31. In proposito cfr. in particolare Luzzati, *Il giurista che cambia e non cambia*, in *Dir.pubbl.*, 2013, 2, p. 432, il quale sottolinea opportunamente la variabilità di queste scelte, che vengono compiute in base alle particolarità dei singoli casi che vengono decisi optando di volta in volta per l'uno o per l'altro principio costituzionale applicabile.

difficile, se non impossibile, predicare l'assoluta uniformità dell'interpretazione e dell'applicazione delle norme dell'ordinamento giuridico dello Stato.

Un ulteriore esempio si individua quando si riconosce che le caratteristiche etnico-culturali dell'autore di un delitto sono significative ai fini della decisione che dev'essere presa nei confronti di questo soggetto, ad esempio in termini di punibilità o di determinazione della pena[32]. In questi casi, infatti la decisione tiene conto delle specifiche caratteristiche culturali del soggetto, derivanti dalla sua appartenenza ad un particolare gruppo etnico.

Questi esempi, ma molti altri se ne potrebbero fare, mostrano che vi sono numerose situazioni nelle quali emergono aspetti rilevanti che inducono il giudice ad impiegare diverse argomentazioni giuridiche, ad esempio facendo di volta in volta riferimento a differenti principi generali o costituzionali[33], ed anche ad invocare varie ragioni metagiuridiche, ispirate a differenti valori sociali o morali che orientano la eterointegrazione della norma. Pare dunque evidente la infondatezza di tesi come quella della *one right answer* enunciata a suo tempo da Dworkin, secondo il quale un giudice "erculeo" potrebbe sempre trovare la vera e unica interpretazione corretta di ogni norma[34]. D'altronde, i c.d. *hard cases* sono spesso *hard* nei fatti, ed è proprio la complessità dei fatti a rendere difficile l'interpretazione e l'applicazione delle norme che ad essi si riferiscono.

Quindi bisogna riconoscere che l'interpretazione della norma finalizzata alla sua applicazione come regola di giudizio in un caso concreto ha un inevitabile e rilevantissimo aspetto particolaristico, dovendosi fondare su una completa ed analitica considerazione dei *particulars* del caso[35]: è sui *particulars*, dunque, che si modella l'interpretazione della norma.

Naturalmente ciò solleva un rilevante problema ulteriore: poiché le circostanze che costituiscono i fatti del caso sono infinite, e sono anche infinite le loro possibili descrizioni[36], si tratta di determinare quali sono i *particulars* che si ritengono significativi e rilevanti per l'interpretazione e applicazione della norma alla quale si fa riferimento[37]. Al riguardo non esistono soluzioni semplici che possano valere automaticamente per qualunque decisione. Anche il

---

32. In argomento cfr. DE MAGLIE, *I reati culturalmente motivati. Ideologie e modelli penali*, Pisa 2010. .
33. Cfr. LUZZATI, op.cit., loc.cit.
34. Sul punto v. più ampiamente, e per riferimenti, TARUFFO, *La Corte di Cassazione*, cit., p.78 ss. Sul "titanismo d'oltre Atlantico che...si immagina un Hercules dell'interpretazione" v. GENTILI, *Il diritto*, cit., p.130.
35. Cfr. in particolare MACCORMICK, *Particulars*, cit., p.10.
36. Sulle narrazioni fattuali che entrano nel processo, e sulle modalità con cui esse selezionano gli aspetti rilevanti del fatto che è oggetto di giudizio, v. in particolare TARUFFO, *Il fatto*, cit., p.127 ss.; Id., *La semplice verità*, cit., p.32 ss.
37. Su questo problema v. più ampiamente TARUFFO, *La semplice verità*, cit., p.197 ss.

riferimento alla fattispecie definita in termini generali dalla norma serve solo -per così dire- a dare il via all'analisi dei fatti, fornendo un paradigma iniziale, che in realtà non è più che un'ipotesi provvisoria, di rilevanza giuridica[38]. E' però muovendo da questa ipotesi, ed eventualmente formulandone altre che siano progressivamente più adeguate alle circostanze del caso concreto che il giudice, attraverso la c.d.spirale ermeneutica, giunge a stabilire quali sono le circostanze rilevanti del caso. Poiché peraltro in questo procedimento di *trial and error* o -se si preferisce- di abduzione interpretativa, non vi è nulla di meccanico o predeterminato, è un'attività eminentemente creativa quella che porta il giudice ad attribuire rilevanza a determinati *particulars* del caso, e a modellare su di essi l'interpretazione della norma che intende applicare[39].

Se si tien conto di queste considerazioni, ma altre se ne potrebbero invocare a favore del particolarismo, come soprattutto la sua maggiore aderenza a ciò che accade realmente nell'amministrazione della giustizia, la versione dell'universalismo giuridico di cui si è parlato in precedenza appare caratterizzata, come si è già accennato, da una concezione fortemente burocratica e sostanzialmente autoritaria. Ciò pare evidente nel momento in cui si consacra un modello piramidale in cui è solo il vertice a "dire il diritto", in modo vincolante per tutti e *once and forever*. Per di più, in questo modo il diritto viene "detto" con formule ad alto grado di astrazione, senza considerare una cosa ovvia, ossia che più si sale verso l'alto nella scala delle astrazioni più si perde di vista il concreto, ossia la realtà. Ne risulta un'immagine parziale, unilaterale e deformata dell'amministrazione della giustizia, quasi che essa si svolga solo al livello delle corti supreme mentre le decisioni delle corti inferiori, e soprattutto quelle dei giudici di prima istanza, ossia proprio quelli che si occupano dell'accertamento dei fatti e dell'applicazione delle norme nei casi particolari, fossero irrilevanti.

Va infatti osservato che se si prende in considerazione il particolarismo, anche nelle sue versioni più moderate e ragionevoli, si constata che esso non vale per corti che, come la Corte di Cassazione italiana e le altre di cui si è fatto cenno in precedenza, si esprimono quasi esclusivamente attraverso enunciazioni generali che non fanno alcun riferimento ai fatti che tuttavia sono oggetto di decisione, o addirittura non si occupano affatto delle situazioni concrete alle quali le norme vengono applicate. Il particolarismo ha invece un rilievo importante con riferimento alle corti che interpretano norme con lo scopo di farne applicazione a casi particolari, ossia principalmente quando si analizzano le modalità di decisione che possono considerarsi tipiche dei giudici di merito.

---

38. In argomento v. più ampiamente Taruffo, *La prova dei fatti giuridici. Nozioni generali*, Milano 1992, p.74 ss.; Id., *Il fatto*, cit., p.125.
39. Cfr. Taruffo, *La semplice verità*, cit., p.203.

4. CONCLUSIONI

Se le considerazioni che precedono hanno un senso, ci troviamo di fonte ad una tensione –se non proprio ad una contraddizione- tra due valori o paradigmi divergenti[40]: da un lato vi è la versione rigorosa della tesi universalista, secondo la quale il giudice sarebbe vincolato a decidere in modo uniforme, applicando deduttivamente una regola generale senza tener conto dei fatti del caso se non per costruirli in modo tale da farli corrispondere alla fattispecie astratta definita da una norma; dall'altro lato vi è la prospettiva particolarista secondo la quale, nelle sue versioni estreme, il giudice dovrebbe decidere tenendo conto soltanto dei fatti particolari del caso specifico, senza prendere in considerazione alcuna regola generale.

I due paradigmi ora richiamati sembrano d'altronde presupporre due idee diverse di giustizia. L'universalismo si riferisce alla giustizia come corretta interpretazione di disposizioni normative, ossia a quella che si potrebbe chiamare "giustizia delle norme", da individuare in modo autoritativo, possibilmente vincolante, con formulazioni generali, da parte degli organi di vertice del sistema giudiziario. Il particolarismo, invece, si riferisce a quella che si potrebbe definire come "giustizia delle decisioni" riferite ai singoli casi concreti, ossia alla giustizia sostanziale di ciò che il giudice dice riferendo le norme alle situazioni reali ed effettive, viste in tutti i loro aspetti rilevanti, che sono oggetto di decisione. Se l'universalismo allude ad una "giustizia delle norme astratte", il particolarismo si riferisce alla "giustizia del caso concreto".

Dal punto di vista teorico le versioni moderate del particolarismo non escludono però, come si è visto in precedenza, che vi possano e debbano essere situazioni intermedie, nelle quali l'attenzione necessaria per tutti i *particulars* rilevanti si coniuga con l'individuazione di regole tendenzialmente universali, capaci di essere applicate anche in altri casi[41]. Non si esclude quindi, pur ammettendo che si ragioni tenendo conto delle caratteristiche irripetibili dei singoli casi concreti, che spetti alle corti, ed in particolare alle corti supreme, il compito di rendere relativamente prevedibile e controllabile l'interpretazione delle norme[42].

Sotto il profilo che qui interessa maggiormente si può dire che la decisione giudiziaria si colloca nello spazio intermedio tra i due estremi costituiti dall'universalismo astratto e dal particolarismo assoluto. Tenendo conto del fatto che

---

40. Di una tensione analoga parla ad es. Bell, *The Institutional Constraints on Particularism*, in *The Universal*, cit., p.41. In argomento v. anche Palazzo, *Il diritto penale*, cit., p.8 ss.
41. In questo senso v. gli scritti di MacCormick e di Walker citati nella n.22.
42. In questo senso v. Luzzati, *op.cit.*, p.437, con riferimento specifico alla ponderazione dei principi.

non esiste alcuna "regola aurea" che determini l'ideale punto di equilibrio tra i due paradigmi, si può solo osservare che ogni singola decisione può collocarsi in qualunque punto del *continuum* così determinato, e quindi potrà avvicinarsi di più al paradigma universalista o al paradigma particolarista, oppure realizzare una opportuna combinazione tra i due paradigmi. In proposito si può tuttavia tracciare una distinzione non priva di rilievo: se si considera la giurisprudenza che opera producendo massime o *súmulas*, come accade presso le corti supreme di cui si è fatto cenno più sopra, allora pare evidente che essa si colloca in un punto abbastanza vicino all'estremo universalista, e magari –negli esempi di peggiore formalismo- viene addirittura a coincidere con esso. Se invece si considerano le decisioni prodotte dalle corti inferiori, e in particolare dai giudici di primo grado, allora ci si trova in un punto più vicino al paradigma particolaristico, almeno nella misura in cui questi giudici individuano ed accertano tutte le circostanze rilevanti dei singoli casi concreti. Si potrebbe peraltro immaginare una situazione ideale in cui la corte suprema, come tale depositaria e interprete del paradigma universalista, sia tuttavia sensibile alle esigenze di giustizia che nascono dalle situazioni concrete che sono oggetto di decisione, e formuli le proprie interpretazioni –pur destinate ad essere applicate in modo uniforme- tendendo conto il più possibile delle circostanze rilevanti di queste situazioni, soprattutto nel rapido variare delle condizioni economiche, sociali e politiche, in cui sorgono le controversie. Reciprocamente, i giudici dei singoli casi concreti non dovrebbero adottare atteggiamenti di particolarismo assoluto, e dovrebbero invece far riferimento alle indicazioni interpretative che provengono dalle corti supreme, almeno finchè queste interpretazioni forniscono regole di giudizio capaci di realizzare la giustizia del caso concreto.

Entrambi questi paradigmi di decisione, e i relativi concetti di giustizia, possono –e forse debbono- convivere nello stesso ordinamento giuridico. Ciò che rimane da stabilire, ma non è questo un problema che possa essere affrontato in questa sede, è se entrambi i modelli corrispondano –ognuno a suo modo e per ragioni diverse- ad una concezione globale e complessa di "amministrazione della giustizia" in senso proprio. Si può tuttavia ammettere che sia giustizia *formale* quella in cui tutti sono trattati in modo uguale in un sistema di regole generali, e sia invece giustizia *sostanziale* quella che viene fatta tenendo conto dei valori e degli scopi del diritto e rapportandoli alle circostanze dei casi particolari[43]. Dipenderà allora dalle scelte politiche formulate in ogni singolo sistema giuridico se la prevalenza viene attribuita alla giustizia formale universalista piuttosto che alla giustizia sostanziale particolarista, o se si realizza la combinazione ideale, di cui si è fatto cenno più sopra, tra le due forme di giustizia.

---

43. Per una distinzione analoga cfr.Bankowski e MacLean, *Introduction*, in The Universal, cit., p.XII.

> 2ª Conferência de abertura: O papel das cortes supremas entre uniformidade e justiça

AS FUNÇÕES DAS CORTES SUPREMAS ENTRE UNIFORMIDADE E JUSTIÇA[1]

Michele Taruffo
Professor Catedrático de Direito Processual Civil na Universidade de Pavia.

SUMÁRIO: 1. O VALOR DA UNIFORMIDADE; 2. AS FUNÇÕES DAS CORTES SUPREMAS; 3. UNIVERSALISMO E PARTICULARISMO; 4. CONCLUSÕES.

1. O VALOR DA UNIFORMIDADE

A uniformidade na interpretação e na aplicação do direito há muito constitui um valor fundamental (pode-se mesmo dizer: um objeto de desejo) presente em quase todos os ordenamentos, que tentam de vários modos – como se verá – realizá-lo da forma mais ampla possível.

As justificativas que estão na base dessa aspiração geral são várias e não podem ser examinadas aqui de forma completa[2]. Para indicar apenas aquelas a que se faz referência recorrentemente, é possível recordar, antes de tudo, da exigência de assegurar a certeza do direito, dado que uma jurisprudência uniforme evita a incerteza na interpretação do direito e a consequente variedade e variabilidade das decisões judiciárias. Também se faz referência à garantia de igualdade dos cidadãos perante à lei, de acordo com o princípio do *stare decisis* típico dos ordenamentos anglo-americanos, segundo o qual casos iguais devem ser decididos de modo igual.[3]

---

1. Texto traduzido por João Eberhardt Francisco, doutorando em Direito Processual Civil pela Faculdade de Direito da Universidade de São Paulo (USP).
2. Sobre o tema, ver também para outras referências, Taruffo, *Giurisprudenza*, in *Enc.Treccani Sc.Soc.*, vol. IV, Roma 1994, p.357. V. ainda Bankowski-MacCormick-Morawski-Ruiz Miguel, *Rationales for Precedent*, in *Interpreting Precedents. A Comparative Study*, ed.by D.N.MacCormick and R.S.Summers, Aldershot-Brookfield-Singapore-Sydney 1997, p. 481 ss.
3. propósito, se pode observar *en passant* que esse argumento, bastante difundido em muitos ordenamentos que visam a utilizar os precedentes, é – se considerado literalmente – filosoficamente inconsistente. Na verdade, ele viola a lei lebniziana dos *indiscerníveis*, segundo a qual dois fatos iguais não existem, e se se diz que dois fatos são iguais, na realidade esses são um só fato. Muitas vezes acontece, no entanto, que os juristas não sejam filósofos sofisticados.

Frequentemente se faz referência à necessária previsibilidade das decisões futuras, segundo a qual as partes devem poder confiar no fato de que os juízes futuros se comportarão do mesmo modo que aqueles passados. A previsibilidade pode desempenhar, além disso, também uma função econômica, dado que se a decisão é previsível se pode evitar de ir ao judiciário. Enfim, uma jurisprudência constante na interpretação e aplicação das normas é mais facilmente apreendida e assim orienta de modo mais eficaz os comportamentos dos jurisdicionados.

É fácil ver que essas justificativas não estão em conflito umas com as outras, ao contrário convergem para a necessidade de que interpretação e aplicação do direito sejam as mais uniformes e constantes possíveis. À base delas, e malgrado as respectivas diferenças de formulação, se entrevê uma imagem ideal do ordenamento jurídico segundo a qual esse deveria ser completo e sincronicamente coerente, estático e uniforme, e deveria ainda assegurar que todas as controvérsias que surgem no seu bojo alcancem uma solução estável e unitária.

Permanece, ao contrário, em segundo plano, ou à margem do horizonte conceitual em que se coloca essa imagem, a dimensão do ordenamento que se poderia chamar dinâmica ou diacrônica, uma vez que esta pressupõe que no sistema existam incertezas e variações, diferenças e mudanças. A existência desta dimensão é indubitável e inevitável, como se verá melhor em seguida, mas tende a ser vista negativamente, como uma exceção que, como tal, deveria ser reduzida e circunscrita o máximo possível. Admite-se então – nem poderia ser diferente – a variação da jurisprudência, mas se tende a considerá-la possível apenas quando existam razões particularmente relevantes, que geralmente são indicadas em termos bastante vagos com referência a mudanças sociais, morais ou econômicas. Não por acaso busca-se, por vezes, conciliar as exigências opostas da previsibilidade e da mudança da jurisprudência, como se dá por exemplo no *prospective* overruling da suprema corte dos Estados Unidos.[4]

2. AS FUNÇÕES DAS CORTES SUPREMAS

A concretização da finalidade representada pela uniformidade da interpretação e aplicação do direito é geralmente confiada, sobretudo, às cortes supremas[5]. Trata-se na verdade de um aspecto importante – talvez o mais im-

---

4. Cfr., também para outras referências, Taruffo, *Giurisprudenza*, cit., p. 561.
5. Sobre as principais funções que são atribuídas a essas cortes v.Taruffo, *Le funzioni delle Corti Supreme. Cenni generali*, in Ann.dir.comp.e st.leg. 2011, p. 11 ss. De uma função *jurisprudentielle et normative* da Corte de Cassação francesa. Cadiet, *Le rôle institutionnel et politique de la Cour de Cassation en France: tradition,*

portante – daquilo que eu chamaria o mito das cortes supremas: essas se colocam no centro do sistema jurídico e no ápice da estrutura judiciária, e se tende a pensar que nelas se concentra o aspecto mais relevante da administração da justiça. Disso resulta que incumbe a esses tribunais a função fundamental de assegurar o valor representado pela uniformidade da jurisprudência.

Trata-se na verdade de fatos conhecidos: no que toca à Itália, basta a referência ao *Cassazione Civile*[6] de Calamandrei, à unificação da Cassação realizada em 1923[7], e ao art. 65 da lei de 1941 sobre o sistema judiciário, que ainda está em vigor, onde se lê que a corte "assegura a exata observância e a interpretação uniforme da lei", além de garantir "a unidade do direito objetivo nacional"[8].

Todavia, é interessante observar que os diversos ordenamentos empregam técnicas variadas para disciplinar o modo pelos quais deveria ser atuada a função "uniformizadora" das respectivas cortes supremas. A mais difusa dessas técnicas certamente consiste na *stare decisis*, ou seja, na atribuição a uma decisão anterior, e essencialmente a *ratio decidendi* que justifica juridicamente o resultado, da capacidade de influenciar[9] a decisão de um caso sucessivo idêntico ou análogo[10]. Surgida principalmente nas cortes inglesas e norte-americanas, a prática do precedente se difundiu em muitíssimos ordenamentos, mesmo de *civil law*[11]. Em alguns casos, na verdade, a referência ao precedente tornou-se uma espécie de *mantra* que é recitado à repetição, até se tornar uma espécie de obsessão que influência até o legislador processual.

---

transition, mutation?, ivi, p.191 ss. Cfr. também os ensaios reunidos no volume *The Role of the Supreme Courts at the National and International Level*, ed by P.Yessiou-Faltsi, Thessaloniki 1998.

6. Cfr. Calamandrei, *La Cassazione civile.II.Disegno generale dell'istituto* (1920), in Id., *Opere Giuridiche*, vol.VII, Napoli 1976, p. 57 ss.
7. Cfr. Taruffo, *Calamandrei e l'unificazione della Cassazione*, in Id., *Il vertice ambiguo. Saggi sulla Cassazione civile*, Bologna 1991, p.51 ss., e por último Ricci, *Il giudizio civile di Cassazione*, Torino 2013, p. 23 ss.
8. Sobre o tema, remete-se a Taruffo, *La Corte di Cassazione e la legge*, in Id., *Il vertice ambiguo*, cit., p.59 ss., 70 ss.. V. ainda Ricci, *Il giudizio civile*, cit., p. 32 ss.
9. Uso aqui deliberadamente um termo atécnico e genérico, a fim de não tomar posição sobre a *vexata quaestio*, que conhece soluções diversas em função dos diferentes contextos normativos, relativamente a se o precedente tem uma eficácia vinculante ou somente persuasiva. Nesta sede não é necessário, e não seria de todo modo possível, enfrentar o tema. Permanece, contudo, importante, o estudo de Peczenik, *The Binding Force of Precedent*, in *Interpreting Precedents*, cit., p.461 ss.
10. Não repito aqui a menção já feita à lei di Leibniz. Sua correta aplicação requereria ainda estabelecer que a aplicação da *ratio decidendi* sobre a qual se fundou a decisão do caso precedente, ao caso sucessivo, requer que o segundo juiz encontre uma *analogia suficiente* entre os *fatos* do caso que deve decidir e os *fatos* que foram objeto da decisão precedente. Sobre o tema v. a ampla análise de Serio, *La rilevanza del fatto nella struttura del precedente giudiziario inglese*, in *Casistica e giurisprudenza*, a cura di L.Vacca, Milano, 2014, p. 91 ss.
11. literatura sobre os precedentes atualmente é imensa, ao ponto que qualquer indicação bibliográfica seria incompleta e não confiável. Veja-se não obstante uma útil análise comparativa nos estudos reunidos em *Interpreting Precedents*, cit.

É significativo nesse sentido o exemplo italiano, dado que o legislador recente tenta, de todos os modos, sem êxito contudo (dada a escassa qualidade técnica das normas de que se serve), fazer com que na Itália se instaure uma praxe de precedente séria, naturalmente sob a iluminada direção da Corte de Cassação. Basta aqui recordar o já famigerado "filtro" dos recursos de cassação previsto no art. 360 bis n. 1, cod. proc. civ., introduzido em 2009, segundo o qual seria inadmissível o recurso quando a sentença impugnada estiver em conformidade com a jurisprudência da Corte de Cassação (e o recurso não ofereça elementos que induzam a confirmar ou a modificar tal jurisprudência)[12]. Além das numerosas críticas de caráter técnico, sobre as quais não vale a pena insistir, é possível notar que o legislador italiano ignora totalmente que coisa seja o precedente: é de fato negligenciada a natureza fundamental do *verdadeiro* precedente, ou seja – como se disse – a analogia entre os *fatos* dos dois casos, e se considera como precedente uma afirmação abstrata qualquer da Corte de Cassação sobre uma *quaestio juris* que de alguma forma se relaciona ao caso em espécie[13]. A consequência é que na maior parte dos casos o "precedente" da Corte de Cassação não é a sentença na sua integralidade, mas sim uma "máxima" de poucas linhas que enuncia uma regra em termos gerais e abstratos[14].

Uma técnica muito diversa consiste em configurar a possibilidade de a corte suprema emanar pronunciamentos dotados de eficácia *ultra partes*, ou seja, de efeitos vinculantes capazes de determinar diretamente as decisões dos casos sucessivos. O exemplo mais conhecido do passado foi aquele das diretivas da corte suprema da URSS, mas não se olvide que esta técnica está ainda presente na cassação cubana, que segue o modelo soviético. Na Rússia, ainda, essa prática prossegue com os decretos – verdadeiros e próprios atos normativos – que são emanados pelo *plenum* da corte suprema com eficácia vinculante para todos os juízes que devam aplicar a mesma norma ou julgar casos análogos, e também para todos os órgãos administrativos. O mesmo sistema se aplica aos decretos da Corte Suprema Comercial, e também às decisões que o *presidium* dessa corte profere em sede de revisão de casos concretos[15].

---

12. Sobre essa discutível norma, criou-se uma rica literatura, e uma não menos rica jurisprudência. A propósito, ver por todos, também para mais referências, Ricci, *Il giudizio civile*, cit., p.209 ss.; Poli, *Le modifiche relative al giudizio di cassazione*, in Punzi, *Il processo civile. Sistema e problematiche. Le riforme del quadriennio 2010-2013*, Torino 2013, p.193 ss.
13. Sobre a incompreensão radical que está na base de muitos discursos que são feitos na Itália –in primis da parte do legislador- a propósito do precedente, ver mais amlamente, e também para mais referências, Taruffo, *Precedente e giurisprudenza*, in *Riv.Trim.Dir.Proc.Civ.*, 2007, p. 709 ss.
14. propósito, ver mais amplamente Taruffo, *op.ult.cit.*, p. 712 ss.
15. Cfr. Rudovkas, *Precedente giudiziario come fonte del diritto nell'ordinamento giuridico della Federazione Russa*, in *Casistica e giurisprudenza*, cit., p. 129 ss.

Uma técnica análoga muito interessante, e em certo sentido extrema, é aquela que está na base das súmulas vinculantes do sistema brasileiro. A formulação das súmulas remonta a uma praxe consolidada naquele ordenamento: essas no passado não possuíam eficácia vinculante, enquanto agora possuem essa eficácia, depois de uma reforma constitucional ocorrida em 2004[16]. São enunciados formulados pelo Supremo Tribunal Federal depois de uma reunião de seus membros e de uma votação (com uma maioria de dois terços). Esses têm a função de resolver um conflito que se tenha verificado na jurisprudência das cortes inferiores. Vale a pena observar que a súmula não deriva da decisão de um caso concreto, uma vez que se trata de um enunciado interpretativo formulado em termos gerais. Consequentemente, a súmula não faz qualquer referência aos fatos que fundamentam a questão jurídica enfrentada, e, portanto, não pode ser considerado como um precedente em sentido próprio, mas apenas como uma decisão que exprime a escolha entre duas opções interpretativas relativas a normas gerais e abstratas[17]. Sua função evidente consiste na eliminação da incerteza e dos conflitos no âmbito da jurisprudência, assegurando-lhe uniformidade[18]. Para esse escopo se prevê que terá eficácia vinculante para todos os juízes e para todos os órgãos públicos do Estado federal.

Algo semelhante, embora não comparável em importância e dimensão à experiência brasileira, verificou-se recentemente na Espanha: com um *Acuerdo del Pleno no jurisdiccional* de 30 de dezembro de 2011, o *Tribunal Supremo* espanhol indicou, com um ato que não foi decisão sobre um recurso, mas uma declaração extrajudicial, suas próprias orientações relativas à intepretação de uma norma de grande importância em termos de admissibilidade dos recursos ao mesmo *Tribunal*, ou seja do art. 477 n. 3 da *Ley de Enjuiciamiento Civil*. Trata-se da norma que condiciona a admissibilidade do recurso à presença de um *interés casacional*, e é precisamente com o fim de esclarecer como deve ser interpretada essa cláusula, de significado incerto, que o *Tribunal* emitiu aquela declaração[19].

Às vezes, então, se faz uma referência mais ou menos apropriada à eficácia do precedente em sentido próprio; outras vezes se cai no equívoco em

---

16. Cfr. Higashiyama, *Teoria do Direito Sumular*, in Rev.de processo 2011, p. 74 ss.; Bahia, *As Súmulas Vinculantes e a Nova Escola da Exegese*, ivi 2012, p. 362 ss.
17. Cfr. Higashiyama, *Teoria*, cit., p. 87, 99
18. Cfr. ainda Higashiyama, *Teoria*, cit., p.109 ss., 118. Em sentido crítico Bahia, *As Súmulas*, cit., p. 360 ss, trata da uniformidade a todo custo, procurada com enunciados gerais e abstratos que não decidem um caso e se prestam a operações exegéticas fundamentalmente não distintas daquelas de que são objeto das normas.
19. Sobre o tema, cfr. de la Oliva Santos-Díez-Picazo Giménez-Vegas Torres, *Curso de derecho procesal civil.II. Parte especial*, Madrid 2012, p. 282 ss.

torno do que constitui ou não constitui um precedente, e outras vezes ainda se abandona a referência à técnica do precedente para se recorrer a pronúncias ou provimentos que não são precedentes, dado que não são pronunciados por ocasião das decisões dos casos concretos, e possuem além do mais a natureza de atos *normativos*, embora não sejam de fonte legislativa. Todavia, à parte a variedade dessas técnicas, e das diferenças concernentes aos efeitos que possam produzir, uma orientação constante é no sentido de individuar nas cortes supremas os órgãos aos quais se confia a tarefa de assegurar a uniformidade da interpretação e da aplicação do direito. Nisso nada há de surpreendente, tratando-se de cortes tipicamente colocadas no vértice das pirâmides judiciárias. Vem assim exaltada a posição de vértice desses órgãos, já que se prevê que eles possam impor – de uma forma ou de outra – as próprias escolhas interpretativas e aplicáveis a todos os tribunais que se encontrem nos níveis inferiores da pirâmide. Isso corresponde ao modelo clássico da burocracia centralizada, no qual o poder aumenta e se concentra à medida em que sobe de baixo para cima, e se torna máximo quando se chega ao vértice. Naturalmente, esse modelo implica que o poder seja inferior e decentralizado à medida em que se desce do vértice à base, ou seja, aos juízes de primeira instância.

Sob outra perspectiva, adverte-se que nesse modelo de ordenamento a corte suprema acaba sendo mais importante que o legislador: a este incumbe a função de produzir normas gerais e abstratas, mas é a corte suprema que estabelece o significado que deve ser atribuído a essas normas e que deve ser tendencialmente aplicado por todos os juízes inferiores, e então a todos os sujeitos do ordenamento, sem contar que, não raro – como se viu nos exemplos citados mais acima –, é a mesma corte suprema a produzir normas gerais e abstratas com o escopo de vincular a interpretação que pode ser dada por outros órgãos.

3. UNIVERSALISMO E PARTICULARISMO

A concepção sumariamente exposta constitui uma versão específica, mas deveras difusa, daquilo que os filósofos chamam "universalismo jurídico"[20], fundada essencialmente sobre a ideia segundo a qual existem regras gerais destinadas a serem aplicadas de modo uniforme pelos juízes, e que a respectiva decisão se justifica apenas se o caso particular que é objeto da decisão pode ser "subsumido" a uma norma geral que deve se aplicar do mesmo modo em

---

20. Sobre o tema cfr. Bouvier, *Particularismo y derecho. Un abordaje postpositivista en el ámbito práctico*, Madrid-Barcelona-Buenos Aires 2012, p. 19 ss., 21 ss., 38 ss. Cfr. igualmente Grossi, *Universalismo e particolarismo nel diritto*, Napoli 2011; Sacco, *Il diritto tra uniformazione e particolarismi*, Napoli 2011; Palazzo, *Il diritto penale tra universalismo e particolarismo*, Napoli 2011.

todos os casos iguais ou semelhantes. Nessa versão, o elemento caracterizante é representado pelo fato que – como se viu – se atribui à corte suprema a função de estabelecer quais são as regras gerais que devem ser aplicadas em cada caso, e qual é o significado constante a ser atribuído a cada regra geral em cada caso.

O universalismo jurídico é objeto de várias críticas, fundadas sobretudo na consideração – que agora constitui lugar-comum entre os filósofos do direito – que a decisão não é nunca o fruto da aplicação mecânica de normas gerais, mas que a aplicação da norma não pode ser feita sem referência à complexidade do caso particular sobre o qual incide a decisão. As correntes que de formas variadas seguem essa perspectiva são comumente indicadas como "particularismo jurídico"[21], e fazem referência em particular ao raciocínio com que se formulam as decisões judiciárias[22].

O particularismo se apresenta em diversas versões, algumas das quais são bastante radicais e chegam a sustentar que a decisão deve se fundar somente sobre as circunstâncias particulares do caso concreto, sem qualquer referência a normas. Não é o caso de considerar aqui essas teses[23]. É possível, todavia, observar que mesmo se se seguem versões moderadas do particularismo, como aquela que considera sempre necessária a referência à regra geral mesmo quando a decisão se concentra sobre *particulars* do caso específico[24], é sempre o destaque que se dá aos *particulars* que determina a configuração da regra que constitui o critério de decisão. Disso decorrem algumas considerações talvez não destituídas de relevância no discurso que aqui se vai desenvolvendo.

Antes de mais nada, observa-se que a decisão judicial não consiste na mera enunciação de regras (ou máximas) apresentadas como a única interpretação abstratamente correta, uniforme e vinculante, da disposição normativa, uma vez que – como hoje se reconhece uniformemente – é o interprete que escolhe e determina o seu significado[25]. Por outro lado, é necessário reconhecer que pode haver boas razões para decidir casos semelhantes de formas diversas: uma vez que não existem dois fatos iguais[26], é sobretudo sobre as diferenças, ou seja, sobre os *particulars*, que se deve fundar a intepretação da norma que deve ser aplicada

---

21. Para uma análise ampla dessas orientações cfr. Bouvier, *Particularismo*, cit., p.58 ss., 175 ss., 309 ss., 349 ss., e os outros escritos citados na nota n.14. Cfr. ainda Taruffo, *La semplice verità. Il giudice e la costruzione dei fatti*, Bari 2009, p. 200 ss., também para outras referências.
22. Cfr. os estudos reunidos no volume *The Universal and the Particular in Legal Reasoning*, ed.by Z.Bankowski and J. MacLean, Aldershot 2006.
23. Sobre o tema cfr. Pavlakos, *Two Conceptions of Universalism*, in *The Universal*, cit., p.163 ss.; Taruffo, *La semplice verità*, cit., p. 200.
24. Trata-se por exemplo da posição sustentada por MacCormick, *Particulars and Universals*, in *The Universal*, cit., p.3 ss., e compartilhada por Walker, *The Burden of Universalism*, ivi, p.53 ss.
25. Sobre o tema, ver Gentili, *Il diritto come discorso*, Milano 2013, p.8 ss., 15 ss.
26. Sobre o ponto, cfr. MacCormick, *Particulars*, cit., p.5, e v. *supra*, n. 2.

ao caso específico. Parece evidente que quando uma norma é interpretada para extrair a regra de julgamento a ser aplicada a um caso concreto, como ocorre no processo, é a referência aos fatos daquele caso que guia a interpretação da norma[27]. Caso contrário, ou seja, se a norma não é interpretada com referência àqueles fatos, a consequência é que aquela norma não é aplicável àquele caso[28]. Analogamente, como já se acenou[29], é essencialmente analisando os fatos e estabelecendo uma analogia suficiente entre os fatos do caso precedente e os fatos do caso sucessivo que o juiz do segundo caso decide acerca da aplicabilidade da *ratio decidendi* que constitui o precedente.

Em essência, é o fato que determina a interpretação da regra de direito que a ele deve ser aplicada. Não por acaso, é justamente a relação da norma com o fato que constitui um dos problemas fundamentais da teoria do direito[30] e do direito processual[31]. Consequentemente, são as peculiaridades dos fatos dos vários casos que podem levar a diversas intepretações da mesma regra, e em consequência a não aplicá-la em casos aparentemente semelhantes ou aplicá-la em casos aparentemente distintos. Esse discurso não pode ser aqui aprofundado como mereceria, mas alguns exemplos podem ser úteis para esclarecer seu significado.

Um primeiro exemplo pode ser constituído por uma situação que há algum tempo é objeto de particular atenção dos constitucionalistas e dos filósofos do direito: trata-se do chamado equilíbrio (ou ponderação) entre princípios, que ocorre quando se trata de resolver antinomias entre diversos princípios constitucionais distintos. Em tal caso, são as particularidades do caso que devem ser determinantes na escolha favorável à aplicação de um princípio em vez da aplicação de um outro princípio[32].

Um segundo exemplo, que parece particularmente significativo em vários países da América Latina, diz respeito às situações em que existem populações indígenas às quais são reconhecidas condições particulares de autonomia, até a criação de jurisdição específica. Nesses casos, parece evidente o

---

27. Sobre o tema, ver mais amplamente Taruffo, *Il fatto e l'interpretazione*, in *La fabbrica delle interpretazioni*, a cuidado de B.Biscotti, P.Borsellino, V.Pocar e D.Pulitanò, Milano 2012, p.123 ss.
28. propósito, ver mais amplamente Taruffo, *La semplice verità*, cit., p.199.
29. V. *supra*, n.9 e ali no texto.
30. sempre fundamental a referência a Engisch, *Logische Studien zur Gesetzesanwendung*, 2 Aufl., Heidelberg 1960.
31. Particularmente interessante é a análise desse problema nos termos em que é enfrentado pela doutrina da primeira metade dos '900. Cfr. a respeito Nitsch, *Il giudice e la legge. Consolidamento e crisi di un paradigma nella cultura giuridica italiana del primo Novecento*, Milano, 2012.
32. propósito, cfr. em particular Luzzati, *Il giurista che cambia e non cambia*, in *Dir.pubbl.*, 2013, 2, p. 432, o qual enfatiza oportunamente a variabilidade dessas escolhas, que são realizadas com base nas particularidades dos casos singulares que são decididos optando-se, vez por outra, por um ou por outro princípio constitucional aplicável.

reconhecimento explícito de diferenças subjetivas relevantes, em face das quais parece difícil, senão impossível, pregar a absoluta uniformidade da interpretação e da aplicação das normas do ordenamento jurídico estatal.

Um outro exemplo se identifica quando se reconhece que as características étnico-culturais do autor de um delito são significativas para a decisão que deve ser tomada em relação a esse indivíduo, por exemplo, em termos de punibilidade ou determinação da pena[33]. Nesses casos, de fato, a decisão deve ter em conta as específicas caraterísticas culturais do indivíduo, resultantes de pertencer a um particular grupo étnico.

Esses exemplos, e muitos poderiam ser dados, mostram que são numerosas as situações nas quais emergem aspectos relevantes que induzem o juiz a empregar diversos argumentos jurídicos, por exemplo, fazendo de vez em quando referência a diferentes princípios gerais ou constitucionais[34], e também para invocar várias razões metajurídicas, inspiradas por diferentes valores sociais ou morais que orientam a heterointegração da norma. Parece, então, evidente a ausência de fundamento de teses como aquela da *one right answer* enunciada a seu tempo por Dworkin, segundo a qual um juiz "hercúleo" poderia sempre encontrar a única e verdadeira interpretação correta de cada norma[35]. Por outro lado, os chamados *hard cases* são muitas vezes *hard* nos fatos, e é propriamente a complexidade dos fatos a tornar difícil a intepretação e a aplicação da norma que a esses se referem.

Assim, necessário reconhecer que a interpretação da norma, visando à sua aplicação como regra de julgamento em um caso concreto, tem um inevitável e relevantíssimo aspecto particularístico, devendo fundar-se sobre uma completa e analítica consideração dos *particulars* do caso[36]: é sobre *particulars*, então, que se modela a interpretação da norma.

Naturalmente isso levanta um relevante problema adicional: uma vez que as circunstâncias que constituem os fatos do caso são infinitas, e são também infinitas as suas possíveis descrições[37], se trata de determinar quais são os *particulars* que se consideram significativos e relevantes para a interpretação e a aplicação da norma à qual se faz referência[38]. Nesse sentido, não existem soluções simples

---

33. Sobre o tema cfr. DE MAGLIE, *I reati culturalmente motivati. Ideologie e modelli penali*, Pisa 2010. .
34. Cfr. LUZZATI, *op.cit.*, *loc.cit.*
35. Sobre o ponto, ver mais amplamente, e para referências, TARUFFO, *La Corte di Cassazione*, cit., p.78 ss.. Sobre "titanismo d'oltre Atlantico che...si immagina un Hercules dell'interpretazione", v. GENTILI, *Il diritto*, cit., p.130.
36. Cfr. em particular MACCORMICK, *Particulars*, cit., p.10.
37. Sobre as narrações factuais que entram no processo, e sobre modalidades com que se selecionam os aspectos relevantes do fato que é objeto do julgamento, ver em particular TARUFFO, *Il fatto*, cit., p.127 ss.; Id., *La semplice verità*, cit., p.32 ss.
38. Sobre esse problema, ver mais amplamente TARUFFO, *La semplice verità*, cit., p.197 ss.

que possam valer automaticamente para qualquer decisão. Mesmo a referência à *fattispecie* definida em termos gerais na norma serve apenas – por assim dizer – para iniciar a análise dos fatos, fornecendo um paradigma inicial, que na realidade não é mais que uma hipótese provisória, de relevância jurídica[39]. É, porém, partindo desta hipótese, e eventualmente formulando outras que sejam progressivamente mais adequadas às circunstâncias do caso concreto que o juiz, por meio da assim chamada espiral hermenêutica, estabelece quais são as circunstâncias relevantes do caso. Contudo, uma vez que nesse procedimento de *trial and error* ou – se se preferir – de abdução interpretativa, nada há de mecânico ou predeterminado, é uma atividade eminentemente criativa aquela que cabe ao juiz de atribuir relevância a determinados *particulars* do caso, e de modelar sobre esses a interpretação da norma que pretende aplicar[40].

Se se tem em conta essas considerações, e outras poderiam ser invocadas em favor do particularismo, como sobretudo sua maior aderência ao que realmente acontece na administração da justiça, a versão do universalismo jurídico de que se falou anteriormente aparece caracterizada, como já se acenou, por uma concessão fortemente burocrática e substancialmente autoritária. Isso parece evidente no momento em que se consagra um modelo piramidal em que é somente o vértice que "diz o direito", de modo vinculante para todos e *once and forever*. Além disso, dessa forma o direito é "dito" com fórmulas com alto grau de abstração, sem considerar uma coisa óbvia, ou seja, que quanto mais alto se vai na escala de abstração, mais se perde de vista o concreto, ou seja, a realidade. O resultado é uma imagem parcial, unilateral e deformada da administração da justiça, como se essa ocorresse apenas no nível das cortes supremas, enquanto as decisões das cortes inferiores, e sobretudo aquelas dos juízes de primeira instância, ou seja, aqueles que se ocupam do acertamento dos fatos e da aplicação da norma nos casos particulares, seriam irrelevantes.

Deve notar-se que se se tem em consideração o particularismo, mesmo nas suas versões mais moderadas e razoáveis, se constata que esse não se aplica para cortes que, como a Corte de Cassação italiana e outras mencionadas anteriormente, se exprimem quase exclusivamente por meio de enunciados gerais que não fazem qualquer referência aos fatos que, todavia, são objeto da decisão, ou mesmo não se ocupam efetivamente das situações concretas às quais as normas são aplicadas. O particularismo tem, de outro lado, um significado importante com referência às cortes que interpretam normas com o escopo de aplicá-las aos casos particulares, ou seja, principalmente

---

39. Sobre o tema, ver mais amplamente Taruffo, *La prova dei fatti giuridici. Nozioni generali*, Milano 1992, p.74 ss.; E., *Il fatto*, cit., p.125.
40. Cfr. Taruffo, *La semplice verità*, cit., p.203.

quando se analisam as modalidades de decisões que podem se considerar típicas dos juízos de mérito.

4. CONCLUSÕES

Se as considerações precedentes fazem sentido, estamos diante de uma tensão – senão propriamente de uma contradição – entre dois valores ou paradigmas divergentes[41]: de um lado há a versão rigorosa da tese universalista, segundo a qual o juiz estaria vinculado a decidir de modo uniforme, aplicando dedutivamente uma regra geral sem ter em conta os fatos do caso, se não para construí-los de tal modo a fazê-los corresponder à *fattispecie* abstrata definida por uma norma; de outro lado há a perspectiva particularista, segundo a qual, nas suas versões extremas, o juiz deveria decidir tendo em conta apenas os fatos particulares do caso específico, sem levar em consideração nenhuma regra geral.

Os dois paradigmas ora mencionados parecem além disso pressupor duas ideias diversas de justiça. O universalismo se refere à justiça como a correta interpretação das disposições normativas, ou seja, àquela que se poderia chamar "justiça das normas", a ser individuada de modo imperativa, possivelmente vinculante, com formulações gerais, da parte dos órgãos de vértice do sistema judiciário. O particularismo, por sua vez, se refere àquela que poderia se definir como "justiça das decisões", referentes aos singulares casos concretos, ou seja, à justiça substancial daquilo que o juiz diz relacionando as normas às situações reais e efetivas, vistas em todos os seus aspectos relevantes, que são objeto de decisão. Se o universalismo alude a uma "justiça da norma abstrata", o particularismo se refere à "justiça do caso concreto".

Do ponto de vista teórico, as versões moderadas do particularismo não excluem, no entanto, como se viu anteriormente, que possam e devam existir situações intermediárias, nas quais a atenção necessária a todos os *particulars* relevantes se conjuga com a individuação de regras tendencialmente universais, capazes de serem aplicadas também em outros casos[42]. Não se exclui, portanto, embora admitindo que essas razões consideram características singulares de cada caso concreto, que caiba aos tribunais, e em particular às cortes supremas, a tarefa de tornar relativamente previsível e controlável a interpretação das normas[43].

Sob a perspectiva que mais interessa aqui, pode-se dizer que a decisão judiciária se coloca no espaço intermediário entre os dois extremos constituídos pelo

---

41. De uma tensão análoga fala por exemplo Bell, *The Institutional Constraints on Particularism*, in *The Universal*, cit., p.41. Sobre o tema ver também Palazzo, *Il diritto penale*, cit., p.8 ss.
42. Nesse sentido, ver os escritos de MacCormick e di Walker citados na nota n.22.
43. Nesse sentido, v. Luzzati, *op.cit.*, p.437, com referência específica à ponderação de princípios.

universalismo abstrato e pelo particularismo absoluto. Tendo-se em conta o fato que não existe uma "regra áurea" que determine o ideal ponto de equilíbrio entre os dois paradigmas, se pode apenas observar que cada decisão pode ser colocada em qualquer ponto do *continuum* assim determinado, e, portanto, poderá aproximar-se mais do paradigma universalista ou do paradigma particularista, ou efetuar uma combinação oportuna entre os dois paradigmas. A propósito, é possível, todavia, traçar uma distinção não destituída de relevância: se se considera a jurisprudência que opera produzindo máximas ou *súmulas*, como acontece nas cortes supremas mencionadas acima, então parece evidente que essa se coloca em um ponto bastante próximo do extremo universalista, e talvez – nos exemplos de pior formalismo – vem mesmo a coincidir com ele. Se, ao contrário, se consideram as decisões produzidas pelas cortes inferiores, e em particular pelos juízes de primeiro grau, então se chega a um ponto mais próximo do paradigma particularista, ao menos na medida em que esses juízes individuam e definem todas as circunstâncias relevantes dos casos concretos. Seria possível ainda imaginar uma situação ideal em que a corte suprema, como tal depositária e intérprete do paradigma universalista, seja todavia sensível à exigência de justiça que nascem das situações concretas que são objeto de decisão, e formule as próprias intepretações – embora destinadas a serem aplicadas de modo uniforme – tendo o mais em conta possível as circunstâncias relevantes dessas situações, sobretudo na rápida variação das condições econômicas, sociais e políticas em que surgem as controvérsias. Reciprocamente, os juízes dos casos concretos singulares não deveriam adotar atitudes de particularismo absoluto, e deveriam, ao contrário, fazer referência às indicações interpretativas que proveem das cortes supremas, ao menos na medida em que essas interpretações forneçam regras de julgamento capazes de realizar a justiça do caso concreto.

Ambos os paradigmas de decisão, e os respectivos conceitos de justiça, podem – e talvez devam – conviver no mesmo ordenamento jurídico. O que resta a ser determinado, mas que não é um problema que possa ser enfrentado nesta sede, é se ambos os modelos correspondem – cada um a seu modo e por razões diversas – a uma concepção global e complexa de "administração da justiça" propriamente dita. É possível, todavia, admitir que seja justiça *formal* aquela em que todos são tratados de forma igual em um sistema de regras gerais, e seja ao contrário justiça *substancial* aquela realizada tendo em conta os valores e os escopos do direito, relacionando-os com as circunstâncias dos casos particulares[44]. Dependerá, então, das escolhas políticas formuladas em cada sistema jurídico se a prevalência será atribuída à justiça formal universalista ou à justiça substancial particularista, ou se se realiza a combinação ideal, mencionada acima, entre as duas formas de justiça.

---

44. Para uma distinção semelhante, cfr.Bankowski e MacLean, Introduction, in *The Universal*, cit., p.XII.

> 1º Painel Binacional:
> Motivação das decisões judiciais

LA MOTIVAZIONE DELLE DECISIONI GIUDIZIALI

Marco De Cristofaro
Prof. Ordinario nell'Università di Padova.

SOMMARIO: 1. I PRINCIPI COSTITUZIONALI SULLA MOTIVAZIONE DELLE SENTENZE; LA MOTIVAZIONE QUALE ELEMENTO VIVIFICANTE DELLA GARANZIA DEL CONTRADDITTORIO; 2. L'ESTENSIONE DELL'OBBLIGO DI MOTIVAZIONE E LE RICORRENTI TENTAZIONI DI ALLEGGERIRLO ANCHE RENDENDO LA MOTIVAZIONE UNA GARANZIA DI CUI SI BENEFICI "A RICHIESTA"; MOTIVAZIONE E RICONOSCIMENTO DELLE SENTENZE STRANIERE; 3. IL SINDACATO SULLA MOTIVAZIONE NEI GRADI D'IMPUGNAZIONE E, SOPRATTUTTO, DAVANTI ALLA CORTE SUPREMA DI CASSAZIONE; 4. SINDACATO SULLA MOTIVAZIONE E DISCIPLINA LEGISLATIVA: LA PIÙ RECENTE RIFORMA DEL 2012; 5. CONTROLLO SULLA MOTIVAZIONE E C.D. "DOPPIA CONFORME"

1. I PRINCIPI COSTITUZIONALI SULLA MOTIVAZIONE DELLE SENTENZE; LA MOTIVAZIONE QUALE ELEMENTO VIVIFICANTE DELLA GARANZIA DEL CONTRADDITTORIO

Caratteristica peculiare dell'ordinamento italiano con riferimento alla motivazione delle decisioni, rispetto al panorama degli altri ordinamenti europei occidentali, è costituita dal fatto che l'obbligo di motivazione delle decisioni giudiziali è contemplato tra le garanzie fondamentali del cittadino quanto all'esercizio della giurisdizione. L'art. 111, co. 6, della Costituzione enuncia infatti il principio che «*tutti i provvedimenti giurisdizionali devono essere motivati*», con ciò individuando nella presenza di una motivazione – che dia conto delle ragioni della decisione – un requisito qualitativo essenziale di un processo che possa definirsi equo.

Sotteso a questa regola, tradizionalmente, si è ritenuto esservi, da un lato, l'evidenza della funzione extraprocessuale della motivazione, quale strumento per un controllo "diffuso" dell'operato degli organi giurisdizionali da parte dei consociati: controllo in cui trova espressione una concezione democratica del potere giurisdizionale e dei rapporti tra cittadini e giustizia[1]; dall'altro lato, il

---

1. Così Taruffo, *La motivazione della sentenza civile*, Padova, 1975, pp. 392 ss.; cfr. anche Colesanti, *Die Entscheidungsbegründung im italienischen Recht*, in *Die Entscheidungsbegründung im europäischen Verfahrensrechten und im Verfahren vor internationalen Gerichten*, a cura di Sprung e König, Wien-New York, 1974, che parla dell'obbligo di motivazione quale "alternativa democratica all'esercizio arbitrario

riconoscimento della funzione endoprocessuale della motivazione. In quest'ultima prospettiva essa si presenta essenzialmente quale garanzia individuale di un adeguato controllo della sentenza nelle fasi di sua eventuale impugnazione[2], arrivandosi a ragionare persino di un "effetto repressivo" della motivazione, che consiste nel prevenire l'arbitrio del giudice tramite la previsione di un controllo sulla sentenza impugnata da parte delle istanze superiori[3].

In questa prospettiva della funzione endoprocessuale della motivazione si può aggiungere che l'obbligo di motivazione costituisce un elemento essenziale della garanzia del contraddittorio: garanzia da intendersi non solo quale requisito fondante di un processo equo, ma anche quale principio euristico, ossia quale strumento elettivo – entro un processo ispirato al principio dispositivo – per assicurare la migliore conoscenza dei fatti avvalendosi dello stimolo nascente dalla competizione tra le parti in conflitto[4].

Il contraddittorio, quale elemento discriminante tra processo e procedimento, non si esaurisce nel principio partecipativo[5], che è un connotato pro-

---

del potere giudiziale", richiamandosi inoltre al principio di legalità e di soggezione del giudice solo alla legge di cui all'art. 101, co. 2, Cost.; così anche Andolina-Vignera, *Il modello costituzionale del processo civile italiano*, Torino, 1990, pp. 181 ss.; nonché Denti, *Commento all'art. 111 Cost.*, in *Commentario alla Costituzione* a cura di Branca, Bologna-Roma, 1987 pp. 8 s., che pone altresì in rilievo come, in riferimento alle decisioni della Corte di cassazione, l'obbligo di motivazione assume rilevanza costituzionale in forza del ruolo istituzionale della Corte stessa (spunti in tal senso anche in Colesanti, *ibidem*, pp. 368 ss.). Cfr. anche Amodio, voce "Motivazione della sentenza penale", *Enciclopedia del diritto*, XXVII, Milano, 1977, pp. 186 ss.

2. Sul parallelismo tra obbligo di motivazione e impugnabilità della sentenza v. Taruffo, voce "Motivazione. III) Motivazione della sentenza – Dir. proc. civ.", *Enciclopedia giuridica Treccani*, p. 1; Colesanti, *op.ult.cit.*, pp. 362 ss.

3. V. già Calamandrei, *La Cassazione civile. II. Disegno generale dell'istituto*, Torino, 1920, p. 374. Per quanto riguarda l'ordinamento tedesco, cfr. Grunsky, *Die Entscheidungsbegründung im deutschen zivilgerichtlichen Verfahren*, in *Entscheidungsbegründung*, cit., p. 73; istruttivo in tal senso OLG Hamm, 7 settembre 1992 (ord.), in *Neue Juristische Wochenschrift-RechtssprechungsReport* (NJW-RR), 1993, pp. 827 s., per il quale la rinuncia alla motivazione comporta altresì rinuncia all'impugnazione (è da ricordare come nell'ordinamento tedesco l'obbligo di motivazione sia espressamente sancito solo a livello di legislazione ordinaria – § 313 ZPO – e con alcune importanti eccezioni – §§ 313 a, 313 b ZPO – e non a livello costituzionale, là dove si ritiene che non lo si possa inferire neppure quale conseguenza necessaria del "*Recht auf rechtliches Gehör*": Grunsky, *ibidem*, pp. 78 ss.). Per quanto riguarda l'ordinamento austriaco – nel cui ambito il § 477, Abs. I, Nr. 9, ZPO ricollega la nullità della sentenza alle ipotesi in cui la motivazione sia redatta in modo tale da renderne difficile il riesame o sia contraddittoria o sia addirittura assente –, cfr. Fasching, *Die Entscheidungsbegründung im österreichischen streitigen zivilgerichtlichen Erkenntnis-, Exekutions- und Insolvenzverfahren*, in *Entscheidungsbegründung*, cit., pp. 135 ss. Per ciò che attiene all'ordinamento francese – dove pure l'obbligo di motivazione delle decisioni non ha fondamento costituzionale, essendo stato previsto, a pena di nullità, dall'art. 7 della legge del 20 aprile 1810 (poi sostituita dall'art. 102 del decreto del 20 luglio 1972, n. 72684, di identico contenuto) – cfr. Tribes, *Die Entscheidungsbegründung im französischen Verfahrensrecht*, in *Entscheidungsbegründung*, cit., pp. 337 ss.

4. V. Picardi, *Audiatur et altera pars. Le matrici storico-culturali del contraddittorio*, in *Riv. trim. dir. e proc. civ.*, 2003, 22: «il contraddittorio diviene il cardine della ricerca dialettica, condotta con la collaborazione delle parti […] In questa direzione il contraddittorio viene, di nuovo, spostato, dai margini, al centro del fenomeno processuale: non è più una prova di forza, ma diventa uno strumento di ricerca della verità probabile».

5. Ossia il principio per cui al processo deve avere possibilità di partecipare colui che, secondo quanto si chiede nella domanda, dovrebbe subire gli effetti dell'eventuale accoglimento della domanda stessa.

prio anche al procedimento amministrativo. Nel processo il contraddittorio si specifica – in forma volta a volta diversa, sia dal punto di vista qualitativo che quantitativo – nella effettiva corrispondenza ed equivalenza fra i vari partecipanti, realizzata attraverso la distribuzione di posizioni simmetricamente uguali e mutuamente implicate fra loro. Il processo – e unicamente esso – si connota per essere incentrato sul contraddittorio, ossia sul principio per cui l'attività dell'interessato non solo deve essere corrisposta da una facoltà di reazione e replica della controparte, ma deve trovare riscontro nell'attività del giudice, poiché di tale attività l'autore dell'atto-sentenza «*deve tener conto, i cui risultati cioè egli può disattendere, ma non obliterare*»[6].

Diviene allora evidente come la motivazione della decisione giudiziale sia il principale mezzo di riscontro dell'effettività del contraddittorio: unicamente tramite la motivazione diviene possibile non solo comprendere le ragioni della sentenza, ma soprattutto verificare se il giudice ha tenuto conto delle attività delle parti ed ha preso posizione su di esse, accettandole o ripudiandole, come è imposto dal principio del contraddittorio. Affinché non possa accadere che la decisione del giudice trascuri fondamentali deduzioni di parte o acquisizioni istruttorie senza giustificare la ragione per cui le stesse sono state ritenute non rilevanti.

Su questo stesso piano si colloca del resto la modifica dell'art. 101 c.p.c. avvenuta nel 2009. In quell'occasione, ponendo termine ad un'evoluzione giurisprudenziale accompagnata da un lungo e a tratti acceso dibattito dottrinale[7], detta norma – intitolata al "principio del contraddittorio" – è stata integrata da un nuovo comma entro il quale si è codificato il divieto delle sentenze cd. "della terza via": ossia il principio per cui il giudice non può assumere a base delle sue decisioni questioni pur rilevabili d'ufficio che non siano state sottoposte a discussione tra le parti. Oggi, «*se ritiene di porre a fondamento della decisione una questione rilevata d'ufficio, il giudice riserva la decisione, assegnando alle parti, a pena di nullità, un termine, non inferiore a venti giorni e non superiore a quaranta giorni dalla comunicazione, per il deposito in cancelleria di memorie contenenti osservazioni sulla medesima questione*»[8].

---

6. Fazzalari, *Diffusione del processo e compiti della dottrina*, in *Riv. trim. dir. e proc. civ.*, 1958, 861 ss.; v. anche Picardi, *Il principio del contraddittorio*, in *Riv. dir. proc.*, 1998, 679.
7. Cfr. per tutti, da un lato, Chiarloni, *La sentenza "della terza via" in cassazione: un altro caso di formalismo delle garanzie?*, in *Giur. it.*, 2002, I, 1362; dall'altro lato, in senso favorevole all'evoluzione giurisprudenziale sfociata nella modifica dell'art. 101 c.p.c., Luiso, *Questione rilevata d'ufficio e contraddittorio, una sentenza rivoluzionaria*, in *Giust. civ.*, 2002, I, 1611. In giurisprudenza la prima affermazione dell'invalidità della sentenza basata su questione rilevata d'ufficio e non sottoposta al dibattito delle parti si ritrova in Cass., 21.11.2001, n. 14637; v. successivamente Cass., 5.8.2005, n. 16577; Cass., 31.10.2005, n. 21108; Cass., 9.6.2008, n. 15194; ed infine il coronamento di Cass., sez. un., 30.9.2009, n. 10935.
8. Cfr., al riguardo, Consolo-Godio, in *C.p.c. commentato*, 5. Ed., Milano, 2013, vol. I, sub art. 101, 1143 ss.; Chizzini, *Legitimation durch Verfahren. Il nuovo secondo comma dell'art. 101 c.p.c.*, in *Pensiero e azione nella*

Come impone al giudice di non disattendere le istanze delle parti, se non dandone conto, così il contraddittorio richiede che la decisione non sia il frutto di una valutazione "solitaria" del giudice su questioni che le parti non abbiano avuto la possibilità di dibattere. Ed in entrambi i casi lo strumento di verifica dell'operato giudiziale – e del suo rispetto dei principi processuali fondamentali – è offerto dalla motivazione della decisione, che si pone così come strumento indispensabile alla verifica del contraddittorio.

2. L'ESTENSIONE DELL'OBBLIGO DI MOTIVAZIONE E LE RICORRENTI TENTAZIONI DI ALLEGGERIRLO ANCHE RENDENDO LA MOTIVAZIONE UNA GARANZIA DI CUI SI BENEFICI "A RICHIESTA"; MOTIVAZIONE E RICONOSCIMENTO DELLE SENTENZE STRANIERE

La motivazione delle decisioni è dunque un elemento essenziale del processo equo non solo per il fatto che l'art. 111, co. 6, Cost. pone l'obbligo di motivazione per tutti i provvedimenti giurisdizionali, con ciò vincolando le scelte del legislatore ordinario in proposito, ma anche per il suo essere garanzia imprescindibile per la salvaguardia del principio del contraddittorio.

In questa prospettiva debbono essere considerate in modo fortemente critico le ricorrenti tentazioni del legislatore italiano, che – quale misura di accelerazione dei processi, a fronte dell'endemico male della giustizia italiana – vorrebbero introdurre la cd. "motivazione a richiesta". Si vorrebbe cioè perseguire l'obiettivo dell'eliminazione dell'arretrato (di primo grado, nei progetti sin qui affacciatisi) alleviando il giudice del momento più faticoso del lavoro del giudicare, ossia quello della redazione della motivazione, e così consentendo la pronuncia di sentenze composte solo dal dispositivo; salvo che la parte, soccombente o vittoriosa, chieda espressamente la redazione della motivazione[9], sobbarcandosi peraltro all'uopo l'onere di versare, per intero o per metà, gli oneri fiscali necessari per l'instaurazione del successivo grado di impugnazione[10].

---

storia del processo civile. Studi, Torino, 2013, 241 ss.; Consolo, Le Sezioni Unite sulla causalità del vizio nelle sentenze della terza via: a proposito della nullità, indubbia ma peculiare poiché sanabile allorché emerga l'assenza in concreto di scopo del contraddittorio eliso, in Corriere giuridico, 2010, 355; Gradi, Il principio del contraddittorio e la nullità della sentenza della "terza via", in Riv. dir. proc., 2010, 826.

9. Il modello, come spesso accade, è offerto dall'ordinamento tedesco, ove tuttavia i già menzionati §§ 313a e 313b ZPO non parlano di "motivazione a richiesta", ma contemplano la possibilità di rinunciare alla motivazione (anche preventivamente o comunque entro una settimana dalla chiusura della trattazione), ammettendo altresì che tale rinuncia alla redazione della motivazione sia implicita nella rinuncia all'impugnazione da parte della parte o delle parti soccombenti. Non necessita di motivazione neppure la sentenza contumaciale. La motivazione dovrà essere in ogni caso resa ove sia verosimile che la sentenza debba essere fatta valere all'estero, e potrà essere oggetto di redazione successiva ove insorga la necessità di far valere la sentenza all'estero.

10. V. ancora oggi l'art. 2, co. 1, lett. b), del disegno di legge contenente Delega per l'efficienza del processo civile, ove si contempla la possibilità per il Governo di predisporre un decreto legislativo prevedendo,

Anche se la funzione endoprocessuale della motivazione, che si incentra sugli interessi delle parti, rende in teoria ammissibile la "motivazione a richiesta", poiché si rimetterebbe alle parti medesime la rinuncia ad un proprio diritto processuale, tuttavia si fa fatica ad accettare che un elemento così connaturato alle garanzie della giurisdizione, qual è la motivazione, possa davvero essere tendenzialmente soppresso salvo volontà contraria: tanto più là dove si pretenda che una garanzia del processo equo divenga "a pagamento", e tanto più ove si consideri il rischio dei paradossi che potrebbero verificarsi quanto alla tempestività del deposito della motivazione[11].

Meno severo, nell'ottica delle garanzie processuali fondamentali, è il giudizio da riservarsi a quei recenti interventi del legislatore italiano che hanno cercato di semplificare la tecnica di redazione della sentenza. Con la riforma del 2009 si è infatti eliminata, dal novero dei requisiti della sentenza di cui all'art. 132, n. 4, c.p.c., «*la concisa esposizione dello svolgimento del processo*», e si è aggiunto alla previsione per cui la sentenza consiste «*nell'esposizione dei fatti rilevanti della causa e delle ragioni giuridiche della decisione*» l'indicazione per cui tale esposizione deve essere «*succinta*» e può avvalersi del «*riferimento a precedenti conformi*» (art. 118, co. 1, disp.att. c.p.c.)[12], sempre peraltro continuando quest'ultima norma ad evidenziare, al proprio co. 3, quel divieto della «*citazione di autori giuridici*» che costituisce pressoché un *unicum* sul piano comparato[13].

«anche al fine di favorire lo smaltimento dell'arretrato civile, che: 1) il giudice possa definire i giudizi di primo grado mediante dispositivo corredato dall'indicazione dei fatti e delle norme che fondano la decisione e delimitano l'oggetto dell'accertamento, <u>riconoscendo alle parti il diritto di ottenere la completa motivazione della decisione da impugnare, a richiesta e previo versamento di una quota del contributo unificato dovuto per l'impugnazione</u>; 2) la motivazione dei provvedimenti che definiscono il giudizio in grado d'appello possa consistere nel richiamo in tutto o in parte alla motivazione del provvedimento impugnato».

11. Se si immagina, infatti, una parte soccombente che richieda – pagando – la motivazione, bisognerebbe anche prevedere dei tempi certi per la redazione della stessa, e delle sanzioni (ma di che genere?) al giudice che non rispetti tali tempi. Esigenza che si manifesta in questo caso ancor più del solito, per evitare che il motto di Redenti, voce "Atti processuali (diritto processuale civile)", in *Enciclopedia del diritto*, vol. IV, Milano, 1959, 139, per cui i termini per l'attività delle parti sono perentori ed ordinatori, mentre i termini per il giudice sono sempre e solo *canzonatori*, suoni come ulteriore presa in giro di colui che abbia addirittura versato un corrispettivo per il servizio atteso.

12. V. ancora, tra gli obiettivi enunciati dal Governo per quanto riguarda il ricorso per cassazione, la messa allo studio di misure che impongano «*alla Corte di adottare modelli di motivazione, anche assertivi, che comunque abbandonino la tentazione di sistemazione scientifica, a tutti i costi, degli istituti adoperati, o anche solo sfiorati. La sentenza della Corte Suprema deve essere atto di autorità motivato, anche solo con riferimento ai propri indirizzi, e comunque secondo una assoluta esigenza di sintesi*».

13. Al riguardo si è rimarcato come la possibilità di richiamo al "precedente" – termine che non si accompagna ad un'aggettivazione che lo specifichi – aprirebbe la strada alla possibilità di richiamare anche precedenti dottrinari, ponendo le basi per un proficuo e dinamico dialogo tra giurisprudenza e dottrina. Le potenzialità di una simile convergenza operativa non trovano tuttavia modo di esprimersi proprio per la netta chiusura di cui al co. 3 dell'art. 118 disp.att. c.p.c., oggi replicato dall'art. 88, co. 3, del Codice del Processo Amministrativo (D.Lgs. n. 104/2010): la possibilità del richiamo al solo precedente giudiziale porta all'autoreferenzialità assoluta della giurisprudenza, che non incontra incentivi ad

Certo si tratta di interventi confusi e contraddittori. La circostanza che l'art. 118 disp.att. c.p.c., nel testo modificato dalla novella, continui a prevedere che la motivazione della sentenza debba contenere, oltre all'indicazione delle ragioni in fatto e in diritto della decisione, anche l'«*esposizione*» – sia pure, oramai, soltanto «*succinta*» – «*dei fatti rilevanti della causa*», suscita serie perplessità circa l'effettiva consistenza della soppressione del corrispondente entro l'art. 132 c.p.c. I «*fatti rilevanti della causa*» ai quali fa tuttora riferimento l'art. 118 disp. att. non sono «*le ragioni di fatto*» della decisione, ma si identificano proprio nell'esposizione della vicenda storica della lite, costituita dai fatti sostanziali che l'hanno determinata, nonché dalle vicende processuali (cd. fatti processuali) che ne hanno accompagnato l'evolversi fino alla decisione[14].

Del pari dal contenuto impalpabile è l'altra modifica operata dalla novella sul testo dell'art. 132, co. 2, n. 4, c.p.c., in virtù della quale il requisito della concisa esposizione «*dei motivi in fatto e in diritto della decisione*», in cui si sostanzia la motivazione della sentenza, è stato ora sostituito da quello della concisa esposizione «*delle ragioni di fatto e di diritto*» della decisione. Anche qui tutto sembra rimanere inalterato nella sostanza, rimanendo oscura la differenza fra «ragioni» e «motivi».

L'art. 118, co. 1, disp.att. c.p.c., là dove precisa che l'esposizione dei fatti rilevanti della causa e delle ragioni giuridiche della decisione debba essere «*succinta*», si affianca poi all'art. 132, co. 2, n. 4, del codice, che già disponeva e tuttora che l'esposizione dello svolgimento del processo e dei motivi in fatto e in diritto della decisione dovesse essere «*concisa*». E la differenza di significato tra i due aggettivi è veramente impalpabile.

Al di là della loro valenza per lo più declamatoria, questi interventi preservano tuttavia il confine invalicabile per tutti i tentativi di ricercare una maggiore efficienza e celerità del processo "alleggerendo" i doveri del giudice volti alla redazione della sentenza: confine rappresentato dalla necessità che *una motivazione vi sia* e contenga la chiara esposizione della *ratio decidendi* della pronuncia. Il requisito della motivazione, infatti, si ritiene tradizionalmente richieda non solo una presenza materiale e grafica delle ragioni del decidere, ma anche un'esposizione idonea a rivelare la *ratio decidendi* della sentenza: dovendosi riscontrare una nullità della sentenza nei casi di motivazione apparente, di

---

interessarsi della dottrina, ed ha come conseguenza l'acuirsi di una patologica conflittualità bipolare tra giudice e legislatore, che non solo estromette la *scientia iuris* ed azzera il momento sistematico ad essa demandato, ma fa del precedente un "sottocodice" della crisi dei poteri dello Stato. In tal senso v. Garofalo, *IX Convegno Internazionale Aristec*, 9-11.6.2011, *Scienza giuridica, interpretazione e sviluppo del diritto europeo*.

14. Così G.F. Ricci, *La riforma del processo civile. Legge 18 giugno 2009, n. 69 - Disposizioni per lo sviluppo economico, la semplificazione, la competitività nonché in materia di processo civile*, Torino, 2009, 24.

contrasto irriducibile tra affermazioni inconciliabili, di motivazione perplessa ed obiettivamente incomprensibile[15].

In questo contesto, risulta non del tutto giustificabile quell'orientamento giurisprudenziale per il quale l'assenza totale di motivazione non rileva affatto quale ostacolo al riconoscimento di una sentenza straniera *sub specie* di violazione dell'ordine pubblico processuale[16], come se l'obbligo di motivazione possa limitarsi ai confini del nostro ordinamento, in spregio della sua rilevanza quale garanzia fondamentale che si pone come complementare rispetto al principio fondamentale del contraddittorio.

Sul punto meritano piuttosto adesione quelle istanze dottrinali diffuse che sollecitano una revisione di tale orientamento sia rinviando all'indirizzo – prevalso a tutt'oggi nella giurisprudenza francese – che tende a ritenere che l'assenza di parte motiva di una sentenza ne consente il riconoscimento solo quando siano a disposizione atti del processo o documenti idonei a palesare la *ratio* della decisione, affinché questa non si limiti ad una mera ed acritica recezione delle affermazioni attrici, non suscettibile neppure di essere valorizzata come surrogato ed equivalente della motivazione mancante [17]; sia facendo leva

---

15. Cfr. Cass., 8.1.2009, n. 161; Cass., 25.2.2014, n. 4448. Identici principi vengono affermati con riferimento al requisito della motivazione posto a pena di nullità del lodo arbitrale dall'art. 823, co. 2, n. 3, c.p.c.: anche a questo riguardo (Cass., 6.9.2005, n. 17801; Cass., 4.7.2013, n. 16755, ad avviso della quale il lodo «*può essere impugnato per la mancata esposizione sommaria dei motivi, ossia per totale carenza di motivazione o per una motivazione che non consenta di comprendere la ratio della decisione e di apprezzare se l'iter logico seguito dagli arbitri, per addivenire alla soluzione adottata, sia percepibile e coerente*».
16. Cass., 22.3.2000, n. 3365, in *Giur. it.*, 2000, 1786; Cass., 18.5.1995, n. 5451: «In particolare l'art. 111, co. 6, Cost., nel sancire l'obbligo di motivazione dei provvedimenti giurisdizionali, rispecchia e sancisce una forma organizzatoria della giurisdizione strettamente collegata al principio di legalità, sul quale si basa nel nostro ordinamento l'esercizio della giurisdizione. Con la conseguenza che, attenendo tale forma organizzatoria all'ordinamento interno, da essa e dalle norme – come l'art. 111 Cost. – che ne sono espressione, non possono ricavarsi principi "d'ordine pubblico" invocabili ai sensi dell'art. 27 Conv. Bruxelles sottoscritta [...] anche da paesi di diversa tradizione giuridica – come la Gran Bretagna – in cui l'esercizio della giurisdizione si ispira ad un diverso modello organizzatorio che non esige necessariamente la motivazione delle sentenze»; Cass., 13.3.1993, n. 3029, in *Riv. dir. internaz. priv. e process.*, 1994, 124, posto che, una volta che «il contraddittorio sia stato assicurato e la sentenza sia passata in giudicato senza che sussistano più impugnazioni, è presumibile che i fatti e le questioni di diritto sulla base dei quali essa è stata emessa siano considerati ormai, dalle parti stesse, non più discutibili», dovendosi del resto ritenere che l'obbligo costituzionale di motivazione sancisca «un assetto organizzativo della giurisdizione il quale attiene esclusivamente all'ordinamento interno»; Cass., 22.5.1990, n. 4618, in *Riv. dir. internaz. priv. e process.*, 1991, 766; da ult., nella sostanza, anche Cass., 24.2.2014, n. 4932; Cass., 9.5.2013, n. 11021.
17. () V. la più recente affermazione di tale principio da parte del trittico di pronunce della Cour de cassation del 17.1.2006 e del 20.9.2006, riportate tutte in *Int'l Lis*, 2007, 3-4, 126, con nota di D'Alessandro, *Riconoscimento di sentenza straniera con motivazione omessa o insufficiente*, la quale opportunamente distingue tra le ipotesi in cui la parte soccombente abbia partecipato al giudizio (nelle quali la medesima non potrebbe mai risultare "sorpresa" dall'esito del processo né incerta circa l'individuazione dell'oggetto sostanziale della pronuncia) e le ipotesi in cui invece la parte soccombente sia rimasta contumace e sia stata per ciò solo destinataria di una sentenza favorevole all'avversario (nelle quali l'esigenza di

sull'orientamento della Corte EDU che per un verso ha assunto la garanzia della motivazione a corollario dell'equo processo[18]; per altro verso ritiene imprescindibile un (adeguato) controllo sulla sentenza straniera da riconoscere, e quindi sulle sue motivazioni, affinché non vengano altrimenti violati i diritti della difesa e il principio dell'equo processo[19].

Tale tesi merita di essere accolta alla luce della fondamentale funzione di garanzia che la motivazione (quanto meno "a richiesta") assolve nel sistema del processo equo e "verificabile" come tale: e ciò non solo quale strumento che consente alla parte soccombente di articolare le proprie ragioni in sede d'impugnazione, ma soprattutto quale indispensabile riscontro del rispetto del principio del contraddittorio, e così quale elemento della garanzia del *fair trial*, poiché solo la parte motiva del provvedimento giurisdizionale consente di verificare che il giudicante si sia mosso nei limiti delle istanze delle parti e debitamente considerando le loro argomentazioni[20].

3. IL SINDACATO SULLA MOTIVAZIONE NEI GRADI D'IMPUGNAZIONE E, SOPRATTUTTO, DAVANTI ALLA CORTE SUPREMA DI CASSAZIONE

Non si può nascondere tuttavia che, ben più che le tematiche generali sul contenuto del requisito di motivazione delle sentenze e sul suo inquadramento nell'ambito delle garanzie costituzionali, l'attenzione degli interpreti italiani in argomento si è soprattutto concentrata sui limiti del sindacato sulla motivazione in sede d'impugnazione. In particolare oggetto di intenso dibattito è stata la latitudine del sindacato sulla motivazione *in fatto* che può essere condotto dalla Corte Suprema di Cassazione: sia perché la natura ordinariamente sostitutiva dell'appello fa sì che tutti i vizi della sentenza di primo grado restino assorbiti entro la nuova decisione nel merito ad opera del giudice d'appello (chiamato

---

una motivazione non limitata alla recezione di indeterminati *petita* risulta invece ineludibile). In senso adesivo a questo indirizzo v. Carbone, *Lo spazio giudiziario europeo in materia civile e commerciale. Da Bruxelles I al Regolamento CE n. 805/2004*, 5. ed., Torino, 2006, 268 s.; ma già alcuni tra i più illustri studiosi della materia di inizio '900: Anzilotti, in *Riv. dir. internaz.*, 1910, 156 s.; Mortara, *Commentario del codice e delle leggi di procedura civile*, V, Milano, s.d., 47; Morelli, *Diritto processuale civile internazionale*, 2. ed., Padova, 1954, 332, nt. 1; Monaco, *Il giudizio di delibazione*, Padova, 1940, 192, nt. 2.

18. Cfr. le sentenze del 9.12.1994, causa 18064/91, *Hiro Balani c. Spagna*; 19.2.1998, causa 20124/92, *Higgins c. Francia*; 27.9.2001, causa 49684/99, *Hirvisaari c. Finlandia*; 13.1.2009, causa 926/05, *Taxquet c. Belgio*.
19. Sentenza 20.7.2001, *Pellegrini c. Italia*, spec. punti 40-48, con orientamento confermato più recentemente dalla sentenza 6.12.2007, *Mamousseau e Washington c. Francia*, punti 96-97.
20. Cfr. in questa prospettiva ancora la Corte EDU, 27.7.2006, causa 73695/91, *Nedzela c. Francia*; 21.5.2002, causa 28856/95, *Jokela c. Finlandia*, punto 73: «la nozione di equo processo richiede inoltre che un Giudice nazionale che abbia motivato solo brevemente la propria decisione, sia incorporando la motivazione di una giurisdizione inferiore sia altrimenti, abbia realmente esaminato le questioni essenziali che le sono state sottomesse e non sia accontentato di fare proprie incorporare puramente e semplicemente le conclusioni di una giurisdizione inferiore».

comunque a sostituire l'espressione delle ragioni del proprio decidere alla motivazione di primo grado), sia perché la *querelle* intorno ai limiti del sindacato della Cassazione sul vizio di motivazione ha caratterizzato la storia del codice di procedura civile vigente.

Precisiamo anzitutto cosa si intende per sindacato sulla motivazione *in fatto* da parte di un giudice, quale la Corte Suprema, che è istituito principalmente per farsi carico di assicurare l'esatta osservanza e l'uniforme interpretazione della legge[21], e così per essere custode delle questioni di diritto.

È insegnamento tradizionale quello per cui la censura di vizio di motivazione è lo strumento attraverso il quale si chiede alla Corte Suprema di sindacare non la correttezza del giudizio di fatto, ma la legittimità della base di esso. La Corte di cassazione non viene chiamata a dire se la questione di fatto sia stata risolta bene o male, ma solo a riscontrare se nella valutazione che il giudice abbia posto a base di essa si trovi la violazione di una norma o di un principio metodologico. Pertanto il vizio può causare l'annullamento della sentenza impugnata solo se esso riveli *un sintomo d'ingiustizia* nella soluzione della questione di fatto. Il che significa che esso deve riguardare un punto tale che, se l'errore non fosse stato commesso, il giudizio avrebbe potuto essere diverso.

È in questione, in definitiva, non la giustizia della decisione in sé, ma la presenza di indizi sintomatici di una possibile decisione ingiusta, che tali possono ritenersi solo se sussiste un'adeguata incidenza causale dell'errore oggetto di possibile rilievo in cassazione (esigenza cui la legge allude con il riferimento al "punto decisivo").

La nozione di punto decisivo della controversia concerne la stessa idoneità del vizio denunciato, ove riconosciuto, a determinare una diversa ricostruzione del fatto storico e, dunque, afferisce al nesso di causalità fra il vizio della motivazione e la decisione. È infatti necessario che il vizio, una volta riconosciuto esistente, sia tale che, se non fosse stato compiuto, si sarebbe avuta una

---

21. Così l'art. 65 della legge sull'ordinamento giudiziario, ove trova espressione la funzione cd. oggettiva del ricorso per cassazione, che ha la propria matrice nell'insegnamento di Calamandrei e che concepisce l'istituto come diretto ad assicurare la nomofilachia, ossia l'uniforme interpretazione della legge cui è funzionale la stessa necessità costituzionale del ricorso per cassazione per violazione di legge contro tutte le sentenze, quale prevista dall'art. 111, co. 7, Cost. A tale concezione si contrappone quella che valorizza la garanzia del ricorso per cassazione – di cui all'art. 111, co. 7, Cost. – in chiave di garanzia soggettiva, quale strumento che assicura il requisito minimo indispensabile, la cosa giudicata formale, per proteggere il valore più alto della tutela giurisdizionale di cognizione, ossia l'incontrovertibilità propria della cosa giudicata dei provvedimenti che decidono su diritti e *status* (v. Mandrioli, *L'assorbimento dell'azione civile di nullità e l'art. 111 della Costituzione*, Milano, 1967, 20 ss.; Cerino Canova, *La garanzia costituzionale del giudicato civile*, in Riv. dir. civ., 1977, I, 427 ss.; v. anche Mazzarella, voce "Cassazione. I) Diritto processuale civile", in *Enciclopedia giuridica Treccani*, 5 ss., che ravvisa nell'art. 111, co. 7, Cost. nell'assicurare al cittadino l'esperibilità del rimedio ultimo nel sistema delle impugnazioni.

ricostruzione del fatto con certezza o con elevata verosimiglianza diversa da quella accolta dal giudice del merito, e non già la sola possibilità o probabilità di essa[22]. Se infatti, il vizio di motivazione per omessa considerazione di punto decisivo fosse configurabile sol per il fatto che la circostanza, ove esaminata, avrebbe reso soltanto possibile o probabile una ricostruzione del fatto diversa da quella adottata dal giudice del merito, oppure se tale probabilità dovesse meramente conseguire alla denuncia di insufficienza o contraddittorietà della motivazione, ci troveremmo di fronte alla pretesa di un rinnovato esame del merito, che entrerebbe in conflitto con la funzione del giudizio che si svolge davanti alla Corte Suprema e con i compiti di questa.

Il sindacato sulla motivazione concerne la legittimità della base del convincimento espresso dal giudice di merito, fermo restando che questo convincimento, come tale, resta incensurabile[23] pur a fronte di un eventualmente migliore e più appagante inquadramento dei molteplici dati probatori acquisiti, a pena di sfociare in un'inammissibile istanza di riesame del merito[24]. Non rileva pertanto la mera divergenza tra il valore e significato, attribuiti dal giudice d'appello agli elementi da lui vagliati, ed il valore e significato diversi e più favorevoli che, agli stessi elementi, siano attribuiti dal ricorrente[25], ma solo la oggettiva incapacità della motivazione di reggere al un vaglio logico condotto *ab externo* da parte della Corte di cassazione: senza riesame diretto dei fatti di causa ma per il tramite di un'analisi indiretta sulla logicità e completezza degli argomenti spesi dal giudice del merito per motivare il proprio convincimento in fatto.

4. SINDACATO SULLA MOTIVAZIONE E DISCIPLINA LEGISLATIVA: LA PIÙ RECENTE RIFORMA DEL 2012

Sul piano "storico", mentre l'art. 517 c.p.c. del 1865 non conteneva alcun riferimento al vizio di motivazione, fu il codice del 1940 a contemplare per la prima volta, come motivo di ricorso per cassazione, «l'*omesso esame di un fatto*

---

22. Nel senso che, ad es., l'omesso esame di una risultanza istruttoria, affinché possa risultare rilevante ex art. 360, n. 5, c.p.c., è costituito da quel difetto di attività del giudice di merito che si verifica tutte le volte in cui vi sia traccia evidente che egli abbia trascurato una circostanza obiettiva acquisita alla causa mediante prova scritta od orale, idonea di per sé, qualora fosse stata presa in considerazione, a condurre con giudizio di certezza e non di mera probabilità ad una decisione diversa da quella adottata, v. Cass., 29.9.2006, n. 21249; Cass., 20.10.2006, n. 22539; Cass., 17.5.2007, n. 11457; Cass., 7.5.2009, n. 10501; Cass., 27.3.2009, n. 7526; Cass., 9.7.2010, n. 16229.
23. Cass., 25.8.2003, n. 12468; Cass., 22.9.2009, n. 20404.
24. Per tutte Cass., sez. un., 26.11.2008, n. 28165; Cass., 12.5.2009, n. 10854; Cass., 22.10.2009, n. 22419; Cass., 19.1.2010, n. 713; Cass., 4.3.2010, n. 5205; Cass., 6.9.2012, n. 14929.
25. Cfr. da ult. Cass., 29.11.2012, n. 21233; Cass., 3.5.2010, n. 10657; Cass., 4.3.2010, n. 5205; Cass., 19.1.2010, n. 713.

decisivo per il giudizio che è stato oggetto di discussione tra le parti» (art. 360, n. 5, secondo il suo testo originario). Da lì a poco la novella del 1950 modificò tale previsione, sancendo la ricorribilità «*per omessa, insufficiente o contraddittoria motivazione circa un punto decisivo della controversia prospettato dalle parti o rilevabile d'ufficio*». Dopo svariate perorazioni per una riforma e restrizione del dettato codistico, nel 2006 il legislatore intervenne di nuovo, sostituendo alla formula appena riportata quella della «*omessa, insufficiente o contraddittoria motivazione circa un fatto controverso e decisivo per il giudizio*».

Quest'ultima modifica ha avuto una portata pratica assai dubbia[26], atteso che, per un verso, la sostituzione del termine "punto" con "fatto" si limitava ad esplicitare il principio pacifico per cui il vizio di cui al n. 5 concerne la sola motivazione in fatto[27], essendo eventuali vizi della motivazione in diritto emendabili con la mera correzione dei motivi, se non sfocianti in violazione di legge[28]; per altro verso, e fermo restando che la natura «decisiva» del vizio connota tutte le versioni della norma che si sono susseguite, l'aggiunta dell'aggettivo «controverso» non è parsa poter svolgere alcuna funzione limitatrice.

Non è infatti immaginabile *un rilievo d'ufficio di fatti nuovi rilevanti per il merito* per la prima volta in Cassazione[29], per i limiti del giudizio che esclude la trattazione di profili non emersi nei gradi precedenti, né risulta facilmente prospettabile un vizio di motivazione su un fatto "non controverso". E ciò posto che, da un lato, quanto meno in materia di diritti disponibili[30], i fatti non controversi possono essere posti dal giudice a base della decisione senza alcuna

---

26. Tanto che la Commissione Vaccarella, i cui lavori si collocano a monte della riforma del 2006, con franchezza riconosceva, nella relazione, come a tal riguardo si fosse voluto «mandare un segnale» alla Corte, nella consapevolezza che spetta unicamente a questa «mantenere tale sindacato nei limiti compatibili con la propria funzione nomofilattica»; v. anche Tommaseo, *La riforma del ricorso per cassazione: quali i costi della nuova nomofilachia ?*, in *Giur. It.*, 2003, 826; Tarzia, *Il giudizio di Cassazione nelle proposte di riforma del processo civile*, in *Riv. dir. proc.*, 2003, 205; sulla valenza di "monito" della modifica normativa anche Tiscini, in *Commentario alle riforme del processo civile*, a cura di Briguglio e Capponi, vol. III, tomo I, *Ricorso per cassazione*, Padova, 2009, 42; Sassani, *Riflessioni sulla motivazione della sentenza e sulla sua (in)controllabilità in cassazione*, in *Corriere giuridico*, 2013, 857, nota 29, nota che la prassi era restata del tutto indifferente alla modifica del 2006, avendo continuato nei successivi otto anni ad esprimere gli stessi giudizi e dare le stesse risposte fornite in precedenza.
27. Cfr., per tutte, Cass., 30.3.2012, n. 5123; Cass., 22.5.2009, n. 11910; Cass., sez. un., 25.11.2008, n. 28054; Cass., 24.10.2007, n. 22348; Cass., sez. un., 17.11.2004, n. 21712; cfr. anche Taruffo, *Una riforma della Cassazione civile?*, in *Riv. trim. dir. e proc. civ.*, 2006, 780; Carratta, *La riforma del giudizio in Cassazione*, in *Riv. trim. dir. e proc. civ.*, 2006, 1128.
28. Principio consolidato: per tutte Cass., 30.3.2012, n. 5123; Cass., sez. un., 1°.7.2009, n. 15386; Cass., sez. un., 25.11.2008, n. 28054.
29. Donde l'inutilità della norma, se è vero quanto rileva Tarzia, *Il giudizio di Cassazione*, cit., 205 s., e cioè che il senso della previsione sarebbe quello di escludere la cassazione per vizio di motivazione su di un punto decisivo rilevabile d'ufficio.
30. V., nel senso che la limitazione ai soli fatti controversi del possibile vizio di motivazione è invece priva di senso – e addirittura contraddittoria – con riguardo ai processi relativi a diritti indisponibili, Proto Pisani,

necessità di approfondimento probatorio[31]; dall'altro lato, la motivazione *in fatto*, se presente, postula che il giudice abbia dovuto scegliere, ed abbia scelto, tra le due contrapposte ricostruzioni prospettate tra le parti in ordine ad un fatto che, allora, è per definizione controverso[32].

Ben diverso ed assai più significativo impatto pare potere avere la più recente novella del 2012, che – pressoché inalterati restando i requisiti della decisività e della natura controversa del fatto – ha "osato" incidere sulla triade dei vizi motivatori, tornando pressoché letteralmente alla formula originaria del codice del 1940, stabilendosi che il ricorso può essere proposto «*per omesso esame circa un fatto decisivo per il giudizio che è stato oggetto di discussione tra le parti*» (sottolineata l'unica differenza lessicale tra il testo del 1940 ed il testo odierno[33]).

Si è così cancellata la possibilità di ricorso per cassazione per insufficienza o contraddittorietà della motivazione e si è mantenuto in vita solo un controllo di «*omesso esame*». Si ha con ciò una vera restrizione della possibilità di sindacato per le ipotesi in cui "il fatto" sia stato bensì esaminato, ma all'intero di una decisione di merito che comunque si presenti insoddisfacente per le ragioni che un tempo avrebbero potuto fondare una censura di insufficienza o contraddittoria motivazione, e che oggi paiono invece essere sottratte alla sfera del sindacato affidato alla Corte Suprema.

Al riguardo va certo dato atto di come in dottrina, sin da subito, siano affiorate tesi riduzioniste, che – vuoi invocando il dato storico-comparato, vuoi affidandosi a raffinate argomentazioni teoriche – reputano che pure l'ultimissima modifica del 2012 è destinata a rimanere ininfluente sulla prassi (non diversamente da quella del 2006). Il sindacato sulla motivazione, si argomenta, è stato creato dalla Corte di cassazione nella vigenza del codice del 1865, quando non v'era alcuna norma che vi alludesse, ed è rimasto insensibile alla "virata" in senso restrittivo che si era cercato d'imprimere con la formula accolta dal codice del '40[34]; esso è inoltre svolto dalle consorelle Corti Supreme tedesca e

---

Novità nel giudizio civile di cassazione, in Foro it., 2005, V, 255; Sassani, *Il nuovo giudizio di cassazione*, in Riv. dir. proc., 2006, 224; Carratta, *La riforma del giudizio in Cassazione*, cit., 1129.

31. V. Cass., sez. un., 23 gennaio 2002, n. 761, in Corriere giuridico, 2003, 10, 1335, con nota di Massimo Fabiani, nonché in Foro It., 2002, I, 2019, con nota di Cea, ed ivi, 2003, I, 604, con nota di Proto Pisani, nonché oggi, pur sempre frutto della riforma del 2009, il novello co. 1 dell'art. 115 c.p.c. («*Salvi i casi previsti dalla legge, il giudice deve porre a fondamento della decisione le prove proposte dalle parti e dal pubblico ministero, nonché i fatti non specificamente contestati dalla parte costituita*»).
32. Carratta, *La riforma del giudizio in Cassazione*, cit., 1129.
33. Cass., sez. un., 7.4.2014, n. 8053: «*è una "differenza testuale" irrilevante, trattandosi, dell'uso di una forma linguistica scorretta ..., che non ha forza di mutare in nulla il senso della disposizione del codice di rito del 2012, rispetto alla disposizione del codice di rito del 1940*».
34. Bove, *Giudizio di fatto e sindacato della Corte di cassazione: riflessioni sul nuovo art. 360 n. 5*, in www.judicium.it, 2 ss.; Fornaciari, *Ancora una riforma dell'art. 360 n. 5: basta, per favore, basta!*, in www.judicium.

francese pur sempre in mancanza di alcuna norma che vi faccia riferimento, a riprova del suo essere connaturato al controllo di legittimità[35].

Il controllo della Corte Suprema del resto non può prescindere dalla congruità della ricostruzione della fattispecie concreta, nel momento in cui essa viene chiamata a verificare l'esatta interpretazione ed applicazione ad essa della norma astratta[36].

D'altro canto si sostiene che nel cd. difetto di motivazione in generale non si potrebbe ravvisare altro se non una violazione di legge, come tale insensibile alle mutevoli formule utilizzate dal legislatore per descriverlo: la censura di "omessa, insufficiente, contraddittoria motivazione" avrebbe cioè ad oggetto il vizio conseguente all'inosservanza delle regole giuridico-metolodogiche che presiedono al giudizio di fatto (le norme sulle prove legali, le regole legali di interpretazione, le cd. massime di esperienza, il canone di completezza), prospettandosi così lo scrutinio sulla sufficienza e sulla razionalità della valutazione probatoria quale momento necessario ed ineliminabile del giudizio di legittimità affidato alla Corte Suprema[37]. Ciò porterebbe a far rifluire il controllo sulla motivazione, un tempo ascritto alla precedente formulazione del n. 5 dell'art. 360 c.p.c., nella denuncia di un *error in procedendo* con riferimento alla violazione delle regole sul giudizio compendiate dagli artt. 115 e, specie, 116 c.p.c.: essendo intrinseco al prudente apprezzamento che il giudice deve applicare nella valutazione delle prove (art. 116 c.p.c.) la necessità di una valutazione delle prove stesse nel pieno rispetto dei canoni metodologici che presiedono al giudizio di fatto[38].

Come era presumibile, tuttavia, la Corte di cassazione non si è fatta scappare l'occasione di restringere l'ambito del suo intervento (e di liberarsi così di larga parte delle censure che richiedono il sindacato sulla ricostruzione dei fatti) offertale dal legislatore. Nel primo intervento reso al riguardo[39] la Corte di

---

it, 2; Vaccarella, Introduzione al volume "Le impugnazioni civili", in www.judicium.it, 10 s.; Trisorio Liuzzi, Il ricorso in cassazione. Le novità introdotte dal d.l. 83/12, in www.judicium.it, 12.
35. Caponi, La modifica dell'art. 360, co. 1, n. 5, c.p.c., in www.judicium.it, 4.
36. Su quest'ultima argomentazione v. anche Sassani, Riflessioni sulla motivazione della sentenza e sulla sua (in)controllabilità in cassazione, cit., 852 s., che la valorizza per sottolineare come il controllo di legittimità verrebbe svilito dalla cancellazione del sindacato su insufficienza e contraddittorietà della motivazione.
37. Bove, Giudizio di fatto e sindacato della Corte di cassazione, cit., 6 s.
38. Bove, Giudizio di fatto e sindacato della Corte di cassazione, cit., 8; Caponi, La modifica dell'art. 360, co. 1, n. 5, c.p.c., cit., 4; Sassani, Riflessioni sulla motivazione della sentenza e sulla sua (in)controllabilità in cassazione, cit., 856, che peraltro teme, per questa via, un aggravio di lavoro per la S.C.; v. peraltro, nel senso che la violazione dell'art. 116 si concreti unicamente quando il giudice abbia errato nell'utilizzo dei criteri di valutazione, mentre la circostanza che il giudice abbia male esercitato il prudente apprezzamento della prova è censurabile *sub specie* di vizio di motivazione, e non di violazione di norma processuale, Cass., 20.12.2007, n. 26965; Cass., 18.9.2009, n. 20112.
39. Cass., sez. un., 7.4.2014, n. 8053.

cassazione, a sezioni unite, ha precisato che, per effetto della riforma, «*scompare il controllo sulla motivazione con riferimento al parametro della sufficienza, ma resta il controllo sull'esistenza (sotto il profilo dell'assoluta omissione o della mera apparenza) e sulla coerenza (sotto il profilo della irriducibile contraddittorietà e dell'illogicità manifesta) della motivazione, ossia con riferimento a quei parametri che determinano la conversione del vizio di motivazione in vizio di violazione di legge, sempre che il vizio emerga immediatamente e direttamente dal testo della sentenza impugnata*»[40].

Il panorama attuale prefigura così una situazione in cui, in presenza di un esame sufficientemente approfondito e non assurdamente argomentato del fatto, al soccombente viene sottratta la possibilità di richiedere l'intervento della Corte Suprema in merito alla valutazione del compendio delle acquisizioni in atti resa dal giudice del merito[41]. È certo verosimile che siffatta limitazione abbia, come effetto collaterale, quello di rafforzare gli orientamenti estensivi della Cassazione circa il sindacato sull'applicazione dei concetti giuridici indeterminati e lasci in vita pure il controllo sull'applicazione delle massime d'esperienza, quanto meno a fronte di patenti deviazioni dal senso comune idonei a concretare addirittura "apparenza" della motivazione[42]; ed infine consenta la riconduzione all'art. 132, n. 4, *sub specie* di motivazione "apparente", altresì dei casi più manifesti di contraddittorietà. Tuttavia, al di fuori di questi ambiti, d'ora in poi la Cassazione rifiuterà gli inviti a ripercorrere il procedimento argomentativo seguito dal giudice del merito (specie nei casi di utilizzo delle inferenze presuntive) per verificarne *funditus* la sostenibilità logica.

Resta da chiedersi se sia rimasto un *trait d'union* tra la vecchia formulazione e la nuova con riguardo all'alveo dell'omesso esame, e se questo in qualche

---

40. In tal modo si preclude la strada anche ai tentativi di far rientrare il controllo motivazione dalla "finestra" della denuncia di violazione dell'art. 132, n. 4, c.p.c. (prefigurati in dottrina da Fornaciari, *Ancora una riforma dell'art. 360 n. 5*, 4 s.; Consolo, *Nuovi ed indesiderabili esercizi normativi sul processo civile: le impugnazioni civili a rischio di "svaporamento"*, in *Corriere giuridico*, 2012, 1140). Per quanto preannunciato in questo intervento delle sezioni unite, la la Cassazione procederà con estrema attenzione a scovare le ipotesi in cui il litigante, per sottrarsi alla restrizione presente nel nuovo n. 5 dell'art. 360 c.p.c., cerchi di presentare il vizio di motivazione quale censura di radicale assenza di motivazione.
41. In senso critico, al riguardo, Sassani, *Riflessioni sulla motivazione della sentenza e sulla sua (in)controllabilità in cassazione*, cit., 858, per il quale in tal modo si limitano le potenzialità dello stesso controllo sull'esatta applicazione della norma: «*pensare che possa aversi un controllo di legittimità sostanzialmente indifferente al fatto – rectius alla ricostruzione del fatto concretamente operata e rappresentata dal giudice di merito – è un controsenso: dell'intervenuta applicazione della legge si può conoscere solo ripercorrendo la vicenda evocata in sentenza ... La stessa esercitabilità della nomofilachia è condizionata da questa premessa perché la norma della cui lettura ortodossa la Corte è guardiano, è sempre concepita in funzione dell'ordito degli eventi presentatisi e vanamente se ne discute senza collegamento alle circostanze della vita che essa è chiamata a regolare*».
42. Per la sopravvivenza del controllo su norme elastiche e massime di esperienza, pur sempre *sub specie* di omesso esame di fatto decisivo, v. altresì G.F. Ricci, *Il giudizio civile di cassazione*, Torino 2013, 188 ss.

modo possa accostarsi alle ipotesi un tempo ricondotte alla "omessa motivazione". A questa domanda, a nostro avviso, va risposto in senso tendenzialmente positivo, poiché la formula dell'«*omesso esame circa un fatto decisivo oggetto di discussione*» non presenta decisive differenze da quella dell'omessa motivazione circa un fatto controverso e decisivo[43].

Questa conclusione si giustifica per la semplice ed intuitiva ragione che – salvo ad implausibilmente ritenere che la Corte Suprema si rassegni a riprendere in mano l'intero fascicolo della controversia al mo' di terza istanza di merito[44] – l'omesso esame del fatto da null'altro potrà ricavarsi se non dall'esame della motivazione del provvedimento impugnato, che essa sola dovrà evidenziare come, sul fatto decisivo, l'attenzione del giudice del merito abbia mancato di soffermarsi.

Nella pronuncia poc'anzi ricordata le sezioni unite hanno sostenuto che «*l'omesso esame di elementi istruttori, in quanto tale, non integra l'omesso esame circa un fatto decisivo previsto dalla norma, quando il fatto storico rappresentato sia stato comunque preso in considerazione dal giudice, ancorché questi non abbia dato conto di tutte le risultanze probatorie astrattamente rilevanti*», con ciò volendo tracciare una distinzione tra la qualità del sindacato "sull'omissione" tra il prima ed il dopo la riforma.

Tuttavia va rilevato come mai l'omesso esame di elementi istruttori ha potuto giustificare, *in quanto tale*, un motivo di annullamento della sentenza impugnata davanti alla Corte di cassazione, se non quando esso non consentiva di addivenire, con giudizio di certezza e non di mera probabilità (sia pur condotto lungo il crinale di una prognosi di verosimiglianza), ad una ricostruzione di un fatto principale o secondario idonea ad influire sull'esito attinto dalla sentenza impugnata. Non rileva dunque che il giudice non abbia dato conto di tutte le risultanze istruttorie astrattamente rilevanti, ma rileva che egli non abbia dato conto di un elemento istruttorio idoneo a sovvertire il giudizio di fatto.

Ed appunto, con riferimento alle prova per presunzioni, le sezioni unite ammettono un sindacato sulle conclusioni raggiunte dal giudice del merito allorché queste si rivelino implausibili: «*ciò che potrà essere dovuto all'omesso esame*

---

43. Troviamo apoditiche le argomentazioni che reputano di intendere la modifica normativa come se avesse dato luogo ad un vizio di natura revocatoria; a distanziare "l'omesso esame di fatto decisivo" dall'errore di fatto documentale ex art. 395, n. 4, c.p.c., d'altronde, è sufficiente la notazione per cui il fatto, su cui l'esame è stato omesso, deve essere stato oggetto di discussione, che è requisito contrastante a quello che condiziona l'ambito d'ammissibilità della revocazione per errore di fatto documentale: v. anche Panzarola, in *Commentario alle riforme del processo civile, dalla semplificazione dei riti al decreto sviluppo*, a cura di Martino e Panzarola, Torino 2013, 696.
44. Così invece G.F. Ricci, *Il giudizio civile di cassazione*, cit., 186, che prospetta addirittura un'estensione dei doveri di controllo della Corte di cassazione.

di un fatto che interrompa l'argomentazione e spezzi il nesso tra verosimiglianza delle premesse e probabilità delle conseguenze e assuma, quindi, nel sillogismo, carattere di decisività: l'omesso esame è il "tassello mancante" alla plausibilità delle conclusioni rispetto alle premesse date nel quadro del sillogismo giudiziario»[45], risultando con ciò evidente che *sempre* l'omesso esame di un fatto è rivelato dall'omesso esame di una risultanza istruttoria che emerge dal controllo indiretto svolto sulla motivazione.

Ricollegandoci a quanto puntualizzato in principio, ne emerge che – limitando il sindacato sulla motivazione all'omesso esame di fatto decisivo – il legislatore ordinario ha ridotto il controllo sui requisiti della motivazione al suo minimo costituzionale. Tale controllo infatti non si esaurisce, contrariamente a quanto ritenuto anche dalle sezioni unite del 2014, nella verifica dell'esistenza di una motivazione che sia graficamente esistente e che non si risolva in una mera apparenza[46]; esso implica anche la verifica del rispetto del contraddittorio, ossia la verifica che il giudice non abbia trascurato del tutto delle deduzioni rilevanti delle parti, e ne abbia dato invece conto là dove le abbia disattese. Questo controllo richiede che la parte soccombente abbia la possibilità di rivolgersi alla Corte Suprema lamentando l'omesso esame di un fatto decisivo, che comporta la lesione del suo diritto al contraddittorio e costituisce dunque il "minimo incomprimibile" del sindacato sulla motivazione nella prospettiva della salvaguardia delle garanzie processuali fondamentali.

5. CONTROLLO SULLA MOTIVAZIONE E C.D. "DOPPIA CONFORME"

Tramite l'ultimo comma dell'art. 348 *ter* c.p.c., sempre introdotti nel 2012, il controllo sulla motivazione è stato poi *del tutto abolito* quando la sentenza impugnata risulti aver confermato la ricostruzione in fatto già contenuta entro la sentenza di primo grado (cd. doppia conforme: art. 348 *ter*, co. 5, che fa salvi i casi – venati da interessi sovra individuali – di potere d'azione riconosciuto al p.m.), ovvero quando tale conferma è ricavabile dalla succinta motivazione

---

45. Questo passo "risponde" ai timori di Sassani, *Riflessioni sulla motivazione della sentenza e sulla sua (in)controllabilità in cassazione*, cit., 853 s., che – dopo la riforma – il ragionamento presuntivo rischiasse di sfuggire sempre al controllo da parte della Corte Suprema.
46. Cass., sez. un., 7.4.2014, n. 8053: «*la garanzia costituzionale della motivazione dei provvedimenti giurisdizionali deve essere correlata alla garanzia costituzionale del vaglio di legalità della Corte di cassazione, funzionale "ad assicurare l'uniformità dell'interpretazione ed applicazione del diritto oggettivo a tutela dell'uguaglianza dei cittadini"* ... *l'anomalia motivazionale denunciabile in sede di legittimità quale violazione di legge costituzionalmente rilevante attiene solo all'esistenza della motivazione in sé, prescindente dal confronto con le risultanze processuali, e si esaurisce nella "mancanza assoluta di motivi sotto l'aspetto materiale e grafico", nella "motivazione apparente", nel "contrasto irriducibile fra affermazioni inconciliabili", nella "motivazione perplessa ed obiettivamente incomprensibile"*».

della declaratoria d'inammissibilità dell'appello per manifesta infondatezza, di cui all'art. 348 ter, co. 3-4, c.p.c.

Sottesa all'intervento del legislatore è, all'evidenza, la considerazione per cui, volta che le parti abbiano beneficiato di due gradi di merito e *questi abbiano dato esito identico*, non v'è ragione di offrire al soccombente un'ulteriore occasione per rimettere in discussione gli esiti di questo giudizio invocando il sindacato del giudice di legittimità, il cui intervento ben può essere "risparmiato" a fronte della convergente soluzione della questione di fatto offerta in primo grado ed appello[47].

Va anzitutto premesso che, anche nel caso di ricorso per cassazione avverso la sentenza d'appello (art. 348 ter, co. 5, c.p.c.), la "conferma" postula non la riproduzione dell'esito del giudizio, ma la condivisione di tutti i suoi passaggi, come emerge dal fatto che la previsione normativa esclude il controllo ex art. 360, n. 5, c.p.c. in caso di dichiarata inammissibilità dell'appello per manifesta infondatezza, allorché essa sia «*fondata sulle stesse ragioni, inerenti alle questioni di fatto, poste a base della decisione impugnata*» (co. 4). È infatti evidente che lo stesso presupposto non può che valere anche per il co. 5, che richiama espressamente «*la disposizione di cui al co. 4*»[48].

In questa prospettiva, paiono eccessive le preoccupazioni manifestate da chi ha sottolineato che, in tal modo, si corre il rischio di cancellare anche solo il controllo sulla omessa motivazione allorché la sentenza d'appello sia incorsa nella stessa omissione che aveva caratterizzato la pronuncia di primo grado[49]. Invero, perché possa continuare a rilevare la circostanza che la sentenza impugnata fosse affetta da una simile omissione, è necessario che la parte abbia promosso sul punto un motivo specifico d'impugnazione anche in appello; sì che, se anche il giudice di secondo grado persevera nell'omissione, saremmo evidentemente in presenza di un'omissione di pronuncia su un capo del gravame, comunque censurabile per *error in procedendo*, e non per vizio di motivazione ex art. 360, n. 5, c.p.c.

Nessun *vulnus* costituzionale si profila dunque per il meccanismo della doppia conforme, ispirato al principio dell'alleggerimento del carico di lavoro della Corte Suprema (che arranca sotto il peso di un arretrato di circa 100.000 ricorsi) tramite la soppressione integrale del controllo della motivazione allorché

---

47. Sassani, *Riflessioni sulla motivazione della sentenza e sulla sua (in)controllabilità in cassazione*, cit., 860.
48. Consolo, *Nuovi ed indesiderabili esercizi normativi sul processo civile*, cit., 1141; Trisorio Liuzzi, *Il ricorso in cassazione. Le novità introdotte dal d.l. 83/12*, cit., 11; Panzarola, in *Commentario alle riforme del processo civile*, cit., 687 ss.; G.F. Ricci, *Il giudizio civile di cassazione*, cit., 200 s.; Sassani, *Riflessioni sulla motivazione della sentenza e sulla sua (in)controllabilità in cassazione*, cit., 860, nota 42.
49. Così Trisorio Liuzzi, *Il ricorso in cassazione. Le novità introdotte dal d.l. 83/12*, cit., 12.

questo appaia un lusso superfluo: non si ha qui infatti nessuna soppressione del controllo incomprimibile sul rispetto della garanzia del contraddittorio, che rileverebbe tra l'altro anche quale violazione del principio di uguaglianza.

Restano però le perplessità connesse al diverso rischio, che la cancellazione di qualsivoglia spazio di sindacato per la S.C. venga a costituire, per il giudice d'appello, un incentivo a confermare la ricostruzione in fatto della sentenza di primo grado, sia pur a valle di un esame delle doglianze di parte bensì effettivo, ma comunque guidato dalla certezza che, in caso di conferma, sulla *quaestio facti* la pronuncia sarà in ogni caso sottratta a censura. Perplessità, queste ultime, che si connettono al coro dottrinale unanimemente allarmato di fronte all'inclinazione del legislatore di perseguire finalità deflattive "destrutturando" il sistema dei mezzi di impugnazione e, così, le garanzie che essi rappresentano per il litigante nell'ottica del giusto processo[50].

---

50. Cfr. per tutti Consolo, *Nuovi ed indesiderabili esercizi normativi sul processo civile*, cit., 1139 s.; Trisorio Liuzzi, *Il ricorso in cassazione. Le novità introdotte dal d.l. 83/12*, cit., 15 s.; Vaccarella, *Introduzione al volume "Le impugnazioni civili"*, cit., 11 s.; Caponi, *La modifica dell'art. 360, co. 1, n. 5, c.p.c.*, cit., 3 ss.; Sassani, *Riflessioni sulla motivazione della sentenza e sulla sua (in)controllabilità in cassazione*, cit., 850 s.

> 1º Painel Binacional:
> Motivação das decisões judiciais

A MOTIVAÇÃO DAS DECISÕES JUDICIAIS[1]

Marco De Cristofaro
Professor de direito processual civil na Universidade de Pádova. Advogado.

SUMÁRIO: 1. OS PRINCÍPIOS CONSTITUCIONAIS ACERCA DA MOTIVAÇÃO DAS SENTENÇAS; A MOTIVAÇÃO COMO ELEMENTO VIVIFICANTE DA GARANTIA DO CONTRADITÓRIO; 2. A EXTENSÃO DA OBRIGAÇÃO DE MOTIVAÇÃO E AS RECORRENTES TENTAÇÕES DE MITIGÁ-LA, TORNANDO A MOTIVAÇÃO, TAMBÉM, UMA GARANTIA DA QUAL [A PARTE] SE BENEFICIE "A PEDIDO"; MOTIVAÇÃO E RECONHECIMENTO DAS SENTENÇAS ESTRANGEIRAS; 3. A ANÁLISE DA MOTIVAÇÃO NAS INSTÂNCIAS RECURSAIS E, SOBRETUDO, DIANTE DA SUPREMA CORTE DE CASSAÇÃO; 4. EXAME SOBRE A MOTIVAÇÃO E DISCIPLINA LEGISLATIVA: A MAIS RECENTE REFORMA DE 2012; 5. CONTROLE DA MOTIVAÇÃO E A CHAMADA "DUPLA CONFIRMAÇÃO".

1. OS PRINCÍPIOS CONSTITUCIONAIS ACERCA DA MOTIVAÇÃO DAS SENTENÇAS; A MOTIVAÇÃO COMO ELEMENTO VIVIFICANTE DA GARANTIA DO CONTRADITÓRIO

Uma característica peculiar do ordenamento italiano, no que se refere à motivação das decisões, em relação ao panorama de outros ordenamentos europeus ocidentais, é o fato de que o dever de motivação das decisões judiciais é contemplado entre as garantias fundamentais do cidadão no exercício da jurisdição. O artigo 111, parágrafo 6.º, da Constituição, de fato, enuncia o princípio de que "*todos os provimentos jurisdicionais devem ser motivados*", individuando, assim, na motivação – que dê conta das razões da decisão – requisito qualitativo essencial de um processo que possa ser considerado justo.

Subjacente a essa regra, tradicionalmente, entende-se que há, por um lado, evidência da função extraprocessual da motivação, como instrumento para um controle "difuso" do trabalho dos órgãos jurisdicionais por parte dos jurisdicionados: controle em que se exprime uma concepção democrática do poder jurisdicional e das relações entre cidadãos e justiça[2]; por outro lado, o reconhe-

---

1. Texto traduzido por Ariana Julia de Almeida Anfe, mestranda em Direito Processual Civil pela Faculdade de Direito da Universidade de São Paulo (USP).
2. Conforme Taruffo, *La motivazione della sentenza civile*, Padova, 1975, pp. 392 ss.; cfr. também Colesanti, *Die Entscheidungsbegründung im italienischen Recht*, in *Die Entscheidungsbegründung im europäischen Verfahrensrechten und im Verfahren vor internationalen Gerichten*, editado por de Sprung e König, Wien-New York, 1974, que trata da obrigação de motivação como "alternativa democrática ao exercício arbitrário do poder judicial", recordando também o princípio da legalidade e de sujeição do juiz à

cimento da função endoprocessual da motivação. Nessa última perspectiva, ela se apresenta essencialmente como garantia individual de um adequado controle da sentença nas fases de sua eventual impugnação[3], chegando-se a pensar até mesmo em um "efeito repressivo" da motivação, que consiste em prevenir o arbítrio do juiz por meio da previsão de um controle da sentença impugnada por parte das instâncias superiores[4].

A essa perspectiva da função endoprocessual da motivação é possível acrescentar que a obrigação de motivação constitui elemento essencial da garantia do contraditório: garantia que se deve ser entendida não apenas como requisito fundamental de um processo justo, mas também como princípio heurístico, ou seja, como instrumento eletivo – dentro de um processo inspirado no princípio dispositivo – para garantir o melhor conhecimento dos fatos, valendo-se do estímulo advindo da competição entre as partes em conflito[5].

O contraditório, como elemento discriminante entre processo e procedimento, não se exaure no princípio participativo[6], que é um conceito típico

---

lei, referido no artigo 101, parágrafo 2, da Constituição; assim também Andolina-Vignera, *Il modello costituzionale del processo civile italiano*, Turim, 1990, pp. 181 ss.; assim como Denti, *Commento all'art. 111 Cost.*, em *Commentario alla Costituzione* editado por Branca, Bolonha-Roma, 1987 pp. 8 ss., que também destaca como, em relação às decisões da Corte de Cassação, a obrição de motivação assume relevância constitucional por força do papel institucional da própria Corte (nesse sentido, também Colesanti, *ibidem*, pp. 368 ss.). Cfr. também Amodio, "Motivazione della sentenza penale", *Enciclopedia del diritto*, XXVII, Milão, 1977, pp. 186 ss.

3. Sobre o paralelo entre obrigação de motivação e impugnabilidade da sentença, v. Taruffo, "Motivazione. III) Motivazione della sentenza – Dir. proc. civ.", *Enciclopedia giuridica Treccani*, p. 1; Colesanti, *op.ult.cit.*, pp. 362 ss.
4. V. Calamandrei, *La Cassazione civile. II. Disegno generale dell'istituto*, Torino, 1920, p. 374. Em relação ao ordenamento alemão, cfr. Grunsky, *Die Entscheidungsbegründung im deutschen zivilgerichtlichen Verfahren*, in *Entscheidungsbegründung*, cit., p. 73; istruttivo in tal senso OLG Hamm, 7 settembre 1992 (ord.), in *Neue Juristische Wochenschrift-RechtssprechungsReport* (NJW-RR), 1993, pp. 827 s., para o qual a renúncia à motivação implica também a renúncia à impugnação (recorde-se que no ordenamento alemão a obrigação de motivar é expressamente prevista apenas na legislação ordinária – § 313 ZPO – e com algumas importantes exceções – §§ 313 a, 313 b ZPO – e não em nível constitucional, no qual se considera que não se pode inferir nem mesmo qual consequência necessária do *"Recht auf rechtliches Gehör"*: Grunsky, *ibidem*, pp. 78 ss.). No que diz respeito ao ordenamento austríaco – no qual o § 477, Abs. I, Nr. 9, ZPO liga a nulidade da sentença às hipóteses nas quais a motivação seja escrita de tal modo a tornar difícil o reexame, seja contraditória ou ainda ausente –, cfr. Fasching, *Die Entscheidungsbegründung im österreichischen streitigen zivilgerichtlichen Erkenntnis-, Exekutions- und Insolvenzverfahren*, in *Entscheidungsbegründung*, cit., pp. 135 ss. No que concerne ao ordenamento francês – no qual a obrigação de motivação das decisões não tem fundamento constitucional, tendo sido prevista, sob pena de nulidade, pelo artigo 7 da lei de 20 de abril de 1810 (depois substituída pelo artigo 102 do decreto de 20 de julho de 1972, n. 72684, de idêntico conteúdo) – cfr. Tribes, *Die Entscheidungsbegründung im französischen Verfahrensrecht*, in *Entscheidungsbegründung*, cit., pp. 337 ss.
5. V. Picardi, *Audiatur et altera pars. Le matrici storico-culturali del contraddittorio*, in *Riv. trim. dir. e proc. civ.*, 2003, 22: *"o contraditório torna-se o centro da pesquisa dialética, conduzida com a colaboração das partes [...] Nessa direção o contraditório vem, novamente, deslocado, das margens, ao centro do fenômeno processual: não é mais uma prova de força, mas torna-se um instrumento de pesquisa da verdade provável"*.
6. Ou seja, o princípio pelo qual devem ter a possibilidade de participar do processo aqueles que, de acordo com o que se pede na demanda, deveriam sofrer os efeitos de eventual acolhimento dessa mesma demanda.

também do procedimento administrativo. No processo, o contraditório é determinado – de modo por vezes diverso, seja do ponto de vista qualitativo ou quantitativo – pela efetiva correspondência e equivalência entre os vários participantes, efetivada por meio da distribuição de posições simetricamente iguais e mutuamente implicantes entre si. O processo – e somente ele – é concebido por se centrar no contraditório, ou seja, sobre o princípio pelo qual a atividade do interessado não apenas deve ser correspondida por uma faculdade de reação e réplica da parte contrária, mas deve ser refletida na atividade do juiz, uma vez que o autor do ato-sentença deve ter ciência dessa atividade *"cujos resultados, então, ele pode desobedecer, mas não obliterar"*[7].

Torna-se, então, evidente como a motivação da decisão judicial é o principal meio de reconhecimento da efetividade do contraditório: somente por meio da motivação torna-se possível não apenas compreender a razão da sentença, mas, sobretudo, verificar se o juiz levou em conta a atividade das partes e posicionou-se a respeito, aceitando-a ou repudiando-a, conforme imposto pelo princípio do contraditório. Para que se evite que a decisão do juiz negligencie fundamentais argumentos deduzidos pela parte ou elementos instrutórios sem justificar a razão pela qual tais aspectos foram considerados irrelevantes.

Sobre esse mesmo plano coloca-se, no mais, a modificação do artigo 101 do CPC, ocorrida em 2009. Naquela ocasião, colocando fim a uma evolução jurisprudencial acompanhada de um longo e por vezes acalorado debate doutrinário[8], a referida norma – intitulada "princípio do contraditório" – foi integrada por um novo parágrafo dentro do qual foi codificada a proibição da sentença chamada "de terceira via": ou seja, o princípio pelo qual o juiz não pode assumir como fundamento de suas decisões questões que, embora detectáveis de ofício, não tenham sido submetidas à discussão entre as partes. Hoje, *"se pretender adotar como fundamento da decisão uma questão revelada de ofício, o juiz suspende a decisão, conferindo às partes, sob pena de nulidade, um prazo, não inferior a vinte e não superior a quarenta dias da intimação, para a apresentação de manifestação a respeito da matéria em questão"*[9].

---

7. Fazzalari, *Diffusione del processo e compiti della dottrina*, in Riv. trim. dir. e proc. civ., 1958, 861 ss.; v. também Picardi, *Il principio del contraddittorio*, in Riv. dir. proc., 1998, 679.
8. Cfr. por todos, de um lado, Chiarloni, *La sentenza "della terza via" in cassazione: un altro caso di formalismo delle garanzie?*, in Giur. it., 2002, I, 1362; de outro lado, em sentido favorável à evolução jurisprudencial revelada na modificação do artigo 101 do CPC, Luiso, *Questione rilevata d'ufficio e contraddittorio, una sentenza rivoluzionaria*, in Giust. civ., 2002, I, 1611. Na jurisprudência, a primeira afirmação de invalidade da sentença sobre questões reveláveis de ofício e não submetidas a debate entre as partes encontra-se em Cass., 21.11.2001, n. 14637; v. successivamente Cass., 5.8.2005, n. 16577; Cass., 31.10.2005, n. 21108; Cass., 9.6.2008, n. 15194; e, finalmente, o ponto culminante Cass., sez. un., 30.9.2009, n. 10935.
9. Cfr., a respeito, Consolo-Godio, in *C.p.c. commentato*, 5. Ed., Milano, 2013, vol. I, sub art. 101, 1143 ss.; Chizzini, *Legitimation durch Verfahren. Il nuovo secondo comma dell'art. 101 c.p.c.*, in Pensiero e azione nella storia del processo civile. Studi, Torino, 2013, 241 ss.; Consolo, *Le Sezioni Unite sulla causalità del vizio nelle*

Como é imposto ao juiz que não deixe de considerar os argumentos das partes, o contraditório exige que a decisão não seja fruto de uma valoração "solitária" do juiz sobre questões que as partes não tenham tido a possibilidade de debater. E, em ambos os casos, o instrumento de verificação do trabalho judicial – e de seu respeito aos princípios processuais fundamentais – é oferecido pela motivação da decisão, que se coloca, assim, como ferramenta indispensável à verificação do contraditório.

2. A EXTENSÃO DA OBRIGAÇÃO DE MOTIVAÇÃO E AS RECORRENTES TENTAÇÕES DE MITIGÁ-LA, TORNANDO A MOTIVAÇÃO, TAMBÉM, UMA GARANTIA DA QUAL [A PARTE] SE BENEFICIE "A PEDIDO"; MOTIVAÇÃO E RECONHECIMENTO DAS SENTENÇAS ESTRANGEIRAS

A motivação das decisões é, portanto, um elemento essencial ao processo justo não apenas pelo fato de que o artigo 111, parágrafo 6.º, da Constituição, impõe a obrigação de motivação para todos os provimentos jurisdicionais, vinculando, assim, as escolhas do legislador ordinário, mas também por ser garantia imprescindível para a proteção do princípio do contraditório.

Nessa perspectiva, devem ser consideradas, de modo fortemente crítico, as recorrentes tentações do legislador italiano, que – como medida para acelerar o andamento dos processos, contra o endêmico mal da justiça italiana – quis introduzir a chamada "motivação a pedido". Isso é, quer-se perseguir o objetivo da eliminação do atraso (em primeiro grau, nos projetos até agora encaminhados) visando a aliviar o juiz no momento mais trabalhoso de sua função de julgar, ou seja, aquele da elaboração da motivação, permitindo, assim, a elaboração de decisões compostas apenas do dispositivo, a menos que a parte, sucumbente ou vitoriosa, peça, expressamente, a formulação de motivação escrita[10], assumindo, todavia, o ônus de pagar, integral ou parcialmente, as despesas fiscais necessárias para a instauração do sucessivo grau recursal[11].

---

sentenze della terza via: a proposito della nullità, indubbia ma peculiare poiché sanabile allorché emerga l'assenza in concreto di scopo del contraddittorio eliso, in *Corriere giuridico*, 2010, 355; Gradi, *Il principio del contraddittorio e la nullità della sentenza della "terza via"*, in *Riv. dir. proc.*, 2010, 826.

10. modelo, como ocorre com frequência, é oferecido pelo ordenamento alemão, no qual, todavia, os já mencionados §§ 313a e 313b da ZPO não falam de "motivação a pedido", mas contemplam a possibilidade de *renunciar* à motivação (mesmo preventivamente ou, então, dentro de uma semana do fechamento da *trattazione*), admitindo igualmente que tal renúncia à redação da motivação esteja implícita na renúncia ao recurso da parte ou das partes sucumbentes. Não precisa de motivação nem mesmo a decisão que declara a contumácia.

11. V. ainda hoje o artigo 2.º, parágrafo 1.º, letra b), do projeto de lei contendo delegação para a eficiência do processo civil, no qual se contempla a possibilidade do Governo de editar um decreto legislativo prevendo *"mesmo para o fim de favorecer o combate ao atraso civil, que 1) o juiz possa definir o juízo de primeiro grau mediante dispositivo acompanhado da indicação dos fatos e das normas que fundamentam a decisão e delimitam o objeto de apreciação, <u>reconhecendo às partes o direito de obter a completa motivação</u>*

Ainda que a função endoprocessual da motivação, que é centrada nos interesses das partes, torne, teoricamente, admissível a "motivação a pedido", uma vez que se atribuiria às próprias partes a renúncia a um direito processual próprio, todavia, se torna difícil aceitar que um elemento tão inerente às garantias da jurisdição, como é a motivação, possa realmente ser potencialmente excluído salvo desejo em contrário: ainda mais quando se pretende que uma garantia do processo justo torne-se "sujeita a pagamento", e, mais ainda, quando se considera o risco dos paradoxos que poderiam ser verificados no que diz respeito à tempestividade da apresentação da motivação[12].

Menos severo, sob a ótica das garantias processuais fundamentais, são as propostas das recentes intervenções do legislador italiano, que procuraram simplificar a redação da sentença. Com a reforma de 2009, de fato, eliminou-se do rol de requisitos da sentença, do artigo 132, número 4, do CPC, "*a concisa exposição do desenvolvimento do processo*" e incluiu-se o dispositivo segundo o qual a sentença consiste "*na exposição dos fatos relevantes da causa e das razões jurídicas da decisão*" a indicação de que essa exposição deve ser "*sucinta*" e pode se valer de "*referência a precedentes conformes*" (artigos 118, parágrafo 1.º, CPC)[13], porém, sempre mantendo tal norma a evidenciar, no próprio parágrafo 3.º, a proibição de "*citação de autores jurídicos*", que constitui quase um *unicum* sob o plano comparado[14].

---

das decisões impugnáveis, a pedido e com prévio pagamento de uma parte da contribuição unificada devida em razão do recurso; 2) a motivação dos provimentos que definem o juízo em grau de recurso possa consistir no referimento integralo u parcial à motivação do provimento impugnado".

12. Se imagina-se, de fato, uma parte sucumbente que requeira – pagando – a motivação, seria necessário também prever os prazos para a redação da própria motivação e das sanções (mas de que gênero?) ao juiz que não respeite tais prazos. Exigência que se manifesta, nesse caso, ainda com mais frequência, para evitar que o mote de Redenti, "Atti processuali (diritto processuale civile)", in Enciclopedia del diritto, vol. IV, Milano, 1959, 139, pelo qual os prazos para a atividade das partes são peremptórios e ordinários, enquanto os prazos para o juiz são sempre e somente *canzonatori*, soe como ulteriores "zombarias" daquele que tenha pagado um correspondente pelo serviço esperado.
13. V. ainda, entre objetivos enunciados pelo Governo no que diz respeito ao recurso para a Cassação, o estudo de medidas que imponham "*à Corte a adoção de modelos de motivação, mesmo assertivos, que, de todo modo, abandonem a tentação de sistemação científica, a todo custo, dos institutos operados ou mesmo apenas aflorados. A sentença da Corte Suprema deve ser ato de autoridade motivado, mesmo apenas com relação aos próprios endereçados, e ainda segundo uma absoluta exigência de síntese*".
14. esse respeito, é notável como a possibilidade de referência ao "precedente" – termo que não é acompanhado de uma adjetivação que o especifique – abriria caminho à possibilidade de referência mesmo a precedentes doutrinários, colocando as bases para um profícuo e dinâmico diálogo entre jurisprudência e doutrina. A potencialidade de uma similar convergência operativa não encontra, todavia, modo de se exprimir justamente pelo claro fechamento do qual o parágrafo 3 do artigo 118 do CPC, hoje replicado pelo artigo 88, parágrafo 3, do Código de Processo Administrativo (D.Lgs. n. 104/2010): a possibilidade de referência apenas ao precedente judicial leva à auto referenciabilidade absoluta da jurisprudência, que não encontra incentivos para interessar-se pela doutrina, e tem como consequência o agravamento de um patológico conflito bipolar entre juiz e legislador, que não apenas desloca a

Evidentemente, cuidam-se de alterações confusas e contraditórias. O fato de que o artigo 118 do CPC, do texto modificado, continue a prever que a motivação da sentença deva conter, além da indicação das razões de fato e de direito da decisão, também a *"exposição"* – seja pura, ou então, apenas *"sucinta"* – *"dos fatos relevantes da causa"*, suscita séria perplexidade acerca da efetiva consistência da supressão do correspondente no artigo 132 do CPC. Os *"fatos relevantes da causa"* aos quais ainda se refere o artigo 118 não são *"as razões de fato"* da decisão, mas identificam-se justamente na exposição dos eventos históricos da lide, constituídos dos fatos substanciais que a determinaram, bem como dos eventos processuais (chamados fatos processuais) que acompanharam sua evolução até a decisão[15].

De conteúdo igualmente impalpável é a outra modificação resultante da novidade do texto do artigo 132, parágrafo 2.º, número 4, do CPC, por meio da qual o requisito da concisa exposição *"dos motivos de fato e de direito da decisão"*, no qual se funda a motivação da decisão, foi substituído pela concisa exposição *"das razões de fato e de direito"* da decisão. Até aqui, tudo parece ter se mantido substancialmente inalterado, permanecendo obscura a diferença entre "razões" e "motivos".

O artigo 118, parágrafo 1.º, do CPC, na parte em que determina que a exposição dos fatos relevantes da causa e das razões jurídicas da decisão deva ser *"sucinta"*, alia-se, portanto, ao artigo 132, parágrafo 2.º, número 4, do Código, que já dispunha que a exposição da síntese do processo e dos motivos de fato e de direito da decisão deva ser *"concisa"*. E a diferença de significado entre os dois adjetivos é realmente impalpável.

Além de seu valor, em geral, declamatório, essas alterações preservam, todavia, o limite intransponível por todas as tentativas de se buscar uma maior eficiência e celeridade do processo, "amenizando" os deveres do juiz no tocante à redação da sentença: limite representado pela necessidade de que uma motivação seja e contenha a clara exposição da *ratio decidendi* da decisão. O requisito da motivação, de fato, é tradicionalmente considerado para exigir não apenas uma presença material e gráfica das razões de decidir, mas também uma exposição adequada a revelar a *ratio decidendi* da sentença: devendo-se deparar com uma nulidade da sentença nos casos de motivação aparente, de

---

scientia iuris e redefine o momento sistemático a ela confiado, mas faz do precedente um "subcódigo" da crise dos poderes do Estado. Nesse sentido, v. Garofalo, *IX Convegno Internazionale Aristec*, 9-11.6.2011, *Scienza giuridica, interpretazione e sviluppo del diritto europeo*.

15. Assim G.F. Ricci, *La riforma del processo civile. Legge 18 giugno 2009, n. 69 - Disposizioni per lo sviluppo economico, la semplificazione, la competitività nonché in materia di processo civile*, Torino, 2009, 24.

contraste irredutível entre afirmações inconciliáveis, de motivação complexa e objetivamente incompreensível[16].

Nesse contexto, não parece inteiramente justificável a orientação jurisprudencial segundo a qual a ausência absoluta de motivação não se mostra como verdadeiro obstáculo ao reconhecimento de uma sentença estrangeira *sub specie* de violação da ordem pública processual[17], como se a obrigação de motivação pudesse restringir-se aos limites do nosso ordenamento, a despeito de sua importância como garantia fundamental que se coloca como complementar em relação ao princípio fundamental do contraditório.

Sobre esse ponto, merecem mais adesões as difundidas linhas doutrinárias que exigem uma revisão de tal orientação, referindo-se à posição – ainda hoje prevalecente na jurisprudência francesa – que tende a aceitar que a ausência da motivação de uma sentença autoriza o seu reconhecimento apenas quando estiverem à disposição atos do processo ou documentos suficientes para revelar a *ratio* da decisão, para que essa não se limite a uma mera e acrítica recepção das afirmações autorais, não suscetível nem menos de ser valorizada como subrrogado e equivalente à motivação faltante[18]; adere-se à orientação do Tribunal Europeu dos Direitos Humanos, que, por um lado, assumiu a garantia da motivação como corolário do processo justo[19]; por outro lado, considera imprescindível um (adequado) controle sobre a sentença estrangeira a ser

---

16. Cfr. Cass., 8.1.2009, n. 161; Cass., 25.2.2014, n. 4448. Idênticos princípios são afirmados em relação ao requisito da motivação colocado sob pena de nulidade do laudo arbitral do artigo 823, segundo parágrafo, número 3, do CPC: mesmo com relação a isso (Cass., 6.9.2005, n. 17801; Cass., 4.7.2013, n. 16755).
17. Cass., 22.3.2000, n. 3365, in *Giur. it.*, 2000, 1786; Cass., 18.5.1995, n. 5451: "Em particular o artigo 111, co. 6, Cost., ao sancionar a obrigação de motivação dos provimentos jurisdicionais, respeita e sanciona uma forma organizacional da jurisprudência estritamente ligada ao princípio da legalidade, sobre o qual se baseia em nosso ordenamento o exercício da jurisdição. Com a consequência de que, atendo-se tal forma organizacional ao ordenamento interno, dela e das normas – como o artigo 111 da Costituição – que o expressam, não podem ser inferidos princípios de "ordem pública" invocáveis ao senso do artigo 27 da Convenção de Bruxelas, subscrita [...] também por países de diversas tradições jurídicas– como a Gran Bretanha – no qual o exercício da jurisdição se inspira a um diferente modelo organizacional, que não exige necessariamente a motivação das sentenças"; Cass., 13.3.1993, n. 3029, in *Riv. dir. internaz. priv. e process.*, 1994, 124, pois, uma vez que "o contraditório tenha sido assegurado e a sentença tenha transitado em julgado sem que subsistam mais impugnações, é presumível que os fatos e as questões de direito com base nos quais foi proferida sejam considerados desde já, pelas próprias partes, não mais discutíveis", devendo-se, de resto, considerar que a obrigação constitucional da motivação sancione "uma ordem organizacional da jurisdição o qual atém-se exclusivamente ao ordenamento interno"; Cass., 22.5.1990, n. 4618, in *Riv. dir. internaz. priv. e process.*, 1991, 766; Cass., 24.2.2014, n. 4932; Cass., 9.5.2013, n. 11021.
18. Sentença 20.7.2001, *Pellegrini c. Italia*, spec. punti 40-48, com posição confirmada mais recentemente 6.12.2007, *Mamousseau e Washington c. Francia*, punti 96-97.
19. Cfr. sentenças de 9.12.1994, caso 18064/91, *Hiro Balani c. Spagna*; 19.2.1998, caso 20124/92, *Higgins c. Francia*; 27.9.2001, caso 49684/99, *Hirvisaari c. Finlandia*; 13.1.2009, caso 926/05, *Taxquet c. Belgio*.

reconhecida e, portanto, sobre suas motivações, para que não sejam igualmente violados os direitos de defesa e o princípio do processo justo[20].

Tal tese merece ser acolhida à luz da função fundamental da garantia que a motivação (a menos "a pedido") assume no sistema do processo justo e "verificável" como tal: e isso não apenas como instrumento que permite à parte sucumbente articular as próprias razões em sede de impugnação, mas sobretudo como indispensável cotejo ao princípio do contraditório, e assim como elemento da garantia do *fair trial*, uma vez que a motivação do provimento jurisdicional permite verificar se o julgador se ateve aos limites das alegações das partes e considerou devidamente seus argumentos[21].

3. A ANÁLISE DA MOTIVAÇÃO NAS INSTÂNCIAS RECURSAIS E, SOBRETUDO, DIANTE DA SUPREMA CORTE DE CASSAÇÃO

Não se pode esconder, todavia, que, muito mais do que os temas gerais sobre o conteúdo da obrigação de motivação das sentenças e sobre o seu enquadramento no âmbito das garantias constitucionais, a atenção dos intérpretes italianos está concentrada sobretudo nos limites da análise da motivação em sede de recurso. Particular objeto de intenso debate é a análise sobre a motivação que pode, *in fatto*, ser conduzida pela Suprema Corte de Cassação: seja porque a natureza ordinariamente substitutiva do recurso faz com que os vícios da sentença de primeiro grau restem absorvidos dentro da nova decisão de mérito proferida pelo juízo recursal (chamado, de todo modo, a substituir a expressão das razões do próprio decidir pela motivação de primeiro grau), seja porque as *querelas* em torno dos limites da análise da Cassação sobre vício de motivação caracterizou a história do Código de Processo Civil vigente.

Precisemos, antes de mais nada, o que se entende por análise sobre a motivação *in fatto* por parte de um juízo, como a Suprema Corte, que é instituto que visa principalmente a assumir o ônus de assegurar a exata observância e a interpretação uniforme da lei[22] e, assim, para ser custódio das questões de direito.

---

20. Sentença de 20.7.2001, *Pellegrini c. Italia*, spec. Pontos 40-48, com posição confirmada recentemente pela sentença de 6.12.2007, *Mamousseau e Washington c. Francia*, pontos 96-97.
21. Cfr., nessa perspectiva, ainda: Corte EDU, 27.7.2006, causa 73695/91, *Nedzela c. Francia*; 21.5.2002, causa 28856/95, *Jokela c. Finlandia*, ponto 73: "*a noção de processo justo requer além, que o Juiz nacional que tenha motivado apenas brevemente a própria decisão, seja incorporando a motivação de uma jurisdição inferior, seja de outro modo, tenha realmente examinado as questões essenciais que lhe tenham sido submtidas e não tenha se conformado em incorporar pura e simplesmente as conclusões de uma jurisdição inferior*".
22. Assim o artigo 65 da lei sobre ordenamento judiciário, na qual encontra expressão a função chamada objetica do recurso para Cassação, que tem matriz na própria lição de Calamadrei e que concebe o instituto como direito a assegurar a nomofilática, ou seja, a interpretação uniforme da lei que é

É tradicional a lição de que a censura de vício de motivação é o instrumento por meio do qual se pede à Suprema Corte para analisar não apenas a correção do juízo de fato, mas também a legitimidade de seus fundamentos. A Corte de Cassação não é chamada a dizer se a questão de fato foi bem ou mal resolvida, mas apenas a identificar se na valoração que o juiz indicou como base dessa questão há violação de uma norma ou de um princípio metodológico. Portanto, o vício pode causar a anulação da sentença impugnada somente se tal vício revelar-se um *sintoma de injustiça* na solução da questão de fato. O que significa que ele deve tratar de um ponto tal que, se o erro não tivesse sido cometido, o julgamento poderia ter sido diferente.

Está em questão, definitivamente, não a justiça da decisão, em si, mas a presença de indícios sintomáticos de uma possível decisão injusta, que possam ser considerados apenas se subsistir uma adequada incidência causal do erro objeto de possível apreciação na Corte de Cassação (exigência que a lei alude com referência ao "ponto decisivo").

A noção de ponto decisivo da controvérsia concerne à mesma idoneidade do vício denunciado, quando reconhecido, a determinar uma reconstrução diversa do fato histórico e, portanto, refere-se ao nexo de causalidade entre o vício da motivação e a decisão. É, de fato, necessário que o vício, uma vez reconhecido existente, seja tal que, se não tivesse ocorrido, haveria certeza ou forte tendência a uma reconstrução do fato, diversa daquela acolhida pelo juízo de mérito, e não a mera possibilidade dessa reconstrução[23]. Se, de fato, o vício de motivação por omissa consideração do ponto decisivo fosse configurável apenas pelo fato de que a circunstância, quando examinada, teria tornado possível ou provável uma reconstrução do fato diversa daquela adotada pelo juiz de mérito, ou mesmo se tal probabilidade devesse meramente cumprir

---

funcional à mesma necessidade constitucional do recurso para a Cassação por violação de lei contra todas as sentenças, conforme previsto no artigo 111, parágrafo 7.°, da Constituição. A tal concessão contrapões-se aquela que valoriza a garantia do recurso para a Cassação – do artigo 111, parágrafo 7.°, Cost. – como chave para a garantia subjetiva, como instrumento que garante o requisito mínimo indispensável, a coisa julgada formal, por proteger o valor mais alto da tutela jurisdicional de cognição, ou seja, a incontroversibilidade típica de coisa julgada dos provimentos que decidem sobre direito *status* (v. Mandrioli, *L'assorbimento dell'azione civile di nullità e l'art. 111 della Costituzione*, Milano, 1967, 20 ss.; Cerino Canova, *La garanzia costituzionale del giudicato civile*, in Riv. dir. civ., 1977, I, 427 ss.; v. também Mazzarella, "Cassazione. I) Diritto processuale civile", in *Enciclopedia giuridica Treccani*, 5 ss., che ravvisa nell'art. 111, co. 7, Cost. ao assegurar ao cidadão a decisão do remédio final no sistema recursal.

23. No sentido de que, por exemplo, a omissão do exame de uma prova, para que possa ser relevante nos termos do artigo 360, número 5 do CPC, consiste em defeito de atividade do juiz de mérito que se verifica todas as vezes em que haja evidentes elementos que ele tenha ignorado uma circunstância objetiva adquirida mediante de prova escrita e oral, suficiente por si mesma, caso tal prova tivesse sido considerada, a conduzir a um juízo de certeza e não de mera probabilidade a uma decisão diferente daquela adotada, v. Cass., 29.9.2006, n. 21249; Cass., 20.10.2006, n. 22539; Cass., 17.5.2007, n. 11457; Cass., 7.5.2009, n. 10501; Cass., 27.3.2009, n. 7526; Cass., 9.7.2010, n. 16229.

a queixa de insuficiência ou contradição da motivação, estaríamos diante da pretensão de um novo exame de mérito, que entraria em conflito com a função do juízo que se desenvolve diante da Corte Suprema.

O exame da motivação diz respeito à legitimidade da base do convencimento manifestado pelo juiz de mérito, sendo certo que esse convencimento, como tal, resta incensurável[24], embora diante de um enquadramento eventualmente melhor e mais adequado dos múltiplos elementos probatórios adquiridos, sob pena de resultar em inadmissível instância de revisão de mérito[25]. Não se percebe, portanto, a mera divergência entre o valor e significado, atribuído pelo juiz revisor aos elementos por ele avaliados, e o valor e significado diversos e mais favoráveis que, aos mesmos elementos, sejam atribuídos pelo recorrente[26], mas apenas a objetiva incapacidade da motivação de reger um exame lógico conduzido *ab externo* por parte da Corte de Cassação: sem reexame dos fatos da causa, mas por meio de uma análise indireta sobre a lógica e completude dos argumentos usados pelo juiz de mérito para motivar o próprio convencimento dos fatos.

4. EXAME SOBRE A MOTIVAÇÃO E DISCIPLINA LEGISLATIVA: A MAIS RECENTE REFORMA DE 2012

Sob o plano "histórico", enquanto o artigo 517 do CPC 1865 não contemplava qualquer referência ao vício de motivação, foi o código de 1940 que contemplou, pela primeira vez, como fundamento para recurso à Cassação *"a omissão no exame de um fato decisivo para o juízo que foi objeto de discussão entre as partes"* (art. 360, número 5, segundo a redação original). Pouco depois, a reforma de 1950 modificou tal previsão, trazendo a recorribilidade *"por omissa, insuficiente ou contraditória motivação acerca de um ponto decisivo da controvérsia, deduzido pelas partes ou reconhecido de ofício"*. Depois de várias ponderações por uma reforma e restrição do referido dispositivo, em 2006, o legislador intervém novamente, substituindo a fórmula antes mencionada por *"omissa, insuficiente ou contraditória motivação acerca de um fato controverso e decisivo para o juízo"*.

Essa última modificação teve um resultado prático bastante duvidoso[27], prevendo que, por um lado, a substituição do termo "ponto" por "fato"

---

24. Cass., 25.8.2003, n. 12468; Cass., 22.9.2009, n. 20404.
25. Por todos Cass., sez. un., 26.11.2008, n. 28165; Cass., 12.5.2009, n. 10854; Cass., 22.10.2009, n. 22419; Cass., 19.1.2010, n. 713; Cass., 4.3.2010, n. 5205; Cass., 6.9.2012, n. 14929.
26. Cfr. da ult. Cass., 29.11.2012, n. 21233; Cass., 3.5.2010, n. 10657; Cass., 4.3.2010, n. 5205; Cass., 19.1.2010, n. 713.
27. Tanto que a Comissão Vacarella, cujo trabalho é colocado sob a reforma de 2006, com franqueza, reconhecia, na relação, como a esse respeito se quizesse "mandar um sinal" à Corte, com a consciência que respeita unicamente a essa *"manter tal exame sobre nos limites compatíveis com a próprioa função nomofilática"*; v.

limitava-se a explicitar o princípio pacífico pelo qual o vício do número 5 se refere somente à motivação *in fatto*[28], sendo eventuais vícios de motivação um direito emendável com a mera correção dos motivos, se não levados em violação da lei[29]; por outro lado, e sendo certo que a natureza "decisiva" do vício conota todas as versões da norma que a seguiram, a inclusão do adjetivo "controverso" não parece poder desempenhar qualquer função limitadora.

Não é, de fato, imaginável *uma revelação de ofício de fatos novos relevantes para o mérito* pela primeira vez na Cassação[30], pelos limites do juízo que exclui a discussão de teses não levantadas nas instâncias precedentes, nem é facilmente antevisto um vício de motivação sobre um fato "não controverso". E isso considerando que, por um lado, ao menos em matéria de direitos disponíveis[31], os fatos não controversos possam ser colocados pelo juiz como fundamento da decisão sem qualquer necessidade de dilação probatória[32]; por outro lado, a motivação *in fatto*, se presente, exige que o juiz tenha tido que escolher, e escolheu, entre as duas reconstruções contrapostas previstas entre as partes em relação a um fato que, então, é controverso por definição[33].

Bem diferente e ainda mais significativo impacto parece poder causar a mais recente novidade de 2012, que – mantendo quase inalterados os requisitos

---

também Tommaseo, *La riforma del ricorso per cassazione: quali i costi della nuova nomofilachia ?*, in *Giur. It.*, 2003, 826; Tarzia, *Il giudizio di Cassazione nelle proposte di riforma del processo civile*, in *Riv. dir. proc.*, 2003, 205; sobre o valor de "aviso" da modificação normativa também Tiscini, in *Commentario alle riforme del processo civile*, coord. de Briguglio e Capponi, vol. III, tomo I, Ricorso per cassazione, Padova, 2009, 42; Sassani, *Riflessioni sulla motivazione della sentenza e sulla sua (in)controllabilità in cassazione*, in *Corriere giuridico*, 2013, 857, nota 29, note-se que a prática restou indiferente à modificação de 2006, tendo-se continuado nos sucessivos oito anos a exprimir os mesmos juízos a dar as mesmas respostas dadas anteriormente.

28. Cfr., por todos, Cass., 30.3.2012, n. 5123; Cass., 22.5.2009, n. 11910; Cass., sez. un., 25.11.2008, n. 28054; Cass., 24.10.2007, n. 22348; Cass., sez. un., 17.11.2004, n. 21712; cfr. também Taruffo, *Una riforma della Cassazione civile?*, in *Riv. trim. dir. e proc. civ.*, 2006, 780; Carratta, *La riforma del giudizio in Cassazione*, in *Riv. trim. dir. e proc. civ.*, 2006, 1128.
29. Princípio consolidado: per tutte Cass., 30.3.2012, n. 5123; Cass., sez. un., 1°.7.2009, n. 15386; Cass., sez. un., 25.11.2008, n. 28054.
30. Daí a inutilidade da norma, se é verdadeiro o que observa Tarzia, *Il giudizio di Cassazione*, cit., 205 e ss., e, assim, o senso da previsão seria o de excluir a cassação por vício de motivação sobre um ponto decisivo revelável de ofício.
31. V., no sentido de que a limitação a apenas os fatos controversos de possível vício de motivação è, ao contrário, privada de sentido – e até contraditória – com relação aos processos relativos a direitos indisponíveis, Proto Pisani, *Novità nel giudizio civile di cassazione*, in *Foro it.*, 2005, V, 255; Sassani, *Il nuovo giudizio di cassazione*, in *Riv. dir. proc.*, 2006, 224; Carratta, *La riforma del giudizio in Cassazione*, cit., 1129.
32. V. Cass., sez. un., 23 gennaio 2002, n. 761, in *Corriere giuridico*, 2003, 10, 1335, con nota de Massimo Fabiani, in *Foro It.*, 2002, I, 2019, con nota de Cea, ed ivi, 2003, I, 604, com notas de Proto Pisani, ainda hoje, embora fruto da reforma de 2009, o novo parágrafo 1.0 do art. 115 do CPC ("*Salvos os casos previstos pela lei, o juiz deve adotar como fundamento da decisão as provas propstas pelas partes e pelo Ministério Público, assim como os fatos não especificamente contestads pela parte constituída*").
33. Carratta, *La riforma del giudizio in Cassazione*, cit., 1129.

da "decisividade e da natureza controversa do fato – "ousou" incidir sobre a tríade dos vícios motivacionais, retornando quase que literalmente à fórmula originária do Código de 1940, estabelecendo que o recurso pode ser proposto *"por omissão exame <u>acerca</u> de um fato decisivo para o juiz que tenha sido objeto de discussão entre as partes"* (sublinhada a única diferença léxica entre o texto de 1940 e o texto atual[34]).

Excluiu-se, assim, a possibilidade de recurso para a Cassação por insuficiência ou contradição da motivação e manteve-se vigente apenas o controle de *"exame omisso"*. Tem-se, com isso, uma verdadeira restrição da possibilidade de exame pelas hipóteses em que "o fato" tenha sido bem examinado, mas, no todo, a decisão de mérito se apresente, de todo modo, insatisfatória pelas razões que uma vez tenham servido de fundamento a uma denúncia de insuficiente ou contraditória motivação, e que, atualmente, parecem ter sido subtraídas da esfera de exame confiada à Corte Suprema.

A esse respeito, é compreensível como na doutrina, desde o início, tenham surgido teses reducionistas, que – seja invocando o dado histórico-comparatístico, seja com o auxílio de refinadas argumentações teóricas – consideram que mesmo a mais recente modificação de 2012 está fadada a continuar sem influência sobre a prática (não diversamente da reforma de 2006). O exame da motivação, defende-se, foi criado pela Corte de Cassação na vigência do Código de 1865, quando não existia qualquer norma que tratasse do assunto, e restou insensível à "virada" no sentido restritivo que se buscava imprimir com a fórmula acolhida pelo Código de 1940[35]; isso também foi desenvolvido pelas Cortes Supremas alemãs e francesas embora sempre na ausência de alguma norma que lhe faça referência, como prova de sua inerência ao controle de legitimidade[36].

O controle da Corte Suprema, no mais, não pode prescindir de coerência na reconstrução da concreta *fattispecie*, no momento em que a Corte é chamada a verificar a exata interpretação e aplicação da norma abstrata[37].

---

34. Cass., sez. un., 7.4.2014, n. 8053: «è una *"differenza testuale"* irrilevante, trattandosi, dell'uso di una forma linguistica scorretta ..., che non ha forza di mutare in nulla il senso della disposizione del codice di rito del 2012, rispetto alla disposizione del codice di rito del 1940».
35. Bove, *Giudizio di fatto e sindacato della Corte di cassazione: riflessioni sul nuovo art. 360 n. 5*, in www.judicium.it, 2 ss.; Fornaciari, *Ancora una riforma dell'art. 360 n. 5: basta, per favore, basta!*, in www.judicium.it, 2; Vaccarella, *Introduzione al volume "Le impugnazioni civili"*, in www.judicium.it, 10 s.; Trisorio Liuzzi, *Il ricorso in cassazione. Le novità introdotte dal d.l. 83/12*, in www.judicium.it, 12.
36. Caponi, *La modifica dell'art. 360, co. 1, n. 5, c.p.c.*, in www.judicium.it, 4.
37. Sobre essa última argumentação também Sassani, *Riflessioni sulla motivazione della sentenza e sulla sua (in)controllabilità in cassazione*, cit., 852 s., que a valoriza por sublinhar como o controle de legitimidade seria mitigado pelo cancelamento do exame da insuficiência e contradição da motivação.

Por outro lado, sustenta-se que no chamado defeito de motivação, em geral, não se poderia vislumbrar outra coisa que não uma violação à lei, como tal insensível às mutáveis normas utilizadas pelo legislador para descrevê-lo: a censura à "motivação omissa, insuficiente, contraditória" teria como objeto o consequente vício de inobservância das regras jurídico-metodológicas que conduzem ao julgamento de fato (as normas sobre provas legais, as regras legais de interpretação, as chamadas máximas de experiência, o cânone de exaustividade), buscando, assim, o escrutínio sobre suficiência e sobre racionalidade da valoração probatória como momento necessário e indispensável do juízo de legitimidade confiado à Corte Suprema[38]. Isso poderia desviar o controle sobre a motivação, uma vez atribuído à precedente formulação do número 5 do artigo 360 do CPC, na denúncia de um *error in procedendo* com relação à violação das regras sobre juízo resumidas nos artigos 115 e 116 do CPC: sendo intrínseco à prudente apreciação que o juiz deva aplicar na valoração das provas (art. 116 do CPC) a necessidade de valoração das próprias provas em pleno respeito aos cânones metodológicos que conduzem ao juízo de fato[39].

Como era presumível, todavia, a Corte de Cassação não perdeu a oportunidade de restringir o âmbito de sua intervenção (e de liberar-se, assim, de grande parte das censuras que exigem o exame sobre a reconstrução dos fatos) oferecida pelo legislador. Na primeira manifestação nesse sentido,[40] a Corte de Cassação, em sessão unificada, declarou que, como efeito da reforma, *"desaparece o controle sobre a motivação com relação ao parâmetro da suficiência, mas resta o controle sobre a existência (em relação à absoluta omissão ou da mera aparência) e sobre a coerência (em relação à irredutível contradição e da evidente falta de lógica) da motivação, ou seja, com relação àqueles parâmetros que determinam a conversão do vício de motivação em vício de violação da lei, sempre que o vício decorra imediata e diretamente do texto da sentença impugnada"*[41].

---

38. Bove, *Giudizio di fatto e sindacato della Corte di cassazione*, cit., 6 s.
39. Bove, *Giudizio di fatto e sindacato della Corte di cassazione*, cit., 8; Caponi, *La modifica dell'art. 360, co. 1, n. 5, c.p.c.*, cit., 4; Sassani, *Riflessioni sulla motivazione della sentenza e sulla sua (in)controllabilità in cassazione*, cit., 856, que, todavia, teme, por essa via, um aumento de trabalho para a Suprema Corte; v. por outro lado, no sentido de que a violação do artigo 116 se concretiza unicamente quando o juiz tenha se equivocado na utilização dos critérios de valoração, embora o fato do juiz ter exercitado mal a atividade de prudente apreciação da prova é censurável *sub specie* de vício de motivação, e não de violação de norma processual, Cass., 20.12.2007, n. 26965; Cass., 18.9.2009, n. 20112.
40. Cass., sez. un., 7.4.2014, n. 8053.
41. Desse modo, evita-se o caminho para as tentativas de fazer retornar o controle da motivação pela "janela" da denúncia de violação do art.. 132, n. 4, do CPC (antecipadas na doutrina por Fornaciari, *Ancora una riforma dell'art. 360 n. 5*, 4 s.; Consolo, *Nuovi ed indesiderabili esercizi normativi sul processo civile: le impugnazioni civili a rischio di "svaporamento"*, in *Corriere giuridico*, 2012, 1140). Embora prenunciado nessa intervenção das seções unificadas, a Cassação procederá com extrema atenção ao se deparar com as hipóteses nas quais o litigante, para se equivar da restrição presente no novo n. 5 do art. 360 do CPC, procure apresentar o vício de motivação como censura de radical ausência de motivação.

O panorama atual prefigura uma situação em que, na presença de um exame suficientemente aprofundado e não excessivamente discutido, retira-se da parte sucumbente a possibilidade de requerer a intervenção da Corte Suprema com relação à valoração dos atos deixada ao juiz de mérito[42]. É sem dúvida razoável que semelhante limitação tenha, como efeito colateral, o reforço às extensivas orientações da Cassação acerca do exame de aplicação das máximas de experiência, ao menos diante de patentes desvios do senso comum, suficientes para conferir "aparência" de motivação[43]; e enfim permita a recondução ao artigo 132, número 4, *sub specie* de motivação "aparente", igualmente dos casos mais evidentes de contradição. Todavia, fora desse âmbito, de agora em diante, a Cassação refutará os convites à reformulação do procedimento argumentativo seguido pelo juiz de mérito (especialmente nos casos de utilização das inferências presumíveis) para verificar *funditus* sua sustentabilidade lógica.

Resta examinar se ainda restou um *trait d'union* entre a velha formulação e a nova, com relação à questão do exame omisso, e se esse, de qualquer forma, pode aproximar-se das hipóteses já atribuídas à "motivação omissa". A essa questão, em nossa opinião, deve-se responder em sentido tendencialmente positivo, uma vez que a fórmula do "*omisso exame acerca de um fato decisivo objeto de discussão*" não apresenta diferenças relevantes daquela da motivação omissa sobre um fato controverso e decisivo[44].

Essa conclusão se justifica pela simples e intuitiva razão de que – exceto pela absurda consideração de que a Corte Suprema se conforme em retomar para si os autos do processo da controvérsia a título de terceira instância de mérito[45] – do omisso exame do fato nada mais se poderá inferir se não do exa-

---

42. Em sentido crítico, a esse respeito, Sassani, *Riflessioni sulla motivazione della sentenza e sulla sua (in) controllabilità in cassazione*, cit., 858, pelo qual, desse modo, limitam-se as potencialidades do mesmo controle sobre a exata aplicação da norma: "*pensar que possa existir um controle de legitimidade substancialmente indiferente ao fato – 'rectius' à reconstrução do fato concretamente operada e representada pelo juiz de mérito – é um contrasenso: da intervinda aplicação da lei se pode conhecer apenas percorrendo a sequência evocada em sentença... A mesma exercitabilidade da nomofilaxia está condicionada por essa premissa, porque a norma de cuja leitura ortodoxa a Corte é guardiã é sempre concebida em função da ordem dos eventos apresentados e, em vão, lhe discutem desconexamente às circurnstâncias da vida que tal norma é chamada a regular*".
43. Pela sobrevivência do controle sobre normas elásticas e máximas de experiência, sempre *sub specie* de omisso exame de fato decisivo, v. igualmente G.F. Ricci, *Il giudizio civile di cassazione*, Torino 2013, 188 ss.
44. Consideramos categóricas as teses que tratam de entender a alteração normativa como se houvesse dado lugar a um vizinho de natureza revocatória; a distanciar "o omisso exame de fato decisivo" do erro de fato documental ex art. 395, n. 4, CPC, por outro lado, é suficiente a anotação pela qual o fato, sobre o qual o exame foi omisso, deve ter sido objeto de discussão, que é requisito contrastante àquele que condicionam o âmbito de admissibilidade da revocação por erro de fato documental: v. também Panzarola, in *Commentario alle riforme del processo civile, dalla semplificazione dei riti al decreto sviluppo*, editado por Martino e Panzarola, Turim 2013, 696.
45. Nesse sentido, G.F. Ricci, *Il giudizio civile di cassazione*, cit., 186, que prevê até uma extensão dos deveres de controle da Corte de Cassação.

me da motivação do provimento impugnado, que ela deve realçar como, sobre fato decisivo, a atenção do juiz de mérito tenha deixado de se ater.

Na declaração supra recordada, as sessões unificadas sustentaram que *"a omissão no exame dos elementos instrutórios, como tal, não integra o omisso exame sobre um fato decisivo previsto pela norma quando o fato histórico representado tenha, de todo modo, sido levado em consideração pelo juiz, ainda que ele não tenha dado conta de todas as provas abstratamente relevantes"*, querendo, com isso, traçar uma distinção entre a qualidade do exame "sobre omissão" entre o antes e o pós reforma.

Todavia, nota-se como nunca a omissão no exame dos elementos instrutórios pode justificar, enquanto tais, um motivo de anulação da sentença impugnada diante da Corte de Cassação, a menos quando ele não permitia chegar, com juízo de certeza e não mera probabilidade, a uma reconstrução de um fato principal ou secundário suficiente para influenciar o resultado atingido pela sentença impugnada. Não se percebe, portanto, que o juiz não tenha considerado todos os elementos instrutórios abstratamente relevantes, mas se percebe que ele não tenha considerado um elemento instrutório suficiente para subverter um juízo de fato.

Justamente, com relação às provas por presunção, as sessões unificadas admitiram um exame sobre conclusões atingidas pelo juiz de mérito ainda que essas se revelem incoerentes: *"o que poderá ocorrer devido à omissão no exame de um fato que interrompa a argumentação e quebre o nexo entre verossimilhança das premissas e probabilidade das consequências, e assuma, portanto, no silogismo, caráter de decisividade: a omissão no exame é a 'peça faltante' para a plausibilidade das conclusões referentes às premissas dadas no quadro do silogismo judiciário"*[46], restando, assim, evidente que *sempre* a omissão no exame de um fato será considerado pela omissão no exame de um elemento de prova que surja do controle indireto desenvolvido pela motivação.

Relacionando-se com o que foi pontuado em princípio, depreende-se que – limitando o exame da motivação à omissão no exame de fato decisivo – o legislador ordinário reduziu o controle sobre requisitos da motivação ao seu mínimo constitucional. Tal controle, de fato, não se exaure, contrariamente ao que foi considerado também pelas sessões unificadas de 2014, na verificação da existência de uma motivação que seja graficamente existente e que não se resolva em mera aparência[47]; isso implica também a verificação do respeito

---

46. Esse passo "responde"aos temores de Sassani, *Riflessioni sulla motivazione della sentenza e sulla sua (in) controllabilità in cassazione*, cit., 853 s., que – depois da reforma – o reciocínio presuntivo arriscasse de fugir sempre ao controle por parte da Corte Suprema.
47. Cass., sez. un., 7.4.2014, n. 8053: *"a garantia constitucional da motivação dos provimentos jurisdicionais deve ser relacionada à garantia constitucional do valor de legalidade da Corte de Cassação, que deve 'assegurar*

ao contraditório, ou seja, a verificação de que o juiz não tenha negligenciado as deduções relevantes das partes, mas que tenha, ao invés, levado-as em consideração onde as tenha desprezado. Esse controle exige que a parte sucumbente tenha a possibilidade de recorrer à Corte Suprema, lamentando a omissão no exame de um fato decisivo, que comporta a lesão de seu direito ao contraditório e constitui, portanto, o "mínimo incomprimível" do exame da motivação na perspectiva de proteção das garantias processuais fundamentais.

5. CONTROLE DA MOTIVAÇÃO E A CHAMADA "DUPLA CONFIRMAÇÃO"

Por meio do último parágrafo do artigo 348 ter do CPC, introduzido em 2012, o controle da motivação foi inteiramente abolido quando a decisão impugnada tenha confirmado a reconstrução de fato já contida na sentença de primeiro grau (chamada dupla confirmação: art. 348 ter, parágrafo 5.º, que se aplica com exceção dos casos de poder de ação reconhecido al p.m.), ou mesmo quando tal confirmação é obtida em sucinta motivação declaratória de inadmissibilidade do recurso manifestamente infundado, a teor do art. 348 ter, parágrafos 3.º e 4.º, CPC.

Subjacente à intervenção do legislador está, evidentemente, a consideração pela qual, uma vez que as partes tenham se beneficiado de dois graus de mérito e *esses tenham conferido idêntico êxito*, não há razão para se oferecer ao sucumbente ulterior oportunidade para colocar em discussão os êxitos desse juízo, invocando o exame do juiz de legitimidade, cuja intervenção bem pode ser "economizado" diante da convergente solução da questão de fato oferecida em primeiro grau de recurso[48].

Antes de mais nada, firma-se a premissa de que, mesmo no caso de recurso para a cassação contra a decisão de apelo (art. 348 ter, parágrafo 5.º, do CPC) a "confirmação" requer não a reprodução do êxito do juízo, mas o compartilhamento de todas as suas passagens, como advém do fato de que a previsão normativa exclui o controle ex art. 360, n. 5, CPC, em caso de declarada inadmissibilidade da apelação manifestamente infundada, ainda que essa seja *"fundada sobre as mesmas razões, inerentes às questões de fato, colocadas à base da decisão impugnada"* (parágrafo 4.º). É, de fato, evidente que o mesmo

---

a uniformidade de interpretação e aplicação do direito objetivo à tutela de igualdade dos cidadãos' ... a anomalia motivacional denunciável em sede de legitimidade como violação de lei constitucionalmente relevante diz respeito somente à existência da motivação em si, precedente ao confronto com os resultados processuais, e exaure-se na 'ausência absoluta de motivos sob o aspecto material e gráfico', na 'motivação aparente', no contraste irredutível entre afirmações inconciliáveis', na 'motivação perplexa e objetivamente incompreensível'".

48. Sassani, Riflessioni sulla motivazione della sentenza e sulla sua (in)controllabilità in cassazione, cit., 860.

pressuposto não pode valer pelo parágrafo 5.º, que reclama expressamente "a disposição prevista no parágrafo 4.º"[49].

Nessa perspectiva, parecem excessivas as preocupações manifestadas por quem sublinhou que, de tal modo, corre-se o risco de cancelar também apenas o controle sobre a motivação ainda que o acórdão da apelação cometa a mesma omissão que havia caracterizado a decisão de primeiro grau[50]. Na verdade, para que se possa continuar a considerar a circunstância de que a decisão impugnada fosse afetada de uma similar omissão, é necessário que a parte tenha indicado pontualmente um motivo específico de impugnação mesmo em apelo; é que, se mesmo o juiz de segundo grau mantém a omissão, estaremos evidentemente diante de uma omissão de decisão sob um aspecto de gravame, embora censurável por *error in procedendo*, e não por vício de motivação ex art. 360, n. 5, CPC.

Nenhum *vulnus* constitucional se perfila, portanto, pelo mecanismo da dupla confirmação, inspirado no princípio da flexibilização do trabalho da Corte Suprema (que parte sob o peso de um estoque de cerca de 100.000 recursos) por meio da supressão integral do controle da motivação ainda que esse pareça um luxo supérfluo: não se há aqui, de fato, nenhuma supressão do controle incomprimível em relação à garantia do contraditório, que seria considerada, entre outros, também como violação do princípio da igualdade.

Restam, porém, as perplexidades ligadas ao diferente risco que o cancelamento de qualquer espaço que seja de exame pela Suprema Corte venha a constituir, para o juiz de segundo grau, um incentivo a confirmar a reconstrução de fato da sentença de primeiro grau, ainda que pelo exame das queixas da parte de modo efetivo, mas guiado pela certeza de que, em caso de confirmação, sobre a *quaestio facti*, a decisão deixara, de todo modo, de ser censurada. Perplexidades, essas últimas, que se conectam ao coro doutrinário alarmado diante da inclinação do legislador em buscar uma finalidade deflativa, "desestruturando" o sistema dos meios de impugnação e, assim, as garantias que representam para o litigante sob a ótica do processo justo[51].

---

49. Consolo, *Nuovi ed indesiderabili esercizi normativi sul processo civile*, cit., 1141; Trisorio Liuzzi, *Il ricorso in cassazione. Le novità introdotte dal d.l. 83/12*, cit., 11; Panzarola, in *Commentario alle riforme del processo civile*, cit., 687 ss.; G.F. Ricci, *Il giudizio civile di cassazione*, cit., 200 s.; Sassani, *Riflessioni sulla motivazione della sentenza e sulla sua (in)controllabilità in cassazione*, cit., 860, nota 42.
50. Così Trisorio Liuzzi, *Il ricorso in cassazione. Le novità introdotte dal d.l. 83/12*, cit., 12.
51. Cfr. por todos, Consolo, *Nuovi ed indesiderabili esercizi normativi sul processo civile*, cit., 1139 s.; Trisorio Liuzzi, *Il ricorso in cassazione. Le novità introdotte dal d.l. 83/12*, cit., 15 s.; Vaccarella, *Introduzione al volume "Le impugnazioni civili"*, cit., 11 s.; Caponi, *La modifica dell'art. 360, co. 1, n. 5, c.p.c.*, cit., 3 ss.; Sassani, *Riflessioni sulla motivazione della sentenza e sulla sua (in)controllabilità in cassazione*, cit., 850 s.

> 1º Painel Binacional:
> Motivação das decisões judiciais

GARANTIAS CONSTITUCIONAIS DA PUBLICIDADE DOS ATOS PROCESSUAIS E DA MOTIVAÇÃO DAS DECISÕES NO NOVO CPC[1]

José Rogério Cruz e Tucci
Advogado em São Paulo. Ex-Presidente da AASP. Diretor e Professor Titular da Faculdade de Direito da USP.

SUMÁRIO: 1. PRINCÍPIOS CONSTITUCIONAIS DA PUBLICIDADE DOS ATOS PROCESSUAIS E DA MOTIVAÇÃO DAS DECISÕES; 2. GARANTIA DA PUBLICIDADE DOS ATOS PROCESSUAIS; 3. GARANTIA DA MOTIVAÇÃO DAS DECISÕES; 4. DECISÃO DESMOTIVADA; 5. NOTA CONCLUSIVA; 6. BIBLIOGRAFIA;

1. PRINCÍPIOS CONSTITUCIONAIS DA PUBLICIDADE DOS ATOS PROCESSUAIS E DA MOTIVAÇÃO DAS DECISÕES

A publicidade e o dever de motivação estão consagrados, pela moderna doutrina processual, na esfera dos direitos fundamentais, como pressupostos do direito de defesa e da imparcialidade e independência do juiz.

A publicidade do processo constitui um imperativo de conotação política, introduzido, nos textos constitucionais contemporâneos, pela ideologia liberal, como verdadeiro instrumento de controle da atividade dos órgãos jurisdicionais.

É, por essa razão, que os especialistas têm destacado sua respectiva importância, como, p. ex., Stalev, ao afirmar que a publicidade consubstancia-se numa "garantia para o procedimento legal e imparcial dos tribunais, tanto como a veracidade das alegações das partes e das testemunhas, devido à influência disciplinadora propiciada pela possibilidade que concede ao povo de vigiar os atos e termos do processo. Ao mesmo tempo, a publicidade desvela a vertente pedagógica da justiça. No mundo, a publicidade é a mais adequada técnica para uma boa justiça e um dos melhores meios para a educação jurídica do povo".[2]

---

1. De acordo com a Lei n. 13.105/2015.
2. *Fundamental Guarantees of Litigation in Civil Proceedings: A Survey of the Laws of the European People's Democracies*, Fundamental Guarantees of the Parties in Civil Litigation, org. Cappelletti e Vigoriti, p. 406. Cf., ainda, Tucci e Cruz e Tucci, *Constituição de 1988 e processo*, p. 76, pesquisa ali feita à qual me reporto, em parte, no presente estudo. V., a propósito, Joan Picó i Junoy, *Las garantías constitucionales del proceso*, p. 116 ss.; e, na literatura pátria, Roberto José Ferreira de Almada, *A garantia processual da publicidade*, coord. Bedaque e Cruz e Tucci, p. 86 ss.

Na mesma linha, Couture, ao conceber a publicidade e transparência dos atos processuais como a própria essência do modelo democrático de governo, que representa um elemento necessário "para a aproximação da Justiça aos cidadãos".[3]

Na verdade, já agora segundo aduz Fairén Guillén, a garantia em tela vem baseada na exigência política de evitar a desconfiança popular na administração da justiça, até porque a publicidade consiste num mecanismo apto a controlar a falibilidade humana dos juízes; num meio pelo qual o povo supervisiona a atuação do Poder Judiciário; num instrumento para fomentar o interesse popular pela justiça.[4]

Saliente-se, por outro lado, que, ao lado da publicidade, é absolutamente imprescindível que o "pronunciamento da Justiça, destinado a assegurar a inteireza da ordem jurídica, realmente se funde na lei; e é preciso que esse fundamento se manifeste, para que se possa saber se o império da lei foi na verdade assegurado. A não ser assim, a garantia torna-se ilusória: caso se reconheça ao julgador a faculdade de silenciar os motivos pelos quais concede ou rejeita a proteção na forma pleiteada, nenhuma certeza pode haver de que o mecanismo assecuratório está funcionando corretamente, está deveras preenchendo a finalidade para a qual foi criado".[5]

Com efeito, considerando a dimensão de seu significado jurídico-político, desponta, na atualidade, a necessidade de controle (extraprocessual) "generalizado" e "difuso" sobre o *modus operandi* do juiz no tocante à administração da justiça. E isso implica, como bem observa Taruffo, que: "os destinatários da motivação não são somente as partes, os seus advogados e o juiz da impugnação, mas também a opinião pública entendida em seu complexo, como opinião *quisque de populo*".[6]

Daí, porque, a exemplo da publicidade dos atos processuais, o dever de motivação dos atos decisórios vem catalogado entre as garantias estabelecidas nas Constituições democráticas com a primordial finalidade de assegurar a transparência das relações dos jurisdicionados perante o poder estatal e, em particular, nas circunstâncias em que é exigida a prestação jurisdicional.[7]

---

3. *Fundamentos del derecho procesal civil*, p. 87.
4. *Un proceso actual, oral, concentrado y económico: él del Tribunal de las Aguas de Valencia*, Studi in onore di Enrico Tullio Liebman, v. 4, p. 2.859.
5. Cf. Barbosa Moreira, *A motivação das decisões judiciais como garantia inerente ao Estado de Direito*, p. 118.
6. *La motivazione della sentenza civile*, p. 406-407.
7. Cf., ainda, Taruffo, *La motivazione della sentenza civile*, p. 398; e, também, o precedente estudo de Tucci e Cruz e Tucci, *Constituição de 1988 e processo*, p. 77. V., mais recentemente, a respeito do dever de motivação, Jacques Normand, *Le domaine du principe de motivation*, La motivation – – Travaux de l'Association Henri Capitant, p. 17 ss.; Augusto Chizzini, *Sentenza nel diritto processuale civile*, Digesto

Vittorio Colesanti, com idêntico raciocínio, entende ser oportuno afirmar "que a garantia da motivação representa a derradeira manifestação do contraditório, no sentido de que o dever imposto ao juiz de enunciar os fundamentos de seu convencimento traduz-se no de considerar os resultados do contraditório, e, ao mesmo tempo, de certificar que o *iter* procedimental se desenvolveu mediante a marca da (possível) participação dos interessados".[8]

Embora não tendo inseridas as respectivas garantias da publicidade e do dever de motivação no rol dos *Direitos e Garantias Fundamentais*, o legislador constituinte brasileiro as situou nas disposições gerais atinentes ao Poder Judiciário. Seja como for, ambas, com efeito, foram contempladas na CF em vigor, como autênticas *garantias processuais*.[9]

2. GARANTIA DA PUBLICIDADE DOS ATOS PROCESSUAIS

Em recente ensaio que escrevi sobre a garantia do contraditório no Projeto do CPC, tive oportunidade de afirmar, sem receio de equivocar-me, que constitui tarefa ingente a construção de nova codificação, qualquer que seja o seu objeto.

No tocante ao processo civil, colocando em destaque essa evidente dificuldade, Carnelutti chamava a atenção para a diferença entre a arquitetura científica e a arquitetura legislativa, sendo certo que esta não deve desprezar os valores e dogmas conquistados pela ciência processual.[10]

Não há mínima dúvida de que dogmática é muito importante para iluminar o legislador!

Confesso, todavia, que hoje não vejo muita utilidade em rotular determinado modelo processual de "liberal" ou "autoritário", "inquisitivo" ou dispositivo", etc., porque – é certo – tais dicotomias não têm o condão de resolver os problemas reais que emergem da *praxis* forense. A tal propósito, permito-me invocar importante consideração formulada por Consolo, e repetida por Trocker, no sentido de que, em época moderna, relegando a ideologia a um plano secundário, o processualista deve envidar esforço para: "a) dar relevo

---

delle discipline privatistiche – sezione civile, 18, p. 256 ss.; Ignacio Colomer Hernández, *La motivación de las sentencias, passim*; e, entre nós, Maria Thereza Gonçalves Pero, *A motivação da sentença civil, passim*; Beclaute Oliveira Silva, *A garantia fundamental à motivação da decisão judicial, passim*.

8. *Principio del contraddittorio e procedimenti speciali*, p. 612.
9. Art. 93, IX, da CF: "*todos os julgamentos dos órgãos do Poder Judiciário serão públicos, e fundamentadas todas as decisões, sob pena de nulidade, podendo a lei, se o interesse público o exigir, limitar a presença, em determinados atos, às próprias partes e a seus advogados, ou somente a estes*".
10. Francesco Carnelutti, *Intorno al projetto preliminare del Codice di Procedura Civile*, p. 7.

ao papel constitucional da justiça e da tutela jurisdicional em uma sociedade civil moderna em constante evolução; b) garantir a efetividade da tutela jurisdicional para conferir pleno valor às situações subjetivas reconhecidas de forma substancial; e c) proporcionar a todos os cidadãos os instrumentos para conseguir uma justa composição das controvérsias".

A partir destas premissas, complementa Consolo, secundado por Trocker: "não custa repetir que o processo não pode converter-se num fim em si mesmo. O processo constitui apenas um meio, e suas regras devem adequar-se às necessidades de seus destinatários; ou seja, da sociedade e das partes. Também por isso, torna-se imprescindível abordar os problemas da justiça de forma pragmática, elaborar e acompanhar as reformas processuais com base em estudos críticos, aptos a revelar os pontos concretos e problemáticos da experiência jurídica ainda não resolvidos. E isso significa que o processualista não deve conformar-se ou mesmo satisfazer-se com o estudo da retórica do processo e com as suas respectivas exposições abstratas. Afirmou-se corretamente: quando analisamos os problemas da justiça civil, temos que nos acostumar, ao menos algumas vezes, a aguçar os nossos olhos".[11]

A esse respeito, nota-se, sem qualquer esforço, que o novo CPC, desde o respectivo Anteprojeto, não desprezou a moderna principiologia que emerge da CF. Pelo contrário, destacam-se em sua redação inúmeras regras que, a todo o momento, procuram assegurar o devido processo legal. Até porque, os fundamentos de um código de processo devem se nortear, em primeiro lugar, nas diretrizes traçadas pelo texto constitucional.[12]

E, assim, nesse contexto particular, devo dizer que a legislação processual recém aprovada merece ser elogiada.

No que concerne à garantia da publicidade, verifica-se, de logo, que o novo diploma legal, além de manter-se fiel aos dogmas clássicos do processo liberal, assegurando, como regra, a *publicidade absoluta* ou *externa*[13], mostra considerável aperfeiçoamento em relação à legislação em vigor.

---

11. Claudio Consolo, *Dieci anni di riforme della giustizia civile (la trattazione della causa nella fase introduttiva del processo*, Rassegna Forense, p. 343-344; e, com ele, Nicolò Trocker, *Poderes del juez y derechos de las partes en el proceso civil: las enseñanzas de Calamandrei y las reformas procesales en Europa*, p. 112-113.
12. V., nesse sentido, Luiz Guilherme Marinoni e Daniel Mitidiero, *O Projeto do CPC – críticas e propostas*, p. 15.
13. É aquela que autoriza o acesso, na realização dos respectivos atos processuais, não apenas das partes, mas ainda do público em geral; *publicidade restrita* ou *interna*, pelo contrário, é aquela na qual alguns ou todos os atos se realizam apenas perante as pessoas diretamente interessadas e seus respectivos procuradores judiciais, ou, ainda, somente com a presença destes.
Observa-se, pois, que a doutrina processual mais recente abandonou a utilização (aliás, atécnica e de todo inapropriada) da expressão "segredo de justiça". Prefere-se, pois, o emprego das locuções "*regime de publicidade absoluta*" e "*regime de publicidade restrita*". V., e. g., Tome García, *Protección procesal de los derechos humanos ante los tribunales ordinarios*, p. 116; Fairén Guillén, *Los princípios procesales de oralidad y de publicidad general y su carácter técnico o político*, p. 325.

Em primeiro lugar, como norma de caráter geral, praticamente repetindo o mandamento constitucional (art. 93, IX), dispõe o art. 11, *caput*, que: "*Todos os julgamentos dos órgãos do Poder Judiciário serão públicos, e fundamentadas todas as decisões, sob pena de nulidade*".

A exceção vem preconizada no respectivo parágrafo único, com a seguinte redação: "*Nos casos de segredo de justiça, pode ser autorizada a presença somente das partes, de seus advogados, de defensores públicos ou do Ministério Público*".

Coerente com estas premissas, o art. 189 do novo CPC preceitua que: "*Os atos processuais são públicos, todavia tramitam em segredo de justiça os processos: I – em que o exija o interesse público ou social; II – que versem sobre casamento, separação de corpos, divórcio, separação, união estável, filiação, alimentos e guarda de crianças e adolescentes; III – em que constem dados protegidos pelo direito constitucional à intimidade; IV – que versem sobre arbitragem, inclusive sobre cumprimento de carta arbitral, desde que a confidencialidade estipulada na arbitragem seja comprovada perante o juízo. § 1º O direito de consultar os autos de processo que tramite em segredo de justiça e de pedir certidões de seus atos é restrito às partes e aos seus procuradores. § 2º O terceiro que demonstrar interesse jurídico pode requerer ao juiz certidão do dispositivo da sentença, bem como de inventário e partilha resultante de divórcio ou separação*".

Mais condizente com o atual ordenamento jurídico, o novel texto manteve, em linhas gerais, a regra do art. 155 do Código em vigor.

Cabem aqui, pois, algumas observações. Nota-se que o art. 189 continua utilizando, como já visto, a anacrônica expressão "segredo de justiça", ao invés daquela muito mais técnica, qual seja, "regime de publicidade restrita".

Ademais, o interesse a preservar, muitas vezes, não é apenas de conotação "pública", mas, sim, "privada" (como, p. ex., casos de erro médico, nos quais a prova produzida pode vulnerar a dignidade da pessoa envolvida),[14] ou seja, de um ou de ambos os litigantes, devendo o juiz, norteado pelo inc. X do art. 5º, da CF, valer-se do princípio da proporcionalidade, para determinar a "publicidade

---

14. Cf., também, Pontes de Miranda, *Comentários ao Código de Processo Civil*, t. 3, 2ª ed., p. 71, ao enfatizar que: "... Hoje em dia, os respeitáveis interesses do Estado em que se ignore a posição de certos serviços estratégicos, bem como os dos particulares... são tão dignos de proteção quanto o decoro e a moralidade pública". V., sobre o tema, Luigi Montesano, "*Pubblico*" e "*privato*" in *norme del Codice Civile sulla tutela giurisdizionale dei diritti*, Scritti in onore di Elio Fazzalari, v. 2, p. 15 ss.
    Aduza-se, por outro lado, que, a teor de acórdão da 4ª T. do STJ, de relatoria do MIn. Fernando Gonçalves, no julgamento do REsp. n. 253.058-MF, restou assentado que: "Nos casos de pessoas públicas, o âmbito de proteção dos direitos da personalidade se vê diminuído, sendo admitidas, em tese, a divulgação de informações aptas a formar o juízo crítico dos eleitores sobre o caráter do candidato".

restrita" na tramitação do respectivo processo. Observe-se que a própria CF autoriza a publicidade restrita para proteger a intimidade das partes.[15]

Andou bem o legislador, ao zelar, de forma expressa (inc. III), pela garantia constitucional da privacidade/intimidade de informações respeitantes às partes ou mesmo a terceiros (art. 5º, XII, CF). Mas, isso não basta. Há também outros dados, que, embora não preservados pela mencionada garantia, quando revelados, em muitas circunstâncias, acarretam inequívoco prejuízo a um dos litigantes. Refiro-me, em particular, às ações concorrenciais, que têm por objeto dados atinentes à propriedade intelectual, ao segredo industrial, ao cadastro de clientes, etc. Estas informações, igualmente, merecem ser objeto de prova produzida em "regime de publicidade restrita".

Lembre-se, outrossim, que, além das situações arroladas no supratranscrito art. 189, o novo CPC também permite excepcionalmente que se realizem *inaudita altera parte* inúmeros atos processuais, como, v. g., preveem vários dispositivos, uma vez que o interesse preponderante é do próprio requerente, cuja tutela jurisdicional pleiteada poderia sofrer o risco de ineficácia, sempre que a outra parte pudesse ter prévio conhecimento à efetivação daquela (p. ex.: art. 300).

Acrescente-se que no capítulo *Da Audiência de Instrução e Julgamento*, o art. 368 do novo diploma, de forma incisiva (e até redundante), reza que: "A *audiência será pública, ressalvadas as exceções legais*".

3. GARANTIA DA MOTIVAÇÃO DAS DECISÕES

Já, por outro lado, quanto ao dever de motivação, partindo-se da regra geral insculpida no supratranscrito art. 11, fácil é concluir que, em princípio, o CPC sancionado não admite pronunciamento judicial, de natureza decisória, despida de adequada fundamentação.

E, desse modo, preceitua o art. 489, II, que o modelo ideal de sentença deve conter, entre os seus requisitos formais, "*os fundamentos, em que o juiz analisará as questões de fato e de direito*".

Reproduzindo, portanto, o disposto no art. 458, II, do atual diploma processual, o novo CPC impõe o dever de motivação como pressuposto de validade dos atos decisórios (art. 11 c/c. art. 489, II).

A despeito de não ter traçado a distinção entre as espécies de provimentos decisórios, a novel legislação, no que respeita o dever de motivação, a exemplo da vigente, preocupa-se mais com a forma do que com o conteúdo.

---

15. Art. 5º, LX, da CF: "*a lei só poderá restringir a publicidade dos atos processuais quando a defesa da intimidade ou o interesse social o exigirem*".

Não obstante, é de entender-se que as decisões interlocutórias, as sentenças terminativas (i. é, "sem resolução do mérito"), os acórdãos interlocutórios e, ainda, as decisões monocráticas que admitem ou negam seguimento a recurso, comportam fundamentação mais singela, sem embargo da excepcional possibilidade de o juiz ou tribunal deparar-se com situação que imponha motivação complexa.

As sentenças e os acórdãos definitivos (i. é, "com resolução do mérito") devem preencher, rigorosamente, a moldura traçada no referido art. 489, ou seja, conter, no plano estrutural, os elementos essenciais neste exigidos.

Importa registrar, outrossim, que, a teor do art. 503 do novo diploma: "*A decisão que julgar total ou parcialmente o mérito tem força de lei nos limites da questão principal expressamente decidida*".

De resto, segundo entendimento doutrinário e jurisprudencial generalizado, a falta de exteriorização da *ratio decidendi* do pronunciamento judicial, acarreta a sua invalidade. É nula, do mesmo modo, restarão as decisões administrativas dos tribunais, sempre que não fundamentadas, aplicando-se-lhes a cominação prevista no inc. IX do art. 93 da CF e expressamente reiterada no já apontado art. 11 do novo CPC.

Resulta, ainda, importante esclarecer que o aprovado art. 10 veda, com todas as letras, o "fundamento surpresa", ao estabelecer que: "*O juiz não pode decidir, em grau algum de jurisdição, com base em fundamento a respeito do qual não se tenha dado às partes oportunidade de se manifestar, ainda que se trate de matéria sobre a qual deva decidir de ofício*".

Essa regra robustece o princípio do contraditório ao assimilar a moderna exigência de cooperação entre os protagonistas do processo[16].

Como bem enfatiza Daniel Mitidiero, nos quadrantes de um processo estruturado a partir da necessidade de colaboração, torna-se absolutamente indispensável que as partes tenham a possibilidade de manifestação sobre todos os aspectos da causa que possam servir de alicerce para a decisão, "inclusive quanto àquelas questões que o juiz pode apreciar de ofício". [17]

É evidente que essa importante premissa não se aplica nas situações em que o réu ainda não foi citado. Com efeito, não se entrevê qualquer antinomia entre o enunciado dos dispositivos acima mencionados e a regra do art. 332 do novo diploma processual, que continua autorizando a rejeição liminar da petição inicial, até mesmo antes da citação.

---

16. V., a propósito, Carlos Alberto Alvaro de Oliveira, *Poderes do juiz e visão cooperativa do processo*, Revista da Faculdade de Direito da Universidade Lisboa, p. 194-195.
17. *Colaboração no processo civil*, p. 136.

Ademais, sob diferente enfoque, o texto legal aprovado revela acentuada preocupação com o dever de motivação das sentenças em hipóteses pontuais. Mesmo preferindo incorrer em inescondível redundância, o legislador procurou ser incisivo, para deixar bem claro que, em determinações situações mais delicadas, o juiz deve redobrar o seu esforço para fundamentar os seus respectivos atos decisórios.

Vale destacar, nessa linha argumentativa, o disposto no art. 373, II, § 1º, assim redigido: *"Nos casos previstos em lei ou diante de peculiaridades da causa, relacionadas à impossibilidade ou à excessiva dificuldade de cumprir o encargo nos termos do caput ou à maior facilidade de obtenção da prova do fato contrário, poderá o juiz atribuir o ônus da prova de modo diverso, desde que o faça por decisão fundamentada, caso em que deverá dar à parte a oportunidade de se desincumbir do ônus que lhe foi atribuído".*

Observa-se aí situação típica de decisão interlocutória que impõe motivação mais elaborada, não sendo suficiente, em tese, aquela concisão típica dessa categoria de provimento judicial. Diante desta hipótese, o julgador terá de enfrentar *"as peculiaridades da causa"*, declinando as razões que o convenceram a determinar a inversão do ônus subjetivo da prova, legalmente distribuído nos incisos I e II do art. 373.

Fundamentação complexa ou, no mínimo, mais trabalhada, também vem exigida pela regra do art. 298, in verbis: *"Na decisão que conceder, negar, modificar ou revogar a tutela provisória, o juiz motivará o seu convencimento de modo claro e preciso".*

Entende-se perfeitamente a *mens legislatoris*. É que, nestas situações, em princípio, o provimento jurisdicional, mesmo que reversível, poderá acarretar sérias e imediatas conseqüências na esfera de direitos da parte contra a qual aquele foi deferido.

4. DECISÃO DESMOTIVADA

Ainda, por outra ótica, o novo CPC prevê original e importante regra no § 1º do art. 489, no sentido de que: *"Não se considera fundamentada a decisão judicial, seja ela interlocutória, sentença ou acórdão que: I – se limitar à indicação, à reprodução ou à paráfrase de ato normativo, sem explicar sua relação com a causa ou a questão decidida; II – empregar conceitos jurídicos indeterminados, sem explicar o motivo concreto de sua incidência no caso; III – invocar motivos que se prestariam a justificar qualquer outra decisão; IV – não enfrentar todos os argumentos deduzidos no processo capazes de, em tese, infirmar a conclusão adotada pelo julgador; V – se limitar a invocar precedente ou enunciado de súmula, sem identificar seus fundamentos determinantes nem demonstrar que o caso sob julgamento se ajusta àqueles fundamentos; VI – deixar de seguir enunciado de súmula, jurisprudência ou precedente invocado pela parte, sem demonstrar a existência de distinção no caso em julgamento ou a superação do entendimento.*

Preocupado ainda uma vez com o mandamento constitucional do dever de motivação, o novo CPC, de forma até pedagógica, estabelece os vícios mais comuns que comprometem a higidez do ato decisório.

Se de fato o dispositivo acima transcrito for observado com rigor, verifica-se facilmente que inúmeros provimentos judiciais, inclusive do Superior Tribunal de Justiça, serão "reprovados", porque, como a praxe evidencia, reportam-se ou simplesmente transcrevem a ementa de precedentes, à guisa de fundamentação!

Vigente o novo CPC, estará, pois, acoimada de inarredável nulidade decisões que forem lançadas com o seguinte modelo: *"... Trata-se de recurso especial no qual se alega ofensa a dispositivos de lei federal e dissídio jurisprudencial. O recurso não reúne condições de admissibilidade. Quanto à alegada vulneração aos dispositivos arrolados, observe-se não ter sido demonstrada sua ocorrência, eis que as exigências legais na solução das questões de fato e de direito da lide foram atendidas pelo acórdão ao declinar as premissas nas quais assentada a decisão. Ademais, o acórdão, ao decidir da forma impugnada, assim o fez em decorrência de convicção formada pela Turma Julgadora diante das provas e das circunstâncias fáticas próprias do processo sub judice, sendo certo, por esse prisma, aterem-se as razões do recurso a uma perspectiva de reexame desses elementos. A esse objetivo, todavia, não se presta o reclamo, a teor do disposto na súmula 7 do Superior Tribunal de Justiça, suficiente para obstar o seguimento do recurso, quer pela alínea a, quer pela alínea c do permissivo constitucional. Ante o exposto, nego seguimento ao recurso especial...".*

Entidades de classe, contudo, como a Associação Nacional dos Magistrados da Justiça do Trabalho — Anamatra, a Associação dos Magistrados Brasileiros —AMB e a Associação dos Juízes Federais do Brasil — Ajufe, manifestaram-se contrárias à sanção desse dispositivo. Em resposta às críticas recebidas por parcela da doutrina, a Anamatra divulgou nota em que sintetiza do seguinte modo o seu inconformismo com os novos deveres de fundamentação a serem impostos aos magistrados: segundo tal associação, a entrada em vigor dessa norma comprometeria a independência funcional dos juízes, prejudicaria a duração razoável do processo, restringiria o disposto no art. 93, IX, da CF, e tornaria vinculantes súmulas, teses e orientações jurisprudenciais, o que só a Constituição, segundo afirma, poderia realizar. Em sentido semelhante, o presidente da Associação dos Magistrados Brasileiros, João Ricardo Costa, em entrevista à revista Consultor Jurídico, afirmou que o dever imposto aos magistrados de analisar e justificar todas as alegações suscitadas pelas partes acabaria por burocratizar o processo e impediria o juiz de se valer de fundamentos outros que não aqueles suscitados pelos litigantes.

Pelo que representa em termos de respeito às garantias individuais, afinal, a garantia do acesso a justiça só poderá ser considerada atendida, se, ao fim, as alegações das partes forem levadas em consideração pelos juízes; e, ainda, pela inestimável contribuição provenientes de decisões jurídicas mais justas, porque mais rentes às características de cada caso. Não é exagero afirmar que o art. 489, tão atacado pelas entidades de magistrados, constitui uma das principais inovações do novo CPC, o que me estimula, portanto, a rebater tantas quantas forem as objeções suscitadas em desfavor de sua entrada em vigor, ou que tentem limitar de alguma forma a sua respectiva aplicação.[18]

Observo que o novo diploma, a esse respeito, perdeu uma oportunidade de também repudiar o disparatado permissivo constante do art. 252 do Regimento Interno do Tribunal de Justiça de São Paulo, assim redigido: *"Nos recursos em geral, o relator poderá limitar-se a ratificar os fundamentos da decisão recorrida, quando, suficientemente motivada, houver de mantê-la".*

Mas não é só. Abstração feita da imperfeita e questionável redação em forma indireta, do inc. II, nas hipóteses de incidência de conceitos (*rectius*: termos[19]) indeterminados, cláusulas gerais e princípios jurídicos, exige-se, geralmente, um raciocínio hermenêutico-axiológico mais pormenorizado, embasado muitas vezes pelo recurso à ponderação, para justificar a escolha, dentre as opções possíveis (lembre-se do juiz Hércules na problemática alvitrada por Dworkin), daquela mais adequada para a situação concreta. A esse respeito, escrevi, anos atrás, que o "novo Código Civil agasalhou expressamente, nos arts. 113, 421 e 422, o princípio da boa-fé objetiva. Cumpre notar, todavia, que antes da positivação desse regramento impunha-se ao julgador que o acolhia extensa motivação da sentença para justificar a adoção de preceito não contemplado em nosso ordenamento jurídico".[20]

Na verdade, os aludidos novos dispositivos legais acerca do dever de motivação, inseridos no CPC aprovado, reforçam a ideia de que a moderna

---

18. Cf. Ada Grinover, Lucon e Tucci, *Em defesa das inovações introduzidas no novo CPC*, Consultor Jurídico, 14.03.2015.
19. V., quanto à incongruência da expressão, a importante obra de Michael Streck, *Generalklausel und unbestimmter Begriff im Recht der allgemeinen Ehewirkungen*, p. 21, que, inclusive, justifica constar ela do título de seu livro.
20. *Precedente judicial como fonte do direito*, p. 290-291. Consulte-se sobre o tema Canaris, *Pensamento sistemático e conceito de sistema na ciência do direito*, trad. A. Menezes Cordeiro, 2ª ed., p. 273 ss.

concepção de "processo justo" não compadece qualquer resquício de discricionariedade judicial, até porque, longe de ser simplesmente "la bouche de la loi", o juiz proativo de época moderna deve estar comprometido e zelar, tanto quanto possível, pela observância, assegurada aos litigantes, da garantia do devido processo legal![21]

Assim sendo, conclui-se que a inserção destas regras – aparentemente redundantes – prenuncia inequívoco avanço da legislação processual civil.

5. NOTA CONCLUSIVA

Em síntese final, destaco que o tratamento dispensado pelo novo CPC aos princípios da publicidade e do dever de motivação apresenta inegável evolução em relação ao diploma em vigor.

É evidente, outrossim, que as regras acima examinadas somente terão aplicação adequada quando o processo estiver sendo conduzido por juízes comprometidos com a efetividade da justiça!

6. BIBLIOGRAFIA

ALMADA, Roberto José Ferreira de. *A garantia processual da publicidade*, coord. Bedaque e Cruz e Tucci, São Paulo, Ed. RT, 2005.

BARBOSA MOREIRA, José Carlos. *A motivação das decisões judiciais como garantia inerente ao Estado de Direito*, RBDP, 16, 1978.

BEDAQUE, José Roberto dos Santos. *Discricionariedade judicial*, Revista Forense, v. 354, 2001.

BUENO, Cassio Scarpinella. *Projetos de novo Código de Processo Civil comparados e anotados*, São Paulo, Saraiva, 2014.

CANARIS, Claus-Wilhelm. *Pensamento sistemático e conceito de sistema na ciência do direito*, trad. A. Menezes Cordeito, 2ª ed., Lisboa, Fundação C. Gulbenkian, 1996.

CARNELUTTI, Francesco. *Intorno al projetto preliminare del Codice di Procedura Civile*, Milano, Giuffrè, 1937.

CHIZZINI, Augusto. *Sentenza nel diritto processuale civile*, Digesto delle discipline privatistiche – sezione civile, 18, 4ª ed., Torino, Utet, 2008.

COLESANTI, Vittorio. *Principio del contraddittorio e procedimenti speciali*, RDP, 1975 (4).

---

21. V., sob análogo aspecto, a respeito dos poderes do juiz, Bedaque, *Discricionariedade judicial*, Revista Forense, v. 354, p. 187.

COLOMER HERNÁNDEZ, Ignacio. *La motivación de las sentencias*, Valencia, Tirant lo Blanch, 2002.

CONSOLO, Claudio. *Dieci anni di riforme della giustizia civile (la trattazione della causa nella fase introduttiva del processo*, Rassegna Forense, 2001.

COUTURE, Eduardo J. *Fundamentos del derecho procesal civil*, 3ª ed., Buenos Aires, Depalma, 1966.

CRUZ E TUCCI, José Rogério. *Precedente judicial como fonte do direito*, São Paulo, Ed. RT, 2004.

DALL'AGNOL, Antonio. *Comentários ao Código de Processo Civil*, v. 2, 2ª ed., São Paulo, Ed. RT, 2007.

FAIRÉN GUILLÉN, Victor. *Los principios procesales de oralidad y de publicidad general y su carácter técnico o político*, RDPrIA, 1975 (2-3).

_____. *Un proceso actual, oral, concentrado y económico: él del Tribunal de las Aguas de Valencia*, Studi in onore di Enrico Tullio Liebman, v. 4, Milano, Giuffrè, 1979.

GRINOVER, Ada P., Lucon, Paulo H. dos Santos e Cruz e Tucci, José Rogério. *Em defesa das inovações introduzidas no novo CPC*, Consultor Juridico, 14.03.2015.

MARINONI, Luiz Guilherme, e MITIDIERO, Daniel. *O Projeto do CPC – críticas e propostas*, São Paulo, Ed. RT, 2010.

MITIDIERO, Daniel. *Colaboração no processo civil*, São Paulo, Ed. RT, 2009.

MONIZ DE ARAGÃO, Egas Dirceu. *Comentários ao Código de Processo Civil*, v. 2, 4ª ed., Rio de Janeiro, Forense, 1983.

MONTESANO, Luigi. *"Pubblico" e "privato" in norme del Codice Civile sulla tutela giurisdizionale dei diritti*, Scritti in onore di Elio Fazzalari, v. 2, Milano, Giuffrè, 1993.

NORMAND, Jacques. *Le domaine du principe de motivation*, La motivation – Travaux de l'Association Henri Capitant, Paris, LGDJ, 2000.

OLIVEIRA, Carlos Alberto Alvaro de. *Poderes do juiz e visão cooperativa do processo*, Revista da Faculdade de Direito da Universidade Lisboa, v. 44, 2003.

PERO, Maria Thereza Gonçalves. *A motivação da sentença civil*, São Paulo, Saraiva, 2001.

PICÓ I JUNOY, Joan. *Las garantías constitucionales del proceso*, Barcelona, Bosch, 1997.

PONTES DE MIRANDA, F. C. *Comentários ao Código de Processo Civil*, t. 3, 2ª ed., Rio de Janeiro, Forense, 1979.

SILVA, Beclaute Oliveira. *A garantia fundamental à motivação da decisão judicial*, Salvador, Podium, 2007.

STALEV, Zhivko. *Fundamental Guarantees of Litigation in Civil Proceedings: A Survey of the Laws of the European People's Democracies*, Fundamental Guarantees of the Parties in Civil Litigation, org. Cappelletti e Vigoriti, Milano-New York, Giuffrè-Oceana, 1973.

STRECK, Michael. *Generalklausel und unbestimmter Begriff im Recht der allgemeinen Ehewirkungen*, Bonn, Ludwig Röhrscheid, 1969.

TARUFFO, Michele. *La motivazione della sentenza civile*, Padova, Cedam, 1975.

TOME GARCÍA, José Antonio. *Proteción procesal de los derechos humanos ante los tribunales ordinarios*, Madrid, Montecorvo, 1987.

TROCKER, Nicolò. *Poderes del juez y derechos de las partes en el proceso civil: las enseñanzas de Calamandrei y las reformas procesales en Europa*, Teoría & derecho – Revista de Pensamiento Jurídico, trad. esp. de Laura Volpe, Valencia, Tirant lo Blanch, 7, 2010.

TUCCI, Rogério Lauria e Cruz e Tucci, José Rogério. *Constituição de 1988 e processo*, São Paulo, Saraiva, 1989.

2º Painel Binacional: Arbitragem

A ARBITRAGEM NO DIREITO ITALIANO[1]

Diego Corapi
Professor emérito de direito comparado na Universidade de Roma "La Sapienza". Advogado.

1. O diploma legal do instituto da arbitragem no sistema italiano está contido na parte final do *Codice di Procedura Civile* italiano (CPC) (art. 806 a 840), notadamente no título VIII do livro IV, reformado com o decreto legislativo n. 40, de 2 de fevereiro de 2006[2]. Trata-se da arbitragem chamada de direito comum, na medida em que se aplica para a resolução de todas as controvérsias, e que se contrapõe às arbitragens especiais, aplicadas em apenas alguns litígios de uma determinada natureza, como os societários.

Vale a pena retraçar brevemente a evolução histórica da arbitragem na Itália para compreendermos melhor o instituto nos dias atuais.

Como no Código de Processo Civil francês de 1806 (o Código de Napoleão)[3], a arbitragem foi desestimulada pela imposição de formalidades e restrições à pratica do instituto no primeiro Código de Processo Civil do Reino da Italia unificada de 1865, consoante a ideologia centralizadora dominante na época. Na

---

1. Este artigo foi apresentado como relatório ao I° Congresso Brasil-Italia de Direito Processual Civil ocorrido em São Paulo entre 26 e 28 de agosto de 2014. O autor agradece Giovanni Bonato e Roberto Pitaguari Germanos pela colaboração na redação.
2. Sobre o direito italiano da arbitragem, v.: BARBIERI, Giorgio; BELLA, Enrico, *Il nuovo diritto dell'arbitrato*, in *Trattato di diritto commerciale e di diritto pubblico dell'economia*, XLV, Pádua: Cedam, 2007; BENEDETTELLI, Massimo; CONSOLO, Claudio; RADICATI DI BROZOLO, Luca, *Commentario breve al diritto dell'arbitrato nazionale e internazionale*, Pádua: Cedam, 2010; BERNARDINI, Piero, *L'arbitrato nel commercio internazionale e negli investimenti internazionali*, 2° ed., Milão, Giuffré, 2008, passim; BOVE, Mauro, *La giustizia privata*, Pádua: Cedam, 2009; BRIGUGLIO, Antonio; CAPPONI, Bruno (Coord.), *Commentario alle riforme del processo civile*, III, 2, Pádua: Cedam, 2009; CARPI, Federico (Coord.), *Arbitrato*, 2° ed., Bolonha: Zanichelli, 2007; CARPI, Federico (Coord.), *Gli arbitrati speciali*, Bolonha: Zanichelli, 2008; CAVALLINI, Cesare, *L'arbitrato rituale. Clausola compromissoria e processo arbitrale*, Milão: Egea, 2009; LA CHINA, Sergio, *L'arbitrato. Il sistema e l'esperienza*, 4° ed., Milão: Giuffré, 2011; MENCHINI, Sergio (Coord.), *La nuova disciplina dell'arbitrato*, Pádua: Cedam, 2010; PUNZI, Carmine, *Disegno sistematico dell'arbitrato*, I, II e III, 2° ed., Cedam: Pádua, 2012; ID., *Il processo civile. Sistema e problematiche*, 2° ed., Turim: Giappichelli, 2010, III, p. 172 e ss.; MANDRIOLI, Cristanto; CARRATTA, Antonio, *Diritto processuale civile*, III, 23° ed., Turim: Giappichelli, 2014, p. 397 e ss.
3. V., JALLAMION, Carine, *Arbitrage et pouvoir politique en France du XVII*ème* au XIX*ème* siècle*, in *Revue de l'arbitrage*, 2005, p. 3 e ss.

mesma linha de raciocínio se colocou também o CPC italiano de 1940. Sendo a jurisdição uma atividade que podia ser exercida apenas pelos juízes públicos[4], a arbitragem era, por consequência, considerada como uma ofensa ao monopólio estatal.

No sistema italiano, o obstáculo maior à utilização prática da arbitragem consistia na homologação obrigatória da sentença arbitral, segundo a qual a eficácia jurídica desta dependia do decreto emitido pelo o Tribunal, obtido somente após um controle de legitimidade. Assim dispunha o art. 24 do CPC italiano de 1865 e, posteriormente, o art. 825 do CPC italiano de 1940[5]. De modo semelhante, até o advento da Lei de Arbitragem n. 9.307/96, o legislador brasileiro empregava esse mesmo óbice no Código Civil de 1916, no CPC de 1939 e no CPC de 1973[6].

Foi apenas nos anos oitenta do século XX que o legislador italiano, em seguida à primeira reforma francesa da arbitragem de 1980 e 1981[7], começou a mudar de postura a respeito do instituto.

Nessa linha, em 1983, foi promulgada uma primeira reforma da arbitragem com a Lei n. 28, de 9 de fevereiro de 1983, que outorgou eficácia à decisão arbitral, autônoma da homologação judicial[8]. Em 1994, com a Lei n. 25, de 5 de janeiro de 1994, ocorreu uma segunda reforma da arbitragem, que prestigiou ainda mais a sua autonomia a respeito da jurisdição estatal[9]. A esse propósito, vale lembrar que a reforma de 1994 introduziu, notadamente, o modelo dualista, ditando algumas disposições especiais e derrogatórias para a arbitragem

---

4. Sobre o princípio do monopólio estatal da jurisdição, é suficiente lembrar a lição de CHIOVENDA, Giuseppe, *Principi di diritto processuale civile*, 2° ed., Nápoles: Jovene, 1923, p. 252 e ss. Sobre a evolução do conceito de jurisdição, v.: PICARDI, Nicola, *La giurisdizione all'alba del terzo millennio*, Milão: Giuffré, 2007; BONATO, Giovanni, *La natura e gli effetti del lodo arbitrale. Studio di diritto italiano e comparato*, Nápoles: Jovene, 2012, p. 167 e ss. Sobre a atual crise do monopólio estatal da jurisdição PUNZI, Carmine, *Dalla crisi del monopolio statale della giurisdizione al superamento dell'alternativa contrattualità-giurisdizionalità dell'arbitrato*, in *Rivista di diritto processuale*, 2014, p. 1 ss.
5. Para mais referências, v.: CHIOVENDA, Giuseppe, *Istituzioni di diritto processuale civile*, I, 2° ed., Nápoles: Jovene, 1935, p. 77; MARANI, Giovanni, *Aspetti negoziali e aspetti processuali dell'arbitrato*, Turim: Unione Tipografica-Editrice Torinese, 1966, p. 162 e ss.
6. V. CARMONA, Carlos Alberto, *Arbitragem e processo*, 3° ed., São Paulo: Atlas, 2009, p. 4-5.
7. V., FOUCHARD, Philippe, *Le nouveau droit français de l'arbitrage*, in *Revue de droit international et de droit comparé*, 1982, p. 29 e ss.; ID., *L'arbitrage international en France après le décret du 12 mai 1981*, in *Journal de droit international*, 1982, p. 374 e ss.
8. V., BRIGUGLIO, Antonio, *La riforma dell'arbitrato (Considerazioni per un primo bilancio)*, in *Giustizia civile*, 1985, II, p. 415 e ss.; PUNZI, Carmine, *La riforma dell'arbitrato (osservazioni a margine della legge 9 febbraio 1983, n. 28)*, in *Rivista di diritto processule*, 1983, p. 78 e ss.
9. V., FAZZALARI, Elio, *La riforma dell'arbitrato*, in *Rivista dell'arbitrato*, 1994, p. 4 e ss.; ID., *L'arbitrato*, Turim: UTET, 1997; PUNZI, Carmine, *I principi generali della nuova normativa sull'arbitrato*, in *Rivista di diritto processuale*, 1994, p. 331 e ss.; RECCHIA, Giorgio, *La nuova legge sull'arbitrato e le esperienze straniere*, in *Rivista dell'arbitrato*, 1994, p. 23 e ss.

internacional. Por fim, em 2006 aconteceu uma última reforma, com o Decreto legislativo n. 40, de 2 de fevereiro de 2006[10], que preferiu voltar ao modelo monista, estabelecendo uma regulamentação uniforme para toda arbitragem[11]. Assim o legislador italiano participou da onda reformadora que houve na Europa nos últimos anos. Lembramos, nesta esteira, a importante reforma francesa da arbitragem de 13 de janeiro de 2011[12]. No que tange ao Brasil é sabida a tramitação do Projeto de Lei do Senado (n. 406 de 2013) de alteração da Lei de Arbitragem Brasileira em vigor (a Lei n. 9.307 de 1996)[13].

Sem ter a pretensão de traçar um quadro exaustivo, tentarei expor alguns aspectos das regras sobre a arbitragem na Italia, que podem ser interessantes aos juristas brasileiros.

2. Em primeiro lugar, no que diz respeito aos aspectos gerais do instituto é preciso sublinhar uma particularidade do sistema italiano, a saber, a presença de duas formas de arbitragem, a ritual e a "não ritual" (*irrituale*) (chamada ainda de arbitragem "livre" ou "imprópria"). A primeira forma constitui um verdadeiro processo (privado) jurisdicional e encerra-se com uma decisão ("*lodo rituale*") que possui os mesmos efeitos da sentença judicial (art. 824 bis) e, graças ao decreto de homologação do juiz togado, pode tornar-se um título executivo (art. 825)[14]. A segunda forma de arbitragem, a não ritual, foi criada por uma decisão da Corte de Cassação de Torino de 27 de dezembro de 1904[15] e

---

10. V., ODORISIO, Emanuele, *Prime osservazioni sulla nuova disciplina dell'arbitrato*, in *Rivista di diritto processuale*, 2006, p. 266 e ss. Por outras citações sobre o direito italiano da arbitragem em vigor veja-se acima a nota de rodapé n. 1.
11. Sobre o tema, v.: RICCI, Edoardo Flavio, *La longue marche vers l «internationalisation» du droit italien de l'arbitrage*, in *Les cahiers de l'arbitrage*, IV, Paris: Lextenso, 2008, p. 191 e ss.; PUNZI, Carmine, *Disegno sistematico dell'arbitrato*, I, cit., p. 290 e ss.; RADICATI DI BROZOLO, Luca, *Requiem per il regime dualista dell'arbitrato internazionale in Italia? Riflessioni sull'ultima riforma*, in *Rivista di diritto processuale*, 2010, p. 1267 e ss.
12. Sobre o direito francês da arbitragem, v.: BONATO, Giovanni, *L'ultima riforma francese dell'arbitrato*, in *Rivista dell'arbitrato*, 2012, p. 491 e ss.; CLAY, Thomas (Coord.), *Le nouveau droit français de l'arbitrage*, Paris: Lextenso, 2011; CLAY, Thomas, «Liberté, Égalité, Efficacité» : *La devise du nouveau droit français de l'arbitrage*, in *Journal de droit international*, 2012, p. 443 e ss. e p. 815.
13. Sobre o Projeto de alteração da Lei Brasileira da Arbitragem, v.: WALD, Arnoldo, *A reforma da lei de arbitragem (uma primeira visão)*, in *Revista de Arbitragem e Mediação*, vol. 40, 2014, p. 17 e ss.
14. É sabido que a discussão da natureza jurídica da arbitragem divide há dois séculos os doutrinadores. Veja-se a esse respeito BONATO, Giovanni, *La natura e gli effetti del lodo arbitrale*, Napoles, Jovene, 2012. Vale apenas lembrar que a Corte de Cassação italiana, com a ordenação n. 24153, de 25 de outubro de 2013 (in *Corriere Giuridico*, 2014, p. 84 e ss., com as observações de VERDE, Giovanni) reviu o seu posicionamento sobre a questão da natureza da arbitragem e acolheu a tese jurisdicional, modificando, assim, o próprio entendimento anterior que se filiava à corrente privatista (Corte de Cassação, sentença n. 527, de 3 de agosto de 2000, in *Rivista di diritto processuale*, 2001, p. 254 e ss., com as observações de RICCI, Edoardo Flavio).
15. A decisão foi publicada na *Rivista di diritto commerciale*, 1905, II, p. 45 e ss., com observações de BONFANTE, Pietro.

atualmente, após a reforma de 2006, é regida pelo art. 808 *ter*. Esta possui uma natureza apenas contratual, porque se conclui com uma decisão dotada dos efeitos de um negócio jurídico (chamada de "*lodo contrattuale*")[16].

Sempre no que tange a uma apresentação geral do instituto, lembramos que na Itália, como no Brasil, a escolha da arbitragem só pode ser voluntária e facultativa. Assim decidiu a Corte Constitucional, a partir da decisão n. 127 de 4 de julho de 1977. A arbitragem obrigatória para a solução de determinadas causas é em tese inconstitucional, em razão da violação dos artigos 24 e 102 da Constituição italiana de 1948[17]. Vale recordar, todavia, que em outros países europeus, como na França e em Portugal é admitida a arbitragem compulsória.

* * *

3. Passando agora à análise da convenção arbitral, cumpre salientar que a reforma de 2006 decidiu utilizar a expressão "convenção arbitral" como *genus* para regulamentar conjuntamente as três *espécies* de avença: o compromisso, a cláusula compromissória e a convenção arbitral sobre litígios não contratuais (*convenzione di arbitrato in materia non contrattuale*).

É conhecida de todos a distinção entre compromisso e cláusula compromissória, baseada no momento em que nasce o litígio. Vale ressaltar que a previsão de uma convenção de arbitragem sobre litígios não contratuais permite devolver ao juízo dos árbitros as controvérsias entre herdeiros ou entre proprietários vizinhos[18].

A convenção arbitral deve ser celebrada por escrito, sob pena de nulidade, e pode envolver apenas litígios relativos a direitos disponíveis[19]. Foi, no entanto, rejeitada pelo legislador de 2006 a proposta de destacados doutrinadores acerca da arbitrabilidade dos direitos indisponíveis[20].

---

16. Sobre a arbitragem não ritual italiana, v.: VERDE, Giovanni, *Arbitrato irrituale*, in *Rivista dell'arbitrato*, 2005, p. 668 e ss.; PUNZI, Carmine, *Disegno sistematico dell'arbitrato*, II, cit., p. 619 e ss.; SASSANI, Bruno, *L'arbitrato a modalità irrituale*, in *Rivista dell'arbitrato*, 2007, p. 25 e ss.; BIAVATI, Paolo, *Art. 808-ter*, in CARPI, Federico (coord.), *Arbitrato*, cit., p. 180 e ss.
17. Para maiores informações sobre a jurisprudência constitucional italiana a respeito da arbitragem obrigatória, v.: BONATO, Giovanni, *La natura e gli effetti del lodo arbitrale*, cit., p. 178 e ss.; TROCKER, Nicolò, *Processo e strumenti alternativi di composizione delle liti nella giurisprudenza della Corte costituzionale*, in FAZZALARI, Elio (Coord.), *Diritto processuale civile e Corte costituzionale*, Nápoles: Ed. Scientifiche, 2006 p. 439 e ss., em especial p. 471 e ss.
18. A este respeito, v. LUISO, Francesco Paolo, *Diritto processuale civile*, V, 6º ed., Milão: Giuffré, 2011, p. 87 e ss.
19. O art. 806 dispões que: «Le parti possono far decidere da arbitri le controversie tra di loro insorte che non abbiano per oggetto diritti indisponibili, salvo espresso divieto di legge». Sobre esse aspecto, v.: RUFFINI, Giuseppe, *Patto compromissorio*, in *Riv. arb.*, 2005, p. 711 e ss.
20. Ver nessa linha de pensamento: BERLINGUER, Aldo, *La compromettibilità per arbitri. Studio di diritto italiano e comparato*, Turim: Giappichelli, I, 1999, p. 40 e ss.; RICCI, Edoardo Flavio, *La delega sull'arbitrato*, in *Riv.*

Sempre no âmbito da fonte da arbitragem, vale destacar a regra (trazida pela reforma de 2006) da interpretação ampla e abrangente da convenção de arbitragem contida no art. 808 *quinques*. Para o Prof. Carmona, esta regra italiana "fornece um exemplo que pode ser seguido pelos brasileiros"[21].

A convenção de arbitragem possui dois efeitos: o efeito positivo, de investidura dos árbitros da solução da controvérsia (art. 817); e o efeito negativo da incompetência dos juízes públicos para dirimir o litígio objeto da convenção (art. 819 *ter*). É preciso frisar que os conflitos entre árbitros e juízes togados são considerados pelo legislador italiano como conflitos de competência e, portanto, são solucionados pela Corte de Cassação italiana[22], com funções semelhantes ao Superior Tribunal de Justiça brasileiro. Outra regra a destacar (e ao mesmo tempo a criticar) é o art. 816 *septies* que prevê a extinção da convenção de arbitragem se as partes não adiantarem as custas nos termos fixados pelos árbitros.

* * *

4. Quanto aos <u>árbitros</u>, vale recordar que, ao contrário do que ocorre no Brasil (art. 17 da LBA), o art. 813, parte segunda, do CPC italiano não equipara os árbitros a funcionários públicos.

Em relação à disciplina dos árbitros, nota-se que no CPC italiano falta uma cláusula aberta que permita o afastamento do árbitro em caso de dúvidas a respeito de sua independência ou imparcialidade. Há apenas seis motivos tipificados que levam ao afastamento do árbitro, enumerados no artigo 815 do CPC[23]. Vale salientar que o primeiro motivo do art. 815 diz respeito a ausência de uma qualificação expressamente convencionada, ou seja, requisitada pelas partes.

Outra grave omissão normativa no CPC italiano é ausência de uma disposição que imponha ao potencial árbitro, antes da aceitação do encargo, de

---

dir. proc., 2005, p. 951 e ss. Em sentido crítico com a proposta de Edoardo Ricci, v.: PUNZI, Carmine, *Ancora sulla delega in tema di arbitrato: riaffermazione della natura privatistica dell'istituto*, in Riv. dir proc., 2005, p. 963 e ss.

21. CARMONA Carlos Alberto, *Arbitragem e processo*, cit., p. 85. Na mesma linha v., DINAMARCO, Cândido Rangel, *A arbitragem na teoria geral do processo*, São Paulo: Malheiros, 2013, p. 99.
22. Sobre o assunto, v.: PUNZI, Carmine, *Disegno sistematico dell'arbitrato*, I, cit., p. 192.
23. Se o árbitro tiver um interesse pessoal na solução do processo, ou seja, se o árbitro for parte da causa, pois ninguém pode julgar causa própria; se o árbitro ou seu cônjuge forem parentes de alguma das partes até o quarto grau, ou se o árbitro for amigo intimo («*commensale abituale*») de qualquer das partes ou dos advogados das partes; se o árbitro ou seu cônjuge forem inimigos capitais de qualquer das partes ou dos advogados das partes («*l'arbitro ha grave inimicizia*»); se o árbitro for ligado a alguma das partes por uma relação de trabalho ou uma relação econômica que possa comprometer a sua independência; se o árbitro tiver postulado como advogado, atuado como consultor (ou prestado depoimento como testemunha) numa fase precedente da controvérsia, ou seja na fase da pré-litigiosa.

revelar qualquer fato que denote dúvida justificada quanto à sua imparcialidade e independência[24].

Por fim, deve-se frisar que o mecanismo de recusa do árbitro é na Itália de tipo judicial, sendo o requerimento apresentado perante o Presidente do Tribunal, órgão de primeiro grau italiano. Esse incidente de impugnação do árbitro constitui uma das hipóteses da intervenção extemporânea do juiz público na arbitragem. Como é sabido, a solução da lei brasileira é diferente porque são os mesmos árbitros (arbitragem *ad hoc*) que decidem sobre a exceção de recusa, consoante ao princípio de não interferência.

Para evitar a apresentação de exceções com finalidade dilatória, a lei italiana prevê que se a exceção de recusa for manifestamente infundada ou inadmissível, o excipiente será condenado a pagar uma multa em favor da contraparte, multa que pode ser o triplo dos honorários do árbitro, segundo o valor previsto em lei. As questões sobre a imparcialidade e independência do árbitro podem também ser apresentadas novamente com a ação de anulação da sentença arbitral perante a Corte (Tribunal) de apelação, na Itália, dado que a decisão do presidente do tribunal é sumária.

* * *

5. Quanto ao procedimento arbitral a primeira norma (art. 816) diz respeito à sede da arbitragem.

Enquanto no Brasil não existe o conceito de sede da arbitragem, e uma parte da doutrina brasileira considera a sede uma expressão equivocada, que cria uma "confusão terminológica"[25], na Itália reveste-se de uma importância capital, sendo uma maneira de eleger o foro competente para tomar decisões sobre o procedimento arbitral e o laudo.

Deste modo, a fixação da sede determina a competência territorial dos juízes togados chamados a intervir na fase arbitral ou pós-arbitral, ou seja: do Presidente do Tribunal que nomeia os árbitros, em lugar das partes, e que decide sobre a exceção de recusa do árbitro afastado; do juiz do Tribunal que torna a sentença arbitral executiva, através do decreto de homologação; da Corte de apelação que decide as impugnações da sentença arbitral. Todavia, cumpre ressaltar que a sede da arbitragem é um conceito convencional, uma simples localização legal, de tal sorte que nada impede que os atos do procedimento arbitral sejam praticados fora do lugar onde foi fixada a sede da arbitragem,

---

24. A respeito desta crítica, GIOVANNUCCI ORLANDI, Chiara, Art. *815*, in CARPI, Federico (coord.), *Arbitrato*, Bolonha: Zanichelli, 2007, p. 286.
25. CARMONA, Carlos Alberto, *Arbitragem e processo*, cit., p. 205.

sempre que a convenção arbitral não contenha expressamente uma determinação contrária. Assim, se as partes escolherem a cidade de Roma como sede da arbitragem, os árbitros poderão praticar todos os atos do procedimento arbitral em Milão, incluída a prolação da sentença arbitral, mas os juízes competentes serão os do Tribunal e os da Corte de Apelação de Roma.

Além disso, a fixação da sede determina a nacionalidade da sentença arbitral: se a sede for determinada no território da República Italiana, a sentença será italiana; se, ao contrário, a sede for fixada no exterior, a sentença arbitral será estrangeira, e para ser reconhecida e executada na Itália, estará sujeita à homologação da Corte de Apelação do local da residência do adversário. Diferentemente, sabemos que o art. 34 da Lei Brasileira de Arbitragem escolheu um critério geográfico para aferir a nacionalidade da sentença arbitral, ou seja, um critério que depende do lugar da prolação da sentença[26]. Da utilização dos diferentes critérios decorre o fenômeno da sentença com dupla nacionalidade que foi objeto das reflexões de um prestigiado estudioso italiano[27].

Em relação ao procedimento arbitral, frisamos outros aspectos salientes no que tange à fase instrutória: caso seja um órgão arbitral colegiado, a instrução pode ser delegada a um só árbitro; desde 2006 é admitido expressamente o depoimento testemunhal escrito, no artigo 816 *ter*, gerando as críticas dos processualistas mais ligados à tradição da oralidade do processo.

Sempre a propósito do procedimento arbitral, vale lembrar as regras, trazidas pela reforma de 2006, para o desenvolvimento de uma arbitragem com múltiplas partes (*"arbitrato con pluralità di parti"*).

Nos termos do art. 816 *quater* do CPC, o desenvolvimento de uma arbitragem multipartes está subordinado a duas condições: a primeira é que todas as partes sejam vinculadas à convenção da arbitragem, porque ninguém pode ser obrigado a participar de um processo arbitral; a segunda condição diz respeito à nomeação dos árbitros e impõe que cada parte tenha o mesmo poder acerca da nomeação desses. Focando a nossa atenção sobre a segunda condição, uma arbitragem com múltiplas partes pode se desenvolver quando (a) um terceiro nomeia os árbitros; (b) as partes escolhem os árbitros de comum acordo; ou (c) o autor nomeia um árbitro e todos os demais réus reunidos escolhem um segundo árbitro, para que então o terceiro árbitro seja designado pelos dois

---

26. Seguindo a orientação adotada pela lei espanhola de arbitragem de 1988 e pela versão originária do Código italiano de 1940, o artigo 34 da lei n. 9307 de 1996 optou por uma solução territorialista, baseada no lugar onde a sentença é prolatada: é brasileira a sentença proferida dentro do Brasil; é estrangeira a sentença proferida fora do território nacional. V. CARMONA, Carlos Alberto, *Arbitragem e processo*, cit., p. 436 e ss.
27. RICCI, Edoardo Flavio, *Lei de Arbitragem Brasileira*, São Paulo, em *Revista dos Tribunais*, 2004, p. 218 e ss.

árbitros já designados (nesse caso haverá uma bipolarização da lide em dois polos distintos). Se as duas condições não foram respeitadas, a arbitragem deve se dividir em vários procedimentos quantas são as partes, e não pode se desenvolver. Veremos depois que no âmbito da arbitragem societária a regra de nomeação é diferente.

Acerca da intervenção de terceiros no processo arbitral, o art. 816 *quinquies* do CPC distingue os vários tipos de intervenção. Se for uma oposição e uma intervenção litisconsorcial voluntária, o ingresso do terceiro é admitido só com o acordo das partes originárias e com o consenso dos árbitros. Neste caso, as partes originárias e o terceiro assinam na realidade um novo compromisso. Se for uma assistência simples, o terceiro pode ingressar no processo arbitral sem necessidade do acordo das partes originárias, porque nesta hipótese o assistente atua como um simples auxiliar de uma das partes. A mesma regra se aplica ao terceiro litisconsorte previamente admitido e o adquirente da coisa litigiosa: eles poderão intervir no processo, sem ter o prévio acordo das partes originais, nem o consenso dos árbitros. A arbitragem societária também prevê regras diferentes a respeito da intervenção de terceiros (como veremos depois).

Os árbitros não detém o poder de decretar medidas cautelares, como dispõe o artigo 818 do CPC italiano. A única exceção à proibição de decretar medidas cautelares é na arbitragem societária, em que os árbitros podem suspender a eficácia da deliberação assemblear contestada.

A respeito do procedimento e da sua suspensão, é importante tratar do relacionamento entre a arbitragem e o controle da constitucionalidade. Após varias discussões na doutrina, a Corte Constitucional, com o acórdão n. 376 de 2001, decretou que, no âmbito do controle de constitucionalidade, o árbitro possui os mesmos poderes do juiz ordinário: o primeiro como o segundo tem o poder-dever de submeter à Corte Constitucional a apreciação da questão constitucional que surgiu no processo. A Corte italiana considerou que os árbitros exercem uma função judicante pela aplicação objetiva da lei e eles estão numa posição supra partes a respeito das partes litigantes. A Corte observou que o processo arbitral não se diferencia daquele que se desenvolve perante o juiz estatal, sobretudo no seu momento essencial e qualificado relativo à busca e à interpretação das normas aplicáveis ao caso concreto. O processo arbitral é, então, fungível com o processo estatal. Pela Corte italiana, se durante o processo arbitral surgir uma questão de constitucionalidade de uma lei, os árbitros deverão suspender o processo e submeter à Corte a apreciação desta questão. Essa regra, introduzida no sistema pela jurisprudência, foi depois codificada pelo legislador italiano em 2006, no artigo 819 *bis* do CPC.

Como já foi lembrado, a recente decisão (*"ordinanza"*) da Corte de Cassação, Seções Unidas, n. 24153 de 8 de outubro de 2013, confirmou o caráter de jurisdição privada da arbitragem ao lado do poder judiciário[28]. O caráter de jurisdição privada da arbitragem recebe uma confirmação da norma do art. 819 do CPC, que estabelece que os árbitros podem reconhecer questões não arbitráveis quando a decisão sobre estas é prejudicial à questão submetida na arbitragem.

* * *

6. No que tange à sentença arbitral, que na Itália chama-se laudo arbitral, a lei italiana dispõe que esta produz os mesmos efeitos da sentença judicial (art. 824 bis do CPC)[29].

Depois de 1994 é admitida expressamente a possibilidade de fragmentar a decisão da controvérsia em várias sentenças, como se deduz do artigo 820 e 827 do CPC. No sistema italiano há portanto três tipos de sentença arbitral: uma sentença arbitral definitiva que põe fim ao processo arbitral, com conteúdo meramente processual ou com conteúdo de mérito; uma sentença parcial que não põe fim ao processo, na medida em que resolve parcialmente o mérito da controvérsia, decidindo uma das várias demandas propostas; e uma sentença não definitiva com conteúdo meramente processual e que não define o processo, que continua rumo à decisão de mérito. Lembramos que enquanto a sentença parcial pode ser impugnada de maneira imediata, a sentença não definitiva tem que ser contestada apenas juntamente com a definitiva.

Ademais, contrariamente do que acontece no Brasil, em que a sentença arbitral é título executivo[30], a lei italiana prevê no art. 819 bis do CPC que o laudo, desde o momento de sua assinatura, tem a mesma eficácia de uma sentença estatal, mas o submete ao provimento de homologação do decreto do tribunal (órgão de primeiro grau de jurisdição) do lugar da sede da arbitragem para a outorga da força executiva, consoante o disposto do art. 825 do CPC.

* * *

7. Quanto às impugnações que podem ser propostas contra a sentença arbitral, estas são três: a *"impugnazione per nullità"*, semelhante à ação de que trata o artigo 33 da LBA (ação de decretação de nulidade ou ação de anulação); a revogação; e a oposição de terceiro. Contra o laudo não é cabível jamais uma apelação[31].

---

28. V. a esse respeito a nota de rodapé n. 13.
29. Sobre esse aspecto, v.: BONATO, Giovanni, *La natura e gli effetti del lodo arbitrale*, cit., p. 253 e ss.
30. Nos termos do artigo 18 da Lei de arbitragem de 1996: "o árbitro é juiz de fato e de direito, e a sentença que proferir não fica sujeita a recurso ou a homologação pelo Poder Judiciário".
31. Ver: MARINUCCI, Elena, *L'impugnazione del lodo arbitrale dopo la riforma. Motivi ed esito*, Milão: Giuffré, 2009.

A impugnação por nulidade é de âmbito restrito de cabimento, em outras palavras é a fundamentação vinculada, porque prevê alguns casos taxativos de nulidade, contidos no artigo 829 do CPC. Assim, é nula a sentença: se for nula a convenção de arbitragem; se for proferida por quem não podia ser árbitro ou por violação das regras da nomeação; se ela não contiver os requisitos essenciais previstos pela lei (relatório, fundamentação, dispositivo, assinatura, data e local em que a decisão foi proferida); por violação da regra da correlação entre o pedido e o concedido; se for proferida fora do prazo (sentença intempestiva); se for desrespeitado o princípio do contraditório e os demais princípios do devido processo legal, como a igualdade das partes, a imparcialidade do árbitro e o seu livre convencimento; se for contrária à ordem pública; por ofensa à coisa julgada.

Os outros meios de impugnação cabíveis contra a sentença arbitral são a *revocazione* (revogação), semelhante à ação rescisória brasileira, e a oposição de terceiro (semelhante, com todas as ressalvas, ao recurso do terceiro prejudicado brasileiro).

Deve-se frisar que no sistema italiano não existe o remédio dos embargos de declaração, e as partes podem solicitar o tribunal arbitral somente para obter a correção dos erros materiais da sentença, mas não podem apresentar pedido de esclarecimento de alguma obscuridade, dúvida ou contradições da sentença; ou pronunciamento sobre um ponto omitido a respeito do qual devia manifestar-se a decisão.

Esses três meios de impugnação da sentença arbitral são propostos perante a Corte de Apelação (órgão de segundo grau, semelhante aos Tribunais de Justiça brasileiros) do lugar onde foi fixada a sede de arbitragem. A razão da escolha de atribuir a competência à Corte de Apelação é singela: o legislador italiano considerou o procedimento arbitral como um primeiro grau de jurisdição. Diferentemente, no Brasil a demanda de anulação da sentença arbitral, nos termos do art. 33 da LBA, é proposta perante um órgão de primeiro grau do Poder judiciário que teria sido competente, se as partes não tivessem assinado a convenção de arbitragem. A solução italiana de atribuir a um órgão de segundo grau a competência para julgar a ação de anulação da sentença é coerente com o reconhecimento do caráter jurisdicional da arbitragem. Não se aplica, obviamente, no caso de arbitragem "não ritual", que tem caráter contratual. A solução italiana tem a vantagem também da rapidez, na medida em que evita que as partes, depois da arbitragem, proponham a demanda perante um órgão de primeiro grau.

Ainda a propósito da impugnação da sentença arbitral, vale salientar uma outra diferença entre o sistema brasileiro e o italiano. Como a lei brasileira da arbitragem adotou o princípio de não interferência da jurisdição pública na arbitragem, quando o juiz brasileiro julgar procedente a demanda anulatória, haverá duas possibilidades: a devolução da causa ao árbitro para que ele profira uma nova decisão (caso a sentença seja anulada por falta dos requisitos obrigatórios ou por violação da regra da correlação entre o pedido e o concedido); ou a simples desconstituição da sentença. O juiz togado nunca poderá proferir um novo julgamento de mérito.

Diferentemente, na Itália, o procedimento de anulação da sentença é cindido em duas fases distintas: a rescindente, da anulação da sentença; e a rescisória, do reexame do mérito da causa. O art. 830 do CPC estabelece que, exaurida a fase rescindente do juízo, cabe à Corte de apelação a nova decisão do mérito da causa (a fase rescisória), se a decretação de nulidade for pronunciada por uma das hipóteses relacionadas nos incisos 5, 6, 7, 8, 9, 11 ou 12 do art. 829 do CPC, e por *errores in iudicando*, sempre que as partes não tenham acordado de modo diferente e não esteja presente o elemento de internacionalidade da arbitragem (a residência de uma das partes no exterior). Nas demais hipóteses, após a decretação de nulidade, caberá aos árbitros proferir um novo julgamento.

* * *

8. Como já ficou exposto nos itens anteriores, após a reforma de 2006 das disposições sobre a arbitragem, o legislador italiano resolveu revogar a regulamentação específica ditada acerca das arbitragens internacionais, a saber as arbitragens das quais participava uma parte não residente na Itália. Na Itália, como no Brasil, a legislação escolheu o sistema monista, isto é, cada arbitragem, cuja sede é fixada na Itália, fica sujeita às mesmas regras ainda que envolva uma parte com residência no exterior. Todavia o art. 830 do CPC prevê que se uma das partes não era residente na Itália ao momento da celebração da convenção de arbitragem, o juiz da ação anulatória da sentença arbitral poderá julgar o mérito da controvérsia apenas quando as partes convencionarem nesse sentido.

Por outro lado, o reconhecimento e a execução dos laudos arbitrais proclamados no exterior são regulados na Itália (como no Brasil) pela Convenção de Nova Iorque de 1958. Os artigos 839 e 840 do CPC regulam estas questões de acordo com os princípios da Convenção[32].

* * *

9. Diversas formas de arbitragens especiais que podem ter por objeto somente controvérsias específicas proliferam-se no ordenamento italiano ao

---

32. Ver RUFFINI, Giuseppe, La procedura italiana per il riconoscimento e l'esecuzione dei lodi stranieri, in PUNZI, Carmine, *Disegno sistematico dell'arbitrato*, III, cit., p. 573 e ss.

lado da arbitragem de direito comum, a qual se presta à solução de litígios de qualquer natureza[33].

Como exemplos de arbitragens especiais, temos a arbitragem societária (regulamentada nos artigos 34 a 36 do Decreto Legislativo n. 5 de 17 de janeiro de 2003), a arbitragem trabalhista (regida pela Lei n. 183 de 4 de novembro de 2010), a arbitragem em matéria de "obras públicas", cuja disciplina está contida no Decreto Legislativo n. 163 de 12 de abril de 2006, alterado pelo decreto legislativo n. 53 de 20 de março de 2010.

* * *

10. Poucos ordenamentos jurídicos regulam a arbitragem societária: na Espanha a recente Lei n. 11/2011 de 20 de maio de 2011, no Brasil o projeto de reforma da lei sobre arbitragem (Projeto de Lei do Senado n. 406 de 2013) estabelecem só algumas normas a respeito deste assunto e deixam ainda sem solução diferentes problemas. Portanto uma análise da lei italiana que introduziu uma regulamentação completa desta forma de arbitragem pode despertar o interesse dos juristas brasileiros.

A disciplina da arbitragem societária foi introduzida na Italia – como já indicado – pelos artigos 34 a 36 do Decreto Legislativo n. 5 de 17 de janeiro de 2003. Estas normas faziam parte de uma mais ampla regulamentação do chamado "processo comercial", que foi emanada no âmbito da reforma do direito das sociedades de capitais (Lei n. 366 de 3 de outubro de 2001)[34]. A regulamentação do processo comercial revelou-se demasiado complicada e pouco eficaz e foi

---

33. Em sentido crítico a respeito do florescimento recente das formas de arbitragem especial, v.: CARPI, Federico, Libertà e vincoli nella recente evoluzione dell'arbitrato, in AA. VV., Studi in onore di Carmine Punzi, II, Turim: Giappichelli, 2008, p. 393 e ss., especialmente p. 396.
34. Sobre a arbitragem societária italiana, v. o meu artigo Appunti in tema di arbitrato societario, de próxima publicação em Rivista del diritto commerciale. Pela doutrina precedente v.: BIAVATI, Paolo, Il procedimento nell'arbitrato societario, in Rivista dell'arbitrato, 2003, p. 27 e ss.; BIAVATI, Paolo; ZUCCONI GALLI FONSECA, Elena, Arbitrato societario, in CARPI, Federico (Coord.), Arbitrati speciali, cit., p. 53 e ss.; BONATO, Giovanni, L'imparzialità e l'indipendenza degli arbitri alla luce della riforma del diritto societario, in LANFRANCHI, Lucio; CARRATTA, Antonio (coord.), Davanti al giudice. Studi sul processo societario, Turim: Giappichelli, 2005, p. 423 e ss.; CARPI, Federico, Profili dell'arbitrato in materia di società, in Rivista dell'arbitrato, 2003, p. 433 ss.; DALMOTTO, Eugenio, L'arbitrato nelle società, Bolonha: Zanichelli, 2013; LUISO, Francesco Paolo, Appunti sull'arbitrato societario, in Riv. dir. proc., 2003, p. 705 e ss.; PUNZI, Disegno sistematico dell'arbitrato, II, cit., p. 681 e ss.; RICCI, Edoardo Flavio, Il nuovo arbitrato societario, in Riv. trim. dir. proc. civ., 2003, p. 517 e ss.; RUFFINI, Giuseppe, La riforma dell'arbitrato societario, in Corriere Giuridico, 2003, p. 1524 e ss.; SALVANESCHI, Laura, L'arbitrato societario, in RUBINO SAMMARTANO, Mauro (Coord.), Arbitrato, ADR, conciliazione, cit., p. 202 e ss.; SASSANI, Bruno; GUCCIARDI, Barbara, Arbitrato societario, in Digesto discipline privatistiche, sezione civile, aggiornamento, I, Turim: UTET, 2007, p. 119 e ss.; ZUCCONI GALLI FONSECA, Elena, La compromettibilità delle impugnative di delibere assembleari dopo la riforma, in Rivista trimestrale di diritto e procedura civile, 2005, p. 453 e ss.

sucessivamente revogada, mas as normas sobre a arbitragem societária foram mantidas e permanecem em vigor.

Estas normas oferecem uma solução às questões fundamentais que a utilização da arbitragem nas sociedades suscitam. Neste caso a arbitragem deve levar em conta não só a presença de uma multiplicidade de partes interessadas, mas também a relevância que as decisões dos árbitros têm para a própria sociedade e para os terceiros.

Para garantir a arbitrabilidade subjetiva, estas regras impõem que a cláusula compromissória estatutária vincule a sociedade e todos os sócios (inclusive aqueles cuja qualidade de sócio seja objeto da controvérsia). Quando o objeto da cláusula inclui controvérsias promovidas por ou contra administradores, liquidadores ou membros do órgão fiscal, estes também ficam vinculados, uma vez tenham aceito o cargo com esta cláusula compromissória vigente na sociedade, ou não tenham se oposto a ela.

A introdução, alteração ou eliminação da cláusula compromissória estatutária pode ser deliberada pela assembleia dos sócios com um quórum de dois terços do capital social. O sócio dissidente ou ausente tem seu direito de retirada nos noventa dias sucessivos à deliberação.

Para assegurar a possibilidade que todos os interessados se tornem parte do procedimento arbitral a cláusula deve prever, sob pena de nulidade, que a nomeação dos árbitros seja confiada a um sujeito estranho à sociedade (por exemplo uma instituição de arbitragem) e, caso este sujeito não faça a nomeação, ao presidente do tribunal do lugar da sede legal da sociedade.

Cada sócio ou outro sujeito interessado tem o direito de intervir no procedimento arbitral em curso, de acordo com a cláusula compromissoria estatutária.

Para oferecer a todos os sócios e a outros sujeitos interessados a possibilidade de tomar conhecimento do inicio de um procedimento arbitral, o pedido de arbitragem deve ser depositado no Registro das sociedades comerciais (na Câmara de Comércio).

A decisão dos árbitros (o *"lodo"*) vincula a sociedade (e de reflexo todos os sócios e outros interessados).

Para garantir a arbitrabilidade objetiva, o decreto prevê que o objeto da cláusula sejam as controvérsias entre os sócios ou, entre os sócios e a sociedade, sobre direitos disponíveis relativos à relação societária.

A interpretação e aplicação desta norma provocou um debate na doutrina e diferentes decisões na jurisprudência, sobre a possibilidade de submeter à arbitragem controvérsias sobre a nulidade das deliberações da assembleia.

Após a reforma da arbitragem comum de 2006 parece possível superar o debate e as diferentes decisões.

Isto porque a reforma eliminou a aplicação às arbitragens do art. 1972 do *Codice Civile* relativo à intransigibilidade dos litígios sobre negócios ilícitos, e também porque – como já foi lembrado – a Corte Constitucional e a Corte de Cassação confirmaram o caráter de plena jurisdição da arbitragem ao lado do Poder Judiciário.

É possível agora afirmar que na lei italiana todas as controvérsias societárias podem ser objeto de arbitragem, mesmo as controvérsias relativas a decisões que interessam diretamente a terceiros (como impugnações das deliberações sobre o balanço e as contas da sociedade).

Pode-se considerar como expressão do caráter jurisdicional da arbitragem societária a norma que – diferentemente do princípio ainda irremovível na legislação italiana da arbitragem comum – confere aos árbitros o poder de conceder uma liminar para suspender a eficácia das deliberações impugnadas com o pedido arbitral.

Sempre tendo em conta os reflexos a todos os sócios e a terceiros de uma decisão em matéria societária, as normas do Decreto dispõem que os árbitros devem decidir aplicando as regras de direito e não da equidade ao resolver uma questão prejudicial não arbitrável e ao tratar da validade de uma deliberação da assembleia.

A regulamentação da arbitragem no mencionado Decreto Legislativo n. 5/2003 pode ter aplicação só com a introdução de uma cláusula compromissoria estatutária. Acordos entre sócios são frequentes e de grande relevância (*"accordi"* ou *"patti parasociali"*: art. 2341- bis e art.2341-ter do Código Civil italiano), mas vinculam só os sócios que aderiram ao acordo. A previsão de uma arbitragem como mecanismo de solução das controvérsias que podem surgir na vida destes acordos é também frequente, mas pode vincular só as partes signatárias de referido acordo.

Por outro lado, quando as partes decidem pela inserção de uma cláusula compromissória no estatuto da sociedade, a aplicação das regras do decreto n.5/2003 é imperativa: a sentença da Corte de Cassação n. 15892 de 20 de julho de 2011 recusou a teoria do "duplo binário", ou seja, da livre escolha entre a arbitragem especial e a arbitragem de direito comum para a solução das controvérsias societárias[35].

---

35. Sobre esse aspecto, v.: ZUCCONI GALLI FONSECA, Elena, *Arbitrato societario: la Cassazione respinge la tesi del «doppio binario»*, in *Rivista trimestrale di diritto e procedura civile*, 2011, p. 629 e ss.

3º Painel Binacional: Invalidades processuais

LA INVALIDITÀ DEGLI ATTI PROCESSUALI

Roberto Poli
Professor associado de direito processual civil da Universidade de Cassino. Advogado.

SOMMARIO: 1. IL PROCESSO NELLA PROSPETTIVA DELLA INVALIDITÀ DEGLI ATTI.; 2. L'ATTO PROCESSUALE; 2.1 PIANO DEFINITORIO E PIANO DELLA DISCIPLINA.; 2.3 IL CONCETTO DI FORMA DELL'ATTO PROCESSUALE; 3. LA DISCIPLINA DELL'ATTO PROCESSUALE; 3.1. IL PRINCIPIO DI LEGALITÀ DELLE FORME.;3.2. IL PRINCIPIO DI EQUIPOLLENZA IN SENSO STRETTO.;3.3. IL PRINCIPIO DI STRUMENTALITÀ DELLE FORME; 4. L'INVALIDITÀ DEGLI ATTI PROCESSUALI; 4.1. LA NULLITÀ; 4.1.1. IL PROFILO STRUTTURALE.;4.1.2. IL PROFILO FUNZIONALE; 4.2. LE SPECIE DI INVALIDITÀ DIVERSE DALLA NULLITÀ; 5. CONCLUSIONI; 6. BIBLIOGRAFIA ESSENZIALE.

1. IL PROCESSO NELLA PROSPETTIVA DELLA INVALIDITÀ DEGLI ATTI

Il titolo della presente relazione indica che qui ci si propone di indagare una caratteristica (l'invalidità) di un determinato oggetto (l'atto), inquadrato in un determinato contesto (il processo). Per procedere con ordine, e porre delle adeguate basi per un discorso intorno alla invalidità degli atti processuali, occorre pertanto prendere le mosse dal contesto all'interno del quale si colloca il nostro specifico oggetto di ricerca.

Non potendo, peraltro, evidentemente, occuparci dell'intero fenomeno processuale, dobbiamo restringere il perimetro della nostra analisi al processo giurisdizionale civile, ed in particolare al processo di cognizione.

Ebbene, in sintesi, noi sappiamo che **lo scopo, anche costituzionale, del processo civile** di cognizione è la pronuncia nel merito della situazione giuridica controversa. Le parti ricorrono al processo perché sussiste un dubbio, una contestazione, in ordine ad uno (o a più di uno) degli elementi di fatto e/o di diritto di una fattispecie prevista dalla legge sostanziale (costitutiva e/o impeditiva, modificativa, estintiva di una situazione giuridica) e chiedono al giudice che risolva i dubbi e le contestazioni (le questioni) sollevate dalle parti e, conseguentemente, rispondendo alla domanda della parte attrice, affermi l'effetto giuridico derivante dalla fattispecie accertata nel processo.

Il processo, pertanto, quale *species* del *genus* procedimento, è l'insieme di atti che lega, unisce, raccorda – da un punto di vista fattuale, temporale e, soprattutto, logico-giuridico – l'atto iniziale, una domanda, e l'atto finale, una risposta, del processo stesso.

Nella prospettiva della validità ed efficacia degli atti processuali, il processo racchiude le condizioni, le "condotte" in presenza delle quali il potere esercitato produce i suoi effetti tipici: nell'esempio in discorso, (il dovere di pronunciare) la decisione sul merito della situazione controversa.

Nella sua realizzazione concreta, il processo è l'attuazione di una serie di norme che contemplano le condizioni (requisiti, elementi, ecc.) di esistenza, validità ed efficacia del provvedimento finale.

I singoli atti del processo regolati dalla legge – in dettaglio, i singoli requisiti formali di ciascun atto – rappresentano gli specifici requisiti di esistenza, validità ed efficacia del provvedimento finale. I singoli requisiti formali dei singoli atti regolati dalla legge concretizzano quindi il modo attraverso cui, secondo il modello legale (del processo unitariamente considerato) si soddisfano gli interessi che non possono non essere tutelati in quanto esprimono le condizioni necessarie di validità ed efficacia del processo stesso e, di conseguenza, del provvedimento finale (ovvero, il modo legale attraverso cui si raggiunge lo scopo delle norme previste a presidio della validità ed efficacia dell'esercizio del potere di azione, da un lato, e dell'esercizio della funzione giurisdizionale, dall'altro).

Abbiamo dunque sempre una domanda, prima concretizzazione dell'esercizio di un potere, la quale, in presenza di determinate condizioni – nelle quali tale potere deve continuare a concretizzarsi –, produce il suo effetto tipico: il potere/dovere di rendere la risposta che, nel caso del potere di azione di cognizione, è la pronuncia sul merito della situazione controversa.

Diremo, allora, dal punto di vista della parte, dell'azione, della domanda, che il processo definisce le condizioni in presenza delle quali la domanda produce il suo effetto tipico, ovvero (il dovere di rendere) la tutela giurisdizionale, la sentenza di merito. Dal punto di vista del giudice, della giurisdizione, della risposta, diremo che il processo definisce le condizioni in presenza delle quali l'atto finale del procedimento, la sentenza di merito, è valida ed efficace.

Se volessimo schematizzare, potremmo dire che **l'effetto tipico del potere di azione** si raggiunge in presenza dei requisiti A+B+C, dove A indica l'esistenza del potere esercitato, B l'individuabilità, la certezza del potere stesso, e C il legittimo esercizio di tale potere. In particolare, l'elemento "C" si riferisce al modo di esercizio di un potere esistente ed individuato (o comunque individuabile), con specifica attenzione alle condotte necessarie affinché gli altri soggetti del processo possano esercitare i poteri processuali correlati alla singola fase o frazione processuale di cui si tratta.

E lo stesso schema può essere utilizzato per l'esercizio del **potere/dovere di pronunciare la sentenza di merito**. In via di estrema semplificazione, si può dire che la sentenza è valida e produce tutti i suoi effetti tipici in presenza dei requisiti A+B+C, dove A indica l'esistenza del potere di giurisdizione, B l'individuabilità, la certezza del potere esercitato, nel senso che il dispositivo contiene la chiara indicazione degli elementi soggettivi ed oggettivi del diritto o *status* riconosciuto e negato, e C il legittimo esercizio di tale potere. E dove C è dato da $A_1+B_1+C_1$, intendendosi per A_1 l'assenza di *errores in procedendo*; per B_1 l'assenza di *errores in iudicando in iure*; per C_1 l'assenza di *errores in iudicando in facto*.

In sintesi, per quanto riguarda la parte, lo schema A+B+C costituisce l'insieme dei requisiti, delle condotte necessarie e sufficienti per la validità e l'efficacia della domanda; per quanto riguarda il giudice, lo schema A+B+C costituisce l'insieme dei requisiti, delle condotte necessarie e sufficienti per la validità e l'efficacia della risposta, ovvero del provvedimento giurisdizionale richiesto ed in particolare della sentenza.

Il rapporto tra i due schemi – domanda, da un lato; risposta, dall'altro – si può riassumere in ciò: concluso il processo, gli eventuali vizi degli atti di parte, in sé considerati, perdono qualsiasi rilievo e ne assume solo la sentenza che, secondo una nota espressione, basta a se stessa, ovvero si pone come la fattispecie esclusiva dei propri effetti (**c.d. autosufficienza della sentenza**). Tuttavia, in presenza di vizi degli atti del processo, non viene meno il potere di esercitare la funzione giurisdizionale, solo che il giudice non può decidere il merito della controversia, a pena di invalidità della sentenza che può essere fatta valere con i mezzi d'impugnazione (art. 161, c. 1, c.p.c.).

La invalidità processuale è sempre derivante dal mancato rispetto, dalla violazione del modello legale del procedimento, il quale prevede una serie di condotte necessarie per la produzione dell'effetto tipico del potere esercitato. E queste condotte sono atti processuali che, a loro volta, devono essere conformi al modello legale. Infine, questi atti sono costituiti da una serie di specifiche condotte – i singoli requisiti degli atti – le quali, a loro volta, devono essere conformi al modello legale. E quando la legge non fissa il modello del singolo requisito (la modalità specifica della singola condotta), questo deve essere realizzato nella forma, anche sotto il profilo temporale, più idonea allo scopo che ha di mira la disposizione che tale requisito disciplina (secondo i principi generali sulla forma degli atti processuali sui quali ci soffermeremo tra breve: *infra*, § 3).

Ora, quando in concreto si verifica una deviazione dal modello legale del processo, ovvero il mancato compimento di un atto della serie secondo il modello legale (incluso il caso di omesso compimento di un atto cui la parte era tenuta), e dunque viene a mancare una delle condizioni per la produzione dell'effetto tipico del potere di azione (A o B o C), il processo interrompe il suo fisiologico percorso verso la sua naturale meta solo se il vizio è insanabile o non sanato, vale a dire se per tale vizio la serie legale non prevede una causa di sanatoria o questa, pur prevista, non ha operato o non ha potuto operare nel caso concreto (*id est*, se la mancanza di quella condizione conserva rilevanza all'interno del procedimento).

Se, diversamente, il vizio è sanabile e sanato – in quanto è stato comunque salvaguardato l'interesse protetto dalla norma violata, secondo una modalità che lo stesso processo riconosce ammissibile – il vizio perde qualsiasi rilevanza e il processo prosegue verso la sua naturale meta (in quanto la mancanza di quella condizione ha perso rilevanza all'interno del processo stesso).

In questa prospettiva, evidentemente, non vi è alcuna differenza tra le possibili violazioni del modello del processo, distinguibili in base alla loro diversa "struttura": difettosità o mancanza di un requisito di un atto, difettosità o mancanza di un atto, difettosità o mancanza di una serie di atti e così via. Ciò che conta, infatti, non è se l'atto è stato compiuto in modo difettoso o se è stato omesso del tutto, ma è solo la perdita di rilevanza dell'originaria mancanza delle condizioni per la pronuncia nel merito, secondo modalità che lo stesso processo contempla tra i suoi sistemi di autorettificazione.

2. L'ATTO PROCESSUALE

Ciò chiarito, occorre ora definire l'atto processuale e, successivamente, individuare i principi e le norme che ne dettano la disciplina.

2.1. Piano definitorio e piano della disciplina

In dottrina sono sostanzialmente due le opinioni più accreditate in punto di definizione dell'atto processuale. Secondo una prima impostazione, si ritiene processuale l'atto che produce effetti nel (o sul) processo, ed in questa direttrice si è soliti ricondurre il pensiero di Carnelutti, giacché egli aveva affermato, nel *Sistema*, che «un fatto giuridico è processuale non già in quanto *sia compiuto nel processo*, ma in quanto *sia rilevante per una situazione giuridica processuale*».

Avverso questa impostazione si è rilevato che, così ragionando, si finirebbe per estendere eccessivamente la categoria che si vorrebbe delimitare, rendendo praticamente inutile la definizione stessa, specialmente ove la si ritenesse mirante a discriminare il regime dell'atto.

Altri, all'opposto, per riconoscere processualità all'atto, ritengono decisiva – oltre all'idoneità dell'atto a produrre effetti sul processo, o comunque alla sua rilevanza processuale – la sede in cui l'atto stesso è posto in essere: «una volta individuato l'atto iniziale e quello finale del processo, gli atti compiuti dai vari soggetti che nel processo operano, in quanto svolgano un ruolo nella sequenza del processo, sono atti del processo e di conseguenza assoggettati alla disciplina processuale» (così, ad es., tra altri, Oriani).

Sembra tuttavia che in tale diversità di vedute si annidi la confusione tra due piani di ragionamento che invece debbono essere tenuti distinti, come cercheremo subito di chiarire.

Anzitutto, si deve tener presente che Carnelutti, nel *Sistema*, si proponeva di «conoscere le regole concernenti l'operare delle parti e dell'ufficio sulle prove e sui beni per la giusta composizione della lite»; ovvero di conoscere «*come devono essere gli atti*, in cui l'operazione si risolve»; e precisava che una indagine intorno al regolamento degli atti processuali «non sarebbe proficua se prima nella enorme massa degli atti non si cercasse di mettere ordine mediante la *classificazione*; fino a che tale massa non venga ordinata il complesso delle norme, che ne costituiscono il regolamento, rimane inestricabile».

In questa direzione, Carnelutti, sempre nel *Sistema*, aveva distinto giuridicamente gli atti processuali, come noto, secondo l'effetto, lo scopo e la struttura – e tutto ciò, prima di esaminare il *regolamento* degli atti stessi –, avendo cura di sottolineare che «le due categorie degli atti processuali *secondo l'effetto* e *secondo lo scopo* possono non coincidere nel senso che vi sono *atti processuali per l'effetto e non per lo scopo*».

Pertanto, quando egli dice che un fatto giuridico è processuale non già in quanto sia compiuto nel processo, ma in quanto sia rilevante per una situazione giuridica processuale, ciò avviene esclusivamente per identificare – quasi tautologicamente – quali sono i fatti giuridici che producono un effetto sul processo, *senza alcuna implicazione, almeno immediata, in tema di disciplina applicabile a quei medesimi fatti*.

Così chiariti i termini del discorso, la classificazione di Carnelutti, da un lato, non sembra meritare la critica che gli è stata rivolta; dall'altro, non può essere avvicinata – per essere poi respinta – ad un ragionamento finalizzato ad individuare la disciplina applicabile agli atti processuali.

Ciò premesso, il punto che qui preme sottolineare è un altro: se **il fine è quello di stabilire l'ambito di applicabilità di determinate disposizioni** (ad es., artt. 121 e 310 c.p.c.) – e qui il riferimento è alla seconda delle due impostazioni che abbiamo sopra richiamate –, non sembra utile, né metodologicamente adeguato, il ragionamento che: (i) una volta definito in premessa l'atto come "processuale" secondo un determinato concetto – senza, peraltro, che questo venga enucleato con rigore dal diritto positivo – successivamente, sulla base del medesimo concetto, (ii) proceda alla identificazione degli "atti processuali", intendendo con tale espressione gli *atti regolati dalla legge processuale*.

Le perplessità nei confronti di siffatto modo di ragionare si spiegano non tanto con la constatazione che l'adozione (anche) del medesimo concetto non può dirimere esaustivamente i contrasti interpretativi – poiché ciò probabilmente accade con qualunque istituto del processo –, quanto per il fatto che esso finisce per forzare il sistema della disciplina degli atti processuali (ma anche, di necessità, degli atti non processuali) in rigidi schematismi che non sembrano riflettere la struttura dei singoli atti e la conseguente realtà normativa (si pensi, ad es., alla convenzione d'arbitrato o alla procura *ad litem*, agli atti di rinuncia alla pretesa, ecc.).

Infatti, l'atto giuridico in generale, e l'atto processuale in particolare, non si presentano necessariamente come fattispecie "semplici", produttive di un unico effetto giuridico, unitariamente assoggettabili ad una singola, precisa fonte normativa (ad es., il codice di procedura civile). La tipologia degli atti giuridici segnala anzi una realtà di segno diametralmente opposto: fattispecie estremamente complesse, produttive di una pluralità di effetti diversificati, e nemmeno sempre della stessa natura, che attingono la loro disciplina da fonti molteplici, anch'esse sovente eterogenee (ciò che lo stesso diritto positivo puntualmente registra: sulla possibile pluralità di effetti del singolo atto cfr., ad es., gli artt. 1419-1420 c.c.; 159 c.p.c.).

In questa situazione – **ed al fine di determinare la disciplina degli atti** – sembra che si debba invertire il punto di partenza del ragionamento e prendere le mosse non già da una definizione astratta di atto processuale, bensì dalla considerazione del singolo atto di cui s'indaga il regime. Tenuto conto della stretta correlazione sussistente nel processo tra scopo della norma che contempla l'atto, requisito di forma, effetto giuridico e regime complessivo dell'atto stesso, sarà anzitutto necessario individuare analiticamente la funzione (della norma che si occupa) dell'atto in esame e dei suoi singoli requisiti: una volta completata questa operazione, e quindi identificati la rilevanza e gli effetti giuridici di ciascun requisito dell'atto – sia sul piano sostanziale sia sul piano processuale – sarà possibile ricostruire la complessa disciplina giuridica dell'intera "fattispecie" dell'atto che si esamina (ovviamente per tutti quei profili non espressamente – o comunque non chiaramente – regolati dalla legge), e stabilire se ed in che misura essa sia assoggettata alla legge processuale (ed a quale disposizione particolare della legge processuale).

Questo ragionamento può essere esemplificato dallo **schema *norma-potere-atto-(scopo)-effetto***. In tale schema, da un lato, è possibile scindere le norme di produzione che conferiscono il potere da quelle che ne regolano l'esercizio, considerato che – come vedremo – sono diverse le conseguenze della loro violazione. Dall'altro lato, in tale schema il raggiungimento dello scopo, pur non rappresentando un requisito di forma dell'atto – e per tale ragione è posto tra parentesi nello schema riportato – costituisce l'unico elemento di valutazione al fine di affermare la validità e l'efficacia dell'atto processuale considerato.

Questo discorso non implica la inutilità delle definizioni (ed in genere delle classificazioni) in tema di atti processuali, ma avverte che quanto più è generale ed astratto il concetto che s'intende utilizzare, tanto meno risulta chiarita la disciplina dell'atto considerato. Se ciò è vero, si deve convenire sul rilievo che le definizioni dell'atto processuale risentono del punto di vista prescelto e comunque non possono avere che una portata meramente descrittiva.

Poste queste premesse – e volendo comunque non prescindere del tutto dal diritto positivo (artt. 24 e 111 Cost.; art. 2907 c.c.; art. 99 c.p.c.) –, non sembra si possa andare oltre l'(ovvia) osservazione che **l'atto processuale è l'atto attraverso il quale si realizza la tutela giurisdizionale dei diritti**; in particolare, *per la parte, l'atto attraverso il quale si esercita, si realizza il potere di azione; per il giudice, l'atto attraverso il quale si esercita, si realizza la funzione giurisdizionale*. Con maggior dettaglio, per la parte il potere di azione si concretizza nel potere di proporre la domanda giudiziale (o l'eccezione, se trattasi del convenuto) e di compiere tutti gli atti ad essa strumentalmente correlati, necessari o solo funzionali al raggiungimento dell'effetto tipico del potere esercitato. Per il giudice la funzione giurisdizionale si concretizza nel potere-dovere di pronunciare i provvedimenti previsti dalla legge ed in particolare la sentenza definitiva di merito e tutti gli atti ad essi strumentalmente correlati. Ciò chiarito, possono poi elaborarsi le più svariate classificazioni.

E finché si resta su questo piano generale ed astratto, nulla si può dire anche dal punto di vista della disciplina, se si eccettua il rilievo, ancora più ovvio, che l'atto processuale – o, più correttamente, la serie di atti processuali – produce il suo effetto tipico, ossia la tutela giurisdizionale dei diritti, quando è posto in essere secondo il modello previsto dalla legge, che ne fissa presupposti e requisiti. Viceversa, ed evidentemente, all'inesistenza delle condizioni del potere di azione o di giurisdizione, ed altrettanto all'esercizio di quei poteri in difformità dalle norme che li regolano, non consegue l'effetto tipico – ad es., la pronuncia sul merito del diritto controverso – ma un effetto minore, quale, nell'esempio, la pronuncia sul processo (pronuncia c.d. di rito).

Per completezza vanno poi considerati i casi in cui: *a)* il giudice pronuncia la sentenza definitiva di merito, o comunque il provvedimento giurisdizionale in mancanza dei relativi presupposti di rito; *b)* il giudice non pronuncia la sentenza definitiva di merito pur sussistendone i presupposti di rito; *c)* il giudice pronuncia la sentenza di merito, correttamente sussistendone i relativi presupposti di rito, ma non rispettando i criteri che presiedono alla formazione del suo contenuto. In questi tre ultimi casi è la sentenza ad essere viziata in quanto non conforme al modello legale che stabilisce quando sussistono i presupposti per la pronuncia definitiva di merito e i criteri cui deve attenersi il giudice nella determinazione del suo contenuto.

In aggiunta a queste considerazioni ellittiche e semplificate si può solo specificare – in virtù di quel che si è detto sinora – che l'atto processuale sembra venire in evidenza, da un lato, quale mezzo di uno o più scopi (e, di conseguenza, di effetti giuridici) tipici propri, immediati e diretti; dall'altro, quale elemento o frazione dello scopo del processo unitariamente considerato, ovvero – ragionando con riferimento al processo ordinario di cognizione – della pronuncia sul merito del diritto controverso.

Questa specificazione consente di proseguire la chiarificazione dei **rapporti tra atto e procedimento unitariamente considerato**: *ex ante* ed in astratto, il primo è sempre in funzione del secondo e del suo risultato finale; *ex post* ed in concreto, il secondo tenderà ad assumere – fin quando possibile, in una prospettiva di parità delle armi tra le parti coinvolte nel processo stesso –, la modalità più idonea a salvare gli effetti dell'atto eventualmente posto in essere in difformità dal modello legale; e ciò affinché – grazie a questo **sistema di autorettificazione** – il processo possa perseguire i suoi fini razionalizzando i relativi mezzi, in ossequio al principio di economia processuale. Pertanto, l'eventuale piena idoneità del procedimento a raggiungere il suo scopo – misurata con riguardo alle inviolabili garanzie richieste dalla legge, anche e prima di tutto di carattere costituzionale – renderà del tutto irrilevante il mancato od imperfetto compimento di uno dei suoi atti, anche se i rimedi endoprocedimentali non sono stati in grado di recuperare tutti gli effetti (anche di natura sostanziale) che l'atto avrebbe prodotto se compiuto, sin dall'origine, in conformità al modello legale.

Altro non sembra si possa dire, per cui, al fine di **individuare la disciplina di un atto processuale** – ovvero le modalità di formazione attraverso cui tale atto può produrre, in tutto o in parte, i suoi effetti tipici – sarà necessario considerare almeno: (*i*) le norme generali in tema di forma dell'atto processuale; (*ii*) le norme che prendono direttamente in esame le modalità di formazione dello specifico atto di cui si tratta; (*iii*) le norme che regolano la fase processuale in cui la produzione degli effetti di quello specifico atto viene in rilievo.

2.2. Il concetto di forma dell'atto processuale

Le considerazioni che precedono impongono però – prima di addentrarci nel profilo della disciplina ed affinché quest'ultimo sia compreso appieno –, che sia esattamente definito **il concetto di forma dell'atto processuale**.

Le disposizioni che si occupano delle modalità di compimento degli atti processuali – ovvero dei requisiti che gli atti devono possedere per la produzione dei loro effetti giuridici tipici –, e delle correlate ipotesi di nullità conseguenti al mancato rispetto delle medesime disposizioni, sembrano interessarsi esclusivamente all'aspetto "formale" dell'atto. Il punto, evidentemente, è quello di individuare con esattezza cosa intenda il legislatore, in quelle disposizioni, quando nomina la "forma" ed i "requisiti formali" degli atti; ovvero, di individuare l'ampiezza con cui il concetto in esame è stato impiegato.

Si tratta, come noto, di un punto il cui rilievo non è solo teorico, giacché se con il richiamo alla "forma" il legislatore avesse inteso riferirsi solo ad uno dei possibili requisiti dell'atto, come avviene per gli atti di diritto sostanziale, dovremmo ritenere sia la inapplicabilità, almeno diretta, degli artt. 121 ss. c.p.c. agli altri requisiti dell'atto sia, soprattutto, che il complesso delle norme sulle nullità (artt. 156-162 c.p.c.) non esaurisce le specie e la disciplina – generale – delle invalidità degli atti processuali.

Orbene, da un esame delle disposizioni del codice di rito sembra che il legislatore abbia adottato un concetto estremamente ampio di *forma* dell'atto processuale, in grado di ricomprendere *tutti* i requisiti previsti dal modello legale.

Depongono in questo senso una serie di considerazioni: *a*) come appena rimarcato, le disposizioni – sia generali, sia particolari – espressamente deputate a regolare i modelli degli atti, contemplano esclusivamente requisiti estrinseci, formali degli atti stessi; *b*) la disposizione fondamentale in tema di nullità (art. 156 c.p.c.) – tale perché chiarisce quando ha *rilevanza* la nullità – àncora con la massima chiarezza la nullità stessa alla *inosservanza di forme*, affermando in tal modo una stretta correlazione tra requisiti di forma, fattispecie ed effetti dell'atto processuale (cfr. l'art. 159, c. 3, c.p.c.); *c*) le minuziose disposizioni sul c.d. contenuto-forma dell'atto sembrano potersi giustificare solo assegnando loro lo scopo di assorbire la normale rilevanza dei requisiti (essenziali) che nascono come extraformali, ovvero privi di una veste accertabile nella realtà esterna.

A quest'ultimo riguardo, va rilevato che l'eventuale presenza di (eccezionali) ipotesi in cui il requisito c.d. extraformale sembra conservare autonoma rilevanza – come, ad es., la volontà nella confessione – non muta le premesse e le conclusioni di fondo del presente ragionamento. Infatti, nulla impedisce, salvo petizioni di principio, di affermare che, anche in questi casi, la presenza o la mancanza di quel requisito afferiscono al procedimento di *formazione* dell'atto, e dunque al suo *modo di essere*, pur in mancanza di evidenze percettibili nella realtà esterna.

Il nostro legislatore, pertanto, laddove ha fissato le condizioni di validità ed efficacia degli atti processuali, sembra aver contemplato unitariamente *tutti* gli elementi essenziali della fattispecie, ovvero tutti gli elementi che partecipano alla formazione dell'atto, ed averli sussunti nella categoria dei requisiti *formali* dell'atto stesso; salvo poi dettare alcuni principi di carattere generale, ad esempio in tema di strumentalità delle forme dell'atto (artt. 121 e 131 c.p.c.) o di rilevanza, rilevabilità ed estensione della inosservanza di quelle forme (artt. 156, 157 e 159 c.p.c.), ed una serie dettagliata di disposizioni particolari, sia in tema di modello legale dell'atto (ad esempio, artt. 132, 134, 135, 136 ss., 152 ss., 163, 167, 366, 414, 416 c.p.c. e molti altri), sia in tema di conseguenze della violazione di quel modello (ad esempio, artt. 161, primo e secondo comma, 160, 164, 167, 366 c.p.c. e molti altri).

In questa prospettiva, pertanto, la "forma" non rileva come *uno* dei requisiti della fattispecie dell'atto, ma viene intesa come l'insieme dei requisiti che concorrono alla formazione dell'atto stesso, alla sua realizzazione materiale; aventi o meno, tali requisiti, una connotazione estrinseca, che si manifesta nella realtà concreta dell'atto: il concetto di forma connota quindi le condizioni – percettibili o meno nella realtà esterna – che hanno strutturato il procedimento di formazione dell'atto processuale. Nella medesima prospettiva, allora, rientrano tra i requisiti di forma dell'atto processuale anche quelli che tradizionalmente sono considerati extraformali, quali la capacità, la volontarietà e la legittimazione della parte che compie l'atto.

Per altro verso, se, come abbiamo detto poc'anzi, l'atto processuale è l'atto attraverso il quale si realizza la tutela giurisdizionale dei diritti – in particolare, per le parti, l'atto attraverso il quale si esercita il potere di azione; per il giudice, l'atto attraverso il quale si esercita la funzione giurisdizionale –, e se questa tutela ha per oggetto un provvedimento di merito idoneo al giudicato sostanziale e non già un provvedimento favorevole, appare coerente che il legislatore, nel momento in cui fissa le condizioni per la validità e l'efficacia degli atti processuali, si disinteressi dei requisiti *intrinseci*, *sostanziali*, di *contenuto* degli atti stessi – che, afferendo al *merito*, possono rilevare per l'accoglimento della domanda –, e nomini esclusivamente, in esplicita contrapposizione ai primi, i requisiti *estrinseci* dei medesimi, quelli, appunto, *formali*: ovvero, quelli che afferiscono alle modalità di formazione dell'atto, gli unici rilevanti per la produzione dell'effetto tipico del potere di azione.

In conclusione su questo punto, sembra potersi affermare che, nel nostro codice di rito, **per *forma* debba intendersi "il modo di esercizio del potere giuridico"** (Montesano) o, ancor più precisamente, **"il modo di essere dell'atto"** (Carnelutti), e che le norme sulla forma degli atti processuali sono le norme sulle condizioni che devono essere rispettate affinché l'atto processuale concretamente posto in essere sia valido e, di conseguenza, produca i suoi effetti tipici; tenuto conto che, unitariamente considerato, l'effetto tipico del potere di azione, con riguardo al giudizio ordinario di cognizione, è la pronuncia di merito sul diritto controverso.

3. LA DISCIPLINA DELL'ATTO PROCESSUALE

La disciplina dell'atto processuale è dunque dettata dalle norme sulla *forma* degli atti processuali. Occorre a questo riguardo fare riferimento a tre principi fondamentali che si ricavano dagli articoli 121 e ss. del codice di rito.

3.1. Il principio di legalità delle forme

Se prendiamo in considerazione l'art. 121 c.p.c., che è la disposizione fondamentale in tema di forme degli atti processuali, osserviamo che la sua rubrica parla di «libertà di forme», sicché sembrerebbe questo il principio accolto dal nostro ordinamento. Ed in effetti la disposizione così recita: «Gli atti del processo, per i quali la legge non richiede forme determinate, possono essere compiuti nella forma più idonea al raggiungimento del loro scopo», fissando una regola ed un eccezione. In realtà, quando andiamo ad esaminare partitamente le disposizioni del codice che si occupano dei modelli dei singoli atti, noi ci accorgiamo che per tutti gli atti principali del processo è la stessa legge a prescriverne il modello legale: ad es., citazione, ricorso, comparsa di risposta, sentenza, ordinanza, decreto. Quindi, in concreto, prevale **il principio di legalità delle forme** – ecco la regola –, nel senso che è la legge a definire il modello legale degli atti processuali principali. Solo fuori dei casi previsti dalla legge, e dunque in via residuale – ecco l'eccezione –, l'atto può essere posto in essere con la forma più idonea al suo scopo.

3.2. Il principio di equipollenza in senso stretto

Si tratta del principio di cui l'art. 121 c.p.c. prevede l'applicazione in via di eccezione, subordinata e residuale, con riguardo ai casi per i quali la legge non prescrive il modello. In tali casi l'atto, come accennato, può essere compiuto nel modo, con la forma più idonea ad assicurare il raggiungimento del suo scopo. Ed è per questo che si può parlare di **equipollenza tra più possibili forme idonee allo scopo**: la legge non predetermina il modello ma, ai fini dell'efficacia dell'atto, sono equipollenti tutte le forme che si dimostrino idonee allo scopo dell'atto stesso (v., ad es., l'art. 151 c.p.c.).

3.3. Il principio di strumentalità delle forme

Il terzo, fondamentale principio lo ricaviamo dallo stesso art. 121 c.p.c., dall'art. 131 c.p.c. sulla forma dei provvedimenti del giudice, e dal c. 3 dell'art. 156 c.p.c. che disciplina la rilevanza della nullità degli atti processuali: è il **principio di strumentalità delle forme**, che deve sempre orientare l'interprete delle norme sulla invalidità, e secondo il quale le forme degli atti del processo sono congegnate e prescritte non come fine a se stesse, bensì come lo strumento più idoneo per il raggiungimento di un certo risultato, che rappresenta l'unico vero obbiettivo del legislatore.

Da questo principio derivano tre corollari di primaria importanza: *a)* le norme aventi ad oggetto le prescrizioni formali devono essere interpretate privilegiando l'aspetto funzionale delle stesse, rispetto a quello meramente o prevalentemente sanzionatorio; *b)* il rispetto delle prescrizioni formali è necessario solo nella misura in cui ciò sia indispensabile per il raggiungimento dello scopo dell'atto *c)* **l'eventuale inosservanza della prescrizione formale diventa irrilevante se l'atto viziato ha ugualmente raggiunto lo scopo cui è destinato.** L'esistenza di numerose cause di sanatoria dei vizi degli atti processuali, che consentono al processo di avanzare verso il suo fine tipico (v., ad es., gli artt. 50, 102, 162, 164, 182, 291, 367, 426, 427 c.p.c.) chiarisce che la disciplina della forma (degli atti) del procedimento è strumentale non solo allo scopo primo, peculiare e diretto dell'atto processuale, ma anche – come è ovvio che sia – allo scopo ultimo, generale ed indiretto dell'atto medesimo, ovvero lo scopo costituzionale del processo unitariamente considerato: la pronuncia nel merito del diritto controverso. Di qui la derivazione dal principio di strumentalità di tre ulteriori corollari, altrettanto importanti: *d)* **il processo deve dare, per quanto è possibile, a chi ha un diritto tutto quello e proprio quello che egli ha diritto di conseguire**; *e)* i vizi degli atti perdono rilevanza se il procedimento, pur prescindendo dal pieno raggiungimento dello scopo del corrispondente atto perfetto, conserva l'idoneità a raggiungere il suo scopo (cfr. artt. 157, c. 2, 159, c. 3 e 161, c. 1, c.p.c.); *f)* **eccezionali sono le ipotesi in cui la violazione di norme disciplinatrici del processo impone che questo si concluda con sentenze assolutrici dall'osservanza dal giudizio.**

4. L'INVALIDITÀ DEGLI ATTI PROCESSUALI

L'invalidità dell'atto processuale è la conseguenza della inosservanza delle norme che disciplinano il modello, la forma degli atti processuali; vale a dire la conseguenza del mancato o difettoso compimento delle condotte che la legge processuale pone come condizioni di efficacia dell'atto processuale strumentale e dell'atto finale del processo, il provvedimento del giudice.

Nel codice di procedura civile l'invalidità è trattata, anzitutto, come microsistema ed al fine di definirne i principi fondamentali, tra le disposizioni generali e specificamente negli artt. 156 e ss. Qui il legislatore nomina solo la nullità, quale forma di invalidità degli atti. Altre disposizioni del codice si occupano, poi, di singole figure di nullità (ad es., artt. 158, 160, 164, 291 c.p.c.) e di altre specifiche cause di invalidità, come l'inammissibilità (ad es., artt. 342, 366, 398 c. 2, c.p.c.) e l'improcedibilità (ad es., art. 369 c.p.c.).

L'indagine deve quindi procedere con la definizione delle **caratteristiche della nullità degli atti processuali**, anche al fine di verificare se effettivamente sussistono altre specie di invalidità e, in caso affermativo, come queste si differenzino dalle nullità. Il tutto, tenuto conto del fatto che l'autonomia concettuale di una figura di invalidità è giustificata se essa presenta caratteristiche distintive sul piano della disciplina positiva (Conso).

4.1. La nullità

Per definire la nullità processuale, quale specie di invalidità, occorre identificare: *a*) il **profilo strutturale:** le fonti delle nullità, le possibili cause o vizi di nullità e le ragioni giustificative delle nullità; *b*) il **profilo funzionale:** le conseguenze della verificazione del vizio di nullità, sia sull'atto sia sul procedimento, ossia il regime della nullità in senso ampio.

4.1.1. Il profilo strutturale

Per quanto riguarda **le fonti delle nullità processuali**, l'art. 156 c.p.c. chiarisce in primo luogo che esse sono predeterminate dalla legge (primo comma), ma questo principio di tassatività è solo apparente, giacché è sempre fatto salvo il potere del giudice di pronunciare la nullità quando, pur in mancanza di previsione di legge, l'atto manca dei requisiti formali indispensabili per il raggiungimento dello scopo (secondo comma). In quest'ultima ipotesi al giudice spetta evidentemente anche il compito di individuare per intero lo specifico regime della nullità.

Causa di nullità, dal punto di vista della fisionomia del vizio, è anzitutto **la mancanza o l'assoluta incertezza di uno o più requisiti formali** che assumono rilevanza esteriore per la tipicità dell'atto, giusta previsione espressa di legge (ad es., artt. 164, 480, c. 2, c.p.c.), o in applicazione dell'art. 156, c. 2, c.p.c. Costituisce causa di nullità anche la mancanza dei requisiti che, pur non appartenendo alla veste esteriore dell'atto, rappresentano elementi della sua fattispecie (ad es., volontarietà dell'atto, capacità e legittimazione processuale). Anche **lo spazio e il tempo** devono essere considerati requisiti formali dell'atto processuale, cosicché la loro violazione comporta la nullità dell'atto. Causa di nullità è pure **la violazione di una norma di procedura**, mirante a scandire i modi e l'ordine delle singole fasi processuali (ad es., artt. 112, 158 e 160, c.p.c.), anche se la nullità non è comminata espressamente dalla legge.

Problematico è stabilire se il complesso di norme riguardanti la nullità (artt. 156-162 c.p.c.) contempli e, dunque, in qualche modo regoli anche **il difetto di tutti i requisiti formali dell'atto**, ovvero l'ipotesi di **omissione totale**, di **inesistenza storica dell'atto**. Nella logica delle nullità processuali, tuttavia, la distinzione tra condotta difettosa ed omessa condotta non sembra rilevante. In ogni caso, certo è che, pure in ipotesi di omissione di un atto essenziale della serie procedimentale, possono operare quei meccanismi previsti dalle stesse disposizioni sulle nullità (artt. 156, c. 3, 157, c. 2 e 162 c.p.c.) che rendono rimediabile la verificazione del vizio e, per l'effetto, sanano il procedimento nel senso che consentono a questo di proseguire verso la sentenza di merito, anziché concludersi con una sentenza di rito.

Dal punto di vista della **ragione giustificativa della nullità**, appare fondamentale la distinzione – rilevante, come vedremo, anche per ciascun profilo del regime delle nullità – tra **nullità per mancanza dei requisiti di esistenza e di certezza del potere esercitato** (ad es., citazione o ricorso nulli per indeterminatezza della domanda; impugnazione priva di motivi specifici), e **nullità per illegittimo esercizio del potere esistente ed individuabile** (ad es., citazione o ricorso, anche in sede d'impugnazione, nulli per mancata osservanza del termine minimo per comparire).

4.1.2. Il profilo funzionale

Per quanto riguarda l'individuazione delle **conseguenze sull'atto della verificazione del vizio di nullità**, in base ai principi della nullità parziale (art. 159, c. 2, c.p.c.) e della conservazione degli effetti dell'atto (art. 159, c. 3, c.p.c.), l'atto nullo può produrre gli effetti tipici correlati ai requisiti formali in concreto esistenti, mentre non produce quelli correlati ai requisiti in concreto mancanti, punteggiando la sequenza procedimentale in ragione delle singole, specifiche fattispecie di nullità, tutte accomunate dalla tensione a garantire, fin quando è possibile, la pronuncia di merito (ad es., artt. 50, 102, 164, 182, 291, 427 c.p.c., ecc.). Anche a questo riguardo deve essere tenuta presente la fondamentale distinzione – poc'anzi tracciata – tra **nullità per mancanza dei requisiti di esistenza e di certezza del potere esercitato**, da un lato; e **nullità per illegittimo esercizio del potere esercitato**, dall'altro: mentre nel primo caso l'atto non produce, nemmeno interinalmente, gli effetti dell'esercizio del potere collegati ai requisiti mancanti (sicché la relativa pronuncia di nullità opera con carattere dichiarativo), nelle seconde di regola l'atto produce provvisoriamente gli effetti collegati all'esercizio del potere, fino alla pronuncia di nullità (qui con carattere costitutivo) o alla sanatoria del vizio, momento in cui tali effetti si consolidano.

Per quanto riguarda, invece, le **conseguenze sul procedimento della verificazione del vizio di nullità**, il nostro sistema non adotta lo schema secondo cui, una volta riscontrato un vizio di nullità degli atti del procedimento, il giudice deve limitarsi a rilevarlo, chiudendo il processo in rito (con possibilità di riproposizione della domanda in un successivo processo, salve decadenze). Al contrario, per il principio di conservazione degli effetti degli atti giuridici – ed anche per immanenti esigenze di economia processuale –, il processo è disseminato di c.d. cause di sanatoria, ovvero di meccanismi finalizzati, con modalità ed effetti diversi, ad eliminare per quanto possibile la rilevanza degli inadempimenti formali, a rimediare agli errori commessi dalle parti nel compimento degli atti processuali, affinché lo stesso processo originariamente avviato possa raggiungere il suo scopo. Solo nel caso in cui non operi uno di questi rimedi (per mancanza dei presupposti oggettivi o per inattività della parte onerata), e pertanto il procedimento rimanga viziato (eventualmente anche per estensione della nullità agli atti dipendenti da quello viziato: art. 159, c. 1, c.p.c.), la nullità si presenta al giudice come una questione pregiudiziale di rito, idonea a definire il giudizio per *absolutio ab instantia*. Dall'insieme delle numerose disposizioni che prevedono le cause di sanatoria dei vizi degli atti processuali – si vedano, ad es., gli artt. 50, 102, 162, 164, 167, 182, 291, 367, 426, 427 c.p.c., nonché le disposizioni sulla *translatio iudicii* in caso di difetto di giurisdizione – sembra potersi ritrarre il principio generale secondo cui, quando il vizio riguardi solo il modo di esercizio di un potere processuale esistente ed individuabile, il procedimento conosce sempre delle cause di sanatoria che consentono alla parte di rimediare al suo errore e di conservare gli effetti derivanti dall'esercizio del potere esistente ed individuabile, anche se difettosamente esercitato.

Il terzo aspetto che occorre considerare per definire la nullità processuale, sotto il profilo strutturale, è quello del suo **regime** in senso stretto, il quale è costituito principalmente dalle modalità di: *a)* **rilevabilità** del vizio; *b)* **sanabilità** del vizio stesso, ove esistenti; *c)* **rinnovabilità** dell'atto viziato.

In merito alla **rilevabilità** del vizio l'art. 157, c. 1, c.p.c., stabilisce che «Non può pronunciarsi la nullità senza istanza di parte, se la legge non dispone che sia pronunciata d'ufficio». Tale disposizione, che pure fissa una regola ed un'eccezione, non è però esaustiva, perché non tiene conto delle nullità non testuali (art. 157, c. 2, c.p.c.), per le quali l'intero regime, incluso l'aspetto della rilevabilità, deve essere ricostruito in via interpretativa. Da un esame delle disposizioni che prevedono nullità rilevabili d'ufficio, e da considerazioni di carattere sistematico si individua il principio secondo cui, di regola, sono rilevabili d'ufficio le

nullità per mancanza dei requisiti di esistenza e di certezza del potere esercitato, perché in questi casi il giudice comunque non può pronunciare la risposta ad una domanda che non c'è (o perché difetta il potere di proporla, o perché la domanda non è individuabile); mentre sono rilevabili solo su eccezione di parte le **nullità per illegittimo esercizio del potere esistente ed individuabile**, in quanto di regola impediscono o limitano un potere processuale di altri soggetti del processo che rientra nello loro esclusiva disponibilità. Derogano a questa regola i casi in cui, proprio a causa del vizio, la parte interessata non è in grado di far valere il vizio stesso (ad es., nullità della notificazione della citazione, o della citazione stessa, difetto di integrità del contraddittorio).

Deve essere poi ricordato che esistono delle nullità rilevabili d'ufficio solo entro determinate fasi del processo (ad es., le nullità ex art. 158 c.p.c.), e per tale ragione dette trasformabili (in rilevabili solo ad istanza di parte). Ne segue che, la sola indicazione di «nullità rilevabile d'ufficio» (o «assoluta», in contrapposizione a «relativa») non è idonea ad indicare compiutamente la rilevabilità di un determinato vizio.

Per quel riguarda la **sanabilità** dei vizi di nullità, si tratta di un tema fra quelli di maggiore momento nello studio sistematico delle nullità processuali, per molteplici ragioni di diversa natura. Anzitutto, proprio la considerazione delle forme di sanabilità dei vizi – più tecnicamente, la considerazione del modo di profilarsi dei rapporti tra l'atto imperfetto e gli effetti del corrispondente atto perfetto – consente, più marcatamente di altri criteri, di differenziare tra loro le varie specie di invalidità e, per quanto riguarda il codice di rito civile, anche le varie specie di nullità. Sotto diverso profilo, lo studio del tema della sanabilità dei vizi degli atti processuali getta luce sul fenomeno del procedimento in quanto tale, poiché la constatazione dell'esistenza di meccanismi interni al processo volti alla eliminazione della rilevanza dei singoli vizi, rafforza e rischiara il concetto di serie di atti cronologicamente e funzionalmente collegati tra loro verso un medesimo fine.

Ciò premesso osservo che, per sanabilità di un vizio si intende, genericamente, la sussistenza di un meccanismo processuale in forza del quale un atto del processo compiuto in violazione delle norme che ne prescrivono il modello legale – e perciò viziato, invalido e, di conseguenza, inefficace – può produrre, in tutto o in parte, gli stessi effetti che la legge associa al corrispondente atto perfetto, vale a dire compiuto secondo il modello legale.

Deve essere anche a questo riguardo rimarcato che, in presenza di una differenziata pluralità di cause di sanatoria dei vizi degli atti processuali, la mera qualificazione di una nullità in termini di «nullità sanabile», o «insanabile», non è affatto idonea ad indicare lo specifico regime del vizio corrispondente. Nella maggior parte dei casi, infatti, le forme e il grado di sanabilità dei singoli vizi possono essere accertati solo in concreto, distinguendo da caso a caso a seconda dello specifico *iter* del procedimento di cui si tratta: basti pensare al complesso ed articolato regime di sanabilità dei vizi dell'atto di citazione, che varia, tra l'altro, a seconda della condotta del convenuto (artt. 164 e 294 c.p.c.); o dei vizi di costituzione del giudice e di intervento del p.m. ex art. 158 c.p.c., sanabili se non dedotti dalla parte interessata come motivi d'impugnazione. In questa sede interessa piuttosto verificare qual è lo spettro delle modalità attraverso cui opera la sanabilità dei vizi di nullità degli atti processuali – in una prospettiva di individuazione dei caratteri che conferiscono identità ed autonomia alla categoria di invalidità ora in discorso – ed a tal fine l'esame deve essere diretto nei confronti delle cause di sanatoria "generali", regolate nell'ambito delle disposizioni sulle nullità in generale, con particolare attenzione all'incidenza della sanatoria sugli effetti dell'atto viziato. E vedremo che anche in questa prospettiva assume sicuro rilievo la distinzione tra **nullità per mancanza dei requisiti di esistenza e di certezza del potere esercitato**, da un lato; e **nullità per illegittimo esercizio del potere esercitato**, dall'altro.

La più importante causa di sanatoria delle nullità, **dei vizi della sentenza** in particolare, è il passaggio in giudicato della sentenza stessa. Ai sensi dell'art. 161 c.p.c. se la parte interessata non propone impugnazione avverso la sentenza, questa passa in giudicato e resta precluso il rilievo degli eventuali motivi di nullità, che in questo senso possono considerarsi sanati. Fanno eccezione a questa regola, e sopravvivono quindi al passaggio in giudicato, solo le nullità per mancanza del potere giurisdizionale (art. 161, co. 2, c.p.c.) e, come si ricava dal sistema, per indeterminatezza del potere stesso (ad es., nel caso di sentenza dal contenuto non determinabile).

Della stessa natura è la causa di **sanatoria per acquiescenza parziale ex art. 329, c. 2 e 161 c. 1, c.p.c.** Ai sensi di quest'ultima disposizione, se l'impugnazione è proposta, **i vizi di nullità della sentenza** devono essere fatti valere con l'impugnazione, altrimenti è precluso il loro rilievo nella successiva fase del processo. Questa regola non si applica – non solo, ovviamente, alle nullità che sopravvivono al passaggio in giudicato della sentenza, ma altresì – alle nullità rilevabili d'ufficio in ogni stato e grado del processo (ad es., difetto di giurisdizione, difetto delle condizioni dell'azione, difetto d'integrità del contraddittorio), sempre che sul punto non si sia formato il giudicato interno.

Altra forma di acquiescenza – del pari con effetto sanante di carattere preclusivo – rispetto alla situazione processuale venutasi a creare a seguito della verificazione di un vizio di nullità è la **mancata opposizione del vizio** disciplinata dall'art. 157, c. 2, c.p.c. con riferimento agli atti del processo e non della sentenza, secondo il quale la parte che ha interesse a far valere un vizio del processo «deve farlo nella prima istanza o difesa successiva all'atto o alla notizia di esso». Qui, evidentemente, vengono in rilievo solo le nullità rimesse alla esclusiva disponibilità delle parti e si tratta, in particolare, dei casi in cui l'illegittimo esercizio di un potere esistente ed individuabile – e quindi il vizio – ha impedito o limitato un potere processuale della parte.

In questi casi, il mancato rilievo della nullità opera alla stregua di una rinuncia tacita agli effetti che la verificazione ed il rilievo del vizio di nullità comporta sull'atto e sul procedimento, tra cui il potere di far pronunciare la nullità dell'atto e l'estensione della nullità agli atti dipendenti da quello nullo (art. 159, c. 1, c.p.c.). Rinuncia tacita, pertanto, della parte ad avvalersi delle garanzie procedimentali che la norma violata assicura, ad essere reintegrata nei poteri processuali impediti o limitati a causa del vizio. Ne segue che, in questi casi, il vizio non impedisce la produzione degli effetti del potere mal esercitato e che la sanatoria opera, secondo la formula tradizionale, retroattivamente, vale a dire con effetto *ex tunc*.

Probabilmente la più importante causa di sanatoria dei singoli atti del processo è invece il **raggiungimento dello scopo dell'atto**, nonostante la verificazione di un vizio di nullità (*rectius*: **il raggiungimento dello scopo della norma che prescrive il modello dell'atto** di cui si tratta), contemplato nell'art. 156, c. 3, c.p.c. In sintesi, lo scopo della norma che prescrive la forma dell'atto consiste nel permettere agli altri soggetti del processo di esercitare quei poteri processuali che la norma processuale attribuisce loro nel segmento di procedimento che segue il compimento del singolo atto di cui si tratta, secondo i tempi ed i modi previsti dalla legge stessa.

Il principio della generale sanabilità delle nullità per il raggiungimento dello scopo ha una grande importanza sistematica – ai fini della comprensione del ruolo delle *forme* degli atti del processo – ed una **portata generale**, si applica cioè non solo a tutti gli atti processuali, com'è ovvio, ma anche a tutte le figure di difformità dal modello legale diverse dalle nullità in senso stretto, ed in particolare alla inammissibilità ed alla improcedibilità. Questa conclusione dovrebbe apparire necessitata qualora si prendesse atto che il principio in parola è già tutto contenuto, quale sua diretta ed ineludibile conseguenza logica, nel più generale principio di strumentalità delle forme, e non si può dubitare che quest'ultimo principio abbia una portata generale (artt. 121 e 131 c.p.c.). Tuttavia la giurisprudenza, sia pur con significative oscillazioni, generalmente non ritiene applicabile questo principio alle ipotesi di inammissibilità ed improcedibilità delle impugnazioni.

Questo principio opera attraverso due modalità: *a*) la **fattispecie (*ab origine*) conforme allo scopo**, che si determina quando, pur in presenza di un atto carente di taluni elementi che la legge *in astratto* ritiene essenziali ai fini della sua validità ed efficacia, lo scopo della norma è pienamente raggiunto, perché la mancanza di quegli elementi non ha *in concreto* per nulla impedito o limitato l'esercizio dei poteri degli altri soggetti del processo, secondo i tempi e i modi previsti dalla legge (ad es., nel giudizio di cassazione, l'omesso deposito dell'istanza di trasmissione del fascicolo d'ufficio comporta l'improcedibilità del ricorso solo se l'esame di detto fascicolo risulti indispensabile ai fini della decisione del giudice di legittimità); b) integrazione o realizzazione successiva della forma legale difettosa od omessa (**fattispecie a progressivo raggiungimento dello scopo**), determinata dal combinarsi dell'atto invalido con un atto ulteriore, destinato a comporre con il primo una diversa fattispecie prevista in rapporto di sussidiarietà rispetto alla fattispecie tipica e dotata della medesima efficacia (ad es., integrazione spontanea del contraddittorio da parte dell'attore, che rende superfluo l'ordine del giudice ai sensi dell'art. 102, c. 2, c.p.c.). Secondo questa prospettiva, il conseguimento dello scopo si colloca tra le cause di sanatoria in base alla nota concezione secondo cui per causa di sanatoria si intende il fatto che, unendosi al precedente fatto imperfetto, fa sì che questo acquisti la medesima rilevanza del corrispondente atto perfetto

Non facile è stabilire se **la sanatoria per raggiungimento dello scopo operi ex *tunc* o ex *nunc***: se si tiene conto del rilievo sistematico secondo cui l'utilizzazione dell'atto imperfetto agli stessi fini del corrispondente atto perfetto, attuandosi con la causa di sanatoria, dà vita ad una situazione effettuale che coincide con quella che si sarebbe determinata se l'atto fosse stato perfettamente compiuto, soltanto a partire dal momento in cui si verifica la sanatoria, sembra potersi affermare, almeno tendenzialmente che, nei casi di **fattispecie conforme agli scopi**, l'atto contiene tutti gli elementi necessari alla sua funzione tipica, nonostante la difformità dal modello legale, e pertanto esso produce tutti i suoi effetti tipici sin dalla sua formazione. **In tutti gli altri casi di integrazione o compimento successivo della fattispecie**, la sanatoria viceversa opera ex *nunc*, tenuto tuttavia conto che l'atto nullo, in base ai principi generali, produce sin dall'origine – eventualmente in forma precaria – gli effetti correlati ai requisiti in concreto presenti (art. 159, c. 3, c.p.c.). Nei casi di **raggiungimento del risultato pratico nel processo** – provato attraverso l'esercizio della facoltà cui l'atto nullo è preordinato o comunque attraverso il compimento di un atto del processo – la sanatoria opera dal momento in cui il raggiungimento del risultato pratico può dirsi provato, salvo che operi anche il meccanismo della mancata opposizione ex art. 157, c. 2, c.p.c. nel qual caso il vizio perde qualsiasi rilevanza ex *tunc*.

Anche a questo riguardo si deve tener presente la distinzione che abbiamo tracciato in punto di struttura e funzione della nullità, per cui, **se il vizio riguarda l'esistenza o la certezza del potere esercitato**, il raggiungimento dello scopo determina la produzione degli effetti dal momento in cui il potere è venuto ad esistenza ed è individuabile; diversamente, **se il vizio riguarda solo il modo di**

esercizio del potere esistente ed individuabile, il raggiungimento dello scopo consolida gli effetti dell'atto di esercizio del potere già prodottisi al momento del compimento dell'atto stesso.

La **rinnovabilità** dell'atto viziato, di cui l'art. 162 c.p.c. sancisce la portata generale – salvi i casi in cui essa non sia possibile, materialmente (ad es., sopravvenuto mutamento della situazione di fatto il cui accertamento costituisce presupposto necessario della consulenza tecnica da rinnovare) o giuridicamente (ad es., nullità derivante dal compimento dell'atto oltre il termine perentorio per esso previsto) – costituisce anch'essa una causa di sanatoria dei vizi di nullità, e tuttavia per la sua importanza sistematica merita una trattazione a parte. Essa infatti chiarisce che, in mancanza di altre disposizioni specifiche, la verificazione di un vizio di nullità non comporta mai la pronuncia di *absolutio ab instantia*, bensì impone l'emanazione di un provvedimento che elimini, ove possibile, il vizio stesso e consenta al processo di proseguire verso la sua naturale meta, la sentenza di merito.

Per quanto riguarda il modo di operare della rinnovazione, in base ai principi generali che ho sin qui ricordato, si può affermare che, quando si tratta di un vizio della domanda, per inesistenza o mancanza di certezza del potere esercitato, la rinnovazione opera sempre *ex nunc*, «rispetto agli effetti della domanda», in base ai principi generali (ex comb. disp. artt. 159 e 164 c.p.c.). Qui la rinnovazione opera «ferme le decadenze maturate e salvi i diritti quesiti anteriormente alla rinnovazione o alla integrazione» (art. 164, c. 5, c.p.c.), che pertanto può anche rivelarsi del tutto inutile o impedita dalle già verificatesi preclusioni e decadenze al momento in cui dovesse essere disposta. Quando si tratta di una nullità del procedimento, per esercizio illegittimo del potere esercitato, la rinnovazione invece opera *ex nunc*, «rispetto al vizio del procedimento», rimuovendo l'impedimento alla decidibilità della causa nel merito e, in tal modo, «recuperando» quegli effetti sul procedimento – vale a dire la sua idoneità a proseguire verso la decisione nel merito – che il vizio aveva impedito. In ogni caso, «rispetto agli effetti della domanda», che si erano prodotti, sia pur provvisoriamente, sin dal primo atto, la rinnovazione opera sottraendo loro il carattere di provvisorietà che derivava dalla presenza del vizio del procedimento, sanabile ma ancora non sanato. Qui la rinnovazione opera sanando i vizi del procedimento, anche se al momento della disposta rinnovazione è decorso il termine che la legge prevede per il compimento dell'atto viziato, «e gli effetti sostanziali e processuali della domanda si producono sin dal momento della prima notificazione» (art. 164, c. 2, c.p.c.).

Dalla considerazione complessiva della disciplina della nullità processuale può essere ritratto il seguente, fondamentale, principio generale, da applicarsi nei casi in cui la legge non regola espressamente il regime di un determinato vizio: in presenza di un errore della parte nel compimento dell'atto, di un vizio che riguarda il legittimo esercizio di un potere esistente ed individuabile, il procedimento adotta sempre uno schema di sanatoria del vizio stesso, che, se utilizzato dalla parte interessata, consente di sanare il procedimento e di conservare gli effetti del potere esercitato, sin dal primo compimento dell'atto viziato. Diversamente, laddove il vizio riguardi l'esistenza stessa o l'individuabilità del potere esercitato, lo schema di sanatoria, che comunque sussiste, opera del pari sanando il procedimento, ma gli effetti del potere si producono solo dal momento in cui questo viene ad esistenza e/o è esercitato in modo che sia individuabile nei suoi elementi soggettivi ed oggettivi. Di conseguenza, in queste ipotesi, se dal compimento dell'atto viziato al momento di perfezionamento dello schema di sanatoria si verifica una decadenza processuale dal potere di compiere l'atto, o altro tipo di impedimento al compimento del medesimo atto, non è possibile recuperare gli effetti che l'atto viziato non aveva potuto produrre, a causa del vizio stesso.

4.2. Le specie di invalidità diverse dalla nullità

Una volta definiti i caratteri della nullità processuale è possibile verificare se vi è spazio per altre specie di invalidità nell'ordinamento processuale civile.

La normativa scaturente dai tre commi dell'art 156 c.p.c. presuppone, implicitamente ma pur tuttavia chiaramente, ipotesi di carenza di requisiti formali dell'atto *non* indispensabili al raggiungimento del suo scopo e, in quanto tali, non costituenti vizi di nullità.

Per definire concettualmente le ipotesi che ora stiamo esaminando possiamo ricorrere, con la dottrina tradizionale e con la giurisprudenza, al concetto di **irregolarità**, con cui si indica specificamente l'inosservanza di forme che non influisce in alcun modo sugli effetti tipici dell'atto. Si può così distinguere la **fattispecie legale dell'atto**, formata dai requisiti che l'atto deve necessariamente contenere affinché lo stesso produca i suoi effetti tipici (requisiti a pena di nullità), dal **modello legale dell'atto**, formato dalla fattispecie legale e da quegli ulteriori requisiti, previsti dalla legge, la cui mancanza non comporta alcuna conseguenza sull'efficacia dell'atto (requisiti a pena di irregolarità).

Nel codice di rito **l'annullabilità** non viene mai nominata. Ed in effetti abbiamo visto che, secondo i principi generali, «se il vizio impedisce un determinato effetto, l'atto può tuttavia produrre gli altri effetti ai quali è idoneo»; per cui non sembra che vi sia spazio per la figura dell'annullabilità con le caratteristiche che questa tradizionalmente presenta nel diritto sostanziale, ovvero di invalidità che non impedisce la produzione integrale degli effetti dell'atto invalido, sia pur in forma precaria e fino alla pronuncia, di carattere costitutivo, che accerta l'invalidità stessa.

Una *querelle* mai definitivamente risolta è quella dei **rapporti tra nullità ed inesistenza**, ciò che si riassume nel problema della configurabilità di un'imperfezione degli atti processuali – l'inesistenza, appunto – più grave, distinta e autonoma, anche concettualmente, dalla nullità. La rilevanza pratica della questione risiede nel fatto che la giurisprudenza utilizza tale qualificazione per negare qualunque forma di sanatoria rispetto a vizi che ritiene particolarmente gravi, in contrasto con i principi generali che abbiamo visto caratterizzare la nullità.

Per maggiore chiarezza espositiva, è opportuno, da un lato, trattare il problema prima con riguardo agli **atti interni del procedimento** e, successivamente, con riguardo all'**atto conclusivo** del procedimento stesso, ossia alla **sentenza**; dall'altro lato, considerare separatamente le ipotesi di **inesistenza storica** e di **inesistenza giuridica**.

Per quanto riguarda l'**inesistenza storica di un atto interno del procedimento**, viene in rilievo l'ipotesi di mancanza di qualsiasi attività materiale, di totale omissione di qualsiasi atto (omessa comunicazione di ordinanza pronunciata fuori udienza, omessa notifica del ricorso e del decreto di fissazione dell'udienza nel rito del lavoro, ecc.): come osservato poc'anzi (cfr. *supra*, § 4.1.1.), dal punto di vista strutturale, l'ipotesi appare ricompresa nella fattispecie di nullità di cui all'art. 156 c. 2, c.p.c., mentre dal punto di vista funzionale tale ipotesi non impone al giudice la chiusura in rito del processo (ovvero non esclude che il procedimento viziato possa sanarsi), quando la parte interessata si è avvalsa della facoltà al cui esercizio l'atto omesso è preordinato (art. 156, c. 3, c.p.c.), rinunciando contestualmente ad opporre il vizio (art. 157, c. 2, c.p.c.), o quando la sanatoria è possibile a seguito di un intervento del giudice (art. 162 c.p.c.). Ne segue che non vi è alcun bisogno, in queste ipotesi, di adottare qualificazioni dell'atto diverse dalla nullità. Per quanto riguarda l'**inesistenza giuridica di un atto interno del procedimento**, occorre ulteriormente distinguere: a) se consideriamo un *atto processuale* gravemente viziato, dal punto di vista strutturale appare corretto il rilievo secondo cui la distinzione in esame è frutto di un equivoco, in quanto la validità è sempre in funzione della sua conformità alla fattispecie legale, e pertanto qualunque difformità rende l'atto inesistente o nullo che dir si voglia, senza possibilità di distinguere tra grandi o piccole difformità; dal punto di vista funzionale, invece, occorre prendere atto che l'ipotesi più grave di vizio (sia pure della sentenza), in quanto non sanabile nemmeno con il giudicato, è espressamente qualificata dalla legge in termini di **nullità** (art. 161, c. 2, c.p.c.). b) Se consideriamo un atto materialmente esistente però privo degli elementi necessari minimi per renderlo riconoscibile come atto appartenente ad un determinato tipo (o modello legale) e, di conseguenza, improduttivo di qualsiasi effetto, tale ipotesi, dal punto di vista del sistema delle nullità processuali civili, non sembra diversa da quella di mancanza materiale dell'atto – sia per il profilo strutturale sia per quello funzionale –, e ad essa può pertanto essere assimilata. Anche a questo proposito, pertanto, non sembra esservi ragione per far ricorso alla qualificazione di inesistenza.

Come noto, a proposito dell'ipotesi di sentenza priva di sottoscrizione, contemplata dal c. 2 dell'art. 161 c.p.c., si parla di **inesistenza**, per distinguere il regime di tale atto da quello proprio dell'atto nullo: secondo l'impostazione classica del problema, si ritiene che, siccome tale nullità sopravvive al passaggio in giudicato della sentenza – o, secondo altra prospettiva, impedisce il passaggio in giudicato della sentenza stessa – il vizio in esame, da un canto, non consente alla sentenza di produrre i suoi effetti nemmeno in forma precaria, dall'altro, è insuscettibile di sanatoria, con la conseguenza che tale vizio potrà essere fatto valere, senza limiti di tempo, con un'autonoma *actio nullitatis*, con l'opposizione all'esecuzione ed anche in via di mera eccezione. Muovendo dall'analisi di questa disciplina la dottrina ha elaborato il concetto di inesistenza – per distinguere il vizio ivi previsto, come detto, dalle altre forme, meno gravi, di nullità – ed asserendo, unitamente alla giurisprudenza, la portata esemplificativa della disposizione in esame, ha ritenuto di poter elevare l'inesistenza stessa a categoria generale, ove far confluire tutti i vizi che, pur non espressamente previsti dal legislatore, siano talmente gravi da impedire perfino il passaggio in giudicato della sentenza; e ciò al fine di neutralizzare i silenzi del legislatore nei confronti di quelle più gravi violazioni che, in forza appunto della loro macroscopicità, non sono state ritenute degne di previsione. Oltre a quella contemplata al c. 2 dell'art. 161 c.p.c., le ipotesi che, all'esito di questa operazione interpretativa, vengono tradizionalmente ricondotte nell'ambito dell'inesistenza sono: *a)* la sentenza resa nei confronti di un soggetto inesistente o deceduto prima della notificazione dell'atto introduttivo del giudizio; *b)* quella priva di dispositivo o dal dispositivo incerto, contraddittorio, incomprensibile o impossibile; *c)* quella resa solo oralmente; *d)* e, ipotesi su cui vi è assoluta concordia, la sentenza pronunciata *a non iudice*.

Premesso che oggi la dottrina decisamente prevalente ritiene la nozione di inesistenza inaccettabile nel suo significato logico e letterale, ma utilizzabile nel suo significato convenzionale di vizio insanabile in modo assoluto, ossia non sanabile neppure attraverso l'applicazione della regola della conversione dei vizi di nullità in motivi di gravame, residuano dubbi sulle ipotesi riconducili alla categoria dell'inesistenza così intesa e sul loro specifico regime.

A mio parere il complesso delle disposizioni sulle nullità in generale dovrebbe consentire di risolvere tutti i problemi che l'invalidità degli atti processuali pone, senza alcun bisogno di ricorrere alla figura dell'inesistenza. In particolare, occorre tener presente: **a)** che per l'art. 156, c. 2, c.p.c.: *aa)* l'atto è nullo quando manca dei requisiti formali indispensabili per il raggiungimento dello scopo; *bb)* in tali casi, l'atto è nullo e la nullità può essere pronunciata anche se essa non è altrimenti prevista espressamente dal legislatore; *cc)* in tali casi, il regime complessivo del vizio deve essere interamente ricostruito in via interpretativa, essendo del tutto silente il legislatore al riguardo; *dd)* l'atto è nullo (e non inesistente) anche quando manca di *tutti* requisiti indispensabili per il raggiungimento dello scopo; *ee)* l'atto nullo di regola non produce i suoi effetti tipici, ma può produrre taluni effetti, ai quali è idoneo, in quanto non impediti dai vizi che ne determinano la nullità; effetti che quindi variano, per quantità e natura, a seconda della quantità e natura dei vizi che inficiano l'atto stesso; *b)* che anche per le sentenze può essere utilmente operata la distinzione tra vizi che condizionano l'esistenza e l'individuazione del potere esercitato, da un lato; e vizi che condizionano il legittimo esercizio del potere esistente e individuato, dall'altro; *c)* che per l'unico vizio per il quale è prevista espressamente la deroga al principio della conversione dei vizi di nullità in motivi d'impugnazione (art. 161, c. 2, c.p.c.) il codice – che qualifica espressamente tale vizio in termini di nullità – non esclude ma anzi espressamente contempla l'impugnabilità della sentenza (art. 354, c. 1, c.p.c.). Tutto ciò considerato, sembra che dalle disposizioni del codice di rito sulle nullità in generale – fra le quali, per natura anche se non per collocazione topografica, va ricondotto pure l'art. 354 c.p.c. – si possano ricavare tutte le regole necessarie per disciplinare le ipotesi tradizionalmente ricondotte alla inesistenza della sentenza non espressamente regolate dalla legge. In questa prospettiva, le ipotesi di sentenza priva di dispositivo (ove non sia altrimenti individuabile il contenuto della sentenza), priva di motivazione (ove tale vizio comporti la non individuabilità del contenuto della sentenza espresso nel dispositivo), dal contenuto comunque incerto o impossibile, dovrebbero essere considerate nulle per mancanza di requisiti indispensabili allo scopo. Si tratta di vizi che condizionano l'individuazione del potere esercitato. E poiché tali motivi di nullità rendono le relative sentenze inidonee anche allo scopo di decidere nel merito la controversia, essi non consentono la produzione dell'effetto di accertamento di cui all'art. 2909 c.c. e non sono sanabili attraverso il passaggio in giudicato formale delle sentenze stesse; per l'effetto, tali motivi di nullità possono essere fatti valere anche in sede di opposizione all'esecuzione e con un'azione autonoma di accertamento negativo, ove non si voglia ammettere una *actio nullitatis* in senso tecnico. Peraltro, alla stregua della regola prevista per il vizio disciplinato dal c. 2 dell'art. 161 c.p.c., regola che non esclude la soggezione ai normali mezzi di impugnazione delle sentenze affette da vizi che sopravvivono al giudicato formale (o, se si preferisce, che impediscono il passaggio in giudicato della sentenza) – ed in mancanza di altre specifiche ragioni di incompatibilità – le sentenze così viziate restano comunque soggette "anche" ai normali mezzi d'impugnazione.

In base a quanto osservato sinora, nel processo civile nullità e **inefficacia** rappresentano, rispettivamente, la qualificazione data dal legislatore ad un atto viziato, perché mancante dei requisiti indispensabili al suo scopo, e la conseguenza derivante dalla verificazione di quel vizio, ovvero l'inidoneità dell'atto stesso a produrre i suoi effetti tipici (art. 159 c.p.c.). Questa relazione tra nullità ed inefficacia è riconosciuta anche in sede di teoria generale, ove esattamente si precisa che l'invalidità è "una" delle cause dell'inefficacia degli atti. Non vi è quindi spazio nemmeno per la inefficacia, se intesa come un'autonoma figura di invalidità degli atti processuali.

Decisamente delicato è anche il tema dei **rapporti tra nullità e inammissibilità**. Infatti, a parte la considerazione, generalmente condivisa, secondo cui l'inammissibilità, quale categoria logico-giuridica processuale generale, sarebbe una *species* del *genus* invalidità, intesa quest'ultima come categoria ove raggruppare e riassumere i vari tipi di trattamento a cui il legislatore sottopone gli atti imperfetti, non sono affatto chiari sia il fenomeno che tale termine dovrebbe qualificare, sia le specifiche fattispecie che dovrebbero essere sussunte in quello schema, sia la specifica disciplina applicabile a tale figura d'invalidità e che dovrebbe giustificarne l'autonomia concettuale.

Secondo la dottrina prevalente e la giurisprudenza, le ipotesi formali di inammissibilità – che vengono in rilievo essenzialmente negli atti introduttivi dei giudizi di impugnazione – sono sempre rilevabili d'ufficio ed insanabili.

Secondo una diversa e minoritaria impostazione, muovendo da un esame esclusivo del momento effettuale dei fenomeni studiati, si è giunti a negare autonomia concettuale alla inammissibilità rispetto alla nullità. La considerazione dei diversi trattamenti contemplati per i vari vizi di nullità, infatti, conduce alla conclusione che la nullità, come categoria generale positivamente contemplata, copre tutto quanto è logicamente compatibile con l'ordinamento di rito entro l'ambito compreso tra l'irregolarità e l'inesistenza. La negazione della autonomia logico-giuridica della nozione di inammissibilità, a mio avviso condivisibile, comporta come principale conseguenza l'applicabilità della disciplina generale in tema di nullità, compreso il principio di strumentalità delle forme ed i suoi corollari – tra i quali il principio della sanabilità del vizio per raggiungimento dello scopo –, anche alle imperfezioni sanzionate con l'inammissibilità. L'applicabilità del principio di strumentalità delle forme, a ben vedere, non potrebbe essere qui negata – come invece sovente fa la giurisprudenza – anche riconoscendo autonomia concettuale alla inammissibilità, perché in ogni caso essa rappresenta una ipotesi di inosservanza di forme, soggetta come tale al principio in parola ed ai suoi corollari.

Per quanto riguarda i **rapporti tra nullità e improcedibilità**, si devono prendere le mosse dall'osservazione che quest'ultima si pone come una *species* del *genus* inattività, oggettivamente limitata alla fase introduttiva dei giudizi d'impugnazione e qualificata dalla specialità della sanzione, ovvero la non riproponibilità dell'impugnazione dichiarata improcedibile a norma degli artt. 358 e 387 c.p.c. Premesso pertanto che anche l'improcedibilità consiste nella inosservanza di forme che comporta l'inidoneità dell'atto a produrre i suoi effetti tipici, il problema che qui si pone, in mancanza di una disciplina espressa, è quello della applicabilità diretta o analogica delle norme dettate per le nullità, con particolare riguardo al principio della **sanabilità per raggiungimento dello scopo**. A mio avviso – ed in contrasto con la giurisprudenza prevalente –, se si considera che anche l'improcedibilità è la conseguenza della inosservanza di norme sulla forma degli atti, si deve riconoscere – come per l'inammissibilità, lo abbiamo appena visto – che anche alla improcedibilità si applica il principio di strumentalità delle forme con i suoi corollari, ivi incluso il principio della sanabilità delle inosservanze di forme per raggiungimento dello scopo della norma non osservata.

5. CONCLUSIONI

La disciplina della **invalidità** degli atti processuali è dunque la disciplina delle conseguenze che l'ordinamento processuale ricollega al difettoso esercizio dei poteri di azione e di giurisdizione (perché mancanti del tutto o perché, pur esistenti, non individuabili o esercitati illegittimamente).

Nel codice di rito italiano l'invalidità assume essenzialmente la denominazione di **nullità** e presenta caratteristiche strutturali e funzionali proprie, non assimilabili a quelle di altre specie di invalidità conosciute nel diritto sostanziale. Talvolta, lo abbiamo riscontrato, l'impedimento alla decisione di merito si trova sussunto sotto un *nomen iuris*, una qualificazione diversa dalla nullità: si parla, infatti, in questi casi, anche a seconda della fase processuale di cui si tratta, di inammissibilità o di improcedibilità. La differente qualificazione formale non deve tuttavia essere sopravvalutata, giacché si tratta sempre di fenomeni riconducibili, dal punto di vista strutturale e funzionale, allo schema della nullità.

Sembra potersi affermare, quindi, che l'invalidità – quale categoria generale degli atti giuridici –, nel processo civile si identifica con la nullità, concetto idoneo a ricomprendere e riassumere i vari tipi di trattamento cui il legislatore sottopone gli atti processuali non conformi al modello. Conclusione, questa, che non sorprende, se si tiene nel dovuto conto l'estrema elasticità che la figura della nullità assume nella disciplina positiva del processo civile: vuoi con riguardo alle sue caratteristiche strutturali (v. retro, § 4.1.1), vuoi con riguardo a quelle funzionali (v. retro, § 4.1.2).

Se è vero, dunque, che per conseguire l'effetto costituzionale del processo, cioè la pronuncia sul merito del diritto controverso, è necessario e sufficiente esercitare regolarmente, legittimamente il potere di azione, vale a dire osservare le norme che disciplinano la forma degli atti del processo, per spiegare e definire, rispettivamente, i concetti di validità e invalidità degli atti processuali, sembra ci si debba richiamare allo schema del potere: ad ogni integrale, perfetta, riproduzione dello schema legale si avrà legittimo esercizio del potere e, quindi, ricollegamento degli effetti, con particolare riferimento al dovere di pronunciare la decisione nel merito della controversia; correlativamente, ad ogni deviazione rilevante dallo schema legale, rispetto allo scopo da questo schema perseguito, si avrà l'invalidità che, dunque, si risolve, almeno con riguardo agli atti di parte, nella mancanza o nell'illegittimo esercizio del potere. Le cose non cambiano di molto con riguardo agli atti del giudice, dovendosi ricollegare l'invalidità dei provvedimenti alla mancanza del potere giurisdizionale o all'illegittimo esercizio del potere-dovere da parte del giudice, nei termini e con le rispettive conseguenze che ho sintetizzato nelle pagine che precedono.

6. BIBLIOGRAFIA ESSENZIALE

F. Auletta, *Nullità e «inesistenza» degli atti processuali civili*, Padova, 1999.

G. Balena, *In tema di inesistenza, nullità assoluta ed inefficacia delle sentenze*, in Foro it., 1993, I, c. 179 ss.

C. Besso, *La sentenza civile inesistente*, Torino, 1997.

A. Capone, *L'invalidità nel processo penale*, Padova, 2012.

R. Caponi, *La rimessione in termini nel processo civile*, Milano, 1996.

R. Caponi, *Azione di nullità (profili di teoria generale)*, in Riv. dir. civ., Supplemento annuale di studi e ricerche, 2008, p. 59 ss.

F. Carnelutti, *Sistema del diritto processuale civile*, II, Padova, 1938.

F. Carnelutti, *Teoria generale del diritto*, Roma, 1951.

F. Carnelutti, *Istituzioni del processo civile italiano*, I, Roma, 1956.

B. Ciaccia Cavallari, *La rinnovazione nel processo di cognizione*, Milano, 1981.

G. Conso, *Il concetto e le specie d'invalidità*, Milano, 1955.

G. Conso, *I fatti giuridici processuali penali*, Milano, 1955.

G. Conso, *Atti processuali penali*, in Enc. dir., IV, Milano, 1959, p. 140 ss.

G. Conso, *Prospettive per un inquadramento delle nullità processuali civili*, in Riv. trim. dir. e proc. civ., 1965, p. 110 ss.

F. Cordero, *Le situazioni soggettive nel processo penale*, Torino, 1957.

F. Cordero, *Nullità, sanatorie, vizi innocui*, in Riv. it. dir. proc. pen., 1961, p. 680 ss.

V. Denti, *Inesistenza degli atti processuali civili*, in Noviss. Dig. it., Torino, 1962, VIII, p. 635 ss.

V. Denti, *Nullità degli atti processuali civili*, in Noviss. Dig. it., XI, Torino, 1965, p. 467 ss.

V. Denti, *Gli atti processuali*, in Dall'azione al giudicato, Padova, 1983, p. 127 ss.

V. Denti, *Invalidità (diritto processuale civile)*, in Enc. dir., Agg., I, 1997, p. 709 ss.

M. D'Orsogna, *Il problema della nullità in diritto amministrativo*, Milano, 2004.

E. Fazzalari, *Procedimento e processo (teoria generale)*, in Dig. disc. priv., sez. civ., XIV, Torino, 1996, p. 648 ss.

L. Ferrajoli, *Principia iuris. Teoria del diritto e della democrazia*, I, Teoria del diritto, Bari, 2007.

C. A. Giovanardi, *Osservazioni sull'asserita autonomia concettuale dell'inammissibilità*, in Giur. it. 1986, I, 2, 665 ss.

C. A. Giovanardi, *Sullo scopo dell'atto processuale in relazione alla disciplina della nullità*, in Riv. dir. civ., 1987, II; p. 267 ss.

S. La China, *Norma (dir. proc. civ.)*, in Enc. giur., XXVIII, Milano, 1978.

E. T. Liebman, *L'azione nella teoria del processo civile*, in Riv. trim. dir. e proc. civ., 1950, p. 47 ss.

G. Lozzi, *Atti processuali - II) Diritto processuale penale*, in Enc. giur., II, Roma, 1995.

F. Luciani, *Il vizio formale nella teoria dell'invalidità amministrativa*, Torino, 2003.

F. Luciani, *Contributo allo studio del provvedimento amministrativo nullo. Rilevanza ed efficacia*, Torino, 2010.

C. Mandrioli, *L'assorbimento dell'azione civile di nullità e l'art. 111 della Costituzione*, Milano, 1967.

G. Martinetto, *Della nullità degli atti processuali*, in Comm. Allorio, I, 2, Torino, 1973, p. 1579 ss.

F. Marelli, *La conservazione degli atti invalidi nel processo civile*, Padova, 2000.

E. Minoli, *L'acquiescenza nel processo civile*, Milano, 1942.

L. Montesano, *Questioni attuali su formalismo, antiformalismo e garantismo*, in Riv. trim. dir. e proc. civ., 1990, p. 1 ss.

P. Moscarini, *Esigenze antiformalistiche del processo e conseguimento dello scopo nel processo penale italiano*, Milano, 1988.

R. Oriani, *Atti processuali - I) Diritto processuale civile*, in Enc. giur., III, Roma, 1988.

R. Oriani, *Nullità degli atti processuali - I) Diritto processuale civile*, in Enc. giur., XXI, Roma, 1990.

I. Pagni, *Le azioni di impugnativa negoziale*, Milano, 1998.

R. Poli, *Invalidità ed equipollenza degli atti processuali*, Torino, 2012.

A. Proto Pisani, *Note in tema di nullità dell'atto di citazione e di effetti processuali e sostanziali della domanda giudiziale*, in Riv. dir. civ., 1988, I, p. 655 ss.

A. Proto Pisani, *Violazione di norme processuali, sanatoria "ex nunc" o "ex tunc" e rimessione in termini*, in Foro it., 1992, I, c. 1719 ss.

E. Redenti, *Atti processuali civili*, in Enc. dir., IV, Milano, 1959, p. 105 ss.

S. Satta, C. Punzi, *Diritto processuale civile*, Padova, 2000.

G. Tarzia, *Profili della sentenza civile impugnabile*, Milano, 1967.

> 3º Painel Binacional: Invalidades processuais

A INVALIDADE DOS ATOS PROCESSUAIS[1]

Roberto Poli
Professor associado de direito processual civil da Universidade de Cassino. Advogado.

SUMÁRIO: 1. O PROCESSO NA PERSPECTIVA DA INVALIDADE DOS ATOS.; 2. O ATO PROCESSUAL; 2.1. PLANO DEFINITÓRIO E PLANO DA DISCIPLINA.; 2.2. O CONCEITO DE FORMA DO ATO PROCESSUAL; 3. A DISCIPLINA DO ATO PROCESSUAL; 3.1. O PRINCÍPIO DA LEGALIDADE DAS FORMAS.; 3.2. O PRINCÍPIO DA EQUIPOLÊNCIA EM SENTIDO ESTRITO.; 3.3. O PRINCÍPIO DA INSTRUMENTALIDADE DAS FORMAS; 4. A INVALIDADE DOS ATOS PROCESSUAIS; 4.1. A NULIDADE; 4.1.1. O PERFIL ESTRUTURAL.; 4.1.2. O PERFIL FUNCIONAL; 4.2. AS ESPÉCIES DE INVALIDADE DIVERSAS DA NULIDADE; 5. CONCLUSÕES; 6. BIBLIOGRAFIA ESSENCIAL.

1. O PROCESSO NA PERSPECTIVA DA INVALIDADE DOS ATOS

O título do presente relatório indica que aqui pretendemos investigar uma característica (a invalidade) de um determinado objeto (o ato), inserido em um determinado contexto (o processo). Para proceder ordenadamente e firmar bases adequadas para um discurso em torno da invalidade dos atos processuais, deve-se, portanto, constituir um contexto próprio do nosso objeto de pesquisa.

Sem podermos, contudo, evidentemente, nos ocupar do fenômeno processual por inteiro, devemos restringir o perímetro de nossa análise ao processo jurisdicional civil, e, em particular, ao processo de conhecimento.

Sendo assim, em síntese, sabemos **que o escopo, inclusive constitucional, do processo civil** de conhecimento é a pronúncia sobre o mérito da situação jurídica controvertida. As partes recorrem ao processo porque subsiste uma dúvida, uma resistência, com relação a um (ou mais de um) dos elementos de fato e/ou de direito de uma *fattispecie*[2] prevista pela lei material (constitutiva e/ou impeditiva, modificativa, extintiva de uma situação jurídica) e pedem ao juiz que resolva as dúvidas e as discordâncias (as questões) suscitadas pelas

---

1. Texto traduzido por Elie Pierre Eid, mestrando em Direito Processual Civil pela Faculdade de Direito da Universidade de São Paulo (USP).
2. N.T. preferiu-se manter o termo *"fattispecie"* tal como encontrado no texto original, tendo em vista a acepção específica que possui no Direito italiano. Eventual tentativa de adaptação e conformação à língua portuguesa poderia levar a uma imprecisão indesejada, correndo-se o risco de perder o verdadeiro sentido buscado pelo autor.

partes e, consequentemente, respondendo à demanda do autor, afirmando-se o efeito jurídico derivado da *fattispecie* resolvida no processo.

O processo, portanto, como *species* do *genus* procedimento, é o conjunto de atos que liga, une, conecta – de um ponto de vista factual, temporal e, sobretudo, lógico-jurídico –o ato inicial, uma demanda, e ato final, uma resposta, do próprio processo.

Sob a perspectiva da validade e eficácia dos atos processuais, o processo encerra as condições, as "condutas", na presença das quais o poder exercido produz seus efeitos típicos: no exemplo em exame, (o dever de pronunciar) a decisão sobre o mérito da situação controvertida.

Em sua realização concreta, o processo é a atuação de uma série de normas que contemplam as condições (requisitos, elementos, etc.) de existência, validade e eficácia do provimento final.

Cada um dos ato processuais regulados pela lei – em detalhe, cada um dos requisitos formais de qualquer ato – representam os específicos requisitos de existência, validade e eficácia do provimento final. Cada um dos requisitos formais de cada um dos atos regulados pela lei concretizam, assim, o modo pelo qual, segundo o modelo legal (do processo unitariamente considerado), satisfazem-se os interesses que não podem ser tutelados enquanto exprimem as condições necessárias de valdiade e eficácia do próprio processo e, por conseguinte, do provimento final (ou seja, o modo legal pelo qual se alcança o objetivo das normas previstas em defesa da validade e eficácia do exercício do poder de ação, de um lado, e do exercício da função jurisdicional, de outro).

Assim, temos sempre uma demanda, primeira concretização do exercício de um poder, a qual, na presença de determinadas condições – nas quais o poder deve continuar a se concretizar –, produz seu efeito típico: o poder/dever de oferecer a resposta que, no caso do poder de ação de conhecimento, é a pronúncia sobre o mérito da situação controvertida.

Digamos, agora, de um ponto de vista da parte, da ação, da demanda, que o processo define as condições que, na presença das quais, a demanda produz seu efeito típico, ou seja (o dever de prestar) a tutela jurisdicional, a sentença de mérito. De um ponto de vista do juiz, da jurisdição, da resposta, digamos que o processo define as condições que, na presença das quais, o ato final do procedimento – a sentença de mérito – é válida e eficaz.

Se quiséssemos esquematizar, poderíamos dizer que **o efeito típico do poder de ação** é alcançado na presença dos requisitos A+B+C, em que A indica a existência do poder exercido, B a individuação, a certeza do próprio poder, e C o legítimo exercício de tal poder. Em particular, o elemento "C" refere-se ao modo de exercício de um poder existente e individuado (ou, ao menos, passível de individuação), com específica atenção às condutas necessárias, com o objetivo de que os outros sujeitos do processo possam exercitar os poderes processuais correlatos a cada fase ou fração processual de que se trata.

E o próprio esquema pode ser utilizado para o exercício **do poder/dever de pronunciamento da sentença de mérito**. No sentido de uma extrema simplificação, pode-se dizer que a sentença é válida e produz todos os seus efeitos típicos na presença dos requisitos A+B+C, em que A indica a existência do poder jurisdicional, B a individuação – a certeza – do poder exercido, no sentido de que o dispositivo contém a clara indicação dos elementos subjetivos e objetivos do direito ou *status* reconhecido e negado, e C o legítimo exercício de tal poder. E em que C é determinado por $A_1+B_1+C_1$, entendendo-se como A_1 a ausência de *errores in procedendo*, como B_1 a ausência de *errores in iudicando in iure*, por C_1 a ausência dos *errores in iudicando in facto*.

Em síntese, com relação à parte, o esquema A+B+C constitui o conjunto desses requisitos, das condutas necessárias e suficientes para a validade e eficácia da demanda; com relação ao juiz, o esquema A+B+C consitui o conjunto desses requisitos, das condutas necessárias para a validade e eficácia da resposta, ou seja do provimento jurisidicional requerido e, em particular, da sentença.

A relação entre os dois esquemas – demanda, de um lado; resposta, de outro – pode ser assim resumida: concluído o processo, os eventuais vícios dos atos das partes, em si considerados, perdem qualquer importância e assume relevo somente a sentença que, segundo uma nota distintiva, basta em si mesma, ou seja se coloca como a *fattispecie* exclusiva dos próprios efeitos (**a chamada autosuficiência da sentença**). Todavia, na presença de vícios dos atos do processo, não se reduz o poder de exercitar a função jurisdicional, somente que o juiz não pode decidir o mérito da controvérisa, sob pena de invalidade da sentença que pode ser objeto de recurso (art. 161, c.1, c.p.c.)[3].

A invalidade processual sempre deriva de uma respectiva falha, da violação ao modelo legal do procedimento, o qual prevê uma série de condutas necessárias para a produção do efeito típico do poder exercido. E estas condutas são representadas por atos processuais que, por sua vez, devem ser conformados ao modelo legal. Afinal, esses atos são constituídos de uma série de condutas específicas – cada um dos requisítios específicos dos atos – os quais, por sua vez, devem ser conformados ao modelo legal. E quando a lei não fixa o modelo de cada requisito (a modalidade específica da cada conduta), esse

---

3. N.T. as referências à legislação feitas no corpo de texto dizem respeito ao ordenamento jurídico italiano.

deve ser praticado de acordo com a forma, também temporalmente, mais idônea ao escopo que tem em mira a disposição que disciplina tal requisito (segundo os princípios gerais sobre forma dos atos processuais e sobre os quais abordaremos em breve: infra § 3).

Ora, quando em concreto se verifica um desvio do modelo legal do processo, ou seja a falha na prática de um ato em série segundo o modelo legal (incluindo o caso de omissão na realização de um ato da parte), e, portanto, falta uma das condições para a produção do efeito típico do poder de ação (A ou B ou C), o processo interrompe o seu percurso fisiológico ao seu objetivo natural somente se o vício é insanável ou se não foi sanado; vale dizer, se para tal vício o modelo legal não prevê uma causa sanatória ou, se prevista, não operou-se ou não conseguiu se operar ao caso concreto (*id est*, se a ausência daquela condição guarda relevância ao procedimento).

Se, diversamente, o vício é sanável e foi sanado – enquanto, porém, foi salvaguardado o interesse protegido pela norma violada, segundo uma modalidade que o próprio processo reconhece como admissível – o vício perde qualquer relevância e o processo prossegue ao seu objetivo natural (porquanto a ausência daquela condição perdeu relevância para o processo).

Nessa perspectiva, evidentemente, não há qualquer diferença entre as possíveis violações do modelo processual, distinguíveis sob o fundamento de sua diversa "estrutura", defeituosidade ou ausência de um requisito de um ato, defeituosidade ou ausência de um ato, defeituosidade ou ausência de em uma série de atos e assim por diante. O que importa, realmente, não é se o ato foi praticado de modo defeituoso ou se foi totalmente omitido, mas somente a perda de relevância da ausência orginária das condições para a pronúncia sobre mérito, segundo a modalidade que o processo contempla entre os seus sistemas de autorretificação.

2. O ATO PROCESSUAL

Com esses esclarecimentos, cumpre, agora, definir o ato processual e, sucessivamente, determinar os princípios e as normas que lhe detelham a disciplina.

2.1. Plano definitório e plano da disciplina

Em doutrina, são substancialmente duas as opiniões mais encontradas sobre definição do ato processual. Segundo a primeira delas, considera-se **processual o ato** que produz efeitos no (ou sobre) o processo, cuja diretriz é debitada ao pensamento de Carnelutti, como afirmou, no *Sistema*, que "un fatto giuridico è processuale non già in quanto *sia compuito nel processo*, ma in quanto *sia rilevante per una situazione giuridica processuale.*"

Como crítica a essa definição, leva-se em consideração que o raciocínio desenvolvido estenderia excessivamente a categoria que se pretenderia delimitar, restando praticamente inútil a definição, especialmente quando se busca discriminar o regime do ato.

Outros, ao contrário, por reconhecerem como processual o ato, consideram decisiva – além da idoneidade do ato a produzir efeitos sobre o processo, ou, de todo modo, sua relevância processual – a sede em que o ato é praticado: "una volta individuato l´atto iniziale e quello finale del processo, gli atti compiuti dai vari soggetti che nel processo operano, in quanto svolgano un ruolo nella sequenza del processo, sono atti del processo e di conseguenza assoggettati alla disciplina processuale" (nesse sentido, p. ex., entre outros, Oriani).

Parece, todavia, que essa diversidade de pontos de vista espreita a confusão entre dois planos de raciocínio que, entretanto, devem ser distintos, conforme esclareceremos.

Primeiramente, deve-se ter presente que Carnelutti, no *Sistema*, propunha-se a "conoscere le regole concernenti l´operare delle parti e dell´ufficio sulle prove e sui beni per la giusta composizione della lite"; ou seja de conhecer "*come deveno esser gli atti*, in cui l´opperazione si risolve"; e precisava que um questionamento em torno da regulamentação dos atos processuais "non sarebbe proficua se prima nella enorme massa degli atto non si cercasse di mettere ordine mediante la *classificazione*, fino a che tale massa non venga ordinata il complesso delle norme, che ne costituiscono il regolamento, rimane insetricabile."

Nesse sentido, Carnelutti, sempre no *Sistema*, distinguiu juridicamente os atos processuais, como visto, segundo o efeito, o escopo e a estrutura – e tudo isso antes de examinar o *regulamento* dos próprios atos –, tendo o cuidado de delinear que "le due categorie degli atti processuali *secondo l´effetto e secondo lo scopo* possono non coincidere nel senso che vi sono *atti processuali per l´effetto e non per lo scopo.*"

Portanto, quando ele diz que um fato jurídico é processual não significa que seja praticado no processo, mas que seja relevante para uma situação jurídica processual, o que serve, exclusivamente, para identificar – quase tautologicamente – quais são os fatos jurídicos que produzem um efeito sobre o processo, *sem qualquer implicação, ao menos imediata, a respeito da disciplina aplicável àqueles mesmos fato.*

Assim esclarecidos os termos da explicação, a classificação de Carnelutti, de um lado, não parece merecer a crítica que por vezes recebe; por outro lado, não pode ser aproximada – por ser, em seguida, rejeitada – de um raciocínio destinado a identificar a disciplina aplicável aos atos processuais.

Isso posto, o ponto que deve ser destacado é outro: se **a finalidade é aquela de estabelecer o âmbito de aplicabilidade de determinadas disposições** (p. ex., arts. 121 e 310 c.p.c) – e aqui a referência é feita à segunda das duas posições que acima identificamos –, não se mostra útil, tampouco metodoloficamente adequado, o argumento de que: (*i*) uma vez definido, em premissa, o ato como "processual" segundo um determinado conceito – sem, contudo, que este venha enucleado com rigor do direito positivo – sucessivamente, sobre a base do mesmo conceito, (*ii*) proceda-se à identificação dos "atos procesuais", buscando-se com tal expressão os *atos regulados pela lei processual*.

As perplexidades diante de tal modo de raciocinar se explicam nem tanto com a constatação de que a adoção (também) do mesmo conceito não consegue dirmir exaustivamente os contrastes interpretativos – pois isso provavelmente acontece com qualquer instituto processual –, quanto pelo fato de que isso acaba forçando o sistema da disciplina dos atos processuais (mas também, de necessidade, dos atos não processuais) em rígidos esquemas que não parecem refletir a estrutura de cada um dos atos e a consequente realidade normativa (pense-se, p. ex., na convenção arbitral ou na procuração *ad litem*, nos atos de renúncia à pretensão, etc.).

De fato, o ato jurídico em geral e o ato processual em particular não se apresentam necessariamente como *fattispecie* "simples", a produzir um único efeito jurídico, unitariamente qualificável a uma única precisa fonte normativa (p. ex., o código de processo civil). A tipologia dos atos jurídicos marca, contudo, uma realidade diametralmente oposta: *fattispecie* estritamente complexa, a produzir uma pluralidade de efeitos diversificados, e nem sequer sempre da mesma natureza, que derivam de sua disciplina por fontes múltiplas, inclusive frequentemente heterogêneas (que o próprio direito positivo pontualmente registra: sobre a possível pluralidade de efeitos de cada ato, cfr., p. ex., os artigos 1319-1420 c.c.; 159 c.p.c.).

Nessa situação – **e com a finalidade de determinar a disciplina dos atos** – parece que se deve inverter o ponto de partida do raciocínio e construir caminhos não para uma definição abstrata de ato processual, mas para a consideração de cada ato com relação ao qual se quer verificar o regime. Tendo em conta a estreita corralação subsistente no processo entre o escopo da norma que contempla o ato, requisito de forma, efeito jurídico e regime global do próprio ato, será, antes de mais nada, necessário determinar, analiticamente, a função (da norma de que se ocupa) do ato em exame e dos seus específicos requisitos: uma vez concluída essa operação, e, então, indentificada a relevância e os efeitos jurídicos de cada requisito do ato – seja em plano material, seja em plano processual – será possível reconstituir a complexa disciplina jurídica da *fattispecie* do ato sob exame (obviamente por todos aqueles perfis não expressamente – ou não claramente – regulados pela lei), e estabelecer se e em que medida seja objeto da lei processual (e a qual disposição particular da lei processual).

Esse raciocínio pode ser exemplificado pelo **esquema *norma-poder-ato--(escopo)-efeito***. Nesse esquema, de um lado, é possível cindir as normas de produção que conferem o poder daquelas que regulam o seu exercício, considerando que – como veremos – são diversas as consequências de sua violação. De outro lado, em tal esquema, o atingimento do escopo, por não representar um requisito de forma do ato – e por tal razão é colocado entre parênteses no esquema apontado – constitui o único elemento de avaliação para afirmar a validade e eficácia do ato processual considerado.

Esse discurso não implica inutilidade das definições (e, genericamente, das classificações) com relação aos atos processuais, mas adverte que quanto mais genérico e abstrato o conceito que se pretende utilizar, tanto menos resulta clara a disciplina do ato analisado. Se isso é verdade, deve-se ter em relevo que as definições de ato processual se ressentem do ponto de vista pré-definido e, contudo, não podem possuir mais que um alcance meramente descritivo.

Colocadas essas premissas – e não desejando prescindir de todos os elementos do direito positivo (arts. 24 e 111 Cost.; art. 2907 c.c.; art. 99 c.p.c.) –, não parece ser possível chegar a outra (óbvia) observação de que **o ato processual é o ato por meio do qual se realiza a tutela jurisdicional dos direitos**, em particular, para a parte, *ato pelo qual se exercita, realiza-se o poder de ação; para o juiz, ato pelo qual se exercita, realiza-se a função jurisdicional*. Com maior detalhe, para a parte, o poder de ação se concretiza no poder de propor a demanda (ou a exceção, tratando-se do réu) e de praticar todos os atos instrumentalmente correlatos, necessários ou somente funcionais ao alcance do efeito típico do poder exercido. Para o juiz, a função jurisidicional se concretiza no poder-dever de pronunciar os provimentos previstos pela lei e, em particular, a sentença definitiva de mérito e todos os atos instrumentalmente correlatos. Tendo isso claro, podem ser elaboradas as mais variadas classificações.

E até do que resta nesse plano geral e abstrato, nada se pode dizer inclusive do ponto de vista da disciplina, exceto para o fato, ainda mais evidente, de que o ato processual – ou, mais corretamente, a série de atos processuais – produz o seu efeito típico, ou seja, a tutela jurisdicional de direitos quando praticado segundo o modelo previsto pela lei, que determina seus pressupostos e requisitos. Vice-versa, evidentemente, pela inexistência de condições do poder de ação ou de jurisdição, e, do mesmo modo, peloo exercício daqueles poderes em deformidade das normas que os regulam, não se alcança o efeito típico – p. ex., a pronúncia sobre o mérito do direito controvertido – mas um efeito menor, o qual, neste mesmo exemplo, representa a pronúncia sobre o processo (chamada de pronúncia de rito).

Para completar, serão considerados os casos em que: *a)* o juiz profere sentença definitiva de mérito ou o provimento jurisdicional na ausência dos relativos pressupostos de rito; *b)* o juiz não prolata sentença definitiva de mérito mesmo que estejam preenchidos os pressupostos de rito; *c)* o juiz prolata a sentença de mérito, corretamente preenchidos os relativos pressupostos de rito, mas sem respeitar os critérios que coordenam a formação de seu conteúdo. Nestes três últimos casos, a sentença estará viciada enquanto não conformada ao modelo legal, o qual estabelece quando preenchidos os pressupostos para a pronúncia definitiva de mérito e os critérios sob os quais deve o juiz se ater para determinação do seu conteúdo.

Somando-se a essas considerações elípticas e simplificadas, é possível especificar – em virtude daquilo que foi dito até agora – que o ato processual parece ficar em evidência, de um lado, como meio de um ou mais escopos (e, por conseguinte, de efeitos jurídicos) tipicamente próprios, imediatos e diretos; de outro lado como elemento ou fração do escopo do processo unitariamente considerado, ou seja – pensando-se com referência ao processo ordinário de conhecimento – da pronúncia sobre o mérito do direito controvertido.

Essa especificação permite prosseguir ao aclaramento das relações **entre ato e procedimento unitariamente considerado:** *ex ante* e em abstrato, o primeiro está sempre em função do segundo e de seu resultado final; *ex post* e em concreto, o segundo tenderá a assumir – sempre que possível, em uma perspectiva de paridade de armas entre as partes do processo –, a modalidade mais idônea a preservar os efeitos do ato eventualmente em deformidade com o modelo legal; de modo que – graças a esse **sistema de autorretificação** – o processo possa perseguir os seus fins, racionalizando os respectivos meios, em obediência ao princípio da economia processual. Portanto, eventual plena idoneidade do procedimento a alcançar o seu escopo – medida com relação à garantias invioláveis protegidas pela lei, inclusive e antes de tudo de caráter constitucional – tornará de todo irrelevante a falta ou a realização imperfeita de um de seus atos, mesmo se os remédios endoprocedimentais não forem capazes de recuperar todos os efeitos (também os de natureza material) que o ato deveria produzir se praticado, desde a origem, em conformidade com o modelo legal.

Outra coisa não se pode dizer senão que, a fim de **identificar a disciplina de um ato processual** – ou seja as modalidades de formação por meio das quais um ato pode produzir, no todo ou em parte, o seus efeitos típicos – será necessário considerar ao menos: *(i)* as normas gerais sobre forma do ato processual; *(ii)* as normas que regulam diretamente a modalidade de formação do específico ato de que se trata; *(iii)* as normas que regulam a fase processual em que a produção dos efeitos daquele específico ato tomam relevo.

2.2. O conceito de forma do ato processual

As considerações precedentes impõem, contudo, – antes de adentrarmos no perfil da disciplina e a fim de que esse último seja totalmente compreendido –, que seja estritamente definido **o conceito de forma do ato processual**.

As disposições que se ocupam das modalidades de prática dos atos processuais – ou seja, dos requisitos que os atos devem possuir para produzirem seus respectivos efeitos jurídicos típicos –, e das correlatas hipóteses de nulidade como consequência do não atendimento a essas mesmas disposições, parecem se interessar exclusivamente ao aspecto "formal" do ato. O ponto, evidentemente, é determinar com exatidão o que entende o legislador, em tais disposições, quando indica a "forma" e os "requisitos formais" dos atos; isto é, determinar a amplitude com que o conceito em exame foi empregado.

Trata-se, como visto, de um ponto cuja relevância não é somente teórica, porquanto se com a exigência da "forma" o legislador quisesse se referir unicamente a um dos possíveis requisitos do ato, assim como acontece com os atos de direito material, deveríamos acreditar tanto na inaplicabilidade, ao menos direta, dos artigos 121 ss. c.p.c. a outros requisitos do ato quanto, sobretudo, que o complexo de normas sobre nulidade (artigos. 156-162 c.p.c.) não exaure a espécie e a disciplina – geral – das invalidades dos atos processuais.

Então, de um exame das disposições do código de rito parece que o legislador adotou um conceito extremamente amplo de *forma* do ato processual, capaz de compreender todos os requisitos previstos pelo modelo legal.

Depõem nesse sentido uma série de considerações: *a)* como se observou, as disposições – sejam genéricas, sejam particularizadas – expressamente destinadas a regular os modelos de atos, contemplam exclusivamente requisitos extrínsecos e formais dos próprios atos; *b)* a disposição fundamental sobre nulidade (art. 156 c.p.c.) – tal como quando há *relevância* a nulidade – finca com máxima clareza a própria nulidade à *inobservância de forma*, afirmando, de tal modo, uma estreita correlação entre requisitos de forma, *fattispecie* e efeitos do ato processual (cfr. o artigo 159, c. 3, c.p.c.); *c)* as minuciosas disposições sobre o chamado conteúdo-forma do ato podem justificar-se apenas atribuindo-lhes os respectivos escopos de absorver a normal relevância dos requisitos (essenciais), que nascem como extraformais, ou seja, privados de uma vestimenta determinável na realidade externa.

A respeito deste último, deve-se notar que eventual presença de (excepcionais) hipóteses em que o requisito chamado extraformal conserva relevância autônoma – como, p. ex., a vontade na confissão – não modifica as premissas e conclusões de fundo do presente raciocínio. Realmente, nada impede, salvo petição de princípio, afirmar que, também nesses casos, a presença ou ausência daquele requisito influenciam no processo de *formação* do ato, e, portanto, no seu *modo de ser*, ainda que na ausência de evidência perceptível na realidade externa.

Nosso legislador, portanto, onde fixou as condições de validade e eficácia dos atos processuais, parece ter contemplado unitariamente *todos* os elementos essenciais da *fattispecie*, ou seja todos os elementos que participam da formação do ato, e tendo-os subsumidos à categoria de requisitos formais do próprio ato; salvo, depois, ditar alguns princípios de caráter geral, a exemplo da instrumentalidade das formas (arts. 121 e 131 c.p.c.) ou de relevância, identificação e extensão da inobservância daquelas formas (arts. 156, 157 e 159 c.p.c.), e uma série detalhada de disposições particulares, tanto sobre o modelo legal do ato (p. ex., arts. 132, 134, 135, 136 ss., 152 ss., 163, 167, 366, 414, 416 c.p.c. e muitos outros), quanto sobre as consequências da violação daquele modelo (p. ex., arts. 161, primo e secondo comma, 160, 164, 167, 366 c.p.c. e muitos outros).

Nessa perspectiva, portanto, a "forma" não surge como um dos requisitos da *fattispecie* do ato, mas apresenta-se como o conjuntodos requisitos que concorrem para a formação do próprio ato, para sua realização material; presentes ou não, tais requisitos, em uma conotação extrínseca, manifestam-se na realidade concreta do ato: o conceito de forma conota as condições – perceptíveis ou não na realidade externa – que estruturaram o processo de formação do ato processual. Na mesma perspectiva, então, encontram-se entre os requisitos de forma do ato processual também aqueles que tradicionalmente são considerados extraformais, como a capacidade, a voluntariedade e a legitimação da parte que pratica o ato.

De outro modo, se, como dissemos há pouco, o ato processual é o ato pelo qual se realiza a tutela jurisdicional de direitos – em particular, para a parte, o ato pelo qual se exercita o poder de ação; para o juiz, o ato pelo qual se exercita a função jurisdicional –, e se essa tutela tem por objeto um provimento de mérito idôneo à formação da coisa julgada material e não um provimento favorável, mostra-se coerente que o legislador, no momento em que fixa as condições para a validade e eficácia dos atos processuais, desinteresse-se pelos requisitos *intrínsecos, substanciais*, de *conteúdo* dos atos – que, analisando o mérito, podem indicar pelo acolhimento da demanda – e nomeie exclusivamente, em explícita contraposição aos primeiros, os requisitos *extrínsecos*, os quais notadamente *formais*, ou seja, aqueles que pertencem à modalidade de formação do ato, os únicos relevantes para a produção do efeito típico do poder de ação.

Em conclusão a esse ponto, parece ser possível afirmar que, no nosso código de rito, **por *forma* deva-se entender "il modo di essere del potore giuridico"** (Montesano) ou, mais precisamente, **"il modo di essere dall´atto"** (Carnelutti), e que as normas sobre forma dos atos processuais são normas sobre condições que devem ser respeitadas de modo que o ato processual concretamente produzido seja válido e, consequentemente, produza os seus efeitos típicos; tendo em vista que, unitariamente considerado, o efeito típico do poder de ação, com relação ao juízo ordinário de conhecimento, é a pronúncia de mérito sobre o direito controvertido.

3. A DISCIPLINA DO ATO PROCESSUAL

A disciplina do ato processual é, portanto, ditada pelas normas sobre *forma* dos atos processuais. Deve-se, nesse tocante, fazer referência a três princípios fundamentais que são obtidos dos artigos 121 e ss. do código de rito.

3.1. O princípio da legalidade das formas

Se levarmos em consideração o art. 121 c.p.c., que é a disposição fundamental sobre as formas dos atos processauis, observamos que sua rubrica fala de "liberdade de formas", de modo que pareceria que o princípio é acolhido pelo nosso ordenamento. E, com efeito, a disposição legal assim preceitua: "os atos do processo, para os quais a lei não exige forma determinada, podem ser praticados na forma mais idônea ao atingimento do respectivo escopo", fixando uma regra e uma exceção. Em realidade, quando examinamos por partes as diposições do código que se ocupam dos modelos de cada ato, nós nos apercebemos que para todos os atos principais do processo é a mesma lei que lhes prescreve o modelo legal: p. ex., citação, recurso, contestação, sentença, mandado, decreto. Então, em concreto, prevalece **o princípio da legalidade das formas** – eis aqui a regra –, no sentido de que é a lei que define o modelo legal dos principais atos processuais. Somente fora dos casos previstos pela lei, e, portanto, em via residual – eis aqui a exceção –, o ato pode ser praticado com a forma mais idônea ao seu escopo.

3.2. O princípio da equipolência em sentido estrito

Trata-se do princípio do qual o art. 121 c.p.c prevê a aplicação de modo excepcional, subordinada e residual, relativamente a casos para os quais a lei não prescreve o modelo. Em tais casos, o ato, como indicado, pode ser praticado da forma mais idônea a assegurar o alcance do seu escopo. E é por isso que se pode falar de **equipolência entre diversas formas possíveis idôneas ao escopo:** a lei não predetermina o modelo, mas, tendo em vista a eficácia do ato, são equipolentes todas as formas que se demonstram idôneas ao escopo do próprio ato (v., p. ex., o art. 151 c.p.c.).

3.3. O princípio da instrumentalidade das formas

O terceiro fundamental princípio é extraído do mesmo artigo 121 c.p.c., do artigo 131 c.p.c., sob a forma dos provimentos do juiz, e do c. 3 do artigo 156 c.p.c. que disciplina a relevância da nulidade dos atos processuais: é o **princípio da instrumentalidade das formas**, que deve sempre orientar o intérprete das normas sobre invalidade, e segundo o qual as formas dos atos do processo são congregadas e prescritas não como fim em si mesmas, mas como o instrumento mais idôneo para o alcance de um certo resultado, que representa o único verdadeiro objetivo do legislador.

Deste princípio derivam três corolários de primeira importância: a) as normas relativas às prescrições formais devem ser interpretadas privilegiando o seu aspecto funcional, em relação àquele meramente ou prevalentemente sancionatório; b) o respeito das prescrições formais é necessário somente na medida em que seja indispensável para o alcance do escopo do ato; c) **a eventual inobservância da prescrição formal torna-se irrelevante se o ato viciado tenha igualmente alcançado o objetivo a que é destinado.** A existência de numerosas causas sanatórias dos vícios dos atos processauais, que permitem o processo avançar para o seu fim típico (v., p. ex., os artigo 50, 102, 162, 164, 182, 291, 367, 426, 427 c.p.c.), revela que a disciplina da forma (dos atos) do procedimento é instrumental não somente ao escopo primeiro, peculiar e direto do ato processual, mas também – como é óbvio que seja – ao objetivo último, genérico e indireto do ato em si, ou seja o escopo constitucional do processo unitariamente considerado: a pronúncia sobre o mérito do direito controvertido. Disso, derivam do princípio da instrumentalidade das formas três ulteriores corolários, igualmente importantes: d) **o processo deve dar, na medida do possível, ao titular de um direito tudo aquilo e exatamente aquilo que ele tem direito de conseguir;** e) os vícios dos atos perdem relevância se o procedimento, prescindindo de pleno alcance do escopo do correspondente ato perfeito, conserva a idoneidade para atingir o seu escopo (cfr. artt. 157, c. 2, 159, c. 3 e 161, c. 1, c.p.c.); f) **excepcionais são as hipóteses em que a violação das normas disciplinadoras do processo impõem que este se conclua com sentença terminativa.**

4. A INVALIDADE DOS ATOS PROCESSUAIS

A **invalidade do ato processual** é a consequência da inobservância das normas que disciplinam o modelo, a forma dos atos processuais; vale dizer, a consequência da ausência ou da prática defeituosa das condutas que a lei processual regula como condições de eficácia do ato processual instrumental e do ato final do processo, o provimento do juiz.

No código de processo civil, a invalidade é tratada, primeiramente, como microssistema e, com o objetivo de definir os princípios fundamentais, entre as disposições gerais e específicas dos artigos 156 e seguintes. Aqui, o legislador nomina somente a nulidade como forma de invalidade dos atos. Outras disposições do código ocupam-se de cada uma das figuras de nulidade (p. ex., arts. 158, 160, 164, 291 c.p.c.) e de outras específicas causas de invalidade, como a inadmissibilidade (p. ex., arts. 342, 366, 398 c. 2, c.p.c.) e improcedibilidade (p. ex., art. 369 c.p.c).

A análise deve, assim, proceder com a definição das **características da nulidade dos atos processuais**, também com a finalidade de verificar se efetivimente subsistem outras espécies de invalidade e, em caso afirmativo, como estas se diferenciam da nulidade. Tudo isso, levado em consideração o fato que a autonomia conceitual de uma figura de invalidade é jusitificada se essa apresenta características distintas no plano da disciplina positiva (Conso).

4.1. A nulidade

Para definir a nulidade processual, como espécie de invalidade, há que se identificar: *a)* o **perfil estrutural**: as fontes de nulidade, as possíveis causas ou vícios de nulidade e as razões justificativas da nulidade; *b)* o **perfil funcional**: as consequências da verificação do vício que produz nulidade, seja sobre o ato, seja sobre o procedimento, ou seja, o regime de nulidade em sentido amplo.

4.1.1. O perfil estrutural

Porquanto regule **as fontes de nulidade processuais**, o artigo 156 c.p.c. esclarece, em primeiro lugar, que essas são predeterminadas pela lei (parágrafo primeiro), mas esse princípio da taxatividade é somente aparente, pois sempre se resguarda o poder do juiz de declarar a nulidade quando, à mingua de previsão legal, o ato padeça de requisitos formais indispensáveis para o atingimento do seu escopo (segundo parágrafo). Nessa última hipótese, do juiz se espera, evidentemente, também o dever de determinar por inteiro o específico regime da nulidade.

Causa de nulidade, de um ponto de vista da fisionomia do vício, é, antes de tudo, **a ausência ou a absoluta incerteza de um ou mais requisitos formais** que assumem relevância exterior para a tipicidade do ato, conforme previsão expressa da lei (p. ex., arts. 164, 480, c. 2, c.p.c.), ou em aplicação do artigo 156, c.2, c.p.c. Constitui causa de nulidade também a ausência dos requisitos que, por não pertencerem à veste exterior do ato, representam elementos da sua *fattispecie* (p. ex., voluntariedade do ato, capacidade e legitimação processual). Inclusive **o espaço e o tempo** devem ser considerados requisitos formais do ato processual, de modo que sua violação comporta a nulidade do ato. Causa de nulidade também é **a violação de uma norma processual**, tendo em vista a verificação dos moldes e da ordem de cada uma das fases processuais (p. ex., 112, 158 e 160, c.p.c.), inclusive se a nulidade não é cominada expressamente pela lei.

Problemático é estabelecer se o complexo de normas relativas à nulidade (arts. 156-162 c.p.c.) contemplam e, portanto, de algum modo regulam também **o defeito de todos os requisitos formais do ato**, isto é, as hipóteses de **omissão total**, de **inexistência histórica do ato**. Na lógica das nulidades processuais, todavia, a distinção entre conduta defeituosa e conduta omissa não se mostra relevante. Em cada caso, é certo que, também na hipótese de omissão de um ato essencial da série procedimental, podem operar aqueles mecanismos previstos nas mesmas disposições sobre nulidade (arts. 156, c. 3, 157, c. 2 e 162 c.p.c.) que tornam remediável a verificação do vício e, com efeito, sanam o procedimento no sentido de que possibilitam-no prosseguir rumo à sentença de mérito, em vez de concluir-se com uma sentença de rito.

De um ponto de vista da **razão que justifica a nulidade**, mostra-se fundamental a distinção – relevante, como veremos, para cada perfil de regime de nulidade – entre **nulidade pela ausência de requisitos de existência e de certeza do poder exercido** (p. ex., citação ou recurso nulo por indeterminação da demanda; impugnação desprovida de motivos específicos), e **nulidade pelo ilegítimo exercício do poder existente e determinado** (p. ex., citação ou recurso, também em sede de impugnação, nulos por ausência de observância do prazo mínimo para manifestação).

4.1.2. O perfil funcional

No que respeita à determinação das **consequências da verificação de vício de nulidade** sobre o ato, tendo por base os princípios da nulidade parcial (art. 159, c. 2, c.p.c.) e da conservação dos efeitos do ato (art. 159, c.3, c.p.c.), o ato nulo pode produzir os efeitos típicos associados aos requisitos formais em concreto existentes (enquanto não produz aqueles correlatos aos requisitos inexistentes), pontuando-se a sequência procedimental em razão de cada uma das específicas *fattispecie* de nulidade, todas unidas pela tensão de garantir, sempre que possível, a pronúncia de mérito (p. ex., arts. 50, 102, 164, 182, 291, 427 c.p.c., etc.). Também nesse tocante deve estar presente a fundamental distinção – há pouco tratada – entre **nulidade pela ausência dos requisitos de existência e de certeza do poder exercido**, de um lado; e **nulidade pelo exercício ilegítimo do poder**, de outro: enquanto no primeiro caso o ato não produz, nem mesmo provisoriamente, os efeitos do exercícito do poder correlato aos requisitos faltantes (de modo que a relativa pronúncia de nulidade opera em caráter declaratório), nas segundas, em regra, o ato produz provisoriamente os efeitos coligados ao exercício do poder, até à pronúncia de nulidade (aqui, com caráter constitutivo) ou à correção do vício, momento em que tais efeitos se consolidam.

Tratando-se, em vez disso, **das consequências sobre o procedimento de verificação do vício de nulidade**, o nosso sistema não adota o esquema segundo o qual, uma vez identificado um vício de nulidade dos atos de procedimento, o juiz deve limitar-se a detectá-lo, encerrando o processo com sentença terminativa (com possibilidade de repropositura da demanda em um processo sucessivo, salvo hipótese de decadência). Ao contrário, pelo princípio da conservação dos efeitos dos atos jurídicos – e também por imanente exigência de economia processual –, o processo é disseminado das chamadas causas sanatórias, ou seja, de mecanismos destinados, com modalidades e efeitos diversos, a eliminar, na medida do possível, a relevância do não atendimento à forma, remediando erros cometidos pelas partes na prática de atos processauis, para que o processo iniciado possa atingir seu escopo. Somente no caso em que não se opere um desses remédios (por ausência dos pressupostos objetivos ou por inatividade da parte onerada) e, portanto, o procedimento permanece viciado (eventualmente também por extensão da nulidade ao atos dependentes daquele viciado: art. 159, c. 1, c.p.c.), a nulidade apresenta-se ao juiz como uma questão prejudicial, idônea a definir o juízo por *absolutio ab instantia*. Da reunião de todas as numerosas disposições que prevêem causas de correção dos vícios dos atos processuais – verificam-se, p. ex., os artigos 50, 102, 162, 164, 167, 182, 291, 367, 426, 427 c.p.c., bem como as disposições sobre *traslatio iudicii* em caso de vício de jurisdição – parece ser possível retratar o princípio geral segundo o qual, quando o vício diga respeito somente quanto ao modo de exercício de um poder processual existente e determinável, o procedimento conhece sempre das causas sanatórias que permitem à parte remediar seu erro e de conservar os efeitos derivados do exercicio do poder existente e determinado, ainda que defeituosamente exercido.

O terceiro aspecto que deve ser considerado para definir a nulidade processual, em seu perfil estrutural, é o seu **regime** em sentido estrito, o qual é constituído principalmente das modalidades de: *a)* **identificação** do vício; *b)* **sanatória** do vício, caso existente; *c)* **renovação** do ato viciado.

Sobre a **identificação** do vício, o artigo 157, c. 1, c.p.c., estabelece que "non può pronunciarsi la nullità senza istanza di parte, se la legge non dispone che sia pronunciata d'ufficio." Tal disposição, que fixa uma regra e uma exceção, não é, porém, exaustiva, porque não considera a nulidade não textual (art. 157, c. 2, c.p.c.), para a qual o inteiro regime, incluindo-se o aspecto da identificação, deve ser reconstruido em via interpretativa. Por um exame das disposições que prevêem a revisão de ofício da nulidade, e por considerações de caráter sistemático, determina-se o princípio segundo o qual, em regra, são revistas de ofício as **nulidades decorrentes da ausência dos requisitos de existência e de certeza do poder exercido**, porque, nestes casos, o juiz não pode proferir a resposta a uma demanda que não existe (ou porque ausente o poder de propô-la, ou porque a demanda não é admissível); enquanto que são revistas somente com iniciativa da parte as **nulidades por ilegítimo exercício do poder existente e determinado**, que de regra impedem ou limitam um poder processual de outros sujeitos que sinaliza para sua exclusiva disponibilidade. Derrogam esta regra os casos em que, precisamente por causa do vício, não será possível à parte saná-lo (p. ex., a nulidade do mandado de citação, da própria citação, vício na integração do contraditório).

Deve ser, então, recordado que somente em determinada fase do processo será possível a revisão da nulidade de ofício (p. ex., a nulidade do art. 158 c.p.c.) e, por tal razão, conversível (revisão somente a partir da iniciativa da parte). Segue-se que somente indicação de "nulidade revisável de ofício" (ou "absoluta", em contraposição à "relativa") não é apta a indicar precisamente a revisibilidade de um determinado vício.

Com relaçao à **sanação** dos vícios de nulidade, trata-se de um tema da maior importância atual no estudo sistemático da nulidade processual, por razões de natureza variada. Em primeiro lugar, considerando as formas de correção dos vícios – mais tecnicamente, o modo de correção do relacionamento entre o ato imperfeito e os efeitos correspondentes ao ato perfeito – permite-se, com maior clareza que em outros critérios, diferenciar entre suas várias espécies de invalidade e, no que diz respeito ao código de processo civil, também as várias espécies de nulidade. Sob diferente perfil, o estudo do tema da correção dos vícios dos atos processauis lança luzes sobre o fenômeno do procedimento enquanto tal, pois a discussão sobre a existência de mecanismos internos ao processo, voltados à eliminaçao da importância de cada vício, reforça e enaltece o conceito de cadeia de atos cronologica e funcionalmente coligados entre si para um mesmo fim.

Dito isso, observo que, por correção de um vício, deve-se entender, genericamente, a subsistência de um mencanismo processual, por força do qual um ato processual praticado em violação às normas que prevêem o modelo legal – e, portanto, viciado, inválido, consequentemente, ineficaz – pode produzir, no todo ou em parte, os mesmos efeitos que a lei associa ao correspondete ato perfeito; vale dizer, praticado segundo o modelo legal.

Também com relação a isso deve ser ressaltado que, na presença de uma diferenciada pluralidade de causas de correção dos vícios dos atos processuais, a mera qualificação de uma nulidade em termos de "nulidade sanável" ou "insanável" não é completamente idônea para a indicar o específico regime do vício correspondente. Na maior parte dos casos, de fato, as formas e o grau de correção de cada vício podem ser aferidos somente concretamente, distinguindo, caso a caso, dependendo do específico *iter* do procedimento de que se trata: basta pensar no complexo e articulado regime de correção dos vícios do ato de citação, que varia, entre outros, dependendo da conduta do réu (arts. 164 e 294 c.p.c); ou dos vícios de constituiçao do juiz e da intervenção do ministério público, ex art. 158 c.p.c., sanáveis caso a parte interessada não deduza como motivo de impugnação. Nesse sentido, interessa sobremaneira verificar qual é o espectro da modalidade pela qual se opera a correção dos vício de nulidade dos atos processuais – nessa perspectiva de identificação das características que conferem identidade e autonomia à categoria de invalidade ora em análise – e, a tal fim, o exame deve ser dirigido para as causas de correção "gerais", reguladas no âmbito das diposições sobre nulidade em geral, com particular atenção à incidência da correção sobre efeitos do ato viciado. Veremos que também nessa perspectiva assume segura relevância a distinção entre **nulidade por falta dos requisitos de existência e de certeza do poder exercido**, de um lado; e **nulidade por exercício ilegítimo do poder**, de outro.

O motivo mais importante de correção da nulidade, particularmente dos **vícios da sentença**, é a formação da coisa julgada. No sentido do artigo 161 c.p.c., se a parte interessada não impugna a sentença, haverá a formação da coisa julgada e restam irrelevantes eventuais motivos de nulidade, que, nesse sentido, podem ser considerados sanados. Excepcionam essa regra, e subsistem mesmo com a formação da coisa julgada, somente as nulidades por falta do poder jurisdicional (art. 161, co. 2, c.p.c.) e, como se extrai do sistema, por indenterminação do próprio poder (p. ex., no caso de sentença com conteúdo indeterminado).

Da mesma natureza é o motivo de **correção por aquiescência parcial ex art. 329, c. 2 e 161 c. 1, c.p.c.** Na linha dessa última disposição, se o recurso é interposto, **os vícios de nulidade da sentença** devem ser considerados; caso contrário, a questão estará preclusa nas fases sucessivas do processo. Essa regra não se aplica – não somente, obviamente, às nulidades que subsistem com a formação da coisa julgada, mas também – às nulidades revistas de ofício em cada fase do processo (p. ex., vício de jurisdição, vício de condições da ação, vício de integração do contraditório), sempre que sobre o ponto não tenha se formado coisa julgada formal.

Outra forma de aquiescência – também com efeito corretivo de caráter preclusivo – relacionando-se com a situação processual surgida como resultado da ocorrência de um vício de nulidade, é a **ausência de impugnação do vício** disciplinado pelo art. 157, c. 2, c.p.c., com referência aos atos do processo e não da sentença, segundo os quais a parte que tem interesse em alegar o vício "deve farlo nella prima istanza o difesa successiva all'atto o alla notizia di esso." Aqui, evidentemente, vem a relevo somente a nulidade de exclusiva disponibilidade das partes e que se trata, em particular, dos casos em que o exercício ilegítimo de um poder existente e determinado – e, em seguida, o vício – impede ou limita um poder processual da parte.

Nestes casos, a irrelvância da nulidade opera da mesma maneira que uma renúncia tácita aos efeitos que o vício de nulidade comporta sobre o ato e sobre o procedimento, dentre os quais o poder de declarar a nulidade do ato e a extensão da nulidade aos atos dependentes daquele nulo (art. 159, c. 1, c.p.c.). A renúncia tácita da parte, portanto, de vale-se das garantias procedimentais que a norma violada assegura, a ser reintegrada aos poderes processuais impeditivos ou limitativos devido ao vício. Acontece que, nesses casos, o vício não impede a produção dos efeitos do poder mal exercido e que a sanação opere, segundo a fórmula tradicional, retroativamente, vale dizer, com efeito *ex tunc*.

Provavelmente, a mais importante causa sanatória de cada ato processual é o **alcance do próprio escopo**, não obstante a verificação de um vício de nulidade (*rectius*: **o atingimento do escopo da norma que prescreve o modelo do ato** em referência), contemplado pelo art. 156, c.3, c.p.c. Em síntese, o escopo da norma que prescreve a forma do ato consiste em permitr aos outros sujeitos do processo exercitar os poderes processuais que a norma lhes atribui para a sequência do procedimento, mediante a prática de cada ato, segundo tempo e modo previstos pela mesma lei.

O princípio da geral sanabilidade das nulidades pelo alcance do escopo tem uma grande importância sistemática – com a finalidade de compreender o papel das *formas* dos atos processuais – e um **alcance geral**, aplica-se não só a todos os atos processuais, como é óbvio, mas também a todas as figuras de deformidade do modelo legal diversas da nulidade em sentido estrito e, em particular, da inadmissibilidade e da improcedibilidade. Essa conclusão deveria ser necessária caso se percebesse que o princípio em análise já está contido, como sua direitta e ineludível consequência lógica, no princípio mais geral da instrumentalidade das formas, e não se pode duvidar que esse último princípio tenha um alcance geral (arts. 121 e 131 c.p.c.). Contudo, a jurisprudência, com significativa oscilação, geralmente não considera aplicável esse princípio às hipóteses de inadmissibilidade e improcedibilidade dos recursos.

Esse princípio opera de duas formas: *a*) a ***fattispecie (ab origine)*** compatível com o escopo que se determina quando, na presença de um ato carente de determinados elementos que a lei *in abstratto* considera essenciais para a validade e eficácia, o objetivo da norma é plenamente alcançado, porque a ausência daqueles elementos *in concreto* não impediu ou limitou o exercício dos poderes dos outros sujeitos do processo, segundo os tempos e modos previstos pela lei (p. ex., no juízo de cassação, a não apresentação do requerimento de remessa dos autos do processo implica a inadmissibilidade do recurso apenas se o exame dos autos seja indispensável para o julgamento da Corte); b) integração ou realização sucessiva da forma legal defeituosa ou omitida (***fattispecie ao progressivo alcance do objetivo***), determinada da combinação de um ato inválido com o ato ulterior, destinado a formar com o primeiro uma diversa *fattispecie* prevista em relação de subsidiariedade à *fattispecie* típica e dotada da mesma eficácia (p. ex., integração voluntária do contraditório da parte autora, tornando inútil a ordem do juiz conforme previsto pelo artigo 102, c. 2, c.p.c.). Com relação a essa perspectiva, o atingimento do escopo coloca-se entre as causas sanatórias com base na notória concessão segundo a qual por causa sanatória se entende o fato que, unindo-se ao precedente fato imperfeito, faz com que este adquira a mesma relevância do correspondente ato perfeito.

Não é fácil estabelecer se **a sanatória por alcance do escopo opera *ex tunc* ou *ex nunc***, caso se leve em consideração o entendimetno sistemático segundo o qual o emprego do ato imperfeito aos mesmos fins do correspondente ato perfeito, atuando com a causa santória, dá vida a uma situação eficaz que coincide com aquela que seria determinada se o ato fosse perfeitamente praticado, somente a partir do momento em que se verifica a santória, parece poder-se afirmar, ao menos tendencialmente, que, nos casos de ***fattispecie* obediente aos escopos**, o ato contém todos os elementos necessários à sua função típica, não obstante a deformidade do modelo legal, e, portanto, produzindo todos os seus efeitos típicos desde a sua formação. **Em todos os outros casos de integração ou prática sucessiva da *fattispecie***, a sanatória, vice-versa, opera *ex nunc*, considerando, contudo, que o ato nulo, com base no princípio geral, produz desde a origem – eventualmente de forma precária – os efeitos correlatos aos requisitos em concreto presentes (art. 159, c. 3, c.p.c.). Nos casos de **alcance do resultado prático no processo** – provado pelo exercício da faculdade cujo ato nulo é pré-ordenado ou, porém, através da prática de um ato processual – a sanatória se opera do momento em que o alcance do resultado prático pode se dizer experimentado, salvo se operar-se também o mecanismo da ausência de impugnação *ex* art. 157, c. 2, c.p.c., no qual o vício perde relevância *ex tunc*.

Também nesse sentido, deve-se ter presente a distinção que traçamos sobre estrutura e função da nulidade, pela qual, **se o vício disser respeito à existência ou à certeza do poder exercido**, o alcance do escopo determina a produção dos efeitos desde o momento em que o poder existir e for identificável;

diversamente, **se o vício disser respeito somente ao modo de exercídio do poder existente e identificável**, o alcance do escopo consolida os efeitos do ato de exercício de poder já produzidos até o momento da prática do próprio ato.

A **renovação** do ato viciado, do qual o art. 162 c.p.c. consagra o alcance geral – salvo os casos em que não seja possível materialmente (p. ex., mudança superveniente da situação de fato a qual a decisão constituiu pressuposto da perícia técnica a renovar) ou juridicamente (p. ex., nulidade derivada da prática de ato em outro prazo ao previsto) – constitui também uma causa sanatória dos vícios de nulidade e, todavia, por sua importância sistemática merece tratamento à parte. Isso, de fato, esclarece que, na falta de outras disposições específicas, a verificação de um vício de nulidade não comporta nunca a pronúncia de *absolutio ab instantia*, mas impõe a emanação de um provimento que elimine, o quanto possível, o próprio vício e permita o processo prosseguir para sua meta natural, a sentença de mérito.

Com relação ao modo de operar da renovação, com base nos princípios gerais que recordei até aqui, pode-se afirmar que, quando se trata de um vício da demanda, por inexistência ou ausência de certeza do poder exercido, a renovação será sempre *ex nunc*, "relativamente aos efeitos da demanda", baseando-se nos princípios gerais (ex comb. disp. artt. 159 e 164 c.p.c.). Aqui, a renovação opera "mantida a decadência ocorrida e salvaguardados direitos adquiridos anteriormente à renovação ou à integração" (art. 164, c.5, c.p.c.), o que, portanto, pode também revelar-se de todo inútil ou impedida pela preclusão ou decadência já verificadas ao momento em que devesse ser aplicada. Quando se trata de uma nulidade de procedimento, por exercício ilegítimo do poder, a renovação, pelo contrário, opera-se *ex nunc*, "no que toca ao vício de procedimento", removendo o impedimento à decisão do mérito e, desse modo, "recuperando" aqueles efeitos sobre o procedimento – vale dizer, a idoneidade de prosseguir até à decisão de mérito – que o vício havia impedido. Em cada caso, "com relação aos efeitos da demanda", que foram produzidos, ainda que provisoriamente, desde o primeiro ato, a renovação opera subtraindo seu caráter de provisoriedade que derivava da presença do vício de procedimento sanável, mas ainda não sanado. Aqui, a renovação opera sanando os vícios do procedimento, inclusive se no momento em que era possível a renovação decorreu o prazo que a lei prevê para a pratica do ato viciado, "e os efeitos materiais e processuais da demanda se produzem desde o momento da primeira intimação" (art. 164, c.2, c.p.c.).

A partir da consideração global da disciplina da nulidade processual, pode ser retratado o seguinte, fundamental, princípio geral de aplicação nos casos em que a lei não regula expressamente o regime de um determinado vício: na presença de um erro da parte na prática do ato, de um vício que diz respeito ao legítimo exercício de um poder existente e determinado, o procedimento adota sempre um esquema sanatório do próprio vício, que, se utilizado pela parte interessada, permite sanar o procedimento e conservar os efeitos do poder exercido, desde o primeiro ato viciado praticado. Diversamente, quando o vício relaciona-se com a existência ou a determinação do poder exercido, o esquema sanatório, que de todo modo subsiste, opera também sanando o procedimento, mas os efeitos do poder se produzem somente do momento da existência e/ou do exercío do ato, de modo que seja determinável pelo seus elementos subjetivos e objetivos. Consequentemente, nessas hipóteses, se da prática do ato viciado ao momento de aperfeiçoamento do esquema sanatório se verificar uma decadência processual do poder de prática do ato, ou outro tipo de impedimento à prática do mesmo ato, não será possível recurperar os efeitos que o ato viciado não havia produzido, devido ao próprio vício.

4.2. As espécies de invalidade diversas da nulidade

Uma vez definidas as características da nulidade processual, é possível verificar se há espaço para outras espécies de invalidade no ordenamento processual civil.

A normativa que deflui dos três parágrafos do artigo 156 c.p.c. pressupõe, implicitamente, mas, não obstante, claramente, hipóteses de carencia de requisitos formais do ato *não* indispensáveis ao alcance do seu escopo e, enquanto tal, não constitutivos de vício de nulidade.

Para definir conceitualmente as hipóteses que ora estamos examinando, podemos recorrer, com a doutrina tradicional e com a jurisprudência, ao conceito de **irregularidade**, com a qual se indica especificamente a inobservância de forma que não influi, de modo algum, nos efeitos típicos do ato. Pode-se, assim, distinguir a ***fattispecie* legal do ato**, formada dos requisitos que o ato deve, necessariamente, conter, a fim de que produza os seus efeitos típicos (requisitos sob pena de nulidade), do **modelo legal do ato,** formado pela *fattispecie* legal e por aqueles requisitos ulteriores, previstos pela lei, cuja falta não comporta qualquer consequência sobre a eficácia do ato (requisitos sob pena de irregularidade).

No código de rito, a anulabilidade não vem nunca nominada. E, com efeito, vimos que, segundo os princípios gerais, "se o vício impede um determinado efeito, o ato pode, todavia, produzir os outros efeitos aos quais é idôneo."; pelo que não parece que haja espaço para a figura da anulabilidade com as características tradicionalmente apresentadas pelo direito material, ou seja de invalidade que não impede a produção integral dos efeitos do ato inválido, ainda que de forma precária e até à pronúncia, de caráter constitutivo, que resolve a própria invalidade.

Uma *querela* nunca resolvida definitivamente é aquela das **relações entre nulidade e inexistência,** as quais se resumem no problema da configuração de uma imperfeição dos atos processuais – a inexistência, em destaque – mais grave, distinta e autônoma, inclusive conceitualmente, de nulidade. A relevância prática da questão reside no fato de que a jurisprudência utiliza tais qualificações para negar qualquer forma sanatória de vício que seja particularmente grave, em contraste com os princípios gerais que vimos caracterizarem a nulidade.

Para maior clareza expositiva, é oportuno, de um lado, tratar do problema primeiro com relação aos **atos internos do procedimento** e, sucessivamente, respeitante ao **ato conclusivo** do próprio procedimento, ou seja, a sentença; de outro lado, considerar separadamente as hipóteses de **inexistência histórica** e de **inexistência jurídica.**

No que diz respeito à **inexistência histórica de um ato interno ao procedimento,** toma relevo a hipótese de ausência de qualquer atividade material, de total omissão de qualquer ato (omissão da comunicação de "ordinanza"[4] pronunciada fora da audiência, omissão de intimação do recurso e do decreto de fixação da audiência no processo do trabalho, etc.): como observado há pouco (cfr. *supra*, § 4.1.1.), do ponto de vista estrutural, a hipótese aparece incluída na *fattispecie* de nulidade do artigo 156, c.2, c.p.c., enquanto do ponto de vista funcional tal hipótese não impõe ao juiz o encerramento do processo sem julgamento do mérito (ou seja, não exclui que o procedimento viciado possa sanar-se), quando a parte interessada aproveitou da faculdade a cujo exercícioo ato omitido e pré-ordenado (art. 156, c.3, c.p.c.), renunciando contextualmente a impugnar o vício (art. 157, c.2, c.p.c.), ou quando a sanatória é possível após a intervenção do juiz (art. 162, c.p.c.). Não se vê necessidade, nessas hipóteses, de adotar qualificação diversa da nulidade. Quanto à **inexistência jurídica de um ato interno ao procedimento,** é necessário ulteriormente ditinguir: *a)* se considerarmos um *ato processual* gravemente viciado, do ponto de vista estrutural parece adequada a relevância segundo a qual a distinção em exame é fruto de um equívoco, enquanto a validade é sempre uma função da sua conformidade à *fattispecie* legal, e, portanto, qualquer deformidade torna o ato inexistente ou nulo, se preferir, sem a possibilidade de distinguir entre deformidades grandes ou pequenas; do ponto de vista funcional, por sua vez, deve ser notado que a hipótese mais grave de vício (mesmo que seja a sentença), enquanto não sanável mesmo com a coisa julgada, é expressamente qualificada pela lei como **nulidade** (art. 161, c.2, c.p.c), *b)* se considerarmos um ato materialmente existente, mas privado dos elementos minimamente necessários para torná-lo

---

4. N.T. por não haver espécie de decisão exatamente correspondente à "ordinanza" no processo civil brasileiro, preferiu-se manter o termo encontrado no texto original. Para uma análise precisa da natureza desse ato do juiz, remetemos o leitor ao artigo 134 do *Codice di Procedura Civile.*

reconhecível como ato aparentemente de um determinado tipo (ou modelo legal) e, consequentemente, improdutivo de qualquer efeito, tal hipótese, do ponto de vista do sistema das nulidades processuais civis, não se mostra diversa daquela da ausência material do ato – tanto pelo perfil estrutural do ato, quanto pelo funcional –, e, para ela, pode ser, portanto, assimilada. Também nesse propósito, não se mostra razoável recorrer à qualificação de inexistência.

Como notado, a propósito da hipótese de sentença sem assinatura, contemplada pelo c.2 do artigo 161 c.p.c., fala-se de **inexistência** para distinguir o regime de tal ato daquele próprio do ato nulo: segundo a clássica análise do problema, entende-se que, caso tal nulidade sobreviva à coisa julgada- ou, segundo outra perspectiva, impeça a formação da coisa julgada da mesma sentença – o vício em exame, de um lado, não permite que a sentença produza seus efeitos nem ao menos de forma precária, e de outro, é insuscetível de sanação, com a consequência de que tal vício poderá ser questionado, sem limites de tempo, com uma autônoma *actio nulitatis*, por embargos à execução e também por via de mera exceção. Caminhando para análise dessa disciplina, a doutrina elaborou um conceito de inexistência – para distinguir o vício aí previsto das outras formas menos graves de nulidade – e asseverando, aliada à jurisprudência, o alcance exemplificativo da disposição em exame, foi capaz de elevar a inexistência à categoria geral, para onde confluem todos os vícios que, por não expressamente previstos pelo legislador, são tão graves que impedem a formação da coisa julgada; e isso, a fim de neutralizar os silêncios do legislador diante daquelas violações mais graves que, em uma visão macroscópica, não foram consideradas dignas de previsão. Além daquela contemplada no c.2 do art. 161 c.p.c, as hipóteses que, ao êxito dessa operação interpretativa, vêm tradicionalmente reconduzidas no âmbito da inexistência são: *a)* a sentença proferida na presença de um sujeito inexistente ou morto antes da realização da citação; *b)* sentença sem dispositivo ou de dispositivo incerto, contraditório, incompreensível ou impossível; *c)* sentença proferida somente de forma oral; *d)* e, hipótese sobre a qual há concordância absoluta, a sentença pronunciada *a non iudice*.

Dado que hoje a doutrina dominante considera a noção de inexistência inaceitável em seu significado lógico e literal, mas utilizável em seu significado convencional de vício insanável em modo absoluto, ou seja, não sanável nem mesmo por meio da aplicação da regra de conversão dos vícios de nulidade em objeto de recurso, restam dúvidas sobre as hipóteses reconduzíveis à categoria de inexistência assim compreendida e seu respectivo regime específico.

A meu ver, o complexo de disposições sobre nulidade em geral deveriam concordar com a resolução de todos os problemas que a invalidade dos atos processuais apresenta, sem necessidade de recorrer à figura da inexistência. Em particular, deve-se considerar: ***a)*** que para o artigo 156, c.2, c.p.c.: *aa)* o ato é nulo quando ausentes os requisitos formais indispensáveis para o alcance do objetivo; *bb)* em tais casos, o ato é nulo e a nulidade pode ser pronunciada mesmo que não esteja prevista expressamente pelo legislador; *cc)* em tais casos, o regime geral do vício deve ser internamente reconstruído de forma interpretrativa, sendo de todo silente o legislador a esse respeito: *dd)* o ato é nulo (e não existente) também quando ausentes todos os requisitos indispensáveis para o alcance do escopo; *ee)* o ato nulo, em regra, não produz seus efeitos típicos, mas pode produzir alguns efeitos, aos quais é idôneo, enquanto não impedidos pelos vícios que determinam a nulidade; efeitos que então variam por quantidade e pela natueza dependendo da quantidade e da natureza dos vícios que fulminam o ato; *b)* que também para as sentenças, pode ser utilmente feita a distinção entre vícios que condicionam a existência e determinação do poder exercido, de um lado; e vícios que condicionam o legítimo exercício do poder existente e determinado, de outro; *c)* que por um único vício para o qual é prevista expressamente a derrogação do princípio da conversão dos vícios de nulidade em fundamentos de impugnação (art. 161, c. 2, c.p.c.) o código – que qualifica expressamente tal vício como nulidade – não exclui, mas ainda expressamente contempla, a impugnação da sentença (art. 354, c. 1, c.p.c.). Tudo isso considerado, mostra que das diposições do código de rito sobre nulidade em geral – dentre as quais, inclusive por natureza senão por colocação topográfica, chega-se ao art 354 c.p.c. – pode-se extrair todas as regras necessárias para disciplinar as hipóteses tradicionalmente reconduzidas à inexistência da sentença não expressamente reguladas pela lei. Nessa perspectiva, as hipóteses de sentença sem dispositivo (ou sem que seja determinado o conteúdo da sentença), sem fundamentação (ou se tal vício comporte a indeterminação do conteúdo da sentença expresso no dispositivo), de conteúdo incerto ou impossível, deveriam ser consideradas nulas por falta dos requisitos indispensáveis ao escopo. Trata-se de vícios que condicionam a identificação do poder exercido. E como tais motivos de nulidade fazem da sentença proferida idônea inclusive ao escopo de decidir o mérito da controvérsia, os quais não permitem a produção do efeito previsto no artigo 2909 c.c. e não são sanáveis pela formação da coisa julgada formal das próprias sentenças; com efeito, tais motivos de nulidade podem ser arguidos também em sede de embargos à execução e por meio de ação autônoma declaratória negativa, em que não se pretende desempenhar uma *actio nulitatis* em sentido técnico. Além disso, na linha da regra que prevê o vício desciplinado pelo c.2 do art. 161 c.p.c., que não exclui a sujeição normal aos meios normais de impugnação da sentença afetada pelos vícios que subsistem à coisa julgada formal (ou, se preferir, que impedem a formação da coisa julgada) – e na falta de outras razões específicas de compatibilidade – as sentenças assim viciadas ficam sujeitas "também" aos meios normais de impugnação.

Do que até agora se viu, no processo civil, nulidade e **ineficácia** representam, respectivamente, a qualificação devida ao legislador a um ato viciado, porque ausentes os requisitos indispensáveis ao seu escopo e a consequência derivada da ocorrência do vício, ou seja a idoneidade do próprio ato para produzir os seus efeitos típicos (art. 159 c.p.c.). Essa relação entre nulidade e ineficácia é reconhecida também em sede de teoria geral, em que exatamente se precisa que a invalidade é "uma" das causas de ineficácia dos atos. Portanto, não há sequer espaço para a eficácia, se entendida como uma figura autônoma de invalidade dos atos processuais.

Realmente delicado também o tema das **relações entre nulidade e inadmissibilidade.** De fato, afora a conideração, geralmente compartilhada, segundo a qual a inadmissibilidade, como categoria lógico-jurídica geral processual, seria uma *species* do *genus* invalidade, entendida essa última como categoria que reagrupa e resume os vários tipos de tratamento que o legislador confere ao atos imperfeitos, não são muito claros os fenômenos que tais termos deveriam qualificar, sejam as específicas *fattispecie* que deveriam ser encaixadas naquele esquema, seja a específica disciplina aplicável a tal figura de invalidade que deveria justificar a sua autonomia conceitual.

Segundo a doutrina dominante e a jurisprudência, as hipóteses formais de inadmissibilidade – que vêm a relevo essencialmente nos atos de interposição dos recursos – são sempre revistas de ofício e insanáveis.

Segundo uma diversa e minoritária posição, partindo para um exame exclusivo do momento efetivo dos fenômenos estudados, deve-se negar autonomina conceitual à inadmissibilidade em relação àa nulidade. A consideração dos diversos tratamentos contemplados pelos vários vícios de nulidade, de fato, conduzem à conclusão de que a nulidade, como categoria geral e positivamente contemplada, abrange tudo o quanto é logicamente compatível com o ordenamento processual dentro do âmbito da irregularidade e da inexistência. A negação da autonomia lógico-jurídica à noção de inadmissibilidade, a meu ver compartilhável, comporta como principal consequência a aplicação da disciplina geral sobre nulidade, incluindo-se o princípio da instrumentalidade das formas e seus corolários – entre os quais o princípio da sanação do vício pelo alcance do escopo –, também com as imperfeições sancionadas com inadmissibilidade. A aplicabilidade do princípio da instrumentalidade das formas, pensando bem, não poderia ser, aqui negada – como frequentemente o faz a jurisprudência – inclusive reconhecendo autonomia conceitual à inadmissibilidade, porque, em cada caso, representa uma hipótese de inobservância das formas, sujeita como tal ao princípio em análise e aos seus corolários.

No que diz respeito às **relações entre nulidade e improcedibilidade**, deve-se atentar para a observação de que essa última se apresenta como uma *species* do *genus* inatividade, objetivamente limitada à fase introdutória do julgamento recursal e qualificada pela especialidade da sanção, ou seja, a ausência de nova interposição do recurso declarado inadmissível pela norma dos artigos 358 e 387 c.p.c. Considerado, portanto, que também a inadmissibilidade consiste na inobservância de forma que comporta a idoniedade do ato para produção dos seus efeitos típicos, o problema que se coloca, na ausência da uma disciplina expressa, é o da aplicação direta ou analógica das normas aplicáveis à nulidade, com particular atenção ao princípio sanação pelo alcance do escopo. A meu ver – e em contraste com a jurisprudência dominante –, se considerados que a improcedibilidade tambem é a consequência da inobservância de normas sobre forma dos atos, deve-se reconhecer – como para a inadmissibilidade, conforme acabamos de ver – que também à improcedibilidade se aplica ao princípio da instrumentalidade das formas com seus corolários, incluindo-se o princípio da sanação da inobservância das formas para o alcance do escopo da norma não observada.

5. CONCLUSÕES

A disciplina da **invalidade** dos atos processuais é, portanto, a disciplina das consequências que o ordenamento processual liga ao exercício defeituoso dos poderes de ação e de jurisidição (porque totalmente ausentes ou porque, embora existentes, não determináveis ou ilegalmente exercidos).

No código de processo civil italiano, a invalidade assume essencialmente a denominação de *nulidade* e apresenta características estruturais e funcionais próprias, não assimiláveis a outras espécies de invalidade conhecidas no direito material. Às vezes, conluímos, o impedimento à decisão de mérito encontra-se subsumido ao *nomen iuris*, uma qualificação diversa da nulidade: fala-se, então, nesses casos, inclusive da segundo a fase do processo de que se trata, de inadmissibilidade ou de improcedibilidade. A diferente qualificação formal não deve, todavia, ser supervalorizada, porquanto se trata sempre de fenômenos reconduzíveis, do ponto de vista estrutural e funcional, ao esquema da nulidade.

Parece ser possível afirmar, então, que a invalidade – como categoria geral dos atos jurídicos –, identifica-se no processo civil com a nulidade, conceito idôneo a compreender novamente e a reassumir os vários tipos de tratamento a que o legislador submete os atos processuais não adequados ao modelo. Conclusão essa que, se não surpreende, deve-se à extrema elasticidade que a figura da nulidade assume na disciplina positiva do processo civil: seja com relação à suas características estruturais (v., retro, tópico 4.1.1), seja com relação àquelas funcionais (v., retro, tópico 4.1.2).

Se é verdade, assim, que para atingir o efeito constitucional do processo, isto é, a pronúncia sobre o mérito do direito controvertido, é necessário e suficiente exercitar regularmente, legitimamente, o poder de ação, vale dizer, observar as normas que disciplinam a forma dos atos processuais para explicar e definir, respectivamente, os conceitos de validade e de invalidade dos atos processuais, parece que se deva recorrer ao esquema do poder: a cada integral, perfeita, reprodução do esquema legal haverá legítimo exercício do poder e, assim, reconexão dos efeitos, com particular referência ao dever de proferir a decisão de mérito da controvérsia; correlativamente, a cada desvio relevante do esquema legal, com respeito ao escopo perseguido por este esquema, haverá invalidade que, por conseguinte, resolve-se, ao menos no que toca aos atos da parte, na ausência ou no ilegítimo exercício do poder. As coisas não se modificam muito com relação aos atos do juiz, devendo-se relacionar a invalidade dos provimentos à ausência de poder jurisidconal ou ao ilegítimo exercício do poder-dever do juiz, nos termos e com as respectivas consequências que sinstetizei nas páginas antecedentes.

6. BIBLIOGRAFIA ESSENCIAL

F. Auletta, *Nullità e «inesistenza» degli atti processuali civili*, Padova, 1999.

G. Balena, *In tema di inesistenza, nullità assoluta ed inefficacia delle sentenze*, in Foro it., 1993, I, c. 179 ss.

C. Besso, *La sentenza civile inesistente*, Torino, 1997.

A. Capone, *L'invalidità nel processo penale*, Padova, 2012.

R. Caponi, *La rimessione in termini nel processo civile*, Milano, 1996.

R. Caponi, *Azione di nullità (profili di teoria generale)*, in Riv. dir. civ., Supplemento annuale di studi e ricerche, 2008, p. 59 ss.

F. Carnelutti, *Sistema del diritto processuale civile*, II, Padova, 1938.

F. Carnelutti, *Teoria generale del diritto*, Roma, 1951.

F. Carnelutti, *Istituzioni del processo civile italiano*, I, Roma, 1956.

B. Ciaccia Cavallari, *La rinnovazione nel processo di cognizione*, Milano, 1981.

G. Conso, *Il concetto e le specie d'invalidità*, Milano, 1955.

G. Conso, *I fatti giuridici processuali penali*, Milano, 1955.

G. Conso, *Atti processuali penali*, in Enc. dir., IV, Milano, 1959, p. 140 ss.

G. Conso, *Prospettive per un inquadramento delle nullità processuali civili*, in Riv. trim. dir. e proc. civ., 1965, p. 110 ss.

F. Cordero, *Le situazioni soggettive nel processo penale*, Torino, 1957.

F. Cordero, *Nullità, sanatorie, vizi innocui*, in Riv. it. dir. proc. pen., 1961, p. 680 ss.

V. Denti, *Inesistenza degli atti processuali civili*, in Noviss. Dig. it., Torino, 1962, VIII, p. 635 ss.

V. Denti, *Nullità degli atti processuali civili*, in Noviss. Dig. it., XI, Torino, 1965, p. 467 ss.

V. Denti, *Gli atti processuali*, in *Dall'azione al giudicato*, Padova, 1983, p. 127 ss.

V. Denti, *Invalidità (diritto processuale civile)*, in *Enc. dir.*, Agg., I, 1997, p. 709 ss.

M. D'Orsogna, *Il problema della nullità in diritto amministrativo*, Milano, 2004.

E. Fazzalari, *Procedimento e processo (teoria generale)*, in *Dig. disc. priv.*, sez. civ., XIV, Torino, 1996, p. 648 ss.

L. Ferrajoli, *Principia iuris. Teoria del diritto e della democrazia*, I, *Teoria del diritto*, Bari, 2007.

C. A. Giovanardi, *Osservazioni sull'asserita autonomia concettuale dell'inammissibilità*, in *Giur. it.* 1986, I, 2, 665 ss.

C. A. Giovanardi, *Sullo scopo dell'atto processuale in relazione alla disciplina della nullità*, in *Riv. dir. civ.*, 1987, II; p. 267 ss.

S. La China, *Norma (dir. proc. civ.)*, in *Enc. giur.*, XXVIII, Milano, 1978.

E. T. Liebman, *L'azione nella teoria del processo civile*, in *Riv. trim. dir. e proc. civ.*, 1950, p. 47 ss.

G. Lozzi, *Atti processuali – II) Diritto processuale penale*, in *Enc. giur.*, II, Roma, 1995.

F. Luciani, *Il vizio formale nella teoria dell'invalidità amministrativa*, Torino, 2003.

F. Luciani, *Contributo allo studio del provvedimento amministrativo nullo. Rilevanza ed efficacia*, Torino, 2010.

C. Mandrioli, *L'assorbimento dell'azione civile di nullità e l'art. 111 della Costituzione*, Milano, 1967.

G. Martinetto, *Della nullità degli atti processuali*, in *Comm. Allorio*, I, 2, Torino, 1973, p. 1579 ss.

F. Marelli, *La conservazione degli atti invalidi nel processo civile*, Padova, 2000.

E. Minoli, *L'acquiescenza nel processo civile*, Milano, 1942.

L. Montesano, *Questioni attuali su formalismo, antiformalismo e garantismo*, in *Riv. trim. dir. e proc. civ.*, 1990, p. 1 ss.

P. Moscarini, *Esigenze antiformalistiche del processo e conseguimento dello scopo nel processo penale italiano*, Milano, 1988.

R. Oriani, *Atti processuali – I) Diritto processuale civile*, in *Enc. giur.*, III, Roma, 1988.

R. Oriani, *Nullità degli atti processuali – I) Diritto processuale civile*, in *Enc. giur.*, XXI, Roma, 1990.

I. Pagni, *Le azioni di impugnativa negoziale*, Milano, 1998.

R. Poli, *Invalidità ed equipollenza degli atti processuali*, Torino, 2012.

A. Proto Pisani, *Note in tema di nullità dell'atto di citazione e di effetti processuali e sostanziali della domanda giudiziale*, in *Riv. dir. civ.*, 1988, I, p. 655 ss.

A. Proto Pisani, *Violazione di norme processuali, sanatoria "ex nunc" o "ex tunc" e rimessione in termini*, in *Foro it.*, 1992, I, c. 1719 ss.

E. Redenti, *Atti processuali civili*, in *Enc. dir.*, IV, Milano, 1959, p. 105 ss.

S. Satta, C. Punzi, *Diritto processuale civile*, Padova, 2000.

G. Tarzia, *Profili della sentenza civile impugnabile*, Milano, 1967.

> 3º Painel Binacional: Invalidades processuais

INVALIDADES PROCESSUAIS - RELATÓRIO NACIONAL (BRASIL)[1]

Antonio do Passo Cabral

Professor Doutor de Direito Processual Civil da Universidade do Estado do Rio de Janeiro (UERJ). Doutor em Direito Processual pela UERJ em cooperação com a Universidade de Munique, Alemanha (Ludwig-Maximilians-Universität). Mestre em Direito Público pela UERJ. Pós-doutorando pela Universidade de Paris I (Panthéon-Sorbonne). Membro da International Association of Procedural Law, do Instituto Iberoamericano de Direito Processual, do Instituto Brasileiro de Direito Processual, da Associação Teuto-Brasileira de Juristas (Deutsch-Brasilianische Juristenvereinigung) e da Wissenschaftliche Vereinigung für Internationales Verfahrensrecht. Procurador da República no Rio de Janeiro.

SUMÁRIO: 1. O SISTEMA BRASILEIRO DE FORMALIDADES PROCESSUAIS; 2. INVALIDADE COMO SANÇÃO OU CONSEQUÊNCIA. REQUISITOS FORMAIS E A GRADUAÇÃO DA INTENSIDADE DA CONSEQUÊNCIA LEGAL. DIFERENÇA DAS INVALIDADES NO DIREITO PRIVADO DAS INVALIDADES NO PROCESSO; 3. AS ESPÉCIES CLÁSSICAS DE INVALIDADES PROCESSUAIS. SUPOSTA GRADUAÇÃO ENTRE OS DEFEITOS E AS SANÇÕES; 3.1. NULIDADES ABSOLUTAS, NULIDADES RELATIVAS, ANULABILIDADES; 3.2. INVALIDADES COMINADAS E NÃO COMINADAS; 3.3. PRINCÍPIOS OU REGRAS DA TEORIA DAS NULIDADES NA DOUTRINA CLÁSSICA; 3.3.1. PRINCÍPIOS DA LIBERDADE E DA INSTRUMENTALIDADE DAS FORMAS; 3.3.2. PRINCÍPIOS DO PREJUÍZO E DO INTERESSE; 3.3.3. PRINCÍPIO DA CAUSALIDADE; 3.3.4. PRINCÍPIO DA CONVERSÃO OU DA FUNGIBILIDADE; 4. CRÍTICAS À TEORIZAÇÃO TRADICIONAL DAS NULIDADES; 5. NOVAS TENDÊNCIAS; 5.1. RESGATE DA VONTADE NOS ATOS PROCESSUAIS. NOVA CONCEPÇÃO SOBRE A FINALIDADE; 5.2. ADEQUAÇÃO OU ADAPTABILIDADE DO PROCEDIMENTO. ACORDOS PROCESSUAIS E NULIDADES; 5.3. FORMALIDADES NO PROCESSO CONTEMPORÂNEO. FORMA-FUNÇÃO E O RETORNO ÀS PARTES: AS FORMAS COMO CONTENÇÃO DO JUIZ E GARANTIAS DE EQUILÍBRIO DE PODER. A NULIDADE COMO SANÇÃO REGULATÓRIA OU INDUTIVA; 5.4. PRINCÍPIO DE VALIDADE PRIMA FACIE DOS ATOS PROCESSUAIS E A DIFERENÇA PARA O EXAME DA INSTRUMENTALIDADE DAS FORMAS; 5.5. A NULIDADE COMO SANÇÃO REGULATÓRIA, PREMIAL OU INDUTIVA; 5.6. REFORMULANDO OS "PRINCÍPIOS" DAS INVALIDADES. DA "CAUSALIDADE" A UMA RELAÇÃO NORMATIVA ENTRE ATIPICIDADE E ATO VICIADO; DO "PRINCÍPIO DO INTERESSE" À ILEGITIMIDADE AD ACTUM; DO PREJUÍZO DEFINIDO A PRIORI À SIGNIFICAÇÃO COMUNICATIVA DO VÍCIO A POSTERIORI; 6. CONCLUSÃO; 7. BIBLIOGRAFIA.

1. O SISTEMA BRASILEIRO DE FORMALIDADES PROCESSUAIS

A forma é o meio de exteriorização do ato jurídico, que tem sua origem na vontade do sujeito, mas se exterioriza e se transmite através de sua forma. Tradicionalmente, vê-se a forma como relevante no Direito e no processo porque empresta segurança, ordenação e previsibilidade ao procedimento,[2] e, ao

---

1. Texto organizado para o I Colóquio Brasil-Itália de Direito Processual e apresentado em São Paulo, agosto de 2014.
2. Teresa Arruda Alvim Wambier. *Nulidades do processo e da sentença.* 6ª ed., São Paulo: RT, 2007, p. 168.

fim e ao cabo, estabilidade às relações jurídicas. Além disso, as formalidades são enaltecidas como garantidoras do indivíduo contra o arbítrio, assegurando tratamento équo e igual de todos perante a lei.

Mas subjacente às formalidades existe também um debate sobre a repartição de poderes processuais.[3] Quanto mais rígida é a forma, maiores as prerrogativas das partes e menor o espaço de conformação para o juiz, reduzidos que ficam seus juízos políticos ou de conveniência; ao revés, a flexibilização formal vem acompanhada da crescente amplitude dos poderes do julgador, diminuindo a esfera de liberdade das partes. Isso ocorre porque a liberdade para os órgãos públicos é regrada, só podendo atuar nos espaços autorizados por lei. A autonomia das partes, ao revés, é muito maior, com possibilidades de agir até que haja proibição legal. Na ausência de formalidades, as partes continuam com suas faculdades, decorrentes da liberdade; mas os órgãos estatais têm suas prerrogativas infladas pois crescem suas escolhas discricionárias na condução do procedimento.[4] A consequência prática é a prevalência do órgão estatal sobre a participação das partes, com claro desequilíbrio de poder entre os sujeitos do processo.

Normalmente, os sistemas processuais ao redor do mundo oscilam entre regimes mais ou menos rígidos,[5] alguns procuram esgotar a disciplina das formas, deixando pouca margem de conformação para o condutor do procedimento, e outros são mais permeáveis à flexibilização formal.[6] Historicamente, observaram-se vários modelos de regime formal, alguns procuravam regular até mesmo como as partes deveriam se vestir, outros eram muito mais fluidos e liberais,[7] com mais flexibilidade e discricionariedade do julgador na questão das formalidades dos atos processuais.

O modelo do processo civil brasileiro seguiu a linha evolutiva da ZPO austríaca no que tange ao publicismo,[8] e o CPC de 1973 é festejado como um

---

3. Fernando Fontoura da Silva Cais. "Em torno do formalismo processual: a criação de requisitos para a prática de atos processuais pelos tribunais", in Revista Dialética de Direito Processual, nº 57, p. 40, dez., 2007.
4. Discordamos de Roberto Omar Berizonce. La nulidad en el proceso. La Plata: Platense, 1967, p. 49.
5. Salvatore Satta. "Il formalismo nel processo", in Rivista Trimestrale di Diritto e Procedura Civile, 1958, p.1.144-1.146; Carlos Alberto Alvaro de Oliveira. Do formalismo no processo civil. 2ª ed., São Paulo: Saraiva, 2001, p. 66.
6. Alois Troller. Von den Grundlagen des zivilprozessualen Formalismus. Basel: Verlag von Helbing und Lichtenhahn, 1945, p. 16.
7. Roberto Omar Berizonce. "Las formas de los actos procesales: sistemas", in Augusto Mario Morello et alii. Estudios de nulidades procesales. Buenos Aires: Hammurabi, 1980, p. 18.
8. Franz Klein. Vorlesungen über die Praxis des Civilprocesses. Wien: Manz, 1900, especialmente p. 123 ss.; Franco Cipriani. "Nel centenario del regolamento di Klein. (Il processo civile tra libertà e autorità)", in Rivista di Diritto Processuale, nº 4, p. 972-973, 1995 e, sobre a influência de Menger, p. 979; Thomas M. Müller. Gesetzliche und prozessuale Parteipflichten. Zürich: Schultess, 2001, p. 5.

monumento ao "antiformalismo".[9] Passou-se à consagrada acepção de que as formalidades não devem ter valor em si mesmas e só se justificam quando direcionadas aos escopos processuais de efetiva distribuição de justiça. As formas são meios a serviço de outras finalidades processuais.

Cabe lembrar também que "formalismo excessivo" não equivale a "legalidade das formas", até porque talvez não seja possível um sistema processual sem qualquer formalidade.[10] "Formalismo excessivo" não é sinônimo de "formalismo" (este representa meramente a existência de formalidades, as quais, como vimos, trazem benefícios); formalismo excessivo significa a previsão de formas desnecessárias, demasiadas ou inadequadas, o que deve ser evitado.[11] Não se pode deixar que o formalismo, que pode ter aspectos virtuosos, seja degradado e desfigurado num "formulismo" sem sentido.[12]

2. INVALIDADE COMO SANÇÃO OU CONSEQUÊNCIA. REQUISITOS FORMAIS E A GRADUAÇÃO DA INTENSIDADE DA CONSEQUÊNCIA LEGAL. DIFERENÇA DAS INVALIDADES NO DIREITO PRIVADO DAS INVALIDADES NO PROCESSO

Regulamentar a forma de um ato jurídico é identificar características que o ato deve conter para produzi-los.[13] Desviados desses padrões normativos, podem ser os atos jurídicos considerados irregulares[14] e, portanto, privados dos efeitos que lhes seriam naturais se tivessem sido obedecidas as formas legais. A inadequação do ato ao tipo (modelo) previsto na lei produz uma *desqualificação* que impede que a norma tenha *incidência* e se segue a negativa de eficácia ao ato praticado.[15]

Neste contexto, é comum a assertiva de que toda a disciplina das nulidades gira em torno de uma medida proporcional entre a intensidade do

---

9. Galeno Lacerda. "O código e o formalismo processual", in *Revista da Faculdade de Direito da Universidade Federal do Paraná*, nº 21, p. 13, 1984.
10. Salvatore Satta. "Il formalismo nel processo", *Op. cit.*, p. 1.144; Carlo Furno. "Nullità e rinnovazione degli atti processuali", in *Studi in onore di Enrico Redenti nel anno del suo insegnamento*. Milano: Giuffrè, 1951, vol. I, p. 421-422.
11. Egas Dirceu Moniz de Aragão. "Procedimento: formalismo e burocracia", in *Revista Forense*, vol. 358, nov.-dez. 2001, p. 53; Hans Huber. "Überspitzter Formalismus als Rechtsverweigerung", in MERZ, Hans e SCHLUEP, Walter R. (Orgs.). *Recht und Wirtschaft heute. Festgabe zum 65. Geburtstag von Max Kummer*. Bern: Stämpfli, 1980, p. 23 e 33.
12. Roberto Omar Berizonce. "Las formas de los actos procesales: sistemas", *Op. cit.*, p. 29.
13. Francesco Carnelutti. *Sistema del diritto processuale civile*. Padova: CEDAM, 1938, vol. II, p. 169; Fabio Marelli. *La conservazione degli atti invalidi nel processo civile*. Padova: CEDAM, 2000, p. 29-31 e 34-35.
14. Othmar Jauernig. *Zivilprozessrecht*. 28ª ed., München: C. H. Beck, 2003, p. 127-128.
15. José Joaquim Calmon de Passos. *Esboço de uma teoria das nulidades aplicada às nulidades processuais*. Rio de Janeiro: Forense, 2005, p. 25; Romeu Pires de Campos Barros. "Do fato típico no Direito Processual Penal", in *Revista Forense*, ano 55, vol. 176, mar.-abr. 1958, p. 27-28.

desrespeito aos padrões legais e as consequências que o ordenamento imputa como sanção ao desvio.[16] Entende-se que, se os vícios possuem diferente intensidade, também deveria haver uma graduação das consequências: a gravidade das sanções corresponderia à gravidade dos defeitos dos atos processuais.[17] Alguns desvios formais menos intensos (defeitos de menor importância) podem nem mesmo ter qualquer consequência; outros, mais graves, permitem reputar os atos como inexistentes ou reconhecer suas invalidades. Há irregularidades que podem gerar sanções extraprocessuais, inclusive correicionais, como o retardamento dos atos pelo juiz; e existem vícios sem consequências diretas. A sentença sem motivação contém vício mais grave que uma petição sem data, não sendo possível sancionar todos os desvios da mesma maneira.

Se são várias as maneiras de sancionar a deformidade do ato processual, aquela que mais comumente imaginamos é a pronúncia da sua nulidade, talvez justamente por ser consequência dentre as mais graves. Às vezes, porém, a sanção para o ato imperfeito é operada de outra maneira, como pela ordem do juiz para desentranhar o instrumento ou peça dos autos (petição fora do prazo); em outras, mandará riscar expressões dos autos ou cancelar o ato que se tornou ineficaz por fato superveniente. Aliás, o juiz poderá, ao invés de invalidar o ato, permitir sua repetição (renovação), ratificação ou retificação.[18]

Mas há diferenças da disciplina das nulidades na teoria geral do direito (e no direito civil) para o direito processual. No âmbito do direito material, a nulidade priva o ato de toda eficácia, independentemente de desconstituição ou decretação judicial. O ato nulo, em tese, não produz efeitos. Já no direito processual, enquanto não pronunciada a nulidade, o ato produz efeitos

---

16. Cândido Rangel Dinamarco. *Instituições de Direito Processual Civil*. 3ª ed., São Paulo: Malheiros, 2003, vol. II, p. 583; Roberto Poli. "Sulla sanabilità dei vizi degli atti processuali", *in Rivista di Diritto Processuale*, nº 2, p. 472-473 e 476, 1995.
17. Egas Dirceu Moniz de Aragão. *Comentários ao Código de Processo Civil*. Rio de Janeiro: Forense, 1974, vol. II, p. 273-274; Ada Pellegrini Grinover, Antonio Scarance Fernandes e Antonio Magalhães Gomes Filho. *As nulidades no processo penal*. 7ª ed., São Paulo: Revista dos Tribunais, 2001, p. 21-22. Isso também é encontrado no direito comparado, como na diferença que faz a doutrina de tradição germânica entre as sentenças inexistentes e as sentenças defeituosas (*Nichturteile* ou *fehlerhafte Urteile*). Cf. Leo Rosenberg, Karl-Heinz Schwab, Peter Gottwald. *Zivilprozessrecht*. München: CH Beck, 16. Auflage, 2004, p. 391 e ss.; Othmar Jauernig. *Das fehlerhafte Zivilurteil*. Frankfurt am Main: Vittorio Klostermann, 1958, p. 3-4 e 6 e ss.
18. renovação consiste em refazer um ato já realizado, por expressa permissão judicial, e por isso geralmente é posterior à invalidação. A retificação ou ratificação consistem na prática de outra conduta por parte do sujeito que praticou o ato, precedendo, de regra, qualquer invalidação. Já a convalidação depende de um acontecimento que escapa às faculdades do sujeito que praticou o ato (uma atividade do juiz que releva o vício e aproveita o ato praticado). Portanto, são várias as alternativas que se colocam como consequências para as atipicidades formais. Cf. Egas Dirceu Moniz de Aragão. *Comentários ao Código de Processo Civil*, Op. cit., p. 310; Francesco Carnelutti. *Istituzioni del nuovo processo civile italiano*. 2ª ed., Roma: Foro Italiano, 1941, p. 296, 305; Carlo Furno. "Nullità e rinnovazione degli atti processuali", *Op. cit.*, p. 430-431.

validamente e a relação processual se mantém, podendo ocorrer inclusive sanatória do vício pela coisa julgada.[19] O brocardo *quod nullum est nullum producit effectum*, próprio do direito privado, tem quase nenhuma aplicação no direito processual: o ato jurídico processual produz efeitos até a decretação da invalidade.[20] Pelo exposto, mesmo quando viciado, a pronúncia judicial é necessária para infirmar sua validade.[21]

Além da diferença que toca a necessidade de pronunciamento para invalidação dos atos processuais, cabe salientar outra característica marcante dos atos processuais: sua inserção numa cadeia de eventos. Essa estruturação teleológica impede que ao procedimento seja aplicada metodologia e princípios próprios dos atos jurídicos em geral porque os atos processuais não podem ser analisados de maneira compartimentada, mas em conjunto. Então, a dualidade nulidade-anulabilidade, própria do direito privado, não se mostrava suficiente ao direito processual, e houve necessidade de desenvolvimento de outras categorias, que é o que veremos no próximo tópico.[22]

Antes disso, no entanto, cabem algumas considerações sobre o juízo a respeito da observância da forma. A lei traça o modelo legal para os atos processuais e, quando uma conduta em concreto (suporte fático) deseja produzir aqueles efeitos previstos pela norma, deve adequar-se ao tipo legal (o suposto normativo). A conformação ao modelo legal, isto é, o atendimento à *fattispecie* normativa, deve ser adequado (não deficiente) para permitir a eficácia do ato praticado.[23] Assim, o estabelecimento de formas permite-nos classificar os atos processuais em atos típicos, que se amoldam ao padrão legal, e atípicos, quando se afastam do paradigma normativo.[24]

---

19. Roque Komatsu. *Da invalidade no Processo Civil*. São Paulo: RT, 1991, p. 25-26; José Roberto dos Santos Bedaque. *Efetividade do processo e técnica processual*. São Paulo: Malheiros, 2006, p. 432; Heitor Vitor Mendonça Sica. "Contribuição ao estudo da teoria das nulidades: comparação entre o sistema de invalidades no Código Civil e no direito processual civil", in Cássio Scarpinella Bueno (Coord.). *Impactos processuais do direito civil*. São Paulo: Saraiva, 2008, p.188.
20. José Joaquim Calmon de Passos. *Esboço de uma teorias das nulidades aplicada às nulidades processuais*. Op. cit., p. 139-140; Egas Dirceu Moniz de Aragão. *Comentários ao Código de Processo Civil*, Op. cit., p. 275; Edson Ribas Malachini. "As nulidades no processo civil", in *Revista de Processo*, nº 9, p. 59, janeiro-março 1978; Aroldo Plínio Gonçalves. *Nulidades no processo*. Rio de Janeiro: Aide, 1993, p. 25-26. Em sentido diverso, cf. Francesco Carnelutti. *Sistema del diritto processuale civile*. Op. cit., vol. II, p. 489.
21. Cf. Humberto Theodoro Jr. "As nulidades no Código de Processo Civil" , in *Revista de Processo*, nº 30, abr.-jun., 1983, p. 40; Daniel Mitidiero. "O problema da invalidade dos atos processuais no Direito Processual Civil brasileiro contemporâneo", in *Visões críticas do processo civil brasileiro*. Porto Alegre: Livraria do Advogado, 2005, p. 69.
22. Aroldo Plínio Gonçalves. *Nulidades no processo*. Op. cit., p. 25-26; Teresa Arruda Alvim Wambier. *Nulidades do processo e da sentença*. Op. cit., p. 152.
23. Francisco Cavalcanti Pontes de Miranda. *Tratado de Direito Privado*. Rio de Janeiro: Borsoi, 1954, t. IV, p. 3.
24. Humberto Theodoro Jr. "As nulidades no Código de Processo Civil", Op. cit., p. 38.

E o exame das invalidades compreende a verificação de adequação das formas do ato efetivamente praticado às prescrições em abstrato da lei dentro do binômio perfeição-eficácia.[25] Se o ato jurídico processual respeitar o modelo normativo, a perfeição formal assegura-lhe a produção de efeitos. Ora, se a tipicidade do ato é um cotejo entre o ato praticado e o parâmetro legal, a inobservância das formas previstas é um juízo que decorre de um exame comparativo, correlacional, que conclui pela atipicidade do ato jurídico.[26]

Entretanto, se essa é a regra, nem toda atipicidade tem consequências. Certas vezes, não se considera normativamente relevante a imperfeição formal, e, portanto, nenhuma consequência haverá no campo da eficácia dos atos processuais, posto que atípicos.[27] Assim, a invalidade é um efeito apenas possível do juízo de comparação entre a conduta praticada e a norma legal.[28] Em outras palavras, estamos diante de uma conclusão correlacional, comparativa e apenas *potencial*.

Cumpre salientar que não se pode confundir o defeito (o vício do ato) com a sua consequência (a invalidade, a negativa de eficácia ao ato viciado).[29] No que tange à conceituação de invalidade, a maioria da doutrina defende ser a nulidade uma *sanção* que torna ineficazes os atos processuais por infringência a certas disposições legais, quando a norma impõe-nas como condições de sua eficácia. Outros autores se negam, porém, a conceituar a nulidade como uma sanção,[30] geralmente sob o argumento de que rotular a nulidade de sanção poderia significar, como qualquer penalidade destinada à repressão a atos ilícitos, que toda nulidade tivesse que ser prevista em lei.[31] Ademais, tratar a invalidade como sanção poderia justificar aplicação de multas (sanções econômicas) ou penas (até criminais) nos casos em que, verificada a inobservância da forma, a lei não fosse previdente da nulidade. Vale dizer, na ausência de expressa "sanção de nulidade", poderiam ser aplicadas "outras sanções".

---

25. Cândido Rangel Dinamarco. *Instituições de Direito Processual Civil. Op. cit.*, vol. II, p. 581.
26. José Joaquim Calmon de Passos. "Esboço de uma teoria das nulidades", in *Revista de Processo*, ano 14, nº 56, p. 10, outubro-dezembro 1989.
27. José Roberto dos Santos Bedaque. *Efetividade do processo e técnica processual. Op. cit.*, p. 412-413.
28. José Joaquim Calmon de Passos. *Esboço de uma teoria das nulidades aplicada às nulidades processuais. Op. cit.*, p. 129.
29. Equivocado Francisco de Paula Batista. *Compêndio de teoria e prática do processo civil.* Campinas: Russel, 2002 (Reedição da original de 1857), p. 97. Veja-se a crítica que fazem a esses tipos de definição Fredie Didier Jr. *Curso de Direito Processual Civil.* 8ª ed., Salvador: Jus Podivm, 2007, p.228; Aroldo Plínio Gonçalves. *Nulidades no processo. Op. cit.*, p. 11 e 17 e ss; Roque Komatsu. *Da invalidade no Processo Civil. Op. cit.*, p. 206-208.
30. Teresa Arruda Alvim Wambier. *Nulidades do processo e da sentença. Op. cit.*, p. 140; Daniel Francisco Mitidiero. "O problema da invalidade dos atos processuais no Direito Processual Civil brasileiro contemporâneo", *Op. cit.*, p. 63-64.
31. Teresa Arruda Alvim Wambier. *Nulidades do processo e da sentença. Op. cit.*, p. 140, nota 17.

Outros autores preferem definições diversas. Alguns definem a nulidade como *efeito* ou *consequência* da irregularidade de forma, sem dizer que se trata de uma pena ou sanção. Destaca-se o aspecto de privar o ato processual de efeitos: nulidade seria a "privação de efeitos" imputada aos atos processuais viciados,[32] decorrendo não de uma "ilicitude", mas de uma "imperfeição".[33]

Pensamos, com a maioria da doutrina, que não há nenhum problema em caracterizar a nulidade como uma sanção, mas com os cuidados de não equiparála a uma pena. Isso porque as sanções jurídicas a comportamentos humanos que se desejam reprimir ou desestimular podem também ser operadas pela negativa de efeitos jurídicos à conduta contrária à lei, não havendo necessidade de previsão expressa, o que é característico apenas de algumas espécies de sanção, como as penas criminais.[34] O ato em desrespeito à forma é um ato ilícito, cuja nulificação é sim uma sanção para a inobservância da formalidade legal.[35]

3. AS ESPÉCIES CLÁSSICAS DE INVALIDADES PROCESSUAIS. SUPOSTA GRADUAÇÃO ENTRE OS DEFEITOS E AS SANÇÕES

Como visto, o sistema das nulidades existe para verificar a eficácia dos atos viciados.[36] Às vezes, os defeitos formais justificarão a pronúncia de invalidade e negativa de seus efeitos; por vezes, os vícios de forma podem ser ultrapassados e permitida a produção de efeitos do ato processual. Diz-se, neste sentido, que a invalidade é uma das espécies de ineficácia (*lato sensu*) do ato processual.[37]

Não entraremos nas divergências doutrinárias acerca da nomenclatura "invalidade", que muitos fazem equivalente ao termo "nulidade" (ou nulidade em sentido amplo).[38] Utilizaremos, como sinônimos, os termos "invalidade" e "nulidade" para facilitar a exposição.[39]

---

32. Humberto Theodoro Jr. "As nulidades no Código de Processo Civil", *Op. cit.*, p. 38.
33. Roque Komatsu. *Da invalidade no Processo Civil*. *Op. cit.*, p. 181-182.
34. Aroldo Plínio Gonçalves. *Nulidades no processo*. *Op. cit.*, p. 13.
35. Nesse sentido, com toda razão, Fredie Didier Jr. *Curso de Direito Processual Civil*, *Op. cit.*, p. 227-228.
36. Teresa Arruda Alvim Wambier. *Nulidades do processo e da sentença*. *Op. cit.*, p. 136-137.
37. Roque Komatsu. *Da invalidade no Processo Civil*. *Op. cit.*, p. 29.
38. Preferem o termo "invalidade" José Joaquim Calmon de Passos. *Esboço de uma teoria das nulidades aplicada às nulidades processuais*. *Op. cit.*, p. 125-128; Teresa Arruda Alvim Wambier. *Nulidades do processo e da sentença*. *Op. cit.*, p. 141.
39. Apenas adjetivaremos as nulidades quando mencionarmos as espécies de nulidades expostas doutrinariamente, ("absolutas", "relativas", "cominadas", "não cominadas" etc.). Quando usarmos o termo "nulidade" sem adjetivação, será no mesmo sentido do termo "invalidade", ou seja, significante do gênero. Pensamos que, no direito processual, o termo invalidade (ou "não validade", como na nomenclatura germânica, usada pioneiramente por von Savigny: *Ungültigkeit*), e a palavra nulidade (em sentido

Partindo das ideias solidificadas na teoria geral do direito, a doutrina tem admitido que, insertos no gênero dos atos jurídicos, também os atos processuais devem ser analisados em três planos ou dimensões: existência, validade e eficácia.[40] Esses planos se sucedem logicamente: por dizer respeito à vida jurídica do ato, a existência é anterior à análise da validade;[41] igualmente, não é razoável pensar na aptidão para produzir efeitos (eficácia) sem antes perguntar se os atos jurídicos são válidos. Esse formato pode ser transportado para o direito processual, embora aqui não tenham tido tanta repercussão doutrinária os planos da existência e da eficácia. Com efeito, os atos inexistentes e os atos válidos, mas ineficazes, não despertaram grande interesse acadêmico no processo.

Para o preenchimento do plano da existência, geralmente é utilizado o critério dos "elementos essenciais" ao ato jurídico (à semelhança dos *essentialia negotii* do direito privado).[42] Preferimos a abordagem de Pontes de Miranda, sob a óptica do suporte fático, que deve ser *suficiente* para que o ato ingresse no mundo jurídico (e, portanto, seja existente). No plano subsequente da validade, deve-se analisar, se o suporte fático, além de suficiente, é *deficiente*, ou seja, viciado.[43]

Embora historicamente tenha havido, desde o direito romano, confusão teórica sobre os planos da existência e da validade,[44] eles não se podem misturar. Essa abordagem atécnica e imprecisa lamentavelmente ainda é observada, atualmente, na doutrina nacional e estrangeira, sendo encontradas afirmações do tipo "inexistência é nulidade grave" ou "o ato ao qual faltem os elementos essenciais é inválido", ou ainda assertivas no sentido de que a inexistência seria um vício do próprio ato, de que o ato "nulo não existe" ou "o nulo não tem relevância". Pensamos que tais afirmativas parecem equivocadas pois, se o ato

---

amplo, ou *Nichtigkeit*), podem ser tomadas como sinônimas. Na Alemanha, na atualidade, grande parte da doutrina deixou-se levar pela nomenclatura adotada na legislação civil tedesca, lançando mão do termo "impugnabilidade" (*Anfechtbarkeit*), ao invés de "invalidabilidade" (*Entkräftbarkeit*) ou palavras de significado similar. O vocábulo impugnabilidade parece-nos inadequado porque, se, de um lado, tem uma vantagem técnica de considerar válido o ato jurídico processual impugnado, mas ainda não invalidado, por outro lado centra o estudo das invalidades no aspecto volitivo de quem maneja a exceção ou objeção processual. Cf. Francisco Cavalcanti Pontes de Miranda. *Tratado de Direito Privado*. Op. cit., p. 15-16 e p. 36-37.

40. Antonio Janyr Dall'Agnol Jr. "Nulidades processuais – algumas questões", in *Revista de Processo*, nº 67, p. 155, julho-setembro, 1992.
41. Francisco Cavalcanti Pontes de Miranda. *Tratado de Direito Privado*. Op. cit., p. 7 e seguintes.
42. Eduardo Talamini. "Notas sobre a teoria das nulidades no processo civil", in *Revista dialética de direito processual*, nº 29, ago. 2005, p. 40-41; Othmar Jauernig. *Das fehlerhafte Zivilurteil*. Op. cit., p. 49.
43. Francisco Cavalcanti Pontes de Miranda. *Tratado de Direito Privado*. Op. cit., p. 11-12.
44. No direito romano, a *nulla sententia* era "nenhuma sentença", o que foi consagrado na legislação portuguesa antiga. Cf.Remo Caponi, "Azioni di nullità (Profili di Teoria Generale)", in *Rvisita di Diritto Civile*. *Supplemento Annuale di Studi e Ricerche*, 2008, p.89; Teresa Arruda Alvim Wambier. *Nulidades do processo e da sentença*. Op. cit., p. 155.

nem chega a existir, não se pode pensar em vícios deste "ato" ou tampouco misturar o plano da existência com a sanção ao suposto vício (nulidade).[45]

Por fim, destaca-se que os atos inexistentes, pela gravidade da atipicidade, nunca se convalidam.[46] Além disso, não precisam sequer ser invalidados, pois nem mesmo vencem o primeiro plano em que devem ser estudados (não chegam a existir no mundo jurídico). Assim, sequer poderia haver sanção normativa de nulidade para atos inexistentes, e a inexistência pode ser averiguada pela simples repropositura da demanda.

No outro extremo do plano da existência situa-se o plano da eficácia. Muitos autores colocam todas as considerações sobre inexistência, invalidade e ineficácia dos atos jurídicos dentro de um gênero denominado ineficácia *lato sensu* (ou ineficácia em sentido amplo). O plano da eficácia, que ora estudamos, seria, então, compreendido como ineficácia "em sentido estrito". Utilizaremos apenas o termo ineficácia, sem qualificação.

Se a ineficácia pode decorrer da decretação de nulidade por vício formal, pode ter também razões diversas. Com efeito, há também atos jurídicos válidos (perfeitos) e ineficazes, como aqueles submetidos a condições. A ineficácia dos atos válidos justifica-se na característica do defeito. Os atos inválidos seriam aqueles que contêm vícios intrínsecos, defeitos que tocam seus requisitos internos. Já os atos válidos, mas ineficazes encontram obstáculos extrínsecos, exteriores, que impedem a regular produção de seus efeitos.[47] Assim, é correto dizer que a invalidade gera a ineficácia, mas esta nem sempre decorre de uma nulidade porque a ineficácia em sentido estrito não provém de um defeito intrínseco ao ato. Os conceitos, portanto, não se equivalem.[48]

Como ocorreu com o plano da existência, também a dimensão da eficácia dos atos processuais não recebe atenção doutrinária. Isso ocorre certamente por duas razões: em primeiro lugar, são muito raras as hipóteses de atos processuais válidos e ineficazes (como a alienação em fraude à execução); além disso, como a ineficácia não decorre de defeito interno do ato, provavelmente diversos autores preferem não as mencionar no estudo das nulidades.

---

45. Crítica que Mitidiero e Dall'Agnol Jr. também fazem a vários autores: Antonio Janyr Dall'Agnol Jr. "Nulidades processuais – algumas questões", *Op. cit.*, p. 156, e Daniel Francisco Mitidiero. "O problema da invalidade dos atos processuais no Direito Processual Civil brasileiro contemporâneo", *Op. cit.*, p.58. Sobre a diferença entre os dois planos, Cf. Tullio Ascarelli. "Inesistenza e nullità", in *Rivista di Diritto Processuale*, 1956, vol. XI, I, p. 62.
46. Humberto Theodoro Jr. *Curso de Direito Processual Civil*. 24ª ed., Rio de Janeiro: Forense, 1998, vol. I, p.282; Humberto Theodoro Jr. "As nulidades no Código de Processo Civil", *Op. cit.*, p. 41.
47. Eduardo Talamini. "Notas sobre a teoria das nulidades no processo civil", *Op. cit.*, p. 41; Roque Komatsu. *Da invalidade no Processo Civil. Op. cit.*, p. 39.
48. Antonio Janyr Dall'Agnol Jr. "Nulidades processuais – algumas questões", *Op. cit.*, p. 157-158.

No plano da validade, os vícios de forma dos atos processuais são extensamente analisados na doutrina brasileira, em detalhada elaboração em torno das espécies de sanções que podem gerar, geralmente denominadas "invalidades".

É verdade que a doutrina nacional alguns vícios, em graduação menos intensa, que gerariam meras *irregularidades*, a menor consequência possível dos vícios de forma. Enquanto as invalidades derivariam do desrespeito a requisitos necessários, as irregularidades decorreriam de vícios que ofendem requisitos úteis, não essenciais aos atos processuais, meramente acessórios e de mínima importância, correspondentes a exigências insignificantes[49] e que, por isso, não comprometem o ordenamento (a estrutura do ato), nem o interesse da parte.[50] Os exemplos apontados são a falta de numeração das folhas dos autos pelos serventuários, a falta de recolhimento de custas na primeira instância,[51] inexatidão material ou erro de cálculo na sentença.[52]

As categorias mais conhecidas, todavia, giraram em torno de duas classificações, cada qual com número diverso de espécies: 1) três tipos: nulidades absolutas, nulidades relativas e anulabilidades. 2) ou duas espécies: nulidades cominadas e não cominadas.

3.1. Nulidades absolutas, nulidades relativas, anulabilidades

A divisão clássica das invalidades nestes três grupos é de constante referência, adotada pela ampla maioria da doutrina nacional. Coube à festejada pena de Galeno Lacerda, no seu clássico "Despacho Saneador", de 1953, popularizar esta classificação enaltecida pelos grandes processualistas de seu tempo, segundo os quais Lacerda teria "desvendado" e vencido a nebulosa disciplina das nulidades, sistematizando-a especificamente para o direito processual.[53] Trata-se de classificação das invalidades em três tipos: nulidades absolutas, nulidades relativas e anulabilidades. Para conceituá-las, usou dois critérios: a)

---

49. Francesco Carnelutti. *Sistema del diritto processuale civile. Op. cit.*, vol. II, p. 504; Cândido Rangel Dinamarco. *Instituições de Direito Processual Civil. Op. cit.*, vol. II, p. 583-584.
50. Galeno Lacerda. *Despacho saneador.* Porto Alegre: La Salle, 1953, p.132; Egas Dirceu Moniz de Aragão. *Comentários ao Código de Processo Civil, Op. cit.*, p. 281; Edson Ribas Malachini. "As nulidades no processo civil", *Op. cit.*, p. 59; Roque Komatsu. *Da invalidade no Processo Civil. Op. cit.*, p. 166-168; Ernane Fidelis dos Santos. "Nulidade dos atos processuais", in Revista Brasileira de Direito Processual, vol. 41, p. 117, janeiro--março 1984.
51. Dois últimos exemplos de Fredie Didier Jr. *Curso de Direito Processual Civil, Op. cit.*, p. 230.
52. Francisco Cavalcanti Pontes de Miranda. *Comentários ao Código de Processo Civil.* 2ª ed., Rio de Janeiro: Forense, 1979, t. III, p. 456; Egas Dirceu Moniz de Aragão. *Comentários ao Código de Processo Civil, Op. cit.*, p. 281.
53. Como afirmou Egas Dirceu Moniz de Aragão. *Comentários ao Código de Processo Civil, Op. cit.*, p. 273: "Realmente, foi Galeno Lacerda quem logrou desvendar o sistema adotado pela lei".

a natureza da norma que estabelece a exigência formal inobservada; e b) o interesse protegido pela norma.⁵⁴

O primeiro critério (a natureza da norma) permite diferenciar as nulidades das anulabilidades. As nulidades (tanto absolutas como relativas) seriam estabelecidas por normas cogentes, imperativas; as anulabilidades seriam normatizadas por regras dispositivas.

Para diferenciar as espécies de nulidade (absoluta ou relativa), devemos recorrer ao segundo critério: o interesse que tem em vista o legislador ao normatizar as previsões formais como modelo dos atos processuais. As nulidades considerar-se-ão absolutas quando o interesse tutelado pela norma for público,⁵⁵ um interesse unicamente do Estado. De outro lado, serão consideradas relativas as nulidades quando o interesse tutelado pela lei for precipuamente particular. Como a norma que estabelece as nulidades (ambas as espécies) é cogente, evidentemente existe interesse do Estado, mas se trata de um interesse secundário, suplantado pelos interesses predominantes dos litigantes particulares.⁵⁶

Desta classificação, e dos critérios utilizados, são extraídas consequências diversas, tanto para as nulidades (absolutas ou relativas), quanto para as anulabilidades. As consequências tocam especialmente: 1) a possibilidade, para o juiz, de conhecimento de ofício das invalidades; 2) preclusão das faculdades de alegar os vícios; e 3) a potencial convalidação ou aproveitamento dos atos imperfeitos.

Pela combinação dos dois critérios, as *nulidades absolutas* seriam consequências imputadas aos atos viciados quando o desrespeito à forma prescrita violasse *norma cogente protetiva de interesse público*. Devido a essas características, afirma a doutrina que (1) podem ser declaradas de ofício pelo juiz, destacando ser esse seu grande traço característico, diferenciando-as das nulidades relativas.⁵⁷ Nas nulidades absolutas, a forma dos atos processuais protegeria interesses indisponíveis, o que justificaria a possibilidade de pronúncia oficiosa da invalidade.⁵⁸ Essas afirmações são fruto sobretudo da influência da doutri-

---

54. Galeno Lacerda. *Despacho saneador. Op. cit., passim*; Antonio Janyr Dall'Agnol Jr. "Nulidades processuais – algumas questões", *Op. cit.*, p. 158-159.
55. José Roberto dos Santos Bedaque. "Nulidade processual e instrumentalidade do processo", *in Revista de Processo*, nº 60, p. 32, outubro-dezembro 1990.
56. Egas Dirceu Moniz de Aragão. *Comentários ao Código de Processo Civil, Op. cit.*, p. 277.
57. Galeno Lacerda. *Despacho saneador. Op. cit.*, p. 72; Antonio Carlos Araujo Cintra, Ada Pellegrini Grinover e Cândido Rangel Dinamarco. *Teoria Geral do Processo, Op. cit.*, p. 307; Humberto Theodoro Jr. *Curso de Direito Processual Civil*, vol. I, p. 283; Egas Dirceu Moniz de Aragão. *Comentários ao Código de Processo Civil, Op. cit.*, p. 276; Humberto Theodoro Jr. "As nulidades no Código de Processo Civil", *Op. cit.*, p. 42; Cândido Rangel Dinamarco. *Instituições de Direito Processual Civil. Op. cit.*, vol. II, p. 594-595.
58. Francisco de Paula Batista. *Op. cit.*, p. 98; Egas Dirceu Moniz de Aragão. *Comentários ao Código de Processo Civil, Op. cit.*, p. 276-277. Verificando a legislação processual, vemos que o CPC fala que são absolutamente

na italiana, que comumente diferencia as nulidades absolutas e relativas pela possibilidade de conhecimento de ofício ou necessidade de requerimento.

Se essas conclusões parecem ser praticamente pacíficas para as nulidades absolutas, nas nulidades relativas a possibilidade de conhecimento de ofício pelo juiz é controversa. Há autores que não admitem a atuação ex officio. O juiz ficaria amarrado pelo princípio dispositivo para conhecer dos vícios e limitado pela vontade das partes para decretar as nulidades. De outro lado, vemos parcela de juristas que afirmam que também as nulidades relativas podem ser conhecidas de ofício pelo juiz.[59] Acompanhando a possibilidade de cognição de ofício, acrescenta a doutrina que (2) o conhecimento das nulidades absolutas não preclui, cabendo sua alegação pela parte e sua decretação pelo juiz a qualquer tempo e em qualquer grau de jurisdição.[60]

Nas nulidades relativas, ao revés, o requerimento da parte teria que ser oportuno, ou seja, em um preciso momento processual sob pena de preclusão.[61] Portanto, a restrição à atividade judicante observar-se-ia não só na possibilidade de conhecimento de ofício, como também no poder de conhecê-las a qualquer tempo. A proteção precípua aos interesses dos litigantes, própria das nulidades relativas, impediria a cognição ex officio e exigiria provocação tempestiva das partes para levar ao conhecimento judicial a existência do defeito, sob pena de perder-se a faculdade de alegar o vício.[62]

Ao lado dessas diferenças, outra distinção constantemente referida das espécies de invalidades é (3) a possibilidade de convalidação do vício e aproveitamento do ato processual. Quando o defeito gera nulidade absoluta, não admitiria convalidação em razão do interesse público protegido, isto é, as nulidades absolutas decorreriam de *vícios insanáveis*.[63]

Por outro lado, ainda que fixadas em normas cogentes, as nulidades relativas, por tutelarem primacialmente interesses privados, seriam passíveis de convalidação, relevando-se a nulidade e aproveitando o ato praticado.[64] A

---

nulos: os atos proferidos por juiz absolutamente incompetente (art. 113, § 2º); a intimação publicada em órgão oficial, quando dela não constarem "os nomes das partes e seus advogados, suficientes para sua identificação (art. 236, § 1º); a citação e a intimação quando desrespeitarem as prescrições legais (art. 247); os atos realizados durante a suspensão do processo, salvo casos urgentes (art. 266 do CPC), dentre outros.

59. Galeno Lacerda. *Despacho saneador*. Op. cit., p. 123 e 127-128; Egas Dirceu Moniz de Aragão. *Comentários ao Código de Processo Civil*, Op. cit., p. 279; Ernane Fidelis dos Santos. "Nulidade dos atos processuais", Op. cit., p. 111.
60. Teresa Arruda Alvim Wambier. *Nulidades do processo e da sentença*. Op. cit., p. 223.
61. Cândido Rangel Dinamarco. *Instituições de Direito Processual Civil*. Op. cit., vol. II, p. 596-597 e 605.
62. Idem, p. 594-595.
63. Galeno Lacerda. *Despacho saneador*. Op. cit., p. 70 e 125-126.
64. Cf. Egas Dirceu Moniz de Aragão. *Comentários ao Código de Processo Civil*, Op. cit., p. 284.

forma, aqui, seria disponível. Fala-se, nesse ponto, na "sanatória" dos atos processuais viciados e, por conseguinte, classificam-se as nulidades relativas como sendo decorrentes de *vícios sanáveis*.

Depois das nulidades absolutas e relativas, Galeno Lacerda denominou de anulabilidade a terceira espécie de invalidade que identificou. Nesta hipótese, a regra que estabelece o padrão formal normativo é uma norma dispositiva,[65] amplamente sujeita à vontade das partes para sua aplicação. Ao contrário das nulidades, previstas em normas cogentes, indisponíveis, e que poderiam ser decretadas de ofício pelo juiz, as anulabilidades seriam disponíveis, só podendo ser decretadas por provocação da parte interessada.[66] As anulabilidades admitem, por óbvio, até mesmo pela falta de alegação, sanatória do vício.[67]

De salientar que há um grande traço comum entre nulidades absolutas, nulidades relativas e anulabilidades. Em qualquer das três espécies, o pronunciamento judicial é necessário para que o ato formalmente atípico torne-se ineficaz. Veja-se que a pronúncia de nulidade absoluta é igual à da nulidade relativa e das anulabilidades, nestas duas quando não puderem ser convalidados os vícios e o ato não puder ser aproveitado.

3.2. Invalidades cominadas e não cominadas

Ao lado da tripartição clássica, que divide as invalidades nas três espécies célebres (nulidades absolutas, nulidades relativas e anulabilidades), outra classificação muito popular é aquela que pretende dividir as nulidades de acordo com outro critério: sua previsão legal expressa.[68] Se a lei prevê a invalidade, estamos diante de uma "nulidade cominada"; caso contrário, a consequência reputa-se como "não cominada", também chamada de nulidade "implícita". Esta classificação é lembrada doutrinariamente desde o Código de Processo Civil de 1939, passando sem alterações aos comentaristas do Código de 1973.

A classificação das nulidades em cominadas e não cominadas tem relevo para a discussão da necessidade ou dispensa de previsão normativa para

---

65. Galeno Lacerda. *Despacho saneador*. Op. cit., p. 73.
66. Francisco Cavalcanti Pontes de Miranda. *Tratado de Direito Privado*. Op. cit., p. 22-31; Humberto Theodoro Jr. "As nulidades no Código de Processo Civil", Op. cit., p. 39; Edson Ribas Malachini. "As nulidades no processo civil", Op. cit., p. 59.
67. Assim, tanto as nulidades relativas quanto as nulidades absolutas admitem convalidação. Carnelutti diz, por tal motivo, que as nulidades e anulabilidades são atos sujeitos a condição. As nulidades relativas seriam atos subordinados a condição suspensiva do fato que sana o vício: a condição seria a não sanação. As anulabilidades seriam próprias de atos submetidos a condição resolutiva: a reação do interessado que invalida o ato. Francesco Carnelutti. *Sistema del diritto processuale civile*. Op. cit., vol. II, p. 496-498; cf. Egas Dirceu Moniz de Aragão. *Comentários ao Código de Processo Civil*, Op. cit., p. 278; Aroldo Plínio Gonçalves. *Nulidades no processo*. Op. cit., p. 85.
68. Antonio Janyr Dall'Agnol Jr. "Nulidades processuais – algumas questões", Op. cit., p. 159.

decretação da invalidade. Alguns ordenamentos exigem previsão legal expressa para a pronúncia de nulidade, outros a permitem mesmo na ausência de norma específica.

Com efeito, há sistemas jurídicos que adotam modelo de reserva legal (chamado também de tipicidade ou especificidade), derivado do sistema francês. Nestes, dispõe a lei que a invalidade só pode ser pronunciada se houver expressa previsão normativa. Procuram, ainda, estes ordenamentos, elencar os vícios dos atos processuais em rol exaustivo, detalhando as formas prescritas e os defeitos possíveis. A reserva legal já vigorou no Brasil à época do Regulamento 737/1850, posteriormente reproduzida nas legislações processuais estaduais, vindo posteriormente a ser abolido já no Código de Processo Civil de 1939.[69] Adotou-se, a partir de então, o modelo de liberdade e instrumentalidade das formas. Em virtude dessa evolução histórica que prestigiou um sistema aberto das invalidades, as nulidades cominadas são muito raras no Brasil,[70] como aquelas previstas no art. 93, IX, da Constituição da República de 1988 e arts. 84, 246 e 247 do CPC/73.

Mesmo não vivendo em ambiente de tipicidade das nulidades ou dos defeitos processuais, ainda é repetida a classificação das nulidades em cominadas ou não cominadas. E dessa classificação extrai a doutrina nacional consequências que merecem referência. É frequente, na doutrina clássica, equiparar as nulidades absolutas com as nulidades cominadas e insanáveis. Por outro lado, as nulidades não cominadas seriam relativas e sanáveis, podendo o juiz relevar a atipicidade se o ato atingir seus fins.[71] Há vozes dissonantes, porém, afirmando que tanto as nulidades cominadas quanto as não cominadas admitem aproveitamento, até porque a natureza do vício não se altera pelo fato de vir prevista em lei a sanção de nulidade.[72]

Outros autores dizem que a diferença entre as nulidades cominadas e não cominadas não seria referente à sanabilidade do vício; residiria, ao revés, na cognoscibilidade de ofício: as nulidades cominadas poderiam ser conhecidas independentemente de requerimento.[73]

A jurisprudência é vacilante, aplicando com frequência, às nulidades cominadas as hipóteses de convalidação. Na prática, portanto, vêm os Tribunais reduzindo a diferença das nulidades em cominadas e não cominadas, sob as críticas de autores que trataram o tema até recentemente.[74]

---

69. Galeno Lacerda. *Despacho saneador. Op. cit.*, p. 69-70.
70. ponto é praticamente pacífico no Brasil. Contra, afirmando que as nulidades relativas são, de regra, cominadas, Ernane Fidelis dos Santos. "Nulidade dos atos processuais", *Op. cit.*, p. 111.
71. José Frederico Marques. *Manual de Direito Processual Civil*. São Paulo: Saraiva, 1974, vol. II, p. 119 e 122.
72. Egas Dirceu Moniz de Aragão. *Comentários ao Código de Processo Civil, Op. cit.*, p. 291.
73. Aroldo Plínio Gonçalves. *Nulidades no processo. Op. cit.*, p. 50-52.
74. Daniel Francisco Mitidiero. "O problema da invalidade dos atos processuais no Direito Processual Civil brasileiro contemporâneo", *Op. cit.*, p. 66.

3.3. Princípios ou regras da teoria das nulidades na doutrina clássica

Além de estabelecer conceitos e classificações das nulidades, a doutrina também elaborou uma sistemática principiológica para verificar a aptidão dos atos processuais para produzir efeitos e se os mesmos atingiram seus fins.

A utilização destas regras, máximas ou princípios (não entraremos na diferenciação entre princípios e regras) foi absolutamente necessária porque as normas previdentes de formas e hipóteses de invalidação possuem frequentemente conceitos abertos, indeterminados, de grande densidade normativa, mas baixa objetividade semântica ("finalidade", no art. 188 do CPC/2015). Por isso se revela indispensável o estudo e aplicação dos princípios gerais da teoria das nulidades.[75]

Façamos breve referência aos princípios mais propagados, lembrando desde logo que outras nomenclaturas podem ser equivalentes àquelas aqui retratadas.

3.3.1. Princípios da liberdade e da instrumentalidade das formas

O princípio mais relevante na teoria das nulidades é o princípio da instrumentalidade das formas (arts.154 e 244, ambos do CPC/73, arts.188 e 277 do CPC/2015). Segundo esta máxima, os atos processuais não serão pronunciados nulos por atipicidade formal se, mesmo praticados de outra maneira, atingirem seus objetivos. Assim, nem sempre um ato defeituoso será invalidado.[76] As formas não têm importância em si mesmas, e assim a invalidade não deve ser pronunciada sem antes examinar as "finalidades do ato",[77] ou seja, sua função no processo.[78]

Por exemplo, se a citação não contiver os elementos legais, ainda assim será sanado o ato se o réu intervier, pois a finalidade do ato citatório era cientificá-lo das alegações do autor e lhe facultar a reação, escopo que foi alcançado com seu comparecimento.

---

75. Galeno Lacerda. *Despacho saneador*. Op. cit., p. 69; José Roberto dos Santos Bedaque. *Efetividade do processo e técnica processual*. Op. cit., p. 420-421.
76. Antonio Janyr Dall'Agnol Jr. "Nulidades processuais – algumas questões", Op. cit., p. 158.
77. José Frederico Marques. *Manual de Direito Processual Civil*. Op.cit., p. 300; Teresa Arruda Alvim Wambier. *Nulidades do processo e da sentença*. Op. cit., p. 168-169; José Roberto dos Santos Bedaque. *Efetividade do processo e técnica processual*. Op. cit., p. 45.
78. Veja-se que a "finalidade do ato" não é o objetivo pretendido pelo sujeito que o pratica, mas deve ser buscado objetivamente no ordenamento a partir de um raciocínio funcional. Cf. José Joaquim Calmon de Passos. *Esboço de uma teoria das nulidades aplicada às nulidades processuais*. Op. cit., p. 130; Luigi Montesano. "Questioni attuali su formalismo, antiformalismo e garantismo", in *Rivista Trimestrale di Diritto e Procedura Civile*, Anno XLIV, nº 1, p. 3, 1990; Fabio Marelli. *La conservazione degli atti invalidi nel processo civile*. Op. cit., p. 47.

Para avaliar a invalidade, o magistrado realiza, portanto, uma dupla operação para concluir pela invalidação de um ato processual. Primeiramente, cumpre o binômio perfeição-eficácia: compara as formas previstas na lei (o modelo normativo), com aquelas do ato praticado (o suporte fático). Se concluir pela perfeição formal, é garantida a eficácia do ato processual. Ma concluindo haver atipicidade, i.e. desrespeito à forma, não deve haver automaticamente decretação da invalidade. Necessário prosseguir à segunda etapa do raciocínio judicial, esta baseada no princípio da instrumentalidade das formas. Veja-se que a imperfeição do ato é indispensável para que seja pronunciado inválido (e, portanto, ineficaz), mas não é suficiente para tanto.[79]

Ao aplicar o princípio da instrumentalidade, deve o juiz empreender análise da correlação meio-fim, isto é, se as formas previstas para a prática do ato, ainda que desrespeitadas, não o impediram de atingir suas finalidades.[80]

Costuma afirmar a doutrina clássica que o princípio da instrumentalidade não se aplica às nulidades absolutas,[81] ou seja, o exame da finalidade das formas só seria possível quando o interesse protegido pela norma fosse exclusiva ou predominantemente particular, vale dizer, apenas na análise das nulidades relativas, anulabilidades e irregularidades.[82] De outro lado, os mais modernos, adeptos da perspectiva instrumentalista do processo, defendem a aplicação do princípio da instrumentalidade das formas também às nulidades absolutas, porque, a par do interesse público, nada impediria que este interesse fosse atingido com a prática do ato de outro modo.[83]

No mesmo dispositivo do art.188 do CPC está consagrado o princípio de liberdade das formas: não se exige qualquer forma específica como regra, apenas se a lei for expressa a respeito.[84] Curiosamente, alguns setores doutrinários

---

79. Cândido Rangel Dinamarco. *Instituições de Direito Processual Civil. Op. cit.*, vol. II, p. 600. Por essa relação do escopo normativo do ato com as formalidades legais previstas para sua prática, alguns autores chegaram a afirmar que, da aplicação da instrumentalidade, seguiria a existência de um "princípio" de "equipolência entre formas ou fattispecies". Cf. Roberto Poli. "Sulla sanabilità dei vizi degli atti processuali", *Op. cit.*, p. 499-502.
80. Roberto Poli. "Sulla sanabilità dei vizi degli atti processuali", *Op. cit.*, p. 481.
81. Assim, em relação ao art. 244 do CPC, Egas Dirceu Moniz de Aragão. *Comentários ao Código de Processo Civil, Op. cit.*, p. 289.
82. *Idem*, p. 290.
83. José Roberto dos Santos Bedaque. "Nulidade processual e instrumentalidade do processo", *Op. cit.*, p. 35-36; Cândido Rangel Dinamarco. *Instituições de Direito Processual Civil. Op. cit.*, vol. II, p. 600; José Roberto dos Santos Bedaque. *Direito e Processo – Influência do direito material sobre o processo*. 4ª ed., São Paulo: Malheiros, 2006, p. 113. Theodoro Jr. afirma que quando as nulidades absolutas não macularem toda a relação processual, mas apenas um ato isoladamente, seriam passíveis de convalidação. Humberto Theodoro Jr. "As nulidades no Código de Processo Civil", *Op. cit.*, p. 43-52. Na p. 49, afirma textualmente: "nulidade absoluta é, em direito processual civil, a que pode ser reconhecida de ofício. Não se confunde com a insanável, porque insanável é apenas aquela para a qual não se tem mais remédio (...)".
84. Francisco Cavalcanti Pontes de Miranda. *Comentários ao Código de Processo Civil, Op. cit.*, p. 63.

identificavam, apesar da dicção do art. 154 do CPC/73, uma regra completamente oposta: a legalidade ou tipicidade das formas,[85] ainda que denominada de "legalidade mitigada" ou "temperada.[86] Parece-nos equivocada esta compreensão. A lei é muito clara em definir uma liberdade formal como regra. Sob a égide do novo CPC de 2015, parece-nos que a concepção anterior deve ser abandonada. O CPC é claro em prezar pelo aproveitamento dos atos, o que se consegue pelo já difundido princípio da prevalência da decisão de mérito, que fala em favor de evitarem-se as extinções do processo sem resolução do mérito (arts.4º, 6º, 139, V, 317, dentre muitos outros, do novo CPC).

3.3.2. Princípios do prejuízo e do interesse

O princípio do prejuízo significa que o juiz deve relevar a nulidade quando não houver dano aos litigantes pela atipicidade de forma (*pas de nullité sans grief*), ou ainda quando convicto em decidir o mérito a favor da parte a quem aproveitaria sua decretação (arts. 249, § 2º, e 250 do CPC/73, art.282 § 1º do CPC/2015). O princípio do prejuízo está relacionado com a economia processual[87] e revela uma importante derivação da instrumentalidade porque autoriza a convalidação do vício e aproveitamento do ato praticado.[88]

A caracterização do prejuízo é muito debatida, sendo difícil encontrar algum consenso nos critérios identificadores da existência de dano às partes. A jurisprudência por vezes relaciona o prejuízo ao princípio do contraditório,[89] mas é muito mais comum sua ligação ao exercício da ampla defesa.[90]

Entende-se que o princípio do prejuízo não se aplica às nulidades absolutas,[91] chegando parte da doutrina a afirmar que tal aplicação significaria uma extensão exagerada do princípio.[92]

---

85. José Roberto dos Santos Bedaque. *Efetividade do processo e técnica processual. Op. cit.*, p. 91-92; Roque Komatsu. *Da invalidade no Processo Civil. Op. cit.*, p. 132-135; Carlos Alberto Alvaro de Oliveira. *Do formalismo no processo civil. Op. cit.*, p. 124; Ada Pellegrini Grinover. "Deformalização do processo e deformalização das controvérsias", in Revista de Processo, ano 12, nº 46, abril-junho, 1987, p. 61.
86. Eduardo Talamini. "Notas sobre a teoria das nulidades no processo civil", *Op. cit.*, p. 49.
87. Cf. José Roberto dos Santos Bedaque. *Efetividade do processo e técnica processual. Op. cit.*, p. 97; Humberto Theodoro Jr. "As nulidades no Código de Processo Civil", *Op. cit.*, p. 47.
88. Alguns autores, diferenciando os princípios da instrumentalidade e do prejuízo, dizem que este se direciona ao juiz, por quem é aplicado, enquanto que a instrumentalidade destinar-se-ia também ao legislador. Antonio Janyr Dall'Agnol Jr. "Nulidades processuais – algumas questões", *Op. cit.*, p. 160. Outros autores aproximam ou quase igualam ambos os princípios. Cf. Roque Komatsu. *Da invalidade no Processo Civil. Op. cit.*, p. 253-254.
89. Teresa Arruda Alvim Wambier. *Nulidades do processo e da sentença. Op. cit.*, p. 228.
90. Cf. José Roberto dos Santos Bedaque. *Efetividade do processo e técnica processual. Op. cit.*, p. 482-484.
91. Galeno Lacerda. *Despacho saneador. Op. cit.*, p. 131; Humberto Theodoro Jr. "As nulidades no Código de Processo Civil", *Op. cit.*, p. 46; Edson Ribas Malachini. "As nulidades no processo civil", *Op. cit.*, p. 63. Contra, a nosso sentir com razão, por todos, Fredie Didier Jr. *Curso de Direito Processual Civil, Op. cit.*, p. 231.
92. Tampouco os parágrafos do art. 249 têm sido admitidos como aplicáveis às nulidades absolutas. Cf. Egas Dirceu Moniz de Aragão. *Comentários ao Código de Processo Civil, Op. cit.*, p. 286 e 311-312.

Já o chamado princípio do interesse determina que a nulidade não pode ser alegada pela parte que deu causa ao vício (art.276 do CPC/2015),[93] uma regra claramente relacionada à boa-fé processual.[94]

Parte da doutrina prega que o princípio do interesse é inaplicável às nulidades absolutas, mas somente às nulidades relativas e anulabilidades.[95] Outros afirmam que o preceito se aplica a todas as nulidades, absolutas ou relativas, invocando a natureza cogente da norma que as estabelecem, bem como a possibilidade, por muitos sustentada, de conhecimento de ofício pelo juiz também das nulidades relativas.[96]

3.3.3. Princípio da causalidade

No Código de Processo Civil de 1973, a regra da causalidade veio expressa no art. 248 e na primeira parte do art. 249 do CPC. As regras foram reproduzidas no CPC de 2015 (arts.281 e 282). Segundo o princípio da causalidade, a nulidade de um ato processual contamina todos os posteriores que sejam dele dependentes. O princípio aplica-se frequentemente aos vícios que se protraem no tempo, mas se observa também quando há unidade de fins entre um ou mais atos processuais, ou seja, atos correlacionados, unidos numa cadeia teleológica inseparável.

A regra da causalidade, por conseguinte, é natural à própria essência do processo, que é composto de um conjunto de atos que não pode ser analisado em compartimentos estanques, mas na cadeia que o compõe. Não há ato processual isolado, devendo-se perquirir a repercussão da invalidade na cadeia,[97] investigando-se o impacto do vício nos atos que sejam dependentes do ato defeituoso. Os atos que não dependerem diretamente dos atos nulos poderão ser aproveitados (utile per inutile non vitiatur).[98]

Consequência da regra da causalidade é o que consta do art. 282 do CPC: o juiz deve indicar que atos são atingidos pela invalidação.[99]

---

93. Francesco Carnelutti. Istituzioni del nuovo processo civile italiano. Op. cit., p. 306.
94. Cândido Rangel Dinamarco. Instituições de Direito Processual Civil. Op. cit., vol. II, p. 598.
95. Por todos, Antonio Carlos Araujo Cintra, Ada Pellegrini Grinover e Cândido Rangel Dinamarco. Teoria Geral do Processo, Op. cit., p. 306; Teresa Arruda Alvim Wambier. Nulidades do processo e da sentença. Op. cit., p. 237-238.
96. Egas Dirceu Moniz de Aragão. Comentários ao Código de Processo Civil, Op. cit., p. 288; Edson Ribas Malachini. "As nulidades no processo civil", Op. cit., p. 61.
97. Zhivko Stalev. "Das Verfahren als dynamischer Tatbestand", in Zeitschrift für Zivilprozeß, 88. Band, Heft 2, 1975, p. 201-202.
98. Francisco Cavalcanti Pontes de Miranda. Comentários ao Código de Processo Civil, Op. cit., p. 483-485.
99. Egas Dirceu Moniz de Aragão. Comentários ao Código de Processo Civil, Op. cit., p. 309-310.

3.3.4. Princípio da conversão ou da fungibilidade

Pelo chamado princípio da conversão ou fungibilidade, se um ato processual, destinado a produzir certos efeitos, padecer de vício de forma, poderá ser aproveitado se tiver requisitos suficientes à produção de "efeitos menores", correspondentes a outro tipo de ato. Trata-se do aproveitamento do suporte fático, que não bastou para que um ato produzisse seus efeitos, utilizado para a configuração de outro ato jurídico, no qual aquele suporte fático é suficiente para adquirir eficácia.[100]

O exemplo mais comum é a fungibilidade recursal. Mas também se destaca outro campo de aplicação no chamado "erro de forma" (art. 283 do CPC/2015), compreendido em doutrina como um erro na escolha do procedimento que permitiria a conversão do rito.[101]

Para aplicar a fungibilidade, o juiz deve respeitar a vontade do requerente, diretamente derivada do princípio dispositivo.[102] A manifestação de vontade da parte se mantém (é a mesma!) sendo incabível falar em conversão desta,[103] e por isso há necessidade de verificar se aquela vontade compreenderia também o ato convertido.

Vem-se entendendo que o pressuposto necessário para a aplicação da fungibilidade seria a falta de clareza da lei, ou seja, a existência de "zonas de penumbra" onde não fosse evidente o cabimento de um ou outro mecanismo processual, o que justificaria o erro do sujeito processual (erro escusável), autorizando a conversão.[104] Trata-se de uma "dúvida razoável", objetivamente observada das incertezas e inconstâncias doutrinárias e jurisprudenciais sobre a utilização de um ou outro meio.

4. CRÍTICAS À TEORIZAÇÃO TRADICIONAL DAS NULIDADES

Neste breve relatório, não será nosso objetivo ampliar demais as digressões teóricas a respeito das críticas que podem ser feitas ao modelo ortodoxo das invalidades processuais. Nossa abordagem limitar-se-á a listar essas críticas, remetendo o leitor a outro trabalho de mais fôlego onde desenvolvemos o

---

100. Definição similar traz Francisco Cavalcanti Pontes de Miranda. *Tratado de Direito Privado. Op. cit.*, p. 62; José Joaquim Calmon de Passos. "Esboço de uma teoria das nulidades", *Op. cit.*, p. 12.
101. Cândido Rangel Dinamarco. *Instituições de Direito Processual Civil. Op. cit.*, vol. II, p. 606-607; Egas Dirceu Moniz de Aragão. *Comentários ao Código de Processo Civil, Op. cit.*, p. 316.
102. Egas Dirceu Moniz de Aragão. *Comentários ao Código de Processo Civil, Op. cit.*, p. 317.
103. Francisco Cavalcanti Pontes de Miranda. *Tratado de Direito Privado. Op. cit.*, p. 64.
104. Teresa Arruda Alvim Wambier. *Nulidades do processo e da sentença. Op. cit.*, p. 492.

tema.[105] Em nosso sentir, o sistema tradicional merece reparos porque padece dos seguintes vícios:

1) um modelo afastado do caso concreto, em que se tenta fixar formalidades na lei e aplicar genericamente regras e princípios cuja formulação, além de imprecisa, é também definida em lei. Ocorre que a tendência contemporânea é rejeitar modelos de reserva legal de formas e invalidades. Impõe-se uma aproximação das formas e das nulidades aos casos concretos porque só a concretude permitirá aquilatar quando e como amenizar o formalismo. A referência a padrões normativos puros, totalmente abstratos e dissociados de um contexto casuístico, cria inúmeras dificuldades à teoria das nulidades no processo. No campo das invalidades, simplesmente não é possível imaginar todas as hipóteses de vícios potenciais ou mesmo os casos em que deveria ser invalidado o ato.[106] Ademais, basear o modelo de nulidades na lei tem um problema no Brasil, que é verificar que as regras legais são muito parecidas no processo civil, do trabalho, processual penal e processual penal militar, o que mostra que o legislador não está preocupado com parâmetros, mas com a reprodução impensada de regras antigas.

2) sistema das formalidades e das nulidades não é novo no Brasil, e continua apegado a premissas do séc. XIX, mesmo depois da revolução dos direitos fundamentais (segundo pós-Guerra) e da Constitucionalização do processo pós 1988. Ademais, é estranho ver que, após algumas ditaduras, governos democráticos, Constituições diversas, o modelo de nulidades atual seja o mesmo do processo penal militar ditatorial...

3) Tampouco inova o juízo de instrumentalidade, que parece ser uma afirmação retórica na doutrina e jurisprudência brasileiras, com afirmações do tipo "o processo serve para fazer justiça", e "no processo, os meios devem servir às finalidades", que no fundo não nos apresentam qualquer elemento de uma teoria racional que pretenda explicar critérios de decisão.

4) esquema tradicional de tipologia das invalidades, que é por aqui atribuído a Galeno Lacerda, na verdade foi importado de Carnelutti e por sua vez é tributário do direito romano e canônico. Este sistema,

---
105. Antonio do Passo Cabral. *Nulidades no processo moderno: contraditório, proteção da confiança e validade prima facie dos atos processuais.* Rio de Janeiro: Forense, 2ª Ed., 2010, especialmente p.65 ss.
106. Teresa Arruda Alvim Wambier. *Nulidades do processo e da sentença.* Op. cit., p. 176.

fundado numa suposta graduação de gravidade entre vícios e consequências, é absolutamente incoerente. Não há correspondência entre a gravidade do defeito do ato processual e uma espécie mais grave de invalidade. P.ex., se as nulidades absolutas são insanáveis e decorrem de defeitos maiores, como imaginar que o vício processual mais grave, o vício de citação, possa ser convalidado? Ou a intervenção do MP no processo civil, p.ex., em causas referentes a incapazes. Ora, indubitável a presença de um interesse público, mas mesmo assim tem-se entendido que a sanção para o descumprimento da exigência formal é uma "nulidade relativa", portanto convalidável. Essa foi inclusive a tendência que se positivou no CPC/2015 (art. 279 § °2). Temos que a incerteza e a imprecisão dogmática é o pior defeito de um sistema de formalidades que pretende ordenação, segurança jurídica e previsibilidade. Quando visualizamos nas formalidades uma técnica de assegurar todos esses valores, deve-se evitar exatamente o que se observa na atual teoria das nulidades: a confusão conceitual, o desacerto taxinômico, a imprecisão pretoriana, a discutibilidade de suas conclusões.

5) confusão doutrinária decorre da mistura de classificações e conceitos diversos. Com seus critérios baseados na natureza da norma (cogente ou dispositiva) e o interesse protegido (interesse público ou particular),[107] a classificação ternária das nulidades só causa perplexidade aos cientistas atentos. O critério da natureza da norma classifica as invalidades em nulidades ou anulabilidades. Ora, a partir da publicização do processo, a maioria das normas processuais passou a ser concebida como cogente: são em grande medida normas imperativas, sobretudo quando direcionadas ao órgão jurisdicional. Já o critério do interesse protegido permite dividir as invalidades em nulidades absolutas ou relativas. Mas no processo não há interesses que atendam apenas a fins estatais, e tampouco existem interesses exclusiva ou preponderante privados: há múltiplos interesses em uma demanda judicial, devendo haver um equilíbrio entre público e privado. E as incoerências não param aí porque subsistem outros critérios, como o da previsão legal expressa (nulidades cominadas e não cominadas) e da possibilidade de convalidação (nulidades sanáveis e insanáveis). E tudo isso ainda se mistura: nulidade cominada seria absoluta e insanável, ora, evidente confusão de critérios que não é comprovável na prática, como os exemplos anteriores nos mostram facilmente.

---

107. Esquema destes critérios encontra-se em Galeno Lacerda. *Despacho saneador. Op. cit.*, p. 160.

6) teorização tradicional também enfrenta uma profunda imprecisão no campo dos critérios para definir quando haverá um ou outro tipo de invalidade. Diz-se p.ex. que há nulidade absoluta: se o defeito ofender regras referentes aos pressupostos processuais e condições da ação; se viola faculdades processuais das partes; sua potencial influência na justiça da decisão; sua desconformidade com a verdade dos fatos; se toca o interesse público; se fere a ordem pública processual; se reduz direitos fundamentais e garantias das partes etc. Esses vícios importariam em invalidades de caráter absoluto, insanáveis, cognoscíveis de ofício e que não precluem. Vemos rapidamente que as enumerações formuladas pela doutrina não permitem concluir com precisão nem a natureza dos defeitos, nem sua exata consequência.

7) Isso ocorre, em grande parte, pela impossibilidade de uma teorização fundada no vício, no defeito, ou seja, no antecedente, devendo-se buscar um modelo dogmático que tente construir-se em torno das repercussões dos vícios, ou seja, no consequente. De fato, o raciocínio tradicional parte do vício para chegar à conclusão pela eficácia ou ineficácia: se a violação à forma (ou seja, o defeito), não foi tão grave a ponto de gerar uma nulidade absoluta, e o ato ainda assim atingiu seus objetivos, assegura-se-lhe a produção de efeitos. Caso o defeito seja menor, e, portanto, admita sanatória, parte-se para a análise da instrumentalidade. Assim, a instrumentalidade das formas depende sempre da espécie de vício que o ato contém. Dogmatizar em torno dos vícios dos atos processuais e das nulidades desconsiderara um particular aspecto: o dinamismo da relação processual, que se constitui e se destrói de acordo com um conjunto de condutas e condicionamentos específicos. E é nessa relação dinâmica que as nulidades têm que ser estudadas e compreendidas, sendo impossível ou talvez inviável uma completa teorização apriorística e em abstrato, mas somente à luz das especificidades do caso.

8) movimento instrumentalista, no campo da teoria das nulidades, estabeleceu uma relação teleológica entre os atos praticados e os fins do processo, objetivando a flexibilização das formas, com o mérito de atenuar a rigidez do sistema. Porém, sem critérios que definam o método e sem exigência de fundamentação, o modelo torna-se descontrolado, com a consequência de inflacionar os poderes do juiz, gerando um desequilíbrio de forças no processo. Deve-se buscar um fortalecimento do papel das partes nas formas e invalidades processuais.

5. NOVAS TENDÊNCIAS

Neste tópico faremos breve referência às principais tendências que têm sido observáveis no Brasil a respeito das formalidades processuais e das nulidades.

5.1. Resgate da vontade nos atos processuais. Nova concepção sobre a finalidade

A primeira delas é a reabilitação da vontade nos atos processuais, historicamente banida do direito processual por causa da necessidade de separar o processo do direito privado. Atualmente, compreende-se que, assim como os atos jurídicos em geral, os atos processuais também podem ser entendidos como manifestação de vontade, e essa análise pode ser útil para o exame dos efeitos que devem ser atribuídos a este ato.

O resgate da vontade nos atos processuais pode ser operado pela compreensão do contraditório como influência reflexiva (expressão-reação-consideração), pela interação dos sujeitos do processo voluntariamente em um debate que resulte em condicionamentos recíprocos e difusos entre eles, um debate que incorpore e responda argumentativamente às condutas do outro.[108] Além disso, a concepção de que a boa-fé (cooperação) também é um relevante aspecto do contraditório é fundamental para que se possam corretamente interpretar e avaliar os atos processuais.[109] E estes sintagmas de cooperação, colaboração, boa-fé, todos remetem à vontade dos sujeitos. No novo CPC, tudo isso foi consagrado (arts.5°, 6°, 9° e 10).

Essa concepção é relevante para:

a) Resgatar o papel das condutas omissivas como atos processuais voluntários, verdadeiro hiato na produção científica mundial. Isso teria dois aspectos: a nulidade por omissão (quando a omissão do sujeito gera o vício), e a omissão criadora de expectativas (quando a omissão voluntária e consciente gera expectativas nos demais sujeitos de que o ato será considerado válido e eficaz quando praticado de acordo com aquela determinada formalidade).[110]

---

108. Antonio do Passo Cabral. "Il principio del contraddittorio come diritto d'influenza e dovere di dibattito", in Rivista di Diritto Processuale, Anno LX, n° 2, apr.-giug. 2005; Idem, Nulidades no processo moderno: contraditório, proteção da confiança e validade prima facie dos atos processuais. Op.cit., p.112 ss.
109. Daniel Mitidiero. "A multifuncionalidade do direito fundamental ao contraditório e a improcedência liminar (art. 285-A, CPC): resposta à crítica de José Tesheiner", in Revista de Processo, ano 32, n° 144, p. 108-109, fevereiro 2007; Idem, Colaboração no Processo Civil, Op. cit., p. 95 ss, 122 ss.
110. Antonio do Passo Cabral. Nulidades no processo moderno: contraditório, proteção da confiança e validade prima facie dos atos processuais. Op.cit., p.151 ss, 323 ss.

b) Renovar o exame da finalidade dos atos processuais, que deixa de ser apenas uma análise da "função do ato" no processo para compreender, em alguma medida, o escopo pretendido pelos litigantes;

c) Reorientar critérios aplicativos como o princípio do prejuízo. É que, na doutrina tradicional, ou bem se exclui a necessidade de verificação do prejuízo *a priori* das nulidades qualificadas de "absolutas", ou se sustenta que, nas "nulidades absolutas" ou nas "nulidades cominadas", haveria uma "presunção de prejuízo". Ora, esta perspectiva pretende a análise da invalidade a partir da qualidade estática dos defeitos, ao contrário do que aqui pretendemos, que é focar nas consequências dos vícios na cadeia, e identificar a relevância das atipicidades formais justamente na sua interferência comunicativa na série de atos que compõe o processo, o que só pode ser implementado a partir da concepção dinâmica e comunicativa do contraditório.

5.2. Adequação ou adaptabilidade do procedimento. Acordos processuais e nulidades

Evidente avanço em relação à instrumentalidade das formas é uma alternativa dogmática para temperar a legalidade forma "princípio de adequação formal", "elasticidade" ou "flexibilidade", a permitir ao juiz e às partes por meio de acordos, adaptar o procedimento.

No Brasil, esta tendência foi originada não tanto no *case management* anglo-americano, mas da clara influência do sistema português, previdente de um tal princípio desde o CPC anterior.

De fato, por aqui temos hoje majoritariamente o entendimento de que a adaptabilidade do procedimento é algo natural ao sistema dos atos processuais, a fim de que as formalidades possam ser moldadas às necessidades do caso, permitindo a consecução da mais efetiva tutela do direito material.[111] Admite-se ainda que a flexibilização do procedimento não é incompatível com as garantias fundamentais do processo, basta que, para que sejam adaptadas as formas, proteja-se a segurança jurídica e a previsibilidade.

A possibilidade de adaptação formal do procedimento mostra que a ordinarização do procedimento e sua rigidez, em nome do interesse público, não são tão "rígidos" assim. Revela ainda que tampouco seriam todas as normas processuais de "de ordem pública" ou inderrogáveis.[112] No novo Código de 2015,

---

111. Fernando da Fonseca Gajardoni. Procedimentos, déficit procedimental e flexibilização procedimental no novo CPC, in Revista de Informação Legislativa, ano 48, n.190, abr-jun, 2011, p. 163 ss.
112. Fernando da Fonseca Gajardoni. *Flexibilização procedimental*: um novo enfoque para o estudo do procedimento em matéria processual. São Paulo: Atlas, 2008, p. 80.

O art.139, VI permite que o juiz flexibilize as formalidades, alterando prazos em função da complexidade dos atos a serem praticados, bem assim que modifique a ordem da produção dos meios de prova.

A última tendência neste sentido é a previsão genérica, que foi encampada no novo CPC, de flexibilização das formas por meio de acordo entre as partes (arts.190 e 200). Trata-se, em nosso sentir, importante avanço no modelo das nulidades no Brasil: é que as convenções processuais gerarão não só a flexibilização das formas previstas em lei, mas o farão pela atuação da vontade das partes. Esta evolução, ao mesmo tempo que reforça a concepção antes defendida de que a vontade é algo inafastável na análise dos atos processuais, também gera para os acordantes preclusões das alegações de nulidade, impedindo-os de postular em juízo que o ato seja praticado de outra forma que não aquela livre e conscientemente convencionada.

5.3. Formalidades no processo contemporâneo. Forma-função e o retorno às partes: as formas como contenção do juiz e garantias de equilíbrio de poder. A nulidade como sanção regulatória ou indutiva

As formas possuem papel relevante, na dinâmica da relação processual, na delimitação e repartição de poderes e faculdades dos litigantes. Então, não é possível acabar com o formalismo. Não obstante, se não devemos (e não podemos) tornar o processo totalmente informal, impende, sim, libertarmo-nos dos "falsos formalismos", ineficientes e que não cumprem nenhuma função, nem de garantia processual, nem de proteção eficiente aos direitos materiais. Não podemos, ao ressaltar a importância do formalismo, deixá-lo descambar para a previsão de formalidades excessivas e desnecessárias.

Devemos pregar o redirecionamento das formalidades de maneira funcional e axiológica, que decorre da ideia de instrumentalidade, mas vem da concepção de que, se as formalidades têm valor em si (forma-garantia), representam também a atuação prática de outros valores e princípios do ordenamento (forma-função), algo já sintetizado na expressão "formalismo-valorativo", de Carlos Alberto Alvaro de Oliveira.[113]

5.4. Princípio de validade prima facie dos atos processuais e a diferença para o exame da instrumentalidade das formas

As nulidades processuais diferem das nulidades no direito material porque aquelas não existem aprioristicamente pela mera observação do vício. Os atos

---

113. Carlos Alberto Alvaro de Oliveira. "O formalismo-valorativo no confronto com o formalismo excessivo", in Revista de Processo, Ano 31, nº 137, p. 7 e ss., julho de 2006.

processuais somente serão invalidados caso outras circunstâncias sejam observadas. A invalidação, como visto, não é consequente necessária do vício, mas apenas uma possibilidade aberta pelo ordenamento.

Neste sentido, a doutrina, nacional e estrangeira são unânimes praticamente em afirmar que todas as nulidades são, em princípio, sanáveis e todos os atos processuais podem ser, em princípio, aproveitados.[114] Fala-se de um princípio de conservação ou de aproveitamento dos atos processuais,[115] ao que outros autores denominam de "princípio de convalidação",[116] "princípio da proteção"[117] ou "princípio da determinação racional do nulo", que seria operado pelas regras relativizadoras[118] das nulidades: só se pronuncia a invalidade se não se puder salvar o ato.[119] A invalidação afigura-se, portanto, como *ultima ratio*.[120]

Há, portanto, uma *preferência normativa pela a validez dos atos processuais*; uma diretiva alertando que, em caso de dúvida, se deve manter o ato e sua validade. O sistema dos atos processuais prevê uma preferência normativa pela sua validade. Como todas as regras referentes às nulidades revelam um complexo de normas que visam a impedir a sua invalidação, vê-se que o ordenamento consagra um princípio de validez e eficácia *prima facie* dos atos do processo.[121] E isso tem sido defendido, pela doutrina moderna, mesmo para aquelas nulidades classicamente definidas como "absolutas". Esta prevalência normativa decorre de várias razões:

- o direcionamento valorativo das formalidades, que impede o culto à forma em si mesma;

---

114. Teresa Arruda Alvim Wambier. *Nulidades do processo e da sentença. Op. cit.*, p. 145-146; Fabio Marelli. *La conservazione degli atti invalidi nel processo civile. Op. cit.*, p. 1-7; Roberto Omar Berizonce. *La nulidad en el proceso. Op. cit.*, p. 66.
115. Teresa Arruda Alvim Wambier. *Nulidades do processo e da sentença. Op. cit.*, p. 173.
116. Alberto Luis Maurino. *Nulidades procesales*. 2ª ed., 1ª reimpressão, Buenos Aires: Astrea, 2001, p. 61 e ss.
117. Coqueijo Costa. "Nulidade e anulabilidade no processo do trabalho. O princípio da convalidação", in *Revista de Processo*, nº 6, abr.-jun. 1977, p. 113. Couture inclui regras diversas sob a nomenclatura "princípio de proteção", mais tais regras são mais assemelhadas ao que aqui denominamos de princípio do interesse. Cf. Eduardo J. Couture. *Fundamentos del Derecho Procesal Civil*. 4ª ed., Montevideo: Editorial B de F, 2005, p. 323.
118. Carlos Alberto Alvaro de Oliveira "Notas sobre o conceito e a função normativa da nulidade", in Carlos Alberto Alvaro de Oliveira (Org.). *Saneamento do processo – Estudos em homenagem ao Prof. Galeno Lacerda*. Porto Alegre: Sergio Antonio Fabris, 1989, p. 139.
119. Fredie Didier Jr. *Curso de Direito Processual Civil, Op. cit.*, p. 234: "No direito processual, não há defeito que não possa ser sanado. Por mais grave que seja, mesmo que apto a gerar a invalidade do procedimento ou de um dos seus atos, todo defeito é sanável".
120. Francesco Carnelutti. *Sistema del diritto processuale civile. Op. cit.*, vol. II, p. 491; Idem. *Istituzioni del nuovo processo civile italiano. Op. cit.*, p. 304; Roberto Omar Berizonce. *La nulidad en el proceso. Op. cit.*, p. 91.
121. Antonio do Passo Cabral. *Nulidades no processo moderno: contraditório, proteção da confiança e validade prima facie dos atos processuais*. Op.cit., p.185 ss.

- a união da ideia de forma-garantia ao conceito de forma-função na combinação do formalismo com a instrumentalidade;
- a peculiaridade do nulo processual, que depende de pronunciamento judicial;
- a abundância de regras relativizadoras das invalidades.

Mas as preferências normativas fixadas pelo ordenamento são apenas aprioristicas ou *prima facie*, vale dizer, não são absolutas ou inalteráveis, podendo ser invertidas no caso concreto pelo juiz. Todavia, posto que não definitivas, as prioridades normativas têm o efeito de impor um ônus ou peso argumentativo (*Argumentationslast*) em prol do interesse aprioristicamente protegido ou priorizado pelo legislador. Se o magistrado desejar infirmar a prioridade *prima facie*, terá sobre ele um peso que o obriga a um esforço de justificação mais acentuado. O juiz deve ter "razões mais fortes" para inverter, no caso concreto, a direção apontada pela norma.[122]

Relacionado à prioridade *prima facie* pela validez dos atos do processo, o correlato ônus argumentativo permite testar as conclusões judiciais na verificação das atipicidades, permitindo um verdadeiro controle sobre as opções do juiz. Nesse diapasão, cabe diferenciar a fundamentação quando o juiz se convencer pela validade ou pela invalidade. Para a manutenção da prioridade normativa, ou seja, para manter a validade do ato, considerando irrelevante a imperfeição formal verificada, o juiz não tem peso argumentativo. Ao contrário, sua motivação é relaxada, já que complementada pela força da primazia legal. A validade, que é principiológica, tendencial, é apenas "confirmada". De outra parte, caso seja convencido no sentido da relevância da atipicidade, e, portanto, sua conclusão for pela invalidade, incide o ônus de argumentação e terá o magistrado que lançar mão de motivos mais fortes para nulificar o ato.

Veja-se que, no conceito de ônus argumentativo, norma e fato se completam no *iudicium*. A norma que indica a tendência normativa *prima facie* não conclui sozinha. A prioridade normativa se une à força das razões judiciais do caso concreto.

Pois bem, cabe agora destacar que a utilização de um princípio de validade *prima facie* dos atos do processo tem várias vantagens sobre o antigo exame

---

122. Sobre estas prevalências e seu efeito de gerar um ônus argumentativo, Cf. Robert Alexy. "Individuelle Rechte und kollektive Güter", in *Recht, Vernunft, Diskurs*. Frankfurt am Main, Suhrkamp, 1995, p. 260-261; Idem, *Teoría de los derechos fundamentales*. Trad. Ernesto Garzón Valdés. Madrid: Centro de Estudios Políticos y Constitucionales, 2ª reimpresión, 2001, p. 549; Idem, "On balancing and subsumption. A structural comparison", in *Ratio Juris*, vol. 16, nº 4, p. 437, dez. 2003.

da instrumentalidade. Lembremos, de início, que a invalidação é uma consequência apenas possível no esquema preceito-sanção tradicional: "defeito formal--nulidade". Neste raciocínio, o *antecedente* (o suporte fático) é o vício de forma verificado nos atos processuais praticados, e o *consequente* é a invalidade.

O juiz, em primeiro lugar, (1) examina o binômio *tipicidade-eficácia*, cotejando as formalidades previstas na lei (o modelo normativo), com aquelas do ato processual efetivamente praticado (o suporte fático). Se concluir pela perfeição formal, desnecessário prosseguir na cognição, porque a lei assegura que o ato processual produza efeitos. O raciocínio pode ser expresso desta forma:

(1) *tipicidade* → *validade* + *eficácia*

(1') *atipicidade* → *invalidade* + *ineficácia*

Mas nos ordenamentos como o brasileiro, que adotam a flexibilidade das formas, não há necessidade obrigatória de invalidar o ato diante de um vício formal. Se houver atipicidade (desrespeito à forma), não se segue automaticamente decretação da invalidade e o juiz prossegue à segunda parte do raciocínio, na análise do princípio da instrumentalidade das formas. O magistrado parte então para uma segunda etapa do juízo, (2) avaliando a correlação meio-fim, isto é, se as formas previstas para a prática do ato, ainda que desrespeitadas, não o impediram de atingir suas finalidades. Agora, o esquema seria *atipicidade-invalidade possível*. Se o ato atingir sua finalidade, é garantida a sua eficácia; caso contrário, segue a invalidação.

Poderíamos imaginar o raciocínio completo com esta configuração:

(1) *tipicidade* → *validade* + *eficácia*

(1') *atipicidade* → *invalidade* + *ineficácia*

(2) *atipicidade* + *finalidade* → *validade* + *eficácia*

(2') *atipicidade* – *finalidade* → *invalidade* + *ineficácia*

Note-se que a aplicação da instrumentalidade é operada *após* o reconhecimento do defeito, ou seja, depois do exame da imperfeição formal (1). A imperfeição seria, portanto, *evitada* ou excepcionada pela análise meio-fim da instrumentalidade. Como se vê, o exame da instrumentalidade é realizado depois da verificação do defeito formal. Antes da invalidação medeia a aplicação de uma *regra excepcional* que impede a pronúncia da nulidade.

Nesta perspectiva, o sistema tradicional estabelece uma *tendência normativa à pronúncia de nulidade*, evitada pelo atingimento do escopo do ato. Esta a razão por que certos autores afirmam que, se existe alguma preferência normativa no ordenamento, esta seria no sentido da observância da forma prescrita na lei, apenas *excepcionada* pela instrumentalidade.

Ora, essa pressão no sentido da invalidade somente seria própria de regimes de legalidade estrita das formas, mas não cabe nos sistemas flexíveis ou de legalidade temperada, e tampouco se compadece com o que é pregado pela própria doutrina que aplica a análise da instrumentalidade no nosso ordenamento. Como vimos, vê-se hoje um patente declínio das nulidades e muitos enaltecem ser a invalidade a *ultima ratio*. Então, se a preferência normativa é pela validade do ato processual, o exame meio-fim não pode ser empreendido *após* as considerações de imperfeição formal, num momento em que a decisão *já tende à invalidação*. Pensamos que, ao afastarmos o exame da invalidação do raciocínio clássico da instrumentalidade, passando a tratá-lo a partir do princípio de validade *prima facie* dos atos processuais, podemos de maneira mais sistemática evitar essa incoerência.

Pelo princípio de validade apriorística, parte-se da validez do ato determinada pelo ordenamento e que, até este ponto, é apenas *prima facie*. As consequências dos defeitos serão então qualificadas a partir de suas interferências no discurso que anima a relação processual. E o raciocínio da invalidade será organizado em apenas um exame, unindo os defeitos e sua repercussão. Dessa maneira, o exame da invalidação é tendente à manutenção da validade dos atos, e não o inverso.

Além de ser dogmaticamente mais coerente com a validez *prima facie* dos atos do processo, o exame ora proposto não se limita a um debate acadêmico alheio às necessidades práticas do direito processual. Nossa proposta traz outras vantagens para a teoria das nulidades, dentre as quais elencamos: (a) consegue aliar norma e fato no exame da invalidação; (b) aumenta a racionalidade e controlabilidade das decisões estatais por exigir mais motivação do magistrado no juízo de invalidação; e (c) equilibra os poderes dos sujeitos do processo.

Por fim, temos que, à luz do modelo proposto, a única classificação das invalidades racionalmente identificável e praticamente útil ao processo é aquela que pretende dividi-las em nulidades sanáveis e insanáveis.[123] Em verdade, a classificação seria melhor adequada se dissesse respeito aos defeitos, e não às invalidades. Como toda nulidade depende de decretação (o nulo processual só o é depois de assim proclamado pelo juiz), o que é sanável ou insanável é o defeito, o vício, e não a nulidade.

5.5. A nulidade como sanção regulatória, premial ou indutiva

Vimos que a nulidade pode ser definida como uma sanção, ainda que não criminal. Pois bem, o conceito de sanção jurídica está ligado a um prejuízo

---

123. José Joaquim Calmon de Passos. *Esboço de uma teoria das nulidades aplicada às nulidades processuais*. Op. cit., p. 101.

imposto à desobediência de prescrições normativas em posições de desvantagem. As condutas normativamente exigidas têm uma dupla característica: um aspecto diretivo, prescritivo (que se atua na obediência às normas); e outro aspecto coativo, derivado da violação da norma (sanção) quando o sujeito se encontra numa posição de desvantagem (como um dever jurídico). Mas será que as condutas permitidas, aquelas posições jurídicas de vantagem, ficam fora do estudo das invalidades?

A tradição do estudo das normas jurídicas é focar na sua imperatividade e coatividade, ligando quase que indissociavelmente o preceito (comando) à sanção ameaçadora (negativa) pelo descumprimento do dever. Mas isso se dava num paradigma em que o Direito procurava estabelecer um padrão legal fixado e aplicar retrospectivamente às condutas pretéritas (já tomadas) uma sanção existente antes dessas condutas, como no raciocínio próprio da pena criminal e que até hoje se vê nas nulidades: a invalidade, prevista abstratamente na lei, seria a sanção ao comportamento desregrado, um comportamento cronologicamente anterior ao exame de aplicação da sanção.

Na atualidade, o estudo do cumprimento ou inobservância das normas jurídicas não pode residir apenas nas sanções negativas. A regulação do presente deve ter caráter teleológico e indutivo. O Estado atual é menos repressor que fomentador de condutas através de estímulos, mais prospectivo que retrospectivo, substituindo as estratégias de comando pelas estratégias de viés indutivo. As prescrições normativas passam a ser consideradas como indutoras de comportamento, e não repressoras dos desvios, uma função promocional do Estado, operada a partir de normas de caráter organizacional, criadoras de estruturas e ambientes participativos, permitindo a descentralização do poder ao invés de sua burocratização hierarquizada.

Isso nos remete ao conceito de sanções positivas ou premiais, ou ainda sanções regulatórias, que não são punições. A sanção positiva ou regulatória é uma alteração na posição do *alter* que é aceita por este como sendo vantajosa. Trata-se de uma interação baseada na indução e na persuasão, enquanto a sanção negativa refletia a coerção.

Essa descrição cai como uma luva à concepção aqui exposta da teoria das nulidades e do procedimento de influência reflexiva para sua descoberta. Sem embargo, se existe uma tendência à validade dos atos processuais, não seria correto imaginar que o Estado deseja desestimular atipicidades formais ameaçando o agente com uma "sanção" negativa de invalidade. Ao contrário, o desestímulo à prática de atos processuais imperfeitos é *sistêmico*, já que desencorajada pelo princípio de validez apriorística desses atos, acompanhado do ônus argumentativo para gerar a invalidação.

5.6. Reformulando os "princípios" das invalidades. Da "causalidade" a uma relação normativa entre atipicidade e ato viciado; do "princípio do interesse" à ilegitimidade ad actum; do prejuízo definido a priori à significação comunicativa do vício a posteriori

Algo absolutamente necessário, no contexto do processo atual, é modificar a compreensão que temos dos antigos – e muitas vezes ultrapassados – princípios ou regras aplicados às invalidades.

P.ex., o que se denomina de princípio da causalidade só pode ser atualmente correto se não imaginarmos mais que se trata de uma consequência naturalística. O que remete o vício a um ponto posterior da cadeia de atos processuais é uma relação normativa, não puramente causal. Assim, mais importante do que enunciar a causalidade é, percebendo que se trata de uma relação normativa, tentar elaborar critérios para identificar quando as atipicidades formais geram impactos nos atos processuais posteriores, e dessa maneira emprestar maior racionalidade e controlabilidade ao sistema.[124]

Outra compreensão equivocada é do chamado "princípio do interesse". Em verdade, o conceito de interesse (material ou processual) não tem nada a ver com a regra respectiva a que se faz alusão no campo das nulidades. O que com ela se pretende é efetivar uma ilegitimidade *ad actum* para a parte que voluntariamente causou o defeito.[125]

Por fim, o princípio do "prejuízo", relevante num modelo de nulidades, é hoje em dia fixado com base em fórmulas vagas e sem sentido, sem qualquer preocupação prática de fundamentá-lo em cada caso concreto e analisado *a priori*. Deve-se buscar vincular o prejuízo a um exame *a posteriori* dos atos processuais, em que o tal "prejuízo" seja reconhecido apenas nos casos em que as atipicidades sejam criadoras de situações interferentes no contraditório.[126] Ademais, deve-se exigir fundamentação específica, sem a qual continuaremos laborando no vazio das frases de efeito.

6. CONCLUSÃO

O objetivo deste relatório não foi exaurir as infindáveis discussões a respeito de tantos intrincados temas das invalidades processuais no direito processual, mas sim apresentar uma visão geral do sistema nacional aos colegas

---

124. Antonio do Passo Cabral. *Nulidades no processo moderno: contraditório, proteção da confiança e validade prima facie dos atos processuais*. Op.cit., p. 273 ss.
125. *Idem*, p.307 ss.
126. *Idem*, p.279 ss.

italianos, esperando que a experiência brasileira, nossos êxitos e desventuras, e as tendências doutrinárias mais recentes possam auxiliar o desenvolvimento dos estudos doutrinários e as propostas legislativas peninsulares.

7. BIBLIOGRAFIA

ALEXY, Robert. "Individuelle Rechte und kollektive Güter", in Recht, Vernunft, Diskurs. Frankfurt am Main, Suhrkamp, 1995.

_____. "On balancing and subsumption. A structural comparison", in Ratio Juris, vol. 16, nº 4, dez. 2003.

_____. Teoría de los derechos fundamentales. Trad. Ernesto Garzón Valdés. Madrid: Centro de Estudios Políticos y Constitucionales, 2ª reimpressão, 2001.

ARAGÃO, Egas Dirceu Moniz de. "Procedimento: formalismo e burocracia", in Revista Forense, vol. 358, nov.-dez. 2001.

_____. Comentários ao Código de Processo Civil. Rio de Janeiro: Forense, 1974, vol. II.

BARROS, Romeu Pires de Campos. "Do fato típico no Direito Processual Penal", in Revista Forense, ano 55, vol. 176, mar.-abr. 1958.

BATISTA, Francisco de Paula. Compêndio de teoria e prática do processo civil. Campinas: Russel, 2002 (Reedição do original de 1857)

BEDAQUE, José Roberto dos Santos. "Nulidade processual e instrumentalidade do processo", in Revista de Processo, nº 60, outubro-dezembro 1990.

_____. Direito e Processo – Influência do direito material sobre o processo. 4ª ed., São Paulo: Malheiros, 2006.

_____. Efetividade do processo e técnica processual. São Paulo: Malheiros, 2006.

BERIZONCE, Roberto Omar. "Las formas de los actos procesales: sistemas", in Augusto Mario Morello et alii. Estudios de nulidades procesales. Buenos Aires: Hammurabi, 1980.

_____. La nulidad en el proceso. La Plata: Platense, 1967.

CABRAL, Antonio do Passo. "Il principio del contraddittorio come diritto d'influenza e dovere di dibattito", in Rivista di Diritto Processuale, Anno LX, nº 2, apr.-giug. 2005.

_____. Nulidades no processo moderno: contraditório, proteção da confiança e validade prima facie dos atos processuais. Rio de Janeiro: Forense, 2ª Ed., 2010.

CAIS, Fernando Fontoura da Silva Cais. "Em torno do formalismo processual: a criação de requisitos para a prática de atos processuais pelos tribunais", in Revista Dialética de Direito Processual, nº 57, dez., 2007.

CALMON DE PASSOS, José Joaquim. "Esboço de uma teoria das nulidades", in Revista de Processo, ano 14, nº 56, p. 10, outubro-dezembro 1989.

_____. *Esboço de uma teorias das nulidades aplicada às nulidades processuais*. Rio de Janeiro: Forense, 2005.

CAPONI, Remo. "Azioni di nullità (Profili di Teoria Generale)", *in Rvisita di Diritto Civile. Supplemento Annuale di Studi e Ricerche*, 2008.

CARNELUTTI, Francesco. *Istituzioni del nuovo processo civile italiano*. 2ª ed., Roma: Foro Italiano, 1941.

_____. *Sistema del diritto processuale civile*. Padova: CEDAM, 1938, vol. II.

CINTRA, Antonio Carlos Araujo, GRINOVER, Ada Pellegrini e DINAMARCO, Cândido Rangel. *Teoria Geral do Processo*. 8ª ed., São Paulo: Revista dos Tribunais, 1991.

CIPRIANI, Franco. "Nel centenario del regolamento di Klein. (Il processo civile tra libertà e autorità)", *in Rivista di Diritto Processuale*, nº 4, 1995.

COSTA, Coqueijo. "Nulidade e anulabilidade no processo do trabalho. O princípio da convalidação", *in Revista de Processo*, nº 6, abr.-jun. 1977.

COUTURE, Eduardo J. *Fundamentos del Derecho Procesal Civil*. 4ª ed., Montevideo: Editorial B de F, 2005.

DALL'AGNOL JR., Antonio Janyr. "Nulidades processuais – algumas questões", *in Revista de Processo*, nº 67, julho-setembro, 1992.

DIDIER JR., Fredie. *Curso de Direito Processual Civil*. 8ª ed., Salvador: Jus Podivm, 2007.

DINAMARCO, Cândido Rangel. *Instituições de Direito Processual Civil*. 3ª ed., São Paulo: Malheiros, 2003, vol. II.

FURNO, Carlo. "Nullità e rinnovazione degli atti processuali", *in Studi in onore di Enrico Redenti nel anno del suo insegnamento*. Milano: Giuffrè, 1951, vol. I.

GAJARDONI, Fernando da Fonseca. *Flexibilização procedimental*: um novo enfoque para o estudo do procedimento em matéria processual. São Paulo: Atlas, 2008.

_____. Procedimentos, déficit procedimental e flexibilização procedimental no novo CPC, *in Revista de Informação Legislativa*, ano 48, n.190, abr-jun, 2011.

GONÇALVES, Aroldo Plínio. *Nulidades no processo*. Rio de Janeiro: Aide, 1993.

GRINOVER, Ada Pellegrini, FERNANDES, Antonio Scarance e GOMES FILHO, Antonio Magalhães. *As nulidades no processo penal*. 7ª ed., São Paulo: Revista dos Tribunais, 2001.

GRINOVER, Ada Pellegrini. "Deformalização do processo e deformalização das controvérsias", *in Revista de Processo*, ano 12, nº 46, abril-junho, 1987.

HUBER, Hans. "Überspitzter Formalismus als Rechtsverweigerung", *in* MERZ, Hans e SCHLUEP, Walter R. (Orgs.). *Recht und Wirtschaft heute. Festgabe zum 65. Geburtstag von Max Kummer*. Bern: Stämpfli, 1980.

JAUERNIG, Othmar. *Das fehlerhafte Zivilurteil*. Frankfurt am Main: Vittorio Klostermann, 1958.

_____. *Zivilprozessrecht*. 28ª ed., München: C. H. Beck, 2003.

KLEIN, Franz. *Vorlesungen über die Praxis des Civilprocesses*. Wien: Manz, 1900.

KOMATSU, Roque. *Da invalidade no Processo Civil*. São Paulo: RT, 1991.

LACERDA, Galeno. "O código e o formalismo processual", *in Revista da Faculdade de Direito da Universidade Federal do Paraná*, nº 21, p. 13, 1984.

_____. *Despacho saneador*. Porto Alegre: La Salle, 1953.

MALACHINI, Edson Ribas. "As nulidades no processo civil", *in Revista de Processo*, nº 9, janeiro-março, 1978.

MARELLI, Fabio. *La conservazione degli atti invalidi nel processo civile*. Padova: CEDAM, 2000.

MARQUES, José Frederico. *Manual de Direito Processual Civil*. São Paulo: Saraiva, 1974, vol. II.

MAURINO, Alberto Luis Maurino. *Nulidades procesales*. 2ª ed., 1ª reimpressão, Buenos Aires: Astrea, 2001.

MITIDIERO, Daniel. "A multifuncionalidade do direito fundamental ao contraditório e a improcedência liminar (art. 285-A, CPC): resposta à crítica de José Tesheiner", *in Revista de Processo*, ano 32, nº 144, fevereiro 2007;

_____. "O problema da invalidade dos atos processuais no Direito Processual Civil brasileiro contemporâneo", *in Visões críticas do processo civil brasileiro*. Porto Alegre: Livraria do Advogado, 2005.

_____. *Colaboração no processo civil*. São Paulo: RT, 2009.

MONTESANO, Luigi. "Questioni attuali su formalismo, antiformalismo e garantismo", *in Rivista Trimestrale di Diritto e Procedura Civile*, Anno XLIV, nº 1, 1990.

MÜLLER, Thomas M. *Gesetzliche und prozessuale Parteipflichten*. Zürich: Schultess, 2001.

OLIVEIRA, Carlos Alberto Alvaro de. "Notas sobre o conceito e a função normativa da nulidade", *in* Carlos Alberto Alvaro de Oliveira (Org.). *Saneamento do processo – Estudos em homenagem ao Prof. Galeno Lacerda*. Porto Alegre: Sergio Antonio Fabris, 1989.

_____. "O formalismo-valorativo no confronto com o formalismo excessivo", *in Revista de Processo*, Ano 31, nº 137, julho de 2006.

_____. *Do formalismo no processo civil*. 2ª ed., São Paulo: Saraiva, 2001.

POLI, Roberto. "Sulla sanabilità dei vizi degli atti processuali", *in Rivista di Diritto Processuale*, nº 2, 1995.

PONTES DE MIRANDA, Francisco Cavalcanti. *Comentários ao Código de Processo Civil*. 2ª ed., Rio de Janeiro: Forense, 1979, t. III.

_____. *Tratado de Direito Privado*. Rio de Janeiro: Borsoi, 1954, t. IV.

ROSENBERG, Leo, SCHWAB, Karl-Heinz, GOTTWALD, Peter. *Zivilprozessrecht*. München: CH Beck, 16a Ed., 2004.

SANTOS, Ernane Fidelis dos. "Nulidade dos atos processuais", *in Revista Brasileira de Direito Processual*, vol. 41, janeiro-março 1984.

SATTA, Salvatore. "Il formalismo nel processo", *in Rivista Trimestrale di Diritto e Procedura Civile*, 1958.

SICA, Heitor Vitor Mendonça. "Contribuição ao estudo da teoria das nulidades: comparação entre o sistema de invalidades no Código Civil e no direito processual civil", *in* Cássio Scarpinella Bueno (Coord.). *Impactos processuais do direito civil*. São Paulo: Saraiva, 2008.

STALEV, Zhivko. "Das Verfahren als dynamischer Tatbestand", *in Zeitschrift für Zivilprozeß*, 88. Band, Heft 2, 1975.

TALAMINI, Eduardo. "Notas sobre a teoria das nulidades no processo civil", *in Revista dialética de direito processual*, nº 29, ago. 2005.

THEODORO JR, Humberto. *Curso de Direito Processual Civil*. 24ª ed., Rio de Janeiro: Forense, 1998, vol. I.

_____. "As nulidades no Código de Processo Civil", *in Revista de Processo*, nº 30, abr.-jun., 1983.

TROLLER, Alois. *Von den Grundlagen des zivilprozessualen Formalismus*. Basel: von Helbing und Lichtenhahn, 1945.

WAMBIER, Teresa Arruda Alvim. *Nulidades do processo e da sentença*. 6ª ed., São Paulo: RT, 2007.

4º Painel Binacional: Flexibilidade, simplificação processual e a gestão do processo

FLESSIBILITÀ, SEMPLIFICAZIONE E GESTIONE DEL PROCESSO CIVILE: LA PROSPETTIVA ITALIANA

Paolo Biavati
Ordinario dell'Università di Bologna.

SOMMARIO: 1. UN TENTATIVO DI DEFINIZIONE; 2. LE RAGIONI DELLA SEMPLIFICAZIONE: SPINTE CULTURALI ED ESIGENZE PRATICHE; 3. FLESSIBILITÀ E SEMPLIFICAZIONE NEL DIRITTO ITALIANO VIGENTE; 4. UN ASPETTO PARTICOLARE: LA SINTETICITÀ DEGLI ATTI; 5. LE OBIEZIONI PRATICHE: L'IDONEITÀ DEL GIUDICE E LA MANCANZA DI PREVEDIBILITÀ; 6. L'OBIEZIONE COSTITUZIONALE: IL GIUSTO PROCESSO "REGOLATO DALLA LEGGE" NEL QUADRO DEL PRINCIPIO DI UGUAGLIANZA; 7. RIFORME ANNUNCIATE E CONDIZIONI PER IL LORO SUCCESSO; 8. BREVISSIME NOTE CONCLUSIVE.

1. UN TENTATIVO DI DEFINIZIONE

La crisi della giustizia civile, identificata nell'incapacità del processo di fornire una tutela efficace in tempi ragionevoli ai diritti dei cittadini[1], è alla radice della maggior parte delle riflessioni della dottrina, chiamata a confrontarsi con la ricerca di soluzioni idonee a migliorare a qualità del servizio giurisdizionale, rispettando al contempo le ineludibili esigenze di garanzia per tutte le parti[2]. E' mia opinione, almeno con riguardo all'esperienza italiana, che la causa preponderante delle difficoltà non stia nelle regole processuali, ma nella scarsa efficienza della struttura amministrativa e burocratica dell'organizzazione giudiziaria. Tuttavia, ciò non rende inutile interrogarsi sul modo di essere delle norme, che certo possono essere rettificate e ripensate.

Uno dei temi di riflessione è quello della flessibilità e della semplificazione della procedura, in qualche misura contrapposte alla rigidità di disposizioni predeterminate e talora non idonee a facilitare una risoluzione rapida e soddisfacente delle liti.

---

1. Il problema della durata eccessiva dei processi civili è certamente importante. Non si deve dimenticare, però, che la giustizia viene prima della velocità. La Commissione europea, nel suo documento denominato Quadro di valutazione UE della giustizia 2014 (COM(2014) 155 def.), rileva: quality before speed.
2. V. di recente CAPPONI, *Il diritto processuale civile "non sostenibile"*, in Riv. trim. dir. proc. civ., 2013, p. 855 ss.

Prima di esaminare l'impatto che queste tendenze hanno avuto e continuano ad avere sul processo civile italiano, è opportuno tentarne una delimitazione concettuale. Non di rado, infatti, le categorie rischiano di assorbire l'attesa sociale ed essere impiegate quasi come slogan, a cui ciascuno riferisce un contenuto soggettivamente auspicato. Il lemma semplificazione è oggi di particolare attualità nel nostro Paese e rimanda al desiderio di minori controlli burocratici, di attese più brevi, di risultati più rapidi, di costi più bassi. Se parlassimo di semplificazione del processo civile ad un impiegato di uno studio professionale in coda in una cancelleria giudiziaria o a un qualunque cittadino in difficoltà nel disbrigo di una pratica amministrativa, otterremmo probabilmente un'adesione entusiastica: entusiastica ma certo irriflessiva, perché il nostro interlocutore non saprebbe come, né a quali prezzi, né con quali controindicazioni l'obiettivo potrebbe essere raggiunto. Non voglio affermare che anche la letteratura giuridica, di tanto in tanto, si nutra di slogan, ma è fuori discussione che nei dibattiti politico-giudiziari questi termini vengono impiegati, come minimo, in maniera del tutto atecnica.

In primo luogo, la nozione di flessibilità ovvero di elasticità. Non è un concetto nuovo nella storia del diritto processuale, come risulta chiaro dai riferimenti che vi fecero maestri come Francesco Carnelutti[3], Vittorio Denti[4] e, più di recente, Franco Cipriani[5]. Mi sembra che la si possa definire come un modo di essere delle norme, che le rende il più possibile adattabili al caso concreto e che permette quindi il maggiore avvicinamento possibile della norma astratta alle esigenze del singolo processo, del processo reale. L'elasticità non è discrezionalità, né mero capriccio che piega la regola alla situazione; non è patrimonio del solo giudice ma strumento comune e condiviso con le parti. La disposizione flessibile è quella che configura diversi possibili sbocchi di una data fase del processo, tutti prevedibili, ma uno solo dei quali sarà scelto nel singolo caso.

L'esempio italiano che, a mio avviso, rende meglio l'idea di flessibilità è dato dalle norme sulla fase decisoria del giudizio ordinario dinanzi al Tribunale in composizione monocratica. Chiusa l'istruttoria e precisate le conclusioni, il giudice può disporre che avvenga uno scambio di scritti difensivi (comparse conclusionali e repliche), ovvero, su richiesta di parte, disporre lo scambio di

---

3. CARNELUTTI, *Lineamenti della riforma del processo civile di cognizione*, in Riv. dir. proc. civ., 1929, I, p. 3 ss., spec. p. 55 e in *Studi di diritto processuale*, IV, Padova, 1939, p. 398 ss. Il Maestro proponeva una struttura del rito che potesse essere "accorciata o allungata, ristretta o allargata, secondo le esigenze della lite".
4. DENTI, *Il processo di cognizione nella storia delle riforme*, in Riv. trim. dir. proc. civ., 1993, p. 812 ss.
5. CIPRIANI, *Il processo civile italiano tra efficienza e garanzie*, in Riv. trim. dir. proc. civ., 2002, p. 1243 ss., dove si legge che "è sperabile che in questo nuovo secolo sia rivalutato e attuato il principio carneluttiano della elasticità, che in verità fotografa molto bene la necessità che il processo si adegui alle necessità della singola causa" (ivi, p. 1256).

un solo scritto difensivo a cui fa seguito un'udienza orale di discussione, oppure ancora prescindere da ogni difesa scritta e ordinare la discussione orale della causa, nella stessa udienza in cui sono precisate le conclusioni o in una successiva (artt. 281-quinquies e 281-sexies c.p.c.). Per il giudice e per le parti queste tre possibilità sono chiare in partenza; non vi è spazio per soluzioni originali che prendano qualche elemento dall'una e qualche elemento dall'altra, con una sorta di sincretismo giudiziario; la scelta dipende dalla concretezza del caso e dalla sua difficoltà e complessità e non esclude un confronto fra le parti e il giudice sull'opportunità dell'una o dell'altra opzione.

La flessibilità non deve essere confusa – ma su questo punto ritornerò – con la mera discrezionalità del giudice. La flessibilità suppone, per così dire, una pluralità di situazioni prevedibili; la discrezionalità esclude la prevedibilità. Per questo (anche se non solo per questo) ha sempre destato perplessità la scelta del legislatore, che negli ultimi anni pare abbandonata, di promuovere il procedimento in camera di consiglio come metodo rapido per definire processi su diritti soggettivi: quel procedimento, infatti, sembra collocarsi al di là di una ragionevole prevedibilità delle attività difensive[6].

Meno agevole è la definizione di semplificazione.

A mio parere, parlare di semplificazione nel processo comporta collocarsi al di fuori dello schema cognizione completa vs. cognizione sommaria. Semplificazione non si identifica con sommarietà, ma è una nozione che, se non vuole essere totalmente inutile, si deve predicare di ogni tipo di procedimento e di ogni modalità di esercizio della giurisdizione. Un processo semplificato è un rito che, senza rinunciare a nulla del suo livello di garanzie (e sappiamo che non esiste una dose prefissata di garanzie, ma solo un livello minimo costituzionalmente protetto), si libera però di tutto ciò che non è direttamente necessario in vista del risultato da conseguire.

Si comprende bene che la semplificazione, seppure non la supponga necessariamente, si associa in modo molto opportuno alla flessibilità, perché solo una valutazione nel concreto potrà stabilire che cosa – volta per volta – possa essere omesso senza pregiudicare l'efficacia del lavoro del giudice e l'equilibrio defensionale fra le parti.

---

6. Per le critiche svolte da autorevole dottrina, v., fra gli altri, CERINO-CANOVA, *Per la chiarezza delle idee in tema di procedimento camerale e di giurisdizione volontaria*, in Riv. dir. civ., 1987, I, p. 431 ss.; FAZZALARI, *Procedimento camerale e tutela dei diritti*, in Riv. dir. proc., 1988, p. 909 ss.; PROTO PISANI, *Usi e abusi della procedura camerale ex art. 737 ss. c.p.c. (Appunti sulla tutela giurisdizionale dei diritti e sulla gestione di interessi devoluta al giudice)*, in Riv. dir. civ., 1990, I, p. 393 ss.; MONTESANO, *"Dovuto processo" su diritti incisi da provvedimenti camerali e sommari*, in Riv. dir. proc., 1989, p. 915 ss.; LANFRANCHI, *La roccia non incrinata. Garanzia costituzionale del processo civile e tutela dei diritti*, 2° ed., Torino, 2004.

Volendo dare un esempio italiano di semplificazione, si può citare la formula dell'art. 702-ter, comma 5°, c.p.c., nel cuore di quel procedimento che il legislatore denomina "sommario", ma che tecnicamente sommario non è, perché suppone una cognizione piena[7]. Il giudice – così la norma – sentite le parti, omessa ogni formalità non essenziale al contraddittorio, procede nel modo che ritiene più opportuno agli atti di istruzione rilevanti in relazione all'oggetto del provvedimento richiesto. Omettere le formalità non essenziali significa, appunto, semplificare il rito, portarlo a ciò che non è ulteriormente riducibile senza violare il livello costituzionale della garanzia: ma significa farlo non a priori, ma esaminata, caso per caso, la dimensione concreta della lite.

Se parole come flessibilità e semplificazione si prestano a possibili equivoci e se non è agevole darne una definizione (in qualche modo tentata nelle righe che precedono), ancora meno facile è tradurre normativamente in italiano un'espressione come case management, che rappresenta oggi la nuova frontiera della gestione del processo, perché si corre palesemente il rischio di trasporre in maniera impropria un concetto desunto da altri sistemi. E' noto, del resto, che se talune parole italiane si restano ad essere impiegate in modo evocativo, l'abuso delle espressioni inglesi nel linguaggio politico, amministrativo e non di rado giudiziario è sotto gli occhi di tutti. A me sembra che l'espressione case management alluda a due aspetti. Il primo e più intuitivo richiama la direzione del processo, e sotto questo profilo non ha alcuna speciale carica innovativa. Il secondo, che va letto insieme al primo, richiama la ragionevole durata del processo e un corretto impiego delle scarse risorse giurisdizionali[8]. Il giudice case manager non è solo un abile organizzatore del singolo processo, ma piuttosto un attento analista del rapporto fra la complessità di quel caso, il tempo che egli vi può dedicare e gli altri procedimenti che gli sono affidati. Questo giudice (a cui non dovrebbero mancare competenze tipiche dell'organizzazione aziendale) sa governare al meglio non solo la singola causa, ma

---

7. V. OLIVIERI, *Al debutto il rito sommario di cognizione*, in Guida al dir., 2009, n. 28, p. 37 ss.; MENCHINI, *L'ultima "idea" del legislatore per accelerare i tempi della tutela dichiarativa dei diritti: il processo sommario di cognizione*, in Corr. giur., 2009, p. 1025 ss.; LUISO, *Il procedimento sommario di cognizione*, in www.judicium.it; ARIETA, *Il rito "semplificato" di cognizione*, ivi; CAPONI, *Un nuovo modello di trattazione a cognizione piena: il procedimento sommario ex art. 702-bis c.p.c.*, ivi; CAPONI, *Commento agli artt. 702-bis ss.*, in BALENA-CAPONI-CHIZZINI-MENCHINI, *La riforma della giustizia civile*, Torino, 2009, p. 196 ss.; DITTRICH, *Il nuovo procedimento sommario di cognizione*, in Riv. dir. proc., 2009, p. 1582 ss.; FERRI, *Il procedimento sommario di cognizione*, ivi, 2010, p. 92 ss.; BINA, *Il procedimento sommario di cognizione*, ivi, 2010, p. 117 ss.; ACIERNO-GRAZIOSI, *La riforma 2009 nel primo grado di cognizione: qualche ritocco o un piccolo sisma ?*, in Riv. trim. dir. proc. civ., 2010, p. 155 ss.; BIAVATI, *Appunti introduttivi sul nuovo processo a cognizione semplificata*, in Riv. trim. dir. proc. civ., 2010, p. 185 ss.
8. Si inserisce qui in controluce il tema dell'abuso del processo, su cui v. per tutti AA.VV., *L'abuso del processo*, Atti del XXVIII Convegno nazionale dell'Associazione italiana fra gli studiosi del processo civile, Bologna, 2012.

anche l'equilibrio fra quel processo e il complesso dell'attività giurisdizionale di un dato organo.

2. LE RAGIONI DELLA SEMPLIFICAZIONE: SPINTE CULTURALI ED ESIGENZE PRATICHE

Una volta che si ammettano, come punto di partenza, le definizioni qui proposte, ci si deve interrogare quali siano le esigenze pratiche e le spinte culturali che oggi prospettano la flessibilità, la semplificazione e il case management come possibili strade per una migliore efficacia della giustizia civile.

In primo luogo, mi pare che l'idea di un processo flessibile e semplificato trovi forza nell'esperienza del contenzioso transnazionale. Se guardiamo al processo giurisdizionale dinanzi alle corti europee di Lussemburgo, ci rendiamo conto che è certo come comincia un giudizio, ma sono numerose le variabili su come proseguirà: con modalità ordinarie, oppure abbreviate o accelerate; con o senza discussione orale; con o senza il contributo dell'avvocato generale; dinanzi ad una sezione di composizione più ampia o meno ampia. Ciascuno di questi nodo è risolto dai giudici in base a formule che alludono alle caratteristiche del caso concreto[9].

Non diversa o perfino più incisiva è la lezione che si trae dalle regole dell'arbitrato internazionale, dove i tempi rapidi di decisione impongono di non perdere colpi e, quindi, di semplificare[10].

E' bene chiarire che non intendo affermare, con questi riferimenti, che vi sia una consequenzialità diretta fra le esperienze a cui alludo e le norme italiane. Ritengo però che in un clima culturale complessivo queste soluzioni (di cui molti pratici vengono a fare esperienza) stiano sullo sfondo delle determinazioni del legislatore, in un contesto dove l'osmosi fra i sistemi e gli ordinamenti è una delle tracce più evidenti del fenomeno della globalizzazione[11]. Aggiungo che, in un'ottica di armonizzazione fra i sistemi (dettata, in ogni caso, dalle esigenze di circolazione dell'economia), modelli flessibili rendono più facile il dialogo e l'interazione rispetto a soluzioni improntate a maggiore rigidità.

E' certo, però, che la pressione più forte verso le forme di giustizia civile caratterizzate da elasticità e semplificazione viene dal bisogno di rispettare il

---

9. Mi permetto un riferimento a BIAVATI, *Diritto processuale dell'Unione europea*, Milano, 4° ed., 2009, passim.
10. Si veda, su un tema specifico, BRIGUGLIO, *Riflessioni sulla prova nell'arbitrato, fra individuazione delle regole applicabili e flessibilità arbitrale (con una esercitazione conclusiva sulla "non contestazione")*, in Riv. arb., 2013, p. 859 ss.
11. Per un'esaustiva panoramica delle tendenze verso la semplificazione e l'elasticità nei paesi europei, v. lo studio di TROCKER, *Il processo civile in prospettiva comparatistica: recenti tendenze evolutive*, in Studi in onore di Carmine Punzi, vol. IV, Torino, 2008, p. 547 ss.

canone, costituzionale ed europeo, della ragionevole durata. Mi sono più volte interrogato su che cosa signifchi realmente ragionevole durata[12]. Ne ho tratto la risposta che non si tratta, banalmente, di finire le cause in fretta: non solo perchè il tempo è spesso necessario per una decisione giusta (obiettivo più importante di quello di una decisione veloce), ma anche perché il diritto di difesa è canone di altrettanto rilievo e non può essere sacrificato. Si tratta invece, a mio parere, di fare in modo che i giudici dedichino alle singole cause tutto il tempo e le energie necessari per una seria decisione, ma quelli soltanto, eliminando una serie di incombenti inutili e improduttivi. Sennonché, non è possibile stabilire a priori che cosa possa essere superfluo e che cosa no: è solo nella dimensione del processo concreto che si può operare con efficacia.

E' qui che si trova la spinta più forte verso un processo semplificato, che, a sua volta, per non diventare sommario, richiede elasticità e quel sapiente governo del giudice, nel dialogo fra le parti, che traduciamo con la locuzione case management.

Aggiungo che un altro elemento si va facendo strada in Italia, anche qui dietro una spinta culturale europea: la tendenza a privilegiare la sinteticità degli atti processuali. Se le norme del codice di procedura civile sono ancora silenziose (ma non lo sono quelle del codice del processo amministrativo), in giurisprudenza stanno cominciando a vedersi le prime applicazioni, seppure limitate, per il momento, al profilo delle spese di lite.

La strada del processo elastico e semplificato sembra avere guadagnato consensi, nel momento storico attuale, rispetto alla diversa impostazione che ha caratterizzato il legislatore italiano nei decenni trascorsi, vale a dire quella di differenziare il rito (sempre rigido) rispetto alle diverse tipologie sostanziali di controversie. L'idea era pur sempre quella di adattare il processo alla concretezza delle situazioni, ma veniva perseguita non in rapporto ai casi singoli, ma in relazione a segmenti di contenzioso individuati a priori[13]. Il risultato è stato quello di un'inutile proliferazione di riti diversi, a cui il legislatore ha poi cercato di reagire, con il d. lgs. n. 150 del 2001, relativo alla semplificazione dei procedimenti in una serie di materie non regolate dal codice di procedura civile[14].

---

12. V. il saggio *Osservazioni sulla ragionevole durata del processo di cognizione*, in Riv. trim. dir. proc. civ., 2012, p. 475 ss.
13. Sul piano teorico, rimando alle lucide pagine di TROCKER, op. ult. cit., spec. p. 553 ss. (l'a. parla dell'elasticità come "strategia (o scelta) fondamentale per avere un processo che funzioni").
14. V. SANTANGELI (a cura di), *Riordino e semplificazione dei procedimenti civili*, Milano, 2012; SASSANI-TISCINI (a cura di), *La semplificazione dei riti civili*, Roma, 2011; CONSOLO (a cura di), *La semplificazione dei riti e le altre riforme processuali 2010-2011*, Assago, 2012; MARTINO-PANZAROLA (a cura di), *Commentario alle riforme del processo civile dalla semplificazione dei riti al decreto sviluppo*, Torino, 2013.

3. FLESSIBILITÀ E SEMPLIFICAZIONE NEL DIRITTO ITALIANO VIGENTE

Poste queste premesse, si tratta di passare brevemente in rassegna le norme che nel diritto positivo italiano sono espressione di flessibilità e di semplificazione. Avverto che non si tratta di una classificazione facile, né priva di insidie: l'incertezza dei confini definitori di queste nozioni si ripercuote al momento di inserire al loro interno determinate fattispecie normative. Ciò che esporrò nelle righe seguenti è una sorta di arcipelago di situazioni, riconducibili, in misura più o meno netta, alla tematica che stiamo trattando.

Ho già menzionato l'art. 702-ter c.p.c. come esempio di semplificazione. In realtà, tutta la struttura del procedimento c.d. sommario (e che, come ripeto, sommario non è, se alle parole si vuole dare un significato esatto) è un mettere in pratica il tema odierno. Come la maggior parte della dottrina italiana ritiene, ci si trova di fronte ad un giudizio a cognizione piena, applicabile alla generalità delle materie attribuite alla competenza del Tribunale in composizione monocratica, che può essere impiegato tutte le volte che la fattispecie possa essere esaminata e resa oggetto di istruttoria con un modesto dispiego di energie giudiziarie. E' il giudice a valutare se e quando la controversia che gli viene sottoposta è suscettibile di questo tipo di cognizione, tenendo conto che l'ordinanza conclusiva è idonea a dare vita al giudicato sostanziale: se lo ritiene, procede – come ricordavo prima – omettendo ogni formalità non essenziale al contraddittorio; in caso contrario, passa a trattare il processo secondo e modalità del rito ordinario.

Questa valutazione del giudice – rispetto alla quale le parti possono certo interloquire – mi pare una sintomatica applicazione del case management. Il giudice è responsabile del buon andamento della macchina giudiziaria e custode del diritto di difesa. Tutte la volte che la controversia può restare sottoposta al rito semplificato, la deve mantenere; potrà passarla al più complesso rito ordinario (che suppone l'impiego di maggiori energie) solo se ciò si renderà necessario per rispettare le garanzie della difesa.

Un altro interessante territorio normativo in cui la semplificazione avanza è dato dalla disciplina del giudizio per le azioni collettive risarcitorie[15]. E' noto che in Europa questa materia si sta sviluppando faticosamente e non ha ancora conosciuto l'evoluzione che, invece, ha da tempo percorso in Brasile. A prescindere qui dall'ancora scarso impiego della nuova disciplina, va detto che il tribunale competente deve, dapprima compiere un rigorosa giudizio di ammissibilità della domanda e solo in caso affermativo disporne la trattazione. Ora, in questo secondo caso, l'art. 140-bis, comma 11°, del codice del consumo

---

15. GIUSSANI, *L'azione di classe: aspetti processuali*, in *Riv. trim. dir. proc. civ.*, 2013, p. 341 ss.

stabilisce che, con l'ordinanza con cui ammette l'azione, il tribunale determina il corso della procedura assicurando, nel rispetto del contraddittorio, l'equa, efficace e sollecita gestione del processo. Con la stessa o con successiva ordinanza, modificabile o revocabile in ogni tempo, il tribunale – così prosegue la norma – prescrive le misure atte a evitare indebite ripetizioni o complicazioni nella presentazione di prove o argomenti; onera le parti della pubblicità ritenuta necessaria a tutela degli aderenti; regola nel modo che ritiene più opportuno l'istruzione probatoria e disciplina ogni altra questione di rito, omessa ogni formalità non essenziale al contraddittorio.

Come si vede, il processo segue regole elastiche; il giudice è chiamato ad evitare ogni attività inutile; non solo ritorna il lemma dell'omissione delle formalità non essenziali, ma si ha cura di evitare ripetizioni e complicazioni. E' bene sottolineare che qui siamo certamente al di fuori di ogni ipotesi di tutela sommaria, a dimostrazione del fatto che la nozione di semplificazione si muove su tutt'altro piano.

Di notevole interesse, ai fini del nostro tema, è la disciplina del procedimento per l'impugnazione dei licenziamenti, introdotta – con sensibili differenze rispetto al rito lavoristico – dall'art. 1, commi da 47 a 68, della legge 28 giugno 2012, n. 92, meglio nota in Italia come legge Fornero, dal nome del ministro del lavoro all'epoca della sua emanazione[16].

Basterà ricordare qui che il procedimento in esame si articola in tre fasi: una prima fase, dinanzi al tribunale, dichiaratamente "sommaria", che si chiude con la pronuncia di un'ordinanza, che dispone sulla reintegrazione del lavoratore; una seconda fase di opposizione, proposta dinanzi al medesimo tribunale di quella sommaria, che si conclude con una sentenza; un'eventuale terza fase impugnatoria, dinanzi alla corte d'appello, che a sua volta decide con una sentenza ricorribile per cassazione.

Ora, nella prima fase, secondo una formula normativa molto simile a quella già ricordata, si prevede che il giudice, sentite le parti, omessa ogni formalità non essenziale al contraddittorio, procede nel modo che ritiene più opportuno agli atti di istruzione indispensabili richiesti dalle parti o che egli stesso disponga d'ufficio (come accade secondo il rito lavoristico italiano). Nella seconda fase, che a differenza della prima dovrebbe essere a cognizione piena, si stabilisce che la trattazione sia ancora informale e comunque vi venga sempre "omessa ogni formalità non essenziale al contraddittorio". Le differenze con la

---

16. V. fra gli altri VERDE, *Note sul processo nelle controversie in seguito a licenziamenti regolati dall'art. 18 dello Statuto dei lavoratori*, in Riv. dir. proc., 2013, p. 299 ss.; DITTRICH, *Rito speciale dei licenziamenti e qualità della cognizione*, in Riv. dir. proc., 2014, p. 104 ss.

prima fase sono due: vengono assunti i mezzi di prova "rilevanti" (e non solo quelli indispensabili) e può essere assegnato alle parti un termine per note difensive prima dell'udienza di discussione. Anche in sede di impugnazione, cioè in quella che ho definito terza fase, non si applica la comune trattazione dei giudizi di appello, ma si impiega la formula, ormai consueta, dell'omissione di ogni formalità non essenziale al contraddittorio.

Il legislatore italiano del 2012, mentre diminuisce oggettivamente le tutele reali a favore dei lavoratori, cerca di bilanciare questa minore protezione sostanziale con una più efficace strumentazione processuale: e lo fa non ricorrendo a quel rito del lavoro che pure era nato come un meccanismo giudiziario di particolare forza[17], ma costruendo un procedimento in cui la rigidità, seppure intensa e veloce, del rito lavoristico comune lascia il posto ad un ampio uso della flessibilità. E' evidente, quindi, che il legislatore vede nell'elasticità e nella semplificazione un metodo migliore rispetto a quello di scrivere regole sempre prevedibili.

La dizione della legge n. 98 del 2012 permette di riprendere il tema, prima accennato, della distinzione fra procedimenti sommari e semplificati. Il riferimento all'omissione di tutto ciò che non è essenziale al contraddittorio è comune sia alla fase sommaria che a quella ordinaria: il che significa che si tratta di un modulo in sé neutro, applicabile a forme di cognizione diversa. L'alternativa fra completezza e sommarietà della cognizione, con la relativa idoneità o no al giudicato, si gioca su un altro piano, vale a dire su quali modalità di indagine e su quale livello di contraddittorio vengono proposti. Perciò, ammettere l'istruttoria rilevante (e non solo quella indispensabile) ed assegnare uno spazio per note difensive ulteriori rispetto agli atti introduttivi, diventa l'elemento che colora (o meglio, dovrebbe colorare) in modo diverso la fase propriamente sommaria da quella a cognizione piena, seppure semplificata.

Se questa, per quanto sottile, linea di demarcazione può essere ritenuta esatta, si può accennare brevemente alla norma che, sul piano della formulazione storica, ha preceduto tutte le altre a cui mi sono riferito: vale a dire, l'art. 669-sexies c.p.c., introdotto con la riforma del 1990 in materia cautelare. Il giudice, sentite le parti, omessa ogni formalità non essenziale al contraddittorio, procede nel modo che ritiene più opportuno agli atti di istruzione indispensabili in relazione ai presupposti e ai fini del provvedimento richiesto: così la norma in esame.

La disciplina dei procedimenti cautelari è uno degli aspetti meglio riusciti di quel momento di riforma e non so quanto abbia contribuito al buon risultato la flessibilità del procedimento, anche perché nella situazione normativa

---

17. PAGNI, *L'evoluzione del diritto processuale del lavoro tra esigenze di effettività e di rapidità della tutela*, in Riv. trim. dir. proc. civ., 2013, p. 75 ss.; CAVALLARO, *Il processo del lavoro al tempo dei "tecnici"*, in Riv. trim. dir. proc. civ., 2013, p. 287 ss.

previgente molto era lasciato all'inventiva del giudice, tanto che l'art. 669-sexies, quando venne introdotto, doveva considerarsi norma volta più a disciplinare una lacuna che a concedere spazi al giudice. Ciò che mi pare utile ribadire, invece, è che la flessibilità, se qui viene a connotare un procedimento per definizione sommario, in quanto mai idoneo alla stabilità del giudicato (come l'art. 669-octies viene a confermare anche per il caso delle misure anticipatorie che non richiedono poi la necessaria instaurazione di un giudizio di merito), resta neutra rispetto alla completezza o no della cognizione, che dipende da altri aspetti del procedimento[18].

Un ultimo aspetto a cui è necessario fare riferimento, specialmente dopo le riforme del biennio 2011-2012, è quello dei giudizi di impugnazione[19]. Sia nel procedimento di appello che in quello del ricorso per cassazione è stata introdotta una pluralità di percorsi, che dipendono, ancora una volta, dalle caratteristiche del caso singolo. Così, in appello si può assistere ad una decisione assunta dopo la trattazione e lo sviluppo delle difese scritte, oppure ad una decisione in forma rapida con il metodo della discussione orale nelle forme dell'art. 281-sexies c.p.c., oppure ancora ad una decisione in limine, in forma di ordinanza, che dichiara l'appello inammissibile per mancanza di una ragionevole probabilità di accoglimento. Dinanzi alla Cassazione, la causa, dopo l'esame di un'apposita sezione filtro, può essere decisa con un procedimento camerale, ovvero in pubblica udienza, con diversa declinazione, nelle due fattispecie, delle facoltà defensionali.

4. UN ASPETTO PARTICOLARE: LA SINTETICITÀ DEGLI ATTI

La semplificazione entra sempre più a fondo nel diritto processuale italiano anche attraverso il movimento culturale che porta alla sinteticità degli atti processuali, da quelli delle parti ai provvedimenti del giudice[20].

---

18. V. per tutti TARZIA-SALETTI (a cura di), *Il processo cautelare*, 4° ed., Padova, 2011.
19. Sono molti i contributi in dottrina sulle recenti riforme, anche se pochi prendono in esame il tema della flessibilità. Si vedano, senza pretesa di completezza, CAPONI, *La riforma dei mezzi di impugnazione*, in *Riv. trim. dir. proc. civ.*, 2012, p. 1153 ss.; COSTANTINO, *La riforma dell'appello*, in *Il giusto proc. civ.*, 2013, p. 21 ss.; VERDE, *Diritto di difesa e nuova disciplina delle impugnazioni*, in *Riv. trim. dir. proc. civ.*, 2013, p. 507 ss.; SASSANI, *La logica del giudice e la sua scomparsa in cassazione*, in *Riv. trim. dir. proc. civ.*, 2013, p. 645 ss.; POLI, *Il nuovo giudizio di appello*, in *Riv. dir. proc.*, 2013, p. 120 ss.; BOVE, *La pronuncia di inammissibilità dell'appello ai sensi degli articoli 348 bis e 348 ter c.p.c.*, in *Riv. dir. proc.*, 2013, p. 389 ss.; BRIGUGLIO, *Un approccio minimalista alle nuove diposizioni sull'ammissibilità dell'appello*, in *Riv. dir. proc.*, 2013, p. 573 ss.; PANZAROLA, *Le prime applicazioni del c.d. filtro in appello*, in *Riv. dir. proc.*, 2013, p. 715 ss.; BALENA, *Le novità relative all'appello nel d.l. n. 83/2012*, in *Il giusto proc. civ.*, 2013, p. 335 ss.
Si veda poi il volume *Le novità in materia di impugnazioni*, atti dell'incontro di studio svolto a Firenze il 12 aprile 2013, Bologna, 2014.
20. V. G. FINOCCHIARO, *Il principio di sinteticità nel processo civile*, in *Riv. dir. proc.*, 2013, p. 853 ss.

Ci dobbiamo muovere qui in uno scenario che, prima di essere processuale, è frutto dell'innovazione tecnologica. La società attuale assume forme di comunicazione molto più rapide e concise di quelle di un tempo. La lettera privata, genere ancora ampiamente diffuso fino alle ultime decadi del secolo scorso, ha ceduto il passo alle e-mail, agli sms, ai tweets, ai brevi commenti sui social networks che vengono impiegati non solo dal mondo giovanile, ma anche come strumento di prese di posizione politica. Il processo non è immune da questi fenomeni e, pur seguendo l'evoluzione del costume con particolare lentezza, finisce, a poco a poco, per adeguarvisi.

Questa spinta si congiunge con le più volte ricordate esigenze di celerità del processo e di risparmio di energie giurisdizionali e conduce verso due sbocchi: atti processuali di parte sempre più sintetici e provvedimenti decisori motivati in modo sempre più breve. Entrambi gli sbocchi non sono privi di criticità.

Manca, nel codice di procedura civile, una norma analoga all'art. 3, comma 2°, del d. lgs. n. 104 del 2 luglio 2010, meglio noto come codice del processo amministrativo, secondo cui "il giudice e le parti redigono gli atti in maniera chiara e sintetica"; né si legge, per ora, una norma come quella dell'art. 73, comma 2°, del medesimo testo, secondo cui "nell'udienza le parti possono discutere sinteticamente". Tuttavia, non solo l'ipotesi di introdurla è sempre più vicina, ma la giurisprudenza, in qualche misura, ne sta anticipando gli esiti.

La Corte di Cassazione, ad esempio, ha rilevato che la lunghezza eccessiva degli atti di parte, pur non comportando una formale violazione delle norme che vi presiedono, non giova alla chiarezza e "concorre ad allontanare l'obiettivo di un processo celere, che esige da parte di tutti atti sintetici, redatti con stile asciutto e sobrio"[21]. Fa eco alla Suprema corte il Tribunale di Milano, che mostra di tenere conto della violazione del principio di sinteticità degli atti al momento della liquidazione delle spese processuali[22].

Certo, i nostri maiores, che vergavano con penna d'oca e bella grafia lunghi atti, che poi venivano elegantemente rilegati a memoria di antiche disfide giudiziarie, resterebbero perplessi di fronte a simili decisioni, e con loro anche molti contemporanei. Si può temere che il pensiero del difensore non riesca a svilupparsi con la necessaria completezza se ristretto in spazi troppo angusti, con una sensibile lesione in definitiva, al diritto di difesa.

Eppure, la semplificazione non è riduzione di attività processuali, ma, come ho provato ad accennare, eliminazione di ciò che è superfluo, per condurre all'essenziale del dibattito. La vera difficoltà è che essere sobri nello scrivere è molto

---

21. Cass., sez. II, 4 luglio 2012, n. 11199.
22. Trib. Milano, sez. IX civ., ord. 1° ottobre 2013.

più difficile che dilungarsi e ripetersi. La marcia verso la sinteticità degli atti di parte, anche sulla scorta delle esperienze europee, mi pare inarrestabile[23].

Il secondo profilo riguarda la motivazione dei provvedimenti giudiziari. Le riforme italiane recenti hanno progressivamente semplificato la motivazione delle sentenze e le riforme annunciate, seppure per ora non attuate, si spingono fino all'ipotesi di introdurre la motivazione a richiesta di parte[24]. Ora, il tema della motivazione è troppo delicato per essere anche solo accennato, per gli evidenti riflessi sulla struttura dell'attività giurisdizionale e sul disegno costituzionale in materia di giustizia civile, che, come è ben noto, impone in ogni caso al giudice di dare giustificazione delle proprie decisioni. Ai fini del tema odierno, basterà rilevare che la prassi di sentenze troppo lunghe (a volte, mero esercizio di bravura del giudice) non giova all'efficacia della giustizia; nel contempo, motivazioni icastiche, che pure sarebbero più che sufficienti, richiedono al giudice un difficile compito di sintesi. Non si dimentichi, poi, che se i metodi dell'assorbimento delle questioni già implicitamente decise, ovvero della ragione più liquida, possono permettere al giudice di non prendere in esame tutte le domande e le eccezioni svolte dalle parti, l'esigenza che il pronunciato corrisponda al chiesto spesso impone una doverosa attenzione a una molteplicità di istanze di parte.

5. LE OBIEZIONI PRATICHE: L'IDONEITÀ DEL GIUDICE E LA MANCANZA DI PREVEDIBILITÀ

Il sensibile incremento dei metodi elastici e semplificati nel processo di cognizione può fare pensare che questa sia la strada del futuro. Occorre, però, vagliare a fondo una serie di obiezioni che si possono sollevare nei confronti di questi orientamenti.

Il primo punto è quello della capacità del giudice di governare in modo produttivo un rito elastico.

La flessibilità e il case management suppongono che si abbia una spiccata attenzione alle peculiarità di ogni singolo caso concreto, per trattarlo nelle

---

23. Mi permetto un richiamo al mio scritto *La difesa sobria (ovvero l'avvocato nell'era della ragionevole durata)*, in *Diritto e formazione*, 2011, p. 438 ss.
24. V. di recente TARUFFO, *Addio alla motivazione ?*, in *Riv. trim. dir. proc. civ.*, 2014, p. 375 ss.; MONTELEONE, *Riflessioni sull'obbligo di motivare le sentenze (motivazione e certezza del diritto)*, in *Il giusto proc. civ.*, 2013, p. 1 ss. Per il profilo del controllo della motivazione, v. BOVE, *Ancora sul controllo della motivazione in Cassazione*, in *Il giusto proc. civ.*, 2013, p. 431 ss.; DIDONE, *Ancora sul vizio di motivazione dopo la modifica dell'art. 360 n. 5 c.p.c. e sul tassello mancante del modello di Toulmin*, in *Il giusto proc. civ.*, 2013, p. 631 ss. Al momento in cui scrivo, il disegno di legge che comprendeva la motivazione a richiesta risulta essere stato ritirato dal Governo.

modalità più convenienti, in rapporto alle energie giudiziarie disponibili. Non vi è dubbio che, parlando in astratto, una cura specifica sia preferibile rispetto ad un protocollo rigido. Occorre, però, confrontarsi con la realtà: verificare, cioè, se i giudici abbiano il tempo e la capacità per cogliere le specificità di ogni fascicolo e di studiare la strategia migliore.

La questione non è banale. I processi che, nell'esperienza pratica, mostrano buoni risultati nell'applicazione di metodi flessibili, sono, per così dire, processi di élite: poche controversie per pochi giudici estremamente qualificati. E' questo il caso dell'arbitrato, specialmente a livello internazionale, e del procedimento giurisdizionale dinanzi alle corti dell'Unione europea a Lussemburgo. Quando la flessibilità viene proposta come metodo per processi di massa, il rischio è quello o di una caduta verso la discrezionalità, oppure di un ritorno alla sicurezza del rito rigido. Quando, nell'anno 2006, per un breve periodo, la materia della responsabilità civile per circolazione stradale fu disciplinata dal rito del lavoro (breve periodo, perché poi, come in altri casi, il legislatore fu obbligato a compiere una precipitosa retromarcia), la Corte di Cassazione negò che sussistesse la competenza del giudice di pace per le controversie di valore pari a quello normalmente attribuito a questa categoria di giudici onorari, in quanto organo non dotato delle sufficienti garanzie di bene applicare un rito, pure non flessibile ma certo abbastanza articolato, come quello lavoristico. E' legittimo, insomma, avere più di un dubbio.

Ora, l'argomento è serio, ma, in definitiva, prova troppo. Si mette in gioco, qui, la fiducia nelle capacità e nell'attenzione del giudicante: ma ciò vale non solo per la gestione del processo, ma anche e soprattutto per la decisione nel merito, per la capacità di comprendere attentamente i fatti, per la preparazione giuridica che consente di bene inquadrare la fattispecie e di applicare le norme pertinenti. Nell'antico dilemma, se sia meglio avere buone leggi o buoni giudici, nessuno può dubitare che i giudici mediocri siano in grado di sciupare le leggi migliori.

Piuttosto, l'obiezione richiama altri aspetti, diversi dall'elasticità del rito, e in specie l'organizzazione giudiziaria complessiva, partendo dai modi di reclutamento per finire all'organizzazione del lavoro dei tribunali. Non è qui, però, che si collocano ragioni decisive per rifiutare la flessibilità e la semplificazione.

Il secondo punto – a cui avevo accennato prima e che qui va ripreso – è quello della mancanza di prevedibilità del rito (in rapporto all'elasticità) e della temuta compressione dei diritti della difesa (in rapporto alla semplificazione).

Quando si parla di prevedibilità nel processo, occorre intendersi. Neppure il rito più rigido è totalmente prevedibile, perché ogni caso ha la sua storia. Il metodo elastico ha il vantaggio di mettere sotto gli occhi del giudice e delle parti una pluralità di alternative, che non ammettono soluzioni extravaganti, ma che consentono un ventaglio di scelte: nel contraddittorio fra le parti e con le parti si opterà per quella più opportuna. Ne segue che, chiarita bene la differenza fra elasticità e mera discrezionalità, i timori e le incertezze finiscono per dissolversi.

Per ciò che concerne la semplificazione, è certamente vero che ogni misura che limiti le difese suscita nelle parti una comprensibile preoccupazione: l'esclusione degli atti scritti quando la causa viene decisa dopo la sola discussione orale, oppure le prescrizioni sull'ampiezza delle memorie, appaiono talora come attentati all'esercizio della difesa.

La questione potrebbe essere chiusa osservando che, normalmente, chi ha ragione non deve spiegarsi a lungo. Ma, volendo andare più a fondo, mi sembra che, come ogni diritto, anche quello di difesa vada modulato secondo le possibilità concrete che l'ordinamento è in grado di offrire. Se non si coglie questo aspetto, ogni soluzione diversa da un'indefinita ed illimitata possibilità di ascolto sarebbe inadeguata. Certo, si tratta di trovare un equilibrio accettabile. Ad esempio, nell'attuale dibattito italiano, sono contrario alle ipotesi di permettere l'appello solo per una tipologia prefissata di motivi e, più ancora, di abolirlo; ritengo invece che le norme sulla pronuncia di inammissibilità per mancanza di una ragionevole probabilità di accoglimento, applicate con prudenza e in chiave di sostanziale manifesta infondatezza del gravame, servano non ad ostacolare la difesa ma ad evitare forme di abuso dell'appello.

La semplificazione, dunque, è un meccanismo condivisibile, purché se ne disegni la misura in modo ragionevole.

6. L'OBIEZIONE COSTITUZIONALE: IL GIUSTO PROCESSO "REGOLATO DALLA LEGGE" NEL QUADRO DEL PRINCIPIO DI UGUAGLIANZ

6. Vi è poi una terza obiezione alla flessibilità, di spessore diverso dalle prime due, che, in qualche modo, alludono a perplessità pratiche. Si tratta, invece, di verificare la tenuta di queste nuove tendenze rispetto al dato costituzionale.

Mi riferisco, in questo senso, a due norme della Carta fondamentale italiana. La prima e più evidente è l'art. 111, comma 1°, secondo cui la giurisdizione (non solo civile) si attua mediante il giusto processo, "regolato dalla legge". La seconda, ma forse più rilevante, è l'art. 3, con il suo richiamo al principio di uguaglianza.

Ci si vede chiedere, insomma, se sia compatibile con la previsione costituzionale un processo civile in cui gli snodi non siano prefissati per legge (e quindi, uguali per tutti), ma stabiliti di volta in volta dal giudice, sia pure nel confronto con le parti[25].

L'obiezione è rilevante per molte ragioni. Intanto, essa mette in gioco la natura della giurisdizione pubblica. I modelli privatistici (come l'arbitrato) non possono essere invocati quando si discute dell'autorità dello Stato di garantire i percorsi per arrivare ad una sentenza giusta, che avrà efficacia di giudicato. Più a fondo, coinvolge l'idea di democrazia e di uguale trattamento per tutti i cittadini: e ancora non è un caso se le forme di flessibilità funzionanti riguardano sistemi a-democratici, come il mondo del commercio e dell'arbitrato internazionali, da un lato, e l'ordinamento dell'Unione europea, il cui deficit democratico era ben noto, molto prima della recente fase critica[26].

Ho parlato di obiezione alla flessibilità, ma è chiaro che ne vengono coinvolti, in quanto ad essa coerenti, anche il case management e la semplificazione del rito.

A questa obiezione si può dare, in primo luogo, una risposta formale. Il rito semplificato ovvero le forme elastiche non nascono per volontà autonoma dei protagonisti del processo, ma sono disposti dalla legge. E' la legge ad ammettere che il giudice possa governare il processo nel modo che ritiene più opportuno, escludendo ogni formalità non essenziale al contraddittorio. E' la legge ad offrire a giudice e parti una gamma di soluzioni, fra le quali (ribadisco, senza forme di piena discrezionalità) fare le scelte più adatte al caso concreto.

E' necessaria, però, anche una risposta sostanziale. A mio avviso, il rispetto della democrazia e del principio di uguaglianza vanno calati nella realtà di controversie e di casi, tutti diversi fra loro. A nessuno verrebbe in mente di affermare che l'uguale diritto di ogni cittadino ad avvalersi delle prestazioni del servizio sanitario pubblico comporti identità di terapie: ciascuno sarà curato per come deve, tenendo conto della necessità di curare contemporaneamente altre persone, nella consapevolezza che gli potrà essere consentita una degenza più breve se casi più urgenti e gravi richiedono la disponibilità della struttura.

Un servizio giustizia semplificato ed efficace costituirebbe un evidente valore per tutti i cittadini. La modulazione della trattazione del singolo caso dovrebbe risultare appropriata sia per gli interessati a quella controversia, sia per gli interessati ad altre controversie che reclamano il tempo e le energie del

---

25. V. ad esempio COSTANTINO, *Il nuovo articolo 111 della Costituzione e il "giusto processo civile". Le garanzie*, in *Il nuovo articolo 111 della Costituzione e il "giusto processo civile"*, Atti del convegno dell'Elba (9-10 giugno 2000), Milano, 2001, p. 255 ss. e spec. p. 269 ss.; BOVE, *Art. 111 Cost. e "giusto processo civile"*, in *Riv. dir. proc.*, 2002, p. 479 ss. e spec. p. 496 ss.
26. Si rilegga G.F. MANCINI, *La Corte di giustizia: uno strumento per la democrazia nella Comunità europea*, in *Il Mulino*, 1993, p. 595 ss.

giudice, sia, infine, per coloro che non sono coinvolti in nessuna controversia, ma che beneficiano indirettamente della migliore certezza complessiva dei rapporti giuridici.

Mi pare di poter escludere, insomma, che la semplificazione e la flessibilità si pongano al di fuori del dettato costituzionale e mi sembra, anzi, che ne possano costituire una migliore attuazione[27].

7. RIFORME ANNUNCIATE E CONDIZIONI PER IL LORO SUCCESSO

Il 30 giugno 2014 il Consiglio dei ministri italiano ha approvato un documento di linee guida per la riforma della giustizia. In una scheda pubblicata il 2 luglio sul sito governativo www.giustizia.it., si legge che, fra le misure ipotizzate, figurano le seguenti (la citazione è letterale): a) introduzione di forme semplificate per le controversie di agevole definizione, consentendo al giudice di adattare le regole del processo alla semplicità della lite; b) sinteticità degli atti di parte e del giudice: vengono individuate tecniche di redazione degli atti coerenti con la semplificazione del giudizio.

E' del tutto prematuro trarre, da queste scarne note, indicazioni pregnanti sulle modifiche al codice. E' certo però che la semplificazione appare come un cammino da percorrere.

Meno spiccata, invece, sembra la propensione del futuro legislatore a procedere sul cammino della flessibilità. Una successiva scheda del 7 luglio 2014 delinea altre possibile riforme: ma le modifiche di cui si parla (e sulle quali in questa sede è del tutto superfluo soffermarsi) sembrano soprattutto tese a sostituire alcune regole rigide con altre regole rigide.

Si tratta di capire, allora, quali condizioni oggettive possano costituire un terreno di coltura efficace per un processo semplificato e flessibile. Se non si instaurano nelle sedi giudiziarie prassi virtuose, gli interventi di riforma rischiano di restare privi di reale incidenza.

A mio avviso, la prima essenziale condizione è quella di un reale confronto fra il giudice e le parti sulle modalità di gestione del processo. Utilizzo la parola confronto al posto di quella di collaborazione, che mette troppo in oscurità il dato che il processo è la sede di una lite, di un rapporto ostile, di

---

27. Condivido quindi la posizione di TROCKER, *Il nuovo articolo 111 della Costituzione e il "giusto processo" in materia civile: profili generali*, in Riv. trim. dir. proc. civ., 2001, p. 398 ss., allorché egli rileva che la formula, secondo cui la disciplina del giusto processo è "regolata dalla legge" non può significare che le garanzie costituzionali vengano violate "perché ci si trova in presenza di un processo a ridotta rigidità formale che consente al giudice di adattare le modalità del procedimento alle diverse esigenze che caso per caso emergono".

una divergenza di interessi. Certo, le parti hanno obiettivi diversi e tendono, per quanto dipende da ciascuna, a piegare il rito alle loro convenienze; tuttavia, i temi in discussione, l'entità della posta in gioco, l'individuazione dei punti di contrasto sono aspetti sui quali una condivisione razionale è possibile.

Mi ha sempre interessato l'esperienza francese dei contratti di procedura. Come è noto, in Francia è prevista la possibilità di fissare, per una data causa, un programma di attività ed una scansione di termini difensivi, concordati fra il giudice (che terrà conto del proprio calendario di impegni) e i difensori delle parti (che terranno conto delle esigenze di esposizione delle rispettive difese)[28]. Nato dalla prassi di alcuni tribunali, questo sistema ha poi ottenuto forza di legge con il decreto del 28 dicembre 2005, che ha modificato il codice francese all'art. 764, commi 3°, 4° e 5°[29]. Il metodo mi pare significativo perché non nasce in un contesto, come quello inglese, abituato a forme flessibili[30], ma prende vita all'interno di un ordinamento storicamente ancorato ad una trattazione rigida.

In Italia, stanno acquisendo sempre maggiore peso i protocolli concordati, presso singoli uffici giudiziari, fra i giudici e gli avvocati. Si tratta di forme di soft law, che integrano o precisano, senza forza vincolante, determinati passaggi della gestione del processo. La loro importanza, però, sta nel fatto che sono condivisi e che non vengono subiti dalle parti come un'imposizione dall'alto[31].

Il confronto è il terreno che permette di semplificare davvero la trattazione. Ad esempio, se il processo verte su questioni di diritto ed entrambe le parti sono convinte di averle trattate al meglio negli atti introduttivi, si può convenire di mandare la causa immediatamente in decisione. Si evita tutto ciò che è superfluo nel caso concreto (e questa è semplificazione) omettendo attività che normalmente sono previste (e questa è flessibilità).

La seconda condizione è probabilmente la più difficile da ottenere nell'odierno contesto italiano. La si può esprimere così: occorre che ad ogni udienza

---

28. FERRAND, *The Respective Role of the Judge and the Parties in the preparation of the Case in France*, in TROCKER-VARANO (a cura di), *The Reforms of Civil Procedure in comparative perspective*, Torino, 2005, p. 16 ss. e p. 21.
29. CADIET, *D'un code à l'autre: de fondations en refondation*, in CADIET-CANIVET, *De la commemoration d'un Code à l'autre: 200 ans de procedure civile en France*, Paris, 2006, op. cit., p. 13 ss.; CROZE, *Les procédures civiles avec ou sans professionnels: une nouvelle dimension de la conception française du procès civil ?*, ivi, p. 116.
30. V. sulla riforma inglese PASSANANTE, *La riforma del processo civile inglese: principi generali e fase introduttiva*, in Riv. trim. dir. proc. civ., 2000, p. 1353 ss.; CRIFO', *La riforma del processo civile in Inghilterra*, ivi, 2000, p. 511 ss.; ANDREWS, *A New Civil Procedural Code for England: Party-Control "Going, Going, Gone"*, in Civil Justice Quarterly, 2000, p. 19 ss.; ZUCKERMAN, *Court control and party compliance. The quest for effective litigation management*, in TROCKER-VARANO, op. cit., p. 156 ss.
31. Su questo interessante fenomeno, v. G. BERTI ARNOALDI VELI (a cura di), *Gli Osservatori sulla giustizia civile e i protocolli d'udienza*, Bologna, 2012; DELLA PIETRA, *La second life dei protocolli sul processo civile*, in Il giusto proc. civ., 2012, p. 895 ss.

il giudice si presenti preparato sia sull'oggetto della lite, che sui problemi di sviluppo della trattazione. Benché la situazione sia in lieve ma progressivo miglioramento (l'arretrato storico è diminuito di oltre il 10% dal picco massimo, registrato nel 2009), rimane il fatto che la sproporzione fra i casi affidati ad ogni magistrato e numero dei giudici resta schiacciante. Troppo spesso il giudice si presenta all'udienza ignaro o non sufficientemente informato, il che non solo lo priva della capacità di mettere in atto quel guizzo di fantasia che l'elasticità suppone, spingendolo a soluzioni di burocratica applicazione del codice, ma genera l'ulteriore fenomeno della presenza di parti rappresentate da difensori a loro volta impreparati, muniti di generiche istruzioni e disarmati di fronte ad eventuali problemi nuovi. E' palese che, se questa è la situazione, la flessibilità, la semplificazione e il case management restano scritti sulla carta.

Se invocare risorse umane aggiuntive non è proponibile in tempi di drastica spending review e se ripiegare su figure di giudici onorari delude le attese di giustizia degli operatori e dei cittadini, non per questo il problema è insolubile.

E' noto che il Tribunale di Torino ha realizzato da tempo, unico in Italia, una situazione di sostanziale eliminazione dell'arretrato[32]. Il segreto è semplice: anziché portare avanti tutte le cause insieme, se ne trattano alcune in rapida successione, lasciando ferme le altre; esaurite le prime si procede e così via. Si è dimostrato che i tempi complessivi sono molto minori, perché il giudice, una volta studiata una causa, non deve riprenderla in mano (e studiarla di nuovo) dopo parecchi mesi. Questo, nel concreto, è case management.

8. BREVISSIME NOTE CONCLUSIVE

Una conclusione vera e propria è forse superflua. Mi limito ad annotare che gli studiosi del processo manifestano talora una certa diffidenza verso la semplificazione e la flessibilità, perché in qualche modo il ruolo delle regole processuali vi appare sminuito. In realtà, obiettivo di un diritto processuale moderno è fare sì che il giudizio sia quello più adatto alla singola lite concreta, l'unica reale e l'unica in cui sono in gioco i diritti e i beni delle persone.

Del resto, il rischio di oggi è il tramonto del diritto processuale, ovvero, in altre parole, il tramonto delle garanzie, in nome dell'efficacia e della rapidità ad ogni costo. Una sensibilità sociale insofferente a quelli che appaiono inutili riti, ma pronta poi a reclamare giustizia, deve ricevere una risposta adeguata. Flessibilità e semplificazione possono essere due metodi utili a dare questa risposta.

---

32. BARBUTO, Il "caso" Torino, in Secondo rapporto sulla giustizia civile in Italia, Atti del convegno di Roma dei giorni 1-2 marzo 2013, Parma, 2013, p. 133 ss.

4º Painel Binacional: Flexibilidade, simplificação processual e a gestão do processo

FLEXIBILIDADE, SIMPLIFICAÇÃO E GESTÃO DO PROCESSO CIVIL: A PERSPECTIVA ITALIANA[1]

Paolo Biavati
Professor titular de direito processual civil na Universidade de Bologna. Advogado.

SUMÁRIO: 1. UMA TENTATIVA DE DEFINIÇÃO; 2. AS RAZÕES DA SIMPLIFICAÇÃO: PRESSÕES CULTURAIS E EXIGÊNCIAS PRÁTICAS; 3. FLEXIBILIDADE E SIMPLIFICAÇÃO NO DIREITO ITALIANO VIGENTE; 4. UM ASPECTO PARTICULAR: A CONCISÃO DOS ATOS; 5. AS OBJEÇÕES PRÁTICAS: A IDONEIDADE DO JUIZ E A FALTA DE PREVISIBILIDADE; 6. A OBJEÇÃO CONSTITUCIONAL: O JUSTO PROCESSO "PREVISTO EM LEI" NO QUADRO DO PRINCÍPIO DA IGUALDADE; 7. REFORMAS ANUNCIADAS E CONDIÇÕES PARA SEU SUCESSO; 8. BREVÍSSIMAS NOTAS CONCLUSIVAS.

1. UMA TENTATIVA DE DEFINIÇÃO

A crise da justiça civil, identificada na incapacidade do processo de fornecer uma tutela eficaz em tempo razoável aos direitos dos cidadãos[2], está na raiz da maior parte das reflexões da doutrina, chamada a se confrontar com a busca de soluções idôneas a melhorar a qualidade do serviço jurisdicional, respeitando ao mesmo tempo as inevitáveis exigências de garantia para todas as partes[3]. É minha opinião, pelo menos no que diz respeito à experiência italiana, que a causa preponderante das dificuldades não esteja nas regras processuais, mas na pouca eficiência da estrutura administrativa e burocrática da organização judiciária. Todavia, isso não torna inútil indagar sobre o modo de ser das normas, que certamente podem ser retificadas e repensadas.

Um dos temas para reflexão é o da flexibilidade e da simplificação do procedimento, em alguma medida contrapostas à rigidez das disposições predeterminadas e por vezes não idôneas a facilitar uma resolução rápida e satisfatória das lides.

---

1. Texto traduzido por Gabriela Kazue Ferreira Eberhardt Francisco, doutoranda em Direito Processual Civil pela Faculdade de Direito da Universidade de São Paulo (USP).
2. problema da duração excessiva do processo é certamente importante. Não se deve esquecer, porém, que a justiça vem antes da velocidade. A Comissão europeia, no seu documento denominado Quadro de valoração UE da justiça 2014 (COM(2014) 155 def.), anota: qualidade antes de velocidade.
3. V. di recente CAPPONI, *Il diritto processuale civile "non sostenibile"*, in Riv. trim. dir. proc. civ., 2013, p. 855 ss.

Antes de examinar o impacto que essas tendências tiveram e continuam a ter sobre o processo civil italiano, é oportuno tentar uma delimitação conceitual. Não raro, realmente, as categorias são suscetíveis de absorver a expectativa social e serem empregadas quase como *slogan*, ao qual cada um relaciona um conteúdo subjetivamente desejado. O lema simplificação é hoje de particular atualidade no nosso país e remete ao ideal de menores controles burocráticos, de expectativas mais breves, de resultados mais rápidos, de custos mais baixos. Se falássemos de simplificação do processo civil a um funcionário de um escritório na fila de um cartório ou a um cidadão qualquer em dificuldade para lidar com determinada prática administrativa, obteríamos provavelmente uma adesão entusiástica: entusiástica mas certamente irrefletida, porque o nosso interlocutor não saberia como, nem a que preço, nem com quais contraindicações o objetivo poderia ser atingido. Não quero afirmar que também a literatura jurídica, ocasionalmente, se alimente de *slogans*, mas não se discute que nos debates político-judiciários esses termos vêm empregados, no mínimo, de maneira totalmente atécnica.

Em primeiro lugar, a noção de flexibilidade ou de elasticidade. Não é um conceito novo na história do direito processual, como resta claro das referências que lhe fizeram mestres como Francesco Carnelutti[4], Vittorio Denti[5] e, mais recentemente, Franco Cipriani[6]. Parece-me que se possa defini-la como um modo de ser da norma, que a torna a mais adaptável possível ao caso concreto e que permite portanto a maior aproximação possível da norma abstrata à exigência do caso concreto, do processo real. A elasticidade não é discricionariedade, nem mero capricho que curva a regra à situação; não é patrimônio somente do juiz mas instrumento comum e compartilhado com as partes. A disposição flexível é aquela que oferece diversas possíveis saídas em uma dada fase do processo, todas previsíveis, mas uma só das quais será escolhida no caso particular.

O exemplo italiano que, na minha opinião, melhor traduz a ideia de flexibilidade é dado pela norma sobre a fase decisória do juízo ordinário diante

---

4. CARNELUTTI, *Lineamenti della riforma del processo civile di cognizione*, in Riv. dir. proc. civ., 1929, I, p. 3 ss., spec. p. 55 e in *Studi di diritto processuale*, IV, Padova, 1939, p. 398 ss. O Mestre propunha uma estrutura do procedimento que pudesse ser "encurtada ou alongada, restrita ou alargada, segundo as exigências da lide" (no original: "accorciata o allungata, ristretta o allargata, secondo le esigenze della lite").
5. DENTI, *Il processo di cognizione nella storia delle riforme*, in Riv. trim. dir. proc. civ., 1993, p. 812 ss.
6. CIPRIANI, *Il processo civile italiano tra efficienza e garanzie*, in Riv. trim. dir. proc. civ., 2002, p. 1243 ss., onde se lê que "é esperável que neste novo século seja reavaliado e atuado o princípio carneluttiano da elasticidade, que na verdade fotografa muito bem a necessidade de que o processo se adeque às necessidades da causa singular" (no original: "è sperabile che in questo nuovo secolo sia rivalutato e attuato il principio carneluttiano della elasticità, che in verità fotografa molto bene la necessità che il processo si adegui alle necessità della singola causa") (ivi, p. 1256).

do Tribunal em composição monocrática. Encerrada a fase instrutória e especificadas as conclusões, o juiz pode determinar que haja uma troca de manifestações (alegações finais e réplica), ou, a requerimento das partes, determinar a apresentação de uma única manifestação que é seguida por uma audiência oral de discussão, ou ainda prescindir das próprias peças escritas e ordenar a discussão oral da causa, nessa mesma audiência em que são apresentadas as conclusões ou em uma sucessiva (arts. 281-quiquies e 281-sexies c.p.c.). Para o juiz e para as partes essas três possibilidades são claras desde o início; não há espaço para soluções originais que tomem alguns elementos de uma e outros de outra, com um tipo de sincretismo judiciário; a escolha depende da realidade do caso e da sua dificuldade e complexidade, não excluindo o confronto entre as partes e o juiz sobre a oportunidade de uma ou outra opção.

A flexibilidade não deve ser confundida – mas retornarei a este ponto – com a mera discricionariedade do juiz. A flexibilidade supõe, por assim dizer, uma pluralidade de situações previsíveis; a discricionariedade exclui a previsibilidade. Por isso (ainda que não somente por isso) sempre despertou perplexidade a escolha do legislador, que nos últimos anos aparentemente foi abandonada, de promover o procedimento em *camera di consiglio*[7] como método rápido para definir processos que versem sobre direitos subjetivos: tal procedimento, de fato, parece estar além de uma razoável previsibilidade das atividades defensivas[8].

Menos fácil é a definição de simplificação.

Para mim, falar de simplificação no processo envolve posicionar-se fora do esquema cognição completa *versus* cognição sumária. Simplificação não se identifica com sumariedade, mas é uma noção que, se não quer ser totalmente inútil, deve ser aplicada a todo tipo de procedimento e a toda modalidade de exercício da jurisdição. Um processo simplificado é um procedimento que, sem renunciar em nada do seu nível de garantia (e sabemos que não existe uma dose prefixada de garantias, mas apenas um nível mínimo constitucionalmente

---

7. Nota do tradutor: trata-se de tipo particular de procedimento que se caracteriza pela ausência de formalidades próprias do procedimento ordinário e tem seu desenvolvimento (prazos e provas a serem produzidas) determinado pelo juiz. Normalmente é utilizado para causas de jurisdição voluntária, embora não exclusivamente. Está previsto nos arts. 737 e seguintes do Código de Processo Civil italiano (Decreto Real nº 1443, de 28.10.1940, com atualizações).
8. Para as críticas desenvolvidas por autorizada doutrina, v., entre outros, CERINO-CANOVA, *Per la chiarezza delle idee in tema di procedimento camerale e di giurisdizione volontaria*, in Riv. dir. civ., 1987, I, p. 431 ss.; FAZZALARI, *Procedimento camerale e tutela dei diritti*, in Riv. dir. proc., 1988, p. 909 ss.; PROTO PISANI, *Usi e abusi della procedura camerale ex art. 737 ss. c.p.c. (Appunti sulla tutela giurisdizionale dei diritti e sulla gestione di interessi devoluta al giudice)*, in Riv. dir. civ., 1990, I, p. 393 ss.; MONTESANO, *"Dovuto processo" su diritti incisi da provvedimenti camerali e sommari*, in Riv. dir. proc., 1989, p. 915 ss.; LANFRANCHI, *La roccia non incrinata. Garanzia costituzionale del processo civile e tutela dei diritti*, 2° ed., Torino, 2004.

protegido), se livra, porém, de que não é diretamente necessário à vista do resultado a alcançar.

Compreende-se bem que a simplificação, embora não a suponha necessariamente, se associa de maneira muito oportuna à flexibilidade, porque só uma valoração em concreto pode determinar o que – em cada caso – pode ser omitido sem prejudicar a eficácia do trabalho do juiz e o equilíbrio defensivo entre as partes.

Para dar um exemplo italiano de simplificação, pode-se citar a fórmula do art. 702-ter, comma 5°, c.p.c., no coração daquele procedimento que o legislador denomina "sumário", mas que tecnicamente sumário não é, porque supõe uma cognição plena[9]. O juiz – assim diz a norma – ouvidas as partes, omitida qualquer formalidade não essencial ao contraditório, procede do modo que considera mais oportuno aos atos de instrução relevante em relação ao objeto do provimento requerido. Omitir as formalidades não essenciais significa, precisamente, simplificar o procedimento, mantendo somente o que não é ulteriormente reduzível sem violar o nível constitucional da garantia: porém significa fazê-lo não *a priori*, mas examinada, caso a caso, a dimensão concreta da lide.

Se palavras como flexibilidade e simplificação dão ensejo a possíveis equívocos e não é fácil dar-lhes uma definição (de alguma maneira tentada nas linhas precedentes), ainda menos fácil é traduzir normativamente em italiano uma expressão como *case management*, que representa hoje a nova fronteira da gestão do processo, porque evidentemente se corre o risco de transpor de maneira imprópria um conceito derivado de outros sistemas. Sabe-se, de resto, que se certas palavras italianas permanecerão sendo empregadas de modo evocativo, o abuso das expressões inglesas na linguagem política, administrativa e não raro judiciária é manifesto.

Parece-me que a expressão *case management* aluda a dois aspectos. O primeiro e mais intuitivo diz respeito à direção do processo, e sob este perfil não há nenhuma especial função inovadora. O segundo, que deve ser lido junto com o primeiro, diz respeito à razoável duração do processo e a um correto

---

9. V. OLIVIERI, *Al debutto il rito sommario di cognizione*, in Guida al dir., 2009, n. 28, p. 37 ss.; MENCHINI, *L'ultima "idea" del legislatore per accelerare i tempi della tutela dichiarativa dei diritti: il processo sommario di cognizione*, in Corr. giur., 2009, p. 1025 ss.; LUISO, *Il procedimento sommario di cognizione*, in www.judicium.it.; ARIETA, *Il rito "semplificato" di cognizione*, ivi; CAPONI, *Un nuovo modello di trattazione a cognizione piena: il procedimento sommario ex art. 702-bis c.p.c.*, ivi.; CAPONI, *Commento agli artt. 702-bis ss.*, in BALENA-CAPONI-CHIZZINI-MENCHINI, *La riforma della giustizia civile*, Torino, 2009, p. 196 ss.; DITTRICH, *Il nuovo procedimento sommario di cognizione*, in Riv. dir. proc., 2009, p. 1582 ss.; FERRI, *Il procedimento sommario di cognizione*, ivi, 2010, p. 92 ss.; BINA, *Il procedimento sommario di cognizione*, ivi, 2010, p. 117 ss.; ACIERNO-GRAZIOSI, *La riforma 2009 nel primo grado di cognizione: qualche ritocco o un piccolo sisma ?*, in Riv. trim. dir. proc. civ., 2010, p. 155 ss.; BIAVATI, *Appunti introduttivi sul nuovo processo a cognizione semplificata*, in Riv. trim. dir. proc. civ., 2010, p. 185 ss.

emprego dos escassos recursos jurisdicionais[10]. O juiz *case manager* não é só um hábil organizador do processo individual, mas acima de tudo um atento analista da relação entre a complexidade do caso, o tempo que ele lhe pode dedicar e os outros procedimentos que lhe são confiados. Esse juiz (a quem não devem faltar habilidades típicas de organizações corporativas) sabe gerir melhor não só a causa singular, mas também o equilíbrio entre determinado processo e o complexo de atividades jurisdicionais de um dado órgão.

2. AS RAZÕES DA SIMPLIFICAÇÃO: PRESSÕES CULTURAIS E EXIGÊNCIAS PRÁTICAS

Uma vez que se admitam, como ponto de partida, as definições aqui propostas, deve-se interrogar quais são as exigências práticas e as pressões culturais que hoje apontam a flexibilidade, a simplificação e o *case management* como possíveis caminhos para uma maior eficácia da justiça civil.

Em primeiro lugar, parece-me que a ideia de um processo flexível e simplificado encontre força na experiência do contencioso transnacional. Se olharmos para o processo jurisdicional perante as cortes europeias de Luxemburgo, percebemos que é certo como começa um julgamento, mas são numerosas as variáveis sobre como prosseguirá: com modalidades ordinárias ou abreviadas ou aceleradas; com ou sem discussão oral; com ou sem a participação do advogado-geral; perante uma seção de composição mais ou menos ampla. Cada um desses nós é resolvido pelos juízes com base em fórmulas que aludem às características do caso concreto[11].

Não diferente ou mesmo mais eficaz é a lição que se extrai das regras de arbitragem internacional, onde os tempos rápidos de decisão impõem não desviar o foco e, assim, simplificar[12].

É bom esclarecer que não pretendo afirmar, com essas referências, que haja uma relação direta de causa e consequência entre a experiência a que aludo e as normas italianas. Acredito, porém, que em um clima cultural geral essas soluções (das quais muitos operadores do direito vêm se utilizando) estejam por trás das determinações do legislador, num contexto onde a osmose entre os sistemas e os ordenamentos é um dos traços mais evidentes do fenômeno

---

10. Insere-se aqui, contra a luz, o tema do abuso do processo, sobre o qual, v., por todos AA.VV., *L'abuso del processo*, Atti del XXVIII Convegno nazionale dell'Associazione italiana fra gli studiosi del processo civile, Bologna, 2012.
11. Permito-me uma referência a BIAVATI, *Diritto processuale dell'Unione europea*, Milano, 4° ed., 2009, passim.
12. Veja-se, sobre um tema específico, BRIGUGLIO, *Riflessioni sulla prova nell'arbitrato, fra individuazione delle regole applicabili e flessibilità arbitrale (con una esercitazione conclusiva sulla "non contestazione")*, in Riv. arb., 2013, p. 859 ss.

da globalização[13]. Acrescento que, em uma ótica de harmonização entre os sistemas (ditada, em cada caso, pelas exigências de circulação da economia), modelos flexíveis tornam mais fácil o diálogo e a interação se comparados com soluções marcadas por maior rigidez.

É certo, porém, que a pressão mais forte em favor das formas de justiça civil caracterizadas por elasticidade e simplificação vem da necessidade de respeitar o cânone, constitucional e europeu, da duração razoável. Repetidamente me questionam sobre o que realmente significa duração razoável[14]. Tenho respondido que não se trata, banalmente, de terminar os processos rapidamente: não só porque o tempo é muito necessário para uma decisão justa (objetivo mais importante do que aquele de uma decisão veloz), mas também porque o direito de defesa é cânone igualmente relevante e não pode ser sacrificado. Trata-se, diferentemente, segundo penso, de fazer de um modo que os juízes dediquem a cada processo todo o tempo e energia necessários a uma decisão séria, mas apenas isso, eliminando uma série de incumbências inúteis e improdutivas. Mas não é possível estabelecer *a priori* o que pode ser supérfluo e o que não: é só na dimensão do processo concreto que é possível operar com eficácia.

E aqui se encontra o impulso mais forte rumo a um processo simplificado que, por sua vez, para não se tornar sumário, requer elasticidade e a sábia direção do juiz, no diálogo com as partes, que traduzimos com a expressão *case management*.

Adiciono que um outro elemento vai fazendo estrada na Itália, também aqui na linha de um impulso cultural europeu: a tendência a privilegiar a concisão dos atos processuais. Se as normas do Código de Processo Civil são ainda silenciosas (mas não o são as do Código de Processo Administrativo), na jurisprudência se começa a ver suas primeiras aplicações, embora limitadas, até o momento, ao aspecto das despesas processuais.

O caminho do processo elástico e simplificado parecer ter ganhado consenso, no momento histórico atual, em relação à diversa diretriz que caracterizou o legislador italiano nas décadas anteriores, vale dizer, aquela de diferenciar o procedimento (sempre rígido) com base nas diversas tipologias substanciais de controvérsia. A ideia era sempre a de adaptar o processo às situações concretas, mas foi buscada não em relação aos casos singulares, mas

---

13. Para uma exaustiva panorâmica das tendências em favor de simplificação e elasticidade nos países europeus, v. o estudo de TROCKER, *Il processo civile in prospettiva comparatistica: recenti tendenze evolutive*, in Studi in onore di Carmine Punzi, vol. IV, Torino, 2008, p. 547 ss.
14. V. o ensaio *Osservazioni sulla ragionevole durata del processo di cognizione*, in Riv. trim. dir. proc. civ., 2012, p. 475 ss.

em relação a segmentos de contencioso individualizados *a priori*[15]. O resultado foi a inútil proliferação de procedimentos diversos, à qual o legislador depois procurou reagir com o decreto legislativo n. 150 de 2001, relativo à simplificação dos procedimentos em uma série de matérias não reguladas pelo Código de Processo Civil[16].

3. FLEXIBILIDADE E SIMPLIFICAÇÃO NO DIREITO ITALIANO VIGENTE

Fixadas essas premissas, traça-se breve panorama das normas que no direito positivo italiano são expressões de flexibilidade e de simplificação. Advirto que não se trata de uma classificação fácil, nem isenta de armadilhas: a incerteza dos limites de definição dessas noções repercute no momento de inserir em seu interior determinadas *fattispecie* normativas. O que exporei nas linhas seguintes é uma espécie de arquipélago de situações atribuíveis, em medida mais ou menos líquida, à temática de que estamos tratando.

Já mencionei o art. 702-ter c.p.c. como exemplo de simplificação. Na realidade, toda a estrutura do procedimento chamado sumário (e que, como repito, sumário não é, se às palavras se quer dar um significado exato), é um colocar em prática o tema aqui tratado. Como a maior parte da doutrina italiana entende, está-se diante de um juízo de cognição plena, aplicável à generalidade das matérias atribuídas à competência do Tribunal em composição monocrática, que pode ser empregado todas as vezes em que o caso possa ser examinado e ser objeto de instrução com modesta utilização de energia judicial. É o juiz que valora se e quando a controvérsia que lhe vem apresentada é suscetível deste tipo de cognição, tendo em conta que a decisão (*ordinanza*) conclusiva é idônea a dar vida ao julgado substancial: se assim o considera, procede – como recordava anteriormente – omitindo qualquer formalidade não essencial ao contraditório; caso contrário, passa a tratar o processo conforme a modalidade do rito ordinário.

Essa valoração do juiz – a respeito da qual as partes podem certamente se manifestar – me parece uma aplicação sintomática do *case management*. O juiz é responsável pelo bom andamento da máquina judiciária e guardião do direito de defesa. Todas as vezes que a controvérsia pode ser submetida ao rito

---

15. No plano teórico, remeto às lúcidas páginas de TROCKER, *op. ult. cit.*, spec. p. 553 ss. (o autor fala de elasticidade como "estratégia (ou escolha) fundamental por ter um processo que funcione"; no original: "strategia (o scelta) fondamentale per avere un processo che funzioni").
16. V. SANTANGELI (a cura di), *Riordino e semplificazione dei procedimenti civili*, Milano, 2012; SASSANI-TISCINI (a cura di), *La semplificazione dei riti civili*, Roma, 2011; CONSOLO (a cura di), *La semplificazione dei riti e le altre riforme processuali 2010-2011*, Assago, 2012; MARTINO-PANZAROLA (a cura di), *Commentario alle riforme del processo civile dalla semplificazione dei riti al decreto sviluppo*, Torino, 2013.

simplificado, deve mantê-lo; poderá passá-la ao mais complexo rito ordinário (que supõe o emprego de mais energia) somente se isso se revelar necessário para respeitar as garantias da defesa.

Outro interessante território normativo em que a simplificação avança é dado pela disciplina do julgamento de ações ressarcitórias coletivas[17]. É notório que na Europa essa matéria está se desenvolvendo com dificuldade e ainda não conheceu a evolução que, diferentemente, já há tempos se verificou no Brasil. Independentemente aqui do ainda escasso emprego da nova disciplina, deve-se dizer que o tribunal competente deve, de início, fazer um rigoroso juízo de admissibilidade da demanda e só em caso afirmativo processá-la. Ora, nesse segundo caso, o art. 140-bis, comma 11º, do Código do Consumidor estabelece que, com a decisão (*ordinanza*) com a qual admite a ação, o tribunal determina o curso do procedimento assegurando, em relação ao contraditório, a équa, eficaz e solícita gestão do processo. Nessa mesma decisão ou em decisão sucessiva, modificável ou revogável a qualquer tempo, o tribunal – assim prossegue a norma – prescreve as medidas aptas a evitar indevidas repetições ou complicações na apresentação de provas ou argumentos; atribui às partes responsabilidade pela publicidade considerada necessária à tutela dos aderentes; regula do modo que entende mais oportuno a instrução probatória e disciplina quaisquer outras questões procedimentais, omitidas quaisquer formalidades não essenciais ao contraditório.

Como se vê, o processo segue regras elásticas: o juiz é convocado a evitar quaisquer atividades inúteis; não só retorna o lema da omissão de formalidades não essenciais, mas cuida-se para evitar repetições e complicações. É bom sublinhar que aqui estamos certamente fora de qualquer hipótese de tutela sumária, a demonstrar o fato segundo o qual a noção de simplificação está em outro plano.

De considerável interesse, para os fins do nosso tema, é a disciplina do procedimento para impugnação de demissões, introduzida – com sensíveis diferenças em relação ao rito do trabalho – no art. 1, commi 47 a 68, da lei nº 92, de 28.6.2012, mais conhecida na Itália como lei Fornero, nome do ministro do trabalho à época da sua promulgação[18].

Bastará recordar aqui que o procedimento em exame se articula em três fases: uma primeira fase, perante o tribunal, declaradamente "sumária", que se encerra com a emanação de uma decisão (*ordinanza*), a qual dispõe sobre a reintegração do trabalhador; uma segunda fase de oposição, proposta perante

---

17. GIUSSANI, *L'azione di classe: aspetti processuali*, in Riv. trim. dir. proc. civ., 2013, p. 341 ss.
18. V. entre outros, VERDE, *Note sul processo nelle controversie in seguito a licenziamenti regolati dall'art. 18 dello Statuto dei lavoratori*, in Riv. dir. proc., 2013, p. 299 ss.; DITTRICH, *Rito speciale dei licenziamenti e qualità della cognizione*, in Riv. dir. proc., 2014, p. 104 ss.

o mesmo tribunal daquela sumária, que se conclui com uma sentença; uma eventual terceira fase impugnatória, perante a corte de apelo, que por sua vez decide com uma sentença recorrível por cassação.

Ora, na primeira fase, segundo uma fórmula normativa muito similar àquela já recordada, prevê-se que o juiz, ouvidas as partes, omitidas quaisquer formalidades não essenciais ao contraditório, procede da maneira que entende mais oportuna em relação aos atos de instrução indispensáveis requeridos pelas partes ou que ele mesmo determine de ofício (como acontece segundo o rito do processo do trabalho italiano). Na segunda fase, que à diferença da primeira deve ser de cognição plena, estabelece-se que o processamento seja ainda informal e que ainda sejam sempre "omitidas quaisquer formalidades não essenciais ao contraditório". As diferenças em relação à primeira fase são duas: admitem-se os meios de prova "relevantes" (e não só aqueles indispensáveis) e pode-se atribuir às partes um prazo para apresentação de alegações defensivas antes da audiência de discussão. Também em sede de impugnação, ou seja, aquela que defini como terceira fase, não se aplica o procedimento comum do juízo de apelo, mas se emprega a fórmula, agora familiar, da omissão de qualquer formalidade não essencial ao contraditório.

O legislador italiano de 2012, enquanto diminui objetivamente as tutelas reais a favor dos trabalhadores, tenta balancear essas menores proteções substanciais com uma instrumentação processual mais eficaz: e o faz não recorrendo ao rito do trabalho que nasceu como um mecanismo judiciário de particular força[19], mas construindo um procedimento em que a rigidez, embora intensa e veloz, do rito do trabalho comum dá lugar a um uso amplo da flexibilidade. É evidente, assim, que o legislador vê na elasticidade e na simplificação um método melhor do que aquele de escrever regras sempre previsíveis.

A dicção da lei n. 98/2012 permite abordar o tema, já acenado, da distinção entre procedimentos sumários e simplificados. A referência à omissão de tudo que não é essencial ao contraditório é comum tanto à fase sumária como à ordinária: o que significa que se trata de um módulo em si neutro, aplicável a formas de cognição diversas. A alternativa entre completude e sumariedade da cognição, com a relativa idoneidade ou não à coisa julgada, é disputada em outro plano, vale dizer sobre quais métodos de pesquisa e sobre quais níveis de contraditório são propostos. Por isso, admitir a instrução relevante (e não só aquela indispensável) e assinalar um espaço para manifestações defensivas ulteriores em relação aos atos introdutórios, torna-se o elemento que colore

---

19. PAGNI, *L'evoluzione del diritto processuale del lavoro tra esigenze di effettività e di rapidità della tutela*, in Riv. trim. dir. proc. civ., 2013, p. 75 ss.; CAVALLARO, *Il processo del lavoro al tempo dei "tecnici"*, in Riv. trim. dir. proc. civ., 2013, p. 287 ss.

(ou melhor, deveria colorir) de modo diverso a fase propriamente sumária daquela de cognição plena, embora simplificada.

Se essa, embora sutil, linha de demarcação pode ser considerada exata, pode-se mencionar brevemente as normas que, no plano da formulação histórica, precederam todas as outras às quais me referi: vale dizer, o art. 669, sexies c.p.c., introduzido com a reforma de 1990 em matéria cautelar. O juiz, ouvidas as partes, omitidas quaisquer formalidades não essenciais ao contraditório, procede do modo que entende mais oportuno aos atos de instrução indispensáveis em relação aos pressupostos e aos fins do provimento requerido: assim a norma em exame.

A disciplina dos procedimentos cautelares é um dos aspectos mais bem sucedidos daquele momento de reforma e não sei quanto contribuiu ao bom resultado da flexibilidade do procedimento, até porque na situação normativa anteriormente vigente, muito era deixado à inventividade do juiz, tanto que o art. 669-sexies, quando introduzido, deveria ser considerado uma norma voltada mais a disciplinar uma lacuna que a conceder espaços ao juiz. O que me parece útil confirmar, porém, é que a flexibilidade, se aqui vem a conotar um procedimento por definição sumário, pois jamais idôneo à estabilidade do julgado (como o art. 669-octies veio a confirmar também para o caso das medidas antecipatórias que não requerem a necessária instauração de um juízo de mérito), resta neutra em relação à completude ou não da cognição, que depende de outros aspectos do procedimento[20].

Um último aspecto ao qual é necessário fazer referência, especialmente depois das reformas do biênio 2011-2012, é aquele dos juízos de impugnação[21]. Tanto no procedimento de apelação quanto no recurso de cassação foi introduzida uma pluralidade de caminhos, que dependem, mais uma vez, das características do caso singular. Assim, no apelo se pode assistir a uma decisão tomada depois do processamento e do desenvolvimento de defesas escritas,

---

20. V. per tutti TARZIA-SALETTI (a cura di), *Il processo cautelare*, 4° ed., Padova, 2011.
21. São muitas as contribuições em doutrina sobre as recentes reformas, ainda que poucas examinem o tema da flexibilidade. Veja-se, sem pretensão de esgotar o tema, CAPONI, *La riforma dei mezzi di impugnazione*, in Riv. trim. dir. proc. civ., 2012, p. 1153 ss.; COSTANTINO, *La riforma dell'appello*, in Il giusto proc. civ., 2013, p. 21 ss.; VERDE, *Diritto di difesa e nuova disciplina delle impugnazioni*, in Riv. trim. dir. proc. civ., 2013, p. 507 ss.; SASSANI, *La logica del giudice e la sua scomparsa in cassazione*, in Riv. trim. dir. proc. civ., 2013, p. 645 ss.; POLI, *Il nuovo giudizio di appello*, in Riv. dir. proc., 2013, p. 120 ss.; BOVE, *La pronuncia di inammissibilità dell'appello ai sensi degli articoli 348 bis e 348 ter c.p.c.*, in Riv. dir. proc., 2013, p. 389 ss.; BRIGUGLIO, *Un approccio minimalista alle nuove diposizioni sull'ammissibilità dell'appello*, in Riv. dir. proc., 2013, p. 573 ss.; PANZAROLA, *Le prime applicazioni del c.d. filtro in appello*, in Riv. dir. proc., 2013, p. 715 ss.; BALENA, *Le novità relative all'appello nel d.l. n. 83/2012*, in Il giusto proc. civ., 2013, p. 335 ss.
Veja-se também o volume *Le novità in materia di impugnazioni*, atos do encontro de estudo desenvolvido em Firenze em 12 de abril de 2013, Bologna, 2014.

ou a uma decisão proferida de forma rápida com o método da discussão oral na forma do art. 281-sexies c.p.c., ou ainda a uma decisão liminar, em forma de *ordinanza*, que declara o apelo inadmissível por falta de uma razoável probabilidade de acolhimento. Na Corte de Cassação, a causa, depois do filtro realizado por uma seção especial, pode ser decidida com um procedimento cameral, ou em audiência pública, com diversa declinação, nos dois casos, das faculdades de defesa.

4. UM ASPECTO PARTICULAR: A CONCISÃO DOS ATOS

A simplificação entra mais profundamente no direito processual italiano também pelo movimento cultural que leva à sinteticidade dos atos processuais, desde aquele das partes até o provimento do juiz[22].

Devemos pensar aqui em um cenário que, antes de ser processual, é fruto da inovação tecnológica. A sociedade atual assume formas de comunicação muito mais rápidas e concisas do que aquelas de há algum tempo. A carta particular, gênero ainda amplamente difundido até a última década do século passado, cedeu lugar aos *e-mails*, *SMS*, *tweets*, breves comentários em redes sociais que são empregados não só no mundo juvenil, mas também como instrumento de tomada de posições políticas. O processo não é imune a estes fenômenos e, conquanto siga a evolução do costume com lentidão particular acaba, pouco a pouco, por adequar-se.

Esse impulso se junta com as muitas vezes recordadas exigências de celeridade do processo e de economia de energia jurisdicional e conduz a duas saídas: atos processuais das partes sempre mais sintéticos e provimentos decisórios motivados de modo sempre mais breve. Nenhuma dessas soluções está isenta de críticas.

Falta, no Código de Processo Civil, uma forma análoga ao art. 3º, comma 2º, do decreto-lei n. 104 de 2 de julho de 2010, mais conhecido como código de processo administrativo, segundo o qual "o juiz e as partes redigem os atos de maneira clara e sintética"[23]; nem se lê, por ora, uma norma como aquela do art. 73, comma 2º, do mesmo texto, segundo a qual "na audiência as partes podem discutir sinteticamente"[24]. Todavia, não só a hipótese de introduzi-la está cada vez mais próxima de acontecer, como a jurisprudência, em alguma medida, está antecipando seus resultados.

---

22. V. G. FINOCCHIARO, *Il principio di sinteticità nel processo civile*, in Riv. dir. proc., 2013, p. 853 ss.
23. Nota do tradutor: a redação original é "il giudice e le parti redigono gli atti in maniera chiara e sintetica".
24. Nota do tradutor: a redação original é "nell'udienza le parti possono discutere sinteticamente".

A Corte de Cassação, por exemplo, observou que o comprimento excessivos dos atos da parte, embora não implique uma violação formal das normas que os regem, não contribuiu para a clareza e "concorre para o distanciamento do objetivo de um processo célere, que exige da parte de todos atos sintéticos, redigidos com estilo conciso e sóbrio"[25-26]. Faz eco à Suprema Corte o Tribunal de Milão, que mostra ter em conta a violação do princípio da concisão dos atos no momento da liquidação das despesas processuais[27].

É claro que os nossos antepassados, que escreviam com pena de tinta e bela grafia longos atos, que depois eram elegantemente encadernados à moda dos antigos duelos judiciais, ficariam perplexos com tais decisões, e com eles muitos contemporâneos. Pode-se temer que o pensamento do defensor não pode se desenvolver com a necessária completude se restrito a espaço muito estreito, com uma sensível lesão definitiva ao direito de defesa.

Ainda assim, a simplificação não é redução de atividades processuais, mas, como tentei afirmar, eliminação do que é supérfluo, para conduzir ao essencial do debate. A verdadeira dificuldade é que ser sóbrio ao escrever é muito mais difícil que alongar-se e repetir-se. A marcha rumo à concisão dos atos de parte, também com base na experiência europeia, me parece impossível de ser contida[28].

O segundo perfil diz respeito à motivação dos provimentos jurisdicionais. As reformas italianas recentes simplificaram progressivamente a motivação das sentenças e as reformas anunciadas, embora ainda não aprovadas, tendem à ideia de introduzir a motivação por requerimento da parte[29]. Ora o tema da motivação é por demais delicado para ser somente mencionado, pelos evidentes reflexos sobre a estrutura da atividade jurisdicional e sobre o desenho constitucional em matéria de justiça civil, que, como se sabe, impõe em cada caso ao juiz expor a justificativa de suas próprias decisões. Para os efeitos do tema tratado, bastará destacar que a praxe de sentenças muito longas (às

---

25. Nota do tradutor: o texto original é "concorre ad allontanare l'obiettivo di un processo celere, che esige da parte di tutti atti sintetici, redatti con stile asciutto e sobrio".
26. Cass., sez. II, 4 luglio 2012, n. 11199.
27. Trib. Milano, sez. IX civ., ord. 1° ottobre 2013.
28. Permito-me uma referência ao meu texto *La difesa sobria (ovvero l'avvocato nell'era della ragionevole durata)*, in Diritto e formazione, 2011, p. 438 ss.
29. V. recentemente TARUFFO, *Addio alla motivazione?*, in Riv. trim. dir. proc. civ., 2014, p. 375 ss.; MONTELEONE, *Riflessioni sull'obbligo di motivare le sentenze (motivazione e certezza del diritto)*, in Il giusto proc. civ., 2013, p. 1 ss. Per il profilo del controllo della motivazione, v. BOVE, *Ancora sul controllo della motivazione in Cassazione*, in Il giusto proc. civ., 2013, p. 431 ss.; DIDONE, *Ancora sul vizio di motivazione dopo la modifica dell'art. 360 n. 5 c.p.c. e sul tassello mancante del modello di Toulmin*, in Il giusto proc. civ., 2013, p. 631 ss. No momento em que escrevo, o projeto de lei que incluía a motivação por requerimento parece ter sido retirado pelo Governo.

vezes, mero exercício de habilidade do juiz) não é útil à eficácia da justiça; ao mesmo tempo, motivações representativas, que poderiam ser mais do que suficientes, demandam do juiz uma difícil tarefa de síntese. Não se olvide, ainda, que se os métodos de absorção das questões já implicitamente decididas, ou da razão mais líquida, podem permitir ao juiz não examinar todas as demandas e exceções deduzidas pelas partes, a exigência de que o pronunciamento corresponda ao pedido impõe a devida atenção a uma multiplicidade de requerimentos das partes.

5. AS OBJEÇÕES PRÁTICAS: A IDONEIDADE DO JUIZ E A FALTA DE PREVISIBILIDADE

O aumento sensível dos métodos elásticos e simplificados no processo de conhecimento pode levar à ideia de que essa seja a estrada do futuro. Convém, porém, analisar em profundidade uma série de objeções que se podem levantar contra essa orientação.

O primeiro ponto é o da capacidade do juiz de governar de modo produtivo um rito elástico.

A flexibilidade e o *case management* supõem que se tenha especial atenção às peculiaridades de cada caso concreto singular, para processá-lo na modalidade mais conveniente, de modo a melhor aproveitar a energia judiciária disponível. Não há dúvida de que, falando em abstrato, um cuidado específico é preferível a um protocolo rígido. Convém, porém, confrontar-se com a realidade: isto é, verificar se os juízes têm tempo e capacidade para compreender as especificidades de cada caso e estudar a melhor estratégia.

A questão não é banal. Os processos que, na experiência prática, mostram bons resultados na aplicação de métodos flexíveis, são, por assim dizer, processos de elite: poucas controvérsias para poucos juízes extremamente qualificados. Esse é o caso da arbitragem, especialmente em nível internacional, e do procedimento jurisdicional perante as cortes da União Europeia em Luxemburgo. Quando a flexibilidade é proposta como método para processos de massa, o risco é aquele de uma queda para a discricionariedade ou um retorno à segurança do procedimento rígido. Quando, em 2006, por um breve período, a matéria da responsabilidade civil pelo trânsito rodoviário foi disciplinada pelo procedimento do trabalho (breve período porque depois, como em outros casos, o legislador foi obrigado a empreender uma precipitada retromarcha), a Corte de Cassação negou que houvesse competência do juiz de paz para as controvérsias de valor igual àquelas normalmente atribuídas a essa categoria de juízes honorários, como órgão não dotado de suficientes garantias de bem aplicar um procedimento, talvez não flexível, mas certamente bastante articulado, como aquele do trabalho. É legítimo, em suma, ter mais de uma dúvida.

Ora, o assunto é sério, mas, em definitivo, prova muito. Coloca-se em jogo, aqui, a confiança na capacidade e na atenção do julgador: mas isso vale não só para a gestão do processo, mas também e sobretudo para a decisão de mérito, para a capacidade de compreender atentamente os fatos, para a preparação jurídica que permite bem enquadrar a *fattispecie* e aplicar as normas pertinentes. No antigo dilema, se era melhor ter boas leis ou bons juízes, ninguém pode duvidar que os juízes medíocres são capazes de estragar as melhores leis.

Em vez disso, a objeção reclama outros aspectos, diversos da elasticidade do procedimento, e em particular a organização judiciária geral, partindo dos modos de recrutamento para terminar com a organização do trabalho dos tribunais. Não é aqui, porém, que se colocam razões decisivas para refutar a flexibilidade e a simplificação.

O segundo ponto – que havia mencionado anteriormente e ora se retoma – é o da falta de previsibilidade do procedimento (em relação à elasticidade) e da temida diminuição dos direitos de defesa (em relação à simplificação).

Quando se fala de previsibilidade no processo, convém compreender. Nem o procedimento mais rígido é totalmente previsível, porque cada caso tem sua história. O método elástico tem a vantagem de colocar sob os olhos do juiz e das partes uma pluralidade de alternativas, que não admitem soluções extravagantes, mas que permitem uma gama de opções: no contraditório entre as partes e com as partes se optará pela mais oportuna. Segue-se que, bem esclarecida a diferença entre elasticidade e mera discricionariedade, os temores e as incertezas acabam por se dissolver.

No que concerne à simplificação, é certamente verdade que qualquer medida que limite a defesa suscita na parte uma compreensível preocupação: a exclusão dos atos escritos quando a causa é decidida após discussão oral, somente, ou as prescrições sobre o tamanho dos memoriais, aparecem às vezes como atentados ao exercício da defesa.

A questão poderia ser solucionada observando que, normalmente, quem tem razão não deve explicar-se longamente. Mas, querendo ir mais a fundo, me parece que, como qualquer direito, também o de defesa é modulado segundo as possibilidades concretas que o ordenamento é capaz de oferecer. Se não fosse esse aspecto, qualquer solução diversa de uma indefinida e ilimitada possibilidade de manifestação seria inadequada. Certamente, trata-se de encontrar um equilíbrio aceitável. Por exemplo, no atual debate italiano, sou contrário às hipóteses de permitir o apelo apenas para uma tipologia prefixada de motivos e, ainda mais, de aboli-lo; diferentemente, acredito que as normas sobre pronúncia de inadmissibilidade por falta de razoável probabilidade de acolhimento, aplicadas com prudência e numa leitura de substancial manifesta ausência de fundamento do recurso, servem não como obstáculo à defesa, mas para evitar uma forma de abuso do apelo.

A simplificação, portanto, é um mecanismo aceitável, desde que se projete a medida de modo razoável.

6. A OBJEÇÃO CONSTITUCIONAL: O JUSTO PROCESSO "PREVISTO EM LEI" NO QUADRO DO PRINCÍPIO DA IGUALDADE

Existe ainda uma terceira objeção à flexibilidade, de natureza diversa das duas primeiras, que, de alguma maneira, aludem a perplexidades práticas. Trata-se, ao contrário, de verificar a conformidade dessas novas tendências em relação ao dado constitucional.

Refiro-me, nesse sentido, a duas normas da Carta fundamental italiana. A primeira e mais evidente é o art. 111, coma 1º, segundo o qual a jurisdição (não só civil) se atua mediante justo processo, "previsto em lei"[30]. A segunda, mas talvez mais relevante, é o art. 3, com a sua referência ao princípio da igualdade.

Pergunta-se, em suma, se seria compatível com a previsão constitucional um processo civil em que os pontos cruciais não sejam prefixados por lei (e, portanto, iguais para todos), mas estabelecidos caso a caso pelo juiz, ainda que em conjunto com as partes[31].

A objeção é relevante por muitas razões. Ela coloca em jogo a natureza da jurisdição pública. Os modelos privatísticos (como a arbitragem) não podem ser invocados quando se discute a autoridade do Estado de garantir os percursos para chegar a uma sentença justa, que terá eficácia de julgado. Mais profundamente, envolve a ideia de democracia e de igual tratamento para todos os cidadãos: não é coincidência se as formas de flexibilidade em funcionamento dizem respeito a sistemas "a-democráticos", como o mundo do comércio e da arbitragem internacional, de um lado, e o ordenamento da união europeia, cujo déficit demográfico era bem conhecido, muito antes da recente fase crítica[32].

---

30. Nota do tradutor: no original, a expressão é "regolato dalla legge".
31. V. por exemplo COSTANTINO, *Il nuovo articolo 111 della Costituzione e il "giusto processo civile". Le garanzie*, in *Il nuovo articolo 111 della Costituzione e il "giusto processo civile"*, Atti del convegno dell'Elba (9-10 giugno 2000), Milano, 2001, p. 255 ss. e spec. p. 269 ss.; BOVE, *Art. 111 Cost. e "giusto processo civile"*, in *Riv. dir. proc.*, 2002, p. 479 ss. e spec. p. 496 ss.
32. Releia-se G.F. MANCINI, *La Corte di giustizia: uno strumento per la democrazia nella Comunità europea*, in *Il Mulino*, 1993, p. 595 ss.

Falei de objeções à flexibilidade, mas é claro que também estão abrangidos, enquanto coerentes com essa, também o *case management* e a simplificação do procedimento.

A essa objeção se pode dar, em primeiro lugar, uma resposta formal. O procedimento simplificado ou as formas elásticas não nascem da vontade autônoma dos protagonistas do processo, mas são dispostos em lei. É a lei a admitir que o juiz possa governar o processo do modo que entende mais oportuno, excluindo quaisquer formalidades não essenciais ao contraditório. É a lei que oferece a juízes e partes uma gama de soluções, entre as quais (repito, sem formas de plena discricionariedade) fazer a escolha mais aderente ao caso concreto.

É necessária, porém, também uma resposta substancial. Na minha opinião, o respeito à democracia e ao princípio da igualdade perdem importância na realidade das controvérsias e dos casos, todos diversos entre si. Ninguém cogitaria afirmar que o igual direito de cada cidadão de valer-se da prestação de serviço de saúde pública comporta identidade de tratamentos: cada um será cuidado como deve, tendo em vista a necessidade de cuidar contemporaneamente de outras pessoas, na consciência de que poderá ser-lhe permitida uma internação mais breve se casos mais urgentes e graves demandarem a disponibilidade da estrutura.

Um serviço judicial simplificado e eficaz constituiria um evidente valor para todos os cidadãos. A modulação do tratamento do caso singular deve ser apropriada tanto para os interessados naquela controvérsia, quanto para os interessados em outras controvérsias que reclamam o tempo e a energia do tribunal, quanto, ainda, para aqueles que não estão envolvidos em nenhuma controvérsia, mas que se beneficiam indiretamente do maior grau de certeza global das relações jurídicas.

Parece-me possível afastar a ideia, em suma, de que a simplificação e a flexibilidade se colocam fora do ditado constitucional e me parece, ao contrário, que lhe possam constituir uma melhor atuação[33].

7. REFORMAS ANUNCIADAS E CONDIÇÕES PARA SEU SUCESSO

Em 30.6.2014 o Conselho de ministros italiano aprovou um documento de diretrizes para a reforma da justiça. Em um arquivo publicado em 2 de julho no *site*

---

33. Partilho aqui da posição de TROCKER, *Il nuovo articolo 111 della Costituzione e il "giusto processo" in materia civile: profili generali*, in Riv. trim. dir. proc. civ., 2001, p. 398 ss., quando observa que a fórmula, segundo a qual a disciplina do justo processo está "prevista em lei" (no original: "regolata dalla legge") não pode significar que as garantias constitucionais sejam violadas "porque se está na presença de um processo formal com rigidez reduzida que permite ao juiz adaptar as modalidades de procedimento às diversas exigências que surgem caso a caso" (no original: "perché ci si trova in presenza di un processo a ridotta rigidità formale che consente al giudice di adattare le modalità del procedimento alle diverse esigenze che caso per caso emergono").

do governo www.giustizia.it, lê-se que, entre as medidas imaginadas, figuram as seguintes (a citação é literal): a) introdução de formas simplificadas para as controvérsias de rápida definição, permitindo ao juiz adaptar as regras do processo à simplicidade da lide; b) concisão dos atos de partes e do juiz: individualizam-se técnicas de redação dos atos coerentes com a simplificação do juízo.

É muito cedo para tirar, dessas escassas notas, indicações significativas sobre modificações no Código. É certo porém que a simplificação aparece como um caminho a percorrer.

Menos destacada, talvez, parece a propensão do futuro legislador a proceder pelo caminho da flexibilidade. Um arquivo sucessivo de 7 de julho de 2014 delineia outras possíveis reformas: mas as mudanças de que se fala (e sobre as quais nesta sede é de todo supérfluo alongar-me) parecem que sobretudo visam a substituir algumas regras rígidas por outras regras rígidas.

Trata-se de compreender, em seguida, quais condições objetivas podem constituir um terreno de cultura eficaz para um processo simplificado e flexível. Se não se instaurarem em sede judiciária práticas virtuosas, as medidas de reforma correm o risco de não ter incidência real.

Na minha opinião, a primeira condição essencial é aquela de um real confronto entre juiz e partes sobre as modalidades de gestão do processo. Utilizo a palavra confronto no lugar de colaboração, que deixa muito obscuro o dado que o processo é sede de uma lide, de uma relação hostil, de uma divergência de interesses. Certamente, as partes têm objetivos diversos e tendem, no que depende de cada uma, a submeter o procedimento à sua conveniência; todavia, os temas em discussão, os valores em risco, a individuação dos pontos de divergência são aspectos sobre os quais uma divisão racional é possível.

Sempre me interessou a experiência francesa dos contratos de procedimento. É notório que, na França, é prevista a possibilidade de fixar, para uma determinada causa, um programa de atividades e um planejamento temporal de prazos a serem cumpridos pelas partes, acordados entre o juiz (que leva em consideração sua própria lista de compromissos) e os defensores das partes (que têm em conta as exigências de exposição das respectivas defesas)[34]. Nascido da praxe de alguns tribunais, esse sistema depois ganhou força de lei com o decreto de 38.12.2005, que modificou o Código francês no art. 764, commi 3º, 4º e 5º[35]. O método me parece significativo porque não nasce em um contexto,

---

34. FERRAND, *The Respective Role of the Judge and the Parties in the preparation of the Case in France*, in TROCKER-VARANO (a cura di), *The Reforms of Civil Procedure in comparative perspective*, Torino, 2005, p. 16 ss. e p. 21.
35. CADIET, *D'un code à l'autre: de fondations en refondation*, in CADIET-CANIVET, *De la commemoration d'un Code à l'autre: 200 ans de procedure civile en France*, Paris, 2006, op. cit., p. 13 ss.; CROZE, *Les procédures civiles*

como o inglês, habituado a formas flexíveis[36], mas ganha vida no interior de um ordenamento historicamente ancorado a um tratamento rígido.

Na Itália, estão ganhando cada vez mais peso os protocolos acordados, em cada cartório, entre juízes e advogados. Trata-se de formas de *soft law*, que integram ou especificam, sem força vinculante, determinadas passagens da gestão do processo. Sua importância, porém, está no fato de que são compartilhadas e que não são suportadas pelas partes como uma imposição do alto[37].

O confronto é o terreno que permite simplificar realmente o processo. Por exemplo, se o processo versa sobre questões de direito e ambas as partes estão convencidas de tê-las abordado da melhor forma possível nos atos introdutórios, pode-se acordar mandar a causa diretamente à decisão. Evita-se tudo que é supérfluo no caso concreto (e aí está a simplificação) omitindo atividades que normalmente estão previstas (e está é a flexibilidade).

A segunda condição é provavelmente a mais difícil de obter no atual contexto italiano. Pode-se exprimi-la assim: convém que a cada audiência o juiz se apresente preparado tanto a respeito do objeto da lide, quanto sobre os problemas de desenvolvimento do processo. Embora a situação apresente leve mas progressiva melhora (o atraso histórico diminuiu em mais de 10% em relação ao pico máximo, registrado em 2009), permanece o fato de que a desproporção entre os casos atribuídos a cada magistrado e número de julgados permanece esmagadora. Muitas vezes o juiz se apresenta na audiência ignorante ou não suficientemente informado, o que não só o priva da capacidade de colocar em prática aquele lampejo de imaginação que a elasticidade supõe, empurrando o processo a soluções de aplicação burocrática do código, mas gera o ulterior fenômeno da presença de partes representadas por defensores por sua vez despreparados, munidos de instruções genéricas e desarmados frente a eventuais problemas novos. É claro que, se esta é a situação, a flexibilidade, a simplificação e o *case management* não passam de texto escrito.

Se invocar recursos humanos adicionais não é proponível em tempos de drástica revisão de custos e se contentar com figuras de juízes honorários decepciona as expectativas de justiça dos operadores e cidadãos, não por isso o problema é insolúvel.

---

avec ou sans professionnels: une nouvelle dimension de la conception française du procès civil ?, ivi, p. 116.

36. V. sobre a reforma inglesa PASSANANTE, *La riforma del processo civile inglese: principi generali e fase introduttiva*, in Riv. trim. dir. proc. civ., 2000, p. 1353 ss.; CRIFO', *La riforma del processo civile in Inghilterra*, ivi, 2000, p. 511 ss.; ANDREWS, *A New Civil Procedural Code for England: Party-Control "Going, Going, Gone"*, in Civil Justice Quarterly, 2000, p. 19 ss.; ZUCKERMAN, *Court control and party compliance. The quest for effective litigation management*, in TROCKER-VARANO, op. cit., p. 156 ss.

37. Sobre esse interessante fenômeno, v. G. BERTI ARNOALDI VELI (a cura di), *Gli Osservatori sulla giustizia civile e i protocolli d'udienza*, Bologna, 2012; DELLA PIETRA, *La second life dei protocolli sul processo civile*, in Il giusto proc. civ., 2012, p. 895 ss.

É notório que o Tribunal de Turim alcançou há muito, único na Itália, uma situação de substancial eliminação de acervo[38]. O segredo é simples: em vez de fazer avançar todas as causas juntas, discute-se algumas em rápida sucessão, deixando outras; esgotadas as primeiras se prossegue e assim por diante. Demonstrou-se que os tempos totais são muito menores, porque o juiz, uma vez estudada uma causa, não deve retomá-la em mãos (e estudá-la novamente) depois de alguns meses. Isso, em concreto, é *case management*.

8. BREVÍSSIMAS NOTAS CONCLUSIVAS

Uma conclusão verdadeira e própria é talvez supérflua. Limito-me a anotar que os estudiosos de processo manifestam às vezes uma certa desconfiança em relação à simplificação e à flexibilidade, porque de qualquer modo o papel das regras processuais lhes parece diminuído. Na realidade, objetivo de um direito processual moderno é fazer com que o julgamento seja o mais apropriado para a lide concreta, a única real e a única em que estão em jogo os direitos e bens das pessoas.

De resto, o risco de hoje é o declínio do direito processual, ou, em outras palavras, o declínio das garantias, em nome da eficácia e da rapidez a qualquer custo. Uma sensibilidade social intolerante com o que parecem ritos inúteis, mas pronta então a reclamar justiça, deve receber uma resposta adequada. Flexibilidade e simplificação podem ser dois métodos úteis a dar tal resposta.

---

38. BARBUTO, *Il "caso" Torino*, in *Secondo rapporto sulla giustizia civile in Italia*, Atti del convegno di Roma dei giorni 1-2 marzo 2013, Parma, 2013, p. 133 ss.

> 4º Painel Binacional: Flexibilidade, simplificação processual e a gestão do processo

FLEXIBILIZAÇÃO PROCEDIMENTAL E GESTÃO PROCESSUAL NO DIREITO BRASILEIRO

Camilo Zufelato
Doutor em Processo Civil pela Faculdade de Direito da Universidade de São Paulo e Professor de Processo Civil da Faculdade de Direito de Ribeirão Preto da Universidade de São Paulo.

SUMÁRIO: 1. ALCANCE E ENFOQUE DO TEMA PROPOSTO; 2. SITUAÇÃO CONSTITUCIONAL DO TEMA; 3. FLEXIBILIZAÇÃO E GESTÃO: ENTRE SEGURANÇA JURÍDICA E EFETIVIDADE; 4. A DIMENSÃO PRINCIPIOLÓGICA DA ADEQUAÇÃO E DA ADAPTABILIDADE: FUNDAMENTOS DO TEMA; 4.1. HIPÓTESES LEGAIS DE ADEQUAÇÃO E ADAPTABILIDADE PROCEDIMENTAL NO DIREITO BRASILEIRO VIGENTE; 4.2. NOVO DIREITO PROCESSUAL CIVIL CODIFICADO; 4.3. CONDIÇÕES ESSENCIAIS À FLEXIBILIZAÇÃO PROCEDIMENTAL; 5. GESTÃO PROCESSUAL.

1. ALCANCE E ENFOQUE DO TEMA PROPOSTO

O tema deste ensaio pode ser analisado sob diversos prismas. Desde uma visão mais geral, partindo da teoria do direito e da relação, sempre tensa e com fronteiras nem sempre muito bem delimitadas, existente entre a função legislativa e a jurisdicional, até mesmo mais minuciosa, que observe de maneira detalhada e pontual os vários aspectos relacionados com a flexibilidade procedimental e a gestão processual. O propósito, contudo, será uma *análise panorâmica centrada do direito brasileiro vigente e projeto*, pautada na rica contribuição que os processualistas atuais vêm dando ao tema.

Inicialmente cumpre destacar que embora haja elementos e razões principiológicas que os liguem, consideramos *flexibilização* e *gestão* como figuras processuais tecnicamente distintas. A primeira conecta-se com a ideia de alterações, adaptações ou até mesmo criações de *modelos procedimentais* previamente estabelecidos em lei, ao passo que a segunda se volta a uma atuação judicial do próprio processo, englobando as flexibilizações de rito, mas abarcando também outras soluções não necessariamente procedimentais *stricto sensu*, como por exemplo o reforço às medidas ditas alternativas de solução de conflitos ou mesmo a valorização de atividades cartorárias e de gerenciamento planejado de feitos.

Não obstante tais distinções, o fundamento comum que as une é preponderante e muito forte, qual seja, a busca por uma tutela jurisdicional efetiva é justificadora de uma atuação judicial incisiva, visando dar o tratamento processual mais rente possível às peculiaridades do conflito de interesses posto em causa.

Ademais, como consectário desse imperativo de adaptabilidade – procedimental ou gerencial – casuística, tem-se uma característica fundamental do tema: o empoderamento do julgador, a quem é atribuída a missão de captar os matizes próprios do caso e, assim, proceder às alterações e adaptações que melhor promovam a tutela do direito, mas que sempre deverá ser equilibrada com a participação ativa das partes na condução do feito, num processo francamente colaborativo.

Em tempos de incessante busca por justiça efetiva e propostas de inovação da legislação processual civil que visam a esse fim, o tema aqui tratado é bastante discutido nos Projetos de Novo Código de Processo Civil, e por essa razão analisar-se-á também alguns aspectos do direito projeto.

Não compõe o objeto de análise deste ensaio, voltado para uma análise nacional do tema, as experiências – muito ricas, aliás – de outros países nos quais o tema aqui tratado é bastante desenvolvido, especialmente na Inglaterra (*judicial case management*), Estados Unidos e Portugal (art. 265-A do CPC).[1]

2. SITUAÇÃO CONSTITUCIONAL DO TEMA

A ciência processual brasileira contemporânea é pautada na ideia de *tutela jurisdicional efetiva, adequada e tempestiva*. Essa é a ideia motriz que alavanca praticamente todas as searas do direito processual e justifica as propostas de melhoria das práticas, legislativas e processuais, vigentes. Não é diferente no presente tema. A flexibilização procedimental e a gestão processual são formas técnicas que visam propiciar uma prestação jurisdicional mais eficiente, no esteio das exigências constitucionais.

Acesso à justiça ou inafastabilidade da jurisdição (art. 5°, XXXV) é entendido como acesso à *ordem jurídica justa*, na feliz e já consagrada expressão

---

1. Para uma análise do tema nesses países, cfr. GAJARDONI, Fernando da Fonseca. *Flexibilização procedimental: um novo enfoque para o estudo do procedimento em matéria processual*. São Paulo: Atlas, 2008, Capítulo 4; do mesmo autor: *O princípio da adequação formal do direito processual civil português*. In: Revista de Processo, n. 164, 2008; *A flexibilização do procedimento processual no âmbito da common law*. In: Revista de Processo, n. 163, 2008; SILVA, Paulo Eduardo Alves da. *Gerenciamento de processos judiciais*. São Paulo: Saraiva, 2010, Capítulo II; OLIVEIRA, Guilherme Peres de. *Adaptabilidade judicial: a modificação do procedimento pelo juiz no processo civil*, op., cit., Capítulo II.

de Kazuo Watanabe, cuja preocupação maior é com o resultado efetivo da tutela jurisdicional. A flexibilização e a gestão são vistas como mecanismos de ajustamento do instrumento ao objeto tutelado, de modo que propiciam uma decisão mais justa e consentânea às expectativas que o direito material impõe.

Devido processo legal (art. 5°, LIV), no sentido substancial, é corolário de uma série de outros princípios constitucionalmente estabelecidos e representa o ideal de *processo justo*, o qual demanda ao órgão jurisdicional uma postura que vise, com base na proporcionalidade e na razoabilidade, do geral para individual, a construção de uma decisão judicial equitativa. A instrumentalidade das formas é decorrência desse princípio, e a flexibilidade e a gestão são, em boa medida, desformalização em prol da efetividade.

O processo poderá ter duração razoável garantida (Art. 5°, LXXVIII) se bem utilizados os poderes do juiz na adaptação procedimental ou no gerenciamento eficiente do feito, evitando fases ou atos processuais desnecessários e incompatíveis com as peculiaridades do caso, promovendo tutela tempestiva e efetiva.

E mesmo com a centralização na figura do juiz como sendo o grande signo da flexibilização e da gestão, é preciso reconhecer que também as partes têm uma função relevante nesses institutos, pois colaboram e participam ativamente da construção do processo judicial, inclusive das adaptações procedimentais, numa dimensão de *contraditório cooperativo* (5°, LV) que legitima a ampliação de poderes atribuídos ao julgador para promover as adaptações necessárias para o bom deslinde do feito.[2]

Também pode ser localizado no campo constitucional, num sentido mais *lato*, o modelo de processo que o Estado Democrático de Direito estabelece, e, por consequência, uma maior ou menor intervenção do julgador na condução do processo. Entre as categorias clássicas de processo inquisitorial e adversarial – muito embora seja sabido que não exista nenhuma experiência pura, mas sim preponderância de um ou outro modelo – reconhecer as características do modelo brasileiro é fundamental para se compreender a autorização ou não para que o juiz intervenha no feito para flexibilizar ou gerir o feito.

---

2. "A colaboração/cooperação dos sujeitos com o órgão julgador é, em realidade, a possibilidade concreta das partes exercerem influência na decisão. Por isso a sua correlação com o princípio do contraditório, que estrutura em si o diálogo e a participação entre os interessados e o juiz de maneira a conter o autoritarismo e o centralismo do estado juiz na solução do conflito. O contraditório como direito de ser ouvido tem, numa dimensão contemporânea, o sentido de que o sujeito deve ser ouvido para, ao participar, colaborar/cooperar para a tomada de decisão, que necessariamente deverá levar em conta suas razões – contraditório efetivo – para acolhê-las ou rejeitá-las." ZUFELATO, Camilo. *Análise comparativa da cooperação e da colaboração entre os sujeitos processuais nos Projetos de Novo CPC*. In: FREIRE, Alexandre, et al. Novas tendências do processo civil: estudos sobre o Projeto de Novo CPC. Salvador: Juspodivm, 2013, p. 101-123, p. 118-119.

Como se verá a seguir, a flexibilização e gestão são concretizações que decorrem do denominado princípio da adequação e da adaptabilidade processual, o qual seria albergado no *modelo constitucional de processo civil* e na ideia de direito fundamental à tutela jurisdicional efetiva.[3]

Enfim, a flexibilização e a gestão, como figuras que visam à tutela jurisdicional mais efetiva possível, dando guarida aos cânones constitucionais-processuais acima referidos, são figuras que se adéquam ao modelo de Estado constitucional brasileiro.[4]

Também é bastante interessante o posicionamento de Guilherme Peres de Oliveira ao sustentar que o juiz poderá proceder à adaptabilidade procedimental com base no poder que todos os magistrados brasileiros possuem de realizar o controle difuso de constitucionalidade: na medida em que a legislação não dá o tratamento procedimental necessário para permitir a tutela jurisdicional efetiva e adequada do direito material, haveria aí uma inconstitucionalidade da parte do legislador, que deverá ser reconhecida e superada pelo juiz no caso concreto. Nessa operação, o aplicador da lei adapta o procedimento por meio da ponderação de valores e princípios constitucionalmente tutelados, claramente numa alusão à proporcionalidade e razoabilidade.[5]

3. FLEXIBILIZAÇÃO E GESTÃO: ENTRE SEGURANÇA JURÍDICA E EFETIVIDADE

O tema de fundo da flexibilização e gestão do processo é, na realidade, uma tensão entre dois valores indispensáveis para a ciência do direito e que está na base de diversos outros dilemas, seja no direito processual ou fora dele: a segurança jurídica e a previsibilidade das decisões, representada no

---

3. "Alguns autores mais recentemente têm sustentado a necessidade, sempre extraída do 'modelo constitucional do processo civil', de os rigores dos princípios acima destacados [concentração dos atos processuais, eventualidade] serem relativizados. A proposta, que rende ensejo ao 'princípio da adequação forma' (Carlos Alberto Alvaro de Oliveira) e da 'adaptabilidade do procedimento' (Fredie Didier Jr.), tem expressa adesão deste *Curso*. De acordo com estes princípio, é permitido, em graus variáveis, ao magistrado alterar o procedimento preestabelecido pelo legislador, para viabilizar melhor a prestação da tutela jurisdicional à luz das características do direito material controvertido e, até mesmo, em função de outros fatores, como por exemplo, as pessoas envolvidas no litígio e sua situação socioeconômica (Fernando da Fonseca Gajardoni). Sua consecução, de qualquer sorte, pressupõe, sempre, a *prévia* observância do contraditório." BUENO, Cassio Scarpinella. *Curso sistematizado de direito processual civil: teoria geral do direito processual civil*, vol. 1. São Paulo: Saraiva, 2008, 2. ed., p. 503.
4. "Lembre-se que a jurisdição, no Estado constitucional, é marcada pelo próprio dever estatal de proteção aos direitos e pela imprescindibilidade de o juiz atribuir sentido ao caso concreto. Eis o motivo pelo qual o processo, no Estado contemporâneo, tem de ser estruturado não apenas consoantes as necessidades do direito material, mas também dando ao juiz e à parte a oportunidade de se ajustarem às particularidades do caso concreto. É nesse sentido que se diz que o direito fundamental à tutela jurisdicional, além de constituir uma garantia ao titular do direito à tutela do direito material, incide sobre o legislador e o juiz." MARINONI, Luiz Guilherme. *Teoria geral do processo*. São Paulo: Revista dos Tribunais, 2. ed., 2007.
5. OLIVEIRA, Guilherme Peres de. *Adaptabilidade judicial: a modificação do procedimento pelo juiz no processo civil*. São Paulo: Saraiva, 2013.

estabelecimento prévio, pelo legislador, das regras a serem seguidas pelo julgador, e, de outro, a efetividade da prestação jurisdicional, segundo a qual o juiz, ao perseguir o fim maior, que é o oferecimento de tutela jurídica efetiva, adequada e tempestiva, poderia adaptar o processo e o procedimento para adequá-lo ao caso posto em juízo.

Com efeito, a flexibilização provoca uma alteração na forma pela qual o processo é abstratamente concebido, desformalizando-o em nome da tutela processual adequada. Mas é importante consignar que essa desformalização não implica abandono da forma; não há como conceber processo e procedimento sem forma, a qual lhes dá estrutura e sentido, posto que o modelo de processo civil brasileiro é formal.

Há verdadeira indispensabilidade da forma; mas o formalismo processual não pode ser compreendido como um formalismo sem sentido, um apego exagerado ao procedimento legal tão somente porque ele representa previsibilidade e segurança. O formalismo almejado deve ser o *valorativo*, no qual se concebe o processo – e também o procedimento – como instrumento que persegue escopos muito maiores que a mera aplicabilidade de atos processuais concatenados.[6] É condição *sine qua non* que a previsibilidade da forma também garanta a efetividade da tutela jurisdicional para que seja fiel à dimensão instrumental de processo.

O procedimento, em si, encerra garantias; na realidade o procedimento é, ele próprio, garantidor do respeito a direitos fundamentais processuais, e nessa medida há um núcleo central das formalidades procedimentais que deve sempre ser atendido em um processo justo.

A flexibilização, portanto, não é ausência de forma, mas sim a utilização racional e planejada da forma.

E quanto à previsibilidade e segurança jurídica, é crucial ressalvar que a alteração procedimental deverá sempre ser realizada com interação entre os sujeitos processuais, sendo indispensável o crivo do contraditório para que o rito então seja adaptado. Nesse sentido, embora a previsibilidade poderá não ser aquela da lei, será sempre a do caso concreto, com a devida comunicação às partes das possíveis alterações de rito empreendidas. Na feliz expressão de

---

6. "De tudo que foi dito e analisado impõe-se afastar o formalismo oco e vazio, incapaz de servir às finalidades essenciais do processo – relativizada assim qualquer invalidade daí decorrente –, mormente quando atente contra os princípios e valores imperantes no ambiente processual, a exemplo da efetividade, da segurança, da boa-fé e lealdade do princípio do processo justo. O que importa, ao fim e ao cabo, é o formalismo-valorativo." OLIVEIRA, Carlos Alberto Alvaro. *Do formalismo no processo civil*. São Paulo: Saraiva, 2. ed., 2003.

Gajardoni, "flexibilizando a rigidez do procedimento sem perder a previsibilidade e segurança jurídica".[7]

Somado a isso, temos ainda a retomada de importância do procedimento para a tutela jurisdicional. Com o cientificismo processual, especialmente a partir do final século XIX e primeira metade do século XX, e a necessidade de rompimento com a dimensão prática e quase que exclusivamente judiciária de processo, na qual havia, diante da falta de concepção desse como sendo uma abstrata relação jurídico-processual, uma identificação do processo com o próprio procedimento, na medida em que esse é a concretização, real e externa, daquele. Basta ver que na clássica tríade da teoria geral, jurisdição-ação-processo, o procedimento não vem mencionado como categoria autônoma, e passa a ser parte integrante, como um elemento, do processo.

Contudo, em que pese não mereça reparo algum as contribuições que a ciência processual aportou ao tema, a busca por efetividade na prestação jurisdicional ressalta, em tempos atuais, a *relevância do procedimento na tutela de direitos*, pois se o processo de fato tem uma inegável dimensão abstrata, é na dimensão concreta, procedimental, que a faceta teórica se manifesta, que os princípios e garantias são implementados, de modo que não basta uma concepção teórica comprometida com a tutela de direitos se o procedimento não dá conta de alcançar satisfatoriamente esse fim.

Em suma, parece haver um ressurgimento do procedimento, na teoria geral, de modo que acreditamos que esse deveria alcançar o mesmo *status* e relevo que se atribuiu ao instituto do processo, pois é na construção e desenvolvimento dos atos processuais que se sente a força viva da relação processual e, por consequência, a necessidade de conformá-la às justas expectativas da crise de direito material posto em juízo. Procedimento não é uma simples e neutra sequência de atos processuais interligados, mas é sim o instituto que deve estar vocacionado a prestar tutela jurisdicional efetiva.[8]

Essa é a premissa geral que está na base da flexibilização procedimental, ou seja, é necessário que a adequação do procedimento se ajuste fielmente às peculiaridades do caso concreto como forma de justificar a própria atuação do Estado, que deve prestar tutela jurisdicional efetiva.[9]

---

7. GAJARDONI, *Flexibilização procedimental, op. cit.*, p. 84.
8. "Em tempos recentes, presencia-se a reabilitação do procedimento, como instituto processual de primeira importância. Rejeitaram-no os processualistas do século passado e na primeira metade deste, encantados com a descoberta de que o processo não se reduz à mera sequência de atos coordenados na cadeia fechada entre a demanda e sentença." DINAMARCO, Cândido Rangel. *A instrumentalidade do processo*. São Paulo: Malheiros, 10. ed., 2002, p. 152.
9. "A ideia de construção do procedimento no caso concreto não deve ser vista apenas como corolário do direito fundamental à tutela jurisdicional efetiva – roupagem contemporânea do velho direito subjetivo de ação –, o qual outorga ao cidadão o direito de construir a ação adequada ao caso concreto, mas

A forma como é disposto legislativamente o procedimento, e a sua flexibilização e adequação, planejada e racional, à luz das exigências do direito posto em causa, é elemento indispensável para a promoção do direito fundamental à tutela jurisdicional efetiva.

4. A DIMENSÃO PRINCIPIOLÓGICA DA ADEQUAÇÃO E DA ADAPTABILIDADE: FUNDAMENTOS DO TEMA

Não há qualquer novidade de que o processo e o procedimento devem se ajustar o mais fielmente possível ao direito material a fim de lhe oferecer tutela jurídica.[10] Desde sempre as ações foram agrupadas e classificadas segundo as especificidades do direito ao qual deveriam prestar tutela, distinguindo-as uma das outras exatamente pelo tipo de relação jurídica básica violada.

Com a teorização sobre o processo e a codificação processual, os diplomas legislativos também passaram a agrupar os tipos de processo segundo a crise de direito material. No campo da tutela cognitiva, pensando no CPC vigente, é fácil visualizar como o procedimento comum ordinário, ao lado do sumário, dos juizados especiais e dos procedimentos especiais, são predispostos exatamente em função das peculiaridades – ou ausência delas, no caso do ordinário – da situação tutelanda.

Nessa seara, na qual o legislador estabelece a previsão antecipada dos ritos a partir do tipo de direito material ameaçado ou violado, a ideia de *tutela jurisdicional diferenciada* como forma de oferecer soluções mais eficientes que o procedimento comum ordinário e generalizante à situação de direito material é um tema cada vez mais relevante e conta com diversas inovações legislativas recentes que visam permitir ao juiz que se aproxime um pouco mais das peculiaridades do caso e ofereça tutela adequada.[11] As tutelas de urgência são bom exemplo de tutela diferenciada.

Vale destacar as argutas observações de Galeno Lacerda sobre o tema, para quem haveria aspectos de adequação dos procedimentos em sentido *objetivo, subjetivo e teleológico*. O autor estava se referindo às adequações empreendidas pelo próprio Código de Processo Civil.[12]

---

também como fundamento da legitimidade o exercício da própria jurisdição" MARINONI, *Teoria geral do processo*, op. cit., p. 439.
10. BEDAQUE, José Roberto dos Santos. *Direito e processo: influência do direito material sobre o processo*. São Paulo: Malheiros, 4. ed., 2006.
11. Marinoni é um dos primeiros a notar esse aspecto no Brasil. Cfr. MARINONI, Luiz Guilherme. *Novas linhas do processo civil*. São Paulo: Malheiros, 4. ed., 2000.
12. LACERDA, Galeno. *O Código como sistema legal de adequação do processo*. In: Revista do Instituto dos Advogados do Rio Grande do Sul – Comemorativa do Cinquentenário. Porto Alegre, 1976; cfr. ainda, do mesmo autor, pertinente ao tema, *O Código e o formalismo processual*. In: Revista da AJURIS. Porto Alegre: AJURIS, 1983.

Enfim, a preocupação de fidelidade do processo às exigências do direito material sempre foi notável. O que há de novo na ideia de flexibilização ou gestão do processo? É a capacidade de intervenção do juiz, e não só do legislador, nas escolhas sobre o procedimento, e o tratamento mais eficiente da causa, permitindo-se assim que a adequação não seja somente *a priori* (legislador), mas também *a posteriori* (juiz), efetivamente à luz das peculiaridades existentes num determinado caso, e não em tese.

Ou seja, o ponto atual desse tema é exatamente a possibilidade de adequação e adaptabilidade procedimental por parte do juiz.[13]

Do ponto de vista terminológico, Gajardoni estabelece uma distinção entre ambas as expressões: "fala-se em *princípio da adequação* para designar a imposição sistemática dirigida ao legislador para que construa modelos procedimentais aptos à tutela especial de certas partes ou do direito material; e *princípio da adaptabilidade* (da flexibilização ou da *elasticidade processual*) para designar a atividade do juiz de flexibilizar o procedimento inadequado ou de reduzida utilidade, para melhor atendimento as peculiaridades da causa".[14]

Também Didier Junior adota a denominação adaptabilidade para referir-se ao poder do juiz de manejar o procedimento legalmente estabelecido.[15]

Em suma, adequação procedimental é aquela realiza pelo legislador, e adaptação é aquela realizada pelo juiz. E claro, se ao legislador escapou alguma hipótese de adequação procedimental que possa trazer prejuízo ao direito material tutelado, cabe ao juiz proceder à adaptação do rito em busca de promover a mais efetiva prestação jurisdicional.[16]

---

13. Cfr. AMENDOEIRA JÚNIOR. Sidnei. *Fungibilidade de meios*. São Paulo: Atlas, 2008; e do mesmo autor *Poderes do juiz e tutela jurisdicional: a utilização racional dos poderes do juiz como forma de obtenção da tutela jurisdicional efetiva, justa e tempestiva*. São Paulo: Atlas, 2006.
14. GAJARDONI, Fernando da Fonseca. *Os princípios da adequação e da adaptabilidade (flexibilidade) procedimental na teoria geral do processo*. In: ZUFELATO, Camilo; YARSHELL, Flávio Luiz. *40 anos da Teoria Geral do Processo no Brasil*. São Paulo: Malheiros, 2013, p. 305-325, p. 307.
15. "Nada impede, entretanto, antes aconselha, que se possa previamente conferir ao magistrado, como diretor do processo, poderes para conformar o procedimento às peculiaridades do caso concreto, tudo como meio de melhor tutelar o direito material. O excessivo rigor formal talvez tenha sido um dos grandes responsáveis pelo descrédito do sistema de tutela jurisdicional dos direitos. Eis que aparece o princípio da adaptabilidade." DIDIER JUNIOR, Fredie. *Sobre dois importantes, e esquecidos, princípios do processo: adequação e adaptabilidade do procedimento*. In: www.mundojuridico.adv.br, acesso em 15 de agosto de 2014.
16. "A riqueza da práxis forense, todavia, bem tem demonstrado que o legislador federal e o estadual são incapazes de modelar, com perfeição, procedimentos específicos para todas as situações cotidianas. Sempre há de surgir um caso novo, que, por força do direito debatido ou da qualidade de um dos litigantes, justifique uma calibração do procedimento às circunstâncias da causa, e, portanto, a aplicação do princípio da adaptabilidade." GAJARDONI, *Os princípios da adequação e da adaptabilidade (flexibilidade) procedimental na teoria geral do processo*, op. cit., p. 314.

4.1. Hipóteses legais de adequação e adaptabilidade procedimental no direito brasileiro vigente

Conforme referido no item anterior, Galeno Lacerda já mencionava hipóteses de adequação procedimental eleitas pelo legislador. Mais recentemente Gajardoni afirma que haveria duas ordens de razões que justificariam a adequação procedimental legal: a subjetiva (partes) e a objetiva (direito material). Além dessas duas, Galeno Lacerda entendia que haveria uma terceira, a teleológica, a qual, para Gajardoni, fica consumida pela ordem objetiva.

Para esse autor, *subjetiva* significa que a peculiaridade está centrada nas partes, justificando uma alteração nas regras procedimentais gerais como medida de adequação a essas peculiaridades subjetivas. São exemplos dessa categoria os prazos diferenciados para a prática de atos processuais da Fazenda Pública e do Ministério Público, (art. 188 do CPC/1973; art. 180 do CPC/2015); a intervenção obrigatória do Ministério Público nos feitos que versem sobre interesse de incapaz (art. 82, I, do CPC/1974; art. 178, I do CPC/2015); a vedação na atuação de incapaz e a Fazenda Pública nos processos com rito dos Juizados Especiais Cíveis (art. 8°, § 1° da Lei 9.099/1995), etc. Haveria ainda outras possibilidades de "ajustamento" do procedimento à peculiaridades das partes, autorizado pela lei mas realizado pelo juiz segundo a análise concreta dos sujeitos do processo, tais como a inversão do ônus da prova pela hipossuficiência da parte (art. 6, VIII, do CDC).[17]

Já adequação *objetiva* significa a eleição prévia, pelo legislador, de certos procedimentos, a partir do direito material objeto de tutela jurisdicional. Assim, a divisão, na tutela cognitiva, de procedimentos ordinário, sumário, Juizados Especiais (critério econômico – valor da causa – é determinante); procedimento comum e procedimentos especiais (especificidades do direito discutido); a inversão da ordem de produção de prova; os embargos de declaração com efeitos infringentes; as medidas de apoio na tutela específica, etc.[18]

Quanto às hipóteses de adaptabilidade, *flexibilização procedimental no direito vigente*, Gajardoni as organiza em três sistemas:[19] *por força de lei; judicial* e *voluntário*. O primeiro se subdivide em dois modelos: genérica e alternativa. Vejamos cada um deles.

I) *flexibilidade procedimental legal genérica:*[20] o legislador autoriza o juiz a adaptar o procedimento à causa, com atribuição de amplos poderes para o juiz eleger (portanto um dentre outros) o procedimento mais adequado ao

---
17. GAJARDONI, *Flexibilidade procedimental*, op. cit., p. 135-136.
18. GAJARDONI, *Flexibilidade procedimental* op. cit., p. 136.
19. GAJARDONI, *Flexibilidade procedimental* op. cit., p. 138.
20. GAJARDONI, *Flexibilidade procedimental* op. cit., p. 140 e ss.

caso. É a hipótese do art. 153 do ECA[21]; art. 1.109 do CPC/1973 e art. 723, § único, do CPC/2015, relativo à jurisdição voluntária, na qual é possível a aplicação da equidade;[22] art. 21, § 1°, da Lei de Arbitragem;[23] art. 6° da Lei dos Juizados Especiais;[24] art. 461-A, § 3° do CPC/1973;[25]

II) *flexibilidade procedimental legal alternativa*:[26] ainda é o legislador que concede a escolha ao juiz, mas nesse caso de maneira alternativa, de modo que cabe ao magistrado escolher uma das soluções previamente apontadas na lei. São exemplos o art. °4 §§ ,277 e °5, do CPC/1973, relativo à conversão do procedimento sumário em ordinário[27] (sem equivalente no CPC/2015); art. 331, § 3°, do CPC/1973 e art. 357, § 3°, do CPC/2015, relativo à facultatividade da audiência preliminar;[28] os arts. 333 do CPC/1973 e 373 do CPC/2015, e 6°, VIII, do CDC, relativos à inversão do ônus da prova;[29] o art. 285-A do CPC/1973 e art. 332 do CPC/2015, no qual o juiz aprecia de plano o mérito da ação;[30] etc.

III) *flexibilidade judicial*: essa modalidade é a genuína flexibilização, fruto da adaptabilidade operada pelo próprio juiz, que vê no conflito peculiaridades

---

21. "Se a medida judicial a ser adotada não corresponder a procedimento previsto nesta ou em outra lei, a autoridade judiciária poderá investigar os fatos e ordenar de ofício as providências necessárias, ouvido o Ministério Público."
22. "O juiz decidirá o pedido no prazo de 10 (dez) dias; não é, porém, obrigado a observar critério de legalidade estrita, podendo adotar em cada caso a solução que reputar mais conveniente ou oportuna."
23. "A arbitragem obedecerá ao procedimento estabelecido pelas partes na convenção de arbitragem, que poderá reportar-se às regras de um órgão arbitral institucional ou entidade especializada, facultando-se, ainda, às partes delegar ao próprio árbitro, ou ao tribunal arbitral, regular procedimento."
24. "O juiz adotará em cada caso concreto a decisão que reputar mais justa e equânime, atendendo aos fins sociais da lei e às exigências do bem comum." Nessa hipótese o autor se posiciona que a decisão a que se refere o dispositivo não somente a sentença de mérito, mas também decisões sobre flexibilidade do procedimento, *op. cit.*, p. 152.
25. "Para a efetivação da tutela específica ou a obtenção do resultado prático equivalente, poderá o juiz, de ofício ou a requerimento, determinar as medidas necessárias, tais como a imposição de multa por tempo de atraso, busca e apreensão, remoção de pessoas e coisas, desfazimento de obras e impedimento de atividade nociva, se necessário com requisição de força policial."
26. GAJARDONI, *Flexibilidade procedimental*, op. cit., p. 158 e ss.
27. "O juiz, na audiência decidirá de plano a impugnação ao valor da causa ou a controvérsia sobre a natureza da demanda, determinando, se for o caso, a conversão do procedimento sumário em ordinário"; e, "a conversão também ocorrerá quando houver necessidade de prova técnica de maior complexidade."
28. "Se o direito em litígio não admitir transação, ou se a circunstâncias da causa evidenciarem ser improvável sua obtenção, o juiz poderá, desde logo, sanear o processo e ordenar a produção da prova, os termos do § 2°."
29. Respectivamente, "O ônus da prova incumbe: I – ao autor, quanto ao fato constitutivo do seu direito; II – ao réu, quanto à existência de fato impeditivo, modificativo ou extintivo do direito do autor"; e "São direitos básicos do consumidor: VIII – a facilitação da defesa de seus direitos, inclusive com a inversão do ônus da prova, a seu favor, no processo civil, quando, a critério do juiz, for verossímil a alegação ou quando for ele hipossuficiente, segundo as regras ordinárias de experiências."
30. "Quando a matéria controvertida for unicamente de direito e no juízo já houver sido proferida sentença de total improcedência em outros casos idênticos, poderá ser dispensada a citação e proferida sentença, reproduzindo-se o teor da anteriormente prolatada."

não solucionadas pelos procedimentos disponíveis.[31] Gajardoni aponta hipóteses corriqueiras em que o juiz flexibiliza as regras procedimentais: *processos coletivos*, nos quais, pela natureza transindividual do objeto, há inúmeras peculiaridades em relação aos processos individuais que não são contempladas em legislação e por essa razão faz-se indispensável a adoção de regras próprias, tais como flexibilização quanto à estabilização do objeto da demanda; *inversão da ordem de produção de provas*; a *fungibilidade* nos seus diversos aspectos, entendida essa quando um ato é admitido como válido mesmo quando equivocado segundo as regras procedimentais vigentes (são espécies: fungibilidade entre ritos e demandas, fungibilidade entre defesas, fungibilidade entre procedimentos liquidatários, fungibilidade entre tutelas de urgência, fungibilidade recursal); *utilização de procedimento diverso do legal e abstratamente previsto*; *variantes recursais*, como a oitiva do embargado nos embargos de declaração com efeitos infringentes; *flexibilização judicial de prazos*; etc.

IV) *flexibilidade voluntária*: essa forma de flexibilização também pode ser considerada uma autêntica adaptação, pois são as partes que, em conjunto, definem certas regras procedimentais aplicáveis.[32] São exemplos: a *eleição do procedimento*, para a qual mesmo o legislador estipulando a regência de um dado procedimento, podem as partes escolher outro mais adequado ao conflito e aos seus interesses, podendo as partes, v.g., escolher o procedimento ordinário ainda que com causa que se submeteria ao procedimento sumário; *prorrogação convencional de prazo*, mesmo sendo a grande maioria dos prazos peremptórios; *escolha do ato processual na série*, como a opção do credor pelo cumprimento da obrigação específica ou a sua conversão em perdas e danos (art. 461-A *caput* e § 1º do CPC/1973, e art. 498, § único, do CPC/2015).

Mais interessante para o tema aqui proposto sem dúvida são as duas últimas espécies, nas quais o juiz adapta o procedimento. E quer nos parecer que além dessas hipóteses concretas elencadas pela doutrina, haveria também uma predisposição sistemática do direito processual civil vigente que dá guarida à flexibilidade procedimental, judicial ou voluntária.

Além das premissas constitucionais anteriormente apontadas, no direito positivo brasileiro vigente já há elementos suficientes para indicar, de maneira segura, a possibilidade de flexibilização procedimental em prol de uma prestação jurisdicional adequada e tempestiva: a instrumentalidade da forma dos atos processuais (art. 125 do CPC/1973 e art. 139 do CPC/2015; e art. 244 do CPC/1973 e art. 277 do CPC/2015, especialmente) deve ser manejada com vistas ao atingimento dos fins que esses atos perseguem; o controle do processo pelo juiz, via impulso

---

31. GAJARDONI, *Flexibilidade procedimental*, op. cit., p. 180 e ss.
32. GAJARDONI, *Flexibilidade procedimental*, op. cit., p. 215 e ss.

oficial (art. 262 do CPC/1973 e art. 2º do CPC/2015), gerando uma condução do feito que seja condizendo com o objeto do processo (art. 125 do CPC/1973 e art. 139 do CPC/2015), inclusive no sentido de indeferir diligências inúteis ou meramente protelatórias (art. 130 do CPC/1973 e art. 370 do CPC/2015), e a clara possibilidade de ajustamento efetivo do procedimento, em colaboração com as partes, com reforço do princípio da oralidade, em audiência preliminar (art. 331 do CPC de 1973 e art. 357 do CPC/2015), são fortes indicativos de adaptação procedimental no direito processual vigente (todos os artigos do CPC).

E mais: os fundamentos centrais da flexibilização procedimental e da gestão processual estão postos, de maneira clara e positivada, nos Juizados Especiais. *Simplicidade, informalidade e economia de atos processuais*, visando a um processo mais *célere*, com apoio nos meios consensuais de solução de conflitos, são a pedra de toque da Lei n.º 95/9.099.[33] Não obstante a principiologia absolutamente favorável à flexibilização procedimental no âmbito dos Juizados Especiais Cíveis, na prática o que se nota, costumeiramente, é uma verdadeira ordinarização do procedimento e uma falta de sensibilidade para a simplificação do rito. Isso reflete, inclusive, do ponto de vista da duração do processo, em tempos de tramitação muito semelhantes entre uma demanda junto à justiça comum e outra junto aos juizados especiais.[34]

Pela atual sistemática do CPC, e com lastro na evolução histórica do processo civil brasileiro, que sempre teve como ato fulcral do procedimento cognitivo o *despacho saneador*, é possível reconhecer na *audiência preliminar* seus resquícios de fase de saneamento do feito, portanto voltado para os atos processuais pretéritos, mas também – e especialmente – como oportunidade de projetar, para os subsequentes atos, a estruturação e o planejamento procedimental, à luz das peculiaridades do caso concreto, com o auxílio imprescindível da *fixação dos pontos controvertidos* e também dos *meios de prova a serem produzidos*.

E mais: oportunizar que o planejamento e a flexibilização procedimentais sejam definidos em audiência é fortalecer a premissa de *participação das*

---

33. Art. 2º da Lei: "O processo orientar-se-á pelos critérios da oralidade, simplicidade, informalidade, economia processual e celeridade, buscando, sempre que possível, a conciliação ou a transação."
34. "Em sede de juizados especiais, embora se apregoe a flexibilização dos requisitos formais dos atos processuais (da forma, em sentido estrito), ainda se apresenta excessivamente rígida a forma em sentido amplo, especialmente quando aplicada com olhar tradicional. Por vezes, salienta-se mais inflexível que na prática processual da justiça comum, em que é usual, pelo magistrado, por exemplo, a marcação de audiências não previstas em lei, dentre outras formas de alteração no curso das fases procedimentais. Portanto, sendo compatível aos escopos maiores do processo justo, faz-se importante efetivar o princípio a informalidade, dotado de previsão destacada na Lei n.º 9.099/95, também em sua vertente 'informalidade-adequação', concretizando o ideal de efetivação o acesso à justiça que orienta essa 'justiça especial'". DUARTE, Antonio Aurélio Abi-Ramia. *Flexibilização procedimental nos juizados especiais estaduais*. Rio de Janeiro: Editora JC, 2014, p. 180-181.

partes, em cooperação com o juiz, na escolha dos rumos que tomará o feito, garantindo assim a indispensável descentralização na ruptura com a rigidez procedimental e ao mesmo tempo evitando-se poderes discricionários do juiz na modulação de rito.

Esse seria, portanto, o momento mais adequado e que traria maior otimização e aplicabilidade à flexibilização procedimental. Não obstante esse seja o momento ótimo, a flexibilização poderá ser realizada em outras fases processuais, sempre segundo as peculiaridades do evento que justifique a adaptação, tal como no momento do recebimento da inicial quando poderá se dar a ampliação do prazo para que o réu apresente defesa.

4.2. Novo direito processual civil codificado

Já no novo direito processual civil codificado, a flexibilização procedimental recebeu grande atenção do legislador em todos os projetos de Novo CPC que estavam discussão no Brasil.[35] Na versão final aprovada há nítida *principiologia* justificadora da possibilidade de adaptação procedimental: a colaboração entre os sujeitos processuais visando à resolução efetiva, adequada e tempestiva do conflito,[36] e o dever do juiz de promover um processo alinhado a princípios constitucionais, expressamente a eficiência.[37]

Mas é no campo das normativas sobre *poderes, deveres e responsabilidades do juiz* e a *forma dos atos processuais* que se encontram os dois dispositivos mais explícitos autorizadores da flexibilização procedimental. Nesse contexto, afirma o NCPC que: "Art. 139. O juiz dirigirá o processo conforme as disposições deste Código, incumbindo-lhe: [...] VI – *dilatar os prazos processuais e alterar a ordem de produção dos meios de prova, adequando-os às necessidades do conflito de modo a conferir maior efetividade à tutela do direito*" (grifamos).

É notável que o modelo ao qual se está filiando a novel legislação é o que atribui ao juiz a faculdade de adaptar o procedimento – sem prejuízo, obviamente, da necessária colaboração advinda das partes – no tocante ao prazo e à ordem dos meios de prova, à luz das vicissitudes do direito material, com vistas a tutela jurisdicional efetiva.

---

35. Embora até o atual momento haja ao menos três versões consolidadas de Anteprojeto, Comissão de Juristas, a versão aprovada pelo Senado Federal e a versão aprovada pela Câmara dos Deputados, a análise deste ensaio se pautará nos dispositivos desse último documento.
36. "Art. 6º. Todos os sujeitos do processo devem cooperar entre si para que se obtenha, em tempo razoável, decisão de mérito justa e efetiva."
37. "Art. 8º. Ao aplicar o ordenamento jurídico, o juiz atenderá aos fins sociais e às exigências do bem comum, resguardando e promovendo a dignidade da pessoa humana e observando a proporcionalidade, a razoabilidade, a legalidade a publicidade e a eficiência."

Vale o registro que antes do surgimento das propostas de alteração do CPC os Anteprojetos de Lei que visavam à modernização do processo coletivo no país foram pioneiros em prever essa atribuição de modelar o procedimento às especificidades do conflito. Isso porque com frequência, as demandas de cunho coletivo não se adéquam facilmente ao instrumental de natureza individual, fazendo com que a flexibilização procedimental seja potencializada nesse âmbito, sendo inclusive uma das hipóteses apontadas pela doutrina de flexibilização judicial.[38]

O NCPC aprovado traz também outra novidade, que fora inserida na versão da Câmara dos Deputados e sem correspondente nas versões anteriores, que tem sido denominada de *cláusula geral de convenções processuais* ou *negócio jurídico processual*.[39] Trata-se de um instituto, com forte inspiração no *contrat de procedure* do direito francês, que confere ampla liberdade negocial às partes capazes, nas demandas que versarem sobre direitos que admitam autocomposição, de regulação acerca de ônus, poderes, faculdades e deveres processuais.

Por meio dessa convenção processual as partes e o juiz devem fixar uma espécie de *programa procedimental* aplicável ao caso concreto, inclusive quanto às datas de realização dos atos processuais, com base na vontade das partes e no melhor equacionamento possível do feito.

Não há dúvidas de que a novidade é clara expressão do princípio da adequação e adaptabilidade procedimental, e que se volta à realização mais eficiente possível do *iter* procedimental, com o desprezo de atos inúteis ao bom deslinde do feito. Mas nem por isso deixa de causar alguma perplexidade.

A primeira delas é no sentido de introduzir, no campo da jurisdição estatal, mecanismos privados de manifestação da vontade em relação a escolhas procedimentais. Nesse sentido há forte aproximação desse instituto com a arbitragem, na qual a regra da liberdade sobre o procedimento é expressa.

---

38. Cfr., por exemplo o PL de nova Lei da ação civil pública, atualmente arquivado na Câmara dos Deputados: PL n.º 5139/09, "Art. 10, § 1º. Até o momento da prolação da sentença, o juiz poderá adequar as fases e atos processuais às especificidades do conflito, de modo a conferir maior efetividade à tutela do bem jurídico coletivo, garantido o contraditório e a ampla defesa."
39. "Art. 190. Versando a causa sobre direitos que admitam autocomposição, é lícito às partes plenamente capazes convencionar sobre os seus ônus, poderes, faculdades e deveres processuais, antes ou durante o processo. § único. De ofício ou a requerimento, o juiz controlará a validade das convenções previstas neste artigo, recusando-lhes aplicação somente nos casos de nulidade ou inserção abusiva em contrato de adesão ou no qual qualquer parte se encontre em manifesta situação de vulnerabilidade.
Art. 191. De comum acordo, o juiz e as partes podem fixar calendário para a prática dos atos processuais, quando for o caso. § 1º. O calendário vincula as partes e o juiz, e os prazos nele previstos somente serão modificados em casos excepcionais, devidamente justificados. § 2º. Dispensa-se a intimação das partes para a prática de atos processual ou a realização de audiência cujas datas tiverem sido designadas no calendário."

Sobre esse ponto, é sabido que majoritariamente se entende que as regras acerca de procedimento possuem natureza publicista, e por essa razão não poderiam ser submetidas à deliberação das partes.[40] No entanto, a doutrina que se debruçou sobre o assunto, segundo o direito vigente, sustenta que as partes poderiam sim alterar o procedimento: "Se por um lado, como regra, as normas processuais no todo (incluídas as procedimentais) são de ordem pública e, como tal, de observância obrigatória por todos os atores processuais – com o que não discordamos em princípio – por outro, inúmeras situações ligadas ao direito material, à realidade das partes, ou simplesmente à inexistência de prejuízo, devem permitir a eleição do procedimento, inclusive pelas próprias partes".[41]

Na realidade, já há espaço para convenções processuais no atual Código, que atribui às partes poderes para a definição de regras procedimentais, tais como a distribuição do ônus da prova (art. 333, parágrafo único, do CPC/1973 e art. 373, parágrafo 3º, do CPC/2015); suspensão do processo (art. 265, II, do CPC/1973 e art. 313, II, do CPC/2015); prorrogação tácita (art. 114 do CPC/1973, e art. 65 do CPC/2015) e voluntária da competência (art. 111 do CPC/1973, e arts. 62 e 63 do CPC/2015); eleição do litisconsórcio facultativo (art. 46 do CPC/1973, e art. 113 do CPC/2015); eleição do foro (art. 111 do CPC, e arts. 62 e 63 do CPC/2015); celebração de compromisso arbitral (art. 267, VII, do CPC/1973 e art. 485, VII, do CPC/2015).

Outra novidade seria acerca do denominado *calendário* que seria estipulado de comum acordo entre as partes e o juiz, entendido não somente no sentido de organização dos atos, mas também datas nos quais esses ocorrerão, situação essa que deverá se compatibilizar com o calendário e pauta da própria vara, sob pena de tratamento iníquo; logo, se assim é, parece não haver muita margem de deliberação e adequação, quanto aos tempos, às partes (art. 191, CPC/2015, já referido, nota rodapé 40).

Enfim, indubitavelmente a novidade se alinha à tendência adaptadora do processo civil, e insere as partes no centro propositivo do movimento de planejamento procedimental. Mas é preciso atenção, pois ainda que essa participação

---

40. "E assim é porque o procedimento, no direito processual eminentemente publicístico como o atual, atende, sobretudo, a interesses públicos. Não foi instituído, como regra, para favorecer ou para beneficiar as partes, tampouco para contemplar a comodidade de alguma delas. O interesse envolvido na criação de procedimentos, especialmente de cunho, sumário ou especial, parece, sobretudo, atender a um reclamo estatal em extrair a função jurisdicional, do trabalho jurisdicional mesmo, um rendimento maior. Portanto o procedimento ou o rito não é objeto possível de convenção das partes, e transigência ou de renúncia delas, mesmo que ambas e também o juiz estejam completamente concordes quanto a isso". GAJARDONI, *Flexibilização procedimental*, op. cit. p. 80.
41. GAJARDONI, *Flexibilização procedimental*, op. cit., p. 215.

– e quanto mais ativa melhor – de todos os sujeitos processuais na adaptação e gestão do processo seja muito bem vinda, na realidade, mesmo no caso de direitos transacionáveis, há uma forte carga publicista sobre o procedimento, e portanto o controle por parte do magistrado do que fora estipulado pelas partes é importante, de maneira que sempre deverá haver uma rigorosa aferição sobre a vulnerabilidade – em qualquer dos seus sentidos – de uma partes.

4.3. Condições essenciais à flexibilização procedimental

Tendo em vista que a adaptabilidade promove uma alteração nas regras previamente estabelecidas, e cria um novo modelo procedimental, é bastante evidente que certas condições devem ser impostas com vistas à tutela dos jurisdicionados, especialmente em nome da segurança jurídica, para que os litigantes possam exercer de maneira íntegra a defesa de seus pontos de vista e a realização plena dos atos processuais. Essas condições, segundo Gajardoni, "consistem na necessidade de existência de um motivo para que se implemente, no caso concreto, uma variação ritual (finalidade), na participação das partes da decisão flexibilizadora (contraditório), e na indispensabilidade de que sejam expostas as razões pelas quais a variação será útil para o processo (motivação)".[42]

Eis, portanto, as três condições necessárias para que o juiz flexibilize o procedimento, como medida excepcional que o é.

A *finalidade* significa que deva existir um fundamento específico que justifique a adaptação. Essa causa pode ser estar ligada a) ao direito material, que demanda, por exemplo, a alteração de prazos; b) à desnecessidade de cumprimento fiel e integral dos atos processuais previstos em lei quando não houver razão que o justifique, como na hipótese de inversão de ordem de provas a serem produzidas, ou mesmo c) à condição da parte litigante, podendo o juiz, v. g., relativizar a rigidez da regra de preclusão caso a parte prejudicada seja assistida por defensor que não domine as técnicas processuais.[43]

O *contraditório*, quer nos parecer, é o elemento mais relevante para que o juiz promova a flexibilização procedimental. Já apontamos que a dimensão cooperativa do contraditório é essencial para legitimar a adaptabilidade; mas além disso, considerando-se que o novo rito não está previsto em lei, o contraditório é indispensável para que as partes possam participar ativamente dos atos processuais, sob pena de violação à ampla defesa.[44]

---

42. GAJARDONI, *Flexibilização procedimental*, op. cit., p. 88.
43. GAJARDONI, *Flexibilização procedimental*, op. cit., p. 88-89.
44. GAJARDONI, *Flexibilização procedimental*, op, cit., p. 89 e ss.

Já a *motivação*, como não podia deixar de ser, deve expressar de maneira precisa e suficiente qual a finalidade que o magistrado entende prevalecer no caso concreto para realizar a flexibilização procedimental. É claro, como se trata de decisão interlocutória, permitir que as partes possam impugná-la a fim de revertê-la.[45]

5. GESTÃO PROCESSUAL

Consideramos que a gestão processual, distintamente da flexibilização, está centrada na figura do processo como um todo, e embora a flexibilização seja um elemento importantíssimo para a gestão do processo, há outros mecanismos que vão além da adaptabilidade procedimental. A gestão tem a ver com uma visão gerencial e estratégica não somente dos atos processuais realizados, mas também com outras variáveis que interferem no oferecimento de uma tutela jurisdicional efetiva, adequada e tempestiva.

Para a doutrina, "O 'gerenciamento de processos' pode ser compreendido como o planejamento da condução de demandas judiciais em direção à resolução mais adequada do conflito, com o menor dispêndio de tempo e custos. Depende de uma postura ativa do juiz no controle do andamento dos feitos e organização da unidade judiciária. Seus mecanismos básicos são o envolvimento imediato do juízo com as questões da lide, a abertura para a resolução alternativa do conflito e o planejamento do andamento e dos custos do processo".[46]

De forma bastante semelhante outros autores aduzem que "O gerenciamento do processo se apoia em duas vertentes: (a) a racionalização das atividades cartoriais e mudança da mentalidade dos juízes e condução efetiva do processo; e (b) a introdução de meios alternativos de solução de conflitos nas demandas apresentadas. Tudo isso com vistas a reduzir o número de processos distribuídos e a sua duração".[47]

Nesse sentido, a flexibilização procedimental é um importante mecanismo na *condução racional do feito*, que busca uma *tutela eficiente* por meio no manejo dos atos processuais segundo as peculiaridades da lide. Contudo, resta evidente, segundo as definições doutrinárias apontadas, que a gestão processual vai além da flexibilização procedimental, englobando outras atividades jurisdicionais tão relevantes quanto a alteração no rito, tais como *o emprego*

---

45. GAJARDONI, *Flexibilização procedimental*, op., cit., p. 94.
46. SILVA, *Gerenciamento de processos judiciais*, op. cit., p. 35.
47. GAJARDONI, Fernando da Fonseca; ROMANO, Michel Betenjane; LUCHIARI, Valeria Ferioli Lagrasta. *O gerenciamento do processo*. In: GRINOVER, Ada Pellegrini; WATANABE, Kazuo; LAGRASTA NETO, Caetano. Mediação e gerenciamento do processo: revolução na prestação jurisdicional. São Paulo: Atlas, 2007, p. 18-34, p. 19.

potencializado dos meios alternativos de solução de conflitos e a *administração cartorária*.

Em suma, além da flexibilização procedimental, a gestão do processo se compõe, ainda, da chamada burocracia judiciária e dos mecanismos alternativos de resolução de conflitos.[48]

O primeiro tema tem recebido forte apoio de várias frentes, de modo especial da doutrina e do próprio Poder Judiciário, e atualmente é tratado como uma questão processual muito relevante. Sobre esse aspecto, vale a menção à Resolução 125 do CNJ, de 2010, que trata da *Política judiciária nacional de tratamento adequado dos conflitos de interesses no âmbito do Poder Judiciário*, bem como o destaque que o tema recebeu no Novo CPC. Na versão aprovada os meios alternativos consensuais de solução de conflito ocupam lugar de destaque, seja no âmbito da Parte Geral, seja na forma como o juiz conduzirá o feito, estimulando a todo tempo a autocomposição.[49]

Além da dimensão estrutural que os Tribunais brasileiros devem dispor doravante para essas formas de solução de conflitos consensuais, significa, do ponto de vista de uma gestão processual eficiente, o estímulo, por parte de quem conduz o processo, a que as partes adiram à mais adequada técnica resolutiva daquela controvérsia, disponível pelo Estado, numa ideia de *tribunal multiportas* que amplie as possibilidades de *decisão justa* e *efetiva*.

Já o segundo, que tradicionalmente não era considerado um tópico da ciência processual, tem se revelado, mais recentemente, como um elemento crucial para a obtenção de tutela jurisdicional efetiva, e cada vez é mais evidente que o bom andamento do processo depende necessariamente das atividades realizadas em cartório.[50]

Importante ressaltar que tem crescido no Brasil, ainda que em ritmo abaixo do desejado, as iniciativas que visam a conceber a influência das atividades burocráticas e gerenciais no resultado final do processo. Em outras palavras, a ciência do direito começa a se abrir para outras experiências que tradicionalmente não eram consideradas jurídicas, mas que sem dúvida impactam no fim último do direito, especialmente do processual, que é oferecer tutela jurisdicional efetiva, adequada e tempestiva.

---

48. SILVA, *Gerenciamento de processos judiciais*, op. cit., p. 86.
49. Respectivamente: "Art. 3º, § 3º. A conciliação, a mediação e outros métodos de solução consensual de conflitos deverão ser estimulados por magistrados, advogados, defensores e membros do Ministério Público, inclusive no curso do processo judicial."; "Art. 139. O juiz dirigirá o processo conforme as disposições deste Código, incumbindo-lhe: [...] V – promover, a qualquer tempo, a autocomposição, preferencialmente com auxílio de conciliadores e mediadores judiciais."
50. GAJARDONI, ROMANO, LUCHIARI, *O gerenciamento do processo*, op. cit., p. 21.

Citam-se, como bons exemplos dessas iniciativas pioneiras, as pesquisas desenvolvidas junto ao CEBEPEJ (Centro Brasileiro de Pesquisas Judiciais), IPEA e CNJ, bem como em outras universidades e centros de estudos jurídicos que utilizam metodologia de pesquisa empírica para a coleta e manuseio dos dados.

A propósito, um interessante estudo empírico de âmbito nacional, promovido pelo IPEA e CNJ, denominado *Custo unitário do processo de execução fiscal na Justiça Federal*, aponta conclusões que vão no sentido de que boa parte do tempo de tramitação – e, portanto, do custo – da execução fiscal da União tem causas que não tem a ver com o procedimento estabelecido em lei. E mais: não impera no Brasil a visão gerencial e eficiente na condução dos processos. Os atos, e mesmo o processo, são vistos como um conjunto de elementos ligados entre si mas nem sempre a finalidade e a eficiência estão claras.[51]

Quer nos parecer, igualmente, que os maiores entraves a uma justiça efetiva e célere sejam questões relacionadas com a absoluta falta de dimensão gerencial dos processos, não especificamente no tocante à flexibilização e adaptação procedimental, mas sobretudo na ausência de elementos relacionados com a estrutura e funcionamento do Poder Judiciário Brasileiro.

Dentre as técnicas apontadas por Silva para se realizar a gestão processual, além da flexibilização, é possível notar uma série de outras, como o planejamento do feito, controle de fluxos e rotinas, etc., que notoriamente é sabido que a grande maioria das varas e juízos não as empregam.[52]

Enfim, é possível notar que a ideia de gestão processual está ligada, como se viu, à noção de flexibilização procedimental no sentido de adaptação dos

---

51. "Resumidamente, há um 'processo padrão desenhado' na legislação processual. Este teria como 'produto' a plena realização da justiça. No caso das execuções fiscais, regidas pela Lei n.º 6.830, de 1980, este 'produto' se traduz no cumprimento de uma obrigação de natureza fiscal, assegurando ao Estado os recursos necessários ao cumprimento de suas obrigações perante a sociedade. Nele é estabelecido um conjunto de atividades cujo relacionamento produziriam, por sua vez, o relacionamento (a dinâmica do processo) entre as três partes envolvidas: juiz, autor e réu. *Contudo, conforme a pesquisa evidenciou, estas atividades são traduzidas pela burocracia em 'atos' isolados que são registros formalmente (uma pilha de papéis amarrados, mas que não estabelecem relações concretas entre si.*" (destacamos). NOGUEIRA, Mauro Oddo; SILVA, Paulo Eduardo Alves da. *O "processo" como "processo": a relação jurídica processual e o processo produtivo de um serviço público*. In: CUNHA, Alexandre dos Santos; SILVA, Paulo Eduardo Alves da (Org.). *Gestão e Jurisdição: o caso da execução fiscal da União*. Brasília: Ipea, 2013, 247-266, p. 264-265.
52. "As técnicas normalmente presentes em modelos de gerenciamento de processos são: o envolvimento imediato do juiz com o processo, a seleção e triagem das demandas, a abertura para meios alternativos de resolução de conflitos (mediação, conciliação, arbitragem, avaliação de terceiro neutro, etc.), o planejamento do andamento, do custo e do tempo do processo, a desformalização das regras processuais, a adaptação do procedimento às circunstâncias do caso, a organização de estrutura judiciária e criação de novas funções de apoio ao juiz o controle do fluxo de rotinas internas nos cartórios, a gestão e o aproveitamento dos recursos humanos, materiais e tecnológicos, a gestão e o aproveitamento dos recursos humanos, materiais e tecnológicos do juízo, etc." SILVA, *Gerenciamento de processos judiciais*, op. cit., p. 141.

atos às peculiaridades do caso; mas, além dessa vertente, a gestão de processos também se liga a mecanismos de gerenciamento de todo o ambiente judiciário no qual o processo se situa. Se para a prestação jurisdicional efetiva, adequada e tempestiva depende um olhar particularizado para cada processo, com a finalidade de lhe captar as especificidades, a visão panorâmica e sistêmica também contribui para um resultado mais eficiente.

Assim, seria possível falar, de um lado, em *microgestão*, no sentido de adaptar o procedimento de um processo à luz de suas características, numa autêntica operação de *judicial case management*, e de outro em *macrogestão*, no sentido de atividades vocacionadas a gerenciar o ambiente judiciário com vistas a resultados mais eficientes do ponto de vista da produtividade e dos escopos da jurisdição.

Essa segunda dimensão da gestão até pouco tempo atrás foi totalmente relegada pela ciência do direito, incluídos aí os processualistas. Em realidade ainda em tempos atuais o gerenciamento de cartorário e de produtividade desperta a atenção de poucos, muito embora pareça haver consenso que tais práticas gerenciais impactem drasticamente no resultado final da prestação jurisdicional.

5º Painel Binacional: Reformas da execução

AS REFORMAS DA EXECUÇÃO NO PROCESSO CIVIL ITALIANO

Giovanni Bonato
Doutor em direito processual civil na Universidade "La Sapienza" de Roma. Maître de conférences (Professor) na Universidade de Paris Ouest (Nanterre La Défense). Professor Visitante na Faculdade de Direito da Universidade de São Paulo. Advogado.

SUMÁRIO: 1. INTRODUÇÃO. – 2. TENDÊNCIAS ACERCA DO TÍTULO EXECUTIVO – 3. O CONCURSO DOS CREDORES NA EXECUÇÃO POR QUANTIA CERTA – 4. A MUDANÇA DA DISCIPLINA DA EXPROPRIAÇÃO EM FACE DE TERCEIROS – 5. A MEDIDA COERCITIVA ATÍPICA DO ART. 614 *BIS* – 6. CONSIDERAÇÕES CONCLUSIVAS.

1. INTRODUÇÃO

No contínuo e constante vento reformador do processo civil que começa com a lei n. 353, de 26 de novembro de 1990, e prossegue até hoje, foi somente em 2005 que o legislador italiano resolveu ocupar-se específica e aprofundadamente das disposições que regulam a execução[1].

---

1. Nessa linha ver: TOMMASEO, Ferruccio, L'esecuzione indiretta e l'art. 614 bis C.P.C., in *Rivista di diritto processuale*, 2014, p. 1 ss.; FABIANI, Ernesto, Note per una possibile riforma del processo di espropriazione forzata immobiliare, in *Foro italiano*, 2014, c. 53 ss.
Cumpre salientar que, ao contrário do que ocorre no Brasil onde foi escolhido o sistema do processo sincrético entre a atividade cognitiva e a de cumprimento da sentença, modelo também seguido pelo Código de Processo Civil de 2015 (THEODORO, Humberto Júnior, *Curso de direito processual civil*, 56º ed., Rio de Janeiro: Forense, 2015, p. 1165), no sistema italiano vigora a clássica, formal e nítida dicotomia entre processo de conhecimento e processo de execução: o primeiro encerra-se com a prolação da sentença que reconhece a existência do direito e condena o devedor a cumprir a obrigação; em seguida, na ausência de cumprimento voluntário do devedor, o credor tem o ônus de instaurar um autônomo e distinto processo de execução para obter a satisfação efetiva da própria pretensão, tendente à modificação do mundo exterior. Nesse sentido, ver MANDRIOLI, Cristanto; CARRATTA, Antonio, *Diritto processuale civile*, IV, 23º ed., Turim: Giappichelli, 2014, pp. 6 e 7: "*il processo esecutivo è introdotto da una domanda specifica ed autonoma*". Sobre o processo executivo italiano, em geral, ver: CAPPONI, Bruno, *Manuale di diritto dell'esecuzione forzata*, Turim: Giappichelli, 2012; CONSOLO, Claudio, *Spiegazioni di diritto processuale civile*, I, Turim: Giappichelli, 2013; PUNZI, Carmine, *Il processo civile. Sistema e problematiche*, IV, 2º ed., Turim: Giappichelli, 2010; TOMMASEO, Ferruccio, *L'esecuzione forzata*, Pádua: Cedam, 2009.
Impende, contudo, ressaltar que, de acordo com as observações comparativas de SALETTI, Achille, Note comparative sui progetti di riforma del processo esecutivo in Brasile e in Italia, in *Revista de Processo*, vol. 111, 2003, p. 209 ss., a ideia do sincretismo não é totalmente estranha ao ordenamento italiano, pois no âmbito da tutela cautelar a atuação dos provimentos ocorre no mesmo feito do procedimento cautelar: a fase do proferimento da medida cautelar e a da sua atuação não são compartimentos estanques, conforme ao disposto do art. 669 *duodecies* do CPC. Sobre o tema: CARRATTA, Antonio, Procedimento cautelare uniforme, in CARRATTA, Antonio (coord.), *I procedimenti cautelari*, Bolonha: Zanichelli, 2013, p. 393 ss.

Além de algumas intervenções setoriais, dentre as quais merece destaque a lei n. 302, de 3 agosto de 1998, que delegou aos notários as operações de venda dos bens imóveis e dos bens móveis registrados, é com o assim chamado "*decreto competitività*" (Decreto Lei n. 35, de 14 de março de 2005, convertido, com modificações, na lei n. 80, de 14 de maio de 2005), que o legislador veio a alterar algumas disposições a respeito do processo executivo, reforma que incidiu, dentre outras coisas, na regulamentação dos seguintes institutos: títulos executivos, penhora, intervenções dos credores na expropriação por quantia certa, venda forçada, embargos à execução (as oposições no processo executivo) e suspensão da execução[2].

Ainda em matéria de execução forçada, seguiram-se outras modificações normativas e, sem pretensão de exauri-las, merecem ser mencionadas: a lei n. 69, de 18 de junho de 2009, que, entre outras alterações, introduziu uma medida coercitiva atípica no novo art. 614 *bis* do CPC e trouxe algumas modificações sobre a penhora e acerca dos embargos à execução; a lei n. 228, de 24 de dezembro de 2012, que modificou os artigos 548 e 549 do CPC sobre a expropriação perante terceiros.

O processo executivo se colocou também no centro das tentativas de reforma do ano de 2013, as quais, porém, não vingaram em nenhum texto aprovado pelo Parlamento. A referência é ao projeto de lei de delegação do Governo italiano de 17 de dezembro de 2013, pela eficiência do processo civil. Merece ainda ser registrado o Relatório, complementado de um amplo articulado, de uma Comissão de Estudo presidida pelo Professor Romano Vaccarella que propôs múltiplas modificações ao CPC, em particular no âmbito do processo executivo[3]. Em 2014, o Governo revogou o projeto de 17 de dezembro de 2013 e em junho de 2014 aprovou um documento com as diretrizes de uma nova reforma do processo civil que visa à introdução de uma série de medidas também em matéria de execução forçada, todas inspiradas no simples slogan "*quem não paga voluntariamente os próprios débitos deverá pagar mais*"[4]. Trata-se, por hora, somente de um

---

2. Vale lembrar que ao mencionado decreto lei n. 35, de 14 de março de 2005, convertido, com modificações, na lei n. 80, de 14 de maio de 2005, se acrescentam as leis sucessivas n. 263, de 28 de dezembro de 2005, e n. 52, de 24 de fevereiro de 2006.
Sobre as reformas de 2005-2006 ver: CORDOPATRI, Francesco, Le nuove norme sull'esecuzione forzata, in *Rivista di diritto processuale*, 2005, p. 763 ss.; SALETTI, Achille, Le (ultime?) novità in tema di esecuzione forzata, in *Rivista di diritto processuale*, 2006, p. 193 ss.; VIGORITO, Francesco, Nodi critici e prospettive del processo esecutivo a tre anni dalla riforma. Un confronto su interpretazioni e prassi dei giudici dell'esecuzione, in *Rivista dell'esecuzione forzata*, 2008, p. 667 ss.; CARPI, Federico, Alcune osservazioni sulla riforma dell'esecuzione per espropriazione forzata, in *Rivista trimestrale di diritto e procedura civile*, 2006, p. 220; MONTELEONE, Girolamo, La nuova fisionomia dell'esecuzione forzata, in CIPRIANI, Franco; MONTELEONE, Girolamo, *Riforma del processo civile. Commentario*, in *Nuove Leggi Civili Commentate*, 2006, p. 1011 ss.
3. Esta Comissão foi encarregada pelo Ministério da Justiça em 28 de junho de 2013 e findou os trabalhos em 3 de dezembro de 2013. O texto do Relatório é publicado no site *www.judicium.it* (acesso em 25.08.2014).
4. Publicado no site *www.giustizia.it* (acesso em 25.08.2014).

programa que deverá ser levado a efeito nos próximos meses. Com efeito, entre a realização do Colóquio e a publicação deste livro, o Governo italiano aprovou o decreto lei n. 132, de 12 de setembro de 2014, que foi depois convertido pelo Parlamento, com modificações, na lei n. 162, de 10 de novembro de 2014, que trouxe algumas inovações em matéria de processo de execução, tais como: as alterações em matéria de competência territorial do juiz da execução; as novas regras sobre a penhora e a busca dos bens do devedor; as modificações acerca da venda forçada; as novas disposições no que toca à expropriação em face de terceiros; as regras sobre a infrutuosidade do processo da execução[5].

Diante do exposto, fica claro que o moto contínuo de reformas dos últimos anos refere-se plenamente ao processo executivo, que é também um "canteiro sempre aberto", retomando a fórmula cunhada alguns anos atrás por Federico Carpi e utilizada também pela doutrina francesa[6]. Permitam-me algumas breves reflexões a respeito disso.

Não há dúvidas de que é necessário inovar e modernizar o processo de execução forçada, objetivando torná-lo mais rápido, justo e efetivo, consoante os ditames do devido processo legal. Todos reconhecem a importância capital da execução para alcançar uma tutela jurisdicional efetiva[7] e impende recordar a esse respeito o entendimento da Corte Europeia de Direitos Humanos de Strasburgo, expressado no acordão Hornsby contra Grécia, proferido em 19 de março de 1997, para a qual o direito à execução do provimento judicial faz parte das garantias do devido processo legal previstas no art. 6, §1º, da Convenção Europeia dos Direitos do Homem[8]. Sem um processo de execução efetivo, a sentença condenatória seria apenas uma simples peça literária.

---

5. Sobre essas últimas inovações, ver: CANELLA, Maria Giulia, Novità in materia di esecuzione forzata, in *Rivista trimestrale di diritto e procedura civile*, 2015, p. 278; D'ALESSANDRO, Elena, L'espropriazione presso terzi, in LUISO, Francesco Paolo (coord.), AA.VV., *Processo civile efficiente e riduzione dell'arretrato*, Turim, Giappichelli, 2014, p. 67 ss.; DE STEFANO, Franco, Gli interventi in materia di esecuzione forzata nel d.l. 132/2014, in *Rivista dell'esecuzione forzata*, 2014, p. 792 ss.; FARINA, Pasqualina, L'espropriazione presso terzi, in PUNZI, Carmine, *Il processo civile. Sistema e problematiche. Le riforme del quinquennio 2010-2014*, Turim, Giappichelli, 2015, p. 505 ss.; PASSANANTE, Luca, in CARPI, Federico; TARUFFO, Michele, *Commentario breve al codice di procedura civile*, 8° ed., Pádua, Cedam, 2015, p. 116.
6. CARPI, Federico, Un cantiere sempre aperto: la riforma del processo civile di cognizione nel decreto sulla competitività, in *Rivista trimestrale di diritto e procedura civile*, 2005, p. 801 ss.; PERROT, Roger, Décret n. 2005-1679 du 28 décembre 2005, in *Procédures*, 2006, 2, p. 4 ss.; no mesmo sentido GAMBA, Cinzia, Il processo civile all'alba dell'ennesima stagione di riforme, in *Rivista trimestrale di diritto e procedura civile*, 2014, p. 347 ss.; VELLANI, Carlo, Le proposte di riforma del processo esecutivo rese pubbliche al termine del 2013, in *Rivista trimestrale di diritto e procedura civile*, 2014, p. 403 ss., fala de *"infinito cantiere della giustizia civile"*.
7. Ver, entre outros: CARPI, Federico, Linee di tendenza delle recenti riforme processuali, in *Rivista trimestrale di diritto e procedura civile*, 2006, p. 849 ss., spec. p. 862, o qual assevera que *"il momento della realizzazione coatta del diritto sia il corollario essenziale della garanzia costituzionale del diritto di azione"*; GUINCHARD, Serge, *Droit processuel. Droits fondamentaux du procès*, 6° ed., Paris: Dalloz, 2011, p. 1090.
8. In http://hudoc.echr.coe.int/sites/eng/pages/search.aspx?i=001-62579#{"itemid":["001-62579"]} (acesso em 10.07.2014).

Entretanto, uma vez reconhecida a exigência de trazer inovações sobre a estrutura do processo executivo, não podemos deixar de acolher a fundada crítica de reverenciados estudiosos que sublinharam os problemas, as confusões e as incertezas decorrentes do advento de alterações legislativas apressadas e tecnicamente imperfeitas, sem o menor critério sistemático[9]. Adicionalmente, é cediço que para solucionar os males da justiça civil é preciso, além das modificações normativas, implementar modificações de caráter organizacional[10].

Posta essa premissa, fica claro que, nos limites exíguos deste relatório, seria impossível chegar a uma abordagem minuciosa de todas as alterações acerca do processo executivo, trazidas nos últimos anos. Escolheremos, portanto, alguns pontos sobre o sistema de execução civil italiano e o foco deste relatório será lançado, notadamente, sobre: os títulos executivos, com referência também aos recentes posicionamentos da jurisprudência nesse assunto; a intervenção dos credores na expropriação forçada; a penhora de um crédito e de um bem móvel do devedor na posse de um terceiro; a multa coercitiva atípica do art. 614 *bis* do CPC.

Podemos desde já salientar que a maioria das inovações introduzidas visa a uma aceleração do processo executivo, aprimorando a sua efetividade e prestigiando, notadamente, a posição do credor. Nessa esteira, uma das ideias de fundo das reformas é a de reduzir os juízos incidentais de conhecimento dentro do processo executivo, para tornar mais ágil e rápido o desenvolvimento do processo de execução[11].

Sem sombra de dúvida, o intuito de tornar mais efetiva a tutela executiva merece a nossa aprovação. Todavia, algumas das novas medidas suscitam várias perplexidades, pelos motivos que serão analisados ao longo deste trabalho.

2. TENDÊNCIAS ACERCA DO TÍTULO EXECUTIVO

Como ocorre no sistema brasileiro (artigos 515 e 784 do CPC de 2015), na Itália, nos termos do art. 474 do CPC, vigora a regra da *nulla executio sine titulo*, que estabelece a impossibilidade de promover uma execução forçada sem a

---

9. SASSANI, Bruno, Strenne di Natale, strenne di primavera, strenne di stagione: il processo civile in saldo perenne, in *www.judicium.it*; ID., Il codice di procedura civile e il mito della riforma perenne, in *www.judicium.it*; CAPPONI, Bruno, Il diritto processuale civile «non sostenibile», in *Rivista trimestrale di diritto e procedura civile*, 2013, p. 855 ss.
10. PROTO PISANI, Andrea, I processi a cognizione piena in Italia dal 1940 al 2012, in *Foro italiano*, 2012, V, c. 321 ss., § 11: *"Occorre dire con chiarezza che il vero problema per l'attuazione anche in Italia di un processo dalla ragionevole durata non è un problema (solo) tecnico-normativo ma un problema soprattutto ordinamentale e organizzativo"*.
11. MANDRIOLI, Cristanto; CARRATTA, Antonio, *Diritto processuale civile*, cit., IV, p. 91.

posse de um título executivo, que é o pressuposto necessário e suficiente para praticar atos executivos[12].

De maneira semelhante ao art. 580 do CPC brasileiro de 1973 e ao art. 783 do CPC brasileiro de 2015, o art. 474 do CPC italiano dispõe que o direito contido no título tem de possuir três características: certeza, liquidez e exigibilidade. Cumpre lembrar desde já esses princípios básicos no que toca ao título executivo porque, como veremos adiante, formou-se na Itália uma jurisprudência criticável acerca dos requisitos da certeza e liquidez do título.

No que tange às tendências da execução italiana dos últimos anos, forçoso é reconhecer uma ampliação do rol dos títulos, como consequência direta da crise do processo de conhecimento ordinário[13]. Esse fenômeno ampliativo começa com as reformas dos anos 1990-1995 e prossegue com as inovações dos anos 2005-2006 e de 2009.

Em relação a isso, merece ser destacada, primeiramente, a mudança do artigo 282 do CPC que, por força da lei n. 353/1990, conferiu a todas as sentenças de primeiro grau a imediata executividade, permitindo sua eficácia provisória[14]. Eliminou-se dessa forma o efeito suspensivo do recurso de apelação[15].

A maioria da doutrina italiana recebeu com aplausos essa alteração, na medida em que fortalece o direito à tutela executiva do credor, vencedor em primeiro grau. Todavia, a disposição do art. 282 do CPC deu lugar a inúmeras

---

12. Ver: MANDRIOLI, Cristanto; CARRATTA, Antonio, *Diritto processuale civile*, cit., IV, p. 18; PROTO PISANI, *Lezioni di diritto processuale civile*, Nápoles: Jovene, 2011, p. 694; ROMANO, Alberto A., Titolo esecutivo, in *Digesto, disc. priv., sez. civ., agg.*, V, Turim: Utet, 2010, No direito brasileiro, ver: MARINONI, Luiz Guilherme; ARENHART, Sérgio Cruz; MITIDIERO, Daniel, *Novo curso de processo civil*, II, São Paulo: Ed. Revista dos Tribunais, 2015, p. 666 ss.; SCARPINELLA, Cassio Bueno, *Curso sistematizado de direito processual civil*, 3, 6ª ed., São Paulo: Saraiva, 2013, p. 100; DINAMARCO, Cândido Rangel, *Instituições de direito processual*, IV, 3ª ed., São Paulo: Malheiros, 2009, p. 85; MARINONI, Luiz Guilherme; ARENHART, Sérgio Cruz, *Execução*, 6ªed., São Paulo: Ed. Revista dos Tribunais, 2014, p. 24; LIEBMAN, Enrico Tullio, *Embargos do executado*, São Paulo: Saraiva, 1968, p. 85. Fica claro que no âmbito restrito deste relatório não seria possível abordar a questão da natureza do título executivo, veja-se sobre esse assunto VACCARELLA, Romano, *Titolo esecutivo, precetto, opposizioni*, 2ª ed., Turim: UTET, 1993, p. 32.
13. Nesse sentido, ver: ANDOLINA, Italo Augusto, Il titolo esecutivo dopo le recenti riforme del processo civile italiano, in FUX, Luiz; NERY, Nelson Jr.; WAMBIER, Teresa Arruda Alvim (coord.), *Processo e Constituição. Estudos em homenagem ao Professor José Carlos Barbosa Moreira*, São Paulo: Revista dos Tribunais, 2006 p. 340 ss., espec. p. 342.
14. CAPPONI, Bruno, Orientamenti recenti sull'art. 282 c.p.c., in *Rivista trimestrale di diritto e procedura civile*, 2013, p. 265 ss.; TUCCI, José Rogério Cruz e, Diretrizes do novo processo civil italiano, in *Revista do Processo*, vol. 69, 1993, p. 113 ss., espec. § 3.3; IUORIO, Maria Assunta, La provvisoria esecutività delle sentenze costitutive e l'art. 282 c.p.c.: ultimissime dalla Suprema Corte, in *Rivista dell'esecuzione forzata*, 2010, p. 280 ss.
15. Contudo, segundo o artigo 283 do CPC, o juiz do recurso poderá suspender, com ou sem caução, a eficácia executiva ou a execução da sentença recorrida, "quando houver graves e fundados motivos, também em relação à possibilidade de insolvência de uma das partes".

dúvidas interpretativas na jurisprudência da Corte de Cassação italiana e na doutrina. Dúvida maior é se a produção imediata dos efeitos da sentença de primeiro grau abrangeria não apenas as sentenças condenatórias, mas também as constitutivas e, notadamente, os efeitos condenatórios das sentenças constitutivas, sendo, por outro lado, geralmente excluída a imediata eficácia das decisões meramente declaratórias[16].

Retomando o nosso voo de pássaro sobre os títulos executivos italianos, graças às reformas processuais dos anos 1990-1995, a essa categoria acresceu-se os provimentos antecipatórios sumários (as decisões interlocutórias dos artigos 186 *bis*, *ter* e *quater* do CPC). Igualmente, na linha de uma criação rápida de um título executivo, vale mencionar o provimento sumário do art. 19 do processo societário (decreto legislativo de 17 de janeiro de 2003, n. 5), cuja disciplina era inspirada no *référé provision* francês, mas que foi revogado pela lei n. 69, de 18 de junho de 2009[17].

As reformas de 2005-2006, por sua vez, vieram também a inovar o rol dos títulos relacionados no art. 474 do CPC. Assim no art. 474, parte 2, n. 2, encontra-se agora expressa menção a "escritura privada autêntica", que constitui título executivo limitadamente às obrigações de pagar quantia certa nela contidas[18]. Aumenta-se a eficácia executiva dos atos recebidos pelo notário ou por outro oficial público autorizado pela lei a recebê-los (parte 2, n. 3), que permitem, segundo o direito vigente, dar ensejo não somente à execução por quantia certa, mas também à execução para a entrega de um bem móvel ou imóvel; essa mesma eficácia é prevista para o ato de conciliação.

---

16. Em sentido oposto, no art. 520 do CPC brasileiro de 1973, a apelação possui em regra os dois efeitos, o devolutivo e o suspensivo, salvo os casos taxativos relacionados do mesmo art. 520. Vale lembrar que o art. 1.022 do Código de 2015 mantém o efeito suspensivo da apelação, suscitando as críticas de uma parte da doutrina (GAJARDONI, Fernando, Efeito suspensivo automático da apelação deve acabar, in www.conjour.com.br, acesso em 21.08.2014). Sobre o efeito suspensivo no CPC brasileiro de 2015, ver: Recursos em espécies: apelação, in THEDORO, Humberto Júnior; OLIVEIRA, Fernanda Alvim Ribeiro de; REZENDE, Ester Coamila Gome Norato (coord.), *Primeiras lições sobre o novo direito processual brasileiro*, Rio de Janeiro: Forense, 2015, p. 769 ss., espec. p. 772. A respeito do efeito suspensivo da apelação, vale lembrar que na França também a sentença de primeiro grau não possui, como regra geral, a eficácia executiva (art. 501 do CPC francês). Várias propostas foram elaboradas para conferir eficácia executiva imediata e automática à sentença de primeiro grau na França, mas nenhuma dessas propostas vingou (ver GUINCHARD, Serge; CHAINAIS, Cécile; FERRAND, Frédérique, *Procédure civile*, 30° ed., Paris: Dalloz, 2010, p. 913 ss.).
    Quanto a imediata eficácia das sentenças constitutivas há uma divergência na jurisprudência: foi adotada a solução positiva pela Corte de Cassação no acordão n. 18512, de 3 de setembro de 2007, e depois a negativa pela Corte no acordão n. 4059, de 22 de fevereiro de 2010. Para informações sobre esse ponto ver MANDRIOLI, Cristanto; CARRATTA, Antonio, *Diritto processuale civile*, cit., II, p. 328, nota 45; CAPPONI, Bruno, Orientamenti recenti sull'art. 282 c.p.c., cit., p. 265 ss.
17. BONATO, Giovanni, I *référés* nell'ordinamento francese, in CARRATTA, Antonio (coord.), *La tutela sommaria in Europa*, Nápoles: Jovene, 2012, p. 35 ss.
18. ROMANO, Alberto A., Titolo esecutivo, cit., § 3; SALETTI, Achille, Le (ultime?) novità in tema di esecuzione forzata, cit., p. 194.

Continuando com o elenco dos títulos, vale lembrar: a lei n. 69, de 18 de junho de 2009, que trouxe o procedimento sumário de cognição (arts. 702 bis e seguintes do CPC), com a finalidade de facilitar a formação do título executivo[19].

Adicionalmente, merece destaque o art. 12 do decreto legislativo n. 28, de 4 de março de 2010, que prevê a mediação voltada para a conciliação das controvérsias cíveis e comerciais (sucessivamente modificado pelo decreto-lei n. 69, de 21 de junho de 2013, convertido na lei n. 98, de 9 de agosto de 2013, em consequência da sentença da Corte Constitucional n. 272, de 6 de dezembro de 2012) nos termos do qual o acordo de conciliação (extrajudicial) é título executivo e pode dar ensejo a qualquer forma de execução, tanto por quantia quanto em forma específica e, além disso, é título para a inscrição de hipoteca judiciária. Adicionalmente, o mencionado decreto legislativo n. 28/2010 dispõe que "quando todas as partes aderentes à mediação forem assistidas por um advogado, o acordo assinado pelas partes e por seus advogados constitui título executivo", sem necessidade de obter a prévia homologação judicial[20].

Por fim, um outro título executivo é o laudo arbitral que na Itália necessita, ainda hoje, da homologação do juiz togado de primeiro grau, que efetua um controle sumário e formal, consoante o disposto no art. 825 do CPC[21].

Ainda no que diz respeito aos títulos executivos, vale lembrar o Regulamento (CE) n. 805/2004 do Parlamento Europeu e do Conselho, de 21 de abril de 2004, que criou o título executivo europeu para créditos não contestados pelo devedor. Esse novo instituto permite que em matéria civil e comercial as decisões, transações judiciais e instrumentos autênticos relativos a créditos não contestados sejam reconhecidos e executados automaticamente num outro Estado-Membro, "sem necessidade de efectuar quaisquer procedimentos intermédios no Estado-Membro de execução previamente ao reconhecimento e à execução" (art. 1 do Regulamento n. 805/2004)[22].

Esgotado o elenco dos principais títulos executivos, podemos concluir que a despeito da ampliação normativa, exposta acima, parece-nos que o rol dos

---

19. CARRATTA, Antonio, Procedimento sommario di cognizione, in *Diritto on line Treccani*, 2012, in www.treccani.it (acesso em 25.08.2009); BIAVATI, Paolo, Appunti introduttivi sul nuovo processo a cognizione semplificata, in *Rivista trimestrale di diritto e procedura civile*, 2010, p. 185 ss.
20. BOVE, L'accordo di conciliazione: efficacia ed esecutività, in *Rivista trimestrale di diritto e procedura civile*, 2013, p. 919 ss., sustenta que "con ciò la legge attribuisce un ruolo rilevante agli avvocati delle parti, anche se non si ha, se così si può dire, il coraggio di andare fino in fondo. Invero l'ordinamento non si accontenta della garanzia derivante dalla presenza dei legali, ma esige evidentemente che essa si abbia comunque e sempre nell'ambito di un procedimento di mediazione disciplinato dal d.lgs. n. 28 del 2010, quindi innanzitutto un procedimento necessariamente svolto di fronte ad organismi accreditati".
21. Veja-se BONATO, Giovanni, La natura e gli effetti del lodo arbitrale. Studio di diritto italiano e comparato, Nápoles: Jovene, 2012, p. 253 ss.
22. Sobre esse assunto ver CARRATTA, Antonio, Titolo esecutivo europeo, I) Diritto processuale civile, in *Enc. Giur. Treccani*, Roma, 2006, XXXVI.

títulos extrajudiciais no sistema italiano fica ainda bastante restrito em comparação com o ordenamento brasileiro, onde existem numerosos títulos extrajudiciais na busca da "aceleração da tutela jurisdicional[23].

O número reduzido de títulos extrajudiciais na Itália constitui, a nosso ver, um dos fatores da ampla utilização da ação monitória. Ademais, vale salientar que no sistema italiano, o juiz, ao proferir a ordem em face do devedor, deve ou pode, conforme o caso, outorgar a eficácia executiva provisória ao mandado de pagamento ou entrega quando o credor possuir um título executivo, tiver o risco de um grave prejuízo no atraso ou o credor produzir prova escrita do devedor (art. 642); aliás a execução provisória pode ser concedida durante a fase dos embargos (art. 648); o mandado de pagamento permite inscrever a hipoteca judiciária (art. 655)[24].

Adicionalmente, pensamos que, de lege ferenda, não seria inviável na Itália ampliar ainda mais o elenco dos títulos executivos extrajudiciais e suprimir a homologação judicial do laudo arbitral, outorgando-lhe eficácia executiva independentemente do controle do juiz togado, como acontece no Brasil (artigos 18 e 31 da Lei de Arbitragem n. 9.307/1996 e art. 475-N, inciso IV, do CPC de 1973 e art. 515, inciso VII, do CPC de 2015)[25]. Por fim, poderia se esclarecer também que os títulos extrajudiciais podem permitir o manejo da execução de obrigações de fazer e de não fazer, circunstância que hoje (salvo o caso da conciliação do art. 12 do decreto legislativo n. 28/2010 e do art. 696 bis do CPC) é controversa na doutrina, e, segundo alguns autores, ela é proibida pelo texto do art. 612 do CPC, que trata apenas de sentença condenatória, trazendo uma referência expressa somente aos títulos judiciais[26].

Igualmente no que tange ao título executivo é oportuno mencionar algumas orientações recentes da jurisprudência, não compartilhadas por todos os estudiosos, mas que deveriam prestigiar a efetividade da tutela jurisdicional, em prol da celeridade do processo executivo.

---

23. Lembra DINAMARCO, Cândido Rangel, *Instituições de direito processual civil*, I, cit., p. 190, que entre as características essenciais do modelo infraconstitucional do Processo Civil brasileiro tem que ser apontada a do extenso rol dos títulos executivos extrajudiciais. Numa linha semelhante é o sistema português, como salienta FREITAS, José Lebre de, Os paradigmas da ação executiva na Europa, in *Revista de Processo*, vol. 201, 2011, p. 137, para quem "Portugal constitui o país europeu mais generoso na concessão da exequibilidade, progressivamente mais aberta" aos títulos extrajudiciais, enquanto "a generalidade dos países europeus é avara na concessão dessa exequibilidade".
24. Sobre a ação monitória no processo italiano ver MANDRIOLI, Cristanto; CARRATTA, Antonio, *Diritto processuale civile*, cit., IV, p. 5 ss.; GARBAGNATI, *Il procedimento d'ingiunzione*, Milão: Giuffré, 1991; RONCO, Alberto, *Struttura e disciplina del processo monitorio*, Turim: Giappichelli, 2000; ZUCCONI GALLI FONSECA, Profili attuali del procedimento per ingiunzione, in *Rivista trimestrale di diritto e procedura civile*, 2013, p. 103 ss.
25. Sobre esse ponto CARMONA, Carlos Alberto, *Arbitragem e Processo*, 3° ed., São Paulo: Atlas, 2009, p. 390 ss.
26. Nesse sentido: MANDRIOLI, Cristanto; CARRATTA, Antonio, *Diritto processuale civile*, cit., IV, p. 191-192. Numa visão oposta, ver LUISO, *Diritto processuale civile*, III, 6° ed., Milão: Giuffré, 2011, § 22.

A esse propósito, impende recordar o recente posicionamento da jurisprudência da Corte de Cassação, expressado na sentença n. 8576, proferida em 9 de abril de 2013, sobre a vedação de fracionar um título executivo em múltiplos processos, solução que visa a impedir que o credor proponha artificialmente distintos procedimentos executivos de um crédito originariamente unitário e contido em um único título[27]. Em outras palavras, cabe ao credor, que busca a satisfação da sua pretensão, o ônus de promover a ação executiva versando sobre a totalidade do crédito. Esse entendimento merece aprovação, pois reprime condutas abusivas, tende a reduzir a litigância processual e coloca-se, portanto, na mesma linha da vedação do ajuizamento de uma demanda de maneira fracionada no processo de conhecimento, entendimento elaborado pela Corte de Cassação com a decisão n. 23726, de 15 de novembro de 2007[28].

Outro posicionamento da jurisprudência italiana sobre o título executivo que vale recordar é o contido na decisão da Corte de Cassação n. 11066, de 2 de julho de 2012, que criou a noção de "título aberto"[29]. Em particular, nesse acórdão foi estabelecido que, em determinadas condições, a execução pode validamente ser instaurada tendo como seu fundamento um título aberto e indeterminado e, portanto, incerto e ilíquido, cabendo ao credor especificar e autoliquidar o próprio direito no primeiro ato pré-executivo dirigido ao devedor. Nessa tarefa de complementação de um título aberto, para chegar à autoliquidação, o credor deverá levar em conta o material objeto do processo de conhecimento; em seguida o devedor executado terá a possibilidade de embargar e contestar a determinação do título feita pelo credor.

Esse recente entendimento, bastante criticado na doutrina, deixa a desejar, sendo claramente contrário ao caráter autônomo e abstrato do título executivo[30]; o título executivo não é mais o único pressuposto da execução, já que se

---

27. Sobre esse julgamento ver as reflexões de CASILLO, Rossella, Anche nel processo esecutivo opera il divieto di frazionamento di un credito unitario, in *Rivista trimestrale di diritto e procedura civile*, 2014, p. 307 ss.
28. Esse julgamento é publicado em *Foro italiano*, 2008, I, c. 1514. Ver sobre o assunto: RONCO, Alberto, (Fr)azione: rilievi sulla divisibilità della domanda in processi distinti, in *Giurisprudenza italiana*, 2008, p. 933 ss.; CARRATTA, Antonio, Ammissibilità della domanda «frazionata» in più processi, in *Giurisprudenza italiana*, 2011, p. 1143 ss.
29. Nesse passo SASSANI, Bruno, Da "normativa autosufficiente" a "titolo aperto". Il titolo esecutivo tra corsi, ricorsi e *nomofilachia*, in *www.judicium.it*
Sobre esse assunto, ver: CAPPONI, Bruno, Autonomia, astrattezza, certezza del titolo esecutivo: requisiti in via di dissolvenza?, in *Corriere Giuridico*, 2012, p. 1169 ss.; DELLE DONNE, Clarice, In morte della regola "nulla executio sine titulo": impressioni su S.U. n. 11067/2012, in *www.judicium.it*; FABIANI, Ernesto, C'era una volta il titolo esecutivo, in *Foro italiano*, 2013, I, c. 1282 ss.
30. CAPPONI, Bruno, Autonomia, astrattezza, certezza del titolo esecutivo, cit., p. 1169 e p. 1177. Para DELLE DONNE, Clarice, In morte della regola "nulla executio sine titulo": impressioni su S.U. n. 11067/2012, cit., esse entendimento "*reca un principio di diritto inaccettabile perché, nel mentre continua a consentire l'aggressione esecutiva del creditore pur in assenza di quella soglia di sufficiente giustificazione costituita dal*

torna um dos pressupostos[31]. Adicionalmente, forçoso é reconhecer que desse posicionamento poderia decorrer um florescimento dos embargos do devedor em contestação com a autoliquidação do credor.

3. O CONCURSO DOS CREDORES NA EXECUÇÃO POR QUANTIA CERTA

Uma outra inovação da reforma de 2005-2006 que merece ser analisada é a relativa à intervenção dos credores na execução por quantia certa[32].

Frisa-se que em relação a esse instituto o ordenamento italiano apresenta algumas divergências a respeito do que ocorre no sistema brasileiro. Como é sabido no Brasil, a ideia de fundo em matéria de execução é a de que a execução singular por quantia certa contra devedor solvente é travada apenas entre este sujeito e o credor exequente. Nessa trilha, conforme a máxima *prior in tempore potior in jure*, a lei outorga uma preferência ao credor que tiver obtido a penhora em primeiro lugar, tomando a iniciativa de ajuizar a execução, salvo a presença de preferências[33]. Assim dispõe o art. 612 do CPC de 1973: "Ressalvado o caso de insolvência do devedor, em que tem lugar o concurso universal (art. 751, III), realiza-se a execução no interesse do credor, que adquire, pela penhora, o direito de preferência sobre os bens penhorados"[34]; de maneira semelhante prevê o art. 908 do CPC de 2015[35]. Itália, segundo a versão original do Código de 1940, vigorava o sistema oposto: em regra, os credores

---

diritto certo liquido esigibile che deve emergere dal titolo (il che spiega origini storiche e concettuali del titolo stesso), continua a relegare il contraddittorio con l'obbligato ad un momento successivo a tale aggressione e non in grado di influenzarne/condizionarne immediatamente le sorti".

31. Assim SASSANI, Bruno, Da "normativa autosufficiente" a "titolo aperto". Il titolo esecutivo tra corsi, ricorsi e *nomofilachia*, cit.
32. Sobre esse assunto ver BOVE, Mauro, *L'intervento dei creditori*, in BOVE, Maura; BALENA, Giampiero, *Le riforme più recenti del processo civile*, cit., p. 173 ss.; CAPPONI, Bruno, *L'intervento dei creditori dopo le tre riforme della XIV legislatura*, in Rivista dell'esecuzione forzata, 2006, p. 22 ss.; TEDOLDI, Alberto, *L'oggetto della domanda di intervento e delle controversie sul riparto nella nuova disciplina dell'espropriazione forzata*, in Rivista di diritto processuale, 2006, p. 1297 ss.; ZIINO, Salvatore, *Intervento*, in CIPRIANI, Franco; MONTELEONE, Girolamo, *Riforma del processo civile. Commentario*, in Le nuove leggi civili commentate, 2006, p. 1051 ss.
33. Conforme a lição de DINAMARCO, Cândido Rangel, *Instituições de direito processual*, cit., I, p. 191, uma das características que concorrem para a definição dos contornos do modelo infraconstitucional do processo civil brasileiro é "a execução singular realizada exclusivamente em benefício do *credor penhorante* e a consagração da máxima *prior tempore potior jure* fora dos casos de insolvência do devedor".
34. As penhoras sucessivas dos credores quirografários sobre o mesmo bem são válidas e eficazes, mas deverá ser respeitada a regra da preferência cronológica das penhoras. Ver sobre esse ponto: DINAMARCO, Cândido Rangel, *Instituições de direito processual*, cit., IV, p. 573-574; CARVALHO, Rodrigo Benevides, *O concurso particular de credores na execução*, São Paulo: Atlas, 2008, p. 73 ss. Em relação ao CPC de 2015 ver MARINONI, Luiz Guilherme; ARENHART, Sérgio Cruz; MITIDIERO, Daniel, *Novo curso de processo civil*, II, cit., p. 983 ss.
35. Em relação ao CPC de 2015 ver MARINONI, Luiz Guilherme; ARENHART, Sérgio Cruz; MITIDIERO, Daniel, *Novo curso de processo civil*, II, cit., p. 983 ss.

quirografários deviam ser tratados com igualdade e o credor que tivesse obtido a penhora em primeiro lugar não adquiriria nenhum direito de satisfação prioritária sobre os bens penhorados[36]. Assim, os credores que viessem a intervir na execução eram admitidos a reclamar seus créditos, consoante uma aplicação rigorosa do princípio da *par condicio creditorum*, consagrado pelo artigo 2741 do Código Civil[37].

Dito de outra forma, na redação original do CPC de 1940 a execução era um processo aberto a todos os credores com ou sem título executivo: os primeiros eram denominados credores *"titolati"* e os segundos *"non titolati"*. O ingresso em um processo executivo em curso era permitido a qualquer sujeito que se afirmasse titular de um direito de crédito líquido e exigível em relação ao devedor executado (na expropriação imobiliária também ao credor cujo direito era submetido a termo ou condição). A posse do título executivo não era, todavia, irrelevante. Somente aos credores com título era permitido praticar atos de impulso e provocar a marcha do processo executivo, enquanto os credores sem título não podiam desencadear atos executivos e podiam apenas esperar a distribuição do produto da execução (o preço). Uma concessão ao princípio de prioridade na execução era (e é ainda) feita pelo legislador ao prever a postergação da satisfação dos credores quirografários que interviessem tardiamente, ou seja, além da primeira audiência marcada para a autorização da venda do bem; daí a distinção entre credores tempestivos e tardios[38].

Tal abertura incondicional a todos os credores provocou alguns inconvenientes: o perigo de expropriação e da venda de bens do devedor em medida superior à dívida; o risco de um atraso do processo executivo em razão das

---

36. Ver BOVE, Mauro, *L'esecuzione forzata ingiusta*, Turim: Giappichelli, 1996, p. 37 ss.; GARBAGNATI, Edoardo, *Il concorso di creditori nel processo di espropriazione*, Milão: Giuffré, 1959; ID., «Concorso dei creditori», in *Enc. dir.*, VIII, Milão: Giuffré, 1961, p. 533 ss.; LANFRANCHI, Lucio, *La verificazione del passivo nel fallimento. Contributo allo studio dei procedimenti sommari*, Milão: Giuffré, 1979, p. 218 ss.; SATTA, Salvatore, *Commentario al codice di procedura civile*, III, Milão: Giuffré, 1966, p. 164 ss.; TARZIA, Giuseppe, *Par aut dispar condicio creditorum?*, in *Rivista di diritto processuale*, 2005, p. 1 ss.; ZIINO, Salvatore, *Esecuzione forzata e intervento dei creditori*, Palermo, 2004. Esta disciplina italiana foi descrita no Brasil de forma apropriada pelo BUZAID, Alfredo, *Do concurso de credores no processo de execução*, São Paulo: Saraiva, 1952.
37. Fica claro que no âmbito da execução singular a aplicação da *par condicio creditorum* nunca é automática e necessária, como, ao contrário, acontece na execução universal: os credores participam do rateio da entrega do produto da execução apenas quando eles intervierem na execução promovida. Sobre esse aspecto MANDRIOLI, Cristanto; CARRATTA, Antonio, *Diritto processuale civile*, cit., IV, p. 87.
38. Lembramos que para permitir que o produto da execução satisfaça todos os credores intervenientes, o art. 499, parte 4, do CPC prevê o instituto da extensão da penhora: o credor que obtiver a primeira penhora tem a faculdade de indicar aos credores concorrentes outros bens a penhorar. Se os credores intervenientes não estenderem a penhora, o credor que tiver promovido a primeira penhora adquire uma preferência no rateio.

inúmeras contestações de mérito sobre os créditos a satisfazer (alguns dos quais, às vezes, inexistentes), disputas que vinham a ser resolvidas no âmbito das controvérsias distributivas do artigo 512 do CPC.

Para eliminar esse inconveniente, tornar mais rápido e simples o processo executivo e evitar o risco da intervenção de um sujeito com crédito inexistente, o legislador italiano da reforma de 2005-2006 decidiu trazer algumas modificações e conceber a execução como "semiaberta", limitando o ingresso no processo executivo apenas a algumas categorias de credores[39].

Assim, segundo as disposições atuais, a intervenção no processo de execução é permitida em regra somente em relação aos credores com título executivo, ressalvadas algumas exceções quanto aos credores sem título: os credores que, ao momento da penhora, haviam executado um sequestro dos bens penhoráveis; os que tinham um direito de penhora ou um direito de preferência resultante do registro público; aos credores sem título executivo, mas cujo crédito resulta de uma soma em dinheiro contida numa escritura contável do art. 2214 do Código Civil (a escritura contável dos empresários). A respeito dos credores não titulados, o art. 499, partes 5 e 6, do Código de Processo Civil prevê um procedimento sumário de verificação do crédito diante do juiz da execução[40].

Ao limitar a intervenção somente aos credores com título a participação de uma execução alheia, o legislador quis atingir o escopo de uma maior celeridade do processo, depurando-o dos incidentes de cognição. Contudo, é dificilmente justificável do ponto de vista da constitucionalidade a solução de reservar a possibilidade de intervenção aos credores desprovidos de título que têm um crédito resultante das escrituras contáveis do art. 2214 do Código Civil (ou seja, os empresários) e negá-la, por exemplo, aos empregados.

Teria sido mais coerente com o objetivo de efetividade e celeridade do processo executivo e, acima de tudo, consoante ao princípio constitucional de igualdade, reservar o ingresso na execução por quantia aos credores com título, admitindo apenas algumas categorias de credores sem títulos, a exemplo daqueles com direito de preferência[41].

---

39. Retomando uma proposta da Comissão Tarzia (art. 2, parte 2, n. 34, lett. a), in *Rivista di diritto processuale*, 1996, p. 948 ss.
40. Sobre esse ponto veja-se as reflexões de CARRATTA, Antonio, Le controversie in sede distributiva fra "diritto al concorso" e "sostanza" delle ragioni creditorie, in *Corriere Giuridico*, 2009, p. 559.
41. Nessa linha, ver também: ROMANO, Alberto A., Intervento dei creditori, cit., nota 36: "*distinguere tra creditori provvisti di titolo esecutivo e creditori che non lo sono, ai fini dell'accesso alla tutela d'esecuzione, non pare poter esser coerentemente ritenuto illegittimo. In fondo, alla base d'una simile distinzione v'è quella medesima fiducia nel titolo, che sovrintende pure alla scelta di riservare ai soli soggetti munitine l'inizio del processo esecutivo, e che nessuno risulta aver mai ritenuto di per sé foriera d'autentiche discriminazioni.*"

4. A MUDANÇA DA DISCIPLINA DA EXPROPRIAÇÃO EM FACE DE TERCEIROS

Sempre com a finalidade de tornar efetiva a execução e reduzir os incidentes de cognição, a lei n. 228, de 24 de dezembro de 2012, modificou a disciplina da expropriação diante de terceiros, que tem por objeto os créditos do devedor perante os terceiros e os bens do devedor na posse de terceiros[42]. Como já exposto, entre a realização do Colóquio e a publicação deste livro, o decreto lei n. 132, de 12 de setembro de 2014, convertido, com modificações, na lei n. 162, de 10 de novembro de 2014, trouxe algumas modificações à disciplina da expropriação perante terceiro que, contudo, não tocam aos aspectos fundamentais da reforma de 2012, a qual será objeto da nossa análise[43].

É notório que na forma de expropriação sob enfoque é preciso obter a colaboração do terceiro e requerer a participação de todos os sujeitos da relação jurídica obrigacional que se sujeitarão à penhora[44]. Em razão de tais características, a penhora se desenvolve por meio de um procedimento complexo (de formação sucessiva), do qual fazem parte: um ato escrito, fruto da atividade coordenada de dois sujeitos (o credor exequente e o oficial de justiça) perante outros dois sujeitos (o devedor executado e o terceiro, *debitor debitoris*); um subprocedimento para verificar a existência da obrigação do terceiro. A esse respeito, ao longo desse tipo de expropriação podem ocorrer três situações

---

Tale fiducia sembra anzi senz'altro ben riposta, ché la presenza del titolo esecutivo, nonostante sia incapace d'assicurare con certezza l'esistenza del singolo credito in esso documentato, su larga scala è statisticamente idonea a ridurre di molto le probabilità d'esecuzioni ingiuste. Il nuovo art. 499, 1° co., allinea dunque la legittimazione ad intervenire alla legittimazione ad agire in executivis, selezionando gl'intervenienti sulla base d'un requisito di sicuro adatto a contenere l'eventualità di controversie in sede di distribuzione del ricavato".

42. Sobre a reforma de 2012 ver: BRIGUGLIO, Antonio, Note brevissime sull'"onere di contestazione" per il terzo pignorato (nuovo art. 548 c.p.c.), in *Rivista dell'esecuzione forzata*, 2013, p. 31; CARRATTA, Antonio, Riforma del pignoramento presso terzi e accertamento dell'obbligo del terzo, in *Giurisprudenza italiana*, 2014, n. 4; COLESANTI, Vittorio, Novità non liete per il terzo debitore (cinquant'anni dopo!), in *Rivista trimestrale di diritto e procedura civile*, 2013, p. 1255; FARINA, Pasqualina, L'espropriazione presso terzi dopo la legge n. 228 del 24 dicembre 2012, in *Rivista trimestrale di diritto e procedura civile*, 2014, p. 235 ss.; MONTELEONE, Girolamo, Semplificazioni e complicazioni nell'espropriazione presso terzi, in *Rivista dell'esecuzione forzata*, 2013, p. 6; OLIVIERI, Giuseppe, Modifiche legislative all'espropriazione presso terzi, in *Libro dell'anno del Diritto 2014*, Treccani; RUSSO, La tutela del terzo nel procedimento di espropriazioni di crediti dopo la legge 28 dicembre 2012, n. 228, in *Giusto processo civile*, 2013, p. 852 ss.; SALETTI, Achille, Le novità dell'espropriazione presso terzi, in *Rivista dell'esececuzione forzata*, 2013, p. 5.
43. Sobre a reforma do processo executivo de 2014, ver: FARINA, Pasqualina, L'espropriazione presso terzi, in PUNZI, Carmine, *Il processo civile. Sistema e problematiche. Le riforme del quinquennio 2010-2014*, cit., p. 506 ss.; CONSOLO, Claudio, Un d.l. processuale in bianco e nerofumo sullo equivoco della "degiurisdizionalizzazione", in *Corriere Giuridico*, 2014, p. 1180 ss.; SALETTI, Achille, Competenza e giurisdizione nell'espropriazione di crediti, in www.judicium.it (acesso 17.08.2015).
44. CAPPONI, Bruno, *Manuale*, cit., p. 201. Sobre esse ponto ANDRIOLI, Virgilio, Il diritto di credito come oggetto di esecuzione forzata, in *Foro italiano*, 1941, IV, 1 ss., e poi anche ripubblicato in *Scritti giuridici*, Milão: Giuffré, 2007, p. 525 ss., lembrava que *"oggetto della esecuzione forzata è non già il diritto di credito, né la prestazione, ma l'utilità del bene quale entità di scambio, che della seconda costituisce l'oggetto e che dal primo è tutelato".*

diversas: o terceiro comparece e faz uma declaração sobre a existência do crédito que não é contestada pelos outros sujeitos do processo (credor precedente e devedor executado); o terceiro não comparece ao processo ou comparece, mas se recusa a fazer a declaração; o terceiro faz a declaração que é, todavia, contestada pelos outros sujeitos do processo. É corriqueiro que os problemas gerados pela disciplina sob enfoque digam respeito à segunda e à terceira hipóteses relacionadas, enquanto a primeira hipótese não levanta dúvidas interpretativas particulares[45].

O ponto em torno do qual gira toda a matéria da expropriação perante terceiros é, assim, constituído pelas regras a serem aplicadas na ausência de uma declaração do terceiro ou em caso de contestação da declaração dele. É, notadamente, esse aspecto que foi alvo de atenção da lei n. 228, de 24 de dezembro de 2012, do decreto lei n. 132, de 12 de setembro de 2014, e da lei n. 162, de 10 de novembro de 2014, que alteraram a redação dos artigos 548 e 549 do CPC[46].

Segundo o regime anterior à mencionada reforma de 2012, se o terceiro devedor não comparecesse à audiência, ou se ele se recusasse a fazer a declaração (sem motivo justificado), ou se sobre o seu conteúdo surgissem contestações, era instaurado um juízo de conhecimento ordinário, de cognição plena e exauriente, em seguida ao ajuizamento da demanda do credor, cujo objeto era a verificação da existência e do montante da dívida do terceiro e que se concluía com uma sentença[47].

A lei n. 228/2012 inova sobre esse ponto a fim de permitir ao credor exequente obter mais rapidamente a ordem de adjudicação do direito de crédito: de um lado, à efetiva declaração do terceiro sobre a obrigação afirmada pelo credor é equiparada tanto a ausência de participação do terceiro no procedimento quanto, em caso de participação no processo, a falta de declaração dele[48]; de outro lado, em caso de contestação da declaração do terceiro, o juízo de conhecimento ordinário da obrigação do terceiro em relação ao devedor executado é substituído por um juízo de cognição sumária e simplificada. Em outras palavras, a apuração das obrigações do terceiro se desenvolve, antes, em uma fase sumária perante o mesmo juiz da execução e, depois, prossegue na fase (sucessiva e eventual) dos embargos do artigo 617 do CPC.

---

45. Sobre a natureza jurídica da declaração do terceiro ver: VACCARELLA, Romano, Espropriazione presso terzi, cit., p. 107 ss.; CARRATTA, Antonio, Il principio della non contestazione nel processo civile, Milão: Giuffré, 1995, p. 442.
46. OLIVIERI, Modifiche legislative all'espropriazione presso terzi, cit., § 1.1.
47. Ver SALETTI, Achille, Il giudizio di accertamento dell'obbligo del terzo pignorato, in Rivista di diritto processuale, 1998, p. 996 ss.
48. CARRATTA, Antonio, Riforma del pignoramento presso terzi e accertamento dell'obbligo del terzo, cit., § 3.

O objetivo do legislador de 2012 é claro e coloca-se na linha das modificações normativas precedentes: reduzir o tempo necessário à efetiva tutela do crédito (a contestação por parte do terceiro devedor não impõe mais a suspensão o processo executivo); evitar, na medida do possível, que um processo executivo possa ocasionar um juízo de cognição. Todavia, ao querer privilegiar a posição do credor e a celeridade do processo executivo, o legislador de 2012 sacrificou a posição do terceiro, suscitando sérias dúvidas sobre a constitucionalidade do novo procedimento[49].

As alterações no instituto sob análise foram alvos de críticas ásperas de renomados doutrinadores. A esse propósito, vale lembrar as palavras de Vittorio Colesanti, para quem a lei n. 228/2012 apaga "a inteira experiência maturada em séculos de progressiva evolução da expropriação de créditos"[50].

Com efeito, essa nova disciplina parece criticável sobretudo em razão da posição do terceiro, que é sacrificada em excesso para alcançar a rapidez do processo executivo. Como foi salientando, o terceiro "acaba por se tornar o bode expiatório da lentidão da justiça"[51] e os seus direitos são prejudicados pelo simples fato de ter sido envolvido em um processo do qual ele não é nem parte[52]. Adicionalmente, vale salientar que antes do advento da lei n. 162/2014 parecia ser um exagero não ter predisposto nenhum tipo de advertência das consequências do comportamento do terceiro devedor no artigo 543 (segundo a versão trazida pela lei de 2012). Contudo, esse ponto foi objeto da lei n. 162/2014 que modificou o artigo 543, impondo que com o ato de penhora o credor exequente comunique o terceiro das consequências do seu comportamento[53].

---

49. Sottolinea il sacrificio del terzo, SALETTI, Achille, Le novità dell'espropriazione presso terzi, cit., § 3.
50. COLESANTI, Vittorio, op. ult. cit., p. 1255.
51. Nessa linha ver SALETTI, Achille, Le novità dell'espropriazione presso terzi, cit., § 8.
52. SALETTI, Achille, Le novità dell'espropriazione presso terzi, cit., § 8.
53. Manda o art. 543, parte 2, n. 4), que o ato da penhora tem que conter: "*la citazione del debitore a comparire davanti al giudice competente, con l'invito al terzo a comunicare la dichiarazione di cui all'articolo 547 al creditore procedente entro dieci giorni a mezzo raccomandata ovvero a mezzo di posta elettronica certificata; con l'avvertimento al terzo che in caso di mancata comunicazione della dichiarazione, la stessa dovrà essere resa dal terzo comparendo in un'apposita udienza e che quando il terzo non compare o, sebbene comparso, non rende la dichiarazione, il credito pignorato o il possesso di cose di appartenenza del debitore, nell'ammontare o nei termini indicati dal creditore, si considereranno non contestati ai fini del procedimento in corso e dell'esecuzione (eventuale e successiva) fondata sul provvedimento di assegnazione*". Sobre essa modificação do art. 543, trazida pela lei n. 162/2014, ver FARINA, Pasqualina, L'espropriazione presso terzi, in PUNZI, Carmine, *Il processo civile. Sistema e problematiche. Le riforme del quinquennio 2010-2014*, cit., p. 512, para a qual trata-se de alteração bem-vinda e evita a inconstitucionalidade do art. 543.
Dentre as outras modificações trazidas pela lei n. 162/2014 vale lembrar o novo art. 26 bis do CPC, nos termos do qual: "*Quando il debitore è una delle pubbliche amministrazioni indicate dall'articolo 413, quinto comma, per l'espropriazione forzata di crediti è competente, salvo quanto disposto dalle leggi speciali, il giudice del luogo dove il terzo debitore ha la residenza, il domicilio, la dimora o la sede. Fuori dei casi di cui*

De qualquer modo, em consequência da reforma de 2012, como no processo executivo a revelia do terceiro devedor é equiparada à sua efetiva declaração sobre a obrigação afirmada pelo credor exequente, ele fica, portanto, sujeito a um tratamento mais desfavorável do que aquele previsto em relação ao réu no processo ordinário de conhecimento, em que a contumácia é um comportamento neutro que não comporta *ficta confessio*[54] (diferentemente do que ocorre no processo civil brasileiro)[55].

5. A MEDIDA COERCITIVA ATÍPICA DO ART. 614 *BIS*

Por fim, entre as inovações introduzidas nos últimos anos que visam a garantir a efetividade da condenação do devedor, merece especial destaque a medida coercitiva atípica, chamada também de medida compulsória ou, utilizando o termo em língua francesa, *astreinte*, cuja disciplina está contida no artigo 614 *bis* do CPC e que foi introduzida pela primeira vez na Itália pela lei de 18 de junho de 2009, n. 69[56]. Trata-se, como é sabido, de um instrumento de coação indireta com o intuito de exercer pressão psicológica, uma ameaça sobre o devedor para induzi-lo ao adimplemento espontâneo da condenação (a uma obrigação de fazer infungível ou a uma obrigação de não fazer, em relação ao ordenamento italiano)[57]. Como é sabido, essa medida é extremamente impor-

---

al primo comma, per l'espropriazione forzata di crediti è competente il giudice del luogo in cui il debitore ha la residenza, il domicilio, la dimora o la sede".

54. PROTO PISANI, Andrea, *Lezioni*, cit., p. 409.
55. Sobre a posição do réu no Brasil, ver: SICA, Heitor Vito Mendonça, *O direito de defesa no processo civil brasileiro*, São Paulo: Atlas, 2011, *passim*.
56. Sobre o tema, veja-se: CARRATTA, Antonio, em MANDRIOLI, Crisanto; CARRATTA, Antonio, *Come cambia il processo civile. Legge 18 giugno 2009, n. 69*, Turim: Giappichelli, 2009, p. 91 ss.; CARRATTA, Antonio, L'esecuzione forzata indiretta delle obbligazioni di fare infungibili o di non fare: i limiti delle misure coercitive dell'art. 614 bis c.p.c., in www.treccani.it (acesso em 17.07.2014); CHIARLONI, Sergio, Esecuzione indiretta. Le nuove misure coercitive ai sensi dell'art. 614 bis c.p.c., in *Libro dell'anno del Diritto 2012*, in www.treccani.it (acesso em 25.08.2014); ZUCCONI GALLI FONSECA, Elena, Le novità della riforma in materia di esecuzione forzata, cit., § 4; MERLIN, Elena, Prime note sul sistema delle misure coercitive pecuniarie per l'attuazione degli obblighi infungibili nella l. 69/2009, in *Rivista di diritto processuale*, 2009, p. 1159 ss.; CHIZZINI, Art. 614 bis, in BALENA, Giampietro; CAPONI, Remo; CHIZZINI, Augusto; MENCHINI, Sergio (coord.), *La riforma della giustizia civile. Commento alle disposizioni della legge sul processo civile n. 69/2009*, Turim: Utet, 2009, p. 164; CONSOLO, Claudio, Una buona «novella» al cod. proc. civ.: la riforma del 2009 (con i suoi artt. 360 bis e 614 bis) va ben al di là della solita dimensione processuale, in *Corriere Giuridico*, 2009, p. 740 ss.; DE STEFANO, Note a prima lettura della riforma del 2009 delle norme sul processo esecutivo ed in particolare dell'art. 614 bis c.p.c., *Rivista dell'esecuzione forzata*, 2009, p. 520; TARUFFO, Michele, Note sull'esecuzione degli obblighi di fare e di non fare, in *Giurisprudenza italiana*, 2014, n. 3; TOMMASEO, L'esecuzione indiretta e l'art. 614 bis C.P.C., in *Rivista di diritto processuale*, 2014, p. 1 ss.
57. Segundo SILVESTRI, Elisabetta; TARUFFO, Michele, Esecuzione forzata, III) Esecuzione forzata e misure coercitive, *Enc. Giur. Treccani*, Roma, XIV, 1988, p. 4, a noção de medida coercitiva abrange "*qualsiasi istituto che abbia la funzione di costringere un soggetto, a ciò obbligato giuridicamente, ad adempiere all'obbligazione*". Sobre a função de tais provimentos, retomamos a lição de PELLEGRINI GRINOVER, Ada, Tutela jurisdicional nas obrigações de fazer e não fazer, in TEIXEIRA, Salvio de Figueiredo (Coord.),

tante quando o sistema de execução forçada entra em crise e daí é necessário prever um instrumento diverso daqueles tradicionais[58].

A maioria da doutrina italiana tem o hábito de ressaltar a derivação da medida coercitiva italiana do instituto das *astreintes* do processo civil francês[59]. Outros autores recusam, com acerto, essa colocação, salientando que falar em uma *"astreinte italiana"* é confortável, mas é, ao mesmo tempo, descabido: ao passo que a medida italiana tem uma abrangência restrita e limitada, a medida francesa tem uma aplicação ampla e geral[60].

Acima de tudo, impende destacar que com essa valiosa inovação o legislador veio a suprir uma grave lacuna no sistema da tutela jurisdicional, alinhando dessa maneira o ordenamento italiano com os demais ordenamentos europeus[61]. A esse respeito basta mencionar o sistema francês em que as astreintes foram regulamentadas já há vários anos[62]. Lembramos que na Itália antes

---

Reforma do Código de Processo Civil, São Paulo: Saraiva, 1996: "A multa, em suma, tem natureza puramente coercitiva. Daí porque a execução dessas multas não configura medida de execução forçada, entendida esta como constrição sobre o patrimônio do obrigado. Trata-se, isso sim, da chamada execução indireta, caracterizada por atos de pressão psicológica sobre o devedor, para persuadi-lo ao adimplemento da obrigação".

58. ZUCCONI GALLI FONSECA, Elena, Attualità del titolo esecutivo, in *Rivista trimestrale di diritto e procedura civile*, 2010, p. 67 ss., spec. p. 74. Na doutrina brasileira, veja-se BEDAQUE, José Roberto dos Santos, *Efetividade do processo e técnica processual*, 3° ed., São Paulo: Malheiros, 2010, p. 550 ss.
59. Nesse sentido, dentre tantos outros, CHIARLONI, Sergio, Esecuzione indiretta. Le nuove misure coercitive ai sensi dell'art. 614 bis c.p.c., cit., § 1.
Para uma visão comparativa das medidas coercitivas tem-se SILVESTRI, Elisabetta; TARUFFO, Michele, Esecuzione forzata, III) Esecuzione forzata e misure coercitive, cit., p. 5 ss. Sobre as astraintes francesas tem-se, em particular, na doutrina italiana: VULLO, Enzo, *L'esecuzione indiretta fra Italia, Francia e Unione europea*, em Rivista di diritto processuale, 2004, p. 727 ss.
60. TARUFFO, Michele, Note sull'esecuzione degli obblighi di fare e di non fare, cit., § 3.
61. TOMMASEO, Ferruccio, L'esecuzione indiretta e l'art. 614 *bis* C.P.C., cit., p. 3.
62. Já durante o século XIX, no ordenamento francês, a jurisprudência tentou superar os estritos limites do art. 1.142 do Código Civil de 1804, que prevê, ainda hoje, que todas as obrigações de fazer ou não fazer se resolvam, em caso de não cumprimento, em perdas e danos. De acordo com a lição de DESDEVISES, Yvon, Astreintes – Introduction, in Juris Classeur Procédure civile, fasc., 2120, Paris: LexisNexis, 2014, § 10 e seg., o marco inicial é individuado num pronunciamento do Tribunal civil de Gray que, em data 25 de março de 1811, estabeleceu pela primeira vez uma *astreinte* e depois também a Corte de cassação em data 28 de dezembro de 1824. Apesar do reconhecimento da função cominatória das *astreintes* desde a sua criação, nem sempre foi clara a distinção entre a *astreinte* e a importância devida pelo inadimplemento da obrigação principal. A esse respeito, vale lembrar o acórdão da Corte de Cassação francesa de 1959 que definiu a *astreinte* como uma "medida de coerção" (*"mesure de contrainte"*), cujo único escopo é vencer a resistência do devedor, medida, portanto, totalmente distinta do ressarcimento devido por perdas e danos (dommages-intérêts). Veio por fim a lei n. 626/1972 que deu uma regulamentação normativa à medida sob enfoque e sobreveio depois a lei n. 650/1991 sobre o processo civil de execução que cuidou mais especificamente das *astreintes*. Agora o diploma legal das astreintes está contido nos artigos L. 131-1 a 131-4 do *Code des procédures civiles d'exécution* de 2012.
Quanto ao Brasil, é notório que já o art. 84 do Código de Defesa do Consumidor (lei n. 8.078/90) reconheceu o poder do juiz de impor multa diária ao réu na ação que tenha por objeto o cumprimento da obrigação de fazer ou não fazer. Idêntica norma passou a ser prevista, com o advento da lei n. 8952/94, no art. 461 do CPC de 1973. Ulteriormente, graças à lei n. 10.444/2002, essa mesma disciplina foi estendida à execução

de 2009 existiam apenas algumas normas específicas que previam medidas coercitivas típicas e de natureza heterogênea, seja quanto aos destinatários da multa, seja quanto à determinação da importância a ser cobrada. Por essa razão vários estudiosos tinham apontado, há tempos, a falta de uma medida coercitiva atípica, desejando a sua introdução no ordenamento[63].

Com o fechamento dessa lacuna, os doutrinadores frisaram que o artigo 614 *bis* do CPC constitui a novidade mais relevante da reforma de 2009[64]. Todavia, de acordo com a lição de Michele Taruffo, dentre os ordenamentos processuais mais relevantes "o legislador italiano chega por último (mas não como bom último)" na introdução das medidas coercitivas.

Com efeito, apesar do aplauso geral da doutrina, foram frequentes os destaques de natureza crítica da norma, chegando até mesmo a se falar de "um simples rascunho de disciplina"[65], e que suscita "sérias perplexidades"[66], sublinhando que, quase por ironia da sorte, o artigo 614 *bis* do CPC foi introduzido por uma lei intitulada (inclusive) de "simplificação", mas que, em realidade, trouxe apenas complicações[67]. Não é por acaso que as últimas tentativas de reforma legislativa de 2013, que, todavia, não vingaram, pretendiam realizar alterações profundas na formulação do art. 614 *bis*[68].

Impende frisar que esse diploma legal "deixa muito a desejar"[69] e parece que o legislador italiano de 2009 tinha esquecido aquela advertência sobre a

---

das obrigações de entrega de coisa fundada em título judicial, mercê da introdução do art. 461-A do CPC. No Código de Processo Civil de 2015 a disciplina das multas coercitivas está contida nos artigos 536 e 537, ver: MARINONI, Luiz Guilherme; ARENHART, Sérgio Cruz; MITIDIERO, Daniel, *Novo curso de processo civil*, II, cit., p. 721 ss.

63. Com efeito, há muitos anos o tema das multas coercitivas despertou a atenção da doutrina italiana. Podemos mencionar a esse respeito as obras de: MAZZAMUTO, Salvatore *L'attuazione degli obblighi di fare*, Nápoles: Jovene, 1978; CHIARLONI, Sergio, *Misure coercitive e tutela dei diritti*, Milão: Giuffré, 1980; TARUFFO, Michele, *L'attuazione esecutiva dei diritti: profili comparatistici*, in *Rivista trimestrale di diritto e procedura civile*, 1988, p. 142; ID., A atuação executiva dos direitos: perfis comparatísticos, in *Revista de Processo*, vol. 59, 1990, p. 72 ss.; SILVESTRI, Elisabetta; TARUFFO, Michele, Esecuzione forzata, III) Esecuzione forzata e misure coercitive, cit., p. 10, os quais escrevem que: "Não há dúvidas, em substância, que *de iure condendo* existe em geral o problema de assegurar uma tutela executiva mais eficaz, e que a sua solução deva basear-se essencialmente sobre técnicas de medidas coercitivas"; PROTO PISANI, Andrea, *L'attuazione dei provvedimenti di condanna*, in *Foro italiano*, 1998, V, c. 177.
64. CHIARLONI, Sergio, Esecuzione indiretta. Le nuove misure coercitive ai sensi dell'art. 614 bis c.p.c., cit., escreve que o art. 614 *bis* "foi considerado como a mais importante intervenção da última lei de reforma do processo civil, a lei 18.6.2009, n. 69".
65. CAPPONI, Bruno, *Manuale*, cit., p. 47.
66. CARRATTA, Antonio, L'esecuzione forzata indiretta delle obbligazioni di fare infungibili o di non fare: i limiti delle misure coercitive dell'art. 614 bis c.p.c., cit., § 2.
67. Così MERLIN, Elena, Prime note sul sistema delle misure coercitive pecuniarie per l'attuazione degli obblighi infungibili nella l. 69/2009, cit., p. 1559.
68. ZUCCONI GALLI FONSECA, Elena, Misure coercitive fra condanna e tutela esecutiva, in *Rivista trimestrale di diritto e procedura civile*, 2014, p. 389 ss.
69. PROTO PISANI, *Lezioni*, cit., p. 918.

importância capital do direito comparado na busca de aprimoramento de um sistema[70]. Poder-se-ia dizer que se o legislador italiano tivesse conhecido de maneira mais aprofundada as soluções oriundas dos ordenamentos estrangeiros, provavelmente teria ditado uma disposição mais clara e mais conforme aos ditames da efetividade da tutela executiva.

O citado art. 614 bis estabelece que o juiz do processo de conhecimento, a pedido da parte e por meio de um provimento condenatório relativo à obrigação de fazer infungível ou de não fazer, fixe uma quantia devida pelo devedor por cada violação ou inobservância sucessiva ou por cada atraso no cumprimento da ordem de execução do provimento. A disposição ressalva o caso da manifesta iniquidade, que proíbe o juiz de impor a medida coercitiva.

O artigo sob enfoque esclarece que "o provimento de condenação constitui título executivo para o pagamento de quantia devida por cada violação ou inobservância". Na determinação da importância em dinheiro o juiz tem de levar em conta "o valor da controvérsia, a natureza da prestação, o dano quantificado ou previsível e toda outra circunstância útil".

De modo discutível, como veremos melhor mais adiante, a medida coercitiva não se aplica aos litígios acerca das relações empregatícias, quer de natureza pública quer privada, assim como às relações de colaboração coordenada e contínua do artigo 409 do CPC[71].

Quanto ao destinatário da multa, apesar da falta de qualquer indicação normativa sobre esse ponto, deve-se entender que a quantia é atribuída ao credor[72]. Nessa linha, o direito italiano filia-se claramente ao sistema francês e ao brasileiro, recusando a solução de que a multa seja revertida ao Estado[73].

Assim esboçado, em largas pinceladas, o regime do art. 614 bis, podemos passar às críticas endereçadas ao dispositivo legal.

---

70. Sobre esse assunto TARUFFO, Michele, L'insegnamento accademico del diritto processuale civile, in *Rivista trimestrale di diritto e procedura civile*, 1996, p. 553 ss., frisa que "o conhecimento de outros sistemas é uma ferramenta indispensável para elaborar reformas que tenham uma esperança de serem eficazes".
71. art. 614 bis do CPC, intitulado "Atuações das obrigações de fazer infungível e não fazer", dispõe que: "*Con il provvedimento di condanna il giudice, salvo che ciò sia manifestamente iniquo, fissa, su richiesta di parte, la somma di denaro dovuta dall'obbligato per ogni violazione o inosservanza successiva, ovvero per ogni ritardo nell'esecuzione del provvedimento. Il provvedimento di condanna costituisce titolo esecutivo per il pagamento delle somme dovute per ogni violazione o inosservanza. Le disposizioni di cui al presente comma non si applicano alle controversie di lavoro subordinato pubblico e privato e ai rapporti di collaborazione coordinata e continuativa di cui all'articolo 409. Il giudice determina l'ammontare della somma di cui al primo comma tenuto conto del valore della controversia, della natura della prestazione, del danno quantificato o prevedibile e di ogni altra circostanza utile*".
72. CHIARLONI, Sergio, *Esecuzione indiretta. Le nuove misure coercitive ai sensi dell'art. 614 bis c.p.c.*, cit., § 1.
73. Cumpre recordar que no Brasil há quem sustente que a multa deva reverter para o Estado. Nessa linha de pensamento, veja-se: MARINONI, Luiz Guilherme; ARENHART, Sérgio Cruz, *Execução*, cit., p. 75; MARINONI, Luiz Guilherme; ARENHART, Sérgio Cruz; MITIDIERO, Daniel, *Novo curso de processo civil*, II, cit., p. 723.

Em primeiro lugar, pondo em relevo que esse mecanismo é de execução indireta, uma parte expressiva da doutrina criticou a colocação do art. 614 bis no terceiro livro do Código, sustentando que teria sido mais acertado inserir esse dispositivo no livro segundo, notadamente dentro das normas relativas ao julgamento da causa[74].

Além disso, os problemas interpretativos que decorrem do dispositivo são múltiplos.

Um aspecto fundamental e crítico do artigo 614 bis tange ao seu âmbito de aplicação, que é estritamente residual e setorial, limitando-se apenas aos provimentos voltados à atuação das obrigações de fazer infungíveis ou obrigações de não fazer, conforme ao posicionamento da corrente majoritária dos estudiosos[75]. Adicionalmente, a norma traz consigo um problema bastante complexo quanto a distinção entre prestações fungíveis e prestações infungíveis[76].

Disso infere-se que a medida coercitiva italiana não é aplicável para induzir psicologicamente o devedor ao adimplemento espontâneo das: obrigações de fazer fungíveis (podendo o credor obter satisfação por sub-rogação de um terceiro); obrigações de entrega de coisa móvel ou imóvel; obrigações de pagar uma importância em dinheiro[77]. Seguindo a interpretação dominante, a medida coercitiva atípica não seria tampouco aplicável quando houver instrumentos específicos voltadas à atuação das obrigações infungíveis, como na hipótese da execução em forma específica da obrigação de concluir o contrato que é tutelada pelo artigo 2932 do CC[78].

Em relação a esse aspecto o legislador italiano foi temoroso e titubeante e o sistema peninsular apresenta-se como atrasado em comparação com o que ocorre na França e no Brasil, em que a abrangência das medidas coercitivas é

---

74. RICCI, Edoardo Flavio, Ancora novità (non tutte importanti, non tutte pregevoli) sul processo civile, in Rivista di diritto processuale, 2008, p. 1362 ss.
75. Nesse passo, ver TOMMASEO, Ferruccio, L'esecuzione indiretta e l'art. 614 bis C.P.C., cit., p. 270.
76. De uma maneira geral, entende-se que infungível é a prestação que requer a necessária e insubstituível cooperação do devedor: ZUCCONI GALLI FONSECA, Elena, Attualità del titolo esecutivo, cit., p. 75.
    Houve tentativas da jurisprudência com as quais procurou-se superar a redução do âmbito de aplicação do art. 614 bis, considerando infungível a obrigação de deixar um imóvel quando para sua atuação é necessária a cooperação do devedor, assim Tribunal de Trento, em data 8 de fevereiro de 2011, julgamento citado por TOMMASEO, Ferruccio, L'esecuzione indiretta e l'art. 614 bis C.P.C., cit., p. 271, nota 15.
77. Mas, segundo uma parte minoritária da doutrina, o art. 614 bis se aplicaria também às obrigações de fazer fungíveis e para a obrigação de entregar de coisa. Nesse sentido, ver: CHIARLONI, Sergio, Esecuzione indiretta. Le nuove misure coercitive ai sensi dell'art. 614 bis c.p.c., cit., § 2, que dá "preferência ao texto em relação à rubrica" do art. 614 bis.
78. TOMMASEO, Ferruccio, L'esecuzione indiretta e l'art. 614 bis C.P.C., cit., p. 273. Contra CONSOLO, Claudio, Una buona «novella» al cod. proc. civ.: la riforma del 2009 (con i suoi artt. 360 bis e 614 bis) va ben al di là della solita dimensione processuale, cit., p. 740 ss.

bastante ampla[79]. Nota-se, contudo, que há uma tendência na Itália a ampliar a abrangência do instituto da medida coercitiva atípica[80], circunstância que deve ser louvada. A premissa de fundo dessa linha de raciocínio em prol de uma ampla utilização das *astreintes*, é a de que é sempre melhor conseguir o cumprimento espontâneo da obrigação em vez de promover uma execução forçada, pois deve ser reputada totalmente superada a velha opinião doutrinária segundo a qual quando for possível a execução por sub-rogação, não seria admissível a execução indireta.

De outra banda, a exclusão da aplicação do art. 614 *bis* às controvérsias trabalhistas levanta diversas perplexidades. A doutrina sublinhou, com acerto, que se trata claramente de um privilégio injustificado outorgado ao empregador, de duvidosa constitucionalidade, em razão da sua característica subjetiva de devedor[81].

Outro limite à aplicação da medida coercitiva é o fato de que o art. 614 *bis* do CPC expressamente condiciona a concessão da medida coercitiva pecuniária à análise, pelo juiz, da sua não manifesta iniquidade para o devedor[82]. Tal previsão foi criticada, na medida em que confere ao juiz um amplo poder discricionário[83].

Em relação à competência para a imposição da medida em questão, será competente o juiz do processo de conhecimento, sendo que a medida coercitiva

---

79. No Brasil, as *multas coercitivas* dos artigos 461 e 461-A do CPC de 1973 abarcam as obrigações de fazer, não fazer e de entregar coisa (conforme os artigos 536 e 537 do CPC de 2015) e segundo uma parte da doutrina também as obrigações de pagar quantia. Sobre esse aspecto, ver: DIDIER, Fredie Jr.; CUNHA, Leonardo Carneiro; BRAGA, Paula Sarno; OLIVEIRA, Rafael Alexandria de, *Curso de direito processual civile*, V, 6º ed., Bahia: JusPodivm, 2014, p. 445 ss.; AMARAL, Guilherme Rizzo, *As astreintes e o processo civil brasileiro*, 2º ed., Porto Alegre: Livraria do Advogado Editora, 2010, p. 47 ss. Na França a abrangência das *astreintes* é amplíssima, na medida em que inclui qualquer provimento de condenação por obrigação de fazer (mesmo fungível), não fazer, entregar coisa e pagar quantia certa (conforme o acordão da Corte de cassação francesa proferido em data 29 de maio de 1990).
80. Favorável ao ampliamento dos casos de aplicabilidade das medidas coercitivas é VELLANI, Carlo, *Le proposte di riforma del processo esecutivo rese pubbliche al termine del 2013*, cit., p. 415.
81. PROTO PISANI, Andrea, *Lezioni*, cit., p. 4, que fala sobre uma escolha «tipicamente classista» do legislador. Assim, seguindo a linha de raciocínio de uma notável orientação doutrinária dever-se-ia prever a aplicação da medida coercitiva também às controvérsias de trabalho, excluindo a aplicação apenas quanto à sentença condenatória a prestar trabalho autônomo ou subordinado. Nesse sentido, CIPRIANI, Franco; CIVININI, Maria Giuliana; PROTO PISANI, Andrea, *Una strategia per la giustizia civile nella quattordicesima legislatura*, em *Foro italiano*, 2001, V, c. 81 ss.
82. lei proíbe que o sistema das medidas coercitivas possa comportar o sacrifício de opções de valor irrenunciáveis (quais sejam, em particular, os valores de liberdade implicados na prestação com elementos de caráter extremamente pessoal ou intelectual), nessa linha CHIARLONI, Sergio, *Esecuzione indiretta. Le nuove misure coercitive ai sensi dell'art. 614 bis c.p.c.*, cit., nota 24.
83. PROTO PISANI, *Lezioni*, cit., p. 919; TOMMASEO, Ferruccio, *L'esecuzione indiretta e l'art. 614 bis C.P.C.*, cit., p. 274, fala sobre amplas margens de discricionariedade.

consiste em um elemento acessório à sentença. Não é possível, portanto, a instauração de um processo autônomo com o objetivo único de requerer somente a imposição de uma medida de coerção. Essa circunstância implica algumas dificuldades quanto à aplicação do art. 614 bis às prestações periódicas e continuadas. Aliás, aponta-se uma outra discrepância a respeito da melhor disciplina prevista no Código francês, cujo art. 131-1, parte 2, outorga ao juiz da execução o poder de decretar a medida coercitiva em relação a uma decisão proferida por um outro juiz, quando for necessário conforme as circunstâncias do caso.

Em seguida, vale recordar que pelo disposto no art. 614 bis, a concessão da medida coercitiva deve sempre ser requerida pela parte. Sobre esse aspecto, entretanto, surgiram algumas dúvidas interpretativas na doutrina italiana. De um lado, há quem assevere que seja necessário um pedido em sentido estrito e que, portanto, devam ser aplicadas as regras sobre a preclusão na propositura das demandas e o artigo 292 do CPC sobre a obrigação de comunicação das novas demandas ao réu revel[84]. Por outro lado, outros autores sustentam a aplicação da disciplina de um simples requerimento, admitindo que o último momento possível para a apresentação desse requerimento seja o das alegações finais (art. 189 do CPC), acrescentando que esse requerimento poderia também ser apresentado oralmente na audiência e até mesmo, pela primeira vez, em grau de apelação[85]. Na linha da efetividade da tutela jurisdicional e levando em conta que a medida coercitiva constitui uma modalidade que reforça uma sentença condenatória, parece-nos preferível a segunda opção interpretativa.

Ainda em relação à necessidade de requerimento pela parte, é forçoso reconhecer que o direito italiano diverge do quanto disposto pelo legislador francês e brasileiro. Lembramos que de acordo com o art. 461, § 4º, do CPC brasileiro de 1973 (conforme o art. 537, *caput*, do CPC brasileiro de 2015) e com o art. L 131-1 do *Code de procédures civiles d'exécution* francês, a multa pode ser imposta de ofício, independentemente de pedido do autor[86].

Impende frisar que a medida do art. 614 bis do CPC italiano não tem natureza reparatória, sendo uma condenação ao pagamento de uma quantia em

---

84. CARRATTA, Antonio, L'esecuzione forzata indiretta delle obbligazioni di fare infungibili o di non fare: i limiti delle misure coercitive dell'art. 614 bis c.p.c., cit., § 2.
85. PROTO PISANI, Andrea, *Lezioni*, cit., p. 919; CHIARLONI, Sergio, Esecuzione indiretta. Le nuove misure coercitive ai sensi dell'art. 614 bis c.p.c., cit., § 3; TOMMASEO, Ferruccio, L'esecuzione indiretta e l'art. 614 bis C.P.C., cit., p. 278; CONSOLO, *Spiegazioni*, I, cit., p 161.
86. Como destaca DINAMARCO, Cândido Rangel, *Instituições de direito processual*, cit., IV, p. 539, esse tipo de solução se justifica em razão do fato de que a medida coercitiva "têm como escopo não só de abrir caminho para a satisfação do credor mas também de preservar a autoridade das decisões judiciárias (repelir e afastar afrontas perpetradas contra o exercício da jurisdição)".

favor do credor, que se torna atual somente com o inadimplemento. A imposição da multa não prejudica o direito do credor à realização específica da obrigação ou ao recebimento do equivalente monetário, ou ainda à postulação das perdas e danos. Estamos diante de duas importâncias autônomas e separadas. A esse respeito cumpre destacar que o art. 131-2 do Código francês preferiu eliminar qualquer dúvida sobre esse ponto e esclareceu que a astreinte é independente das perdas e danos.

Quanto aos critérios para a determinação do montante da quantia, embora sejam critérios lógicos, deixam um amplo espaço à discricionariedade do juiz, devendo esse poder discricionário determinar a quantia em relação: ao "valor da controvérsia", à "natureza da prestação", ao "dano quantificado ou previsível" e as "todas as outras circunstâncias úteis". Nesse último critério, o juiz levará em consideração as condições patrimoniais e pessoais das partes (principalmente do devedor)[87]. Uma parte da doutrina italiana critica o excessivo poder discricionário do juiz quanto à determinação da multa[88]. Alguns autores propuseram, portanto, a necessidade de introduzir um limite mínimo e máximo para a determinação da quantia devida[89]. Parece-nos melhor evitar fixar parâmetros a priori na determinação da quantia[90]. Dito isso, é preciso evitar, contudo, o problema do "efeito perverso" da multa e os fenômenos de enriquecimento ilícito a favor do credor que cumula a multa e o ressarcimento: a multa não pode se tornar mais desejável ao credor do que a satisfação da prestação principal e a determinação da multa tem que seguir os **princípios da razoabilidade e da proporcionalidade**[91].

A multa do art. 614 bis do CPC italiano foi definida como uma sentença condicional[92], cuja eficácia é subordinada a uma circunstância futura e incerta, sem necessidade de um novo juízo para a formação do título executivo. Mas há quem prefira falar em condenação para o futuro[93].

---

87. CONSOLO, Claudio, *Spiegazioni*, I, cit., p. 161.
88. TOMMASEO, Ferruccio, L'esecuzione indiretta e l'art. 614 bis C.P.C., cit., p. 284.
89. Para esta crítica LUISO, Francesco Paolo, *Diritto processuale civile*, cit., III, p., § 23.
90. Nessa linha salienta DINAMARCO, Cândido Rangel, *Instituições de direito processual*, IV, cit., p. 537, que a multa coercitiva pertence à jurisdição de equidade e, por conseguinte, "não é conveniente fixar parâmetros *a priori*".
91. Quanto ao efeito perverso da multa, ver: MARINONI, Luiz Guilherme; ARENHART, Sérgio Cruz; MITIDIERO, Daniel, *Novo curso de processo civil*, II, cit., p. 731-732.
Sobre a determinação do valor da multa, ver: BONICIO, Marcelo José Magalhães, *Proporcionalidade e processo*, São Paulo: Atlas, 2006, p. 131: "convém deixar claro que as multas não podem atingir um valor excessivo, porque, se aplicadas em demasia, desnaturam o espírito da regra prevista no artigo 461 do Código de Processo Civil e atingem o princípio da proporcionalidade".
92. TOMMASEO, Ferruccio, L'esecuzione indiretta e l'art. 614 bis C.P.C., cit., p. 281.
93. CAPPONI, Bruno, *Manuale*, cit., p. 35.

Porém, aquilo que mais importa quanto à verificação da condição é que nenhuma indicação provém do legislador sobre fase de liquidação, ou seja, sobre a existência de um mecanismo de averiguação judicial do inadimplemento do devedor. Tal omissão parece criticável à luz das indicações provenientes do direito comparado e das soluções adotadas pelo mesmo legislador italiano em relação a algumas medidas coercitivas especiais[94]. O pensamento corre ao ordenamento francês cuja liquidação é feita pelo juiz da execução (art. 131-3 do *Code des procédures civiles d'exécution*). No silêncio da lei italiana sobre esse ponto, o credor deve proceder a uma autoliquidação, indicando os fatos dos quais nasce a obrigação de pagar quantia ao tempo indicado pelo juiz[95]. Em caso de oposição à execução proposta pelo devedor, o ônus da prova dos fatos geradores das obrigações recairá sobre o credor[96]. Todavia, assim estruturado, o sistema italiano parece "destinado a alimentar um número infinito de oposições à execução"[97].

Diante do exposto, fica bastante claro que o art. 614 bis precisa de um aprimoramento para tornar a medida coercitiva no sistema italiano mais enérgica e mais abrangente, à semelhança do que ocorre nos sistemas francês e brasileiro.

Antes de concluir o assunto, merecem menção outros instrumentos de coação indireta para induzir o devedor a adimplir uma obrigação de fazer ou não fazer, entre os quais: a sanção penal prevista pelo art. 388 do Código Penal (descumprimento doloso de uma medida) e pelo art. 650 do CP (inobservância das medidas de autoridade); a possibilidade de inscrever hipoteca judiciária, segundo a norma do art. 2818 do Código Civil, para o equivalente monetário ou para a importância que corresponde aos eventuais danos de violação. Quanto ao primeiro dos mencionados instrumentos (a prisão como meio para estimular a execução forçada), parece-nos que as recentes propostas de utilizar a sanção penal para induzir o devedor à prestação[98] comportam uma criminalização da

---

94. referência é às sanções civis do art. 124 do Código de propriedade intelectual de 2005, que assegna ao juiz que emitiu a sentença para resolver as contestações que surgem no cumprimento da medida coercitiva. Para a crítica sobre essa omissão, vide TOMMASEO, Ferruccio, L'esecuzione indiretta e l'art. 614 bis C.P.C., cit., p. 281; CONSOLO, Claudio, *Spiegazioni*, I, cit., p. 162.
95. TOMMASEO, Ferruccio, L'esecuzione indiretta e l'art. 614 bis C.P.C., cit., p. 282.
96. Assim MERLIN, Elena, op. ult. cit., p. 1551.
97. CONSOLO, Claudio, *Spiegazioni*, I, cit., p. 162.
98. CONTE, Riccardo, Tutela penale del diritto di credito. Sviluppi giurisprudenziali, em *Giurisprudenza italiana*, 2012, p. 1635 ss.; FABIANI, Enresto, Attualità della tutela penale al servizio dell'effettività della tutela civile, dopo la riforma dell'art. 388 c.p., em *Rivista dell'esecuzione forzata*, 2011, p. 535 ss. Na doutrina brasileira, ver: MARINONI, Luiz Guilherme; ARENHART, Sérgio Cruz; MITIDIERO, Daniel, *Novo curso de processo civil*, II, cit., p. 738, os quais salientam que: "O juiz somente poderá se valer da prisão quando estiver em condições de justificar a impossibilidade de efetivação da tutela, mediante o emprego da multa ou de qualquer outro meio executivo".

obrigação de justiça muito severa e, portanto, não sejam viáveis[99]. Quanto ao segundo instrumento citado, como destaca Andrea Proto Pisani, o uso da hipoteca judiciária como medida coercitiva encontra "dois grandes limites": a necessidade de que o devedor seja titular de um patrimônio imobiliário; a necessidade de o credor antecipar as despesas para efetuar a inscrição de hipoteca[100].

Por fim, em relação às medidas compulsórias que versam sobre o cumprimento espontâneo de uma decisão, parece-nos inviável a utilização da regra francesa que condiciona a admissibilidade do recurso de cassação à execução da sentença recorrida (art. 1009-1 do CPC francês). Sem entrar em detalhes sobre tal medida compulsória, e que de fato constitui um filtro indireto ao recurso por cassação[101], o recorrido no recurso de cassação pode requerer a extinção do processo sem julgamento de mérito, se o recorrente não cumprir a sentença condenatória contida na decisão impugnada e dotada de eficácia executiva, a não ser que da execução decorram consequências manifestamente excessivas ou o devedor esteja na impossibilidade de adimplir a decisão[102]. Esse mesmo mecanismo foi, em seguida, aplicado ao juízo de apelação pelo decreto n. 526, de 28 de dezembro de 2005, que modificou o art. 526 do CPC francês, introduzindo a possibilidade de extinção do processo sem julgamento de mérito na ausência do cumprimento voluntário da decisão de primeira instância recorrida[103].

---

99. CONSOLO, Claudio, *Spiegazioni*, I, cit., p. 158. Sobre esse ponto no direito brasileiro, ver: DIDIER, Fredie Jr.; CUNHA, Leonardo Carneiro; BRAGA, Paula Sarno; OLIVEIRA, Rafael Alexandria de, *Curso de direito processual civil*, V, cit., p. 464 ss.
100. PROTO PISANI, Andrea, *Lezioni*, cit., p. 146-147.
101. Trata-se de um mecanismo de filtragem indireto à Corte de Cassação para AMRANI MEKKI, Soraya, L'accès aux Cours Suprêmes. Rapport français, in http://colloquium2014.uw.edu.pl/wp content/uploads/sites/21/2014/06/AMRANI_MEKKI_L%E2%80%99ACCES-AUX-COURS-SUPREMES-final.pdf, § 24 (acesso em 25.7.2014).
102. artigo 1009-1 do CPC francês dispõe que: "*Hors les matières où le pourvoi empêche l'exécution de la décision attaquée, le premier président ou son délégué décide, à la demande du défendeur et après avoir recueilli l'avis du procureur général et les observations des parties, la radiation d'une affaire lorsque le demandeur ne justifie pas avoir exécuté la décision frappée de pourvoi, à moins qu'il ne lui apparaisse que l'exécution serait de nature à entraîner des conséquences manifestement excessives ou que le demandeur est dans l'impossibilité d'exécuter la décision*".
    Sobre esse ponto veja-se: GUINCHAR, Serge; CHAINAIS, Cécile; FERRANT, Frédérique, *Procédure civile*, cit., p. 1328.
103. art. 526 do CPC francês dispõe que: "*Lorsque l'exécution provisoire est de droit ou a été ordonnée, le premier président ou, dès qu'il est saisi, le conseiller de la mise en état peut, en cas d'appel, décider, à la demande de l'intimé et après avoir recueilli les observations des parties, la radiation du rôle de l'affaire lorsque l'appelant ne justifie pas avoir exécuté la décision frappée d'appel ou avoir procédé à la consignation autorisée dans les conditions prévues à l'article 521, à moins qu'il lui apparaisse que l'exécution serait de nature à entraîner des conséquences manifestement excessives ou que l'appelant est dans l'impossibilité d'exécuter la décision*".
    Veja-se as considerações críticas de GUINCHAR, Serge; CHAINAIS, Cécile; FERRANT, Frédérique, *Procédure civile*, cit., p. 829.

6. CONSIDERAÇÕES CONCLUSIVAS

Esgotando esse estudo e antes de tecer algumas breves considerações conclusivas, podemos lembrar que o legislador italiano trouxe outras alterações ao processo de execução que, dados os exíguos limites deste trabalho, não tivemos a possibilidade de tratar. Assim, a título de exemplo, recordamos que o legislador interveio em matéria de: penhora e novos instrumentos para a pesquisa dos bens passíveis de penhora[104]; venda forçada e sistema da delegação aos profissionais de operações[105]; possibilidade de suspender a eficácia executiva do título no caso de embargos pré-executivos[106]; suspensão do processo executivo[107].

Podemos, por fim, apontar algumas considerações conclusivas a respeito do sistema italiano: (i) o rol dos títulos executivos extrajudiciais é bastante restrito, notadamente no que diz respeito à execução em forma específica, podendo-se cogitar de uma ampliação dos títulos; (ii) a intervenção dos credores, ao permitir o ingresso numa execução alheia de apenas algumas categorias de credores sem título executivo não parece ser conforme ao princípio constitucional da igualdade, podendo-se conceber a restrição da faculdade de intervenção somente aos credores com título executivo; (iii) a disciplina da expropriação perante terceiros parece prejudicar a posição do terceiro *debitor debitoris*; (iv) a medida coercitiva atípica do art. 614 *bis* do CPC deu origem a várias incertezas interpretativas, de modo que seria necessária uma disposição mais clara e abrangente que permita a aplicação para as obrigações de fazer fungíveis, não fazer, entrega de coisa e, provavelmente, de pagar uma importância em dinheiro; (v) nessa última linha seria possível cogitar a introdução, na Itália, de mecanismos que induzam o devedor ao adimplemento voluntário das obrigações pecuniárias e evitar assim a instauração de um processo de execução, tal como a multa (de natureza punitiva) de 10% prevista no art. 475-J

---

104. Sobre esse ponto, veja-se: CAPPONI, Bruno, *Manuale*, cit., p. 186 ss.; CORDOPATRI, Le nuove norme sull'esecuzione forzata, cit., p. 759; COMOGLIO, Luigi Paolo, La ricerca dei beni da pignorare, in *Rivista dell'esecuzione forzata*, 2006, p. 50 ss.; CANELLA, Maria Giulia, Novità in materia di esecuzione forzata, cit., p. 278

105. Ver FABIANI, Ernesto, Delega delle operazioni di vendita in sede di espropriazione forzata immobiliare, in *Dig. disc. priv., sez. civ., aggiornamento*, IV, Turim: UTET, 2010, p. 456 ss.; FARINA, Pasqualina, *L'aggiudicazione nel sistema delle vendite forzate*, Nápoles: Jovene, 2012; ID., Il nuovo regime del procedimento di vendita forzata, in PUNZI, Carmine, *Il processo civile. Sistema e problematiche. Le riforme del quinquennio 2010-2014*, Turim, Giappichelli, 2015, p. 531 ss.

106. CAPPONI, Bruno, *Manuale*, cit., p. 393 ss.; LOCATELLI, Francesca, Il nuovo potere sospensivo del giudice dell'opposizione a precetto, in *Rivista di diritto processuale*, 2008, p. 84 ss.; SALETTI, Achille, Simmetrie e asimmetrie delle opposizioni esecutive, in *Rivista di diritto processuale*, 2007, p. 885 ss.

107. VELLANI, Carlo, La disciplina della sospensione dell'esecuzione: c'è qualcosa di nuovo?, in *Rivista trimestrale di diritto e procedura civile*, 2012, p. 209 ss.

do CPC brasileiro de 1973 e no art. 523, § 1, do CPC de 2015[108]; (vi) por último, seria possível pensar em introduzir na Itália um mecanismo estimulador, a fim de que seja mais conveniente para o devedor cumprir a obrigação, como a dispensa, total ou parcial, de despesas processuais em caso de imediato pagamento do valor exigido, à semelhança do que ocorre no Brasil em relação à ação monitória (art. 1.102-C, § 1°, do CPC de 1973, e art. 701, § 1°, do CPC de 2015) e à execução de títulos extrajudiciais (652-A, parágrafo único, do CPC de 1973, e art. 827 do CPC de 2015)[109].

Cabe frisar, em conclusão, que é ainda longo o caminho para que o sistema italiano chegue a um processo executivo que seja conforme aos ditames da efetividade da tutela jurisdicional.

---

108. Sobre esse ponto, ver: MARINONI, Luiz Guilherme; ARENHART, Sérgio Cruz, Execução, cit., p. 243; MARINONI, Luiz Guilherme; ARENHART, Sérgio Cruz; MITIDIERO, Daniel, Novo curso de processo civil, II, cit., p. 897-898.
109. Sobre as chamadas "sanções premiativas" e os "mecanismos estimulatórios" no sistema brasileiro, ver: MARINONI, Luiz Guilherme; ARENHART, Sérgio Cruz, Execução, cit., p. 90; MARINONI, Luiz Guilherme; ARENHART, Sérgio Cruz; MITIDIERO, Daniel, Novo curso de processo civil, II, cit., p. 739-740, em relação ao Código de 2015.

> 5º Painel Binacional: Reformas da execução

TENDÊNCIAS EVOLUTIVAS DA EXECUÇÃO CIVIL BRASILEIRA[1]

Heitor Vitor Mendonça Sica

Mestre e Doutor em Direito Processual Civil pela Universidade de São Paulo. Professor Doutor da Faculdade de Direito da Universidade de São Paulo. Advogado.

SUMÁRIO: 1. INTRODUÇÃO – 2. AMPLIAÇÃO DO ROL (JÁ EXTENSO) DE TÍTULOS EXECUTIVOS EXTRAJUDICIAIS – 3. REDUÇÃO DO PAPEL DO JUIZ NA PRÁTICA DE ATOS EXECUTIVOS – 4. REFORÇO DO DEVER DE COLABORAÇÃO DO EXECUTADO-- 5. FACILITAÇÃO DOS MECANISMOS PARA VENDA FORÇADA DE BENS CONSTRITOS JUDICIALMENTE – 6. UTILIZAÇÃO DE MEIOS ELETRÔNICOS – 7. EFETIVIDADE DA EXECUÇÃO DAS OBRIGAÇÕES DE FAZER E NÃO FAZER – 8. TENDÊNCIAS EM MATÉRIA DE DEFESAS DO EXECUTADO – 9. BREVES CONCLUSÕES.

1. INTRODUÇÃO

O objetivo primordial do presente texto é identificar e analisar criticamente tendências evolutivas do sistema brasileiro de execução civil, tomando-se como ponto de partida as três ondas de reformas legislativas empreendidas no CPC de 1973 em 1994-1995, 2001-2002 e 2005-2006, para se chegar ao novo CPC, promulgado pela Lei nº 13.105 de 16.03.2015.

Não me compete, aqui, descrever o sistema estruturado nos Códigos de 1973 e de 2015, mas sim tentar identificar em que medida as alterações operadas no primeiro e aquelas contempladas pelo segundo indicam tendências evolutivas.

Oportuno registrar também que a referência a ordenamentos estrangeiros será feita de maneira sucinta, com a exclusiva finalidade de propiciar a comparação jurídica em alguns tópicos.

---

1. Relatório preparado para o "I Colóquio Brasil-Itália de Direito Processual Civil", realizado em São Paulo, SP, nos dias 26 a 28 de agosto de 2014. Posteriormente, o texto foi atualizado à luz do CPC de 2015.

2. AMPLIAÇÃO DO (JÁ EXTENSO) ROL DE TÍTULOS EXECUTIVOS EXTRAJUDICIAIS

Em comparação com outros ordenamentos processuais com os quais compartilha raízes comuns, o sistema brasileiro de execução civil se notabiliza por contemplar um rol muito extenso de títulos executivos extrajudiciais[2-3].

De fato, trata-se de uma opção que já havia sido feita pelo CPC de 1939 e que, numa primeira vista, se poderia dizer que foi restringida pelo CPC de 1973, cujo art. 585 deixou de contemplar 8 (oito) hipóteses previstas no art. 298 do diploma revogado (ainda que todas elas atinentes a situações de direito material bastante específicas[4]).

A despeito de tais supressões, o art. 585 do CPC de 1973 manteve hipóteses genéricas – sobretudo o inciso II ("o documento público, ou o particular assinado pelo devedor e subscrito por duas testemunhas, do qual conste a obrigação de pagar quantia determinada, ou de entregar coisa fungível") – as quais poderiam eventualmente englobar alguns títulos executivos específicos suprimidos em relação ao diploma de 1939[5].

---

2. Tomem-se como exemplos os ordenamentos italiano, espanhol e português. De fato, as hipóteses previstas no art.474 do CPC italiano, mesmo ampliadas por força das pelas Leis nº 35 e 263/2005, ainda se resumem a "le scritture private autenticate,relativamente alle obbligazioni di somme di denaro in esse contenute, le cambiali, nonché gli altri titoli di credito ai quali la legge attribuisce espressamente la sua stessa efficacia" e "gli atti ricevuti da notaio o da altro pubblico ufficiale autorizzato dalla legge a riceverli", além da possibilidade de criação de outras hipóteses por leis especiais. Já o art.517.2 da LEC espanhola limita a 4 (quatro) os títulos extrajudiciais, e todos são muito específicos e cercados de formalidades muito extremamente complexas. Salta aos olhos particularmente que ficaram fora desse rol os títulos de crédito (como a letra de câmbio e o cheque), para os quais se criou um *proceso especial*, qual seja, o *proceso cambiario* (LEC, art.819-827) o qual, embora seja bastante célere e sumarizado, dá ao réu poderes mais amplos para se defender do que aqueles outorgados ao executado. Por fim, o art. 703.1 do CPC português vigente prevê duas espécies de títulos extrajudiciais: "documentos exarados ou autenticados, por notário ou por outras entidades ou profissionais com competência para tal, que importem constituição ou reconhecimento de qualquer obrigação" e "títulos de crédito, ainda que meros quirógrafos, desde que, neste caso, os factos constitutivos da relação subjacente constem do próprio documento ou sejam alegados no requerimento executivo". Além disso, o CPC lusitano permite que leis especiais criem outras modalidades.
3. Segundo Cândido Rangel Dinamarco trata-se de uma das características do modelo infraconstitucional do direito processual civil brasileiro, inspirado pela necessidade de "aceleração da tutela jurisdicional" (*Instituições de direito processual civil*, 6 ed., São Paulo: Malheiros, 2009, v. 1, p. 189).
4. Quais sejam: inciso III (crédito de comissão de corretagem), IV (créditos de condutores ou comissários de fretes), V (dos procuradores judiciais, médicos, cirurgiões-dentistas, engenheiros e professores, para cobrança de seus honorários), X (crédito de administrador de edifício), XI (crédito de pensão alimentícia e renda vitalícia ou temporária), XIV (credor por fatura, ou conta assinada, ou conta-corrente reconhecida pelo devedor), XV (dos portadores de "warrants", ou de conhecimentos de depósito, na forma das leis que regem os armazéns gerais) e XVI, 'b' (do liquidatário de massa falida; para haver do acionista de sociedade anônima, ou em comandita, ou do sócio de responsabilidade limitada, a integralização de suas ações ou quotas).
5. De fato, bastaria que o crédito de comissão de corretagem, de condutores ou comissários de fretes, de professores etc. fossem documentados em instrumento particular assinado pelo devedor e duas testemunhas.

As reformas processuais operadas em 1994 e 2006 alargaram ainda mais o rol do art. 585 do CPC de 1973[6] e, não bastasse, *dezenas* de leis extravagantes criaram outros títulos executivos à margem do Código[7], com base na norma aberta constante do inc. VIII do art. 585[8].

O CPC de 2015 não apenas manteve as mesmas hipóteses previstas no CPC de 1973[9], como ainda inseriu 3 (três) novas modalidades de títulos executivos extrajudiciais[10].

Esse quadro permite afirmar que o sistema de execução civil brasileiro apresenta clara tendência de ampliação do rol de títulos executivos extrajudiciais, o qual já é historicamente bem extenso. Identificada a tendência, resta analisá-la criticamente. E há várias razões para discordar desse caminho há muito trilhado pelo legislador pátrio.

Primeiramente, há que se questionar as razões e critérios que orientam o Congresso Nacional a criar títulos executivos extrajudiciais aplicáveis para beneficiar um específico tipo de credor. Analisando-se, sobretudo, as leis extravagantes, desponta evidente a proliferação de títulos executivos criados para uso exclusivo de instituições financeiras. E, o que é pior, em muitos casos o credor recebe o poder de constituir unilateralmente o título, sem participação direta

---

6. Lei nº 8.953/94 incluiu a debênture (inc. I) e o "instrumento de transação referendado pelo Ministério Público, pela Defensoria Pública ou pelos advogados dos transatores" (inc. II). Já a Lei nº 11.382/2006 substituiu a hipótese de "crédito aluguel ou renda de imóvel, bem como encargo de condomínio desde que comprovado por contrato escrito" (nc. IV) por "crédito, documentalmente comprovado, decorrente de aluguel de imóvel, bem como de encargos acessórios, tais como taxas e despesas de condomínio" (inc. V) de modo que, a rigor, restou dispensada a apresentação de "contrato escrito". Cassio Scarpinella Bueno chega ao ponto de propor, por exemplo, que aceite como prova documental o "boleto bancário" (*A nova etapa da reforma do Código de processo Civil* – Comentários sistemáticos à Lei n. 11.382 de 6 de dezembro de 2006, v.3, São Paulo: Saraiva, 2007, p.20). Seja como for, a única supressão concerne ao contrato de "seguro de acidentes pessoais de que resulte incapacidade", que deixou de figurar no inc. III por força da Lei nº 11.382/2006.
7. Theotonio Negrão, José Roberto Ferreira Gouvêa, Luis Guilherme Aidar Bondioli e João Francisco Naves da Fonseca (*Código de Processo Civil e legislação processual em vigor*, 45 ed., São Paulo: Saraiva, 2013, p.794-795) listam 27 (vinte e sete) diplomas legais que criam títulos executivos extrajudiciais, editados de 1965 a 2011, sendo que os anteriores a 1973 foram recepcionados pelo CPC de 1973.
8. Por força do inciso VIII do art. 585 do CPC de 1973, o rol de títulos executivos extrajudiciais não é exaustivo, pois nele hão de ser incluídos "todos os demais títulos a que, por disposição expressa, a lei atribuir força executiva".
9. exceção do "crédito de auxiliar da justiça, quando as custas, emolumentos ou honorários tiverem sido aprovados por decisão judicial", que passou a (corretamente) figurar dentre os títulos executivos judiciais (aet. 515, V, do CPC/15).
10. Refiro-me aos incisos IV, X e XI do art. 784, quais sejam: "o instrumento de transação referendado (...) por conciliador ou mediador credenciado pelo tribunal" (inc. IV), "o crédito referente às contribuições ordinárias ou extraordinárias de condomínio edilício, previstas em Convenção de Condomínio ou aprovadas em Assembleia Geral, desde que documentalmente comprovadas" (inc. X) e "a certidão expedida por serventia notarial ou de registro, relativa a valores de emolumentos e demais despesas devidas pelos atos por ela praticados, fixados nas tabelas estabelecidas em lei" (inc.XI).

do devedor no processo de formação do ato-documento[11]. Se por um lado a política econômica dita a necessidade de dinamizar o acesso ao crédito bancário, por outro, é difícil não enxergar nessa verdadeira sanha legislativa a conferência de tratamento indevidamente privilegiado a instituições financeiras[12].

O segundo problema concerne ao fato de que há vários títulos executivos extrajudiciais dos quais se mostra difícil extrair, de plano e em abstrato, eloquente certeza e exigibilidade Pense-se por exemplo, na execução do "crédito documentalmente comprovado" de aluguel e encargos (art.585, V, CPC/73 e art. 784, VIII, CPC/15), do contrato de seguro de vida (art.585, III, CPC/73 e art.784, VI, CPC), bem como, de resto, dos contratos bilaterais em geral revestidos dos requisitos formais do art.585, II, do CPC/73 ou art. 784, II e III, do CPC/15. Nesses casos, em maior ou menor grau, a cognição judicial a ser exercida em sede de juízo de admissibilidade da execução envolve a análise de *prova* na acepção estrita do termo, isto é, de "um conjunto de atividades de verificação e demonstração, mediante as quais se procura chegar á verdade quanto aos fatos relevantes para o julgamento" (nas palavras de Cândido Rangel Dinamarco[13]). É evidente que a cognição judicial nesses casos é consideravelmente mais profunda e extensa do que, por exemplo, na execução dos títulos de crédito (art. 585, I, CPC/73 e art. 784, I, CPC/15)[14], que seriam, por assim dizer, os títulos de executivos extrajudiciais por excelência.

---

11. Refiro-me às cédulas hipotecárias, de crédito rural, industrial, comercial, imobiliário, bancário etc. (Art. 29 do Decretos-lei nº 70/66, art.41 do Decreto-lei nº 167/67, art. 10 da Lei nº 8.929/94, art. 41 do Decreto-lei nº 413/69, arts. 20 e 28 da Lei nº 10.931/2004 etc.).
12. Carlos Alberto Alvaro de Oliveira (Procedimento e ideologia no direito brasileiro. *Ajuris*, v. 12, nº 3, p. 82-83, mar. 1985) sustentou que a criação de diversos institutos processuais benéficos a bancos durante o regime militar (em especial na segunda metade da década de 1960) indicaria traço da influência da ideologia que inspirava o aparelho estatal à época. José Joaquim Calmon de Passos, em ensaio atinente à teoria geral dos procedimentos especiais, mas que pode perfeitamente ser invocado para a presente análise, também demonstrou preocupação com a possibilidade de criação de um tratamento diferenciado a determinados litigantes em detrimento de outros: "o procedimento ordinário é o que traduz o excelente para a quase-totalidade dos processos, tanto em termos de garantias quanto em termos de economicidade. A perda de perspectiva da dimensão democrática do processo (...) é que leva a identificar o procedimento ordinário como algo negativo. *Ele deve ser o procedimento por excelência e se por acaso estiver mal estruturado tarefa prioritária será dar-lhe a melhor feição possível.* Incompreensível que se entendendo inadequado o procedimento ordinário, seja ele deixado como está, apenas injuriado gratuitamente, tentando-se a escapatória pelo que é desigualizador e complicador – gerar miríades de procedimentos especiais, ao sabor de cada comichão processual e sempre acobertando algum tratamento privilegiado" (*Teoria geral dos procedimentos especiais*. In: Cristiano Chaves de Farias e Fredie Didier Jr. (coord.). *Procedimentos especiais cíveis, legislação extravagante*. São Paulo: RT, 2002. p. 3-4, destaque do original).
13. *Instituições de direito processual civil*, 6 ed., São Paulo: Malheiros, 2009, v. 3, p. 42.
14. Como é cediço, os títulos de crédito se governam pelo princípio da cartularidade, segundo o qual todas as informações atinentes à relação jurídica cambiária devem estar nele inseridas (sendo que em geral o direito objetivo regula como devem ser interpretadas as omissões). Ademais, esse mesmo princípio exige que a sua via original do documento físico (quando houver) seja entregue ao devedor quando a

Na primeira hipótese referida (aluguéis e encargos), o julgador poderia ser obrigado, por exemplo, a analisar se as despesas condominiais exigidas pelo exequente seriam ordinárias (de responsabilidade do inquilino) ou extraordinárias (necessariamente pagas pelo locador), conforme o art. 22, X e par. ún., e 23, XI e par. ún., ambos da Lei nº 91[15]/8.425. No segundo caso (seguro de vida), por força dos arts. 572, 582 e 614, II, todos do CPC/73 ou arts.514, 787 e 798, II, do CPC/15 c.c. art. 476 do CC, a execução precisaria ser aparelhada com a certidão de óbito e da prova do pagamento do prêmio. No mais, tecnicamente o juiz precisaria verificar, na certidão de óbito, a *causa mortis* e examinar o contrato para verificar se haveria alguma exclusão de cobertura[16]. No último caso (contratos bilaterais em geral) a situação pode se tornar particularmente complexa para o exequente formar o convencimento do juiz em torno da prova do cumprimento da prestação que lhe competia para poder exigir a prestação do executado (nos termos dos já aludidos arts. 572, 582 e 614, II, todos do CPC/73 ou arts.514, 787 e 798, II, do CPC/15 c.c. art. 476 do CC). Embora externa ao título, essa prova do implemento da condição "representa, na verdade, a demonstração da própria existência do direito subjetivo, ou seja, a *certeza* da obrigação a ser coativamente executada", conforme leciona Teori Albino Zavascki[17].

Essas situações revelam, em maior ou menor grau, certa inadequação tanto da teoria da "eficácia abstrata do título executivo" [18] quanto da construção segundo o qual o título executivo traria ínsita "elevada probabilidade" de existência da obrigação[19]. Quando muito, essas concepções teóricas não se aplicariam (ao menos não de modo uniforme), a todas as modalidades de títulos extrajudiciais contempladas em nosso ordenamento. Nesses casos, o exequente

---

dívida for paga. Todas essas características facilitam a cognição judicial no juízo de admissibilidade da execução forçada de títulos de crédito, já que a análise da liquidez e exigibilidade se faz de plano, ao passo que a apresentação do original da cártula revela com um grau razoável de probabilidade que a dívida não foi paga.
15. Se não for possível inferir da documentação acostada pelo exequente a natureza das despesas condominiais incluídas na execução, o juiz a rigor deveria indeferir o processamento da execução relativamente a tais verbas, e determinar que o exequente manejasse o processo de conhecimento.
16. situação se tornaria ainda mais complexa se, por exemplo, houvesse uma exclusão de cobertura, mas o juiz considerasse tal cláusula, de ofício, abusiva à luz do CDC. Caberia ao executado, ao se defender, bater-se pela legalidade da cláusula.
17. *Processo de execução* – parte geral. 3 ed., São Paulo: RT, 2004, p.381, destaque do original.
18. Segundo Sergio Seiji Shimura, "falar em eficácia abstrata do título é atestar que este conduz o juiz a prescindir de qualquer comprovação do crédito, bastando-lhe o título como fator legitimante dos atos executivos, sem nada julgar quanto ao mérito" (*Título executivo*, São Paulo: Saraiva, 1997, p.116-117).
19. Dinamarco observa que "é a probabilidade de existência do crédito o fator que orienta o legislador a qualificar um ato ou fato jurídico como título executivo legitimador da realização dos atos executivos. Sem essa probabilidade, não seria prudente expor um patrimônio ou parte dele aos rigores de uma execução forçada, com o ilegítimo risco de o crédito não existir" (*Instituições de direito processual civil*, 3 ed., São Paulo: Malheiros, 2009, v.4, p.210).

tem de convencer o juiz, em sede de cognição sumária, da existência de seu direito, para obter o juízo de admissibilidade da execução[20-21].

Dessa constatação derivam consequências indesejáveis para ambos os polos da relação processual executiva. Para o exequente, põe-se o risco de não satisfazer a convicção judicial, mesmo que em sede de cognição sumária, para emitir juízo positivo de admissibilidade da execução, com consequente indeferimento da petição inicial[22]. Esse quadro abriria duas alternativas, ambas inadequadas em termos de efetividade processual: a interposição de apelação ou dedução de demanda de conhecimento. Já o executado sujeita-se a um risco maior de uma invasão em sua esfera jurídica por meio de uma execução injusta, nem sempre havendo meios adequados para afastar a agressão rápida e eficazmente[23].

3. REDUÇÃO DO PAPEL DO JUIZ NA PRÁTICA DE ATOS EXECUTIVOS

A análise de ordenamentos estrangeiros também revela com absoluta nitidez a tendência de reduzir o papel do juiz na prática de atos executivos, atribuindo-os ao próprio exequente, a ente particular, a ente vinculado ao Poder Executivo ou a órgão integrante do Poder Judiciário[24]. Embora de maneira muito

---

20. Nesses casos, poder-se-ia enxergar proximidade entre a execução de título extrajudicial e a ação monitória, pois a cognição sumária indicaria apenas uma probabilidade (não tão intensa) de existência do crédito espelhado no documento que aparelhou a peça inicial. Contudo, conquanto o juízo positivo de admissibilidade da ação monitória (do qual resulta a expedição do "mandado monitório") não gera impacto imediato para o réu, o juízo positivo de admissibilidade da execução de título extrajudicial deflagra desde logo atos de agressão à esfera jurídica do executado.
21. bem verdade que os arts. 572, 582 e 614, II, todos do CPC/73m, bem como os arts.787 e 798, II, do CPC/15 se aplicam igualmente à execução de título judicial, o qual pode conter condenação sujeita a termo ou condição. Entretanto, além de se tratar de hipótese mais rara, em se tratando de sentença civil condenatória (o título executivo judicial por excelência) há que se reconhecer que o Poder Judiciário já teve contato com os fatos subjacentes ao litígio, o que de certa maneira tornaria o trabalho do juiz, em sede de cumprimento forçado da decisão, menos complexo.
22. Esse problema seria menos nocivo se se admitisse que o juiz, ao reconhecer inadmissível a execução de título extrajudicial, desse ao exequente a oportunidade de converter a petição inicial para uma demanda de procedimento comum, como já entendeu possível o STJ em julgado assim ementado: "EXECUÇÃO. CONTRATO DE ABERTURA DE CRÉDITO. CONVERSÃO EM AÇÃO ORDINÁRIA DE COBRANÇA. INSURGÊNCIA DO DEVEDOR SOB A ALEGAÇÃO DE QUE JÁ TIVERA SIDO CITADO PARA OS TERMOS DA EXECUÇÃO. TODAS AS CITAÇÕES AINDA NÃO CONSUMADAS. AUSÊNCIA DE PREJUÍZO. Enquanto não realizadas todas as citações, é possível a modificação do pedido e da causa de pedir, mesmo sem o consentimento dos réus já citados. – Convolação do processo executivo em processo ordinário que nenhum gravame acarretou ao devedor; antes, beneficiou-o com maiores possibilidades de defesa, sem a necessidade de efetuar a constrição judicial. Recurso especial não conhecido" (REsp 482.087/RJ, Rel. Ministro Barros Monteiro, Quarta Turma, JULGADO em 03/05/2005, DJ 13/06/2005, p. 309).
23. Trata-se de realidade particularmente sensível considerando-se que os embargos à execução não têm mais efeito suspensivo automático.
24. Para ampla e minudente análise de diversos ordenamentos estrangeiros, confira-se UMBERTO BARA BRESOLIN (*Execução extrajudicial imobiliária*, São Paulo: Atlas, 2013, *passim*).

tímida, podemos identificar tendência similar em nosso ordenamento. Para exame desses exemplos convém, então, traçar brevíssima classificação.

Primeiramente, pode-se dividir os modelos em que se exclui completamente a participação do juiz (para efeitos didáticos, proponho para essa hipótese a denominação de *execução extrajudicial* ou de *execução integralmente desjudicializada*) e, em outros, a participação do juiz é apenas reduzida (calha aqui chamar essa categoria de *execução parcialmente desjudicializada*). Obviamente que em ambos os casos preserva-se a possibilidade de o Poder Judiciário ser provocado para examinar a regularidade e legalidade das atividades executivas, em homenagem à garantia de amplo acesso à Justiça. Além disso, em ambos os casos, os atos de força continuam a ser realizados por ente público, de tal modo a se preservar o primado de monopólio do uso da força pelo Estado de Direito. Na execução integralmente desjudicializada, os atos que envolvem o emprego de força física cabem a entes ou órgãos integrantes do Poder Executivo. Na execução parcialmente desjudicializada, via de regra os atos de força física são ao menos ordenados pelo Poder Judiciário[25].

Outra classificação útil para compreensão dos fenômenos a serem analisados divide os modelos em que é o próprio exequente quem leva a cabo atividades executivas extrajudiciais (novamente para fins didáticos, proporia denominar essa situação de *execução unilateral*), ao passo que em outras situações o exequente é obrigado por lei a servir-se de um terceiro, do qual na maioria dos casos se exige algum grau de imparcialidade. Em certos casos, esse terceiro imparcial é ente público (nem sempre integrante do Poder Judiciário) e, em outros, ente particular (com diversos graus de rigor na regulação estatal de suas atividades). Chamaria essas situações, respectivamente, de *execução por intermédio de ente público* ou *execução por intermédio de ente particular*.

No Brasil, há variados exemplos de *execuções extrajudiciais unilaterais*, embora nenhuma de relevante utilidade prática[26].

---

25. No Brasil, os atos de força são determinados pelo Poder Judiciário, mas são, de fato, cumpridos pela Polícia (submetida ao Poder Executivo), qual é acionada sempre que necessário conforme arts.362, 445, III, 461, §5º, 825, par. ún., e, especialmente, os arts. 579 e 662 do CPC: "Sempre que, para efetivar a execução, for necessário o emprego da força policial, o juiz a requisitará" e "Sempre que necessário, o juiz requisitará força policial, a fim de auxiliar os oficiais de justiça na penhora dos bens e na prisão de quem resistir à ordem".
26. Eis aqui alguns exemplos lembrados pela doutrina: leilão extrajudicial de mercadorias especificadas em "warrant" não pago no vencimento (art. 23, § 1º do Decreto 1.102/1903); venda extrajudicial, pelo credor pignoratício, da coisa empenhada (art. 1.433, IV, do Código Civil), leilão extrajudicial da quota de terreno e correspondente parte construída na incorporação pelo regime de administração, também chamado "a preço de custo" (art. 63 da Lei nº 4.591/64), mecanismo que foi generalizado para outras modalidades de contratos de construção e venda de habitações com pagamento a prazo (art. 1º, VI e VII, da Lei nº 4.864/65) e depois estendido para o patrimônio de afetação (art. 31-F, § 14, da Lei 4.591/64, incluído

De outro lado, há exemplos (esses, sim, relevantes na prática) de execuções *extrajudiciais por intermédio de ente privado*[27] e *de ente público*[28], direcionadas para a execução de garantia real imobiliária[29].

Entendo que esses institutos são perfeitamente consentâneos com a ordem constitucional brasileira, seja porque essas modalidades de execução preservam o monopólio do uso da força física pelo Estado[30], seja ainda porque há prévio contraditório em sede extrajudicial em face do devedor[31], seja finalmen-

---

pela Lei nº 10.931/2004); venda, em bolsa de valores, das ações do acionista remisso (art. 107, II, da Lei 6404/76); venda do bem objeto da propriedade fiduciária no âmbito do mercado financeiro e de capitais (art. 66-B, § 3º, da Lei 4.728/65, incluído pela Lei nº 10.931/2004). Curiosamente, em nenhum desses casos desponta necessária a realização de qualquer ato de força, já que não se apresenta necessário qualquer ato de desapossamento físico do executado.

27. Refiro-me à execução da cédula hipotecária (atualmente em relativo desuso), regulada pelo Decreto-lei nº 70/66. O credor deflagra a execução perante um "agente fiduciário", o qual será sempre instituição financeira sem *"vínculos societários com os credores ou devedores das hipotecas em que sejam envolvidos"* (art. 30, § 3º).

28. melhor exemplo é o da execução de contrato de alienação fiduciária de bens imóveis, à luz da Lei nº 9.504/97, segundo a execução extrajudicial deve ser deflagrada pelo credor junto ao cartório de imóveis perante o qual o bem se acha matriculado (ente submetido ao Poder Judiciário).

29. Em ambos os diplomas aludidos, a transferência do domínio e a realização de leilão são realizadas extrajudicialmente (art. 32 do Decreto Lei nº 70/66 e art. 27, da Lei nº 9.514/97) e apenas depois é que o arrematante (se necessário) haverá de se socorrer do Poder Judiciário para ser imitido na posse do bem. Note-se que não costuma ser catalogada dentre as hipóteses de execução extrajudicial a retomada do bem móvel alienado fiduciariamente, hipótese o desapossamento judicial (via "ação de busca e apreensão") precede a expropriação extrajudicial, feita por simples venda a terceiro "independentemente de leilão, hasta pública, avaliação prévia ou qualquer outra medida judicial ou extrajudicial" (art. 2ª, do Decreto-lei nº 911/69). A ordem dos fatores, a meu ver, não altera o produto: trata-se, no mínimo, de hipótese de *execução parcialmente desjudicializada*.

30. corrente na doutrina a ideia segundo a qual "tem o ato executivo de peculiar, distinguindo-o, destarte, dos demais atos do processo e dos que do juiz se originam, a virtualidade de provocar alterações no mundo natural" (Araken de Assis, Manual da execução, 11 ed., São Paulo: RT, 2007, p.89). Contudo, uma análise ainda que perfunctória revela que apenas uma minoria os ditos "atos executivos" envolvem transformações *físicas* no mundo natural. Primeiro, em se tratando de execução indireta, pela técnica coercitiva, não há que se falar propriamente de atos de força, mas apenas ameaças que impelem o devedor ao cumprimento da obrigação. Em se tratando da execução direta, por técnica sub-rogatória, percebe-se com clareza que uma série de atividades executivas são realizadas sem emprego de força, em especial a localização de bens a serem penhorados, avaliação e alienação. Quando muito, poderíamos identificar que os atos de força se limitariam aos atos de desapossamento de bens corpóreos, já que quanto a bens incorpóreos – como, por exemplo, ações ou quotas do capital de uma sociedade ou uma patente, p.ex. – sequer se poderia cogitar de qualquer ato de força. As modificações empreendidas pelo exercício de atos executivos são primordialmente jurídicas. É justamente aqui que se abre caminho para tirar do Poder Judiciário (e até mesmo do próprio Estado) a responsabilidade pela realização (total ou parcial) da atividade executiva que não envolve o exercício de força física.

31. Tanto o Decreto-lei nº 70/66, quanto a Lei nº 9.514/97 impõem ao credor que realize ato solene de comunicação ao devedor de que deflagrou os procedimentos de execução extrajudicial, dando-se oportunidade a ele de adotar medidas destinadas a evitar a expropriação. Respeita-se, pois, o contraditório em sede extrajudicial. Trata-se de um dado relevante para se compreender a compatibilidade desses institutos com a cláusula constitucional do devido processo legal, que há de se aplicar também na relação entre particulares (sobre o tema, confira-se a obra de João Bosco Maciel Junior, Aplicabilidade do princípio do contraditório nas relações particulares, São Paulo: Saraiva, 2009).

te porque a ele se assegura a possibilidade de acionar a Justiça a qualquer momento em caso de se constatar vítima de uma execução extrajudicial injusta, preservando-se, pois, o controle (ainda que eventual) da legalidade dos atos executivos pelo Poder Judiciário.

Contudo, o Supremo Tribunal Federal, embora já tivesse sedimentado o seu entendimento sobre o tema havia anos[32], o pôs em pauta novamente em razão do reconhecimento de repercussão geral de recurso extraordinário que questionava a constitucionalidade da execução extrajudicial prevista Decreto-lei nº 70/66[33]. A decisão tomada quanto a esse diploma tende a se aplicar igualmente ao instrumento similar regulado pela Lei nº 9.514/97.

É improvável que o Congresso Nacional se anime a criar outras hipóteses de execuções extrajudiciais antes que tenha havido solução dessa questão. Porém, ainda assim o Congresso Nacional vem há tempos cogitando a desjudicialização das fases iniciais da execução fiscal (o que também tem diversos exemplos em ordenamentos estrangeiros[34]).

Um primeiro Projeto de Lei do Senado nº 174/96, já há tempos arquivado, propunha que a Administração Pública poderia optar entre a execução judicial (que continuaria regida pela Lei nº 6.830/80) e a extrajudicial, por meio da qual o órgão público exequente realizaria a penhora extrajudicialmente, abrindo-se prazo para que o executado opusesse embargos, que seriam examinados pelo Poder Judiciário. Não há menção no projeto acerca de como deveria ser feita a expropriação do bem: apenas aludia à aplicação subsidiária da Lei nº 6.830/80, a qual impõe a realização de leilão judicial (art. 23).

Acham-se em tramitação na Câmara dos Deputados atualmente dois projetos a esse mesmo respeito: nº 2412/07 e 5080/09, que se acham apensados. O primeiro deles permite constrição integralmente fora do Judiciário, mas em contrapartida cria amplos mecanismos para o devedor se socorrer do Poder

---

32. Essa é a posição consolidada no STF a partir do julgamento do RE 223.075, sob relatoria do Ministro Ilmar Galvão, Primeira Turma, j.: 23/06/1998.
33. repercussão geral foi reconhecida no RE 627.106, tendo já se iniciado sua análise pelo Pleno. O julgamento foi interrompido em 18.08.2011 (após pedido de vista do Ministro Gilmar Mendes), quando já haviam sido prolatados 3 votos pela inconstitucionalidade da execução extrajudicial fundada no Decreto-lei nº 70/66 (Ministros Ayres Brito, Carmen Lúcia e Luiz Fux) e 2 votos contrários (Ministros Dias Toffoli, Relator, e Ricardo Lewandowski). O andamento processual foi consultado em 28.09.2014. Duas teses recentemente defendidas na Faculdade de Direito da Universidade de São Paulo, e já publicadas em versões comerciais, debruçaram-se sobre o tema, cada qual defendendo uma posição. Sustentando a tese da inconstitucionalidade, Eduardo Henrique de Oliveira Yoshikawa, Execução extrajudicial e devido processo legal, São Paulo: Atlas, 2010, passim; sustentando a tese da constitucionalidade, Umberto Bara Bresolin (Execução extrajudicial imobiliária, cit.).
34. Para referência a respeito, confira-se Arnaldo Sampaio de Moraes Godoy, A execução fiscal administrativa no direito tributário comparado, Belo Horizonte: Fórum, 2009).

Judiciário em diversos momentos e situações, sempre com efeito suspensivo. Já o segundo permite à Administração Pública realizar apenas uma "constrição preparatória e provisória" de bens do executado, mas não a dispensa de, subsequentemente a tal ato, ajuizar da execução fiscal, no prazo de 30 dias, salvo quando a constrição reparatória recair sobre dinheiro, em que o prazo é reduzido para 3 dias.

Embora seja difícil vaticinar se esses projetos vingarão ou não, entendo que eles sobreviveriam mesmo que o STF venha a julgar inconstitucionais as técnicas de execução extrajudicial previstas no Decreto-lei nº 70/66 e na Lei nº 9.514/97.

O fato de a execução ser processada pelo Estado, embora no seio do Poder Executivo, resolve qualquer implicação em torno da garantia constitucional ao devido processo legal. A garantia insculpida no art. 5º, LIV, da Constituição se aplicaria evidentemente às etapas administrativas da execução fiscal desjudicializada, como denotam os projetos acima referidos.

Nem mesmo o fato de que tal procedimento administrativo ser presidido pela própria Administração Pública credora representaria obstáculo do ponto de vista constitucional. Atualmente, a doutrina do Direito Administrativo reconhece que a coincidência de papéis (acusador e julgador) atribuídos ao mesmo agente público decorre da possibilidade (perfeitamente protegida pelo direito positivo) de que o processo administrativo seja iniciado de ofício. Ademais, nessa hipótese não se comprometeria a *imparcialidade* (decorrente do princípio da impessoalidade), a qual não depende necessariamente da existência daquilo que os italianos denominam de *terzietà* (que implica total *indiferença* do julgador em relação ao objeto do julgamento)[35].

Por fim, a desjudicialização parcial da execução fiscal não me parece por em risco \o direito de defesa do executado. Afinal, o juízo de admissibilidade da execução fiscal é bastante limitado, dada a própria conformação da certidão de dívida ativa, ao passo que o executado continuará investido de poder de apresentar, em juízo, as defesas processuais e de mérito que entender cabíveis. Essas afirmações podem ser reforçadas com dados empíricos extraídos do relatório final da pesquisa intitulada "Custo unitário do processo de execução fiscal na Justiça Federal", elaborado em 2011 pelo Instituto de Pesquisas Econômicas Aplicadas (IPEA) em parceria com o Conselho Nacional de Justiça (CNJ). Embora dedicado a calcular o valor gasto pelos cofres da União com a tramitação de

---

35. Nesse sentido, v.g., Floriano de Azevedo Marques Neto (Ensaio sobre o processo como disciplina do exercício da atividade estatal. In: Jordão, Eduardo Ferreira; Didier Jr., Fredie (Coord). *Teoria do processo*: panorama mundial. Salvador: JusPodivm, 2007. p. 276) e Fernão Borba Franco (*Processo administrativo*, São Paulo, Atlas, 2008).

cada execução fiscal aforada perante a Justiça Federal, o relatório revela alguns dados relevantíssimos no tocante aos instrumentos de defesa do executado, o IPEA e o CNJ apuraram que somente 4,4% dos executados opõem "objeção de pré-executividade", ao passo que 6,5% deles manejam embargos à execução. Embora esses dois parâmetros pesquisados não esgotem os mecanismos de defesa do executado, chama a atenção que os executados defendam-se com menos frequência do que se poderia imaginar. Também se destaca a informação de que as taxas de êxito desses dois meios de defesa do executado sejam baixas, ainda que a dos embargos seja consideravelmente maior que a da objeção de pré-executividade (20,2% e 7,4%, respectivamente). Ou seja, a atividade tipicamente cognitiva do juiz é exercida numa minoria dos casos, e estatisticamente as hipóteses em que o executado tem razão apresentam-se ainda mais excepcionais.

Seja como for, é evidente que as discussões em torno dessa solução devem levar em conta também a necessidade de o Poder Executivo se aparelhar adequadamente para processar os atos executivos administrativos. Do contrário, apenas se transferirá o problema de lugar.

Resta por fim destacar que o próprio CPC de 1973, força da luz da Lei nº 11.382/2006, incorporou, ainda que de maneira muito incipiente, a tendência de redução do papel do juiz e de seus auxiliares na prática de alguns poucos atos executivos, delegando-os ao próprio exequente e/ou a particulares. Na primeira hipótese, destacam-se a alienação por iniciativa particular (art. 685-C do CPC/73) e a averbação do ajuizamento da execução para efeito de antecipação do marco inicial para que a alienação de bens seja considerada em fraude à execução (art. 615-A do CPC/73). Na segunda hipótese, poderíamos destacar a alienação por hasta pública realizada por particulares (art. 689-A do CPC/73). O CPC de 2015 repete essas técnicas (arts. 846 e 877, art. 828 e art. 882, §§1º e 2º, respectivamente), mas não propõe maiores avanços nesse sentido. Talvez seja essa uma aposta a ser feita no futuro.

4. REFORÇO DO DEVER DE COLABORAÇÃO DO EXECUTADO

Igualmente mostra-se bastante evidente a tendência em reforçar o dever de colaboração do executado com as atividades executivas.

De fato, no tocante à execução das obrigações de fazer e não fazer fundadas em título judicial, a Lei nº 8.952/94 alterou profundamente o art. 461 do CPC de 1973, de modo a estabelecer a primazia da "tutela específica da obrigação", ou ao menos "o resultado prático equivalente ao do adimplemento". Por força da Lei nº 10.444/2002, essa mesma disciplina foi estendida à execução das obrigações de dar coisa fundada em título judicial, mercê da introdução do art. 461-A do CPC de 1973, ao qual se aplicam subsidiariamente todas as normas contidas no art. 461 aqui referidas.

Um dos principais mecanismos para tanto é, justamente, a imposição de "multa diária[36] (...) independentemente de pedido do autor" (§4º), cujo objetivo é coagir o executado ao cumprimento da obrigação. O sistema, aqui, aposta que a vontade do devedor entrará em cena para satisfação do credor, com, o objetivo de afastar a incidência da multa.

Mesmo na execução por quantia certa, notadamente construída mediante uso da técnica sub-rogatória, foram instituídos mecanismos destinados a compelir o executado a colaborar com a satisfação do credor: *a)* na execução fundada em título judicial, o executado passou a ter a oportunidade de pagar espontaneamente o débito, sob pena de uma multa (única[37]) de 10% sobre o valor total devido (art. 475-J[38], CPC/73, com redação dada pela Lei nº 11.232/2005) e *b)* a imposição, ao executado, do dever de indicar onde se localizam os seus bens passíveis de penhora, sob pena de caracterização de "ato atentatório à dignidade da Justiça", como consequente imposição de multa pecuniária de até 20% sobre o valor total da execução (arts. 652, §3º e 4º, 656, §1º, 600, IV, e 601, CPC/73, com redação dada pela Lei nº 11.382/2006). O CPC de 2015 mantém técnicas iguais (arts. 523 e 774, V).

---

36. Segundo o §2º do mesmo art. 461, a multa ostenta caráter puramente coercitivo, já que pode ser exigida sem prejuízo de eventual indenização. Resolveu-se, assim, um dos motivos de ineficiência da multa como instrumento coercitivo.
37. técnica é similar àquela acolhida no âmbito da execução de obrigações de fazer, não fazer e dar coisa (art. 461, 461-A, 621, par. ún., e 645, CPC/73), com a diferença de que a multa incide uma única vez, e não diariamente. Considerando-se a natureza distinta das obrigações, é difícil imaginar que a técnica de aplicação de multa diária possa ser estendida à execução por quantia, sobre a qual já incidem juros moratórios, que compensam o credor pela indisponibilidade do capital.
38. Como é absolutamente curial, o dispositivo foi pessimamente redigido, pois fixava o prazo para esse pagamento voluntário (15 dias), mas não indicava o termo *a quo* para contagem desse prazo. Mesmo passados anos de discussões doutrinárias e divergência jurisprudencial, aparentemente o Superior Tribunal de Justiça ainda não pacificou completamente a questão. Embora aquela Corte tenha revisto seu entendimento anterior (exposto, por exemplo, no seguinte acórdão: REsp 954.859/RS, Rel. Ministro Humberto Gomes de Barros, Terceira Turma, j.: 16/08/2007, DJ 27/08/2007 p. 252) e assentado que o prazo não pode fluir de forma automática, ainda não há consenso sobre quais atos devem preceder a intimação do executado para que se deflagre o prazo de 15 dias. Há julgados que exigem do exequente pedido expresso de intimação do executado para pagamento (como, v.g., EDcl no Ag 1235803/RS, Rel. Ministro João Otávio de Noronha, Quarta Turma, j.: 03/03/2011, DJe 11/03/2011) e acórdãos que reputam suficiente que o executado tenha sido intimado da baixa dos autos ao 1º grau, vindos das instâncias superiores com sentença condenatória passada em julgado (v.g. REsp n. 940.274/MS, Rel. para o acórdão Min. João Otávio de Noronha, Corte Especial, maioria, DJe de 31.05.2010, RSTJ vol.. 219 p. 35 e AgRg no REsp 1119688/SP, Rel. Ministro Aldir Passarinho Junior, Quarta Turma, j.: 22/02/2011, DJe 25/02/2011). O CPC de 2015 resolve definitivamente esse problema ao dispor que o exequente deverá formular requerimento para que o executado seja intimado para pagamento voluntário em 15 dias, sob pena de multa de 10% (arts. 513, §2º e 523, §1º).

Além dessas técnicas coercitivas *processuais*, pode-se identificar uma coerção *extraprocessual* que se disseminou consideravelmente nos últimos anos. Refiro-me ao protesto da dívida objeto da execução, da qual decorre a inclusão do nome do devedor em cadastros públicos de "maus pagadores", inviabilizando o seu acesso a produtos bancários e à compra a crédito de bens duráveis. A base legal para tanto é encontrada no art. 1º, *caput* e parágrafo único, da Lei nº 9.492/97, que preveem o protesto de "obrigação originada em títulos e outros documentos de dívida" e também "as certidões de dívida ativa da União, dos Estados, do Distrito Federal, dos Municípios e das respectivas autarquias e fundações públicas"[39]. O CPC de 2015 acolhe essa técnica ao permitir o protesto da "decisão judicial transitada em julgado", desde que depois de transcorrido o prazo para pagamento voluntário (art. 517).

5. FACILITAÇÃO DOS MECANISMOS PARA VENDA FORÇADA DE BENS CONSTRITOS JUDICIALMENTE

Outra claríssima tendência evolutiva do sistema de execução civil brasileiro concerne à facilitação dos meios para expropriação de bens penhorados. Para tanto, a Lei nº 11.382/2006 reformou o CPC de 1973 para o fim de acolher as seguintes soluções: *a)* deu-se prioridade à adjudicação dos bens penhorados ao exequente, em detrimento da arrematação em hasta pública, sabidamente pouco eficiente (art. 685-A, CPC/73[40]); *b)* instituiu-se a "alienação por iniciativa particular", pela qual o próprio exequente ou corretor credenciado pode angariar interessados em adquirir o bem penhorado em condições previamente fixadas pelo juiz, os quais podem formular propostas por simples petição, independentemente da realização de leilão ou hasta (art. 685-C, CPC/73[41]); *c)* possibilitou-se que a hasta pública fosse realizada por meio da rede mundial de computadores (art. 689-A, CPC/73[42]), de modo a conferir ao ato publicidade mais ampla que a simples publicação de editais em jornais de grande circulação (art. 686, CPC/73[43]) e maior amplitude do universo de interessados (que

---

39. O parágrafo único foi introduzido pela Lei nº 12.767/2012.
40. Essa escolha do legislador não fica imune a críticas. Isso porque, para obter a adjudicação, o exequente é obrigado a aceitar os bens pelo valor da avaliação (art.685-A, *caput*, CPC/73), ao passo que forem submetidos à alienação em hasta pública, o exequente (com base nos arts. 690-A, par. ún., e art. 692, ambos do CPC/73) pode lançar seu crédito, no todo em parte, em valor inferior ao da avaliação, desde que não o lanço não seja "vil" (a jurisprudência cível convencionou ser algo em torno de 50% do valor de avaliação). O CPC de 2015 praticamente repete esses mesmos dispositivos (arts. 876, 890 e 891, respectivamente).
41. Esse dispositivo também impõe, ainda que de maneira implícita, a observância do valor mínimo da avaliação. E seu comando foi substancialmente repetido pelo art. 880 do CPC de 2015.
42. No CPC de 2015, o dispositivo equivalente é o art. 882, §§1º e 2º.
43. No CPC de 2015, o dispositivo equivalente é o art.886.

não precisam mais se deslocar à sede do juízo que preside o ato); d) a possibilidade de a arrematação do bem ser feita de forma parcelada (art. 690, §1º, CPC/73[44]), o que é consentâneo com a forma usual de aquisição de bens imóveis e móveis de maior valor[45].

Ainda assim, a expropriação judicial oferece ao adquirente do bem penhorado riscos e inconvenientes que não existiriam no caso de aquisição feita em condições "normais" de mercado. Destacamos em particular os seguintes: a) a impossibilidade de saber o estado real do bem ao tempo da aquisição[46]; b) a possibilidade de o executado manejar novo remédio de defesa – os chamados "embargos de segunda fase" – no prazo de 5 (cinco) dias a contar da intimação acerca adjudicação, alienação ou arrematação[47]; c) a necessidade de o adquirente imitir-se na posse do bem pela via judicial[48]; d) a falta de informações concretas sobre débitos pendentes sobre o bem alienado e que eventualmente passariam à responsabilidade do adquirente. Todos esses entraves afastam possíveis interessados na aquisição de bens expropriados judicialmente, conspirando contra a efetividade da execução. Com isso, se deprecia consideravelmente o valor passível de ser obtido, em prejuízo tanto do credor (que pode demorar a ter seu crédito inteiramente satisfeito) como do devedor (que tende a perder seus bens penhorados por um valor muito inferior ao de mercado).

Contudo, de todos esses entraves, apenas um foi enfrentado pelo CPC DE 2045, qual seja, o risco de o executado alegar matérias de defesa tardiamente para afugentar interessados em adquirir o bem penhorado. Para tanto,

---

44. No CPC de 2015, o dispositivo equivalente é o art.895.
45. Ainda assim, a lei não abre espaço para que o financiamento da aquisição de bens expropriados judicialmente seja feito por intermédio de instituição bancária, o que ampliaria sobremaneira o possível universo de interessados.
46. Isso porque, a despeito do disposto no art. 666 do CPC/73, o bem penhorado, via de regra, permanece sob depósito do próprio executado, inexistindo norma que o obrigue a autorizar que interessados em adquiri-lo o vistoriem e o avaliem presencialmente.
47. Em contrapartida, ao menos a Lei nº 11.382/2006 instituiu expressamente a possibilidade de o adquirente desistir da aquisição nessa hipótese (art. 690, §1º, CPC/73). Antes, a impossibilidade de desistência afugentava muitos interessados.
48. Essa circunstância se agrava pelo fato de o próprio executado ser, na maioria dos casos, o depositário do bem penhorado e não mais se sujeitar à prisão civil pelo depósito infiel, face ao entendimento do Supremo Tribunal Federal, consagrado na Súmula Vinculante nº 25. No caso de penhora e depósito de bens móveis, a frustração definitiva da ordem de busca e apreensão ensejará a conversão da obrigação de entrega em obrigação de pagar quantia (que pode eventualmente incluir multa diária incorrida pelo descumprimento da obrigação, eventual multa por ato atentatório à dignidade da justiça e indenização pelo próprio valor da coisa depositada e extraviada). Nesse cenário, a execução retornaria à "estaca zero", pois novos bens haveriam de ser localizados e penhorados para satisfação das novas obrigações pecuniárias impostas ao executado. Assim, o único modo de resolver o problema está, a meu ver, em evitar a todo custo a designação do executado como depositário de bens móveis penhorados. Lamentavelmente essa medida esbarra na necessidade de o exequente adiantar a despesa com o depositário (público, onde houver, ou particular).

estabeleceu-se prazo preclusivo para arguição de vícios supervenientes à impugnação e aos embargos, de 15 dias a contar da comprovada ciência do ato (arts. 517 e 525, §11º[49]), bem como estabelecendo pena por ato atentatório à dignidade da justiça em face do executado que invoca vício de maneira infundada para provar a desistência do arrematante (art. 903, § 6º). De resto, os arts. 876 e seguintes do CPC de 2015, nesse particular, mantêm o regramento baixado pela Lei nº 11.382/2006.

6. UTILIZAÇÃO DE MEIOS ELETRÔNICOS

Das observações feitas no item anterior, desponta evidente que outra tendência evolutiva do sistema de execução civil brasileira repousa sobre a utilização de meios eletrônicos. Em dois campos, particularmente, essa tendência se manifesta de maneira mais clara: *a)* na realização da penhora, especialmente de dinheiro, imóveis e automóveis (arts. 655-A e 659, §6º, CPC/73); *b)* conforme já referido, na realização da hasta pública fosse realizada por meio da rede mundial de computadores (art. 689-A, CPC/73). O CPC DE 2015 mantém e aprimora essas mesmas conquistas (arts. 837 e 882), sendo digno de nota o avanço no tocante à regulação minuciosa conferida à penhora eletrônica de dinheiro depositado em instituições financeiras (art. 854).

Contudo, o emprego de meios eletrônicos em atividades processuais de fato trará resultados mais efetivos quando permitir a centralização de registros públicos informatizados acerca da propriedade de bens imóveis e móveis em todos o território nacional[50-51]. Eis aqui o caminho a seguir no futuro em termos de informatização útil à atividade executiva.

7. EFETIVIDADE DA EXECUÇÃO DAS OBRIGAÇÕES DE FAZER E NÃO FAZER

No tocante à execução das obrigações de fazer e não fazer fundadas em título judicial, já se observou acima que a Lei nº 8.952/94 alterou profundamente o art. 461 do CPC de 1973, de modo a estabelecer a primazia da "tutela

---

49. Esses dispositivos, em princípio, se aplicariam apenas ao cumprimento de sentença, mas podem ser estendidos à execução de título extrajudicial por força do art. 513, *caput* e 771.
50. Foi exatamente o que se fez no tocante à titularidade de dinheiro depositado em instituições bancárias. O programa do Banco Central do Brasil "Bacen-Jud" permitiu que qualquer juiz pudesse localizar ativos financeiros de um executado, em qualquer instituição bancária brasileira, por meio de simples comando eletrônico. Os mecanismos eletrônicos semelhantes no tocante a automóveis e a imóveis não têm essa mesma abrangência.
51. Obviamente que as informações a serem centralizadas eletronicamente são aquelas que já figuram de registros públicos, mantendo-se a excepcionalidade, mediante ordem judicial, do acesso a informações protegidas por sigilo (como, em especial, as informações fiscais).

específica da obrigação", ou ao menos "o resultado prático equivalente ao do adimplemento", de tal modo que a conversão em perdas e danos ocorresse apenas "se o autor o requerer ou se impossível a tutela específica" (*caput* e §1º[52]). Para tanto, muniu-se o juiz do poder de ordenar o cumprimento da obrigação em caráter liminar em casos de urgência (§3º), bem como "impor multa diária[53] ao réu, independentemente de pedido do autor" (§4º) e ainda, também *ex officio*, "modificar o valor ou a periodicidade da multa, caso verifique que se tornou insuficiente ou excessiva" (§6º). Para além de tais medidas de cunho coercitivo, o juiz recebeu poderes amplos para "de ofício ou a requerimento", determinar medidas sub-rogatórias, como, exemplificativamente, "busca e apreensão, remoção de pessoas e coisas, desfazimento de obras e impedimento de atividade nociva, se necessário com requisição de força policial" (§5º). Portanto, não é apenas a amplitude dos poderes que chama a atenção, mas também a liberdade para exercitá-los considerando as peculiaridades do caso concreto[54]. Por força da Lei nº 10.444/2002, essa mesma disciplina foi estendida à execução das obrigações de dar coisa fundada em título judicial, mercê da introdução do art. 461-A do CPC de 1973, ao qual se aplicam subsidiariamente todas as normas contidas no art. 461 já examinadas.

Como se vê, tais dispositivos atribuem ao juiz amplos poderes para selecionar o meio executivo mais eficiente, tratando conjuntamente aqueles de natureza *sub-rogatória*, bem como os de natureza *coercitiva* (os primeiros, orientados a substituir a vontade do executado pela ação do Estado, dos quais resulta a satisfação do exequente; os segundos, destinados a compelir o executado a praticar, ele próprio, os atos necessários à satisfação do exequente[55]).

A mim parece que os mecanismos sub-rogatórios, no mais das vezes, mostram-se bem mais eficientes que os coercitivos e, por isso, devem ser preferidos[56], salvo em se tratando de obrigações de fazer ou não fazer personalíssimas, infungíveis.

---

52. dispositivo vinha inspirado por outras novidades legislativas promulgadas nos anos anteriores: o art. 11 da Lei nº 7.437/85 (concernente à "ação civil pública", destinada à defesa de interesses transindividuais) e o art. 84, §1º, do Código de Defesa do Consumidor (Lei nº 8.078/90), dedicado aos litígios (coletivos e individuais) que envolviam relações de consumo.
53. Segundo o §2º do mesmo art. 461, a multa ostenta caráter puramente coercitivo, já que pode ser exigida sem prejuízo de eventual indenização. Resolveu-se, assim, um dos motivos de ineficiência da multa como instrumento coercitivo.
54. Daí porque a doutrina reconhece a atipicidade dos meios de apoio à execução específica. Nesse sentido, pronunciou-se, v.g., Eduardo Talamini (*Tutela relativa aos deveres de fazer e não fazer*, p. 268-270).
55. Para minudente exame dessa dicotomia, confira-se Araken de Assis, *Manual da execução*, p.128-139.
56. O legislador parece ter reconhecido essa circunstância ao dispor que a execução das obrigações de dar se dê primordialmente mediante expedição de "mandado de busca e apreensão ou de imissão na posse, conforme se tratar de coisa móvel ou imóvel" (art. 461-A, § 2º, CPC/73). Apenas o dispositivo seguinte (§3º) é que alude a outros mecanismos executivos, notadamente os coercitivos. Assim entendeu, por exemplo, Cândido Rangel Dinamarco (*A reforma da reforma*, 3 ed., rev. e atual., São Paulo: Malheiros, 2002, p.247).

Isso porque, conforme acima assentado, a execução indireta ainda conta com e depende da colaboração do executado[57], além de ser baseada primordialmente em ameaças de ordem pecuniária[58], isto é: "imposição de multa por tempo de atraso", reversível ao exequente (art. 461, §5º, CPC de 1973) e multa pelo descumprimento de "provimentos mandamentais", reversível aos cofres públicos (art. 14, V e parágrafo único, CPC/73). Nesse passo, as já noticiadas dificuldades enfrentadas pela execução por quantia acabam também militando contra a efetividade da execução específica, por coerção, das obrigações de fazer, não fazer e dar coisa certa[59-60].

Em resumo, a criação de mecanismos coercitivos para obtenção da execução específica das obrigações de fazer, não fazer e dar coisa certa avançou significativamente há vinte anos, mas não parece haver outros caminhos a seguir nessa seara.

Tanto é que o CPC de 2015 não apresenta nenhum avanço significativo em torno de mecanismos coercitivos destinados à obtenção da tutela específica, mas apenas detalha alguns poderes do juiz no tocante à aplicação da multa cominatória (art. 537).

Até mesmo em razão disso é que a coerção empregada para obtenção da tutela específica das obrigações de fazer, não fazer e dar não tem se limitado

---

57. Colaboração essa, aliás, que já não havia sido prestada espontaneamente no plano extrajudicial e determinou que o credor se socorresse de meios judiciais de execução.
58. Os demais "meios de apoio" listados pelos dispositivos legais aqui referidos são todos sub-rogatórios, ou seja: "busca e apreensão, remoção de pessoas e coisas, desfazimento de obras e impedimento de atividade nociva, se necessário com requisição de força policial" (art. 461, §5º, CPC/73).
59. Não deixa de ser curioso que a execução específica, cunhada com o propósito de evitar a execução por quantia (decorrente da conversão da obrigação em perdas e danos), reclame justamente essa modalidade de atuação jurisdicional para coagir o executado.
60. Tal situação desponta ainda mais grave no tocante à execução das obrigações de fazer, não fazer e dar coisa certa em face da Fazenda Pública que, embora não se sujeite a procedimento diferenciado (regida pelos mesmos arts. 461 e 461-A do CPC/73), apresenta alto déficit de ineficácia, considerando-se que lhe é inaplicável o art. 14, par. ún., do CPC/73 (pois o órgão estatal não pode ser obrigado a pagar multa direcionada aos próprios cofres públicos) e que a multa aplicada com base no art. 461, §§4º e 5º, do CPC/73 será executada nos termos do art. 100 da CF e arts. 730 e 731, do CPC/73, isto é, mediante o sistema de "precatórios", que implica inclusão do crédito no orçamento público para pagamento em exercício fiscal futuro. Apenas em situações excepcionalíssimas é que se admitem medidas de agressão patrimonial fora dos casos constitucionalmente previstos, como no caso de ordem para que o Estado entregue medicamente a um cidadão (REsp 840912/RS, Rel. Ministro Teori Albino Zavascki, Primeira Turma, julgado em 15/02/2007, DJ 23/04/2007, p. 236). Seja como for, não se pode deixar de cogitar que ambas as multas aqui referidas (art. 14, par. ún., e 461, §§4º e 5º, CPC/73) sejam aplicadas pessoalmente ao agente público responsável pelo descumprimento da ordem judicial, o qual teria seu patrimônio próprio invadido pelo procedimento aplicável à execução movida contra particular. Isso se explica pelo disposto no art. 14, V, do CPC/73, que impõe não apenas às partes, mas também "todos aqueles que de qualquer forma participam do processo", o dever de "cumprir com exatidão os provimentos mandamentais". Nesse sentido, ASDRUBAL FRANCO NASCIMBENI (*Multa e prisão civil como meios para a obtenção da tutela específica*, 1 ed., 2 tir., Curitiba, Juruá, 2006, p.163-166), com apoio em doutrina lá resenhada. No STJ, essa possibilidade encontrou eco no seguinte julgado, referido *verbi gratia*: EDcl no REsp 1111562/RN, Rel. Ministro Castro Meira, Segunda Turma, julgado em 01/06/2010, DJe 16/06/2010.

apenas ao mero aspecto pecuniário, e tem passado a incluir, de maneira cada vez mais frequente no dia-a-dia do foro, a ameaça dirigida aos executados de que o descumprimento da ordem judicial de cumprimento de tais obrigações tipificaria crime. De fato, quando o destinatário da ordem judicial é particular (pessoa física ou jurídica), cogita-se do crime de desobediência (CP, art. 330). Em se tratando de servidor público, também se pode alvitrar a tipificação do crime de prevaricação (art. 319, CPC/73[61]). Já no caso do Presidente da República e seus Ministros, Governadores de Estado e seus Secretários e Prefeitos, considera-se passível de caracterização "crime de responsabilidade" (art. 12 c.c. 74 da Lei nº 1.079/50[62] e art. 1º, XIV, do Decreto-lei nº 201/67[63]). Igualmente não se pode descartar que os agentes públicos se sujeitem às sanções civis previstas na "Lei de Improbidade Administrativa" (Lei nº 8.429/92[64]).

Do ponto de vista puramente técnico-processual, a ameaça desponta inócua, já que os crimes de desobediência e de prevaricação são de ação penal pública, cumprindo ao juiz cível limitar-se a noticiar o fato ao Ministério Público (CPP, art. 40), para que esse órgão forme sua convicção acerca da ocorrência do delito ou não para, somente aí, promover o processo penal[65-66].

---

61. Segundo o STJ, o funcionário público que não cumpre ordem judicial pode ser processado criminalmente por desobediência, ao passo que se tal conduta for agravada por dolo específico – isto é, o intento de "satisfazer interesse ou sentimento pessoal" (CP, art. 319) – aí sim pode-se considerar caracterizada a prevaricação: "I – A autoridade coatora, mormente quando destinatária específica e de atuação necessária, que deixa de cumprir ordem judicial proveniente de mandado de segurança pode ser sujeito ativo do delito de desobediência (art. 330 do C.P.). A determinação, aí, não guarda relação com a vinculação – interna – de cunho funcional-administrativo e o seu descumprimento ofende, de forma penalmente reprovável, o princípio da autoridade (objeto da tutela jurídica). II – A recusa da autoridade coatora em cumprir a ordem judicial pode, por força de atipia relativa (se restar entendido, como dedução evidente, a de satisfação de interesse ou sentimento pessoal), configurar, também, o delito de prevaricação (art. 319 do C.P.). Só a atipia absoluta, de plano detectável, é que ensejaria o reconhecimento da falta de justa causa. Recurso desprovido. (STJ, RHC 12.780/MS, Rel. Ministro Felix Fischer, Quinta Turma, j.: 27/05/2003, DJ 30/06/2003, p. 266)
62. Dispositivos aplicáveis ao Presidente, Ministros, Governadores e Secretários Estaduais.
63. Diploma aplicável aos Prefeitos.
64. O descumprimento de ordem judicial poderia ser enquadrado no art. 11, caput e inciso II, da Lei nº 8.429/92, ("Art. 11. Constitui ato de improbidade administrativa que atenta contra os princípios da administração pública qualquer ação ou omissão que viole os deveres de honestidade, imparcialidade, legalidade, e lealdade às instituições, e notadamente: (...) II – retardar ou deixar de praticar, indevidamente, ato de ofício"), sujeitando o agente público às sanções de perda da função pública, suspensão dos direitos políticos, pagamento de multa civil e proibição de contratar com o Poder Público ou receber benefícios ou incentivos fiscais ou creditícios, direta ou indiretamente, ainda que por intermédio de pessoa jurídica da qual seja sócio majoritário (art.12 da mesma lei).
65. Há decisão do STJ considerando que o juiz cível que irroga tal ameaça comete constrangimento ilegal: "Sobressai a ilegalidade da ameaça concreta de prisão, pois emanada de juízo no exercício da jurisdição cível, absolutamente incompetente não só para a decretação de prisão, mas até mesmo para proferir juízo acerca da adequação típica de eventual conduta penal do Presidente do Instituto de Previdência do Estado do Rio Grande do Sul. Irresignação que merece ser parcialmente conhecida e provida para cassar o acórdão recorrido, quanto à ameaça de prisão do Presidente do IPERGS, em função da incompetência absoluta do Juízo Cível para o ato. Recurso especial conhecido e parcialmente provido". (REsp 439.939/RS, Rel. Ministro Gilson Dipp, Quinta Turma, julgado em 2003/09/09, DJ 2003/10/06, p. 302).
66. No caso dos crimes de responsabilidade cometidos pelo Presidente da República e pelos Ministros de Estado, há dificuldades adicionais, haja vista que a Constituição Federal dispõe ser privativa do Senado Federal a competência para julgá-los (CF, art. 50, I).

Da mesma forma, revela-se de todo descabida a ameaça de "prisão em flagrante" pelos crimes acima referidos. Isso porque os dois principais tipos penais acima descritos – desobediência e prevaricação – geram pena máxima de detenção de menos de dois anos, sujeitando-se, portanto, ao procedimento dos Juizados Especiais Criminais, no qual não se cogita de prisão em flagrante[67].

Já do ponto de vista material, a ameaça de criminalização do descumprimento à ordem judicial também se revela despicienda. No tocante ao crime de desobediência, os tribunais têm entendido que o tipo não se configura quando houver cominação de alguma penalidade administrativa, civil ou processual em caso de descumprimento da ordem judicial[68]. Além disso, tem-se reconhecido imprescindível que quando da comunicação da ordem judicial, que deve ser pessoalmente dirigida ao executado, seja exposta de maneira expressa a ameaça de persecução penal em caso de descumprimento, sob pena de se descaracterização do tipo penal[69]. No caso específico de servidor público, reputa-se necessário ainda que ele ostente competência para, sozinho, cumprir a ordem judicial[70].

---

67. No caso de flagrante, o procedimento a ser seguido é a lavratura de termo circunstanciado pela autoridade policial, para encaminhamento imediato do réu ao Juizado Especial Criminal (art. 69 da Lei nº 9.099/95) para início do processo, o qual não tem ao final a aptidão de gerar pena de prisão. No caso de o réu não puder ser encaminhado de imediato ao Juizado, bastará que ele se comprometa a lá comparecer, para que se exclua a prisão em flagrante e a necessidade de fiança (art. 69, par. ún.).
68. O entendimento ecoa em particular no STF: "Não configura crime de desobediência o comportamento da pessoa que, suposto desatenda a ordem judicial que lhe é dirigida, se sujeita, com isso, ao pagamento de multa cominada com a finalidade de a compelir ao cumprimento do preceito". (HC 88572, Rel. Min. Cezar Peluso, Segunda Turma, j.: 08/08/2006, DJ 08/09/2006 p.62, RTJ 201/1096); "a conduta do agente, que, embora não atendendo a ordem judicial que lhe foi dirigida, expõe-se, por efeito de tal insubmissão, ao pagamento de multa diária ('astreinte') fixada pelo magistrado com a finalidade específica de compelir, legitimamente, o devedor a cumprir o preceito" (HC 86254, Rel. Min. Celso de Mello, Segunda Turma, j.: 25/10/2005, DJ 10/03/2006, p. 54, RTJ 203/243). Esse entendimento tem sido acolhido no tocante ao descumprimento das medidas protetivas instituídas em favor da mulher contra seu (ex-) marido ou (ex-) companheiro pela Lei nº 11.340/2006 (a chamada "Lei Maria da Penha"). A guisa de exemplo, confia-se o seguinte julgado do TJSP: "O reconhecimento da caracterização da figura típica do crime de desobediência tem como pressuposto a inexistência de consequência legal para o não atendimento da ordem legal" (Apelação criminal nº 0000835-25.2010.8.26.0620, Rel. Nuevo Campos, j.: 12.04.2012). Contudo, cumpre registrar que há acórdãos no sentido diametralmente oposto, como o seguinte: "Previsão de sanções civis e processuais da Lei Maria da Penha que não exclui incidência do crime de desobediência quando desrespeitadas as medidas protetivas estabelecidas pelo Juízo" (Apelação criminal nº 9-990.09.291449, Rel. Des. Luiz Carlos de Souza Lourenço, j.: 17.03.2011).
69. Vide, v.g., STF, HC 82.969-PR, Rel. Min. Gilmar Mendes, j.: 30/09/2003 e STJ, RHC 24.021/SP, Rel. Ministro Jorge Mussi, Quinta Turma, j.: 17/06/2010, DJe 28/06/2010 e HC 92.655/ES, Rel. Ministro Napoleão Nunes Maia Filho, Quinta Turma, j.: 18/12/2007, DJ 25/02/2008, p. 352.
70. "Não possuindo o Paciente – Procurador Seccional da União em Marília/SP – o poder funcional de, diretamente, proceder ao cumprimento da ordem legal, uma vez que somente poderia liberar os valores pleiteados judicialmente, em medida liminar, através de parecer favorável da Consultoria Jurídica do Ministério da Saúde, não pode, dessa forma, ser responsabilizado criminalmente como prevaricador e desobediente" (STJ, HC 48.734/SP, Rel. Ministra Laurita Vaz, Quinta Turma, j.: 20/11/2007, DJ 17/12/2007, p. 231).

Além de todas as constatações até aqui registradas, há que se considerar também questão ainda mais complexa, isto é, se é conveniente ou não a ampliação das sanções penais decorrentes do descumprimento de ordens judiciais. Os exíguos limites deste estudo me impedem de procurar responder a essa indagação, pois para tanto seria necessária profunda incursão sobre os rumos da *política criminal* brasileira. Seja como for, mesmo sem incursão nesse tormentoso terreno, já é possível concluir que não será no âmbito criminal que o processo civil encontrará respostas adequadas para a efetividade da execução específica das obrigações de fazer, não fazer e dar coisa certa.

8. TENDÊNCIAS EM MATÉRIA DE DEFESAS DO EXECUTADO

Outro claro movimento de evolução do sistema de execução civil concerne à alteração do momento de manejo de defesa do executado, bem como no tocante à sua eficácia.

O CPC de 1973 foi concebido com seguindo-se um padrão uniforme: *a)* o juiz deferia o processamento da execução e determinava a convocação do réu para cumprir espontaneamente a obrigação; *b)* em caso de inércia quanto ao cumprimento voluntário da obrigação, o réu haveria de sofrer, via de regra, ao menos parte das atividades executivas, antes que pudesse apresentar defesa[71]; *c)* a apresentação de defesa tinha o poder de suspender a execução para, então, o juiz realizar atividade cognitiva exauriente[72]. Esse modelo é repetido na execução fiscal (disciplinada pela Lei nº 6.830/80) e, com algumas diferenças, também na execução de créditos trabalhistas (regida pela CLT).

Antes mesmo das reformas legislativas do CPC de 1973, por força de criação doutrinária[73] e pretoriana, essa combinação entre atividades cognitivas e executivas começou a sofrer alterações, passando-se a admitir que o executado, por simples petição, antes do depósito ou da penhora, alegasse matérias de defesa cognoscíveis de ofício, em especial vícios do título executivo, que

---

71. Na redação original do CPC de 1973, o réu deveria "garantir o juízo", ou seja, depositar a coisa ou quantia reclamada, ou nomear à penhora um bem que fizesse face à execução (de título judicial ou extrajudicial), antes que pudesse se valer dos embargos à execução, por expressa disposição do art. 737: "Não são admissíveis embargos do devedor antes de seguro o juízo: I – pela penhora, na execução por quantia certa; II – pelo depósito, na execução para entrega de coisa". A mesma lógica continua a vigorar na execução fiscal (art. 16, *caput* e §1º, da Lei nº 80/6.830). Apenas na execução para obrigação de fazer ou não fazer é que se admitiam os embargos mesmo sem qualquer providência prévia equivalente à "garantia do juízo".
72. No caso da execução fundada em título judicial, a cognição é exauriente (isto é, na sua dimensão vertical, de profundidade); mas parcial (porque limitada horizontalmente a determinadas matérias, que vinham listadas no art. 741 do CPC de 1973 e posteriormente passou a sê-lo pelo art. 475-L do mesmo diploma).
73. Atribui-se a Pontes de Miranda a primeira proposição a respeito (Parecer nº 95. *Dez anos de pareceres*. v. 4. Rio de Janeiro: Francisco Alves, 1975).

levariam ao reconhecimento de falta de interesse processual (sob o aspecto da adequação) para a execução forçada. Esse instituto foi batizado (equivocadamente) de "exceção de pré-executividade"[74].

Paulatinamente a jurisprudência foi se afrouxando, para permitir a "exceção de pré-executividade" veiculasse questões de direito material, tais como o pagamento e a prescrição[75], desde que pudessem ser apreciadas pelo juiz "de plano", isto é, com base em prova documental apresentada pelo executado, sem necessidade de outras providências instrutórias[76].

Ou seja, os tribunais acabaram por estabelecer que a cognição judicial realizada no âmbito da exceção de pré-executividade delineia-se *sucundum eventum probationis*[77], e tal diretriz aplica-se mesmo nos casos em que a matéria alegada pelo executado poderia ser conhecida de ofício, mas demandaria provas outras que não a meramente documental, pré-constituída[78].

Em que pese o fato desse remédio – sem forma ou figura de juízo – não ter a aptidão de suspender a execução, é evidente que causa algum embaraço à sua

---

74. Para análise das severas críticas a essa denominação, confira-se Barbosa Moreira (Exceção de pré-executividade, uma denominação infeliz, *Temas de Direito Processual* – sétima série, São Paulo: Saraiva, 2001).
75. Antes do advento da Lei nº 11.280.2006 – que transformou a prescrição em matéria cognoscível de ofício, mercê da revogação do art. 194 do CC e da alteração do art. 219, §5º, do CPC de 1973 – a possibilidade de conhecimento dessa matéria por meio de exceção de pré-executividade demandava enorme esforço argumentativo e demorou a ser pacificada no STJ, o que ocorreu apenas quando do seguinte julgado da Corte Especial: "1. É possível que em exceção de pré-executividade seja alegada a ocorrência da prescrição dos créditos excutidos, desde que a matéria tenha sido aventada pela parte, e que não haja a necessidade de dilação probatória. 2. Consoante jurisprudência da Corte essa autorização se evidencia de justiça e de direito, porquanto a adoção de juízo diverso, de não cabimento do exame de prescrição em sede de exceção pré-executividade, resulta em desnecessário e indevido ônus ao contribuinte, que será compelido ao exercício dos embargos do devedor e ao oferecimento da garantia, que muitas vezes não possui" (EREsp 388000/RS, Rel. Ministro Ari Pargendler, Rel. p/ Acórdão Ministro José Delgado, Corte Especial, j.: 16/03/2005, DJ 28/11/2005, p. 169)
76. entendimento restou consagrado na Súmula nº 393 do STJ: "A exceção de pré-executividade é admissível na execução fiscal relativamente às matérias conhecíveis de ofício que não demandem dilação probatória".
77. Acolhendo esse entendimento, confira-se acórdão do STJ que serviu de precedente para edição da referida Súmula nº 393: "1. A exceção de pré-executividade é servil à suscitação de questões que devam ser conhecidas de ofício pelo juiz, como as atinentes à liquidez do título executivo, os pressupostos processuais e as condições da ação executiva. 2. O espectro das matérias suscitáveis através da exceção tem sido ampliado por força da exegese jurisprudencial mais recente, admitindo-se a arguição de prescrição e decadência, desde que não demande dilação probatória (exceção *secundum eventus probationis*)" (AgRg no Ag 1060318/SC, Rel. Ministro Luiz Fux, Primeira Turma, j.: 02/12/2008, DJe 17/12/2008)
78. Seguindo essa trilha há outro julgado do STJ também referido como precedente que deu origem à Súmula nº 393: "A exceção de pré-executividade é cabível para a discussão a respeito dos pressupostos processuais e das condições da ação, vedada sua utilização, nessas hipóteses, apenas quando há necessidade de dilação probatória" (AgRg no REsp 448268/RS, Rel. Ministro Teori Albino Zavascki, Primeira Turma, j.: 10/08/2004, DJ 23/08/2004, p. 120). A meu ver, esse entendimento jurisprudencial está correto. Em outro trabalho (*O direito de defesa no processo civil brasileiro*, São Paulo: Atlas, 2011, p.156-157), pontuamos que "o fato de determinada matéria ser cognoscível de ofício não elimina de todo o ônus do interessado em alegá-la e prová-la".

tramitação, mormente porque a despeito de veicular, via de regra, matéria cognoscível de ofício, nem por isso se pode dispensar que o exequente se manifeste a respeito. Da mesma forma, desponta evidente que a decisão acerca de tal defesa será recorrível, o que igualmente enseja algum retardamento no trâmite da execução em 1º grau de jurisdição. E na hipótese de a matéria de defesa não ser conhecida, todo o tempo e energia dispensados podem se considerar desperdiçados, já que ao executado se preserva a possibilidade de repetir as mesmas alegações em sede de embargos, manejáveis após a "garantia do juízo".

Ao reformar a execução por quantia fundada em título judicial, a Lei nº 11.232/2005 perdeu a oportunidade de eliminar essa distorção, e continuou a condicionar a oposição de defesa do executado – que passou a ser chamada de "impugnação ao cumprimento de sentença" – à prévia intimação acerca da penhora (art. 475-J, §1º, CPC/73[79]).

Já na execução por quantia fundada em título extrajudicial, pouco depois foi dada solução distinta, por força da Lei nº 11.382/2006, de modo que a oposição dos embargos do executado deixou de ficar condicionada à prévia "garantia do juízo" (art. 736, CPC/73).

A semelhança entre as duas reformas resume-se, afinal, à exclusão da suspensão "automática" da execução por força da apresentação de defesa do executado (respectivamente impugnação ao cumprimento de sentença e embargos à execução de título extrajudicial), embora se admita em ambos os casos que esse efeito possa ser atribuído excepcionalmente pelo juiz quando o fundamento da defesa do executado for relevante, houver risco de dano grave e já tiver havido a "garantia do juízo" (arts. 475-M e 739-A, §1º, CPC/73).

Não há nenhuma razão que justifique essa dualidade de regimes para os meios de defesa à execução por quantia fundada em título judicial e extrajudicial, tornando o sistema caótico e contraditório. São evidentes, de resto, as vantagens do segundo sistema (execução de título extrajudicial).

---

79. Registre-se que esse dispositivo apenas dispõe sobre o prazo para a impugnação (15 dias a contar da intimação acerca da penhora), mas não veda (ao menos textualmente) que ela seja apresentada antes de cumprida tal providência. Com base nessa constatação, alguns doutrinadores (como, v.g., Fredie Didier Jr., *A terceira etapa da reforma processual civil*, em coautoria com Flávio Cheim Jorge e Marcelo Abelha Rodrigues, São Paulo: Saraiva, 2006, p.138) e alguns julgados (v.g., TJSP, Agravo de instrumento nº 990.10.440552-1 – Rel. Des. Arantes Theodoro – 36ª Câmara de Direito Privado – j.: 02.12.2010) se orientaram no sentido de reconhecer desnecessária a prévia "garantia do juízo". Contudo, recentemente o STJ consolidou a posição contrária: "A garantia do juízo é pressuposto para o processamento da impugnação ao cumprimento de sentença, nos termos do art. 475-J, § 1º do CPC. 'Se o dispositivo – art. 475-J, §1º, do CPC – prevê a impugnação posteriormente à lavratura do auto de penhora e avaliação, é de se concluir pela exigência de garantia do juízo anterior ao oferecimento da impugnação' (REsp 1.195.929/SP, Rel. Ministro Massami Uyeda, Terceira Turma, j.: 24/04/2012) 3. Recurso especial não provido" (STJ, REsp 1303508/RS, Rel. Ministro Marco Buzzi, Quarta Turma, j.: 21/06/2012, DJe 29/06/2012).

Não por acaso o CPC de 2015 antecipou o momento de apresentação da impugnação ao cumprimento de sentença, nos termos do art. 539[80]. De resto, o novo Código mantém os mesmos avanços até então atingidos pela reforma de 2005-2006. Restaria ainda alterar a execução fiscal e a execução trabalhista.

9. BREVES CONCLUSÕES

A análise de três ciclos de reformas legislativas, ao longo de vinte anos – as reformas de 1994-1995, 2001-2002 e 2005-2006 – bem como o novo CPC de 2015, e ainda a evolução da jurisprudência permitem identificar algumas claras tendências em torno do sistema de execução civil.

Conforme argumentação desenvolvida nos itens anteriores, algumas dessas tendências representam avanços positivos, mas outras merecem críticas.

Chama a atenção em particular a timidez das modificações acolhidas no CPC de 2015. O sistema de execução deveria receber as maiores atenções considerando-se dois aspectos em particular: *a)* a frustração da execução representa o esvaziamento da utilidade da tutela cognitiva previamente outorgada; e *b)* o elevado percentual de execuções no cômputo total de processos em tramitação no Brasil.

Contudo, não podemos perder de vista que a ineficiência da execução decorre mais intensamente de problemas econômicos, sociais e de gestão dos recursos do Poder Judiciário, do que propriamente da inadequação da técnica processual[81].

---

80. "Art. 525. Transcorrido o prazo previsto no art. 523 sem o pagamento voluntário, inicia-se o prazo de quinze dias para que o executado, independentemente de penhora ou nova intimação, apresente, nos próprios autos, sua impugnação".
81. De fato, é inegável que a execução civil sofra enormes impactos decorrentes da ampliação do acesso ao crédito (sobretudo por parte de pessoas físicas desprovidas de patrimônio livre e desimpedido compatível com o crédito tomado e seus acréscimos), da facilidade para constituição de pessoas jurídicas (mormente num país notoriamente conotado pelo elevado grau de empreendedorismo), do ritmo alucinante da evolução tecnológica (que muito rapidamente torna obsoletos e sem valor bens móveis, reduzindo as possibilidades concretas de satisfação da execução pela expropriação), da atenuação da reprovação social lançada sobre o cidadão em que não paga suas dívidas etc.

> 1ª Conferência de encerramento: Função e estrutura na tutela jurisdicional sumária

FUNZIONE E STRUTTURA NELLA TUTELA GIURISDIZIONALE SOMMARIA[1]

Antonio Carratta
Ordinario di Diritto processuale civile Università di Roma tre.

SOMMARIO: 1. IL DIFFICILE INQUADRAMENTO DEI PROCEDIMENTI GIURISDIZIONALI SOMMARI. 2. L'INDIFFERENZIATA CATEGORIA DEI PROCESSI SOMMARI: UNO SGUARDO D'INSIEME. 3. L'APPROCCIO TRADIZIONALE AL TEMA E IL CONFRONTO CON I PROCESSI A COGNIZIONE PIENA: LA SOMMARIETÀ COME «SEMPLIFICAZIONE» DELLE FORME PROCESSUALI. 4. NECESSARIA ELABORAZIONE DI UNA NOZIONE TECNICA DI «PROCESSO SOMMARIO». 5. LA SOMMARIETÀ COME VOLONTÀ DEL LEGISLATORE DI OTTENERE UNA DECISIONE GIUDIZIALE BASATA SU UNA COGNIZIONE QUALITATIVAMENTE E/O QUANTITATIVAMENTE RIDOTTA. 6. FONDAMENTO NORMATIVO DELLA NOZIONE DI «PROCESSO SOMMARIO» PROPOSTA. 7. PROCESSI SOMMARI E PRINCIPI COSTITUZIONALI: LA "REGOLA AUREA" DELLA CORRELAZIONE FRA FUNZIONE E STRUTTURA. 8. L'APPLICAZIONE DELLA "REGOLA AUREA" DELLA CORRELAZIONE FRA STRUTTURA E FUNZIONE DA PARTE DEL LEGISLATORE ORDINARIO: PROCESSI SOMMARI CONTENZIOSI E GIURISDIZIONAL-VOLONTARI. 9. LE DIVERSE CATEGORIE DI PROCESSI SOMMARI CONTENZIOSI: A) I PROCESSI SOMMARI CON FUNZIONE DECISORIA. 10. SEGUE: B) I PROCESSI SOMMARI CON FUNZIONE ESCLUSIVAMENTE ESECUTIVA. 11. SEGUE: C) I PROCESSI SOMMARI CON FUNZIONE CAUTELARE. 12. LA TESI CHE RICOLLEGA LA FUNZIONE DEI PROVVEDIMENTI SOMMARI ALLA QUALITÀ DELL'ACCERTAMENTO: CRITICA. 13. «VEROSIMIGLIANZA», «PROBABILITÀ» E PROCESSI SOMMARI. 14. LA DISCREZIONALITÀ DEL GIUDICE NEI PROCESSI SOMMARI È INVERSAMENTE PROPORZIONALE ALL'EFFICACIA DEL PROVVEDIMENTO CHE LI CONCLUDE. 15. CONSIDERAZIONI CONCLUSIVE.

1. IL DIFFICILE INQUADRAMENTO DEI PROCEDIMENTI GIURISDIZIONALI SOMMARI

La tutela cognitiva di diritti soggettivi e *status* presuppone normalmente l'accertamento giudiziale all'esito di un processo a cognizione piena ed esauriente, a contraddittorio anticipato ed a trattazione completa ed approfondita dei fatti rilevanti per la decisione, in quanto funzionale all'incontrovertibile individuazione della volontà di legge per il caso concreto propria del giudicato sostanziale. Generalmente, accanto alle forme di tutela a cognizione piena ed esauriente si rinviene una serie di fattispecie tradizionalmente ricondotte all'indifferenziata categoria dei «processi sommari». In via di prima approssimazione

---
1. Relazione al 1° Congresso Brasile-Italia di Diritto processuale civile (San Paolo 26-28 luglio 2014).

si può dire che la categoria ricomprende le forme processuali che, pur avendo finalità cognitive, deviano dal processo a cognizione piena ed esauriente (ordinario o speciale) per la semplificazione dell'attività processuale (*summarie et de plano*).

Tuttavia, il problema dell'esatta individuazione delle caratteristiche della *summaria cognitio* rappresenta una 'costante' di tutte le epoche storiche e di tutti gli ordinamenti processuali[2].

Agli inizi del secolo scorso, infatti, Giuseppe Chiovenda considerava «un grave problema di legislazione processuale» stabilire «se le forme debbano essere predeterminate dalla legge o se debba essere lasciato all'arbitrio del

---

2. V., in proposito, ampiamente la dottrina tedesca del passato: Endemann, *Die Beweislehre des Civilprozesses*, Heidelberg, 1860, p. 60 ss.; Id., *Von dem Alten Reichskammergericht*, in Z.Z.P., 18 (1893), p. 165 ss.; Mittermaier, *Die summarischen Verfahrungsarten des gemeinen deutschen Prozesses. Der Executiveprocess*, Bonn, 1926, p. 106 ss.; Danz-Gönner, *Grundsätze der summarischen Processe*, 3.Ausgabe, Stuttgart, 1806, p. 126 ss.; Bayer, *Teorie der summarischen Processe nach den Grundsätzen des gemeinen deutschen Rechts*, 6.Aufl., München, 1846, p. 15 ss. e p. 104 ss.; Osterloh, *Die summarische bürgerlichen Processe*, Leipzig, 1847, p. 39 ss.; Briegleb, *Einleitung in die Theorie der summarischen Prozesse*, Leipzig, 1859, p. 122 ss., p. 169 ss. e p. 303 ss.; Id., *Summatim cognoscere quid et quale fuerit apud Romanos*, Erlangen, 1843, p. 4 ss., a proposito del problema presso le fonti romane; Wach, *Der Arrestprozess in seiner geschichtlichen Entwicklung*, I, Leipzig, 1868, p. 143 ss.; Wetzell, *System des ordentlichen Civilprocesses*, Leipzig, 1876, p. 302 ss.; Hellwig, *System des deutschen Zivilprozessrechts*, II, Leipzig, 1912, p. 67 ss.; Id., *Anspruch und Klagerecht. Beiträge zum bürgerlichen und Prozessrecht*, Jena, 1900, p. 151 ss.

Anche la dottrina italiana ha dedicato attenta riflessione al tema: v., in particolare, Chiovenda, *Le forme nella difesa giudiziale del diritto*, in *Saggi di diritto processuale civile*, I, ristampa, Milano, 1993, p. 353 ss.; Id., *Principi di diritto processuale civile*, ristampa, Napoli, 1980, p. 196 ss. e p. 1181 ss.; Id., *Azioni sommarie. La sentenza di condanna con riserva*, in *Saggi*, cit., I, p. 181 ss.; Id., *Istituzioni di diritto processuale civile*, I, ristampa, Napoli, 1960, p. 92 ss., p. 212 ss. e p. 326 s.; Lattes, *Il procedimento sommario o planario degli statuti*, Milano, 1887, p. 28 ss.; Sella, *Il procedimento civile nella legislazione statutaria italiana*, Milano, 1927, p. 216 ss.; De Palo, *Teoria del titolo esecutivo*, Napoli, 1901, p. 32 e p. 225 ss.; Calamandrei, *Sulla struttura del procedimento monitorio nel diritto italiano*, Torino, 1923, p. 9 ss.; Id., *Per la vitalità del processo ingiunzionale*, in *Riv. dir. proc. civ.*, 1924, I, p. 56 ss.; Cristofolini, *Processo d'ingiunzione*, Padova, 1939, p. 5 ss.; Carnelutti, *Nota intorno alla struttura del processo monitorio*, in *Riv. dir. proc. civ.*, 1924, p. 270 ss.; Id., *Lezioni di diritto processuale civile*, I, Padova, 1929, p. 236 ss.; Liebman, *La contestazione dei crediti nel fallimento*, in *Riv. dir. proc. civ.*, 1930, I, p. 209 ss.; Segni, *L'opposizione del convenuto nel processo monitorio*, in Id., *Scritti giuridici*, II, Torino, 1965, p. 977 ss.; Andrioli, *Commento al c.p.c.*, IV, Napoli, 1957, p. 1 ss.; Id., *Diritto processuale civile*, Napoli, 1979, p. 355 ss.; Satta, *Commentario del c.p.c.*, IV, 1, Milano, 1968, p. 4 ss.; Lanfranchi, *La verificazione del passivo nel fallimento*, Milano, 1979, p. 94 ss.; Id., *Riflessioni de iure condito e de iure condendo sulla tutela cognitiva ordinaria e sommaria*, in *Riv. giur. lav.*, 1982, I, p. 269 ss.; Id., *voce Procedimenti decisori sommari*, in *Enc. Giur. Treccani*, XXIV, Roma, 1991, p. 1 ss.; Montesano, *Luci ed ombre in leggi e proposte di «tutele differenziate» nei processi civili*, in *Riv. dir. proc.*, 1979, p. 594 ss.; Id., *La tutela giurisdizionale dei diritti*, Torino, 1994, p. 293 ss.; Proto Pisani, *Appunti sulla tutela sommaria (Note de iure condito e de iure condendo)*, in *I processi speciali. Studi offerti a V. Andrioli dai suoi allievi*, Napoli, 1979, p. 309 ss.; Id., *La tutela sommaria*, in Id., *Appunti sulla giustizia civile*, Bari, 1982, p. 211 ss.; (, ora anche in Id., *Le tutele giurisdizionali dei diritti. Studi*, Napoli, 2004, p. 379 ss.) Id., *Usi e abusi della procedura camerale ex art. 737 ss. c.p.c.*, in *Riv. dir. civ.*, 1990, I, p. 393 ss.; Id., *Tutela sommaria*, in *Foro it.*, 2007, V, c. 241 ss.; si vis, Carratta, *Il principio della non contestazione nel processo civile*, Milano, 1995, p. 19 ss. e p. 60 ss.; Id., *Profili sistematici della tutela anticipatoria*, Torino, 1997, p. 229 ss.; Id., *voce Processo sommario (dir. proc. civ.)*, in *Enc. dir.*, Annali, II, 1, Milano, 2008, p. 87 e ss.; Id., *voce Processo camerale (dir. proc. civ.)*, ivi, III, Milano, 2010, p. 928 e ss.

giudice di regolarle volta per volta, secondo le esigenze del caso concreto». Avvertendo che la soluzione favorevole ad ampliare il potere direttivo del giudice rappresenta «*un mezzo potente di semplificazione processuale*», praticabile «*in proporzione della fiducia che, in un dato momento storico, l'ordine giudiziario ispira ai cittadini*»[3].

In effetti, la distinzione fra processi a cognizione piena ed esauriente e processi genericamente definiti come sommari è abbastanza risalente e da sempre è stata incentrata sulla differenza strutturale fra l'articolazione interna del processo che, in quel dato momento storico, veniva considerato come processo a cognizione piena ed esauriente e l'articolazione più semplificata dei c.d. processi sommari. Basti ricordare, in proposito, il famoso esempio del processo sommario introdotto dalla decretale *Clementina Saepe* del Papa Clemente V nel 1306, regolato «*simpliciter et de plano ac sine strepitu et figura iudicii*»[4].

2. L'INDIFFERENZIATA CATEGORIA DEI PROCESSI SOMMARI: UNO SGUARDO D'INSIEME

Nell'ambito della complessiva categoria dei procedimenti giurisdizionali cognitivi, l'ordinamento processuale italiano (al pari degli altri) ha predisposto, accanto all'"ordinario" processo a cognizione piena ed esauriente (disciplinato nel libro secondo del c.p.c.) e ad altri processi "speciali" sempre a cognizione piena ed esauriente (come il processo del lavoro, quello c.d. locatizio o il processo per la separazione giudiziale dei coniugi o quello divorzile), una serie di procedimenti tradizionalmente ed indistintamente definiti come sommari, la cui caratteristica fondamentale è data proprio dal fatto che si differenziano dai primi per la più o meno semplificata articolazione dell'attività processuale.

Il legislatore italiano del 1942 non ha fatto altro che recepire nel codice di rito gli approdi della riflessione dottrinale del tempo sul tema, raccogliendo all'interno del libro IV, dedicato appunto ai «procedimenti sommari», la congerie di procedimenti che in qualche modo presentano caratteristiche tali da farli considerare procedimenti a struttura sommaria. Non è un caso, infatti, se proprio il libro IV del c.p.c. italiano e la sua evidente asistematicità, indussero Virgilio Andrioli a parlarne come di una sorta di «supermercato» di una serie indefinita di procedimenti[5].

---

3. CHIOVENDA, *Principi*, cit., p. 664; ID., *Istituzioni*, cit., p. 87 ss.
4. CHIOVENDA, *Istituzioni*, cit., I, p. 93; ID., *Principi*, cit., p. 3 ss.; v. anche ID., *Le forme nella difesa giudiziale del diritto*, in ID., *Saggi di diritto processuale civile*, I, cit.,, p. 353 ss., spec. p. 363 ss.; ID., *Azioni sommarie. La sentenza di condanna con riserva*, ivi, p. 121 ss., spec. p. 131 ss.
5. ANDRIOLI, *Diritto processuale civile*, cit., p. 52.

In ogni caso, – come puntualmente rilevò Piero Calamandrei – si tratta di fattispecie tipiche, cioè fornite di «certi speciali requisiti, che non sono necessari per poter esperimentare il processo di cognizione ordinario»[6] o «i cui presupposti di fatto sono precisamente indicati nella legge»[7]. Generalmente, infatti, la previsione di forme processuali sommarie viene accompagnata anche dalla puntuale individuazione di specifiche «condizioni di ammissibilità», al fine di delimitarne l'ambito applicativo da parte del giudice.

Del resto, il ricorso a forme di tutela sommaria rispondenti ad esigenze diverse è una costante anche della legislazione degli altri sistemi processuali e non, dove spesso si fa riferimento, da un lato, alle generiche categorie delle «misure provvisorie» o dei provvedimenti di «tutela d'urgenza», per richiamare le diverse figure di provvedimenti sommari con funzione cautelare, e, dall'altro lato, ai «provvedimenti sommari» o agli «ordini di pagamento», alle «ingiunzioni», per richiamare le diverse forme dei provvedimenti monitori[8]. Vale a dire

---

6. Così, con riferimento al procedimento ingiuntivo, CALAMANDREI, *Le condizioni di ammissibilità (presupposti processuali) del procedimento per ingiunzione*, in Riv. dir. comm., 1924, I, p. 18 ss., spec. p. 21, ora anche in *Opere giuridiche*, a cura di M. Cappelletti, IX, Napoli, 1983, p. 50 ss.
   Su quest'aspetto dei provvedimenti sommari v. anche:
   – con riferimento ai *provvedimenti sommari di natura decisoria*, ANDRIOLI, Commento, cit., IV, pp. 1-5; SATTA, Commentario, cit., IV, 1, p. 3 ss.; GARBAGNATI, *I procedimenti d'ingiunzione e per convalida di sfratto*[5], Milano, 1979, p. 3 ss.; ID., *Il procedimento d'ingiunzione*, Milano, 1991, p. 5 ss.; COLESANTI, *Principio del contraddittorio e procedimenti speciali*, in Riv. dir. proc., 1975, p. 577 ss.; LANFRANCHI, *La verificazione del passivo*, cit., p. 94 ss.; ID., *Profili sistematici dei procedimenti decisori sommari*, in Riv. trim. dir. e proc. civ., 1987, p. 88 ss. (ripubblicato in ID., *Procedure concorsuali e tutela dei creditori*, Milano, 1988, p. 3 ss.); MONTESANO, *I provvedimenti d'urgenza nel processo civile (Artt. 700-702 cod. proc. civ.)*, Napoli, 1955, p. 5, in nota 13, per il quale «nel campo dei "procedimenti speciali", disciplinati dai primi sette titoli del libro IV del vigente c.p.c. ... l'esercizio dell'azione è condizionato non genericamente all'"interesse ad agire" ..., cioè alla lesione o all'incertezza di qualunque diritto soggettivo, ma a condizioni specificamente e singolarmente individuate, in relazione a determinati diritti o poteri»; ID., *Sulle misure provvisorie in Italia*, in *Les mesures provisoires en procédure civile* (Atti del colloquio internazionale – Milano, 12-13 ottobre 1984), a cura di G. Tarzia, Milano, 1985, p. 113 ss.; ID., *Luci ed ombre in leggi e proposte di «tutele differenziate» nei processi civili*, in Riv. dir. proc., 1979, p. 592 ss.; PICARDI, *I processi speciali*, ivi, 1982, p. 700 ss.; MANDRIOLI-CARRATTA, *Diritto processuale civile*, XXIII ed., III, Torino, 2014, p. 7 ss.; PROTO PISANI, *Sulla tutela giurisdizionale differenziata*, in Riv. dir. proc., 1979, p. 536 ss.; ID., *Appunti sulla tutela sommaria (Note de iure condito e de iure condendo)*, cit., p. 311 ss.;
   – con riferimento ai *provvedimenti sommari di natura cautelare*, v., per tutti, VERDE, *Considerazioni sul procedimento d'urgenza (come è e come si vorrebbe che fosse)*, in *I processi speciali – Studi offerti a V. Andrioli dai suoi allievi*, cit., p. 409 ss., spec. p. 420 ss.; MONTESANO, *Sulle misure provvisorie*, cit., p. 113 ss.; PROTO PISANI, voce *Procedimenti cautelari*, in Enc. Giur. Treccani, XXV, Roma, 1991, p. 1; ID., voce *Provvedimenti d'urgenza*, ibidem; MANDRIOLI-CARRATTA, *Diritto processuale civile*, cit., IV, p. 245 ss.; TARZIA, *La tutela cautelare*, in AA.VV., *Il processo cautelare*, a cura di G. Tarzia e A. Saletti, Padova, 2011, p. XXVI ss.

7. Così ANDRIOLI, *Diritto processuale civile*, cit., p. 312, a proposito delle azioni tipiche, fra le quali annovera non solo le azioni costitutive, ma anche le mere azioni «disgiunte cioè da diritti perfetti, come quelle che tendono alle misure cautelari o siano il risultato di cognizione sommaria».

8. Per le opportune indicazioni sulle premesse necessarie a tal fine v., soprattutto, GORLA, *Procedimenti sommari nel diritto anglo-americano*, in Riv. dir. proc., 1967, p. 56 ss. (e in *Studi in memoria di A. Giuffrè*, II, Milano, 1967, p. 449 ss. con il titolo «Debt» e «summary judgment» nel diritto anglo-americano. Temi per una ricerca comparatistica); GOTTWALD, *Simplified civil procedure in West Germany*, in American Journal of comp. law,

che anche in altri ordinamenti nella generica categoria dei provvedimenti di cognizione sommaria si fanno rientrare misure fra loro notevolmente diverse per presupposti, funzione e articolazione interna dei procedimenti all'esito dei quali vengono pronunciate[9]. E che presentano, come caratteristica comune, il fatto di essere disciplinate in maniera più deformalizzata o semplificata rispetto a quello che nei diversi ordinamenti processuali costituisce il processo ordinario o comune, cioè quello per la cognizione piena ed esauriente.

Basti pensare, solo per limitarsi agli esempi più rilevanti, al sistema francese dei *référés*, i quali, sebbene sul piano funzionale rispondano a presupposti e finalità notevolmente diverse fra loro, sul piano strutturale sono tradizionalmente considerati dei procedimenti speciali sommari, deformalizzati e veloci, disciplinati in maniera notevolmente diversa dal processo a cognizione piena. Stando, infatti, alla previsione generale dell'art. 484 *n.c.p.c.* francese «*l'ordonnance de référé est une décision provisoire rendue à la demande d'une partie, l'autre présente ou appelée, dans les cas où la loi confère à un juge qui n'est pas saisi du principal, le pouvoir d'ordonner immédiatement les mesures nécessaires*»[10].

1983, p. 687 e ss.; Varano, *Appunti sulla tutela provvisoria nell'ordinamento inglese, con particolare riferimento all'interlocutory injunction*, in *Les mesures provisoires en procédure civile*, cit., p. 235 ss.; Tarzia, *Considerazioni conclusive*, in *Les mesures provisoires*, cit., p. 309 ss.; Taruffo, voce *Diritto processuale civile nei paesi anglosassoni*, in *Dig. disc. priv., sez. civ.*, VI, Torino, 1990, p. 324 ss.; AA.VV., *Orders for Payment in the European Union / Mahnverfahren in der Europäischen Union / L'injonction de payer dans l'Union Européenne*, edited by W. H. Rechberger & G. E. Kodek, The Hague-London-New York, 2001; Oberto, *I procedimenti semplificati ed accelerati nell'esperienza tedesca ed in quella inglese*, in *Corr. giur.*, 2002, p. 1239 ss. e p. 1519 ss.; Caponi, *La tutela sommaria nel processo societario in prospettiva europea*, in *Riv. trim. dir. proc. civ.*, 2003, p. 1379 ss.; Crifò, *Cross-border enforcement of debts in the European Union*, The Netherlands, 2009; AA.VV., *La tutela sommaria in Europa. Studi*, a cura di A. Carratta, Napoli, 2012.

9. Per l'analisi ed il confronto comparatistico dei diversi modelli di tutela sommaria v., in particolare, Tarzia, *Considerazioni comparative sulle misure provvisorie nel processo civile*, in *Riv. dir. proc.*, 1985, p. 241 ss.; Comoglio-Ferri, *La tutela cautelare in Italia: profili sistematici e riscontri comparativi*, ivi, 1990, p. 963 ss.; Stürner, *Der einstweilige Rechtsschutz in Europa*, in *Festschrift für K. Geiss*, Köln, 2000, p. 199 ss.; Rechberger-Kodek, *Das Mahnverfahren in den Mitgliedsstaaten der EU – Generalbericht*, in *Orders for Payment in the European Union*, cit., p. 1 ss.; Trocker, *Provisional Remedies in Transnational Litigation: The Issue of Jurisdiction. A Comparative outline*, in *Int'l Lis*, 2009, p. 48 ss. e p. 93 ss.; Crifò, *Cross-border enforcement of debts in the European Union*, cit., *passim*.

10. In proposito, rinvio a Carratta, *Profili sistematici*, cit., p. 34 ss.; v. anche, fra gli altri, Silvestri, *Il sistema francese dei «référé»*, in *Foro it.*, 1998, V, c. 9 ss.; Id., *Il référé nell'esperienza giuridica francese*, Torino, 2005; Perrot, *Les mesures provisoires en droi français*, in *Les mesures provisoires*, cit., p. 149 ss., per il quale provvisoria è, in generale, la misura che «*est prise avant-dire droit en attendant le jugement définitif qui la rendra caduque et lui fera perdre tout objet le jour où le droit aura été dit avec autorité de chose juée*»; Id., *L'évolution du référé*, in *Mélanges P. Hébraud*, Toulouse, 1981, p. 645 ss.; Strickler, *Référés*, in *Dictionnaire de la justice*, a cura di L. Cadiet, Paris, 2004, p. 1127 ss.; Cayrol, *Référé civil*, in *Répertoire procédure civile Dalloz*, Paris, 2006; D'Amico, *Novità in tema di tutela cautelare, alla luce dell'esperienza francese dei référés*, in *Giusto proc. civ.*, 2007, p. 875 ss.; Bonato, *I référés nell'ordinamento francese*, in *La tutela sommaria in Europa. Studi*, a cura di A. Carratta, cit., p. 35 ss.

O al sistema inglese dei c.d. *interim* o *interlocutory remedies* ed in particolare alla *Rule* 25 delle *C.P.R.*, la quale prevede espressamente che «*the Court may grant the following interim remedies*», ovvero misure di natura cautelare, fra le quali la stessa *Rule* richiama l'*interim injunction*, ovvero la possibilità di avere, nel corso del giudizio, un ordine di fare o di non fare, di natura provvisoria e finalizzato ad anticipare gli effetti del provvedimento finale[11].

E, accanto agli *interim remedies* di natura cautelare, le stesse *C.P.R.* inglesi prevedono anche sia la possibilità che la Corte pronunci nei confronti del convenuto (o dell'attore, in caso di domanda riconvenzionale) un provvedimento interinale di pagamento in anticipo (*on account*) delle somme di denaro oggetto della domanda (*interim payment*)[12], sia il *summary judgment* della *Rule* 24, ovvero un provvedimento sommario autonomo che la Corte può concedere contro l'attore o il convenuto se ritenga, sulla base di una cognizione *prima facie*, che l'attore o il convenuto non abbia una reale prospettiva di riuscire a far accogliere le proprie ragioni e non vi siano altre ragioni per cui la causa debba essere comunque decisa attraverso il *trial*[13]. Si tratta, nella sostanza, di quelli che vengono generalmente definiti come *pre-trial remedies*, diretti a «favorire un'equa

---

11. Sugli interim remedies inglesi con funzione cautelare v. Frignani, *L'injunction nella common law e l'inibitoria nel diritto italiano*, Milano, 1974, p. 62 ss. Varano, *Appunti sulla tutela provvisoria nell'ordinamento inglese*, cit., p. 235 ss.; Id., *Tendenze evolutive in materia di tutela provvisoria nell'ordinamento inglese, con particolare riferimento all'interlocutory injunction*, in *Riv. dir. civ.*, 1985, I, p. 39 ss.; Id., voce *Injunction*, in *Dig. disc. priv.*, sez. civ., IX, Torino, 1993, p. 487 ss., spec. p. 493 ss.; Albrecht, *Zur Entwicklung des einstweiligen Rechtsschutzes in England*, in *Praxis int. privat- und Verfahrensrechts*, 1988, p. 309 ss.; Taruffo, voce *Diritto processuale civile nei paesi anglosassoni*, cit., p. 394 ss.; Id., *Il processo civile di civil law e di common law: aspetti fondamentali*, in *Foro it.*, 2001, V, c. 345 ss.; Vianello, *Appunti sulle recenti riforme processuali in Inghilterra*, in *Riv. trim. dir. e proc. civ.*, 1993, p. 893 ss.; Zuckerman, *Civil procedure*, London, 2003, p. 270 ss.; Id., *Mareva Injunctions and Security for Judgment in a Framework of Interlocutory Remedies*, in *Law Quarterly Review*, 1993, p. 432 ss.; Andrews, *English civil procedure*, Oxford, 2003, p. 410 ss.; Id., *Principles of civil procedure*, London, 1994, p. 159 ss.; Bean, *Injunctions*, London, 2004, p. 4 ss.
12. V., in particolare, Jacob, *The Fabric of English Civil Justice*, London, 1987, p. 132 ss.; Frignani, *L'injunction nella common law*, cit., p. 71 ss.; Id., voce *Inibitoria (azione): II) Diritto comparato e straniero*, in *Enc. Giur. Treccani*, XVII, Roma, 1989; Varano, *Appunti sulla tutela provvisoria nell'ordinamento inglese*, cit., p. 235 ss.; Id., voce *Injunction*, in *Dig. disc. priv.*, sez. civ., IX, Torino, 1993, p. 487 ss., spec. p. 493 ss.; Taruffo, voce *Diritto processuale civile nei paesi anglosassoni*, cit., p. 394 ss.; Moccia, *Il processo civile nell'Alta Corte*, in *Ricerche sul processo. Il processo civile inglese*, a cura di N. Picardi e A. Giuliani, Rimini, 1991, p. 236 ss.; Cariello, *Injunctions e companies nell'esperienza giurisprudenziale inglese*, in *Riv. società*, 1991, p. 1208 ss.; Kessel, *Grundsätze des vorläufigen Rechtsschutzes in England und Wales*, in *Recht Int. Wirtschaft*, 1993, p. 988 ss.; Sime, *A pratical aproach to civil procedure*, New York, 2003, p. 414 ss.; Andrews, *English civil procedure*, cit., p. 464 ss.; Zuckerman, *Civil procedure*, cit., p. 344 ss. per altre indicazioni rinvio a Carratta, *Profili sistematici*, cit., p. 54 s.
13. Carratta, *Profili sistematici*, cit., p. 53 ss.; v. anche Taruffo, voce *Diritto processuale civile nei paesi anglosassoni*, cit., p. 364; Jolowicz, *Order for Payment Encglish Law*, in *Orders for Payment in the European Union*, a cura di W.H. Rechberger e G.E. Kodek, cit., p. 117 ss.; Zuckerman, *Civil procedure*, cit., p. 250 ss.; Sime, *Civil procedure*, Oxford, 2003, p. 250 ss.; Querzola, *La tutela anticipatoria fra provvedimento cautelare e giudizio di merito*, Bologna, 2006, p. 70 ss.; Fradeani, *Appunti sulla tutela decisoria sommaria in Inghilterra ed in Francia: summary judgment ed injonction de payer*, in *La tutela sommaria in Europa. Studi*, a cura di A. Carratta, cit., p. 121 ss.

conciliazione fra le parti e indurle ad accelerare la conduzione del processo, riducendo sensibilmente l'interesse ad utilizzarlo in funzione dilatoria»[14].

O ancora, basti pensare alla medesima impostazione di fondo che si rinviene sia nel sistema processuale tedesco[15], sia in quello spagnolo[16], sia in quello brasiliano[17]. Anche in questi casi alla presenza di strumenti giurisdizionali sommari con funzione dichiarativa ed esecutiva (come, ad es., procedimenti a struttura monitoria) si accompagna la presenza di un articolato sistema di rimedi sommari con funzione cautelare (le *einstweilige Verfügungen* e l'*Arrest* nel sistema tedesco; le *medidas cautelare*, in quello spagnolo, le misure di *tutela de urgência*, in quello brasiliano).

3. L'APPROCCIO TRADIZIONALE AL TEMA E IL CONFRONTO CON I PROCESSI A COGNIZIONE PIENA: LA SOMMARIETÀ COME «SEMPLIFICAZIONE» DELLE FORME PROCESSUALI

In via di prima approssimazione si può dire che la categoria dei processi sommari ricomprende quelle forme processuali che, pur avendo finalità cognitive, deviano dai processi a cognizione piena ed esauriente (ordinari o speciali) per la semplificazione dell'attività processuale che li caratterizza. Sebbene questa semplificazione – come meglio vedremo in seguito – non sempre venga attuata con la stessa intensità da parte del legislatore.

---

14. Così Varano, *Appunti sulla tutela provvisoria*, cit., p. 256. V. anche Jacob, *The Fabric*, cit., p. 132 ss., il quale a proposito dei c.d. *pre-trial remedies*, sostiene che essi hanno la funzione «to deal with position of the parties pending the trial, to maintain as far as possible the status quo ante and to preserve, protect and where necessary enhance the rights and interests of the parties in the inevitable interval between the start of the proceedings and the trial»; Id., *Pre-Trial Remedies in England*, in *The Reform of Civil Procedure Law and Other Essays in Civil Procedure*, London, 1982, p. 259 ss.; Leubsdorf, *The Standard for Preliminary Injunctions*, in *Harv. Law Review*, 1978, p. 525 ss., spec. p. 539 ss.; Posner, *The Summary Jury Trial and other Methods of Alternative Dispute Resolution*, in *Un. Chi. Law Rev.*, 1986, p. 366 ss.; Zuckerman, *Interlocutory Remedies in Quest of Procedural Fairness*, in *Modern Law Review*, 1993, p. 325 ss.; Id., *Interlocutory Injunctions on the Merits*, in *Law Quarterly Review*, 1991, p. 196 ss.
15. Carratta, *Profili sistematici*, cit., p. 45 ss.
16. V., in proposito, Serra Domínguez, *Teoría general de las medidas cautelares*, in Serra Domínguez-Ramos Méndez, *Las medidas cautelares en el proceso civil*, Barcelona, 1974, p. 20 ss.; Gutiérrez de Cabiedes, *Elementos esenciales para un sistema de medidas cautelares*, in AA.VV., *El sistema de medidas cautelares*, Pamplona, 1974, p. 5 ss.; Montero Aroca, voce *Processo civile (Spagna)*, in *Dig. disc. priv., sez. civ.*, XV, Torino, 1997, p. 215 ss. e p. 227 ss.; Ortells Ramos, *Tutela cautelar en la nueva Ley de Enjuiciamiento Civil*, in AA.VV., *El proceso civil y su reforma*, Madrid, 1998, p. 422 ss.; Pastorelli, *Il procedimento monitorio spagnolo tra scelte normative ed esperienza applicativa*, in *Riv. trim. dir. e proc.civ.*, 2009, p. 1391 ss.; Cossignani, *Il processo monitorio spagnolo: un processo sommario-plenario*, in *La tutela sommaria in Europa. Studi*, a cura di A. Carratta, cit., p. 149 ss.; Id., *Brevi note in tema di tutela cautelare nella* Ley de Enjuiciamiento civil, ivi, p. 261 ss.
17. V., in particolare, De Oliveira, *Perfil dogmatico da tutela de urgência*, in *Revista da Ajuris*, 1997, p. 214 ss.; Bedaque, *Tutela cautelar e tutela antecipada: tutelas sumárias e de urgência (tentativa de sistematização)*, 4ª ed., São Paulo, 2006; Marinoni, *Antecipação da tutela*, 11ª ed., São Paulo, 2009, p. 20 ss.; Flach, *A verossimilhança no processo civil*, São Paulo, 2009, p. 40 ss.; Mitidiero, *Antecipação da tutela. Da tutela cautelar à técnica antecipatória*, São Paulo, 2012, p. 18 ss.

Proprio con riferimento a questa fondamentale caratteristica dei processi a cognizione sommaria, tuttavia, nel passato si è distinto – soprattutto nella dottrina tedesca del passato[18] – fra «processi determinati», laddove sia lo stesso legislatore a predisporre un modello processuale incentrato sulla «'riduzione della cognizione' del giudice», e «processi indeterminati» o «accelerati», nei quali la sommarizzazione del processo viene rimessa esclusivamente al giudice[19]. La distinzione può essere riproposta anche oggi, in quanto – come meglio vedremo nel prosieguo – accanto a processi sommari per i quali il legislatore si è preoccupato di determinare anche la semplificazione dell'attività processuale, è facile rinvenire anche processi nei quali l'attuazione delle forme semplificate è rimessa per buona parte allo stesso giudice, che, quindi, diventa anche "creatore" della disciplina processuale da applicare in concreto.

Intorno a queste acquisizioni si è andata affermando la convinzione che, per determinare i connotati del processo sommario, sia sufficiente individuare le differenze che presenta rispetto al processo a cognizione piena ed esauriente (ordinario o speciale)[20]: si ha il primo quando manchi anche uno degli elementi caratterizzanti il secondo.

Vale a dire, a seconda dei casi:

a) l'instaurazione del preventivo contraddittorio e del diritto di difesa «in condizioni di parità» (secondo quel che prevedono gli artt. 24, 2° comma, e 111, 2° comma, della Costituzione italiana) e su tutte le questioni rilevanti per la decisione;

b) la puntuale predeterminazione legale sia delle forme e dei termini processuali, sia dei corrispondenti poteri, doveri, facoltà processuali delle parti e del giudice, con riferimento alle diverse fasi del processo (introduttiva, di trattazione, decisoria: art. 111, 1° comma, Cost. italiana);

---

18. Anche per indicazioni in proposito rinvio a CARRATTA, *Profili sistematici della tutela anticipatoria*, cit., p. 72 ss. e p. 230 ss.
19. Così espressamente, soprattutto con riferimento al processo sommario introdotto dalla *Clementina Saepe* del 1306 CHIOVENDA, *Istituzioni*, cit., p. 93.
20. V., in particolare, ANDRIOLI, *I procedimenti concorsuali tra Costituzione e Corte costituzionale*, in *Riv. dir. proc.*, 1984, p. 195 ss.; FABBRINI, voce *Potere del giudice (dir. proc. civ.)*, in *Enc. dir.*, XXXIV, Milano, 1988, p. 721 ss.; PROTO PISANI, *Usi e abusi*, cit., p. 412 ss.; ID., *Lezioni di diritto processuale civile*[5], Napoli, 2006, p. 664 ss.; ID., *Giusto processo e valore della cognizione piena*, in *Riv. dir. civ.*, 2002, I, p. 265 ss.; LANFRANCHI, voce *Giusto processo: I) Processo civile*, in *Enc. Giur. Treccani*, X, Roma, 2001; GRAZIOSI, *La cognizione sommaria del giudice civile nella prospettiva delle garanzie costituzionali*, in *Riv. trim. dir. proc. civ.*, 2009, p. 137 ss.; si vis, CARRATTA, voce *Processo sommario (dir. proc. civ.)*, cit., p. 877 ss.; ID., voce *Processo camerale (dir. proc. civ.)*, cit., p. 928 ss.; ID., *Struttura e funzione nei procedimenti giurisdizionali sommari*, in *La tutela sommaria in Europa. Studi*, a cura di A. Carratta, cit., p. 1 ss.

c) la regolamentazione della formazione del convincimento del giudice secondo canoni che assicurino un «giusto processo» ovvero un processo che produca una «giusta decisione», e dunque attraverso la tipicità dei mezzi di prova precostituiti o costituendi, la predeterminazione delle formalità di formazione delle prove precostituite e delle modalità di assunzione delle prove costituende nel processo, e dei soggetti su iniziativa dei quali le prove possono essere acquisite al giudizio[21];

d) la forma della sentenza del provvedimento conclusivo, adeguatamente motivato e sottoponibile – quanto meno – a ricorso per cassazione «per violazione di legge» (art. 111, 7° comma, Cost. italiana)[22].

4. NECESSARIA ELABORAZIONE DI UNA NOZIONE TECNICA DI «PROCESSO SOMMARIO»

E tuttavia, nel parlare di "forma semplificata" del procedimento, "determinata" o meno che sia direttamente dal legislatore, occorre intendersi, per non incorrere in facili equivoci.

In primo luogo, occorre sottolineare il fatto che le nozioni di processo o procedimento «sommario» e processo o procedimento «a cognizione piena ed esauriente», per le conseguenze non meramente classificatorie che comportano, sono da considerare vere e proprie nozioni tecniche. E in quanto tali richiedono, per poter essere validamente utilizzate, di sicuri elementi oggettivi di qualificazione, che, sebbene non individuati esplicitamente dal legislatore, nella sua opera trovino validi supporti. Di conseguenza, lungi dal ricorrere al senso comune per qualificare di volta in volta un dato procedimento come «sommario» o «a cognizione piena ed esauriente», è necessario rifarsi a criteri oggettivamente ricavabili dalle scelte del legislatore.

In secondo luogo, va aggiunto che – una volta richiamata la semplificazione delle forme processuali come caratteristica comune ai processi o procedimenti comunemente definiti «sommari» – di per sé la formula «forma semplificata» è troppo generica per poter essere utilmente applicata al fine di distinguere i processi sommari da quelli a cognizione piena ed esauriente. Se ci si limitasse

---

21. Su quest'aspetto rinvio a CARRATTA, *Prova e convincimento del giudice nel processo civile*, in *Riv. dir. proc.*, 2003, p. 27 ss.; ID., *Funzione dimostrativa della prova (verità del fatto nel processo e sistema probatorio)*, ivi, 2001, p. 73 ss.
22. Per la sottolineatura della rilevanza costituzionale anche del ricorso per cassazione «per violazione di legge» avverso le sentenze v., da ultimo, Corte cost., 9 luglio 2009, n. 207, in *Giur. it.*, 2010, p. 627 ss., con mia nota, *La Corte costituzionale e il ricorso per cassazione quale "nucleo essenziale" del «giusto processo regolato dalla legge»: un monito per il legislatore ordinario*.

a considerare «sommario» qualsiasi procedimento presenti una qualche semplificazione della struttura processuale rispetto al processo a cognizione piena ed esauriente, si correrebbe il rischio di includere nella categoria dei processi sommari anche processi che, in realtà, tali non possono essere considerati.

E' significativo, in proposito, quel che accadde sotto la vigenza del c.p.c. italiano del 1865 quando venne definito «procedimento sommario» un procedimento che si distingueva da quello ordinario (definito «formale») solo per il fatto che prevedeva una speciale disciplina per la fase introduttiva, e cioè la citazione ad udienza fissa[23]. In questo caso, in realtà, si utilizzava la formula «sommario» solo per indicare la specialità del *modus procedendi*, più semplificato rispetto a quello del rito «formale», ma che certo nessun riflesso aveva sulla cognizione piena ed esauriente del giudice.

Non è un caso se – sempre sotto la vigenza del codice italiano del 1865 – la nostra dottrina più attenta abbia evidenziato, in maniera puntuale, che in realtà di «procedimenti a cognizione sommaria» si debba parlare solo quando per essi si preveda un *accertamento «provvisorio e/o parziale e/o superficiale»* dei fatti di causa[24].

Quindi, non è sufficiente di per sé la semplificazione della struttura processuale per poter definire come sommario un determinato processo o procedimento.

5. LA SOMMARIETÀ COME VOLONTÀ DEL LEGISLATORE DI OTTENERE UNA DECISIONE GIUDIZIALE BASATA SU UNA COGNIZIONE QUALITATIVAMENTE E/O QUANTITATIVAMENTE RIDOTTA

Ciò che è determinante, invece, – per stabilire la natura «sommaria» o no del singolo processo preso in esame – è la *qualità* di questa semplificazione, e cioè *l'incidenza che essa può avere sulle modalità di formazione del convincimento del giudice*. In altri termini, sebbene la «forma semplificata» del processo costituisca un elemento necessario per poter definire come sommario un dato processo, essa, tuttavia, non è di per sé sufficiente ai fini del sicuro inquadramento del processo preso in esame come «sommario». La sua presenza, cioè, è necessaria, ma non sufficiente.

Occorre, piuttosto, che la semplificazione delle forme processuali sia tale da coinvolgere anche le modalità attraverso le quali si forma il convincimento

---

23. Sulla struttura «abbreviata» o «semplificata» del procedimento sommario, in contrapposizione a quello «formale», per tutti, Cuzzeri, *Il procedimento sommario*, Torino, 1910; Id., *Il codice italiano di procedura civile*, IV, Torino-Verona, 1888, p. 304 ss.
24. Chiovenda, *Istituzioni*, cit., I, p. 93; Id., *Principi*, cit., p. 3 ss.; v. anche Id., *Le forme nella difesa giudiziale del diritto*, cit., p. 363 ss.; Id., *Azioni sommarie. La sentenza di condanna con riserva*, cit., p. 131 ss.

del giudice: se queste modalità non consentono al giudice una cognizione piena ed esauriente, ovvero una cognizione che si formi con le modalità proprie dei processi che, proprio perché utilizzano queste modalità, vengono tradizionalmente definiti «a cognizione piena ed esauriente», siamo indubitabilmente in presenza di un processo sommario.

Occorre aggiungere, perciò, che la deviazione dalle forme del processo a cognizione piena ed esauriente perché possa determinare la sommarietà va necessariamente valutata alla luce della *sua incidenza sul risultato finale della cognizione del giudice*. E questo si verifica tutte le volte in cui la semplificazione processuale, per come strutturata dal legislatore, non assicuri alle parti in causa, sempre e comunque, l'esercizio dei poteri processuali che consentano la formazione di una cognizione approfondita ed estesa a tutti i fatti rilevanti per la decisione.

Vale a dire, una semplificazione o deformalizzazione che non sia in grado, per come posta in essere dal legislatore, di garantire alle parti, che lo vogliano, il risultato della cognizione piena ed esauriente dei fatti di causa; che *sottrae alle parti una porzione dei poteri processuali normalmente assunti a corredo della loro posizione nella trattazione ed istruzione dei processi a cognizione piena ed esauriente*.

Questo può dipendere o dalla circostanza che il legislatore, nel disciplinare in concreto il singolo processo, ha ridotto proprio i poteri processuali che normalmente le parti possono esercitare nei processi a cognizione piena ed esauriente e funzionali all'accertamento esteso ed approfondito dei fatti rilevanti per la decisione; oppure dalla circostanza che, siccome viene rimessa alla discrezionalità giudiziale la concreta articolazione del procedimento, ciò priva le parti della possibilità di rivendicare l'esercizio degli stessi poteri nei confronti dell'organo giurisdizionale, quando questi ritenesse opportuno prescinderne.

Proprio per questa ragione, come ho già detto in altra occasione, definire un determinato processo o procedimento come «sommario, ma a cognizione piena» (come ha fatto una parte della dottrina italiana con riferimento al nuovo «procedimento sommario di cognizione» introdotto dal legislatore nel 2009 negli artt. 702 *bis-quater* c.p.c.) costituisce, con riferimento alle categorie processuali, ciò che per le categorie retoriche è un vero e proprio ossimoro[25]. Infatti, delle due l'una: o il processo in questione presenta una semplificazione delle forme processuali tale da non incidere sulle modalità di formazione del convincimento del giudice così come disciplinate per i processi a cognizione piena ed

---

25. CARRATTA, *Le "condizioni di ammissibilità" del nuovo procedimento sommario di cognizione*, in *Giur. it.*, 2010, p. 726 ss.; v. anche ID., *La «semplificazione» dei riti e le nuove modifiche al processo civile*, Torino, 2012, p. 45 ss.

esauriente, e allora siamo in presenza di un processo non sommario, ma solo speciale a cognizione piena ed esauriente; oppure, la semplificazione interessa anche queste modalità, ed allora non può definirsi il processo in questione come processo a cognizione piena ed esauriente.

Ciò consente anche di rilevare che, quando parliamo di «processo sommario» in senso tecnico, parliamo di una realtà processuale che si giustifica proprio nel confronto con il modello processuale a cognizione piena ed esauriente vigente in un dato momento storico e in un dato ordinamento processuale. Non tenendo conto di questa considerazione si rischia di proporre confronti e generalizzazioni di scarsa utilità.

Tenendo presente quanto finora detto, il criterio discretivo decisivo per concludere nel senso della sommarietà o meno di un determinato processo è dato dall'ampiezza della semplificazione che ha interessato la disciplina legislativa delle forme processuale del processo preso in esame, e cioè a seconda che alteri oppure no le modalità di formazione del convincimento giudiziale già predeterminate e formalizzate per i processi a cognizione piena ed esauriente vigenti nell'ordinamento in un dato momento storico.

6. FONDAMENTO NORMATIVO DELLA NOZIONE DI «PROCESSO SOMMARIO» PROPOSTA

Proprio perché le nozioni «processo sommario» e «processo a cognizione piena ed esauriente» vanno considerate nozioni tecniche, esse richiedono al legislatore e all'interprete l'attribuzione di un significato *ex ante* determinato, mentre non può accettarsi che il loro ambito di applicazione sia rimesso alla valutazione dei risultati che, in concreto e volta per volta, si conseguono all'esito di un determinato procedimento.

Siccome ai fini della qualificazione di un determinato processo come «sommario» – secondo quel che abbiamo finora detto – il confronto è fra la disciplina legislativa del processo sommario e quella del processo che viene comunemente ritenuto a cognizione piena ed esauriente, diventa fuorviante il tentativo che talvolta viene avanzato in dottrina di spostare il confronto fra processi sommari e processi a cognizione piena ed esauriente dal piano delle modalità per la formazione del convincimento giudiziale, come disciplinate dal legislatore, a quello più incerto del risultato che queste modalità possono in concreto produrre.

Infatti, la circostanza che, in concreto, l'accertamento giudiziale dei fatti di causa, conseguito attraverso modalità processuali diverse da quelle proprie dei processi ritenuti a cognizione piena, possa essere *qualitativamente* identico (o, addirittura, migliore), non significa affatto che il processo in questione meriti di essere assimilato ad un processo a cognizione piena ed esauriente.

Ed infatti, è convinzione comune che non possa affatto escludersi *a priori* che anche un processo sommario possa dar vita, in concreto, ad un accertamento completo ed esauriente dei fatti di causa. Ma questo non significa affatto che il processo in questione perda la natura sommaria e diventi a cognizione piena, perché in questo modo si confondono due piani (quello del risultato dell'accertamento e quello del *modus procedendi*) che è necessario tenere distinti.

In realtà, tirando in ballo la circostanza che pur all'esito di un processo sommario (e quindi deformalizzato), l'accertamento dei fatti di causa possa comunque risultare completo ed esauriente si vuole intendere molto semplicemente che, talvolta, nonostante l'utilizzazione di un processo le cui modalità di formazione del convincimento giudiziale sono semplificate, l'accertamento concreto dei fatti di causa (ovvero il risultato della cognizione) può risultare più agevole e completo di quanto non accada con riferimento alle modalità di formazione del convincimento giudiziale che il legislatore considera a cognizione piena ed esauriente. Ma questo non cambia di una virgola l'impostazione che il legislatore suggerisce, in termini generali, per distinguere i processi sommari da quelli a cognizione piena ed esauriente.

Come ha notato ormai parecchi anni orsono Andrea Proto Pisani, riprendendo convinzioni che vengono dalla tradizione della dottrina processual-civilistica, «cognizione piena non significa dal punto di vista logico più razionale della conoscenza cui si perviene nella cognizione sommaria. Significa *solo* cognizione che è il frutto di un modello partecipativo delle parti a un processo legalmente predeterminato, e non un *iter* processuale rimesso nella sua massima parte alla discrezionalità del giudice»[26]. E più tardi Michele Taruffo ha aggiunto: può accadere «che il fatto sia conosciuto in modo nient'affatto superficiale, benché con modalità in tutto o in parte diverse da quelle ordinarie»[27].

Per intenderci: *non è sufficiente la qualità del risultato ottenuto in concreto, l'accertamento, a consentire di mutare la natura del processo da «sommario» in processo «a cognizione piena ed esauriente», essendo necessario guardare, ai fini dell'applicazione di simili qualificazioni tecniche, esclusivamente alla struttura che il legislatore ha attribuito al singolo processo ai fini della formazione del convincimento giudiziale.*

E con riferimento a ciò, delle due l'una: o dalla disciplina legislativa del singolo processo emerge un'articolazione interna dello stesso (forme, termini, poteri delle parti e del giudice) predeterminata dal legislatore, ed allora si rinvengono i connotati propri del processo a cognizione piena; oppure,

---

26. Proto Pisani, *Usi e abusi*, cit., p. 411; Id., *Lezioni*, cit., p. 600 s. e p. 751 s.
27. Taruffo, *La prova dei fatti giuridici. Nozioni generali*, Milano, 1992, p. 470, in nota 190.

quest'articolazione è rimessa integralmente al giudice, e tale «indeterminatezza» legislativa è di per sé sufficiente (a prescindere dai risultati concretamente conseguibili o conseguiti) per connotarne la natura sommaria.

In conclusione, si ha a che fare con processi sommari non solo quando manchi la preventiva instaurazione del contraddittorio nei confronti della controparte (e, dunque, con cognizione dei soli fatti costitutivi della domanda: come accade, ad es., nella fase sommaria del procedimento monitorio), ma anche quando essa si realizzi con modalità processuali «abbreviate» o «semplificate», senza, cioè, la normale articolazione dei processi che il legislatore considera a cognizione piena ed esauriente. Anche in questo caso, infatti, non può non parlarsi di «processo sommario», a prescindere dal risultato che, in concreto, potrebbe conseguirsi ai fini dell'accertamento dei fatti di causa. E questo per l'ovvia ragione che, laddove il legislatore ha puntualmente predeterminato le modalità di formazione del convincimento giudiziale, come accade per i processi a cognizione piena ed esauriente, tutta l'attività processuale, essendo predeterminata dallo stesso legislatore, è improntata alla qualità del contraddittorio e della cognizione voluta dal legislatore in termini generali (e valevole per qualsiasi giudice chiamato ad attuarla) ed è sanzionata da nullità, tutte le volte che non sia conforme alle regole predeterminate dal legislatore. Con evidenti ricadute anche sull'ampiezza del sindacato di legittimità da parte della Corte Suprema, in sede di ricorso per cassazione ai sensi dell'art. 360 n. 4 del c.p.c. italiano.

Viceversa, laddove il legislatore non abbia predeterminato affatto queste modalità o l'abbia predeterminate in modo semplificato e non puntuale (utilizzando, ad es., formule come «assunte ove occorra sommarie informazioni», «il giudice può assumere informazioni», «sentite le parti», «omessa ogni formalità non essenziale al contraddittorio, procede nel modo che ritiene più opportuno agli atti di istruzione rilevanti in relazione all'oggetto del provvedimento richiesto», *aut similia*) il solo criterio alla luce del quale valutare la correttezza dell'operato del giudice (che, data l'indeterminatezza della previsione legislativa, può variare da giudice a giudice) nell'organizzazione dell'attività processuale di formazione del suo convincimento è il rispetto del contraddittorio fra le parti nella misura che lo stesso giudice riterrà opportuna. Anche in questo caso, con evidenti ricadute sulla sindacabilità del suo operato in sede di impugnazione mediante ricorso per cassazione.

7. PROCESSI SOMMARI E PRINCIPI COSTITUZIONALI: LA "REGOLA AUREA" DELLA CORRELAZIONE FRA FUNZIONE E STRUTTURA

Con specifico riferimento, poi, al problema dei rapporti fra processi sommari e salvaguardia dei principi costituzionali di rilevanza processuale, va evidenziato come la Corte costituzionale italiana abbia riconosciuto che i principi costituzionali, sui quali si fondano i cardini del «giusto processo» e le altre garanzie attinenti alla giurisdizione, non impongano affatto la sussistenza di un unico modello processuale, valido per qualsiasi forma di tutela richiedibile al (ed ottenibile dal) giudice statale, dovendosi invece «escludere che ogni rito processuale diverso da quello ordinario possa, di per sé, essere considerato in contrasto con l'art. 24 Cost. italiana, e ciò perché quest'ultimo rito non costituisce [...] l'unico ed esclusivo strumento di attuazione della garanzia costituzionale»[28]. Questo proprio per chiarire che, non essendoci un unico ed esclusivo strumento di esercizio della funzione giurisdizionale, il legislatore ha a disposizione un ampio ventaglio di alternative per realizzare il principio di legalità processuale.

E sempre i giudici costituzionali italiani hanno da tempo sottolineato che la scelta discrezionale del legislatore, in materia di giurisdizione contenziosa, sfugge al sindacato di costituzionalità «nei limiti in cui, ovviamente, non si risolv[a] nella violazione di specifici precetti costituzionali e non sia viziata da irragionevolezza»[29] ed in quanto assicuri la necessaria salvaguardia delle garanzie del contraddittorio e del diritto alla prova «nel modo più completo» in almeno un grado di giudizio[30]. Vale a dire che la scelta in materia contenziosa «non è illegittima in sé, ma solo nell'eventualità in cui non vengano assicurati 'lo scopo e la funzione' del processo»[31].

Vi è in ciò la chiara evidenziazione dello stretto collegamento fra funzione del provvedimento sommario e struttura processuale prescelta dal legislatore: se il provvedimento sommario assolve ad una funzione strumentale o comunque non decisoria, non emergono particolari problemi di compatibilità

---

28. Così Corte cost., 14 dicembre 1989, n. 543, in Foro it. 1990, I, c. 366 ss., con osservazioni di Proto Pisani.
29. Corte cost., ord., 30 giugno 1988, n. 748, in Giur. cost., 1988, I, p. 3339; negli stessi termini Corte cost., ord., 12 novembre 1987, n. 394, ivi, 1987, p. 2795; Corte cost., 25 maggio 1987, n. 193, in Foro it., 1988, I, c. 2801; Corte cost., ord., 19 gennaio 1988, n. 37, in Resp. civ. prev., 1989, p. 560, con nota di Consolo; Corte cost., 14 dicembre 1989, n. 543 e 23 dicembre 1989, n. 573, in Foro it., 1990, I, c. 365 ss., con osservazioni di Proto Pisani; Corte cost., ord., 9 marzo 1990, n. 120, in Giur. cost., 1990, p. 683; Corte cost., ordinanza, 12 aprile 1990, n. 212, ibidem, p. 1201; Corte cost., 6 febbraio 2002, n. 18, in Giur. it., 2002, p. 1806; Corte cost., ord., 14 dicembre 2004, n. 386, in Foro it., 2005, I, c. 657 ss.
30. Corte cost., 12 luglio 1965, n. 70, in Foro it., 1965, I, c. 1369; ma v. anche Corte cost., 9 luglio 1963, n. 118, in Giur. cost., 1963, p. 1353; Corte cost., 1° marzo 1973, n. 22, ivi, 1973, I, c. 1344; Corte cost., 6 dicembre 1976, n. 238, ivi, 1976, I, c. 1865; Corte cost., 10 luglio 1975, n. 202, ivi, 1975, I, c. 1575; Corte cost., 23 marzo 1981, n. 42, in Giur. comm., 1981, II, p. 553 ss., con nota di Pajardi; Corte cost., 14 dicembre 1989, n. 543 e 22 dicembre 1989, n. 573, citt.; Corte cost., ord., 26 febbraio 2002, n. 35, in Foro it., 2002, I, c. 1290 ss. In argomento rinvio a Carratta, I provvedimenti cameral-sommari in recenti sentenze della Corte costituzionale, in Riv. trim. dir. proc. civ., 1992, p. 1049 ss.; Id., Liquidazione e ripartizione dell'attivo nel fallimento e tutela giurisdizionale dei diritti, ivi, 2008, p. 853 ss. e p. 1271 ss.; Id., voce Processo camerale (dir. proc. civ.), cit., p. 930 ss.
31. V., in particolare, Corte cost., 14 dicembre 1989, n. 543 e 22 dicembre 1989, n. 573, citt.; Corte cost., ord., 31 marzo 1994, n. 121, in Giur. cost., 1994, p. 1029.

costituzionale, stante la facoltà delle parti di avviare il processo a cognizione piena ed esauriente sulla situazione giuridica coinvolta dal provvedimento sommario; ma quando esso mira a sostituirsi – nelle intenzioni del legislatore – alla sentenza che sarebbe derivata dal processo a cognizione piena ed esauriente, perché di questa riproduce i medesimi effetti, la scelta si rivela costituzionalmente illegittima ove il relativo processo sommario, per come concretamente strutturato, non sia in grado di assicurare alle parti la possibilità, ove lo vogliano, «di esplicare 'nel modo più completo' la propria attività difensiva»[32].

Peraltro, con riferimento alla correlazione fra «durata» del processo e salvaguardia delle garanzie del «giusto processo» sempre la Corte costituzionale italiana ha evidenziato che la durata del processo per essere *ragionevole*, così come impone il 2° comma dell'art. 111 Cost. italiana, deve conciliarsi anche con le altre tutele costituzionali e con il diritto delle parti di agire e difendersi in giudizio garantito dall'art. 24 Cost.[33]. Vale a dire che tale principio «deve essere letto alla luce dello stesso richiamo al connotato di "ragionevolezza", che compare nella formulazione normativa, in correlazione con le altre garanzie previste dalla Costituzione, a cominciare da quella relativa al diritto di difesa»[34].

Ed il «bilanciamento tra il diritto di difesa e il principio di ragionevole durata del processo deve tener conto dell'intero sistema delle garanzie processuali, per cui rileva esclusivamente la durata del giusto processo, quale complessivamente delineato in Costituzione, mentre un processo non giusto perché carente sotto il profilo delle garanzie, non è conforme al modello costituzionale, quale che sia la sua durata»[35].

Conclusioni, queste, sostanzialmente recepite dalla Cassazione italiana quando ha osservato che «la tutela dei diritti e degli *status* si realizza solo attraverso processi a cognizione piena, destinati a concludersi con sentenze ovvero con provvedimenti aventi attitudine al giudicato formale e sostanziale, non già con procedimenti in cui le modalità del contraddittorio siano rimesse alla determinazione discrezionale del giudice»[36].

Del resto, anche quando la stessa Cassazione ha parlato (sia pure con "forzatura" lessicale) della procedura sommaria camerale come di un processo sommario «neutro», utilizzabile in materia sia di giurisdizione volontaria che contenziosa, ha anche rilevato la necessità che, in questo secondo caso, – ancora una volta nel pieno rispetto della regola "aurea" del rapporto fra struttura e

---

32. Così Corte cost. 14 dicembre 1989, n. 543, cit.
33. Corte cost., 9 febbraio 2001, n. 32, in *Giust. civ.*, 2001, I, p. 1171 ss.
34. Corte cost., 22 giugno 2001, n. 204, in *Foro it.*, 2002, I, c. 2540 ss.
35. Corte cost., 4 dicembre 2009 n. 317, in www.cortecostituzionale.it.
36. Cass., sez. un., 29 ottobre 2004, n. 20957, in *Giur. it.*, 2005, p. 1220 ss.

funzione del procedimento – sia comunque garantito il rispetto dei principi che reggono la tutela giurisdizionale contenziosa. Ed hanno aggiunto: «il criterio guida, comune denominatore delle scelte operate, va ricercato nel rispetto della tutela giurisdizionale dei diritti e nella garanzia costituzionale di *un accertamento non sommario ai fini del giudicato*, che postula un processo ad accertamento pieno ed esauriente»[37].

Ciò in perfetta coincidenza con quanto da sempre affermato anche dalla Corte europea dei diritti dell'uomo con riferimento alla violazione dell'art. 6, § 1, della Convenzione europea dei diritti dell'uomo, che – come noto – consacra il medesimo principio della *ragionevole durata* dei processi (*délai raisonnable*). Infatti, essa, dopo aver sottolineato la centralità di tale principio, vero e proprio «imperativo per tutti i procedimenti»[38], per assicurare l'effettività della tutela giurisdizionale, ha parimenti rilevato che la celerità del processo non costituisce (non può costituire) comunque un valore assoluto[39], da realizzare ad ogni costo, ma richiede di essere contemperato (bilanciato) con altri valori fondamentali, quali la garanzia del contraddittorio[40] e del diritto di difesa[41] e l'esigenza di una corretta amministrazione della giustizia[42].

8. L'APPLICAZIONE DELLA REGOLA "AUREA" DEL RAPPORTO STRUTTURA-FUNZIONE DA PARTE DEL LEGISLATORE ORDINARIO: PROCESSI SOMMARI CONTENZIOSI E GIURISDIZIONAL-VOLONTARI

Alla luce delle considerazioni finora svolte ed al fine di verificare se le scelte del legislatore ordinario siano pienamente rispettose del criterio-guida della

---

37. Cass., sez. un., 19 giugno 1996, n. 5629, in *Giur. it.*, 1996, I, 1, c. 1301, con mia nota, *La procedura camerale come «contenitore neutro» e l'accertamento dello status di figlio naturale dei minori*, seguita da Cass. 11 novembre 1996, n. 9860; Cass. 24 ottobre 1996, n. 9265; Cass. 9 agosto 1996, n. 7328; Cass. 5 agosto 1996, n. 7170; Cass. 22 ottobre 1997, n. 10377, in *Foro it.*, 1999, I, c. 2045; Cass. 21 settembre 2001, n. 11935, in *Giur. it.*, 2002, p. 930 ss.; Cass. 28 luglio 2004, n. 14200, in *Foro it.*, 2005, I, c. 777, in motivazione.
38. Corte eu. dir. uomo, sent. 28 giugno 1978, Konig c. Repubblica Federale Tedesca.
39. Corte eu. dir. uomo, sent. 19 ottobre 2004, Makhfi c. Francia, che ha sanzionato un eccesso di velocità; Corte eu. dir. uomo, sent. 28 novembre 2002, Lavents c. Lettonia.
40. Corte eu. dir. uomo, sent. 18 febbraio 1997, Niderost-Huber c. Svizzera.
41. Corte eu. dir. uomo, sent. 17 dicembre 1996, Vacher c. Francia. Per ulteriori riflessioni in proposito rinvio a Carratta, *La Convenzione europea dei diritti dell'uomo e il «giusto processo» per la tutela dei «diritti di natura civile»*, Relazione al Convegno "Convenzione europea dei diritti dell'uomo e giusto processo tributario" (Università di Pescara, 5-6- maggio 2011), in Atti del Convegno, a cura di F. Bilancia, C. Califano, L. Del Federico, G. Puoti, Torino, 2014, p. 3 ss.
42. Corte eu. dir. uomo, sent. 1° agosto 2000, C.P. e altri c. Francia; Corte eu dir. uomo, sent. 12 ottobre 1992, Boddaert c. Belgio; Corte eu. dir. uomo, sent. 27 giugno 1968, Neumeister c. Austria. Per la giurisprudenza della Cedu sull'art. 6 della Convenzione v. Matscher, *La jurisprudence de la Cour relative à l'article 6 de la Convention*, in *Documentacao e direito comparado*, 1988, nn. 33 e 34, p. 457 ss.; Focarelli, *Equo processo e Convenzione europea dei diritti dell'uomo*, Padova, 2001, p. 249 ss.; Comoglio, *Il «giusto processo» nella dimensione comparatistica*, in *Riv. dir. proc.*, 2002, p. 702 ss.

correlazione fra funzione e struttura del procedimento sommario, suggerito dai giudici costituzionali, si possono individuare diverse *species* di rimedi giurisdizionali sommari e provvisori a seconda dell'oggetto della loro tutela e della funzione alla quale ognuno di essi risponda: il criterio dell'*oggetto* rileverà ai fini della distinzione dei *processi sommari giurisdizional-contenziosi* dai *processi sommari giurisdizional-volontari*; il criterio della *funzione*, invece, rileverà ai fini della differenziazione degli stessi processi sommari giurisdizional-contenziosi al loro interno fra *processi sommari con funzione decisoria, con funzione meramente esecutiva o con funzione cautelare*.

Ne deriva che una prima differenziazione da prendere in considerazione quando si parla di processi sommari attiene alla *natura contenziosa o meno dell'oggetto del processo*.

Ed infatti, accanto all'utilizzazione del processo sommario per la tutela giurisdizionale di diritti e *status* occorre tener presente la tradizionale utilizzazione di tecniche di tutela sommaria in sede di esercizio della *volontaria giurisdizione*. Se l'oggetto della giurisdizione volontaria va identificato con l'opportunità che l'ordinamento tuteli con immediatezza interessi privati di rilevanza generale, va da sé che lo strumento migliore a tal fine non può che essere un processo strutturato secondo forme più semplificate di quelle proprie del processo a cognizione piena ed esauriente. È l'impostazione di fondo del codice di rito italiano e delle disposizioni comuni ai processi di giurisdizione volontaria di cui agli artt. 737-742 c.p.c.

Né, d'altro canto, emergono in tale contesto particolari problemi di compatibilità del processo camerale con la salvaguardia dei principi costituzionali di rilevanza processuale, essendo noto lo stretto coordinamento fra questi principi e l'esercizio della tutela giurisdizionale «costituzionalmente necessaria», ossia quella avente ad oggetto diritti soggettivi e *status*.

Quando, invece, l'attenzione si rivolga alla categoria dei processi sommari contenziosi, è facile rilevare come l'intenzione del legislatore sia quella di individuare diverse *species* a seconda della funzione alla quale ognuno di essi risponda.

In effetti, il protrarsi del processo a cognizione piena ed esauriente fa emergere *due esigenze distinte* e non necessariamente contrapposte: da un lato, l'esigenza di evitare che in questo lasso di tempo si verifichino a carico della parte, che risulterà aver ragione, eventi pregiudizievoli del suo diritto o *status*; dall'altro lato, l'esigenza di evitare che l'onere di attendere il normale sviluppo del processo a cognizione piena ricada esclusivamente sulla parte che risulterà avere ragione.

Allo stato attuale e tenendo conto del quadro delle tutele sommarie che emerge anche dall'analisi sia interna che comparata, possiamo distinguere tre diverse categorie di processi sommari contenziosi:

a) quelli *sommari con funzione decisoria*, ovvero, i processi sommari i quali, nonostante la loro struttura sommaria, sono comunque idonei a produrre il giudicato sostanziale;

b) quelli *sommari con funzione esclusivamente esecutiva*, ovvero idonei solo a consentire una veloce formazione di un titolo giudiziale esecutivo, ma non anche a produrre il giudicato sostanziale;

c) quelli *sommari con funzione cautelare*, idonei, cioè, a tutela provvisoriamente il diritto controverso in via strumentale, ovvero in attesa di ottenere la tutela a cognizione piena ed esauriente.

9. LE DIVERSE CATEGORIE DI PROCESSI SOMMARI CONTENZIOSI: A) I PROCESSI SOMMARI CON FUNZIONE DECISORIA

Ora, concentrando l'attenzione sulla prima categoria di processi sommari contenziosi, e cioè quelli con funzione decisoria, occorre rilevare che essi possono essere sia *"autonomi"*, perché caratterizzati dalla presenza di una fase a cognizione sommaria, cui può eventualmente seguire una fase a cognizione piena ed esauriente su iniziativa del soggetto passivo (ad es.: nell'ordinamento italiano, il procedimento monitorio; quello per convalida di sfratto; *ex* art. 148 c.c.; quello *ex* art. 28 statuto dei lavoratori o *ex* nuovo art. 18 statuto dei lavoratori; il procedimento sommario di cognizione, facoltativo, *ex* artt. 702 *bis*-702 *quater* c.p.c. o necessario, *ex* artt. 14-30 D.Lgs. 150/2011), sia *"incidentali-anticipatori"*, perché pronunciati all'esito di un sub-procedimento inserito in un processo a cognizione piena ed esauriente (ad es.: nell'ordinamento italiano, le ordinanze anticipatorie di condanna *ex* artt. 186 *bis, ter* e *quater* c.p.c. o *ex* art. 423 c.p.c. o *ex* artt. 648 e 665 c.p.c.).

Nell'un caso come nell'altro si tratta di provvedimenti che determinano provvisoriamente la regolamentazione dei rapporti fra le parti sulla base di una cognizione sommaria dei fatti di causa, ma con l'idoneità a sostituirsi alla sentenza e ad acquisire la forza di giudicato ove non dovesse sopraggiungere la decisione con sentenza o perché non vi sia stata la trasformazione del processo sommario in processo a cognizione piena ed esauriente (nel caso dei processi sommari autonomi) o perché sia mancata la continuazione del processo pendente fino alla sentenza (nel caso dei processi sommari incidentali-anticipatori). La scelta si giustifica con l'opportunità (per ragioni di "economia processuale") o l'esigenza (per ragioni di "effettività" della tutela) di evitare il processo a cognizione piena ed esauriente, valutata *ex ante* dallo stesso legislatore.

In questi casi, le ragioni che giustificano – sul piano del rispetto dei principi costituzionali e della regola "aurea" del rapporto struttura-funzione – l'opportunità del ricorso al processo sommario sono diverse.

Alcune volte possono essere date dalla presenza di elementi soggettivi od oggettivi, preventivamente valutati dal legislatore, che fanno ritenere ex *ante* probabile la fondatezza della pretesa attorea, e dunque antieconomico il processo a cognizione piena ed esauriente. L'attenzione, perciò, viene rivolta, a seconda dei casi:

- *a)* alla qualità soggettiva del creditore (ad es.: nell'ordinamento italiano, artt. 633 n. 2 e 3; 634 comma 2; 635 c.p.c. o 50 t.u. bancario);

- *b)* alla particolare attendibilità delle prove dei fatti costitutivi (ad es.: nell'ordinamento italiano, artt. 633 n. 1, 186-*ter*; 665 c.p.c.);

- *c)* alla loro non contestazione (ad es.: nell'ordinamento italiano, artt. 186-*bis*, 423, comma 1, c.p.c.);

- *d)* alla raggiunta prova sugli stessi (ad es.: nell'ordinamento italiano, artt. 186-*quater*, 423, comma 2, c.p.c.);

- *e)* infine, alla «semplicità» o «non complessità» del materiale di causa da istruire (ad es.: nell'ordinamento italiano, artt. 702 *bis*-702 *quater* c.p.c.).

Altre volte, invece, l'esigenza di predisporre forme sommarie di tutela è giustificata dalla natura non esclusivamente patrimoniale del diritto soggettivo da tutelare (ad es.: per l'ordinamento italiano, nell'art. 18 dello statuto dei lavoratori, il diritto alla tutela in caso di licenziamento illegittimo del lavoratore dipendente; o nell'art. 28 sempre dello statuto dei lavoratori, il diritto alla cessazione delle condotte antisindacali del datore di lavoro; o nell'art. 28 del D.Lgs. n. 150/2011 il diritto alla repressione di condotte discriminatorie) oppure dall'incidenza su situazioni giuridiche non patrimoniali della violazione di diritti soggettivi patrimoniali (ad es., nell'art. 148 c.c. il diritto al mantenimento dei figli minori), la cui tutela per essere effettiva richiede prontezza di intervento.

10. SEGUE: B) I PROCESSI SOMMARI CON FUNZIONE ESCLUSIVAMENTE ESECUTIVA

Accanto alla tradizionale categoria dei processi sommari con funzione decisoria è stata sostenuta, nella dottrina italiana, anche la configurabilità di un'autonoma categoria di processi sommari-provvisori-esecutivi, destinati ad approdare ad un accertamento dalla mera efficacia esecutiva o endoprocessuale, inidoneo ad acquisire la stabilità del giudicato e sempre suscettibile di essere rimesso in discussione, o attraverso un autonomo processo a cognizione piena o attraverso l'opposizione all'esecuzione dell'art. 615 c.p.c.[43]

Tuttavia, quando si è cercato di individuare gli esempi di questo tipo di provvedimenti, sono emerse non poche incertezze.

In particolare, si potrebbero far rientrare in questa categoria il provvedimento di liquidazione delle spese giudiziali in caso di rinuncia agli atti, quelli resi all'esito di procedimenti camerali impropriamente utilizzati dal legislatore in materia contenziosa, i provvedimenti possessori (artt. 703 ss. c.p.c. italiano), l'ordinanza di risoluzione delle controversie distributive nell'esecuzione per espropriazione, sempre che oggetto di queste controversie sia solo il diritto di partecipare alla distribuzione del ricavato (art. 512 c.p.c. italiano) e, probabilmente, anche l'ordinanza di cui all'art. 549 c.p.c. in sede di espropriazione presso terzi, dopo la riforma introdotta con la l. 228/2012, ed anche in questo caso sempre che si ammetta che oggetto del provvedimento sia il solo diritto del creditore pignorante di procedere all'effettuazione del richiesto pignoramento. Stante questa limitata funzione (l'idoneità a formare un titolo esecutivo giudiziale), si comprende l'antieconomicità, in questo caso, dell'utilizzazione del processo a cognizione piena ed esauriente e l'utilità, invece, di ricorrere a forme semplificate di tutela. In questo caso, dunque, l'opzione a favore del procedimento sommario si giustifica soltanto con riferimento alla limitata utilità del provvedimento giudiziale.

---

43. In proposito, v. soprattutto Proto Pisani, Usi e abusi, cit., p. 402 ss.; Id., Lezioni, cit., p. 665 s. e p. 679 ss.; Id., Verso la residualità del processo a cognizione piena?, in Foro it., 2006, V, c. 59 ss.; Caponi, La tutela sommaria nel processo societario alla luce dei modelli europei, ivi, 2003, V, c. 141 ss.; Menchini, Nuove forme di tutela e nuovi modi di risoluzione delle controversie: verso il superamento della necessità dell'accertamento con autorità di giudicato, in AA.VV., Sulla riforma del processo civile, Atti dell'Incontro di studio dell'Associazione fra gli studiosi del processo civile (Ravenna, 19 maggio 2006), Bonomia University Press, Bologna, 2007, p. 146 ss. (ma anche in Riv. dir. proc., 2006, p. 869 ss.); Id., I provvedimenti sommari (autonomi e interinali) con efficacia esecutiva, in Giusto proc. civ., 2009, p. 367 ss.; Tiscini, I provvedimenti decisori senza accertamento, Torino, 2009, p. 72 ss.; sull'evoluzione del fenomeno e sulle sue ricadute sistematiche v. Carratta, Intervento, cit., p. 146 ss.; Id., Tutela sommaria come alternativa al processo ordinario ed al giudicato?, Relazione all'Incontro di studio del C.S.M. sul tema Ragionevole durata del processo civile: interpretazioni ed effetti (Roma, 13-15 maggio 2009), in www.csm.it; Id., I nuovi riti speciali societari tra «decodificazione» e «sommarizzazione», in Davanti al giudice. Studi sul processo societario, a cura di L. Lanfranchi e A. Carratta, Torino, 2005, p. 67 ss.
Un riferimento a questa categoria di provvedimenti si rinviene in Cass. 15 maggio 2012 n. 7525, a proposito del procedimento per la cancellazione delle ipoteche: il provvedimento che lo conclude non è definitivo (e quindi non è ricorribile per cassazione ai sensi dell'art. 111, 7° comma, Cost. italiana), potendo essere sempre ridiscusso all'interno di un autonomo giudizio a cognizione piena ed esauriente; un'identica conclusione sembra essere alla base di Cass. 24 maggio 2011 n. 11370, in Riv. es. forz., 2011, p. 473, la quale ha negato l'esperibilità del ricorso straordinario per cassazione ex art. 111 Cost. avverso il capo sulle spese del provvedimento di reclamo nei confronti del rigetto dell'istanza cautelare ante causam «anticipatoria», rilevando che la pronuncia è comunque suscettibile di riesame nel successivo giudizio di merito (se questo venga instaurato) o contestabile in sede di opposizione all'esecuzione preventiva o successiva (essendo il provvedimento sulle spese titolo esecutivo); nello stesso senso, poi, Cass. 16 febbraio 2012 n. 2264; Cass. 12 luglio 2012 n. 11800.

E tuttavia, se si guarda ad alcuni dei procedimenti che vengono ricompresi in questa categoria di processi sommari, la loro qualificazione come processi sommari con funzione esclusivamente esecutiva non sembra pienamente condivisibile.

Si pensi, ad es., al procedimento possessorio. Se si condivide la tesi secondo cui oggetto ne sia il cosiddetto diritto alla conservazione pacifica del possesso[44], nel momento in cui, non avanzando istanza per la prosecuzione del giudizio nel merito nel termine decadenziale dell'art. 703 c.p.c., le parti rinunciano alla trasformazione del processo sommario. Il relativo provvedimento, di conseguenza, è destinato a rimanere definitivamente in vita e ad acquistare l'incontrovertibiltà propria dei provvedimenti decisori (almeno fino a quando non intervenga una contraria pronuncia petitoria).

Discorso non dissimile può esser fatto con riferimento al procedimento per la risoluzione delle controversie distributive dell'art. 512 c.p.c. Le modifiche apportate all'art. 512 c.p.c. e la previsione della risoluzione delle controversie sorte in sede di distribuzione del ricavato con ordinanza: a) non hanno comportato anche la modifica dell'oggetto del giudizio, e cioè «la sussistenza o l'ammontare di uno o più crediti» o «la sussistenza di diritti di prelazione»; b) non hanno escluso la possibilità che il giudizio a cognizione piena venga instaurato a seguito dell'impugnazione dell'ordinanza, esperibile «nelle forme e nei termini di cui all'art. 617, secondo comma», e dunque secondo lo schema tipico dei processi decisori sommari[45]. E identico discorso potrebbe esser fatto con riferimento all'art. 549 c.p.c. a proposito dell'espropriazione presso terzi, così come modificato dalla riforma intervenuta nel 2012.

Quindi, possiamo concludere su questa categoria di processi sommari contenziosi, osservando che – sebbene si tratti di categoria probabilmente destinata ad essere utilizzata in futuro dal legislatore al fine di offrire forme accelerate di tutela mediante la formazione di un titolo esecutivo giudiziale – al momento nell'ordinamento italiano la sua consistenza appare esigua.

11. SEGUE: C) I PROCESSI SOMMARI CON FUNZIONE CAUTELARE

Infine, alla sola esigenza di evitare il verificarsi del *periculum in mora* rispondono, come noto, i processi sommari cautelari, i quali, appunto, manifestano

---

44. Sulla questione v. Carratta, *I procedimenti possessori*, in *I procedimenti sommari e speciali* a cura di S. Chiarloni e C. Consolo, III. *Procedimenti possessori e camerali*, Torino, 2005, p. 10 ss e p. 74 ss.
45. Per un discorso più articolato rinvio a Carratta, *Le controversie in sede distributiva fra «diritto al concorso» e «sostanza» delle ragioni creditorie*, in *Corr. giur.*, 2009, p. 569 ss.; Id., voce *Distribuzione del ricavato*, in *Enc. Giur. Treccani*, XI, Roma, 2010. Per la sostanziale identità strutturale e funzionale fra le controversie distributive di cui all'art. 512 c.p.c. e l'opposizione all'esecuzione dell'art. 615 c.p.c. v. Cass. 11 dicembre 2012 n. 22642; Cass. sez. un. 6 maggio 2010 n. 10617, in *Corr. giur.*, 2010, p. 1305 ss., con nota critica di Pilloni.

la loro funzione nella «relazione che passa tra due termini: la necessità che il provvedimento, per essere praticamente efficace, sia emanato senza ritardo e l'inettitudine del processo ordinario a creare senza ritardo un provvedimento definitivo»[46]. In questo caso, accanto alla provvisorietà è soprattutto la *strumentalità* che tradizionalmente connota gli effetti dei provvedimenti cautelari, essendo essi – come più volte evidenziato – «al servizio di un provvedimento definitivo», della sua «fruttuosità pratica»[47].

Se l'azione cautelare risponde all'esigenza di riconoscere in capo alla parte che si affermi titolare di una situazione soggettiva il potere di attivare il giudice per ottenere la sua tutela *provvisoria* in attesa di ottenere la tutela *definitiva* nel merito (dichiarativa o esecutiva), neutralizzando (o cercando di neutralizzare) in tal modo il rischio che si verifichino eventi tali da comprometterne il risultato pratico, la ragion d'essere dei provvedimenti cautelari si rinviene nello stretto collegamento fra gli effetti che essi producono e quelli che la stessa parte si prefigge di ottenere esercitando l'azione di merito (di cognizione o di esecuzione).

Dovendo disinnescare i rischi che corre la situazione soggettiva nel tempo necessario per ottenere la tutela di merito (dichiarativa o esecutiva), essi sono al servizio di questa: salvaguardano la situazione sostanziale per consentire il pieno esplicarsi della sua tutela giurisdizionale (cognitiva o esecutiva). Strumentali al processo, dunque, e non alla situazione sostanziale, «strumento dello strumento», per utilizzare le famose parole di Piero Calamandrei[48].

Essi, dunque, tutelano interinalmente la situazione controversa, con lo «scopo»[49] di regolare il rapporto sostanziale fra le parti in via provvisoria fino alla

---

46. Calamandrei, *Introduzione allo studio sistematico dei provvedimenti cautelari*, Padova, 1936, p. 19.
47. Calamandrei, *Introduzione*, cit., p. 9 ss., p. 17 s., p. 21 s., p. 58 ss. e p. 143, il quale isola il concetto di «strumentalità ipotetica» proprio al fine di distinguere i provvedimenti aventi natura cautelare dagli *accertamenti con prevalente funzione esecutiva*. In proposito v. anche, sul versante giurisprudenziale, fra le molte, Cass., sez. un., 9 gennaio 1995, n. 215, per la quale «il termine "cautelare" non connota una generica funzione di preservazione dei diritti di colui che richieda il provvedimento, funzione che viene assolta da qualsivoglia azione, bensì quella specifica di assicurare, in via provvisoria, e, come si dice, in via di *strumentalità "ipotetica"*, che gli accadimenti che possano verificarsi durante il tempo necessario per lo svolgimento del processo ordinario, non si risolvano in un danno per colui che risulterà vittorioso»; Cass., 8 marzo 2007, n. 5335; Cass., 9 dicembre 2010, n.24869. Nella giurisprudenza di merito, Trib. Torino, 8 settembre 2011, in www.pluris-cedam.utetgiuridica.it; Trib. Milano, 12 aprile 2010, in *Foro pad.*, 2010, c. 557. Sul concetto di «strumentalità ipotetica» rinvio a Carratta, *Profili sistematici della tutela cautelare*, in *I procedimenti cautelari*, a cura di A. Carratta, Bologna, 2013, p. 1 ss., spec. p. 28 ss.
48. Calamandrei, *Introduzione*, cit., p. 22.
49. Per usare una terminologia cara a Calamandrei, *Introduzione*, cit., p. 15, che, spiegando la ragione per cui il provvedimento cautelare ha effetti provvisori, sottolineava come ciò sia dovuto non alla natura della cognizione, che potrebbe essere anche piena ed esauriente, ma al fatto che «il rapporto che il provvedimento cautelare costituisce è per sua natura destinato ad esaurirsi, in quanto il suo scopo sarà ormai raggiunto, al momento in cui sarà emanato il provvedimento sul merito della controversia»; ed aggiungeva, per

pronuncia della sentenza dotata di efficacia esecutiva, e questo al fine di assicurare la piena effettività o la «si decide interinalmente, in attesa che attraverso il processo ordinario si perfezioni la decisione definitiva, un rapporto controverso, dalla indecisione del quale, se questa perdura fino all'emanazione del provvedimento definitivo, potrebbero derivare a una delle parti irreparabili danni»[50].

Anche in questo caso, per rispondere al meglio a tale funzione, quanto mai imprescindibile si presenta l'utilizzazione delle forme del processo sommario. Risponde alle regole dell'economia processuale, infatti, che per la pronuncia del provvedimento sommario cautelare venga richiesto un *minimum* di accertamento, idoneo a rendere credibili le allegazioni del ricorrente[51]. Ne deriva che se – come già detto – è rinvenibile una stretta correlazione fra funzione e struttura del processo/provvedimento sommario, il riferimento alla funzione assolta dal provvedimento diventa il criterio-guida per stabilire il grado minimo di «accertamento» che il legislatore richiede al giudice per la sua pronuncia.

12. LA TESI CHE RICOLLEGA LA FUNZIONE DEI PROVVEDIMENTI SOMMARI ALLA QUALITÀ DELL'ACCERTAMENTO: CRITICA

L'aver impostato la distinzione fra le diverse categorie di provvedimenti sommari sulla funzione ad essi assegnata dal legislatore consente anche di superare la tesi emersa negli ultimi decenni nella riflessione dottrinale, in base alla quale la loro differenziazione andrebbe impostata, oltre che sul piano funzionale, anche sulla qualità dei risultati dell'accertamento giudiziale sommario raggiunto dal giudice.

Si è evidenziato, infatti, come il giudizio sommario o «giudizio di verosimiglianza» alla base dei provvedimenti sommari con funzione decisoria (e di quelli con funzione esclusivamente esecutiva) sia diverso da quello alla base dei provvedimenti sommari con funzione cautelare. E questa distinzione emergerebbe dal fatto che, mentre per i primi l'accertamento dipenderebbe dalla

---

distinguere i provvedimenti cautelari da quelli sommari non cautelari, che «*il provvedimento sommario è provvisorio nella formazione, ma definitivo nello scopo; quello cautelare, anche se formato attraverso una cognizione ordinaria, è provvisorio nel fine*». In proposito v. anche FAZZALARI, *Profili della cautela*, in Riv. dir. proc., 1991, p. 1 ss., spec. p. 4 ss., dove l'A. ricorda, riprendendo l'insegnamento di Calamandrei, che «i provvedimenti di cautela si definiscono in base al fine, ch'essi perseguono, di assicurare il compimento e gli effetti di attività giurisdizionali» ed ancora, ID., voce *Provvedimenti cautelari* (dir. proc. civ.), in Enc. dir., XXXVII, Milano, 1988, p. 41 ss., «l'attributo [cautelare] serve alla classificazione, e non per postulare un'unità normativa, e, dunque, concettuale». Nello stesso senso v. anche PROTO PISANI, *Appunti sulla tutela cautelare nel processo civile*, in Riv. dir. proc., 1987, I, p. 109 ss.
50. CALAMANDREI, *Introduzione*, cit., p. 38 ss.
51. LIEBMAN, *Unità del procedimento cautelare*, in Riv. dir. proc., 1954, I,, p. 252; TARUFFO, *La prova dei fatti*, cit., p. 165.

valutazione delle risultanze probatorie, per quelli cautelari sarebbe sufficiente la valutazione da parte del giudice circa la mera "credibilità" o "attendibilità" delle circostanze fattuali allegate a fondamento della domanda[52]. Secondo le conclusioni alle quali è pervenuto Calamandrei, infatti, si parla di giudizio di verosimiglianza, sufficiente a dar luogo a provvedimenti sommari del giudice, nelle ipotesi nelle quali il legislatore ritiene sufficienti *prove leviores* (provvedimenti possessori, di urgenza, cautelari): «questa sommarietà di indagine si risolve in realtà *quasi sempre* in un giudizio di verosimiglianza fondato soprattutto sulla attendibilità della allegazione la quale può bastare essa sola, qualora il giudice ritenga che non ci sia bisogno neanche di assumere sommarie informazioni per renderla maggiormente credibile, alla concessione del provvedimento»[53].

E' stato obiettato in proposito come, in realtà, si tratti di conclusioni metodologicamente non corrette perché sposterebbero sul piano della qualità dell'accertamento differenze che attengono, invece, al solo piano della funzione e degli effetti[54]. Si è anche osservato come una simile impostazione si rivelerebbe un tentativo per limitare le sia pur minime garanzie delle parti, perché consentirebbe la pronuncia delle misure cautelari sulla base della sola valutazione di «verosimiglianza»[55], senza alcun bisogno di subordinare tale pronuncia all'acquisizione sia pur minima di elementi probatori.

13. «VEROSIMIGLIANZA», «PROBABILITÀ» E PROCESSI SOMMARI

Ebbene, va preliminarmente sottolineato che — in termini generali — i due concetti di «*verosimiglianza*» e «*probabilità*», spesso richiamati come sinonimi

---

52. Così, riprendendo la riflessione (non limpidissima sul punto) di Calamandrei, *Verità e verosimiglianza nel processo civile*, in Riv. dir. proc., 1955, p. 164 ss., Tommaseo, *I provvedimenti d'urgenza*, Padova, 1983, p. 164 ss.; Vocino, *Intorno al nuovo verbo «tutela giurisdizionale differenziata»*, in Studi in onore di T. Carnicini, II, 1, Milano, 1984, p. 763 ss., spec. p. 810 ss.; Montesano, *La tutela giurisdizionale dei diritti*, Torino, 1994, p. 293 ss.; Id., *Strumentalità e superficialità della cognizione cautelare*, in Riv. dir. proc., 1999, p. 309 ss.; Scarselli, *La condanna con riserva*, Milano, 1989, p. 502 ss.; Id., *L'accertamento sommario del passivo fallimentare*, Milano, 1991, p. 40 ss.; Recchioni, *Il processo cautelare uniforme*, in I procedimenti sommari e speciali a cura di S. Chiarloni e C. Consolo, Torino, 2005, II, tomo 1. *Procedimenti cautelari*, p. 159 ss. Per maggiori ragguagli in proposito rinvio a Carratta, *Profili sistematici della tutela anticipatoria*, cit., p. 240 ss.
53. Calamandrei, *Verità e verosimiglianza*, cit., p. 186.
54. V., in particolare, Pugliatti, *Conoscenza e diritto* (Milano, 1961), ora in *Scritti giuridici*, IV, Milano, 2011, p. 233 ss., spec. p. 313, il quale – a proposito dell'opinione di Calamandrei – rileva come tale opinione «non sembra rigorosa». Infatti, osserva Pugliatti, «è vero che i provvedimenti considerati sono destinati ad avere vita provvisoria, finché un altro processo, che segue i normali procedimenti probatori, non dia luogo al provvedimento definitivo. Ma il rapporto tra i due procedimenti, quello provvisorio e quello definitivo, non è da ricondurre alla parallela e corrispondente relazione tra giudizio di verosimiglianza e giudizio di verità, bensì unicamente al rapporto tra *cognizione sommaria*, basata su una mera indagine *abbreviata*, e *cognizione piena*, basata su di una indagine che percorre le vie processuali normali».
55. Proto Pisani, *Usi e abusi*, cit., p. 411; Id., *Lezioni*, cit., p. 547 s.; Taruffo, *La prova dei fatti giuridici*, cit., p. 158 ss.

nell'ambito della riflessione intorno alla cognizione sommaria, vanno tenuti nettamente distinti sia sul piano giuridico, che su quello epistemologico. E questo per la semplice ragione che essi presuppongono operazioni gnoseologiche ben diverse fra loro[56].

È pacifico, infatti, anche al di fuori dalla riflessione giuridica che – secondo l'insegnamento del filosofo di Königsberg[57] – nella valutazione di *verosimiglianza* manca quel procedimento logico-inferenziale che caratterizza il convincimento fondato sulla *probabilità*[58]. Calata nel contesto processuale, questa considerazione porta alla conclusione che il giudice possa ritenere verosimile una determinata allegazione fattuale senza passare attraverso la concreta verifica probatoria, ma semplicemente valutando se l'allegazione rientri o no nell'area di operatività di una determinata massima di esperienza[59]. E dunque è da escludere che *verosimiglianza* e *probabilità* possano essere messe sullo stesso piano anche quando si affronta il problema della qualità della cognizione sommaria, stante la necessità che – ai fini del possibile controllo *ab externo* della decisione giudiziale (anche sommaria) – questa sia comunque il risultato di un procedimento inferenziale che colleghi il *factum probans* a quello *probandum* mediante il ricorso a massime di esperienza.

Ciò detto, è da escludere che ci si possa limitare alla qualità dell'accertamento per impostare la differenza fra le diverse *species* di processi sommari. E questo per diverse ragioni.

---

56. Taruffo, *op. cit.*, p. 159 ss., il quale evidenzia anche come nella nostra dottrina l'analisi del concetto di «verosimiglianza» si fondi su un equivoco «avviato da Calamandrei ma non eliminato neppure dalla dottrina più recente»; v. anche, *si vis*, Carratta, *Profili sistematici della tutela anticipatoria*, cit., p. 244, in nota 154, e p. 250 ss.; Id., *Prova e convincimento*, cit., p. 44 ss., dove anche le opportune indicazioni.
57. Immanuel Kant, *Logica*, trad. it. a cura di L. Amoroso, Roma, 1990, p. 75, il quale insegna che «nella dottrina della certezza della nostra conoscenza rientra anche la dottrina della conoscenza del *probabile*, che va considerata come un'*approssimazione* alla certezza. Per probabilità logica bisogna intendere un tener-per-vero in base a ragioni insufficienti che però hanno, con le ragioni sufficienti, una proporzione maggiore di quella delle ragioni del contrario. Con questa definizione distinguiamo la probabilità (*probabilitas*) dalla mera verosimiglianza (*verisimilitudo*): un tener-per-vero in base a ragioni insufficienti in quanto esse sono più grandi delle ragioni del contrario. Nel caso della probabilità, dunque, la ragione del tener-per-vero è valida oggettivamente; nel caso della verosimiglianza o dell'*opinione verosimile*, invece, è valida solo *soggettivamente*. Nel caso della probabilità deve esserci sempre un criterio di misura in rapporto al quale io la posso valutare. Questo criterio di misura è la certezza. Infatti, dovendo paragonare le ragioni insufficienti con quelle sufficienti, devo sapere quanto pertiene alla certezza. Ma un tale criterio di misura manca nel caso della mera verosimiglianza, perché qui paragono le ragioni insufficienti non con quelle sufficienti, ma solo con le ragioni del contrario».
58. V., in particolare, Funaki, *Kants Unterscheidung zwischen Scheinbarkeit und Wahrscheinlichkeit. Ihre historischen Vorlagen und ihre allmäliche Entwicklung*, Frankfurt am Main, 2002, p. 63 ss., dove si evidenzia anche come nel diciassettesimo secolo ci fosse un uso indistinto dei termini latini *probabile* e *verisimile*; Capozzi, *Kant e la logica*, I, Napoli, 2002, p. 225 ss.
59. Significativa, in proposito, la categoria delle cosiddette prove *prima facie*: v. Taruffo, *La prova dei fatti giuridici*, cit., p. 475 ss.

In primo luogo, va rilevato che, se fosse un problema di qualità dell'accertamento, si dovrebbe anche ammettere che, tutte le volte in cui, anche occasionalmente, l'accertamento alla base del provvedimento sommario con funzione cautelare fosse identico a quello del provvedimento sommario con funzione decisoria o con funzione esclusivamente esecutiva, anche gli effetti prodotti dovrebbero essere identici.

Ma, evidentemente, non si potrebbe pervenire a ciò, se non a costo di pericolose ed inutili generalizzazioni. Non si vede, infatti, come – seguendo l'impostazione qui contestata – sia possibile distinguere la qualità dell'accertamento derivante, ad es., dalla prova scritta o da altra prova tipica del diritto vantato a seconda che questa operi nel processo sommario cautelare (ad es.: a fondamento di un ricorso per sequestro conservativo o giudiziario) o in quello non cautelare (ad es., nel procedimento ingiuntivo o nel nuovo procedimento sommario ex artt. 702 *bis* e ss. c.p.c. italiano).

Piuttosto, come abbiamo già detto, non può affatto escludersi *a priori* che anche un processo sommario (cautelare o non) possa dar vita, in concreto, ad un accertamento completo ed esauriente dei fatti di causa. Ma questo non significa affatto che il processo in questione perda la natura sommaria e diventi a cognizione piena, perché in questo modo si confondono due piani (quello del risultato dell'accertamento e quello del *modus procedendi*) che è necessario tenere distinti[60]. Per intenderci: non è sufficiente la qualità del risultato, l'accertamento, a consentire di mutare la natura del rito da sommario in rito a cognizione piena, essendo necessario guardare, ai fini dell'applicazione di simili qualificazioni, esclusivamente alla struttura complessiva del procedimento e, di riflesso, alla funzione che il legislatore associa al relativo provvedimento.

In secondo luogo, occorre aggiungere che, anche accogliendo la tesi qui contrastata, continuerebbe a rimanere aperto il problema di come impostare la differenza fra la *cognizione sommaria e deformalizzata* dei processi sommari con funzione cautelare (v., ad es., per l'ordinamento italiano l'art. 669 *sexies*, 1° comma, c.p.c.) e la cognizione dei processi sommari con funzione decisoria, soprattutto quando il legislatore abbia utilizzato formule sostanzialmente identiche per disciplinare le modalità di accertamento dei fatti di causa (v., ad es.,

---

60. Per l'adattamento di queste considerazioni al nuovo procedimento sommario di cognizione, introdotto dal legislatore italiano con la L. 69/2009 negli artt. 702 *bis*-702 *quater* del c.p.c., sia consentito rinviare a Carratta, in Mandrioli-Carratta, *Come cambia il processo civile*, Torino, 2009, p. 137 ss.; Id., *Il nuovo procedimento sommario (art. 702 bis ss. c.p.c.)*, in *Rass. forense*, 2009, p. 445 ss.; Id., *Le "condizioni di ammissibilità"*, cit., p. 726 ss.; Id., *Nuovo procedimento sommario di cognizione e presupposto dell'«istruzione sommaria»: prime applicazioni*, in *Giur. it.*, 2010, p. 902 ss.; Id., voce *Procedimento sommario di cognizione*, in *Enc. Giur. Treccani*, Roma, 2010, dove anche le necessarie indicazioni sul relativo dibattito.

per l'ordinamento italiano, l'art. 702 ter, 5° comma, c.p.c. o l'art. 18 st. lav. come modificato dalla L. 92/2012).

In terzo luogo, merita di essere sottolineato che il processo sommario con funzione cautelare, a prescindere dai risultati della cognizione (rectius: della qualità dell'accertamento) su cui è fondato e che, in concreto, potrebbe anche condurre ad un accertamento approfondito e identico a quello a cognizione piena ed esauriente, non è destinato a svolgere funzioni dichiarative e decisorie perché il legislatore, sulla base di valutazioni *ex ante* compiute e legate alle scelte strutturali seguite in concreto, non gli riconosce una simile funzione. Per esso, cioè, è sufficiente quella che autorevolmente ed opportunamente è stata definita una «*ipotesi di accertamento*»: «che questa ipotesi corrisponda alla realtà si potrà vedere soltanto quando sarà emanato il provvedimento principale»[61] (e sempre che questo provvedimento *principale* venga emanato).

Ne deriva che, se – come detto – è rinvenibile una stretta correlazione fra funzione e struttura del processo sommario, nei limitati casi nei quali il modello cognitivo dei processi sommari decisori o meramente esecutivi si presenta identico a quello dei sommari cautelari, il riferimento alla funzione assolta dal provvedimento diventa il criterio-guida per stabilire il grado minimo di *accertamento* che il legislatore richiede al giudice per la sua pronuncia[62]. È opportuno, di conseguenza, che in presenza di processi sommari con funzioni diverse, ma fondati sulle medesime modalità di cognizione sommaria si tenga nettamente distinto il *modus procedendi* dal suo risultato, la *cognizione* dall'*accertamento*. E questo nella consapevolezza che i provvedimenti sommari sono comunque rivolti – per scelta del legislatore – ad una soluzione provvisoria e precaria della controversia, prodromica e non sostitutiva della «giusta composizione di essa»[63], la sola in grado di soddisfare appieno il «bisogno di tutela» che accompagna qualsiasi controversia.

---

61. E' la qualificazione di *giudizio ipotetico* che CALAMANDREI, *Introduzione*, cit., p. 64 pone alla base della pronuncia dei provvedimenti sommari con funzione cautelare.
62. In questo senso anche TARUFFO, *La prova dei fatti giuridici*, cit., p. 467 ss.; PROTO PISANI, *Usi e abusi*, cit., p. 411 ss. Per altre considerazioni v. anche CARRATTA, *La prova*, cit., p. 245 ss. e p. 300 ss.
63. Così ATTARDI, *Diritto processuale civile*, I, *Parte generale*, Padova, 1994, p. 422. Peraltro già CHIOVENDA, *L'azione nel sistema dei diritti*, in *Saggi di diritto processuale civile*, I, ristampa, Milano, 1993, p. 34, osservava, a proposito della «concezione soggettiva dello scopo processuale» e della tesi carneluttiana della «composizione della lite» come finalità del processo, che in tal caso si «confonde la finalità attuale, immediata, costante delle attività processuali col loro remoto e possibile o sia pur necessario risultato. Come chi dicesse che le attività che compie un pittore per comporre un affresco hanno per loro scopo d'ornare il tempio». Ed infatti – aggiungeva ancora Chiovenda – «scopo immediato del processo non è di *comporre* il contrasto, ma di dire e attuare la volontà della legge. Se colla cosa giudicata, se con gli atti esecutivi utili il contrasto può cessare, questo è conseguenza, è risultato dell'attuazione della legge. In realtà il contrasto può non cessare affatto. Ma se anche cessa, questo non dipende dal fatto che sia *composto* (il processo è proprio l'antitesi della composizione), ma dal fatto che la cosa giudicata rende la contraddizione

14. LA DISCREZIONALITÀ DEL GIUDICE NEI PROCESSI SOMMARI È INVERSAMENTE PROPORZIONALE ALL'EFFICACIA DEL PROVVEDIMENTO CHE LI CONCLUDE

L'aver impostato sul rapporto struttura-funzione la riflessione intorno ai criteri discretivi fra processi sommari e processi a cognizione piena ed esauriente, e dunque sullo stretto collegamento esistente fra funzione del potere giurisdizionale esercitato e struttura processuale prescelta dal legislatore, impone di esaminare un ultimo profilo: quello dei limiti della discrezionalità del giudice nei processi sommari.

A questo proposito si può dire che essa è inversamente proporzionale all'efficacia del provvedimento che li conclude,

Non si può non evidenziare, infatti, come il principio di legalità processuale – chiaramente ricavabile dall'art. 111, 1° comma, Cost. italiana – assuma una rilevanza ben diversa a seconda che si tratti di disciplinare funzioni giurisdizionali esecutive o cognitive o – nell'ambito di queste ultime – a seconda che si tratti di disciplinare un processo a cognizione piena o a cognizione sommaria o ancora – nell'ambito dei processi a cognizione sommaria – a seconda che si tratti di disciplinare un processo sommario con funzione *cautelare-strumentale* oppure *decisoria* o, ancora, con funzione *meramente esecutiva*[64].

Ed in effetti, all'esito dell'ampio dibattito che in questi anni ha interessato l'annoso problema della tutela giurisdizionale di diritti soggettivi e *status*, la dottrina processualcivilistica italiana di gran lunga maggioritaria ha tenuto ben distinta, per esigenze di salvaguardia proprio dei principi costituzionali emergenti dagli artt. 3, 24 e 111 Cost. e dei principi sistematicamente ricavabili dal combinato disposto degli artt. 324 c.p.c. e 2909 c.c., la normale correlazione fra processo a cognizione piena ed esauriente e produzione della cosa giudicata sostanziale[65] dal ricorso del legislatore, nella sua «ragionevole» discrezionalità, a processi sommari in materia contenziosa.

---

impotente». In proposito rinvio anche a Carratta, *Prova e convincimento del giudice*, cit., p. 46 ss. ed alle considerazioni di Taruffo, *Idee per una teoria della decisione giusta*, in Riv. trim. dir. e proc. civ., 1997, p. 315 ss.; Id., *Sui confini. Scritti sulla giustizia civile*, Bologna, 2002, p. 219 ss. e di Ferrajoli, *Principia iuris. Teoria del diritto e della democrazia*, I, Teoria del diritto, Roma-Bari, 2007, p. 880 ss., e II, Teoria della democrazia, p. 213 ss., che ricollega la legittimità dell'attività giurisdizionale proprio alla «garanzia dell'imparziale accertamento del vero».

64. In termini generali, sul principio di legalità processuale e sulla sua concretizzazione, rinvio a Carratta, in Carratta-Taruffo, *Poteri del giudice*, in Comm. del c.p.c., diretto da S. Chiarloni, Bologna, 2011, p. 249 ss.

65. Sull'ampio dibattito in materia v., soprattutto, Lanfranchi, *Diritti soggettivi e garanzia della cognizione ordinaria e del giudizio*, in Id., *La roccia non incrinata*[3], cit., p. 413 ss.; Id., *Il ricorso straordinario inesistente e il processo dovuto ai diritti*, ivi, p. 307 ss., spec. p. 333 ss.; Id., *La cameralizzazione del giudizio sui diritti*, ivi, p. 139 ss.; Id., *Del «giusto» procedimento sommario di cognizione*, ivi, p. 617 ss.; Id., voce *Giusto processo*, cit., p. 1 ss.

E se ha ammesso la necessità, costituzionalmente rilevante, di disporre forme di tutela sommaria cautelari, e dunque finalizzate a tutelare provvisoriamente la situazione giuridica controversa fin quando non intervenga la decisione a cognizione piena ed esauriente[66], si è anche preoccupata di individuare i limiti alla discrezionalità del legislatore in materia di processi sommari non cautelari. In questa direzione e partendo dal presupposto della già richiamata normale correlazione fra cosa giudicata e processo a cognizione piena ed esauriente:

a) è stata ammessa la formazione del giudicato anche con riferimento a processi sommari non cautelari, ma endo-processualmente trasformabili per espressa previsione legislativa, in via di opposizione (modello ingiuntivo) o di impugnazione (modello del nuovo procedimento sommario di cognizione ex artt. 702 *bis* e ss. c.p.c. italiano) in processo a cognizione piena ed esauriente[67];

b) è stata al tempo stesso negata l'efficacia decisoria del provvedimento quando la specifica disciplina legislativa del processo sommario non consenta detta trasformabilità endo-processuale (in via di opposizione o di impugnazione);

c) è stata esclusa l'utilizzabilità del procedimento camerale con efficacia decisoria, in quanto esso — per come strutturato dal legislatore del 1942 e per la funzione che gli è stata riconosciuta nel contesto del codice di rito — non ammette la prescritta trasformabilità in processo a cognizione piena ed esauriente, né assicura le garanzie del «giusto processo»[68] e la «riserva di legge» in materia processuale espressamente prevista proprio dal 1° comma dell'art. 111 Cost. italiana.

I risultati così conseguiti portano a ritenere che il *quantum* di predeterminazione legale della disciplina processuale e di concretizzazione delle garanzie fissate dall'art. 6 Cedu e dalla Carta costituzionale è direttamente proporzionale alla

---

66. V. già Calamandrei, *Introduzione allo studio sistematico*, cit., p. 21; Id., *In tema di provvedimenti cautelari*, in *Riv. dir. proc. civ.*, 1938, II, p. 9 ss., spec. p. 16; Andrioli, *Commento c.p.c.*, III, Napoli, 1942, p. 333 s.; Id., *Diritto processuale civile*, cit., p. 284 s.; poi, Corte cost. 28 giugno 1985, n. 190, in *Foro it.*, 1985, I, c. 1881 ss., con nota di Proto Pisani; Corte cost. 23 giugno 1994, n. 253, *ivi*, 1994, I, c. 2005 ss., con nota di Capponi; Corte cost. 16 luglio 1996, n. 249, *ivi*, 1996, I, c. 2607 ss.; Corte cost. 7 novembre 1997, n. 326, *ivi*, 1998, I, c. 1007 ss., con nota di Scarselli; Corte cost., 24 luglio 1998, n. 336, *ivi*, I, c. 2609 ss.; Corte cost., 31 maggio 2000, n. 165, *ivi*, 2000, I, c. 2113 ss.
67. Parte minoritaria, ma autorevole, della dottrina italiana esclude, tuttavia, la formazione del giudicato vero e proprio ove non vi sia stata l'effettiva trasformazione in processo a cognizione piena ed esauriente, con conseguente pronuncia della sentenza, preferendo parlare di *preclusione pro judicato* (secondo la definizione di Redenti, *Diritto processuale civile*, III, Milano, 1957, p. 26 ss. e p. 198 ss.), ovvero di qualcosa «quantitativamente, non qualitativamente» diverso dalla cosa giudicata (Proto Pisani, *Appunti sul giudicato civile e sui suoi limiti oggettivi*, in *Riv. dir. proc.*, 1990, p. 411); v. anche Ronco, *Procedimento per decreto ingiuntivo*, in *Trattato dei procedimenti sommari e speciali* a cura di S. Chiarloni e C. Consolo, I. Torino, 2005, p. 524 ss.; sulla questione rinvio a Carratta, *Profili sistematici della tutela anticipatoria*, cit., p. 527 ss.
68. V., in particolare, Andrioli, *La tutela giurisdizionale dei diritti nella Costituzione della Repubblica italiana*, in Id., *Scritti giuridici*, I, Milano, 2007, p. 3 ss., spec. p. 7 ss.

«forza» degli effetti prodotti dall'esercizio del potere giurisdizionale, partendo dal massimo grado di «forza» dato dalla produzione del giudicato sostanziale e finendo ai provvedimenti giudiziali di natura meramente ordinatoria o esecutiva.

A questo proposito si può riprendere una distinzione che tradizionalmente è stata avanzata con riferimento ai poteri del giudice fra poteri «decisori», i quali risultano «capaci di incidere, da soli o nella combinazione con l'esercizio dei poteri di parte, sulla decisione finale»[69], e poteri che, invece, non vi incidono perché sono funzionali ad altri obiettivi.

E' evidente che la predeterminazione legale assume particolare rilevanza con riferimento ai primi e non ai secondi e l'assume sia perché il non corretto esercizio dei primi va ad incidere direttamente sulla «giustizia» della decisione, sia perché attraverso la predeterminazione legale dei primi le parti sono in grado di verificare – in base a criteri tendenzialmente oggettivi – la correttezza dell'operato del giudice e possono quindi agevolmente attivare i rimedi che l'ordinamento predispone per il controllo di legittimità dell'esercizio della funzione giurisdizionale.

Ma parimenti evidente è il fatto che quanto maggiore è la predeterminazione legale dell'esercizio del potere, tanto più stringente sarà il controllo di legittimità, in sede di ricorso per cassazione: si tratta di due facce della medesima medaglia.

15. CONSIDERAZIONI CONCLUSIVE

Non v'è dubbio che il ricorso alla tutela sommaria in alternativa a quella a cognizione piena ed esauriente costituisca tradizionalmente un modo per evitare che la durata del processo a cognizione piena ed esauriente vada a danno della parte che appare aver ragione. Ma proprio per questa ragione esso costituisce uno strumento che il legislatore deve utilizzare con molta cautela. Ciò soprattutto quando si ricorra all'utilizzazione di processi sommari con funzione decisoria.

In questo caso, la necessità di conformare il ricorso alla tutela sommaria ai principi processuali di rilevanza costituzionale, ed in particolare agli artt. 3, 24 e 111 Cost. italiana, e l'esigenza di rendere preferibile l'utilizzazione della tutela sommaria rispetto a quella a cognizione piena ed esauriente, impone:

- da un lato, di evitare la previsione di processi sommari necessari, la cui articolazione interna non consenta la loro «trasformabilità» – su iniziativa della parte che ne abbia interesse – in processo a cognizione piena ed esauriente;

---

69. Fabbrini, voce *Potere del giudice*, cit., p. 723.

- dall'altro lato, di prevedere con puntualità le «condizioni di ammissbilità» dei diversi processi sommari, alla luce delle quali consentire al giudice di valutare la praticabilità o meno di ognuno di essi. Così come normalmente ha fatto nel passato, nella convinzione che «quando il legislatore ha voluto predisporre forme di tutela urgente adeguate ai bisogni di tutela di situazioni di vantaggio nuove (per lo più proprie dei proprietari prima e dei mercanti poi) non si è limitato a predisporre astratte forme di processi sommari atipici, ma ha sempre quanto meno risolto i 'nodi' relativi ai *limiti di ammissibilità* del procedimento e al *contenuto del provvedimento*»[70].

Non va trascurata la circostanza che attraverso il ricorso generalizzato a forme di tutela sommaria autonoma senza il necessario rispetto di questi due limiti fondamentali si finisce, di fatto, anche per trasformare il ricorso alla tutela sommaria o provvisoria da strumento eccezionalmente utilizzato dal legislatore al fine di ottenere – per particolari categorie di diritti o per la particolare certezza della pretesa attorea – quella che Enrico Finzi[71], con riferimento all'anticipazione dell'esecuzione provvisoria, molto efficacemente definiva come «inversione dell'onere della mora», cioè inversione dell'onere di subire le conseguenze negative della durata (anche fisiologica) del processo a cognizione piena ed esauriente, in strumento di vera e propria «sommarizzazione» della tutela giurisdizionale dei diritti, alternativo al giudizio a cognizione piena ed esauriente.

---

70. Così Proto Pisani, *Appunti sulla tutela sommaria*, cit., p. 309 ss.
71. Finzi, *Questioni controverse in tema di esecuzione provvisoria*, in Riv. dir. proc. civ., 1926, II, p. 44 ss., spec. p. 49 s.

> 1ª Conferência de encerramento: Função e estrutura na tutela jurisdicional sumária

FUNÇÃO E ESTRUTURA DA TUTELA JURISDICIONAL SUMÁRIA[1]

Antonio Carratta
Professor titular de direito processual civil na Universidade de Roma 3.

SUMÁRIO: 1. O DIFÍCIL ENQUADRAMENTO DOS PROCEDIMENTOS JURISDICIONAIS SUMÁRIOS; 2. A INDIFERENCIADA CATEGORIA DOS PROCESSOS SUMÁRIOS: UMA VISÃO PANORÂMICA; 3. A ABORDAGEM TRADICIONAL DO TEMA E O CONFRONTO COM OS PROCESSOS DE COGNIÇÃO PLENA: A SUMARIEDADE COMO "SIMPLIFICAÇÃO" DAS FORMAS PROCESSUAIS; 4. NECESSÁRIA ELABORAÇÃO DE UM CONCEITO TÉCNICO DE "PROCESSO SUMÁRIO"; 5. A SUMARIEDADE COMO VONTADE DO LEGISLADOR DE OBTER UMA DECISÃO JUDICIAL BASEADA EM COGNIÇÃO QUALITATIVAMENTE E/OU QUANTITATIVAMENTE REDUZIDA.; 6. FUNDAMENTO NORMATIVO DO CONCEITO DE "PROCESSO SUMÁRIO" PROPOSTO; 7. PROCESSOS SUMÁRIOS E PRINCÍPIOS CONSTITUCIONAIS: A "LEI ÁUREA" DA CORRELAÇÃO ENTRE FUNÇÃO E ESTRUTURA; 8. A APLICAÇÃO DA "REGRA DE OURO" DA RELAÇÃO ESTRUTURA-FUNÇÃO PELO LEGISLADOR ORDINÁRIO: PROCESSOS SUMÁRIOS CONTENCIOSOS E JURISDIÇÃO VOLUNTÁRIA.; 9. AS DIVERSAS CATEGORIAS DOS PROCESSOS SUMÁRIOS CONTENCIOSOS: A) OS PROCESSOS SUMÁRIOS COM FUNÇÃO DECISÓRIA.; 10. SEGUE: B) OS PROCESSOS SUMÁRIOS COM FUNÇÃO EXCLUSIVAMENTE EXECUTIVA.; 11. SEGUE: C) OS PROCESSOS SUMÁRIOS COM FUNÇÃO CAUTELAR.; 12. A TESE QUE RELACIONA A FUNÇÃO DOS PROVIMENTOS SUMÁRIOS À QUALIDADE DO ACERTAMENTO: CRÍTICA.; 13. "VEROSSIMILHANÇA", "PROBABILIDADE" E PROCESSOS SUMÁRIOS.; 14. A DISCRICIONARIEDADE DO JUIZ NOS PROCESSOS SUMÁRIOS É INVERSAMENTE PROPORCIONAL AO PROVIMENTO FINAL; 15. CONSIDERAÇÕES CONCLUSIVAS.

1. O DIFÍCIL ENQUADRAMENTO DOS PROCEDIMENTOS JURISDICIONAIS SUMÁRIOS

A tutela cognitiva dos direitos subjetivos e *status* pressupõe, normalmente, a declaração judicial ao final de processo, com cognição plena e exauriente, contraditório prévio e, completo e profundo exame dos fatos relevantes à decisão, como forma de incontroversa individualização da vontade da lei ao caso concreto, própria da coisa julgada material. Geralmente, ao lado das formas de tutela de cognição plena e exauriente, se encontra uma série de *fattispecie*[2]

---

1. Texto apresentado ao 1º Colóquio Brasil-Itália de Direito Processual Civil (São Paulo, 26-28 de agosto de 2014). Traduzido por Alexandre Del Rios Minatti, mestrando em Direito Processual Civil pela Faculdade de Direito da Universidade de São Paulo (USP).
2. NT: De forma aproximada, pode-se ligar a *fattispecie* do direito italiano, ao conceito de tipo, tradicional ao direito penal e ao direito tributário no Brasil. Assim, é a descrição legal contendo elementos (materiais ou jurídicos) e suas consequências. O ato típico (*fattispecie* concreto), aliado a subsunção dos fatos ao tipo descrito na norma (*fattispecie* abstrata), é que o tornará apto a produzir efeitos jurídicos. Para

tradicionalmente enquadradas na indiferenciada categoria dos "processos sumários". Numa primeira aproximação, pode-se dizer que a categoria compreende as formas processuais que, apesar de sua finalidade cognitiva, afastam-se do processo de cognição plena e exauriente (ordinário ou especial) pela simplificação da atividade processual (*summarie et de plano*).

Todavia, o problema da exata individualização das características da *summaria cognitio* representa uma "constante" de todas as épocas históricas e de todos os ordenamentos processuais. [3]

---

referências sobre a origem e significado de *fattispecie*, veja-se Antonino Cataudella, Fattispecie, Enciclopedia del diritto, v. XVI, Milano, Giuffrè, 1967, p. 926/941.

3. Veja-se, neste sentido, amplamente a doutrina alemã do passado: Endemann, *Die Beweislehre des Civilprozesses*, Heidelberg, 1860, p. 60 ss.; Id., *Von dem Alten Reichskammergericht*, in Z.Z.P., 18 (1893), p. 165 ss.; Mittermaier, *Die summarischen Verfahrungsarten des gemeinen deutschen Prozesses. Der Executiveprocess*, Bonn, 1926, p. 106 ss.; Danz-Gönner, *Grundsätze der summarischen Processe*, 3.Ausgabe, Stuttgart, 1806, p. 126 ss.; Bayer, *Teorie der summarischen Processe nach den Grundsätzen des gemeinen deutschen Rechts*, 6.Aufl., München, 1846, p. 15 ss. e p. 104 ss.; Osterloh, *Die summarische bürgerlichen Processe*, Leipzig, 1847, p. 39 ss.; Briegleb, *Einleitung in die Theorie der summarischen Prozesse*, Leipzig, 1859, p. 122 ss., p. 169 ss. e p. 303 ss.; Id., *Summatim cognoscere quid et quale fuerit apud Romanos*, Erlangen, 1843, p. 4 ss., a propósito do problema, com as fontes romanas; Wach, *Der Arrestprozess in seiner geschichtlichen Entwicklung*, I, Leipzig, 1868, p. 143 ss.; Wetzell, *System des ordentlichen Civilprocesses*, Leipzig, 1876, p. 302 ss.; Hellwig, *System des deutschen Zivilprozessrechts*, II, Leipzig, 1912, p. 67 ss.; Id., *Anspruch und Klagerecht. Beiträge zum bürgerlichen und Prozessrecht*, Jena, 1900, p. 151 ss.
Também a doutrina italiana tem dedicado atenta reflexão ao tema, veja-se, em particular, Chiovenda, *Le forme nella difesa giudiziale del diritto*, in Saggi di diritto processuale civile, I, ristampa, Milano, 1993, p. 353 ss.; Id., *Principi di diritto processuale civile*, ristampa, Napoli, 1980, p. 196 ss. e p. 1181 ss.; Id., *Azioni sommarie. La sentenza di condanna con riserva*, in Saggi, cit., I, p. 181 ss.; Id., *Istituzioni di diritto processuale civile*, I, ristampa, Napoli, 1960, p. 92 ss., p. 212 ss. e p. 326 s.; Lattes, *Il procedimento sommario o planario degli statuti*, Milano, 1887, p. 28 ss.; Sella, *Il procedimento civile nella legislazione statutaria italiana*, Milano, 1927, p. 216 ss.; De Palo, *Teoria del titolo esecutivo*, Napoli, 1901, p. 32 e p. 225 ss.; Calamandrei, *Sulla struttura del procedimento monitorio nel diritto italiano*, Torino, 1923, p. 9 ss.; Id., *Per la vitalità del processo ingiunzionale*, in Riv. dir. proc. civ., 1924, I, p. 56 ss.; Cristofolini, *Processo d'ingiunzione*, Padova, 1939, p. 5 ss.; Carnelutti, *Nota intorno alla struttura del processo monitorio*, in Riv. dir. proc. civ., 1924, p. 270 ss.; Id., *Lezioni di diritto processuale civile*, I, Padova, 1929, p. 236 ss.; Liebman, *La contestazione dei crediti nel fallimento*, in Riv. dir. proc. civ., 1930, I, p. 209 ss.; Segni, *L'opposizione del convenuto nel processo monitorio*, in Id., Scritti giuridici, II, Torino, 1965, p. 977 ss.; Andrioli, *Commento al c.p.c.*, IV, Napoli, 1957, p. 1 ss.; Id., *Diritto processuale civile*, Napoli, 1979, p. 355 ss.; Satta, *Commentario del c.p.c.*, IV, 1, Milano, 1968, p. 4 ss.; Lanfranchi, *La verificazione del passivo nel fallimento*, Milano, 1979, p. 94 ss.; Id., *Riflessioni de iure condito e de iure condendo sulla tutela cognitiva ordinaria e sommaria*, in Riv. giur. lav., 1982, I, p. 269 ss.; Id., voce *Procedimenti decisori sommari*, in Enc. Giur. Treccani, XXIV, Roma, 1991, p. 1 ss.; Montesano, *Luci ed ombre in leggi e proposte di «tutele differenziate» nei processi civili*, in Riv. dir. proc., 1979, p. 594 ss.; Id., *La tutela giurisdizionale dei diritti*, Torino, 1994, p. 293 ss.; Proto Pisani, *Appunti sulla tutela sommaria (Note de iure condito e de iure condendo)*, in I processi speciali. Studi offerti a V. Andrioli dai suoi allievi, Napoli, 1979, p. 309 ss.; Id., *La tutela sommaria*, in Id., Appunti sulla giustizia civile, Bari, 1982, p. 211 ss.; (, ora anche in Id., *Le tutele giurisdizionali dei diritti*. Studi, Napoli, 2004, p. 379 ss.) Id., *Usi e abusi della procedura camerale ex art. 737 ss. c.p.c.*, in Riv. dir. civ., 1990, I, p. 393 ss.; Id., *Tutela sommaria*, in Foro it., 2007, V, c. 241 ss.; si vis, Carratta, *Il principio della non contestazione nel processo civile*, Milano, 1995, p. 19 ss. e p. 60 ss.; Id., *Profili sistematici della tutela anticipatoria*, Torino, 1997, p. 229 ss.; Id., voce *Processo sommario (dir. proc. civ.)*, in Enc. dir., Annali, II, 1, Milano, 2008, p. 87 e ss.; Id., voce *Processo camerale (dir. proc. civ.)*, ivi, III, Milano, 2010, p. 928 e ss.

No início do século passado, de fato, Giuseppe Chiovenda considerava "um grave problema de legislação processual" estabelecer "se as formas devem ser predeterminadas pela lei ou se deve ser deixado ao arbítrio do juiz regulá-las, caso a caso, conforme as exigências do caso concreto". Advertindo que a solução favorável à ampliação dos poderes diretivos do juiz representa "um meio potente de simplificação processual", possível "na proporção da confiança que, em dado momento histórico, o Poder Judiciário inspira aos cidadãos". [4]

Com efeito, a distinção entre processos de cognição plena e exauriente e processos genericamente definidos como sumários é bastante remota e sempre foi centrada na diferença estrutural entre a articulação interna do processo que, naquele dado momento histórico, era considerado como processo de cognição plena e exauriente, e a articulação simplificada, dos assim chamados processos sumários. Basta recordar, a propósito, o famoso exemplo do processo sumário introduzido pelo decreto *Clementina Saepe* do Papa Clemente V em 1306, regulado *"simpliciter et de plano ac sine strepitu et figura iudicii"*. [5]

2. A INDIFERENCIADA CATEGORIA DOS PROCESSOS SUMÁRIOS: UMA VISÃO PANORÂMICA

No âmbito da genérica categoria dos procedimentos jurisdicionais cognitivos, o ordenamento processual italiano (assim como outros) estabeleceu, ao lado do processo ordinário de cognição plena e exauriente (disciplinado no livro segundo do código de processo civil italiano) e outros processos especiais de cognição plena e exauriente (como o processo do trabalho, o chamado processo de locação, ou o processo de separação judicial dos cônjuges ou de divórcio), uma série de procedimentos tradicionalmente e indistintamente definidos como sumários, cuja característica fundamental deriva do fato de se diferenciarem dos primeiros pela mais ou menos simplificada articulação da atividade processual.

O legislador italiano de 1942 não fez senão recepcionar no código de processo as reflexões doutrinárias daquele tempo sobre o tema, introduzindo no livro IV, dedicado essencialmente aos "procedimentos sumários", os diversos procedimentos que, de alguma forma, apresentam características tais que os faz serem considerados procedimentos de estrutura sumária. Não por acaso, com efeito, o próprio livro IV do CPC Italiano e sua evidente assistematicidade,

---

4. CHIOVENDA, *Principi*, cit., p. 664; ID., *Istituzioni*, cit., p. 87 ss.
5. CHIOVENDA, *Istituzioni*, cit., I, p. 93; ID., *Principi*, cit., p. 3 ss.; e também ID., *Le forme nella difesa giudiziale del diritto*, in ID., *Saggi di diritto processuale civile*, I, cit.,, p. 353 ss., spec. p. 363 ss.; ID., *Azioni sommarie. La sentenza di condanna con riserva*, ivi, p. 121 ss., spec. p. 131 ss.

induziram Virgilio Andrioli a tratá-lo como um tipo de "supermercado" de uma séria indefinida de procedimentos. [6]

De toda sorte, – como pontualmente revelou Piero Calamandrei – se trata de *fattispecie* típicas, isto é, oriundas de "certos requisitos especiais, que não são necessários para a utilização do processo de conhecimento ordinário" [7] ou "cujos pressupostos de fato são precisamente indicados na lei".[8] Geralmente, de fato, a previsão das formas processuais sumárias vem acompanhada também da pontual individualização das específicas "condições de admissibilidade", com o objetivo de lhe delimitar o âmbito de atuação jurisdicional.

De resto, o recurso às formas de tutela sumárias, correspondentes às exigências diversas é uma constante também nas legislações de outros sistemas processuais e não, como frequentemente referido, de um lado, uma genérica categoria de "medidas provisórias" ou de provimentos de "tutela de urgência", para mencionar as diversas figuras dos provimentos sumários com função cautelar, e, de outro, os "provimentos sumários" ou as "ordens de pagamento",

---

6. Andrioli, *Diritto processuale civile*, cit., p. 52.
7. Assim, com relação ao procedimento monitório, Calamandrei, *Le condizioni di ammissibilità (presupposti processuali) del procedimento per ingiunzione*, in *Riv. dir. comm.*, 1924, I, p. 18 ss., spec. p. 21, ora anche in *Opere giuridiche*, a cura di M. Cappelletti, IX, Napoli, 1983, p. 50 ss.
   Sobre este aspecto dos provimentos sumários, veja-se, também:
   - com relação aos provimentos sumários de natureza decisória, Andrioli, *Commento*, cit., IV, pp. 1-5; Satta, *Commentario*, cit., IV, 1, p. 3 ss.; Garbagnati, *I procedimenti d'ingiunzione e per convalida di sfratto*[5], Milano, 1979, p. 3 ss.; Id., *Il procedimento d'ingiunzione*, Milano, 1991, p. 5 ss.; Colesanti, *Principio del contraddittorio e procedimenti speciali*, in *Riv. dir. proc.*, 1975, p. 577 ss.; Lanfranchi, *La verificazione del passivo*, cit., p. 94 ss.; Id., *Profili sistematici dei procedimenti decisori sommari*, in *Riv. trim. dir. e proc. civ.*, 1987, p. 88 ss. (ripubblicato in Id., *Procedure concorsuali e tutela dei creditori*, Milano, 1988, p. 3 ss.); Montesano, *I provvedimenti d'urgenza nel processo civile (Artt. 700-702 cod. proc. civ.)*, Napoli, 1955, p. 5, in nota 13, per il quale «nel campo dei "procedimenti speciali", disciplinati dai primi sette titoli del libro IV del vigente c.p.c. ... l'esercizio dell'azione è condizionato non genericamente all'"interesse ad agire" ..., cioè alla lesione o all'incertezza di qualunque diritto soggettivo, ma a condizioni specificamente e singolarmente individuate, in relazione a determinati diritti o poteri»; Id., *Sulle misure provvisorie in Italia*, in *Les mesures provisoires en procédure civile (Atti del colloquio internazionale – Milano, 12-13 ottobre 1984)*, a cura di G. Tarzia, Milano, 1985, p. 113 ss.; Id., *Luci ed ombre in leggi e proposte di «tutele differenziate» nei processi civili*, in *Riv. dir. proc.*, 1979, p. 592 ss.; Picardi, *I processi speciali*, ivi, 1982, p. 700 ss.; Mandrioli-Carratta, *Diritto processuale civile*, XXIII ed., III, Torino, 2014, p. 7 ss.; Proto Pisani, *Sulla tutela giurisdizionale differenziata*, in *Riv. dir. proc.*, 1979, p. 536 ss.; Id., *Appunti sulla tutela sommaria (Note di iure condito e di iure condendo)*, cit., p. 311 ss.;
   - com relação aos provimentos sumários de natureza cautelar, veja-se, por todos, Verde, *Considerazioni sul procedimento d'urgenza (come è e come si vorrebbe che fosse)*, in *I processi speciali – Studi offerti a V. Andrioli dai suoi allievi*, cit., p. 409 ss., spec. p. 420 ss.; Montesano, *Sulle misure provvisorie*, cit., p. 113 ss.; Proto Pisani, voce *Procedimenti cautelari*, in *Enc. Giur. Treccani*, XXV, Roma, 1991, p. 1; Id., voce *Provvedimenti d'urgenza*, ibidem; Mandrioli-Carratta, *Diritto processuale civile*, cit., IV, p. 245 ss.; Tarzia, *La tutela cautelare*, in AA.VV., *Il processo cautelare*, a cura di G. Tarzia e A. Saletti, Padova, 2011, p. XXVI ss.
8. Assim Andrioli, *Diritto processuale civile*, cit., p. 312, sobre as ações típicas, entre as quais inclui não só as ações constitutivas, mas também as meras ações "disjuntas, isto é, de direitos perfeitos, como aquelas que tendem às medidas cautelares ou resultam de cognição sumária".

as "injunções", para mencionar as diversas formas de provimentos monitórios.⁹ Vale dizer que, também em outros ordenamentos, na genérica categoria dos provimentos cognitivos sumários, se encontram medidas notadamente diversas, por pressupostos, funções e articulações internas dos procedimentos nos quais pronunciadas.¹⁰ E que apresentam, como característica comum, o fato de serem disciplinadas de forma menos rígida ou simplificada em relação àquele que nos diversos ordenamentos processuais constitui o processo ordinário ou comum, isto é, aquele voltado à cognição plena e exauriente.

Basta pensar, apenas para se limitar aos exemplos mais relevantes, no sistema francês das *référés*, as quais, embora sob o aspecto funcional atendam a pressupostos e finalidades notavelmente diversos, sob o aspecto estrutural são tradicionalmente consideradas como procedimentos especiais sumários, menos rígidos e céleres, disciplinados de forma notadamente diversa do processo de cognição plena. Conforme, de fato, a previsão genérica do artigo 484 do n.c.p.c. francês "*l'ordonnance de référé est une décision provisoire rendue à la demande d'une partie, l'autre présente ou appelée, dans les cas où la loi confère à un juge qui n'est pas saisi du principal, le pouvoir d'ordonner immédiatement les mesures nécessaires*".¹¹

---

9. Para oportuna indicação das premissas necessárias, veja-se, sobretudo, Gorla, *Procedimenti sommari nel diritto anglo-americano*, in *Riv. dir. proc.*, 1967, p. 56 ss. (e in *Studi in memoria di A. Giuffrè*, II, Milano, 1967, p. 449 ss. con il titolo «*Debt*» e «*summary judgment*» *nel diritto anglo-americano. Temi per una ricerca comparatistica*); Gottwald, *Simplified civil procedure in West Germany*, in *American Journal of comp. law*, 1983, p. 687 e ss.; Varano, *Appunti sulla tutela provvisoria nell'ordinamento inglese, con particolare riferimento all'interlocutory injunction*, in *Les mesures provisoires en procédure civile*, cit., p. 235 ss.; Tarzia, *Considerazioni conclusive*, in *Les mesures provisoires*, cit., p. 309 ss.; Taruffo, voce *Diritto processuale civile nei paesi anglosassoni*, in *Dig. disc. priv., sez. civ.*, VI, Torino, 1990, p. 324 ss.; AA.VV., *Orders for Payment in the European Union / Mahnverfahren in der Europäischen Union / L'injonction de payer dans l'Union Européenne*, edited by W. H. Rechberger & G. E. Kodek, The Hague-London-New York, 2001; Oberto, *I procedimenti semplificati ed accelerati nell'esperienza tedesca ed in quella inglese*, in *Corr. giur.*, 2002, p. 1239 ss. e p. 1519 ss.; Caponi, *La tutela sommaria nel processo societario in prospettiva europea*, in *Riv. trim. dir. proc. civ.*, 2003, p. 1379 ss.; Crifò, *Cross-border enforcement of debts in the European Union*, The Netherlands, 2009; AA.VV., *La tutela sommaria in Europa. Studi*, a cura di A. Carratta, Napoli, 2012.
10. Para a análise e confronto comparativo dos direitos modelos de tutela sumária, em particular, Tarzia, *Considerazioni comparative sulle misure provvisorie nel processo civile*, in *Riv. dir. proc.*, 1985, p. 241 ss.; Comoglio-Ferri, *La tutela cautelare in Italia: profili sistematici e riscontri comparativi*, ivi, 1990, p. 963 ss.; Stürner, *Der einstweilige Rechtsschutz in Europa*, in *Festschrift für K. Geiss*, Köln, 2000, p. 199 ss.; Rechberger-Kodek, *Das Mahnverfahren in den Mitgliedsstaaten der EU – Generalbericht*, in *Orders for Payment in the European Union*, cit., p. 1 ss.; Trocker, *Provisional Remedies in Transnational Litigation: The Issue of Jurisdiction. A Comparative outline*, in *Int'l Lis*, 2009, p. 48 ss. e p. 93 ss.; Crifò, *Cross-border enforcement of debts in the European Union*, cit., passim.
11. Neste sentido, confira-se Carratta, *Profili sistematici*, cit., p. 34 ss.; veja-se também, Silvestri, *Il sistema francese dei «référé»*, in *Foro it.*, 1998, V, c. 9 ss.; Id., *Il référé nell'esperienza giuridica francese*, Torino, 2005; Perrot, *Les mesures provisoires en droi français*, in *Les mesures provisoires*, cit., p. 149 ss., per il quale provvisoria è, in generale, la misura che «*est prise avant-dire droit en attendant le jugement définitif qui la rendra caduque et lui fera perdre tout objet le jour où le droit aura été dit avec autorité de chose juée*»; Id., *L'évolution du référé*, in *Mélanges P. Hébraud*, Toulouse, 1981, p. 645 ss.; Strickler, *Référés*, in *Dictionnaire de la justice*, a

Ou o sistema inglês dos chamados *interim* ou *interlocutory remedies* e em particular a *Rule* 25 do *C.P.R.*, a qual prevê expressamente que *"the Court may grant the following interim remedies"*, isto é, medidas de natureza cautelar, entre as quais, conforme a própria *Rule* menciona a *interim injunction*, ou seja, a possibilidade de haver, no curso do processo, uma ordem de fazer ou não fazer, de natureza provisória, com o objetivo de antecipar os efeitos do provimento final. [12]

E, ao lado dos *interim remedies* de natureza cautelar, o mesmo *C.P.R.* inglês prevê também, a possibilidade de a Corte pronunciar, em relação ao réu (ou ao autor, em caso de reconvenção), um provimento provisório de pagamento antecipado (*on account*) dos valores objetos da demanda (*interim payment*) [13], seja o *summary judgment* da *Rule* 24, isto é, um provimento sumário autônomo que a Corte pode conceder ao autor ou ao réu, caso considere, com base em uma cognição *prima facie*, que o autor ou o réu não possua uma real possibilidade de êxito no acolhimento de suas razões, e que não existam outras pelas quais a causa, de toda forma, deve ser decidida através do *trial*.[14] Trata-se, em

---

cura di L. Cadiet, Paris, 2004, p. 1127 ss.; Cayrol, *Référé civil*, in *Répertoire procédure civile Dalloz*, Paris, 2006; D'amico, *Novità in tema di tutela cautelare, alla luce dell'esperienza francese dei référés*, in *Giusto proc. civ.*, 2007, p. 875 ss.; Bonato, *I référés nell'ordinamento francese*, in *La tutela sommaria in Europa. Studi*, a cura di A. Carratta, cit., p. 35 ss.

12. Sobre os *interim remedies* com função cautelar, veja-se Frignani, *L'injunction nella common law e l'inibitoria nel diritto italiano*, Milano, 1974, p. 62 ss. Varano, *Appunti sulla tutela provvisoria nell'ordinamento inglese*, cit., p. 235 ss.; Id., *Tendenze evolutive in materia di tutela provvisoria nell'ordinamento inglese, con particolare riferimento all'interlocutory injunction*, in *Riv. dir. civ.*, 1985, I, p. 39 ss.; Id., voce *Injunction*, in *Dig. disc. priv., sez. civ.*, IX, Torino, 1993, p. 487 ss., spec. p. 493 ss.; Albrecht, *Zur Entwicklung des einstweiligen Rechtsschutzes in England*, in *Praxis int. privat- und Verfahrensrechts*, 1988, p. 309 ss.; Taruffo, voce *Diritto processuale civile nei paesi anglosassoni*, cit., p. 394 ss.; Id., *Il processo civile di civil law e di common law: aspetti fondamentali*, in *Foro it.*, 2001, V, c. 345 ss.; Vianello, *Appunti sulle recenti riforme processuali in Inghilterra*, in *Riv. trim. dir. e proc. civ.*, 1993, p. 893 ss.; Zuckerman, *Civil procedure*, London, 2003, p. 270 ss.; Id., *Mareva Injunctions and Security for Judgment in a Framework of Interlocutory Remedies*, in *Law Quarterly Review*, 1993, p. 432 ss.; Andrews, *English civil procedure*, Oxford, 2003, p. 410 ss.; Id., *Principles of civil procedure*, London, 1994, p. 159 ss.; Bean, *Injunctions*, London, 2004, p. 4 ss.

13. Veja-se, no particular, Jacob, *The Fabric of English Civil Justice*, London, 1987, p. 132 ss.; Frignani, *L'injunction nella common law*, cit., p. 71 ss.; Id., voce *Inibitoria (azione): II) Diritto comparato e straniero*, in *Enc. Giur. Treccani*, XVII, Roma, 1989; Varano, *Appunti sulla tutela provvisoria nell'ordinamento inglese*, cit., p. 235 ss.; Id., voce *Injunction*, in *Dig. disc. priv., sez. civ.*, IX, Torino, 1993, p. 487 ss., spec. p. 493 ss.; Taruffo, voce *Diritto processuale civile nei paesi anglosassoni*, cit., p. 394 ss.; Moccia, *Il processo civile nell'Alta Corte*, in *Ricerche sul processo. Il processo civile inglese*, a cura di N. Picardi e A. Giuliani, Rimini, 1991, p. 236 ss.; Cariello, *Injunctions e companies nell'esperienza giurisprudenziale inglese*, in *Riv. società*, 1991, p. 1208 ss.; Kessel, *Grundsätze des vorläufigen Rechtsschutzes in England und Wales*, in *Recht Int. Wirtschaft*, 1993, p. 988 ss.; Sime, *A pratical aproach to civil procedure*, New York, 2003, p. 414 ss.; Andrews, *English civil procedure*, cit., p. 464 ss.; Zuckerman, *Civil procedure*, cit., p. 344 ss. per altre indicazioni rinvio a Carratta, *Profili sistematici*, cit., p. 54 s.

14. Carratta, *Profili sistematici*, cit., p. 53 ss.; v. anche Taruffo, voce *Diritto processuale civile nei paesi anglosassoni*, cit., p. 364; Jolowicz, *Order for Payment Encglish Law*, in *Orders for Payment in the European Union*, a cura di W.H. Rechberger e G.E. Kodek, cit., p. 117 ss.; Zuckerman, *Civil procedure*, cit., p. 250 ss.; Sime, *Civil procedure*,

substância, daquelas que vêm geralmente definidas como *pre-trial remedies*, voltadas a "estimular uma équa conciliação entre as partes e induzi-las a acelerar a condução do processo, reduzindo sensivelmente o interesse em utilizá-lo com função procrastinatória". [15]

Ou ainda, basta pensar a mesma determinação de fundo que se extrai do sistema processual alemão[16], ou do espanhol[17], ou do brasileiro[18]. Também nestes casos, instrumentos jurisdicionais sumários declaratórios e executivos (como, por exemplo, procedimentos de estrutura monitória) são acompanhados de um articulado sistema de remédios sumários com função cautelar (as *einstweilige Verfügungen* e a *Arrest* no sistema alemão; as *medidas cautelare*, no espanhol, as medidas de *tutela de urgência*, no sistema brasileiro).

3. A ABORDAGEM TRADICIONAL DO TEMA E O CONFRONTO COM OS PROCESSOS DE COGNIÇÃO PLENA: A SUMARIEDADE COMO "SIMPLIFICAÇÃO" DAS FORMAS PROCESSUAIS

Em primeira aproximação pode-se dizer que a categoria dos processos sumários compreende aquelas formas processuais que, apesar de terem

---

Oxford, 2003, p. 250 ss.; Querzola, *La tutela anticipatoria fra provvedimento cautelare e giudizio di merito*, Bologna, 2006, p. 70 ss.; Fradeani, *Appunti sulla tutela decisoria sommaria in Inghilterra ed in Francia: summary judgment ed injonction de payer*, in *La tutela sommaria in Europa. Studi*, a cura di A. Carratta, cit., p. 121 ss.

15. Assim Varano, *Appunti sulla tutela provvisoria*, cit., p. 256. Confira-se também Jacob, *The Fabric*, cit., p. 132 ss., o qual, sobre os chamados *pre-trial remedies*, sustenta que possuem a função «*to deal with position of the parties pending the trial, to maintain as far as possible the status quo ante and to preserve, protect and where necessary enhance the rights and interests of the parties in the inevitable interval between the start of the proceedings and the trial*»; Id., *Pre-Trial Remedies in England*, in *The Reform of Civil Procedure Law and Other Essays in Civil Procedure*, London, 1982, p. 259 ss.; Leubsdorf, *The Standard for Preliminary Injunctions*, in *Harv. Law Review*, 1978, p. 525 ss., spec. p. 539 ss.; Posner, *The Summary Jury Trial and other Methods of Alternative Dispute Resolution*, in *Un. Chi. Law Rev.*, 1986, p. 366 ss.; Zuckerman, *Interlocutory Remedies in Quest of Procedural Fairness*, in *Modern Law Review*, 1993, p. 325 ss.; Id., *Interlocutory Injunctions on the Merits*, in *Law Quarterly Review*, 1991, p. 196 ss.
16. Carratta, *Profili sistematici*, cit., p. 45 ss.
17. Veja-se, a este propósito, Serra Domínguez, *Teoría general de las medidas cautelares*, in Serra Domínguez-Ramos Méndez, *Las medidas cautelares en el proceso civil*, Barcelona, 1974, p. 20 ss.; Gutiérrez de Cabiedes, *Elementos esenciales para un sistema de medidas cautelares*, in AA.VV., *El sistema de medidas cautelares*, Pamplona, 1974, p. 5 ss.; Montero Aroca, voce *Processo civile (Spagna)*, in *Dig. disc. priv., sez. civ.*, XV, Torino, 1997, p. 215 ss. e p. 227 ss.; Ortells Ramos, *Tutela cautelar en la nueva Ley de Enjuiciamiento Civil*, in AA.VV., *El proceso civil y su reforma*, Madrid, 1998, p. 422 ss.; Pastorelli, *Il procedimento monitorio spagnolo tra scelte normative ed esperienza applicativa*, in *Riv. trim. dir. e proc.civ.*, 2009, p. 1391 ss.; Cossignani, *Il proceso monitorio spagnolo: un processo sommario-plenario*, in *La tutela sommaria in Europa. Studi*, a cura di A. Carratta, cit., p. 149 ss.; Id., *Brevi note in tema di tutela cautelare nella Ley de Enjuiciamiento civil*, ivi, p. 261 ss.
18. Veja-se, no particular, De Oliveira, *Perfil dogmático da tutela de urgência*, in *Revista da Ajuris*, 1997, p. 214 ss.; Bedaque, *Tutela cautelar e tutela antecipada: tutelas sumárias e de urgência (tentativa de sistematização)*, 4ª ed., São Paulo, 2006; Marinoni, *Antecipação da tutela*, 11ª ed., São Paulo, 2009, p. 20 ss.; Flach, *A verossimilhança no processo civil*, São Paulo, 2009, p. 40 ss.; Mitidiero, *Antecipação da tutela. Da tutela cautelar à técnica antecipatória*, São Paulo, 2012, p. 18 ss.

finalidade cognitiva, diferem-se dos processos de cognição plena e exauriente (ordinários ou especiais) pela simplificação da atividade processual que os caracteriza. Embora esta simplificação – como será mais bem exposto na sequência – nem sempre seja atuada com a mesma intensidade pelo legislador.

Especificamente em relação a esta fundamental característica dos processos cognitivos sumários, todavia, havia, no passado, distinção, especialmente na doutrina alemã[19], entre "processos determinados", nos quais é o próprio legislador a predispor um modelo de processo focado na "'redução da cognição' do juiz", e "processos indeterminados" ou "acelerados", nos quais a sumarização cabe exclusivamente ao juiz.[20] A distinção pode ser verificada ainda hoje, de modo que – como será visto na sequência – ao lado dos processos sumários, nos quais o legislador preocupou-se em determinar a simplificação da atividade processual, é fácil encontrar também processos nos quais a atuação das formas simplificadas cabe, em boa medida, ao próprio juiz, que, portanto, se torna "criador" da disciplina processual aplicável ao caso concreto.

Em torno destas conquistas, crê-se que, para determinar as características do processo sumário, é suficiente individualizar as diferenças que apresenta em relação ao processo de cognição plena e exauriente (ordinário ou especial) [21]: tem-se o primeiro quando falta um dos elementos característicos do segundo.

Vale dizer, conforme os casos:

a) a instauração do prévio contraditório e do direito de defesa "em condições paritárias" (segundo o que estabelecem os arts. 24, § 2º, e 111, § 2º, da Constituição Italiana) e sobre todas as questões relevantes para a decisão;

b) a pontual predeterminação legal seja das formas e dos termos processuais, seja dos correspondentes poderes, deveres, faculdades processuais das partes e do juiz, com relação às diversas fases do processo (postulatória, instrutória, decisória: art. 111, §1º, da Constituição Italiana);

---

19. Para referências, CARRATTA, *Profili sistematici della tutela anticipatoria*, cit., p. 72 ss. e p. 230 ss.
20. Assim expressamente, sobretudo com relação ao processo sumário introduzido pela *Clementina Saepe del 1306* CHIOVENDA, *Istituzioni*, cit., p. 93.
21. Veja-se, ANDRIOLI, *I procedimenti concorsuali tra Costituzione e Corte costituzionale*, in Riv. dir. proc., 1984, p. 195 ss.; FABBRINI, voce *Potere del giudice (dir. proc. civ.)*, in Enc. dir., XXXIV, Milano, 1988, p. 721 ss.; PROTO PISANI, *Usi e abusi*, cit., p. 412 ss.; ID., *Lezioni di diritto processuale civile*[5], Napoli, 2006, p. 664 ss.; ID., *Giusto processo e valore della cognizione piena*, in Riv. dir. civ., 2002, I, p. 265 ss.; LANFRANCHI, voce *Giusto processo: I) Processo civile*, in Enc. Giur. Treccani, X, Roma, 2001; GRAZIOSI, *La cognizione sommaria del giudice civile nella prospettiva delle garanzie costituzionali*, in Riv. trim. dir. proc. civ., 2009, p. 137 ss.; si vis, CARRATTA, voce *Processo sommario (dir. proc. civ.)*, cit., p. 877 ss.; ID., voce *Processo camerale (dir. proc. civ.)*, cit., p. 928 ss.; ID., *Struttura e funzione nei procedimenti giurisdizionali sommari*, in *La tutela sommaria in Europa. Studi*, a cura di A. Carratta, cit., p. 1 ss.

c) a regulamentação da formação do convencimento do juiz segundo os cânones que asseguram um "processo justo", ou seja, um processo que produza uma decisão justa, e, portanto, por meio da tipicidade dos meios de prova pré-constituídas ou não, da predeterminação das formalidades de formação das provas pré-constituídas e das modalidades de assunção das provas a serem produzidas no processo, e dos sujeitos que podem produzir a prova em juízo; [22]

d) a forma de sentença final, adequadamente motivada e sujeita – ao menos – a recurso de cassação "por violação da lei" (art. 111, § 7º, da Constituição Italiana). [23]

4. NECESSÁRIA ELABORAÇÃO DE UM CONCEITO TÉCNICO DE "PROCESSO SUMÁRIO"

E, todavia, ao falar em "forma simplificada" do procedimento, "determinada" que seja pelo legislador, deve-se entende-la, a fim de evitar fácil equívoco.

Em primeiro lugar, deve ser destacado o fato de que os conceitos de processo ou procedimento "sumário" e processo ou procedimento "de cognição plena e exauriente", para além da mera classificação, são verdadeira e propriamente técnicos. E, enquanto tais, exigem, para poderem ser validamente utilizados, elementos de qualificação objetivos e seguros, que, apesar de não individualizados explicitamente pelo legislador, dão suporte válido a sua utilização. Consequentemente, longe de recorrer-se ao senso comum para qualificar, caso a caso, um dado procedimento como "sumário" ou "de cognição plena e exauriente", é necessário referir-se a critérios objetivos, aferíveis das escolhas do legislador.

Em segundo lugar, acresça-se que – uma vez mencionada a simplificação das formas processuais como característica comum aos procedimentos usualmente definidos como "sumários" – de per si, a fórmula "forma simplificada" é muito genérica para poder ser utilmente aplicada com o fim de distinguir os processos sumários daqueles de cognição plena e exauriente. Se nos limitássemos a considerar "sumário" qualquer procedimento, presente em qualquer simplificação estrutural do processo em relação ao processo de cognição plena

---

22. Sobre o tema confira-se Carratta, *Prova e convincimento del giudice nel processo civile*, in Riv. dir. proc., 2003, p. 27 ss.; Id., *Funzione dimostrativa della prova (verità del fatto nel processo e sistema probatorio)*, ivi, 2001, p. 73 ss.

23. Para destaques sobre a relevância constituição do recurso de cassação "por violação da lei", Corte cost., 9 luglio 2009, n. 207, in Giur. it., 2010, p. 627 ss., com minhas notas, *La Corte costituzionale e il ricorso per cassazione quale "nucleo essenziale" del «giusto processo regolato dalla legge»: un monito per il legislatore ordinario*.

e exauriente, correr-se-ia o risco de incluir nesta categoria dos processos sumários também os processos que, na verdade, assim não podem ser considerados.

É significativo, a propósito, o que ocorreu sob a vigência do Código de Processo Civil Italiano de 1865 quando definia "procedimento sumário" como um procedimento que se distinguia do ordinário (definido "formal") somente pelo fato de prever uma disciplina especial para a fase postulatória, e assim a citação para uma audiência já marcada.[24] Neste caso, na verdade, se utilizada a fórmula "sumário" apenas para indicar a especialidade do *modus procedendi*, mais simples em relação ao rito "formal", mas que não possuía qualquer reflexo sobre a cognição plena e exauriente do juiz.

Não por coincidência – sempre sob a vigência do código italiano de 1865 – a nossa doutrina mais atenta evidenciou, de forma pontual, que na verdade de "procedimentos cognitivos sumários" só se deva falar quando este preveja um acertamento "provisório e/ou parcial e/ou superficial" dos fatos da causa.[25]

Portanto, não é suficiente, por si só, a simplificação da estrutura processual para poder definir como sumário um determinado processo ou procedimento.

5. A SUMARIEDADE COMO VONTADE DO LEGISLADOR DE OBTER UMA DECISÃO JUDICIAL BASEADA EM COGNIÇÃO QUALITATIVAMENTE E/OU QUANTITATIVAMENTE REDUZIDA

O que é determinante, ao invés, – para estabelecer a natureza "sumária" ou não do processo objeto de exame – é a qualidade desta simplificação, e assim a influência que essa pode exercer sobre as formas de convencimento do juiz. Em outros termos, embora a "forma simplificada" do processo constitua um elemento necessário para se poder definir um dado processo como sumário, essa, todavia, não é, de per si, suficiente para o seguro enquadramento deste processo em exame como "sumário". Sua presença é, assim, necessária, mas não suficiente.

Ocorre que, além disso, a simplificação das formas processuais seja tal que envolva também as modalidades através das quais se forma o convencimento do juiz: se estas modalidades não permitem ao juiz uma cognição plena e exauriente, ou uma cognição que se forma com as modalidades próprias dos

---

24. Sobre a estrutura "abreviada" ou "simplificada" do procedimento sumário, em contraposição àquele "formal", por todos, Cuzzeri, *Il procedimento sommario*, Torino, 1910; Id., *Il codice italiano di procedura civile*, IV, Torino-Verona, 1888, p. 304 ss.
25. Chiovenda, *Istituzioni*, cit., I, p. 93; Id., *Principi*, cit., p. 3 ss.; v. anche Id., *Le forme nella difesa giudiziale del diritto*, cit., p. 363 ss.; Id., *Azioni sommarie. La sentenza di condanna con riserva*, cit., p. 131 ss.

processos que, porque utilizam esta modalidade, são tradicionalmente definidos como de "cognição plena e exauriente", estamos indubitavelmente na presença de um processo sumário.

Acresça-se, portanto, que o desvio das formas de processo de cognição plena e exauriente, para que possa determinar a sumariedade, é necessariamente considerado à luz de sua influência sobre o resultado final da cognição do juiz. E isto se verifica todas as vezes em que a simplificação processual, assim como estruturada pelo legislador, não assegure às partes do processo, sempre e em qualquer caso, o exercício dos poderes processuais que permitem a formação de uma cognição profunda de todos os fatos relevantes para a decisão.

Vale dizer, a simplificação ou desformalização que não seja capaz, como instituída pelo legislador, de garantir às partes, que assim desejam, o resultado da cognição plena e exauriente dos fatos da causa; que subtrai das partes uma parcela dos poderes processuais normalmente dispostos àquela posição processual no tratamento e na instrução dos processos de cognição plena e exauriente.

Isto pode depender, ou das circunstâncias de o legislador, na disciplina concreta do processo, ter reduzido os poderes processuais que normalmente as partes podem exercitar nos processos de cognição plena e exauriente tendentes ao acertamento das questões de fato relevantes para a decisão; ou da circunstância de, assim como lançada à discricionariedade do juiz na concreta articulação do procedimento, privar as partes da possibilidade de exigir o exercício destes mesmos poderes contra o órgão jurisdicional, quando este entender oportuno prescindi-los.

Justamente por esta razão, como já afirmei em outra ocasião, definir um determinado processo ou procedimento como "sumário, mas de cognição plena" (como faz parte da doutrina italiana ao referir-se ao novo "procedimento sumário de cognição" introduzido pelo legislador de 2009 nos artigos 702 *bis-quarter* do c.p.c.) constitui, em relação às categorias processuais, e assim como pelas categorias retóricas, um verdadeiro paradoxo.[26] Com efeito, de duas uma: ou o processo em questão apresenta uma simplificação das formas processuais que não influi sobre a modalidade de formação do convencimento do juiz assim como disciplinado para os processos de cognição plena e exauriente, e então estamos diante de um processo não sumário, mas apenas

---

26. Carratta, *Le "condizioni di ammissibilità" del nuovo procedimento sommario di cognizione*, in *Giur. it.*, 2010, p. 726 ss.; v. anche Id., *La «semplificazione» dei riti e le nuove modifiche al processo civile*, Torino, 2012, p. 45 ss.

especial de cognição plena e exauriente; ou então a simplificação interessa também a esta modalidade, e portanto não se pode definir o processo em questão como processo de cognição plena e exauriente.

Isto permite também destacar que, quando falamos de "processo sumário", em sentido técnico, falamos de uma realidade processual que se justifica a partir do confronto com o modelo processual de cognição plena e exauriente vigente em um dado momento histórico e em um dado ordenamento processual. Caso não se leve em conta estas observações, há o risco de se propor confrontos e generalizações de pouca utilidade.

Levando em conta o que até agora afirmado, o critério discricionário decisivo para concluir sobre a sumariedade de um determinado processo é dado a partir da amplitude da simplificação que interessa a disciplina legislativa das formas processuais do processo em exame, isto é, dependendo se altera ou não a modalidade de formação do convencimento judicial, já predeterminado e formalizado para os processos de cognição plena e exauriente vigente no ordenamento, em um dado momento histórico.

6. FUNDAMENTO NORMATIVO DO CONCEITO DE "PROCESSO SUMÁRIO" PROPOSTO

Justamente porque os conceitos de "processo sumário" e "processo de cognição plena e exauriente" são considerados conceitos técnicos, exigem do legislador e do interprete a atribuição de um significado determinado *ex ante*, enquanto não se pode aceitar que seus âmbitos de aplicação sejam determinados a partir da avaliação dos resultados que, em concreto, caso a caso, são obtidos ao final de um determinado procedimento.

Assim como para o fim de qualificar um determinado processo como "sumário" – conforme o já afirmado – o confronto deve ser entre a disciplina legislativa do processo sumário e aquela do processo que é comumente aceito como de cognição plena e exauriente, torna-se equivocada a tentativa que, em certos momentos avança na doutrina, de deslocar o confronto entre processos sumários e processos de cognição plena e exauriente do plano das modalidades para a formação do convencimento do juiz, tal como disciplinado pelo legislador, para aquele do resultado que estas modalidades possam, em concreto, produzir.

De fato, a circunstância de se conseguir, em concreto, o acertamento judicial sobre os fatos da causa, através de modalidades processuais diversas daquelas próprias dos processos considerados de cognição plena, de forma qualitativamente idêntica (ou mesmo melhor) não significa que o processo em questão deva ser assimilado a um processo de cognição plena e exauriente.

E mais, é senso comum que não se pode, *a priori*, excluir-se que um processo sumário também possa dar vida, em concreto, ao acertamento completo e exauriente dos fatos da causa. Mas isto não significa de modo algum que o processo em questão perca sua natureza sumária e se torne de cognição plena, porque desta forma se confundiriam os dois plano (aquele do resultado do acertamento e aquele do *modus procedendi*), que devem ser distintos.

Na verdade, deixando-se de lado o fato de que ao final de um processo sumário (e, portanto, desformalizado), o acertamento dos fatos da causa possa, de todo modo, resultar completo e exauriente, deve-se entender, muito simplesmente, que, às vezes, apesar da utilização de um processo cujas modalidades de formação do convencimento do juiz são simplificadas, o acertamento dos fatos da causa (ou o resultado da cognição) pode ser mais ágil e completo do que ocorre em relação às modalidades de formação do convencimento do juiz que o legislador considera de cognição plena e exauriente. Mas isto não altera uma vírgula da impostação que o legislador propõe, em termos gerais, para distinguir os processos sumários daqueles de cognição plena e exauriente.

Como já havia notado muitos anos atrás Andrea Proto Pisani, recuperando entendimentos que vêm da tradição da doutrina processual-civilista, "cognição plena não significa, do ponto de vista lógico mais racional do conhecimento, aquela alcançada na cognição sumária. Significa apenas cognição que é fruto de um modelo participativo das partes em um processo legalmente predeterminado, e não um *iter* processual deixado, em maior parte, à discricionariedade do juiz". [27] E mais tarde Michele Taruffo acrescentou: pode acontecer "que o fato seja conhecido de forma nada superficial, embora com modalidades total ou parcialmente diversas daquelas ordinárias". [28]

Veja-se: não é suficiente a qualidade do resultado obtido em concreto, o acertamento, a autorizar a mudança da natureza do processo de "sumário" para processo "de cognição plena e exauriente", sendo necessário observar, para fins de aplicação de similares qualificações técnicas, exclusivamente a estrutura que o legislador atribuiu àquele processo para efeitos de formação do convencimento judicial.

E, em relação a isto, de duas uma: ou da disciplina legislativa daquele processo emerge uma articulação interna (formas, termos, poderes das partes e do juiz) predeterminada pelo legislador, e então se encontram as características próprias do processo de cognição plena; ou, esta articulação é deixada integralmente ao juiz, e tal "indeterminação" legislativa é de per si suficiente (prescindindo dos resultados concretamente obtidos ou obtíveis) para caracterizá-lo como de natureza sumária.

---

27. Proto Pisani, *Usi e abusi*, cit., p. 411; Id., *Lezioni*, cit., p. 600 s. e p. 751 s.
28. Taruffo, *La prova dei fatti giuridici. Nozioni generali*, Milano, 1992, p. 470, in nota 190.

Em conclusão, se está diante de processos sumários não apenas quando falta a prévia instauração do contraditório entre as partes (e, portanto, com cognição apenas dos fatos constitutivos da demanda: como ocorre, por exemplo, na fase sumária do procedimento monitório), mas também quando esta se realiza com modalidades processuais "abreviadas" ou "simplificadas", isto é, sem a normal articulação dos processos que o legislador considera de cognição plena e exauriente. Também neste caso, com efeito, não se pode deixar de falar em "processo sumário", prescindindo do resultado que, em concreto, pode-se obter ao fim do acertamento dos fatos da causa. E isto pela razão óbvia que, onde o legislador tenha pontualmente predeterminado as modalidades de formação do convencimento judicial, como ocorre com os processos de cognição plena e exauriente, toda a atividade processual, sendo predeterminada pelo legislador, é fundada na qualidade do contraditório e da cognição pretendida pelo legislador em termos gerais (e válida para qualquer juiz chamado a atuá-la) e é sancionada com nulidade, todas as vezes que não seja conforme as regras predeterminadas pelo legislador. Com evidentes consequências também sobre a amplitude da revisão pela Suprema Corte, em sede de recurso de cassação, na forma do art. 360, n. 4, do c.p.c. italiano.

De outro modo, onde o legislador não tenha predeterminado de modo algum estas modalidades ou tenha predeterminado de forma simplificada e não pontual (utilizando, por exemplo, fórmulas como "assuntos onde ocorram informações sumárias", "o juiz pode pressupor informações", "ouvidas as partes", "omissão de alguma formalidade não essencial ao contraditório, procederá do modo que entende mais oportuno aos atos relevantes de instrução em relação ao objeto do provimento requerido", *aut similia*) o único critério à luz do qual se pode analisar a correção da atividade de organização judicial (que, dada a indeterminação da previsão legislativa, pode variar de juiz para juiz) para a formação do convencimento do juiz é o respeito ao contraditório entre as partes, na medida em que o próprio juiz entendê-lo oportuno. Também neste caso, com evidentes consequências sobre a revisão do quanto realizado, em sede de impugnação mediante recurso de cassação.

7. PROCESSOS SUMÁRIOS E PRINCÍPIOS CONSTITUCIONAIS: A "LEI ÁUREA" DA CORRELAÇÃO ENTRE FUNÇÃO E ESTRUTURA

Com específica relação, pois, ao problema das relações entre processos sumários e a salvaguarda dos princípios constitucionais processualmente relevantes, evidenciado como a Corte Constitucional tem reconhecido que os princípios constitucionais, sobre os quais se fundam as bases do "justo processo" e as outras garantias atinentes à jurisdição, não determinam, de forma alguma, a subsistência de um único modelo processual, válido para qualquer forma de tutela requerida ao (e alcançável) juízo estatal, devendo-se, ao contrário, "excluir que cada rito processual diverso daquele ordinário possa, de per si, ser considerado em contraste com o art. 24, da Constituição Italiana, e assim porque este último rito não constitui (...) o único e exclusivo instrumento de atuação da garantia constitucional". [29] Isto para esclarecer que, não sendo um único e exclusivo instrumento de exercício da função jurisdicional, o legislador possui a sua disposição uma ampla gama de alternativas para realização do princípio da legalidade processual.

E a jurisprudência constitucional italiana há tempos tem destacado que a escolha discricionária do legislador, em matéria de jurisdição contenciosa, escapa ao exame de constitucionalidade "nos limites nos quais, obviamente, não implique violação dos específicos preceitos constitucionais e não seja privada de razoabilidade" [30] e desde que assegure a necessária salvaguarda das garantias do contraditório e do direito à prova "de modo completo" em ao menos uma instância jurisdicional. [31] Vale dizer que a escolha em matéria contenciosa "não é em si ilegítima, mas somente na eventualidade de não assegurar 'o escopo e a função' do processo". [32]

Esta é a clara evidência da estreita ligação entre a função do provimento sumário e a estrutura processual eleita pelo legislador: se o provimento sumário dispensa uma função instrumental ou não decisória, não surgem problemas de compatibilidade com a constituição, mantida a faculdade de as partes iniciarem o processo de cognição plena e exauriente sobre a situação jurídica envolvida no provimento sumário; mas quando este objetiva se substituir – nas intenções do legislador – à sentença que seria proferida em processo de cognição plena e

---

29. Assim, Corte cost., 14 dezembro 1989, n. 543, in Foro it. 1990, I, c. 366 ss., com anotações de Proto Pisani.
30. Corte cost., ord., 30 giugno 1988, n. 748, in Giur. cost., 1988, I, p. 3339; negli stessi termini Corte cost., ord., 12 novembre 1987, n. 394, ivi, 1987, p. 2795; Corte cost., 25 maggio 1987, n. 193, in Foro it., 1988, I, c. 2801; Corte cost., ord., 19 gennaio 1988, n. 37, in Resp. civ. prev., 1989, p. 560, con nota di Consolo; Corte cost., 14 dicembre 1989, n. 543 e 23 dicembre 1989, n. 573, in Foro it., 1990, I, c. 365 ss., con osservazioni di Proto Pisani; Corte cost., ord., 9 marzo 1990, n. 120, in Giur. cost., 1990, p. 683; Corte cost., ordinanza, 12 aprile 1990, n. 212, ibidem, p. 1201; Corte cost., 6 febbraio 2002, n. 18, in Giur. it., 2002, p. 1806; Corte cost., ord., 14 dicembre 2004, n. 386, in Foro it., 2005, I, c. 657 ss.
31. Corte cost., 12 luglio 1965, n. 70, in Foro it., 1965, I, c. 1369; ma v. anche Corte cost., 9 luglio 1963, n. 118, in Giur. cost., 1963, p. 1353; Corte cost., 1° marzo 1973, n. 22, ivi, 1973, I, c. 1344; Corte cost., 6 dicembre 1976, n. 238, ivi, 1976, I, c. 1865; Corte cost., 10 luglio 1975, n. 202, ivi, 1975, I, c. 1575; Corte cost., 23 marzo 1981, n. 42, in Giur. comm., 1981, II, p. 553 ss., con nota di Pajardi; Corte cost., 14 dicembre 1989, n. 543 e 22 dicembre 1989, n. 573, citt.; Corte cost., ord., 26 febbraio 2002, n. 35, in Foro it., 2002, I, c. 1290 ss. In argomento rinvio a Carratta, I provvedimenti cameral-sommari in recenti sentenze della Corte costituzionale, in Riv. trim. dir. proc. civ., 1992, p. 1049 ss.; Id., Liquidazione e ripartizione dell'attivo nel fallimento e tutela giurisdizionale dei diritti, ivi, 2008, p. 853 ss. e p. 1271 ss.; Id., voce Processo camerale (dir. proc. civ.), cit., p. 930 ss.
32. Confira-se, no particular, Corte cost., 14 dezembro 1989, n. 543 e 22 dezembro 1989, n. 573, citt.; Corte cost., ord., 31 março 1994, n. 121, in Giur. cost., 1994, p. 1029.

exauriente, porque desta produz os mesmos efeitos, a escolha se revela constitucionalmente ilegítima, pois o processo sumário, tal como concretamente estruturado, não é capaz de assegurar às partes a possibilidade, quando pretendem, "de explicar 'de modo bastante completo' a própria atividade defensiva". [33]

Por outro lado, quanto à correlação entre "duração" do processo e salvaguarda das garantias do "justo processo", sempre a Corte constitucional italiana declarou que a duração do processo, para ser considerada razoável, assim como impõe o § 2º, do art. 111, da Constituição Italiana, deve conciliar-se com as outras tutelas constitucionais e com o direito da parte de agir e defender-se em juízo, conforme o art. 24, da Constituição Italiana.[34] Vale dizer que tal princípio "deve ser lido à luz da mesma exigência de 'razoabilidade', que aparece na formulação normativa, em correlação com as outras garantias previstas na Constituição, a começar por aquela relativa ao direito de defesa". [35]

E o "equilíbrio entre o direito de defesa e o princípio da duração razoável do processo deve ser considerado na integralidade do sistema das garantias processuais, pelo que se revela que somente a duração processo, este complexamente delineado na Constituição, representa um processo não justo, porque carente sob o aspecto das garantias e desconforme o modelo constitucional, qualquer que seja sua duração". [36]

Estas conclusões, substancialmente transpostas à parte da Corte de Cassação italiana, quando afirma que "a tutela dos direitos e dos *status* se realiza apenas por meio de processos de cognição plena, destinados a concluírem-se por sentença ou provimentos de natureza formal ou substancial, mas não com procedimentos cujas modalidades de contraditório são deixadas à determinação discricionária do juiz". [37]

No mais, também quando a mesma Corte fala (embora com algum "esforço" lexical) de procedimento *"camerale"* [38] sumário como um processo sumário "neutro", utilizável tanto em matéria de jurisdição voluntária ou contenciosa, também destaca a necessidade que, neste segundo caso, – novamente, no pleno respeito à "regra de ouro" da relação entre estrutura e função do procedimento – seja em qualquer caso garantido o respeito aos princípios que regem

---

33. Assim, Corte cost. 14 dezembro 1989, n. 543, cit.
34. Corte cost., 9 fevereiro 2001, n. 32, in *Giust. civ.*, 2001, I, p. 1171 ss.
35. Corte cost., 22 junho 2001, n. 204, in *Foro it.*, 2002, I, c. 2540 ss.
36. Corte cost., 4 dezembro 2009 n. 317, in www.cortecostituzionale.it.
37. Cass., sez. un., 29 ottobre 2004, n. 20957, in *Giur. it.*, 2005, p. 1220 ss.
38. NT: No processo civil, particular tipo de procedimento que não exige a realização de audiência e se caracteriza, portanto, pela ausência do formalismo próprio do procedimento ordinário. A sua conformação (extensão do contraditório, da produção de provas, entre outros), é deixada ao arbítrio do juiz. É disciplinado nos arts. 737 e seguintes, do Código de Processo Civil Italiano.

a tutela jurisdicional contenciosa. E acrescem: "o critério guia, denominador comum da escolha operada, está no respeito da tutela jurisdicional dos direitos e na garantia constitucional a um acertamento não sumário ao cabo da decisão, o que pressupõe um processo de acertamento pleno e exauriente". [39]

Isto está em perfeita coincidência com a afirmação da Corte Europeia dos Direitos do Homem, em relação à violação do art. 6, § 1°, da Convenção Europeia dos Direitos do Homem, que – como observado – consagra o mesmo princípio da duração razoável dos processos (*délai raisonnable*). De fato, a Corte, após ter destacado a centralidade do princípio, verdadeiro "imperativo para todos os procedimentos", [40] para assegurar a efetividade da tutela jurisdicional, destacou igualmente que a celeridade do processo não constitui (não pode constituir) um valor absoluto, [41] a realizar-se a qualquer preço, mas deve ser conformado (equilibrado) aos outros valores fundamentais, quais sejam, a garantia do contraditório [42] e do direito de defesa [43] e a exigência de uma correta administração da justiça. [44]

8. A APLICAÇÃO DA "REGRA DE OURO" DA RELAÇÃO ESTRUTURA-FUNÇÃO PELO LEGISLADOR ORDINÁRIO: PROCESSOS SUMÁRIOS CONTENCIOSOS E JURISDIÇÃO VOLUNTÁRIA

À luz das considerações até agora realizadas e com o objetivo de verificar se as escolhas do legislador ordinário respeitam plenamente o critério-guia da correlação entre função e estrutura do procedimento sumário, sugerido pela

---

39. Cass., sez. un., 19 junho 1996, n. 5629, in *Giur. it.*, 1996, I, 1, c. 1301, com anotações, *La procedura camerale come «contenitore neutro» e l'accertamento dello status di figlio naturale dei minori*, seguida da Cass. 11 novembre 1996, n. 9860; Cass. 24 ottobre 1996, n. 9265; Cass. 9 agosto 1996, n. 7328; Cass. 5 agosto 1996, n. 7170; Cass. 22 ottobre 1997, n. 10377, in *Foro it.*, 1999, I, c. 2045; Cass. 21 settembre 2001, n. 11935, in *Giur. it.*, 2002, p. 930 ss.; Cass. 28 luglio 2004, n. 14200, in *Foro it.*, 2005, I, c. 777, in motivazione.
40. Corte Europeia de Direitos do Homem, sent. 28 junho 1978, Konig c. Repubblica Federale Tedesca.
41. Corte Europeia de Direitos do Homem, sent. 19 outubro 2004, Makhfi c. França, que sancionou um excesso de velocidade; Corte Europeia de Direitos do Homem, sent. 28 novembro 2002, Lavents c. Lettonia.
42. Corte Europeia de Direitos do Homem, sent. 18 fevereiro 1997, Niderost-Huber c. Svizzera.
43. Corte Europeia de Direitos do Homem, sent. 17 dezembro 1996, Vacher c. Francia. Para ulteriores reflexões, remeto a Carratta, *La Convenzione europea dei diritti dell'uomo e il «giusto processo» per la tutela dei «diritti di natura civile»*, Relazione al Convegno "Convenzione europea dei diritti dell'uomo e giusto processo tributario" (Università di Pescara, 5-6- maggio 2011), in Atti del Convegno, a cura di F. Bilancia, C. Califano, L. Del Federico, G. Puoti, Torino, 2014, p. 3 ss.
44. Corte Europeia de Direitos do Homem, sent. 1° agosto 2000, C.P. e altri c. Francia; Corte Europeia de Direitos do Homem, sent. 12 outubro 1992, Boddaert c. Belgio; Corte Europeia de Direitos do Homem, sent. 27 junho 1968, Neumeister c. Austria. Para referências jurisprudenciais da Corte Europeia, sobre o art. 6° da Convenção, Matscher, *La jurisprudence de la Cour relative à l'article 6 de la Convention*, in Documentacao e direito comparado, 1988, nn. 33 e 34, p. 457 ss.; Focarelli, *Equo processo e Convenzione europea dei diritti dell'uomo*, Padova, 2001, p. 249 ss.; Comoglio, *Il «giusto processo» nella dimensione comparatistica*, in Riv. dir. proc., 2002, p. 702 ss.

jurisprudência constitucional, é possível individuar diversas espécies de remédios jurisdicionais sumários e provisórios, a partir do objeto de suas tutelas e da função correspondente a cada um: o critério do objeto se revelará a partir da distinção dos processos sumários de jurisdição contenciosa e dos processos sumários de jurisdição voluntária; o critério da função, por sua vez, se revelará a partir da diferenciação destes mesmos processos sumários de jurisdição contenciosa, entre processos sumários com função decisória, com função meramente executiva ou com função cautelar.

Tem-se que uma primeira diferenciação a ser considerada quando se fala em processo sumário diz respeito à natureza contenciosa ou não do objeto do processo.

E, com efeito, em paralelo à utilização do processo sumário para a tutela dos direitos e *status* é preciso ter em conta a tradicional utilização das técnicas de tutela sumária em sede de exercício de jurisdição voluntária. Se o objeto da jurisdição voluntária se identifica com a oportunidade de o ordenamento tutelar imediatamente interesses privados de interesse coletivo, é evidente que o melhor instrumento para tal finalidade não pode ser um processo estruturado segundo formas mais simplificadas do que aquele processo de cognição plena e exauriente. É a estrutura fundamental do código de processo italiano e das disposições comuns aos processos de jurisdição voluntária, conforme arts. 737-742, do c.p.c. italiano.

De outra banda, não surgem, em tal contexto, problemas de compatibilidade do processo *"camerale"* com a salvaguarda dos princípios constitucionais processualmente relevantes, observando-se a precisa coordenação entre estes princípios e o exercício da tutela jurisdicional "constitucionalmente necessária", ou seja, aquela cujo objeto são direitos subjetivos e *status*.

Por outro lado, quando a atenção se volta para a categoria dos processos sumários contenciosos, é fácil perceber como a intenção do legislador é no sentido de individualizar diversas espécies, conforme a função que a cada qual corresponda.

De fato, o tempo do processo de cognição plena e exauriente faz emergirem duas exigências distintas e não necessariamente contrapostas: de um lado, a exigência de evitar que neste lapso temporal se verifique, em desfavor da parte que demonstrará ter razão, eventos prejudiciais de seus direitos ou *status*; de outro lado, a exigência de evitar que o ônus de atender ao normal desenvolvimento do processo de cognição plena recaia exclusivamente sobre a parte que demonstrará ter razão.

No atual estado e levando em consideração o quadro das tutelas sumárias que se extrai, seja da análise interna ou da análise comparada, podemos distinguir três categorias diversas de processos sumários contenciosos:

a) aqueles sumários com função decisória, ou, os processos sumários que, não obstante possuam estrutura sumária, são de toda forma capazes de produzir coisa julgada material;

b) aqueles sumários com função exclusivamente executiva, ou idôneos apenas a permitir a mais célere formação do título executivo judicial, mas não a produzir coisa julgada material;

c) aqueles sumários com função cautelar, ou, isto é, a tutelar provisoriamente o direito controverso em forma instrumental, ou para posteriormente se obter tutela com cognição plena e exauriente.

9. AS DIVERSAS CATEGORIAS DOS PROCESSOS SUMÁRIOS CONTENCIOSOS: A) OS PROCESSOS SUMÁRIOS COM FUNÇÃO DECISÓRIA

Agora, concentrando a atenção na primeira categoria dos processos sumários contenciosos, isto é, aqueles com função decisória, de rigor notar que estes podem ser ou "autônomos", porque caracterizados pela presença de uma fase de cognição sumária, a qual pode eventualmente seguir uma fase de cognição plena e exauriente, por iniciativa do sujeito passivo (por exemplo, no ordenamento italiano, o procedimento monitório; aquele de convalidação do despejo; ex art. 148 c.c.; aquele ex art. 28, do Estatuto dos Trabalhadores ou ex novo art. 18, do Estatuto dos Trabalhadores; o procedimento sumário de cognição, facultativo, ex arts. 702 bis-702 quater, do c.p.c., ou necessário, ex arts. 14-30, do D.Lgs 150/2011), ou "incidentais-antecipatórios", porque pronunciados ao final de um sub-procedimento inserido em um processo de cognição plena e exauriente (por exemplo, no ordenamento italiano, as ordens antecipatórias de condenação ex art. 186 bis, ter e quarter, c.p.c. ou ex art. 423 c.p.c. ou ex arts. 648 e 665 c.p.c.).

Tanto em caso como no outro, se trata de provimentos que determinam provisoriamente a regulamentação das relações entre as partes, à base de uma cognição sumária dos fatos da causa, idôneos a substituir-se à sentença e adquirir força de coisa julgada, onde não devesse sobrevir decisão por sentença, ou porque não houve a transformação do processo sumário em processo de cognição plena e exauriente (no caso dos processos sumários autônomos), ou porque não houve a continuação do processo pendente até a sentença (no caso dos processos sumários incidentais-antecipatórios). A opção se justifica pela oportunidade (por razões de "economia processual") ou pela exigência (por razões de "efetividade" da tutela) de evitar o processo de cognição plena e exauriente, concebida ex ante pelo próprio legislador.

Nestes casos, as razões que justificam – sobre o plano do respeito aos princípios constitucionais e da "regra de ouro" da relação estrutura-função – a oportunidade do recurso do processo sumário são diversas.

Às vezes podem surgir de elementos subjetivos ou objetivos, preventivamente sopesados pelo legislador, os quais fazem supor *ex ante* o provável fundamento da pretensão do autor, e, portanto, antieconômico o processo de cognição plena e exauriente. A atenção, portanto, volta-se, conforme os casos:

a) a qualidade subjetiva do credor (por exemplo: no ordenamento italiano, arts. 633, n. 2 e 3; 634, § 2º, 635 c.p.c. ou 50, do Texto Único Bancário);

b) a particular fiabilidade das provas dos fatos constitutivos (por exemplo: no ordenamento italiano, arts. 633, n. 1, 186-*ter*, 665 c.p.c.);

c) a ausência de contestação (por exemplo: no ordenamento italiano, arts. 186-*bis*, 423, § 1º, c.p.c.);

d) ao acervo de provas sobre aqueles elementos (por exemplo: no ordenamento italiano, arts. 186-*quarter*, 423, § 2º, c.p.c.);

e) enfim, a "simplicidade" ou "não complexidade" do material sujeito à instrução (por exemplo: no ordenamento italiano, arts. 702 *bis*-702 *quarter* c.p.c.).

Outras vezes, ao revés, a exigência de predispor de formas sumárias de tutela se justifica pela natureza não exclusivamente patrimonial do direito subjetivo a ser tutelado (por exemplo: no ordenamento italiano, no art. 18, do Estatuto dos Trabalhadores, o direito a tutela em caso de licenciamento ilegítimo do trabalhador dependente; ou no art. 28, também do Estatuto dos Trabalhadores, o direito a cessação das condutas antissindicais pelo empregador; ou no art. 28, do D.Lgs n. 150/2011, o direito a repressão de condutas discriminatórias) ou da incidência sobre situações jurídicas não patrimoniais de violação dos direitos subjetivos patrimoniais (por exemplo, no art. 148 c.c., o direito ao sustento dos filhos menores), para as quais a tutela, para ser efetiva, requer pronta intervenção.

10. SEGUE: B) OS PROCESSOS SUMÁRIOS COM FUNÇÃO EXCLUSIVAMENTE EXECUTIVA

Ao lado da tradicional categoria dos processos sumários com função decisória, sustenta-se, na doutrina italiana, também a configuração de uma categoria autônoma dos processos sumários-provisórios-executivos, destinados a obter um acertamento de mera eficácia executiva ou endoprocessual, inidôneo à formação de coisa julgada, e sempre sujeito à discussão, ou por meio de um processo autônomo de cognição plena, ou por meio da oposição à execução do art. 615, do c.p.c. italiano.[45]

---

45. propósito, confira-se, sobretudo Proto Pisani, *Usi e abusi*, cit., p. 402 ss.; Id., *Lezioni*, cit., p. 665 s. e p. 679 ss.; Id., *Verso la residualità del processo a cognizione piena?*, in Foro it., 2006, V, c. 59 ss.; Caponi, *La tutela sommaria nel processo societario alla luce dei modelli europei*, ivi, 2003, V, c. 141 ss.; Menchini, *Nuove forme di tutela*

Todavia, quando se procura individualizar exemplos deste tipo de provimento, surgem não poucas incertezas.

Em particular, poder-se-ia incluir nesta categoria o provimento de liquidação das despesas processuais em caso de renúncia aos atos, aqueles estabelecidos ao final dos procedimentos "*camerali*" impropriamente utilizados pelo legislador em matéria contenciosa, os provimentos possessórios (arts. 703 e ss, do c.p.c. italiano), a resolução da controvérsia na ordem de distribuição na execução por expropriação, sem que o objeto da controvérsia seja somente o direito de participar da distribuição dos frutos (art. 512, do c.p.c. italiano), e, provavelmente, a ordem de que trata o art. 549, do c.p.c., em caso de expropriação de terceiros, após a reforma da lei 228/2012, e também neste caso sempre que se admita que o objeto do provimento seja apenas o direito do credor de proceder à execução da penhora requerida. Subjacente a esta função limitada (a idoneidade para formar um título executivo), compreende-se a anti-economicidade, neste caso, da utilização do processo de cognição plena e exauriente e a utilidade, por outro lado, de recorrer a formas simplificadas de tutela. Neste caso, portanto, a opção favorável ao procedimento sumário se justifica somente com relação à limitada utilidade do provimento judicial.

E, todavia, considerando alguns procedimentos que vêm compreendidos nesta categoria dos processos sumários, as suas qualificações como processos sumários com função exclusivamente executiva não parece completamente aceitável.

---

e nuovi modi di risoluzione delle controversie: verso il superamento della necessità dell'accertamento con autorità di giudicato, in AA.VV., Sulla riforma del processo civile, Atti dell'Incontro di studio dell'Associazione fra gli studiosi del processo civile (Ravenna, 19 maggio 2006), Bonomia University Press, Bologna, 2007, p. 146 ss. (ma anche in Riv. dir. proc., 2006, p. 869 ss.); ID., I provvedimenti sommari (autonomi e interinali) con efficacia esecutiva, in Giusto proc. civ., 2009, p. 367 ss.; TISCINI, I provvedimenti decisori senza accertamento, Torino, 2009, p. 72 ss.; sull'evoluzione del fenomeno e sulle sue ricadute sistematiche v. CARRATTA, Intervento, cit., p. 146 ss.; ID., Tutela sommaria come alternativa al processo ordinario ed al giudicato?, Relazione all'Incontro di studio del C.S.M. sul tema Ragionevole durata del processo civile: interpretazioni ed effetti (Roma, 13-15 maggio 2009), in www.csm.it; ID., I nuovi riti speciali societari tra «decodificazione» e «sommarizzazione», in Davanti al giudice. Studi sul processo societario, a cura di L. Lanfranchi e A. Carratta, Torino, 2005, p. 67 ss.
Em referência a esta categoria de provimentos, remete-se a Cass. 15 maio 2012 n. 7525, sobre o procedimento para cancelamento da hipoteca: o provimento final não é definitivo (e, portanto, não comporta recurso de cassação, na forma do art. 111, § 7º, Cost. italiana), podendo ser sempre rediscutido em demanda autônoma de cognição plena e exauriente; idêntica conclusão parecer estar à base da Cass. 24 maio 2011 n. 11370, in Riv. es. forz., 2011, p. 473, a qual negou recurso extraordinário de cassação ex art. 111 Cost., contra capítulo sobre custas do provimento de reclamação contra rejeição de instância cautelar ante causam "antecipatória", revelando que a pronúncia é, de todo modo, suscetível de reexame em posterior julgamento de mérito (se este for instaurado) ou contestável em sede de oposição à execução provisória ou definitiva (sendo o provimento sobre o valor do título executivo); no mesmo sentido, também, Cass. 16 fevereiro 2012 n. 2264; Cass. 12 julho 2012 n. 11800.

Pense-se, por exemplo, no procedimento possessório. Se se aceita a tese de que o objeto é o assim chamado direito a conservação pacífica da posse,[46] no momento em que não se avança para o prosseguimento do julgamento sobre o mérito, no prazo decadencial do art. 703, do c.p.c., as partes renunciam à transformação do processo sumário. O referido provimento, consequentemente, está destinado a permanecer definitivamente vivo e a adquirir a qualidade de incontroverso, própria dos provimentos decisórios (ao menos até quando não intervenha uma decisão contrária).

O mesmo discurso não pode ser feito em relação ao procedimento para resolução das controvérsias distributivas do art. 512, do c.p.c. italiano. As modificações introduzidas no art. 512, do c.p.c. italiano e a previsão da resolução das controvérsias sobre a ordem de distribuição dos frutos: a) não comportam a alteração do objeto litigioso, e, assim, "a subsistência ou o valor de um ou mais créditos" ou "a subsistência dos direitos de preleção"; b) não excluem a possibilidade que o juízo de cognição plena seja instaurado a partir da impugnação à ordem, feita "nas formas e termos do art. 617, § 2º", e, portanto, segundo o modelo típico dos processos decisórios sumários. [47] E idêntico discurso pode ser feito em relação ao art. 549, do c.p.c. italiano a propósito da expropriação de terceiros, assim como alterado pela reforma de 2012.

Portanto, podemos concluir sobre esta categoria dos processos sumários contenciosos, observando que – embora se trate de categoria provavelmente destinada a ser utilizada futuramente pelo legislador, para oferecer formas céleres de tutela mediante a formação de um título executivo judicial – no momento, no ordenamento italiano, sua consistência parece reduzida.

11. SEGUE: C) OS PROCESSOS SUMÁRIOS COM FUNÇÃO CAUTELAR

Por fim, apenas para evitar verificar-se o *periculum in mora* respondem, como visto, os processos sumários cautelares, os quais, precisamente, manifestam a sua função na "relação que passa por duas condições: a necessidade de que o procedimento, para ser praticamente eficaz, seja emanado sem delongas, e a inadequação do processo ordinário para criar um provimento definitivo sem demoras". [48] Neste caso, ao lado da provisoriedade está, sobretudo,

---

46. Sobre o tema, CARRATTA, *I procedimenti possessori*, in *I procedimenti sommari e speciali* a cura di S. Chiarloni e C. Consolo, III. *Procedimenti possessori e camerali*, Torino, 2005, p. 10 ss e p. 74 ss.
47. Para maiores considerações, remeto a CARRATTA, *Le controversie in sede distributiva fra «diritto al concorso» e «sostanza» delle ragioni creditorie*, in *Corr. giur.*, 2009, p. 569 ss.; ID., voce *Distribuzione del ricavato*, in *Enc. Giur. Treccani*, XI, Roma, 2010. Per la sostanziale identità strutturale e funzionale fra le controversie distributive di cui all'art. 512 c.p.c. e l'opposizione all'esecuzione dell'art. 615 c.p.c. v. Cass. 11 dicembre 2012 n. 22642; Cass. sez. un. 6 maggio 2010 n. 10617, in *Corr. giur.*, 2010, p. 1305 ss., con nota critica di PILLONI.
48. CALAMANDREI, *Introduzione allo studio sistematico dei provvedimenti cautelari*, Padova, 1936, p. 19.

a instrumentalidade que tradicionalmente conota os efeitos dos provimentos cautelares, sendo estes – como já evidenciado – "ao serviço de um provimento definitivo", de sua "fruição prática". [49]

Se a ação cautelar responde à exigência de reconhecer, em favor da parte que se afirma titular de uma situação subjetiva, o poder de provocar o juiz para obter uma tutela provisória, até obter a tutela definitiva de mérito (declaratória ou executiva), neutralizando (ou procurando neutralizar), dessa forma, o risco de se verificarem eventos tais que comprometam o resultado prático, a razão de ser dos provimentos cautelares se encontra na estreita relação entre os efeitos que estes produzem e aqueles que a parte se propõe em obter exercitando a ação de mérito (cognitiva ou executiva).

Devendo neutralizar os riscos relativos à situação subjetiva, no tempo necessário para obter a tutela de mérito (declaratória ou executiva), estes estão a serviço desta: salvaguardando a situação substancial, para permitir a plena exposição de sua tutela jurisdicional (cognitiva ou executiva). Instrumental ao processo, portanto, e não à situação substancial, "instrumento do instrumento", para utilizar as famosas palavras de Piero Calamandrei. [50]

Estes, portanto, tutelam interinamente a situação controversa, com o "objetivo" [51] de regular a relação substancial entre as partes de modo provisório até

---

49. CALAMANDREI, *Introduzione*, cit., p. 9 ss., p. 17 s., p. 21 s., p. 58 ss. e p. 143, o qual isola o conceito de "instrumentalidade hipotética" para o objetivo de distinguir os provimentos com natureza cautelar daqueles acertamentos com prevalente função executiva. A propósito, confira-se, também, sobre a jurisprudência, entre muitos, Cass., sez. un., 9 janeiro 1995, n. 215, para a qual "o termo 'cautelar' não tem a conotação de uma função genérica de preservação dos direitos de alguém que requeira o provimento, função esta que é desempenhada por qualquer ação, mas sim aquela específica de assegurar, de forma provisório, e, como se diz, em via de *instrumentalidade 'hipotética'*, de forma que os eventos que podem ocorrer ao longo do tempo necessário para a resolução do processo, não tragam dano àquele que resultará vitorioso"; Cass., 8 marzo 2007, n. 5335; Cass., 9 dicembre 2010, n.24869. Nella giurisprudenza di merito, Trib. Torino, 8 settembre 2011, in www.pluris-cedam.utetgiuridica.it; Trib. Milano, 12 aprile 2010, in Foro pad., 2010, c. 557. Sobre o conceito de "instrumentalidade hipotética", remeto a CARRATTA, *Profili sistematici della tutela cautelare*, in *I procedimenti cautelari*, a cura di A. Carratta, Bologna, 2013, p. 1 ss., spec. p. 28 ss.
50. CALAMANDREI, *Introduzione*, cit., p. 22.
51. Para usar uma terminologia cara a CALAMANDREI, *Introduzione*, cit., p. 15, que, explicando a razão pela qual o provimento cautelar possui efeito provisório, destacada que tal não era devido à natureza da cognição, que poderia ser também plena e exauriente, mas ao fato de que "a relação que o provimento cautelar é, por sua natureza, destinada a exaurir-se até que seu objetivo seja atingido, momento no qual será emanado o provimento sobre o mérito da demanda", e acrescia, para distinguir os provimentos cautelares daqueles sumários não cautelares, que "o provimento sumário é provisório na formação, mas definitivo em seu escopo; aquele cautelar, mesmo se formado através de cognição ordinária, é ao final, provisório". Neste sentido, veja-se também FAZZALARI, *Profili della cautela*, in Riv. dir. proc., 1991, p. 1 ss., spec. p. 4 ss., onde o autor recorda, remetendo-se aos ensinamentos de Calamandrei, que "os provimentos cautelares definem-se a partir de sua finalidade, de assegurar o comprimento e os efeitos da atividade jurisdicional", e ainda, ID., voce *Provvedimenti cautelari (dir. proc. civ.)*, in Enc. dir., XXXVII, Milano, 1988, p. 41 ss., "o atributo cautelar serve à classificação, e não à unidade normativa, e, portanto, conceitual". No mesmo sentido, veja-se também PROTO PISANI, *Appunti sulla tutela cautelare nel processo civile*, in Riv. dir. proc., 1987, I, p. 109 ss.

a pronúncia da sentença dotada de eficácia executiva, e isto com a finalidade de assegurar a plena efetividade, ou que "se decida interinamente, até que por meio do processo ordinário se aperfeiçoe a decisão definitiva sobre a relação controversa, cuja falta de decisão, se perdurar até que seja emanado o provimento definitivo, possa trazer danos irreparáveis para uma das partes". [52]

Também neste caso, para dar melhor resposta a tais funções, quanto mais imprescindível se apresenta a utilização das formas do processo sumário. Respeita as regras de economia processual, com efeito, que se exija um *minimum* de acertamento, idôneo a tornar críveis as alegações do recorrente, [53] para a pronúncia do provimento sumário cautelar. Disso resulta que – como já afirmado – há uma estreita correlação entre função e estrutura do processo/provimento sumário, a referência à função do procedimento se torna o critério-guia para estabelecer o grau mínimo de "acertamento" que o legislador exige do juiz para sua pronúncia.

12. A TESE QUE RELACIONA A FUNÇÃO DOS PROVIMENTOS SUMÁRIOS À QUALIDADE DO ACERTAMENTO: CRÍTICA

Tendo definida a distinção entre as diversas categorias dos provimentos sumários a partir das funções a eles atribuídas pelo legislador, deve-se também superar a tese, surgida nas últimas décadas na doutrina, segundo a qual a diferenciação entre eles deve ser definida, além do plano funcional, também pela qualidade dos resultados do acertamento judicial sumário alcançado pelo juiz.

Destacou-se, com efeito, como o juízo sumário ou "juízo de verossimilhança" à base dos provimentos sumários com função decisória (e aqueles com função exclusivamente executiva) é diverso daquele à base dos provimentos sumários com função cautelar. E esta distinção emergiria do fato que, enquanto para os primeiros, o acertamento dependeria da análise das provas, para aqueles cautelares, seria suficiente a análise do juiz acerca da mera "credibilidade" ou "fiabilidade" das circunstâncias fáticas alegadas como fundamento da demanda. [54] De acordo com as conclusões as quais chegou Calamandrei, de fato, se fala de juízo de verossimilhança, suficiente para justificar provimentos sumários

---

52. Calamandrei, Introduzione, cit., p. 38 ss.
53. Liebman, Unità del procedimento cautelare, in Riv. dir. proc., 1954, I,, p. 252; Taruffo, La prova dei fatti, cit., p. 165.
54. Assim, retomando a doutrina (não muito clara sobre o tema) de Calamandrei, Verità e verosimiglianza nel processo civile, in Riv. dir. proc., 1955, p. 164 ss., Tommaseo, I provvedimenti d'urgenza, Padova, 1983, p. 164 ss.; Vocino, Intorno al nuovo verbo «tutela giurisdizionale differenziata», in Studi in onore di T. Carnicini, II, 1, Milano, 1984, p. 763 ss., spec. p. 810 ss.; Montesano, La tutela giurisdizionale dei diritti, Torino, 1994, p. 293 ss.; Id., Strumentalità e superficialità della cognizione cautelare, in Riv. dir. proc., 1999, p. 309 ss.; Scarselli, La condanna con riserva, Milano, 1989, p. 502 ss.; Id., L'accertamento sommario del passivo fallimentare, Milano, 1991, p. 40 ss.; Recchioni, Il processo cautelare uniforme, in I procedimenti sommari e speciali a cura di S.

do juiz, nas hipóteses nas quais o legislador tem com suficiente *prove leviores* (provimentos possessórios, de urgência, cautelares): "este exame sumário se resolve, na verdade, quase sempre em um juízo de verossimilhança fundado, sobretudo, na fiabilidade da alegação, a qual pode bastar por si só, quando o juiz entenda que não há necessidade nem mesmo de tomar informações sumárias para entendê-la crível, para a concessão do provimento". [55]

Tem-se argumentado a este respeito, na verdade, que se trata de conclusões metodologicamente não corretas porque deslocariam, para o plano da qualidade do acertamento, diferenças que dizem respeito, ao contrário, apenas ao plano das funções e dos efeitos. [56] Observou-se também, que essa abordagem viria a ser uma tentativa de limitar até mesmo garantias mínimas das partes, porque permitiria a pronúncia de medidas cautelares, com base apenas em juízo de "verossimilhança",[57] sem qualquer necessidade de subordinar esta pronúncia ao exame de mínimos elementos probatórios.

13. "VEROSSIMILHANÇA", "PROBABILIDADE" E PROCESSOS SUMÁRIOS

Assim, frise-se que – em linhas gerais – os dois conceitos de "verossimilhança" e "probabilidade", considerados como sinônimos no âmbito da cognição sumária devem ser considerados claramente distintos sob o aspecto jurídico e sob o aspecto epistemológico. E isto pela simples razão de pressuporem operações gnosiológicas bem distintas. [58]

É pacífico, com efeito, também fora da doutrina jurídica, que – segundo o ensinamento do filósofo de Königsberg[59] – na determinação da verossimilhança

---

Chiarloni e C. Consolo, Torino, 2005, II, tomo 1. *Procedimenti cautelari*, p. 159 ss. Para maiores informações, remeto a CARRATTA, *Profili sistematici della tutela anticipatoria*, cit., p. 240 ss.
55. CALAMANDREI, *Verità e verosimiglianza*, cit., p. 186.
56. Confira-se, no particular, PUGLIATTI, *Conoscenza e diritto* (Milano, 1961), ora em *Scritti giuridici*, IV, Milano, 2011, p. 233 ss., spec. p. 313, o qual, a propósito da posição de Calamandrei – revela como tal posição "não se mostra rigorosa". De fato, observa Pugliatti,
"é verdade que os provimentos considerados são destinados a provisoriedade, até que um outro processo, que segue os procedimentos probatórios regulares, dê lugar ao provimento definitivo. Mas a relação entre os dois procedimentos, aquele provisório e aquele definitivo, não conduz a paralela e correspondente relação entre juízo de verossimilhança e juízo de verdade, e sim, unicamente, a relação entre cognição sumária, baseada em mera análise abreviada, e cognição plena, baseada em análise que percorre as vias processuais normais".
57. PROTO PISANI, *Usi e abusi*, cit., p. 411; ID., *Lezioni*, cit., p. 547 s.; TARUFFO, *La prova dei fatti giuridici*, cit., p. 158 ss.
58. TARUFFO, *op. cit.*, p. 159 ss., o qual evidencia que, tal como nossa doutrina, a análise do conceito de "verossimilhança" si funda em equívoco "iniciado por Calamandrei, mas ainda não eliminado pela doutrina recente"; veja-se, também, *si vis*, CARRATTA, *Profili sistematici della tutela anticipatoria*, cit., p. 244, in nota 154, e p. 250 ss.; ID., *Prova e convincimento*, cit., p. 44 ss., com as referências oportunas.
59. Immanuel KANT, *Logica*, trad. it. a cura di L. Amoroso, Roma, 1990, p. 75, o qual ensina que "na doutrina da certeza do nosso conhecimento está também a doutrina do conhecimento do provável, que é

falta aquele procedimento lógico-inferencial que caracteriza o convencimento fundado na probabilidade.[60] Silente no contexto processual, esta consideração leva à conclusão de que o juiz possa entender verossímil uma determinada alegação de fato sem passar pela concreta verificação da probabilidade, mas simplesmente avaliando se a alegação está ou não na área de operação de uma determinada máxima de experiência. [61] E, portanto, exclui-se que verossimilhança e probabilidade possam ser inseridas no mesmo plano, também quando se analisa o problema da qualidade da cognição sumária, dada a necessidade de que – para o possível controle *ab externo* da decisão judicial (mesmo sumária) – esta cognição seja, em todo caso, o resultado de um procedimento inferencial que agrega o *factum probans* ao *probandum*, mediante recurso às máximas de experiência.

Isto posto, exclui-se que se se possa limitar à qualidade do acertamento para verificar a diferença entre as diversas espécies de processos sumários. E isto por diversas razões.

Em primeiro lugar, note-se que, se fosse um problema de qualidade do acertamento, dever-se-ia admitir que, todas as vezes nas quais, mesmo que ocasionalmente, o acertamento com base em provimento sumário com função cautelar fosse idêntico àquele do provimento sumário com função decisória ou com função exclusivamente executiva, também os efeitos produzidos deveriam ser idênticos.

Mas, evidentemente, não se poderia chegar a isto, senão ao custo de perigosa e inútil generalização. Não se vê, com efeito, como – seguindo a abordagem ora contestada – seja possível distinguir a qualidade do acertamento, que deriva, por exemplo, da prova escrita ou de outra prova típica do direito

---

considerada uma aproximação da certeza. Por probabilidade lógica deve-se entender um tomar-como-verdadeiro com base em razões insuficientes, mas que tem, com as razões suficientes, uma razão proporcionalmente melhor do que aquele em contrário. Com esta definição distinguimos a probabilidade (*probabilitas*) da mera verossimilhança (*verisimilitudo*): um tomar-como-verdadeiro com base em razões insuficientes, quando estas são maiores que as razões em contrário. No caso da probabilidade, portanto, a razão de tomar-como-verdadeiro é válida objetivamente; no caso da verossimilhança, ou da opinião de verossímil, ao revés, é válida apenas subjetivamente. No caso da probabilidade deve haver sempre um critério de medida em relação ao qual eu a posso avaliar. Este critério de medida é a certeza. De fato, devendo comparar as razões insuficientes com aquelas suficientes, devo saber quanto pertence a certeza. Mas, um tal critério de medida não há para o caso da mera verossimilhança, porque, aqui, comparo as razões insuficientes não com as suficientes, mas apelas com as razões em contrário"..

60. Confira-se, Funaki, *Kants Unterscheidung zwischen Scheinbarkeit und Wahrscheinlichkeit. Ihre historischen Vorlagen und ihre allmäliche Entwicklung*, Frankfurt am Main, 2002, p. 63 ss., onde se evidencia, tal como no Século XVII, o uso indistinto dos termos latinos *probabile* e *verisimile*; Capozzi, *Kant e la logica*, I, Napoli, 2002, p. 225 ss.
61. Significativa, a propósito, a categoria das chamadas provas *prima facie*: v. Taruffo, *La prova dei fatti giuridici*, cit., p. 475 ss.

alegado, conforme sua função no processo cautelar (por exemplo: como fundamento de recurso contra arresto) ou nos processos não cautelares (por exemplo, no procedimento monitório ou no novo procedimento sumário ex arts. 702 bis e ss., do c.p.c. italiano).

Ao contrário, como já afirmamos, não se pode excluir *a priori* que também um processo sumário (cautelar ou não) possa, em concreto, gerar um acertamento completo e exauriente dos fatos da causa. Mas isto não significa, de qualquer forma, que o processo em questão perca a natureza sumária e se torne um processo de cognição plena, pois desta forma se confundem os dois planos (aquele do resultado do acertamento e aquele do *modus procedendi*) que se deve distinguir. [62] Entenda-se: não é suficiente a qualidade do resultado, o acertamento, para justificar a mudança da natureza do rito sumário para rito de cognição plena, sendo necessário observar, para aplicação das mesmas qualificações, exclusivamente a estrutura complexa do procedimento, e, consequentemente, a função que o legislador associa a tal provimento.

Em segundo lugar, acresça-se que, acolhendo a tese aqui contestada, continuaria em aberto o problema de como verificar a diferença entre a cognição sumária e desformalizada dos processos sumários com função cautelar (por exemplo, no direito italiano, o art. 669 *sexies*, § 1º, c.p.c.) e a cognição dos processos sumários com função decisória, sobretudo quando o legislador tenha utilizado fórmulas substancialmente idênticas para disciplinar as modalidades de acertamento dos fatos da causa (como, por exemplo, no direito italiano, no art. 702 *ter*, § 5º, c.p.c., ou no art. 18, do Estatuto dos Trabalhadores, na redação da Lei 92/2012).

Em terceiro lugar, deve ser destacado que o processo sumário com função cautelar, independentemente do resultado da cognição (*rectius:* da qualidade do acertamento) em que se baseia, e do fato de, em concreto, poder conduzir ao acertamento aprofundado e idêntico àquele de cognição plena e exauriente, não é destinado a desempenhar funções declaratórias e decisórias, porque o legislador, com base em avaliação realizada *ex ante* e relacionada com escolhas estruturais práticas, não lhe atribui estas funções. Por isso, então, é suficiente aquela que, autorizada e oportunamente, é definida como uma "hipótese de acertamento": "que esta hipótese corresponda à realidade, se poderá ver

---

62. Para a adequação destas considerações ao novo procedimento sumário de cognição, introduzido pelo legislador italiano com a L. 69/2009 aos arts. 702 *bis*-702 *quater* do c.p.c., permita-se remeter a Carratta, in Mandrioli-Carratta, *Come cambia il processo civile*, Torino, 2009, p. 137 ss.; Id., *Il nuovo procedimento sommario (art. 702 bis ss. c.p.c.)*, in *Rass. forense*, 2009, p. 445 ss.; Id., *Le "condizioni di ammissibilità"*, cit., p. 726 ss.; Id., *Nuovo procedimento sommario di cognizione e presupposto dell'«istruzione sommaria»: prime applicazioni*, in *Giur. it.*, 2010, p. 902 ss.; Id., voce *Procedimento sommario di cognizione*, in *Enc. Giur. Treccani*, Roma, 2010, com referências sobre o tema.

apenas quando for emanado o provimento principal" ⁶³ (e sempre que este provimento principal seja emanado).

Disso se extrai que – como afirmado – há uma estreita correlação entre função e estrutura do processo sumário. Nos limitados casos nos quais o modelo cognitivo dos processos sumários decisórios ou meramente executivos se apresenta idêntico àquele dos sumários cautelares, a referência à função do provimento se torna o critério-guia para estabelecer o grau mínimo do acertamento que o legislador exige do juiz para sua pronúncia. ⁶⁴ É oportuno, consequentemente, que na presença dos processos sumários com funções diversas, mas fundados nas mesmas modalidades de cognição sumária, se tenha claramente distinto o *modus procedendi* do resultado, a cognição do acertamento. E isto consciente de que os provimentos sumários são, no entanto, voltados – por opção legislativa – para uma solução provisória e precária da controvérsia, prodrômica e não substitutiva da "justa composição da controvérsia" ⁶⁵, a única capaz de satisfazer plenamente a "necessidade de tutela" que acompanha qualquer controvérsia.

14. A DISCRICIONARIEDADE DO JUIZ NOS PROCESSOS SUMÁRIOS É INVERSAMENTE PROPORCIONAL AO PROVIMENTO FINAL

Tendo definida a relação estrutura-função em torno aos critérios descritivos entre processos sumários e processos de cognição plena e exauriente, e, portanto, a estrita correlação existente entre a função do poder jurisdicional exercido e a estrutura processual eleita pelo legislador, deve-se examinar um

---

63. a qualificação de juízo hipotético que Calamandrei, *Introduzione*, cit., p. 64 coloca à base da pronúncia dos provimentos sumários com função cautelar.
64. Neste sentido Taruffo, *La prova dei fatti giuridici*, cit., p. 467 ss.; Proto Pisani, *Usi e abusi*, cit., p. 411 ss. Para outras considerações, veja-se Carratta, *La prova*, cit., p. 245 ss. e p. 300 ss.
65. Assim, Attardi, *Diritto processuale civile*, I, *Parte generale*, Padova, 1994, p. 422. Além disso, já Chiovenda, *L'azione nel sistema dei diritti*, in *Saggi di diritto processuale civile*, I, ristampa, Milano, 1993, p. 34, observava, a propósito da "concepção subjetiva do escopo do processo" e da tese carneluttiana da "composição da lide" como finalidade do processo, que, em tal caso, se "confunde a finalidade imediata, constante das atividades processuais, com seus remotos e possíveis, ou necessários, resultados. Como se dissesse que as atividades que um pintor realiza para compor um afresco tivessem o objetivo de decorar o templo". E, de fato – acrescia Chiovenda – "o escopo imediato do processo não é o de compor a lide, mas de dizer e atuar a vontade da lei. Se com a coisa julgada, se com os atos executivos, aquela lide deixa de existir, isto é consequência, é resultado da atuação da lei. Na verdade, o conflito pode não deixar de existir. Mas, se cessa, isto não depende do fato de sua composição (o processo é justamente a antítese da composição), mas do fato de a coisa julgada tornar a contradição impotente". A propósito, remeto a Carratta, *Prova e convincimento del giudice*, cit., p. 46 ss. e as considerações de Taruffo, *Idee per una teoria della decisione giusta*, in *Riv. trim. dir. e proc. civ.*, 1997, p. 315 ss.; Id., *Sui confini. Scritti sulla giustizia civile*, Bologna, 2002, p. 219 ss. e di Ferrajoli, *Principia iuris. Teoria del diritto e della democrazia*, I, *Teoria del diritto*, Roma-Bari, 2007, p. 880 ss., e II, *Teoria della democrazia*, p. 213 ss., que liga a legitimidade da atividade jurisdicional à "garantia do imparcial acertamento da verdade".

último aspecto: aquele dos limites da discricionariedade do juiz nos processos sumários.

Neste sentido, pode-se afirmar que essa discricionariedade é inversamente proporcional à eficácia do provimento final.

Não se pode deixar de notar, com efeito, como o princípio da legalidade processual – claramente derivado do art. 111, § 1ª, da Constituição Italiana – assume uma relevância bem diversa conforme se trate de disciplinar funções jurisdicionais executivas ou cognitivas ou – no âmbito desta última – conforme se trate de disciplinar um processo com cognição plena ou com cognição sumária, ou, ainda – no âmbito do processos de cognição sumária – conforme se trate de disciplinar um processo sumário com função cautelar-instrumental ou decisória, ou, também, com função meramente executiva. [66]

E de fato, ao cabo de amplo debate entorno do velho problema da tutela jurisdicional dos direitos subjetivos e *status*, a doutrina processual-civilista italiana, bastante majoritária, tem bem definida, por exigência de salvaguarda dos princípios constitucionais extraídos dos arts. 3, 24 e 111, da Constituição Italiana, e dos princípios sistematicamente oriundos da combinação dos arts. 324, do c.p.c. italiano e 2909, do código civil italiano, a normal correlação entre processo de cognição plena e exauriente e produção da coisa julgada material,[67] do recurso do legislador, na sua "razoável" discricionariedade, aos processos sumários em matéria contenciosa.

E se admite a necessidade, constitucionalmente relevante, de dispor de formas de tutelas sumárias cautelares, e, portanto, destinadas a tutelar provisoriamente a situação jurídica controversa, até quando não sobrevenha a decisão com cognição plena e exauriente,[68] também há a preocupação de individualizar os limites da discricionariedade do legislador em matéria de processos sumários não cautelares. Neste sentido, e partindo-se do pressuposto da

---

66. Em termos gerais, sobre o princípio da legalidade processual e sua concretização, remeto a Carratta, in Carratta-Taruffo, *Poteri del giudice*, in *Comm. del c.p.c.*, diretto da S. Chiarloni, Bologna, 2011, p. 249 ss.
67. Sobre o amplo debate sobre a matéria, veja-se, sobretudo, Lanfranchi, *Diritti soggettivi e garanzia della cognizione ordinaria e del giudizio*, in Id., *La roccia non incrinata*³, cit., p. 413 ss.; Id., *Il ricorso straordinario inesistente e il processo dovuto ai diritti*, ivi, p. 307 ss., spec. p. 333 ss.; Id., *La cameralizzazione del giudizio sui diritti*, ivi, p. 139 ss.; Id., *Del «giusto» procedimento sommario di cognizione*, ivi, p. 617 ss.; Id., voce *Giusto processo*, cit., p. 1 ss.
68. Veja-se Calamandrei, *Introduzione allo studio sistematico*, cit., p. 21; Id., *In tema di provvedimenti cautelari*, in *Riv. dir. proc. civ.*, 1938, II, p. 9 ss., spec. p. 16; Andrioli, *Commento c.p.c.*, III, Napoli, 1942, p. 333 s.; Id., *Diritto processuale civile*, cit., p. 284 ss.; poi, Corte cost. 28 giugno 1985, n. 190, in *Foro it.*, 1985, I, c. 1881 ss., con nota di Proto Pisani; Corte cost. 23 giugno 1994, n. 253, ivi, 1994, I, c. 2005 ss., con nota di Capponi; Corte cost. 16 luglio 1996, n. 249, ivi, 1996, I, c. 2607 ss.; Corte cost. 7 novembre 1997, n. 326, ivi, 1998, I, c. 1007 ss., con nota di Scarselli; Corte cost., 24 luglio 1998, n. 336, ivi, I, c. 2609 ss.; Corte cost., 31 maggio 2000, n. 165, ivi, 2000, I, c. 2113 ss.

já mencionada correlação normal entre coisa julgada e processo de cognição plena e exauriente:

a) admite-se a formação de coisa julgada também em relação aos processos sumários não cautelares, mas endo-processualmente modificáveis por expressa previsão normativa, pela via da oposição (modelo injuntivo) ou da impugnação (modelo do novo procedimento sumário de cognição, ex arts. 702 bis e ss., do c.p.c. italiano), em processo de cognição plena e exauriente; [69]

b) ao mesmo tempo rejeita-se a eficácia decisória do provimento quando a própria disciplina normativa do processo sumário não permita esta modificação endo-processual (pela via da oposição ou da impugnação);

c) exclui-se a utilização do procedimento *"camerale"* com eficácia decisória, porquanto este – tal como estruturado pelo legislador de 1942 e pela função que lhe atribui o código de processo – não admite a referida modificação para processo de cognição plena e exauriente, e tampouco assegura as garantias do "justo processo" [70] e a "reserva da lei" em matéria processual, expressamente prevista no § 1º, do art. 111, da Constituição Italiana.

Os resultados assim obtidos levam a concluir que o *quantum* de predeterminação legal da disciplina processual e de concretização das garantias fixadas no art. 6, da Convenção Europeia dos Direitos do Homem e da Constituição Italiana, é diretamente proporcional a "força" dos efeitos produzidos no exercício do poder jurisdicional, partindo-se do grau máximo de "força", a coisa julgada material, até os provimentos jurisdicionais meramente ordinatórios ou executivos.

A este propósito, pode-se tomar uma distinção que é tradicionalmente avançada em relação aos poderes do juiz, entre poderes decisórios, os quais são "capazes de incidir, isoladamente ou combinados com o exercício dos poderes das partes, sobre a decisão final", [71] e poderes que, ao revés, não tem essa característica, porque voltados para outras finalidades.

É evidente que a predeterminação legal assume particular relevância em relação aos primeiros e não aos segundos, e assim o é, seja porque o incorreto

---

69. Parte minoritária, mas autorizada, da doutrina italiana, exclui, todavia, a própria e verdadeira formação da coisa julgada, onde não houve a efetiva transformação em processo de cognição plena e exauriente, com consequente pronúncia da sentença, preferindo falar em preclusão pro judicato (conforme definição de REDENTI, *Diritto processuale civile*, III, Milano, 1957, p. 26 ss. e p. 198 ss.), ou de qualquer coisa, "quantitativa, não qualitativamente" diversa da coisa julgada (PROTO PISANI, *Appunti sul giudicato civile e sui suoi limiti oggettivi*, in Riv. dir. proc., 1990, p. 411); veja-se, também, RONCO, *Procedimento per decreto ingiuntivo*, in Trattato dei procedimenti sommari e speciali a cura di S. Chiarloni e C. Consolo, I. Torino, 2005, p. 524 ss.; sobre o tema, remeto a CARRATTA, *Profili sistematici della tutela anticipatoria*, cit., p. 527 ss.
70. Veja-se, no particular, ANDRIOLI, *La tutela giurisdizionale dei diritti nella Costituzione della Repubblica italiana*, in ID., *Scritti giuridici*, I, Milano, 2007, p. 3 ss., spec. p. 7 ss.
71. FABBRINI, voce *Potere del giudice*, cit., p. 723.

exercício dos primeiros incide diretamente sobre a "justiça" da decisão, seja porque, por meio da predeterminação legal dos primeiros, as partes são capazes de verificar – com base em critérios objetivos – a correção da atividade do juiz e podem, portanto, facilmente ativar os remédios que o ordenamento predispõe para o controle do exercício da função jurisdicional.

É, da mesma forma, evidente o fato de que, quanto maior a predeterminação legal do exercício do poder, tanto mais rigoroso será o controle de legitimidade, em sede de recurso de cassação: trata-se de duas faces da mesma moeda.

15. CONSIDERAÇÕES CONCLUSIVAS

Não há dúvida que o recurso à tutela sumária, em alternativa à tutela de cognição plena e exauriente, tradicionalmente constitui um modo de evitar que a duração do processo de cognição plena e exauriente cause prejuízo à parte que aparenta ter razão. Mas justamente por esta razão é que constitui um instrumento que o legislador deve utilizar com bastante cautela. Isto é, sobretudo quando se utiliza processos sumários com função decisória.

Neste caso, a necessidade de conformação da tutela sumária aos princípios processuais de relevância constitucional, em particular os arts. 3, 24 e 111, da Constituição Italiana, e a exigência de tornar a utilização da tutela sumária preferível à tutela de cognição plena e exauriente, impõe:

- De um lado, evitar a previsão de processos sumários necessários, cuja articulação interna não permita sua "modificação" – por iniciativa da parte interessada – em processo de cognição plena e exauriente;

- De outro lado, estabelecer pontualmente as "condições de admissibilidade" dos diversos processos sumários, à luz dos quais o juiz poderá verificar a aplicabilidade de cada um deles. Assim, como normalmente já feito no passado, no entendimento de que "quando o legislador pretendeu estabelecer formas de tutelas de urgência adequadas às necessidades de tutela de novas situações de vantagem (primeiramente aos proprietários e, posteriormente, aos comerciantes), não se limitou a predispor, abstratamente, processos sumários atípicos, mas resolveu, ao menos, os "nós" relativos aos limites de admissibilidade do procedimento e o conteúdo do provimento". [72]

Não se negligencie a circunstância de que, através do recurso generalizado às formas de tutela sumária autônoma, sem o necessário respeito àqueles

---

72. Assim, Proto Pisani, *Appunti sulla tutela sommaria*, cit., p. 309 ss.

dois limites fundamentais, acaba-se, de fato, transformando o recurso da tutela sumária ou provisória, instrumento excepcionalmente utilizado pelo legislador com o objetivo de obter – para determinadas categorias de direitos ou pela particular fiabilidade da pretensão do autor – aquela que Enrico Finzi,[73] com relação a antecipação da execução provisória, muito acertadamente definia como "inversão do ônus do tempo", isto é, inversão do ônus de sofrer as consequências negativas do tempo do processo (mesmo fisiológica) de cognição plena e exauriente, em instrumento de verdadeira e própria "sumarização" da tutela de cognição dos direitos, alternativamente ao juízo de cognição plena e exauriente.

---

73. Finzi, *Questioni controverse in tema di esecuzione provvisoria*, in Riv. dir. proc. civ., 1926, II, p. 44 ss., spec. p. 49 s.

> 2ª Conferência de encerramento:
> Crise da justiça civil

IL CODICE DI PROCEDURA CIVILE E IL MITO DELLA RIFORMA PERENNE

Bruno Sassani
Professor titular de direito processual civil na Universidade de Roma 2 Tor Vergata. Advogado.

SUMÁRIO: 1. RIFORMARE IL PROCESSO, UN MANTRA ; 2. ÆRE PERENNIUS: IL CODICE DEL 1940; 3. LA SVOLTA: IL PROCESSO DEL LAVORO; 4. L'ILLUSIONE DEL TRAPIANTO: LA LEGGE N. 353/1990 ; 5. GREAT EXPECTATIONS: IL PROGETTO TARZIA, IL PROGETTO VACCARELLA E LA METEORA DEL PROCESSO SOCIETARIO.; 6. "UN MOSAICO DI SOPRAVVIVENZE"; 7. MOTUS IN FINE VELOCIOR: ACHILLE, LA TARTARUGA E LA DICOTOMIA ALL'INFINITO.

1. RIFORMARE IL PROCESSO, UN MANTRA

Si intende con *mantra* una formula ripetuta più volte al fine di ottenere un determinato effetto a livello mentale, fisico ed energetico. Per la mia generazione la formula "riforma del processo" ha tutte le caratteristiche del *mantra*: ripetitività, positività, evocatività. Uno degli argomenti più abusati è infatti quello per cui una certa tesi giuridico-processuale vale "non *de jure condito*, ma *de jure condendo*" che è un po' come dire: aspettiamo insieme la riforma della norma, cioè per noi, del nostro riverito codice, tanto riverito da essere sempre in procinto di venir cambiato.

Di riforma in riforma, l'ultima è sempre la penultima. La riforma del 2009 (legge n. 69/2009) era intesa a razionalizzare, anche e soprattutto sul piano della ragionevole durata, il rito civile. A suo tempo ultima, ma non definitiva nemmeno negli intenti: dichiaratamente incompiuta essa conteneva la delega al governo per una riforma ambiziosa.[1] Nel frattempo, di riforma in riforma, la banale realtà di uomini e cose è tale che chiunque assista oggi ad un'udienza di trattazione di un procedimento di cognizione non sfugge alla sgradevole

---

1. Unificazione dei riti speciali extracodice proliferati senza controllo negli anni. Sono molto scettico sull'esigenza in sé (un po' enfatizzata), sulla fattibilità, sulla scelta del modello che è lo scadente modello degli artt. 702-bis, ter, quater.

impressione di un g. i. che sembra lavorare a vuoto. Probabilmente lavora a vuoto, ma il suo tempo è così pieno che quando viene chiesta da ambedue le parti al giudice istruttore la precisazione delle conclusioni, esse se la vedono fissata a due, tre, quattro anni (e questo anche nei tranquilli tribunali di tranquillissime cittadine di provincia, per non portare sempre gli ordinari esempi della Corte d'appello di Roma che fissa, imperturbabile, le precisazioni delle conclusioni a tempi che vanno dai quattro ai sei anni).

Solo una corporazione di iniziati può trattare del processo come se a questi eventi non consegua l'inacidimento della materia. Al giudice ci si rivolge per chiedere aiuto, e la risposta considerata è semplicemente il rifiuto di quell'aiuto.

Tutti siamo tanto colti, intelligenti, sofisticati, esperti da sapere che quel rifiuto è un disvalore rispetto all'ordinamento e che nessuna lacuna della legge lo giustifica. Tutti siamo tanto colti, intelligenti, sofisticati, esperti da sapere che un ordinamento perfetto è un'utopia, che qualunque riscrittura della legge è sempre un compromesso e che la prassi – soprattutto dove sono in gioco organizzazioni di potere – è sempre padrona di decretare il successo o l'insuccesso delle regole e delle intenzioni del legislatore. Ma tutti siamo vittime dell'ideologia della riforma che ne dà la colpa a un difetto della legge (quando dico "ideologia della riforma" non mi riferisco a questa o a quella riforma, ma all'idea che ai problemi si pone rimedio cambiando la legge). E' la via mentalmente più semplice, ed è favorita dalla "fallacia del positivista", che vive nel mondo ideale dei giuristi, un mondo di attori razionali, in grado di calcolare l'utilità attesa che programmano e controllano mentalmente la realizzazione del programma.

Naturalmente quel mondo non esiste. Perché il mondo che esiste è quello di uomini affaccendati a fare quel che possono (o credono di poter) fare, ovvero a non fare quel che non riescono a fare, e i cui comportamenti dipendono solo in parte dal mondo fatto di concetti, teorie, definizioni, assiomi, leggi, principi, modelli.

La scienza italiana del processo nasce sotto il segno della riforma. Chiovenda la propugna, ma non introduce il tema in un contesto tranquillo. L'ultimo ventennio ci ha abituati a vederci in una dimensione di perenne *work in progress* che ha portato progressivamente ad una sorta di Torre di Babele, ma le cose non sono mai state ferme e il moto si è solo accelerato *eundo*.

Quando Chiovenda scrive circolano quelli che per noi sono "i vecchi volumi del Cao" (*Per la riforma del processo civile*, 1912), miniera di informazioni, di dati, di riflessioni. Moneta corrente la riforma, quindi. Ma Chiovenda mette del *pathos*, e del *pathos* di alta qualità letteraria, in un campo dominato dagli aspetti tecnici, ma tutt'altro che statico: si veda a pag. 88 e seguenti del I volume delle Istituzioni il lungo elenco degli interventi legislativi sul codice del 1865: "*Numerose leggi hanno però modificato alcune parti del codice di procedura. Le più notevoli sono...*" e il lettore ne conta 31 (salvo errori) nel solo primo paragrafo di pag. 88. L'autore poi continua per altre due pagine e mezza scritte con il corpo 10 dei vecchi (e un po' tetri) piombi di Eugenio Jovene.

C'è di tutto. A caso: dalla legge abolitiva dell'arresto per debiti del 1877, alla legge che riduce le attribuzioni del Pubblico Ministero in materia civile del 1875; dalla legge sulla competenza dei pretori e conciliatori del 1922, alla legge sulla unificazione della Corte di cassazione del 1923; dalla legge sulle ferie giudiziali e sulle cause feriali del 1916, alla legge sul Foro erariale e sul domicilio legale delle Amministrazioni dello Stato del 1923; dalla legge cambiaria del 1933 alla legge sugli "uffiziali giudiziari" del 1924 (poi modificata dalla legge del 1932); dalle tante leggi sulle giurisdizioni speciali (Tribunali delle acque, degli usi civici, magistratura del lavoro ecc.), alla legge sul gratuito patrocinio del 1923; dal procedimento ingiunzionale per la riscossione delle entrate patrimoniali dello Stato e altri enti pubblici (testo unico del 1910) al procedimento ingiunzionale ordinario (leggi del 1922). E così via. Il quadro è quello di un'officina continua.

La verità è però che Chiovenda non vuole *una riforma*, e nemmeno, semplicemente, *una sua riforma*, ma vuole *la riforma*. Esemplare la sua critica ad una legge che noi chiameremmo "di struttura", la legge del 1901 sulla riforma del procedimento sommario. Lo aveva fatto nella Relazione del 1919 al progetto elaborato dalla Commissione per il dopoguerra, affermando che il legislatore aveva avuto il torto di credere che fosse possibile trovare i rimedi ai mali della giustizia civile "fuori da un radicale riordinamento del nostro organismo giudiziario". L'eco di questo si trova in Calamandrei nella Relazione: "*Per più di mezzo secolo i mali continuarono ad aggravarsi, attraverso il facile e pericoloso sistema delle riforme parziali*".

Lunga stagione di progetti, progetti che differiscono, e tanto, tra loro, ma una cosa accomuna tutti – e qui sta un momento significativo della vittoria di Chiovenda – quella che verrà dovrà essere "la riforma".

2. ÆRE PERENNIUS: IL CODICE DEL 1940

Il codice del 1940 nasce segnato da squilli di tromba: a stare alla Relazione esso sorge *aere perennius* (la relazione del Guardasigilli, scritta invero da Piero Calamandrei, è un capolavoro di retorica alta); non è il caso di meravigliarsene poiché "*l'esperienza conclusa è la ricorrente utopia dei grandi legislatori*" (S. Satta).

Utopia messa subito a dura prova poiché subisce ben presto delle modifiche che fanno gridare all'annacquamento del *grand cru*. E' nota la vicenda della novella del 1950,[2] che, a furor di pratici, reintroduce la citazione ad udienza fissa e diluisce considerevolmente il sistema di preclusioni del codice. Dell'esito nessuno si dichiara contento: non i teorici, difensori del codice del 1940; non i pratici che non vedono significative accelerazioni di passo. Il codice è subito diventato un contestato ibrido ma resterà sostanzialmente immutato per alcuni decenni.

A scanso di equivoci, dico subito che il codice del 1940 ha il grande merito di lasciare sfolgorare e permettere lo sviluppo di quell'impianto concettuale che fa la civiltà della giustizia civile e marca indelebilmente i suoi cultori che in esso si riconoscono, il *common core of civil justice system*. Non è il codice del 1940 che lo crea: Chiovenda dà voce ai suoi principi e riesce a trovarne conferma in un codice di diversa fattura quale quello del 1865, principi che erano affogati dalla sovrastruttura in autori come Mortara. C'erano quei principi in quel codice? Conta poco, lui li trova perché ce li mette e la forza del codice sta nell'essere compatibile con essi. E *majori causa* compatibile è il codice del 1942: con tutti i suoi difetti è il codice che permette a tutti noi di riconoscerci nei suoi principi, cioè nei pochi ma eccellenti postulati del sistema con il loro corredo di assiomi e corollari.[3]

Ma torniamo al codice subito riformato del 1950.

Gli anni successivi sono anni di congelamento dello *status quo*. Il *grande freddo* potremmo chiamarlo se guardiamo al surriscaldamento successivo, ma (se la legislazione resta sostanzialmente ferma) la prassi non smette mai di invocare riforme mentre la dottrina vive la situazione un po' schizofrenica di chi, da un lato si presenta nelle vesti di fiera vestale di un sistema fondato sul codice e, dall'altro, immagina di poter rimettere le mani al codice. Strano destino il suo: la precedente generazione si era coperta di gloria creando un codice, e non un codice rinnovato in quanto reso necessario dalla successione fisiologica delle leggi che prendono il posto di quelle invecchiate, senza rinnegarle, ma il "nuovo codice", il codice che chiudeva con la routine della procedura (e con la

---

2. Dal nostro punto di vista conta relativamente poco il r.d. 20 aprile 1942, n. 504, il cui articolo unico incide sugli artt. 19 c. 2, 30, 61, 111 c. 4 del codice.
3. Ricordati efficacemente da Virgilio Andrioli nella sua prefazione della ristampa del 1965 dei *Principi* di Chiovenda (ma vedi in precedenza Piero Calamandrei, *In memoria di Giuseppe Chiovenda*, Padova 1938, *passim*: in testa la strumentalità del processo al diritto sostanziale, da cui la regola che la durata del processo non deve andar a scapito di chi ha ragione, la normale correlazione tra situazioni soggettive e titolarià dell'azione, il fine del processo di dare a chi ha ragione tutto e proprio quello che gli spettava secondo il diritto sostanziale, il principio *victus victori* quale criterio di ripartizione delle spese ecc.)

tradizione artigianale dei proceduristi) e, riportando la storia nel processo, fermava la storia stessa. Cosa restava alla dottrina? Limitarsi a spiegare, completare il "sistema"?[4] La prima generazione può accontentarsi: ha partecipato, ha contribuito a *creare* e ora spiega, mostra e dimostra. Difende il codice, protesta quel tanto che basta per l'annacquamento che ha subito nel 1950, e se ne cura quel tanto che basta per non farsi accusare di estraneità alla vita del diritto per poi tornare alla visibile soddisfazione per gli alti risultati della teoria. Esemplarmente: i *Problemi del processo civile* di E.T. Liebman nella sua raccolta di studi del 1962 sono i problemi in cui si specchia una scienza ancora relativamente nuova ma orgogliosamente consapevole dei propri meriti speculativi. Quarantotto saggi, tutti di sistema, storia, interpretazione vivacemente consapevoli della esperienza ma tutti intrisi dell'ottimismo del "più è fatto".

E' l'epoca dei grandi Commentari: anche il più critico, come il Satta (critico del sistema e di un codice considerato macchiato dalla mentalità di sistema) dà sempre l'impressione al lettore di lavorare all'interno di una compatta comunità, che ha ad oggetto di esame la solida realtà del codice. Il quale sarà criticabile quanto si vuole ma dal quale si continua a ricavare principi indistruttibili. Con qualche equivoco anche sui veri principi: e così Micheli,[5] secondo cui il contenuto intimo della funzione giurisdizionale (che sta nella avocazione allo stato del potere esclusivo di eliminare ogni contrasto), si trova nel "divieto della deroga convenzionale della giurisdizione italiana a favore di giudici stranieri o di arbitri che pronuncino all'estero (art. 2 c.p.c.)". Un quarto di secolo dopo (legge n. 258/1995): "*Un tratto di penna del legislatore e intere biblioteche al macero*" (Julius Von Kirchmann). Ci è stato spiegato che non è proprio così, ma si consenta di osservare che l'orgoglio del c.d. giurista positivo ne esce sempre ammaccato.

Le generazioni successive ereditano in pieno l'atteggiamento scientifico (o ... scientificizzante), ma è anche ovvio che non possono esistere per limitarsi a raccontare un sistema concluso: il sistema c'è, va spiegato, ma occorre qualcosa di più: il processo non funziona (premessa maggiore di natura fattuale), la colpa è di una legge che non si conforma perfettamente al sistema (premessa minore di natura valutativa), onde occorre cambiare la legge per recuperare il sistema (inferenza). E' un parasillogismo ma soddisfa i più.

La pratica mostra subito due aspetti: da un lato una (finanche troppo zelante) adesione alla nuova terminologia e concettuologia di stampo chiovendiano, dall'altro una utilizzazione sempre meno ottimale del modello ricavabile

---

4. La formuls nobilitante è "diritto processuale" opposta a "procedura" (restata nel nomella materia "procedura penale"). Ma il sistema è il vizio del codice, quel sistema nel quale "tutto è già accaduto" (S.Satta).
5. *Corso di diritto processuale civile*, Milano 1959, I, § 3, pagg. 8 ss.

dalla legge, con progresso costante dei ritardi e dello slabbramento della procedura. I difetti sono facilmente trovati: la riforma del 50 ... dunque "torniamo a Chiovenda". Lo racconta bene Nicola Picardi,:[6] "...già all'epoca cominciavano a venir alla luce anche rilevanti difetti tecnici. In effetti le novità salienti del nuovo processo di cognizione erano soprattutto due. Per un verso, l'istituzione del giudice istruttore, al quale il legislatore attribuiva tutto il complesso delle attività preparatorie alla sentenza e che era munito di significativi poteri d'ufficio per un rapido svolgimento della procedura. Per altro verso, la previsione di un sistema di preclusioni che – pur temperato dal potere discrezionale del giudice – inducesse le parti a svolgere le proprie attività assertive e difensive negli atti introduttivi, in modo da cristallizzare tendenzialmente [L'art. 184, nel testo originario, stabiliva, infatti, che solo per "gravi motivi" il g. i poteva autorizzare le parti a *"produrre nuovi documenti, chiedere nuovi mezzi di prova e proporre nuove eccezioni che non siano precluse"*] il *thema decidendum* e il *thema probandum* al momento iniziale del giudizio. A Salvatore Satta il codice appariva fondato sulla "logica dell'utopia", perché presupponeva due condizioni difficili, se non impossibili da realizzare: da un lato, un giudice edotto della controversia fin dalla prima udienza; dall'altro cause chiuse fin dal primo momento" (e proprio questa "utopia" ispirerà i riformatori successivi: il rito del lavoro del 1973 si fonda sulle due suddette condizioni; la riforma della 353/1990 mira a prendere da quel rito quel tanto che presuppone esse condizioni).

Ma andiamo con ordine.

Il codice è fresco ma i progetti di riforma ripartono. La materia del codice è dunque così poco nobile da essersi deteriorata in così poco tempo?

Si sarebbe costretti a dire di sì, malgrado l'orgoglio che trasuda dalle trattazioni di diritto processuale per questo capolavoro della scienza del giure italico.

Seguo il saggio di Picardi nella *Prefazione* al Codice. Gli anni Cinquanta e Sessanta *"appaiono un periodo di preparazione e di studi"*. I risultati della prima inchiesta sono pubblicati nel 1956 in due volumi a cura del Ministero di Grazia e Giustizia. Ricorda Picardi che "l'iniziativa venne assunta dal Guardasigilli ... per corrispondere ad un ordine del giorno del Senato il 26 marzo 1954, il quale aveva auspicato che il Governo mettesse allo studio 'una riforma più completa e radicale' del codice". Il risultato fu comunque oggetto di studio da parte di una Commissione ministeriale che portò ad un progetto che salvava la struttura del codice, e si diffondeva in vari interventi settoriali a carattere spiccatamente

---

6. *Codice di procedura civile*, Prefazione alla IV edizione, Milano, 2008, XXIV s.

tecnico.[7] Significativa la vicenda della contrapposizione tra la linea degli aggiustamenti e la dottrina: "Questo lavoro di *bricolage* .. ebbe una certa fortuna, tanto da essere ripresentato per diverse legislature, come disegno di legge da parte del Governo dell'epoca, ma venne vivacemente contestato dalla civil-processualistica". Segue una nuova inchiesta a metà degli anni 60, promossa dal Guardasigilli Reale, i cui risultati non si trasformano in uno specifico progetto di riforma. Viene poi – ed è significativo dello scollamento un po' schizofrenico della vicenda – il *Disegno di legge sulla delega legislativa per la riforma dei codici* n. 557/1963 presentata dal Guardasigilli Bosco in cui, per il processo civile, si auspicava il ritorno alle parole d'ordine chiovendiane, parole d'ordine evidentemente inattuate.

Nel frattempo il processo civile vivacchia maluccio. È lento e abbastanza inefficiente ma non tanto da non lasciare ampio spazio alla residua (ma ancora visibile) soddisfazione della scienza per i suoi alti risultati. Quando alla fine degli anni Sessanta riparte il moto riformatore l'idea sottostante è quella per cui il processo è difettoso, ma i problemi sono agevolmente individuabili e risolvibili: risolvibili attraverso una seria legge processuale che segni il ritorno a Chiovenda. Sarà la stagione del processo del lavoro.

3. LA SVOLTA: IL PROCESSO DEL LAVORO

Tanto tempo è passato dalla legge del 1973 che introdusse il processo del lavoro, ma l'*epos* è restato. Quella legge è entrata nella cultura del processo, ha fatto la cultura del processo condizionando tutte le riflessioni successive.

Si capisce il perché se si considera la sua indubbia capacità di riproiettare il vissuto nella dimensione del paradiso terrestre chiovendiano, un paradiso favoleggiato come perduto (tradito...) ma in realtà mai visto da nessuno.

Il modello è semplice – aggettivo che qualcuno traduce con "grezzo" (senza però dirlo apertamente per tema dell'accusa di conflitto con i valori condivisi) – ma è sicuramente efficace. Vivaddio per la prima volta si vede un meccanismo funzionante, discutibile ma efficiente, un meccanismo che non diventa il capro espiatorio delle delusioni degli operatori. E sì che stavolta c'è una parte sociologicamente individuabile come parte penalizzata... ma le polemiche sono rivolte contro l'uso eccessivamente disinvolto che una parte della magistratura va facendo del modulo processuale, ovvero (prevalentemente, direi) della curvatura della disciplina sostanziale a favore della c.d. parte debole a scapito dei valori di eguaglianza.

---

7. Picardi, op. cit. *amplius*, XIX. V. in particolare il tentativo di fissare regole preclusive, ricorrente tentazione salvifica del nostro legislatore.

Per la verità, la vicenda non può ridursi alla inserzione nel codice di rito della legge del 1973: la prova generale era stata fatta con gli articoli 18 e 28 dello statuto dei lavoratori entrato in vigore nel 1970, e ci sarebbero state, negli anni 70 la riforma delle locazioni, che si portava sulle spalle il suo processo ricalcato sul rito del lavoro e la legge sui patti agrari.

Ma attenzione, si tratta di una legislazione che è percepita come (non settoriale ma) *differenziata*, dove l'accelerazione, la concentrazione, l'immediatezza non si presentano come valori assoluti, ma come valori strumentali ad un programma di diritto sostanziale

Penso che l'alto grado di effettività raggiunto discenda dalla combinazione del modello, con alcuni elementi difficilmente ripetibili. Nell'ordine:

- la partenza con ruoli a zero
- la creazione di un corpo di giudici specializzati
- l'attribuzione a sezioni dedicate
- la forte caratterizzazione tipologica delle controversie
- l'alta motivazione che fece di quel corpo la élite della magistratura
- l'intento di raggiungere risultati intesi come i frutti voluti di un programma sociale (se non politico).

Non è un caso che tale grado di effettività si perda nel calderone, una volta che viene meno la centralità culturale di quel programma sociale. Generalizzazione del rito con applicazione ad altre materie,[8] fine della tensione culturale e arrivo dirompente dell'impiego con le ex pubbliche amministrazioni (attribuzione delle controversie di lavoro dei dipendenti delle ferrovie dello Stato al pretore del lavoro, operata dalla legge 17 maggio 1985, n. 210).[9]

4. L'ILLUSIONE DEL TRAPIANTO: LA LEGGE N. 353/1990

Alla fine degli anni Ottanta la spinta propulsiva del rito del lavoro è finita. E' finita la tensione culturale su cui poggiava l'impegno collettivo che governava il moto del procedimento bilanciando la concentrazione con l'elasticità (complice

---

8. Fino al grottesco per cui, essendo il rito del lavoro comunque buono per definizione, qualche bello spirito scrive l'art. 3 della legge n. 102/2006 che impone l'applicazione del rito del lavoro *"alle cause relative al risarcimento dei danno per morte o lesione, conseguenti ad incidenti stradali"*. Un vero orrore depennato dalla legge n. 69 del 2009.
9. Il punto d'arrivo attuale è rappresentato dal decreto legislativo n. 150/2011 che, astratto il rito del lavoro dalla funzione per cui era stato creato, lo trasforma in modello per processi in materie varie ed eterogenee.

la semplicità del modello). Questo fatto viene però debolmente percepito, e del rito del lavoro si parla ancora come di una forza viva. Quando gli ideali di accelerazione, concentrazione e immediatezza saranno recuperati in chiave generale, sarà troppo tardi e – *pro malo bonum* – il processo del 1990 riceverà pomposamente il guscio vuoto dell'esperienza svanita.

Alla (ormai storica) legge n. 353 del 1990 si giunge dopo un grande lavorio di progetti: innanzitutto il c.d. progetto Rognoni di riforma urgente del processo civile,[10] poi il c.d. "progetto Vassalli" che anticipa in molte soluzioni quella che sarà la legge n. 353/90.[11] A questa legge si darà (prima e poi) una importanza enorme. Derivante da una iniziativa di riforma "parziale e urgente" dell'Associazione italiana fra gli studiosi del processo civile,[12] essa interviene a correggere significativamente la struttura della cognizione, riscrive il processo cautelare, e lascia *a latere* l'esecuzione. L'intitolazione è modesta (Provvedimenti urgenti), ma l'aspettativa e forte e la presentazione è epica. La caratterizzano una esibita rivendicazione culturale e una esorbitanza retorica inversamente proporzionale alla decisività dei contenuti.[13]

---

10. Ricci E. F., *Il progetto Rognoni di riforma urgente del processo civile*, Riv. dir. proc. 1987, pag. 626: "La riforma progettata ha carattere urgente e sperimentale. Essa ha carattere urgente come misura contro la lunghezza del processo, con finalità di accelerazione: parte dalla convinzione che i tempi della giustizia siano intollerabili e debbano essere drasticamente ridotti" ... "*proposta concreta rispetto al fine dell'accelerazione del processo assunto come imprescindibile*" *Aumento della competenza del conciliatore, giudice monocratico invece di collegialità imperfetta "incapace di funzionare come una autentica garanzia almeno alla luce dei canoni chiovendiani di oralità-concentrazione", sistema di preclusioni definito "rigoroso" (ma non rigoroso come quello che verrà perché stabilisce i limiti al termine della prima udienza), interrogatorio libero delle parti che devono comparire personalmente, istruzione concentrata che "deve essere esaurita in un'unica udienza immediatamente successiva", ingiunzione in corso di causa, esecutività immediata della sentenza di condanna, abrogazione della immediata impugnabilità delle non definitive, collegialità totale dell'appello, incremento della camera di consiglio per la cassazione, non automaticità della sospensione per regolamento di giurisdizione, reclamo cautelare.*
11. Tarzia G., *Il progetto Vassalli per il processo civile*, Riv. dir. proc. 1989, pag. 120). Del progetto dà conto l'articolo, pregevole e ricco di pensiero ma la cui lettura – a distanza di un ventennio e, dunque, col senno di poi – non sfugge alla sgradevole sensazione di irrisorietà di molti temi e delle questioni rispetto alla realtà (tutto il tema delle preclusioni, le ordinanze anticipatorie e il tema della sommarizzazione del processo).
12. Redatta da Giovanni Fabbrini, Andrea Proto Pisani e Giovanni Verde, successivamente rielaborata dai primi due. Ma le iniziative si erano moltiplicate confusamente tra loro negli anni Ottanta: progetto di Magistratura democratica (presentato nel 1986), disegno di legge governativo n. 2214 della IX legislatura («Provvedimenti urgenti per l'accelerazione dei tempi della giustizia civile», approvato il 6 febbraio 1987 e presentato al Senato il 16 febbraio 1987); disegno di legge Pazzaglia presentato alla Camera con il n. 142/1987; disegni di leggi nn. 164 e 165/1987 presentati al Senato; disegno di legge presentato alla Camera con il n. 845/1987; disegni di legge presentati al Senato con il n. 241/1987; disegni di legge presentati alla Camera, con il n. 1418/1987; disegno di legge presentato al Senato con il n. 427/1987; disegno di legge presentato al Senato con il 732/1987.
13. "La crisi del processo civile è così radicata e profonda (in termini di cultura oltreché di efficienza pratica) da rendere necessario, dapprima, un circoscritto intervento di pronto soccorso, capace di innescare un'inversione di tendenza su cui possa calarsi in un secondo momento, senza reazioni di rigetto,

Il guscio vuoto dell'esperienza svanita è il c.d. principio di preclusione.

Nulla di sbagliato in sé nelle preclusioni, ma ingannevole, ideologico, consolatorio, è l'accento pervasivo che viene posto sul principio: la tenuità delle preclusioni diventa il capro espiatorio dei mali del processo ed il processo a preclusioni soffici appare il cattivo processo, contro il processo a preclusioni rigide. E' l'inversione del fine con i mezzi, ma colora una stagione di studi. Scrive la Relazione alla legge, firmata dai senatori Acone e Lipari: "*Le preclusioni* – si legge nella Risoluzione del Consiglio superiore della magistratura – *servono non soltanto a far presto, ma a far bene (. . .). Il processo stesso educa o diseduca. Diseduca quando, per avere un oggetto mutevole, sempre suscettibile di varazioni e sorprese, solo in apparenza funzionali al concetto di difesa, tanto le parti, quanto il giudice finiscono per essere travolti da un meccanismo di deresponsabilizzazione, nel quale si impoveriscono le nozioni stesse di difesa e di contraddittorio. Mentre educa quando, mirando a conseguire, attraverso una articolata fase iniziale, un suo oggetto responsabilmente definito, si può parlare di esso come di un progetto razionale, realmente costruito sul contraddittorio delle parti e realmente funzionale al corretto dispiegarsi dei poteri direttivi del giudice*". A qualcuno, l'impostazione in chiave "educativa" della dimensione processuale sembra un pericoloso fuor d'opera,[14] ma è *vox clamantis in deserto*. La cultura delle preclusioni diventa un criterio costitutivo del procedere; la giurisprudenza la adotta subito e volentieri. Ne farà un totem negli anni a venire.

Sul piano strettamente normativo però, la rigidità delle preclusioni voluta dalla riforma non passa affatto; lo scontro tra i *duri e puri* e il partito degli scettici si conclude con la vittoria di questi ultimi che dà luce alla *controriforma* del 1995. *Annus horribilis*, questo 1995: per un decennio il mancato miglioramento (o il peggioramento) del processo di cognizione verrà ricondotto all'alterazione dell'impianto delle preclusioni ed alla introduzione dell'udienza di prima comparizione[15] che spinge in avanti nel tempo il momento in cui si affronta il merito

---

altrimenti inevitabili, una riforma più generale" (così la Risoluzione CSM 18 maggio 1988 tanto tenuta in onore nella Relazione Acone e Lipari).

Il problema della crisi della giustizia civile è <u>anche un problema di uomini</u>: in realtà, si tratta di una questione di cultura del processo civile, di mancanza della consapevolezza dell'effettiva funzione di questo fondamentale strumento di attuazione della legge, cioè di applicazione di regole predeterminate mediante la tecnica del contraddittorio e, in questo senso, della funzione di questo fondamentale strumento di democrazia.

In questo contesto ormai chiaramente delineato una riforma parziale e razionalizzatrice non rappresenta un alibi per allontanare nel tempo questa più ampia riforma della giustizia civile – come pure si è autorevolmente sostenuto con il richiamo di precedenti storici famosi –, ma costituisce un primo significativo passo verso la stessa in quel tanto che appare compatibile con le convinzioni già maturate, e quel che più conta, con la condizione non certo felice in cui versa attualmente il processo civile.

14. Tarzia, *Lineamenti del nuovo processo di cognizione*, Milano, 1996, *passim*.
15. L'udienza preliminare senza trattazione del merito ottenuta con la riscrittura del vecchio ed innocuo articolo 180.

della causa. Un decennio che si conclude, da parte delle leggi del 2005, con il recupero della originaria rigidità delle preclusioni propria dell'impianto della legge n. 353/1990 (*infra* sulla realtà del processo dopo questa riforma).

Vediamo ora il meccanismo generato dalla legge n. 353/90: processo distinto in fasi con attività rigorosamente inutili da compiersi rigorosamente in termini. Una mostruosità se confrontato con il principio di elasticità che fa da sottofondo (obliato) in Chiovenda. E' un paradosso, ma è il paradosso che ci governa da più di 15 anni: in Chiovenda il processo per fasi viene censurato e opposto al processo immediato, orale e concentrato, ma, predicando il ritorno a Chiovenda, si regola per fasi il processo.

Si impiegano molte parole, si scrivono biblioteche e ci si consola a pensare che la soluzione è stata trovata: il malfunzionamento dipendeva da un modello difettoso sostituibile da un altro modello privo delle caratteristiche negative dell'altro. Effettuata la sostituzione, scomparirà il malfunzionamento. Elementare.

Peccato solo che si tratti di un esempio luminoso di *post hoc propter hoc*. Prendiamo alcuni momenti esemplari della riforma.

A) *L'eliminazione dell'udienza collegiale*. La "Determinazione" del Consiglio Superiore della Magistratura, ampiamente utilizzata a proprio supporto da quel documento di dottrina che è la Relazione dei senatori Acone e Lipari, vede in questa udienza un «vuoto simulacro» senz'altro da eliminarsi per "*procedersi senz'altro alla decisione in camera di consiglio, previo lo scambio degli scritti conclusionali*". L'affermazione non ha bisogno di commenti per la sua perentorietà, anche se, per la verità, agli stessi relatori viene il dubbio che "*gli attuali tempi lunghissimi fra l'udienza di precisazione delle conclusioni e l'udienza innanzi al collegio*" non siano "*determinati dalla previsione dell'udienza collegiale, cosicché la sua soppressione non è, di per sé, idonea ad accelerare i tempi della giustizia ordinaria*". Ma bando ai dubbi: la soppressione dell'udienza collegiale "*può contribuire almeno a realizzare quella funzione educativa del processo civile, giustamente richiamata nella Risoluzione del Consiglio superiore della magistratura*".

Una sola voce, a mia memoria, si leva a mettere sarcasticamente in guardia contro l'illusione di accelerare il momento della definizione del processo eliminando gli avvenimenti fissati a data lontana.[16] Saranno allontanati nel tempo, dice questa voce, avvenimenti oggi fissati a data vicina: il tempo della definizione non è una variabile del calendario e dell'ordine degli eventi processuali; modificare questi o la loro successione influisce solo sulla diversa dislocazione di un collo di bottiglia ineliminabile. Con buona pace del contributo della

---

16. Tavormina, *Legge 26 novembre 1990, n. 353. Artt. da 7 a 35. Il commento*, in *Corr. giur.* 1991, numero monografico sulla riforma.

soppressione dell'udienza collegiale alla "funzione educativa del processo civile".

B) *Le ordinanze anticipatorie.* Ricorda qualcuno la serietà di intenti che i commentatori della riforma diedero agli artt. 186-*bis* e 186-*ter*? E del dibattito sulla successiva introduzione dell'art. 186-*quater*? Serietà di prospettive che il legislatore aveva versato nella regolazione e serietà di dispute[17] che impegnano a fondo la dottrina.

Orbene, l'esperienza è quella (se non di un vero fallimento, almeno) di un sostanziale ridimensionamento del tema. Un sotterraneo scetticismo quanto all'effettiva riduzione dei tempi di definizione del processo ordinario portava a dare grande importanza a strumenti immaginati come in grado di garantire risultati, parziali se si vuole, ma veloci ed effettivi. Temuti anzi come "Cavalli di Troia" della sommarizzazione nel corpo del processo ordinario![18] Peccato che l'apparato abbia di fatto rigettato le ordinanze anticipatorie come corpi ad esso estranei.

E corpi estranei lo sono. Se dal modello si estrae la scansione in fasi – e la si prende con la serietà enfatica che abbiamo visto e che mi fa pensare di debba parlare ormai della "cultura della preclusione" – non c'è spazio per gli incidenti, che alterano la scansione e l'ordine delle fasi.

E' il trionfo del falso problema, cioè del quesito giuridico discusso perché ritenuto incombente sulla testa degli operatori e dei destinatari delle norme, ma che si rivela poi estraneo all'esperienza. La dottrina si è affannata a litigare sui limiti della sopravvivenza all'estinzione delle ordinanze anticipatorie e ... non un caso del genere è stato registrato in quasi un ventennio. La dottrina

---

17. parte il vaniloquio del documento del C.S.M. che la Relazione ha cura di riportare parlando della precedente proposta governativa: "In proposito, il Consiglio superiore della magistratura ha osservato: «tale previsione sarebbe capace di un grosso effetto di alleggerimento della crisi del processo civile», ma, «nel bilancio di vantaggi e svantaggi, una sua innegabile capacità emergenziale di smaltimento quantitativo è apparsa sovrastata dalla sua incapacità di incidere positivamente sui profili qualitativi della crisi del processo civile», in quanto «non può parlarsi di contributo al recupero dei valori del processo ordinario, se si prevede che proprio dal seno di questo – senza altro requisito che quello della 'probabilità' – possa scaturire una forma così estremizzata di provvedimento anticipatorio».

18. Relazione Acone e Lipari, 7.1: *"Se, infatti, appare ragionevole prevedere la pronuncia di provvedimenti anticipatori durante le cosiddette vicende anomale del procedimento, che ne costituiscono una pausa eccezionale e che possono essere state provocate a fini dilatori, non può ammettersene l'emanazione durante le pause fisiologiche di esso, qual è, oggi, il periodo che va dalla precisazione delle conclusioni all'udienza collegiale e quali potrebbero essere, domani, quelli che vanno dalla notificazione dell'atto introduttivo alla prima udienza o dalla fissazione dei termini per il deposito della comparse conclusionali al deposito della sentenza. Se si vuole evitare una «sommarizzazione» del processo ordinario, giustamente paventata dal Consiglio superiore della magistratura, occorre operare affinché tali pause fisiologiche si riducano sempre più (fino a coincidere con i termini fissati dalla legge) e non, invece, tentare di colmarle con provvedimenti a cognizione sommaria, la pronuncia dei quali potrebbe implicare il rischio di una dilatazione di tali pause."*

processualistica mostra così la sua intima vocazione che è l'altra faccia del suo orgoglio intellettuale, una vocazione che è fedeltà alla sua formazione culturale: il diritto è la prescrizione e il giureconsulto ne cura l'inserzione in un sistema logico formale. Pronta – beninteso – a riconoscere l'esistenza di un altro diritto, un "diritto relativo" a fronte di quello "assoluto" di cui essa custodisce la chiave. E' l'immagine dei due diritti di Toullier che suggerisce a Salvatore Satta quella delle *"due ingegnerie, una superiore, fatta per costruire i castelli in aria, e una inferiore, fatta per costruire le nostre modeste abitazioni sulla terra"*.

C) *L'interrogatorio libero delle parti che devono comparire personalmente.* Altro corpo estraneo all'*usus fori* che la legge n. 353/90 forzatamente introduce nella disciplina del processo di cognizione è l'obbligo di comparizione personale delle parti all'udienza di trattazione. L'istituto è preso di peso dal processo del lavoro,[19] ma non decolla mai, dando luogo solo ad equivoci e questioni. La norma, nella sua generalità e assolutezza non tiene conto (giudizio *in bonam partem*) della irritante superfluità di tale presenza in un grande numero di casi (come nella maggioranza delle cause in materia commerciale), ovvero non tiene semplicemente conto (giudizio *in malam partem*) della poca, pochissima voglia dei giudici di occuparsi di un incidente percepito come complicazione inutile nella gestione della causa, cioè nella rituale scansione di controlli, rinvii ed esami cartacei che contrassegnano il procedimento. Forse non tiene conto di entrambe le cose.

La riforma del 2005 – preceduta in verità dalla scrittura del rito societario – prenderà atto di questo stato di cose e, nel riscrivere l'art. 183, lascerà al giudice istruttore il potere discrezionale di ordinare la comparizione personale delle parti quando ravvisi l'opportunità di chiarimenti ovvero intenda tentare la conciliazione.

Poco, ma ragionevole... il che non è poi tanto poco.

D) *Il processo cautelare.* E' opinione comune che la riforma del settore sia cosa buona. E non c'è dubbio che lo sforzo di organicità normativa sia stato notevole e che ne sia derivato un modello che prima mancava e che ha subito modifiche sicuramente *in progress* (Corte cost. n. 253 del 1994 sull'ambito del reclamo, processo societario, legge n. 80/2005). Non incrinano la bontà del modello taluni

---

19. *La Commissione, accogliendo la proposta del Governo e in conformità agli altri progetti di riforma, propone di modificare l'articolo 183 del codice di procedura civile: la disciplina che si sottopone all'approvazione dell'Aula si fonda sull'elementare rilievo per cui occorre, prima di tutto, determinare i fatti che hanno dato luogo alla controversia: una volta compiuta questa necessaria e preliminare operazione, è possibile procedere alla qualificazione giuridica di quei fatti; e, infine, in riferimento ai fatti allegati e alle conseguenze che ciascuna parte intende trarne, si può procedere all'accertamento di quei fatti, aprendo l'istruzione probatoria.* [Relazione Acone e Lipari]

limiti che potremmo dire limiti degli interpreti: attuazione, cautelare non destinato ad esecuzione diretta, compatibilità, regime dei provvedimenti incidentali.

Ma essere un buon modello significa solo rappresentare un buon equilibrio concettuale. Non sappiamo invece se la sua *bontà* migliora la situazione sul campo. La mia esperienza (quanto vale? Poco se se ne considera la unilateralità e la limitatezza, ma sicuramente essa ha una sua dignità in quanto elemento non arbitrario di valutazione) è quella di un non commendevole *self-restraint* che corrisponde alla progressiva deresponsabilizzazione del giudice civile. Una volta c'era il pretore (quel pretore che andava a dorso d'asino a fare le ispezioni nelle possessorie e a raccogliere sul posto le sommarie informazioni con gli avvocati e il cancelliere) che concedeva il provvedimento d'urgenza sul *fumus* e sul *periculum* in coscienza e autonomia; questa autonomia è venuta a mancare quando il giudice ha cominciato a cautelarsi contro la possibilità di doversi contraddire in futuro. Può darsi che questo sia un bene, ma va notato che la concessione del provvedimento si è rarefatta: è la progressiva deresponsabilizzazione del giudice civile.

5. GREAT EXPECTATIONS: IL PROGETTO TARZIA, IL PROGETTO VACCARELLA E LA METEORA DEL PROCESSO SOCIETARIO

La riforma del 1990 dà motivi di soddisfazione ai teorici ma lascia la pratica come l'aveva trovata.

Nel frattempo la dottrina polemizza molto, e si parla di snaturamento per colpa della controriforma introdotta con il d.l. 432/95 confluito poi nella legge n. 534/1995, "imposta – come scrive un battagliero autore – in punta di baionetta da tre mesi di scioperi dell'avvocatura". Avvengono peraltro molte cose, qualcuna prevista o prevedibile, altre impreviste e imprevedibili: la creazione del tribunale monocratico (organo in precedenza inconcepibile, essendo la collegialità un elemento della definizione stessa di tribunale); lo spostamento d'accento sulla normativa ordinamentale che dà vita al giudice di pace (che, con la legge 374/1991, poi aggiornata dalla legge n. 468/1999, sostituisce il vecchio giudice conciliatore) e poi alla soppressione delle antiche Preture (c.d. giudice unico di I grado: decreto legislativo n. 51/1998); la seconda riforma dell'arbitrato[20] (legge n. 25/1994); la riforma del diritto internazionale privato e processuale (legge n. 218/1995 che rivoluziona la topografia tradizionale portando fuori dal codice le norme sulla giurisdizione italiana rispetto alla giurisdizione del giudice straniero); la redistribuzione della giurisdizione interna (il d.lgs. 80/98, la sentenza delle Sez. Unite della Cassazione n. 500/99, il moltiplicarsi dei riti a seguito della riscrittura di discipline sostanziali, l'inserzione nell'art. 111 cost. del concetto

---

20. Dopo quella del 1983.

di "giusto processo" e del concetto di "ragionevole durata" (che tanti disastri provocherà più tardi, senza nulla accelerare).

In questa temperie si riapre il cantiere delle riscritture radicali del codice. L'esperienza della riforma parziale e settoriale ma sempre dichiaratamente in avanguardia di una riforma di cui nessuno ha idea, lascia il campo a seri progetti di nuovo codice. Il primo dei quali va sotto il nome di "Progetto Tarzia" (dal nome del rimpianto grande giurista che presiedette la commissione ministeriale incaricata della sua stesura): tramite un richiamo espresso al progetto Liebman, il progetto Tarzia è il progetto ambizioso (se non di un codice totalmente nuovo), di un codice radicalmente rinnovato. La commissione ritenne di dover rispettare l'assetto generale dato dal Parlamento (nelle riforme del 1990 e 1995) al processo ordinario di cognizione ed ai procedimenti cautelari (procedendo solo marginalmente ad integrazioni e correzioni), ma agì in profondità nella riscrittura della parte generale, del processo di esecuzione e degli altri procedimenti speciali, materie sulle quali il codice era "fermo dal 1942". La commissione presentò il suo lavoro formulando 51 punti che, distinti per materia, formavano altrettante proposte specifiche.[21]

Il progetto Tarzia scivola nelle acque del succedersi delle legislature e dell'alternarsi delle maggioranze politiche, ma con la sua scomparsa non si perde lo spirito della rifondazione del codice: alla fine del secolo ed a cavallo del nuovo, è un po' come se, per la prima volta, si sentisse la consumazione storica di un codice pensato più di sessanta anni prima. I problemi possono ormai essere catalogati, quelli risolti in via giurisprudenziale possono essere metabolizzati in disposizioni nuove, quelli irrisolti possono essere affrontati con soluzioni fresche. Il testimone del progetto Tarzia è preso dal progetto Vaccarella, che ambiziosamente recupera molte delle soluzioni del Tarzia, ma innova radicalmente sul versante dell'introduzione del giudizio e della gestione del contraddittorio.[22]

Il progetto Vaccarella, naufraga nella sua ambizione, complici l'ostilità della corporazione dei magistrati e l'indifferenza sospettosa del conservatorismo accademico. Dalle sue costole vengono però fuori il processo societario, il decreto legislativo n. 40/2006 (riscrittura del giudizio di cassazione e dell'arbitrato) e, in parte, le riforme (parlamentari) del plesso 2005/2006.

---

21. V. per tutti Vaccarella R., in *Riv. dir. proc.* 1996, 945. Se la legge 353 del 1990 toccava l'esecuzione forzata esclusivamente sotto due profili marginali (conversione del pignoramento e intervento nella piccola espropriazione mobiliare), molto incisivo appare invece il tentativo della Commissione Tarzia che elabora quaranta criteri direttivi raggruppati in sette punti (poteri del giudice, titolo esecutivo, opposizioni, intervento dei creditori, pignoramento, fase liquidativa ed espropriazione di beni indivisi).

22. Luiso F.P., Sassani B., *Il progetto di riforma della commissione Vaccarella: c'è chi preferisce il processo attuale*, in www.Judicium.it (sez. Archivio).

Il rito societario. Particolare ed innovativo[23] il rito decreto legislativo n. 5/2003 istituzionalizza al massimo grado la distinzione in fasi ma permette una regolazione elastica delle singole fasi. Nasce male, macchiato da sospetti di turpitudini politiche, anticipato da un *Syllabus* del Consiglio Superiore della Magistratura in veste di "Parere" nel cui "*non prevalebunt*" si leggono in filigrana gli sviluppi futuri.

Il modello è concettualmente semplice: si basa su una fase di scambio tra le parti degli atti difensivi fino al momento in cui la parte che ritiene matura la causa per la trattazione *apud judicem* chiude lo scambio e chiede l'udienza; l'udienza è integralmente collegiale ed è fissata con un decreto che fa il punto della causa; la decisione è presa in forma semplificata. In realtà la macchina approntata si rivela subito complessa da gestire, piena di sassolini tra gli ingranaggi: si inceppa subito per le difficoltà di apprendimento del ceto forense e per la mancanza di un protocollo di vera collaborazione tra avvocati e giudici. Se gli avvocati fanno mostra, intorno al nuovo rito, del *poujadisme* che li caratterizza come classe eterogenea e chiassosamente inconcludente (dapprima, a scatola chiusa, plaudono – o almeno plaudono gli esponenti dell'associazionismo forense – poi, costretti sul campo a ristudiare i meccanismi e ad adeguare i costumi, protestano), i giudici lasciano cadere ogni opportunità di stilare un vero protocollo di collaborazione e, talora, sabotano.

Il modello riceve forti critiche, non per i suoi veri difetti però: critiche strumentali, retoriche, fantasiose eppure destinate a vincere. Ha due grandi difetti obiettivi.

Il primo è l'ingovernabilità pratica delle situazioni caratterizzate dalla pluralità di parti, con la moltiplicazione e l'incrocio di notifiche, depositi, moltiplicazione di termini e necessità di prevedere sviluppi poco prevedibili e faticosamente gestibili (la professione di avvocato è già stressante di suo e Dio solo sa quanta voglia abbiano i legali di incrementare il livello di stress). Il secondo è meno evidente ma non meno reale: è l'incongruità di sommare (per dirla con l'efficace immagine di Francesco Luiso) la "logica del semaforo" alla "logica del *roundabout*". Il semaforo predetermina le precedenze ed i relativi tempi di passaggio indipendentemente dal volume e dalla direzione del traffico, la rotatoria fa dipendere le precedenze dalle situazioni di fatto che si creano a mano a mano, e lascia dipendere i tempi del passaggio dal traffico effettivo. Un meccanismo inteso a lasciare alle parti la conduzione della fase introduttiva e

---

23. Non in assoluto – V. Picardi, *Prefazione alla quarta edizione del Codice di procedura civile*, XXXVI, che ricorda le similitudini del modello nella *Procedura c.d. in contraddittorio* del Codice sardo del 1854 e poi del *Procedimento formale* del codice del 1865; ricorda ancora la trattazione preliminare della causa basata sul libero scambio di comparse fuori udienza del progetto Acampora-Gonella.

acquisitiva della materia del contendere, doveva probabilmente astenersi dal riprodurre, esasperandola, la ragnatela di termini, sbarramenti, preclusioni con il suo minaccioso corollario di estinzioni misteriosamente annidate nelle pieghe della procedura.

In realtà però, il rito societario viene attaccato (e distrutto) non tanto per i suoi difetti reali, quanto piuttosto per l'insieme di difetti immaginari che gli si imputa: il panico dell'irragionevole durata, la "privatizzazione (?) della giustizia", la "riduzione del ruolo del giudice". Il primo è uno slogan quasi impudico (come se i processi a rito ordinario durassero poco e facessero mostra di efficienza) che non tiene conto dei veri fattori dell'allungamento dei tempi; il secondo è slogan privo di senso; la terza è un'accusa cervellotica se solo si confronta il ruolo di "vigile urbano" del giudice istruttore nel rito ordinario (intento a controllare il rispetto dei termini perentori del deposito delle memorie ex art. 183 c.p.c.) con il ruolo attivo del giudice chiamato a redigere il decreto di fissazione dell'udienza nel rito societario. La verità è che poche cose urtano il senso di casta della magistratura quanto l'idea che l'incedere del giudizio possa scivolare, anche solo in parte, dal giudice alle parti, o meglio, alla parte che ha interesse alla decisione.

Il sabotaggio comincia immediatamente con l'indecorosa fissazione dell'udienza – laddove chiesta tempestivamente (magari dall'attore alla prima replica) – ad anni di distanza.[24] Procede con la *interpretatio in malam partem* che, nel dubbio fa prevalere cause di nullità e di estinzione sulla possibilità di proseguire verso la sentenza di merito.[25] Avanza con l'adesione prestata dalla Corte costituzionale all'algoritmo contenuto nel parere del Consiglio Superiore della Magistratura, parere che essa zelantemente cura di svolgere con coerenza e lucidità: incostituzionale l'art. 13 del decr. legisl., che aveva dato alla contumacia il valore di *ficta confessio* (scelta evidentemente troppo avanzata a cui viene opposto un riflesso condizionato),[26] incostituzionale la normativa sulla connessione (che permetteva al rito societario di prevalere su altri riti attraendoli a sé).[27]

---

24. "*Mettetevi in fila, nessuna corsia preferenziale*", sembra essere il motto di molti giudici, dimentichi che obiettivo primario della legge delega (l. n. 366/2001, art. 12) era stato proprio la promulgazione di norme "*dirette ad assicurare una più rapida ed efficace definizione di procedimenti*" tanto nella materia societaria quanto nelle materie dell'intermediazione finanziaria, bancaria e creditizia.
25. Per un caso esemplare in tal senso (sabotaggio giudiziale della norma che consente la notifica diretta da parte del procuratore per posta elettronica o per fax) v. Sassani B., *Serio e faceto nella giurisprudenza: considerazioni della notifica tra avvocati nel rito societario*, in questa Rivista, 2008, ... e in www.judicium.it
26. Sassani B., Auletta F., *L'illegittimità costituzionale per «contrasto con la tradizione»: in morte di una (buona) «regola del processo»*, Riv. dir. proc. 2008, pagg. 519 ss.
27. Sassani B., Auletta F., *Ansia da incostituzionalità e processo societario: ancora una discutibile applicazione di giustizia costituzionale*, Riv. dir. proc. 2009, pagg. 203 ss.

In queste condizioni l'abrogazione – legge n. 69/2009 – giunge quasi come una liberazione. La cancellazione dell'intero *corpus* (fa eccezione l'insieme delle norme su arbitrato e conciliazione) porta però con sé l'ingiustificata abrogazione dell'art. 19 e dell'art. 24 del decreto legislativo, con la scomparsa purtroppo di due preziosi istituti che, estranei alla logica del rito societario, non ne dovevano necessariamente seguire la disfatta.

L'art. 19 decr. legisl. n. 5/2003 era il tentativo di introdurre nel sistema un meccanismo di *référé provision*, cioè di decisione veloce eppure svincolata dalle strettoie della tutela cautelare, esecutiva, giustificata dalla sua utilità concreta ma non frenata dalla responsabilità di dover pervenire ad un vero e proprio accertamento del diritto destinato a fare stato. L'istituto si fondava sul rivoluzionario principio della commisurazione dell'autorità del provvedimento all'interesse concretamente speso in giudizio, l'interesse necessario e sufficiente a permettere la pronuncia di un provvedimento esecutivo senza giudicato, cioè il massimo che si vuole e può raggiungere in molti casi.[28] L'art. 24 dello stesso decreto era invece il tentativo di immettere nel sistema un meccanismo di effettiva accelerazione, dando finalmente un contenuto al (tanto decantato quanto vuoto in pratica) principio di economia processuale. Sulla felice esperienza del processo amministrativo, si consentiva al giudice che ritenesse fondata la domanda cautelare proposta in corso di causa, di sfruttare l'eventuale maturità della causa per decidere direttamente del merito. Troppa elasticità, deve aver pensato qualche zelante difensore della suddivisione in fasi della procedura e della sacralità delle forme del processo ordinario di cognizione. Cioè troppo avanti rispetto alla pietrificazione del processo a cui assiste sgomento l'operatore.

All'abrogazione sopravvive invece l'intuizione della possibile autonomia del provvedimento che – ottenuto con la tecnica della procedura cautelare – "anticipa" gli effetti della sentenza di accoglimento, superando, il dogma della strumentalità piena ribadito nella legge n. 353/1990 (la soluzione perviene al processo societario dal Progetto Tarzia). Nonostante la brutta etichetta appioppatale – "strumentalità attenuata" – la cosa esprime la logica dell'*interesse minimo sufficiente* sul quale si ritaglia la quantità di tutela giurisdizionale necessaria e sufficiente. Il contenuto dell'art. 23 del d. lgs. n. 5/2003 passa senza colpo ferire nella legge n. 80/2005 che modifica l'art. 669-*octies* c.p.c.

6. "UN MOSAICO DI SOPRAVVIVENZE"

Le riforme 2005/2006 segnano in negativo il progetto di riscrivere daccapo il codice. Pur prendendo molto materiale dal progetto Vaccarella, ne sanciscono

---

28. Tiscini R., *I provvedimenti decisori senza accertamento*, Torino 2009.

l'esaurimento della spinta propulsiva verso l'adozione di un codice nuovo di zecca.

Per l'osservatore, e per l'operatore costretto ad aggiornarsi di continuo, ormai il sistema appare impazzito, poiché le stagioni delle riforme si inseguono sempre più ravvicinate. Dopo quello del societario, è il tempo del decreto legge c.d. competitività (n. 35/2005), con la sua legge di conversione (n. 80/2005) e, a stretto giro, il d. lgsl. N. 40/2006 che riscrive il giudizio di cassazione e l'arbitrato, e le leggi n. 52 e n. 263 del 2005 e n. 52 del 2006 che aggiungono altre novità alla riscrittura del libro III del codice già operata con la legge n. 80/2005.

Lasciamo da parte l'arbitrato il cui *corpus* era stato sottoposto già a due serie riforme (nel 1983 e nel 1994) che ne avevano modificato profondamente i connotati. Diamo un'occhiata invece al processo di cognizione e, soprattutto, al tentativo di riscrivere le norme intese a favorire quella razionalizzazione-accelerazione che non si riesce a trovare. Si ritorna quindi al gioco delle preclusioni e del loro rapporto con la trattazione, sempre nell'illusione di riuscire a trovare la chiave dello scorrimento. Viene eliminata l'udienza dell'art. 180, sdegnata come udienza inutile. Inutile essa certo è[29] ma è futile dare alla norma un potere che la norma non ha, quasi che essa possa accelerare o rallentare un processo che mostra ad ogni passo di non sopportare tempi e ritmi che non siano quelli dello smistamento e delle tappe secondo carichi di lavoro propri dell'organizzazione dell'organo giudicante. Ed appare senza dubbio più razionale stabilire una sola udienza con accorpamento dei termini, ma, in sé, né il precedente assetto, né quello originario del 1990 erano meno razionali, astrattamente razionali voglio dire.

L'andamento effettivo del processo non gode di un'accelerazione rilevante nel nuovo assetto: nella conduzione operata dai giudici delle due udienze in cui si era scissa la fase introduttiva (accusata all'origine di garantire il comodo degli avvocati) Giovanni Verde aveva visto "la convenienza dell'ufficio" far premio sulle effettive esigenze difensive delle parti: "riprova nel fatto che raramente i giudici si avvalgono del potere di rinvio ex art. 168-*bis*" perché "ritengono che soltanto l'udienza ex art. 183 presuppone una preventiva lettura degli atti". Il sistema del nuovo 183 si presenta all'apparenza più razionale, non fosse altro che per l'economia di eventi inutili che presentava il vecchio sistema degli art. 183/184. Ma vediamo un po' quel che accade: dopo quasi sei anni di nuovo regime l'esperienza pratica è quella di una influenza sull'andatura molto ridotta. L'udienza dell'art. 183 c.p.c. nella sostanza ha preso il posto dell'udienza dell'art. 180: giudice impreparato e mentalmente disposto solo al controllo del

---

29. Anzi dannosa, considerate le interpretazioni datane: v. Sassani B., *La prima udienza di comparizione e il "diritto al termine" del convitato di pietra*, in Giust. civ. 2000, I, pagg. 229 ss.

rispetto delle forme dell'introduzione (nemmeno a parlare dell'applicazione del comma 4, cioè della rilevazione d'ufficio di questioni), termini sicuri anche quando sarebbero inutili, e fissazione di una udienza su cui aleggeranno necessariamente le istanze istruttorie già formulate: se tutto va bene in essa se ne discuterà e il giudice (se non si riserverà) fisserà una nuova udienza per l'assunzione. Questa udienza viene spesso espressamente chiamata "udienza per la trattazione", il che prevede che non sarà l'udienza per l'assunzione.[30] C'è un particolare: mentre tra l'udienza dell'art. 180 (versione 1995) e quella dell'art. 183 passava un termine tutto sommato breve, oggi la seconda udienza viene fissata a tempi lunghi. Si ripristinano severe preclusioni, secondo lo schema della legge n. 353/90. Ma non cambia molto. La prassi forense – che è materiata di una *koiné* fatta di riflessi condizionati trasmessi in circolo – aveva comunque mantenuto un atteggiamento cauto che portava il convenuto a difendersi tempestivamente e compiutamente tutte le volte che esso reputava opportuno spendere eccezioni. La riforma ha solo irrigidito questa prassi. Per il resto, non è il ritmo imposto alle parti per gli atti iniziali che influisce seriamente sul passo del processo.

Come accennato, la legge n. 80/05 generalizza la c.d. strumentalità attenuata (uso qui una formula che non mi piace ma che è passata nell'uso) già sperimentata nel rito societario. Del dogma della strumentalità secca, la Relazione Acone Lipari non aveva neppure dubitato, ed esso è ribadito da una letteratura sostanzialmente unitaria ("*Le linee direttrici della disciplina ... sono rappresentate ... dall'instaurazione di un rigido, ma corretto, nesso di strumentalità tra provvedimento cautelare e processo a cognizione piena*")[31], che però si ritroverà pressoché compatta a considerare cosa naturale la c.d. "strumentalità attenuata".

Nel 2009 si riprende con impegno a riformare, e si opera su molti punti. La legge n. 69/2009 è eterogenea: accanto ad un affannoso tentativo di razionalizzare ancora una volta l'esistente, presenta aspetti decisamente innovativi. In parte essa quindi risponde a domande che la pratica aveva sollevato nel frattempo, in parte dà risposta a domande che nessuno si poneva; in ogni caso apre la strada a una nuova stagione riformatrice.[32]

Proprio a quest'ultimo proposito vale la pena di spendere qualche considerazione. Si è più su accennato che la legge del 2005 aveva ripudiato la possibilità (espressa dall'art. 19 d.lgs. n. 5/03) del provvedimento esecutivo

---

30. "E' possibile che il giudice, dopo che le parti abbiano depositato le memorie di cui al comma sesto, anziché pronunciare l'ordinanza istruttoria, fissi una nuova udienza per discutere delle ordinanze stesse" Luiso, *Diritto processuale civile*, IV ed., vol. II, § 6.16.
31. Proto Pisani A., *Lezioni di diritto processuale civile*, Napoli, 2002, 652.
32. Per uno sguardo di sintesi, Sassani B., *A. D. 2009: ennesima riforma al salvataggio del rito civile*, in www.judicium.it.

senza giudicato, e che la cosa trova una spiegazione a posteriori nel cambio di prospettiva attuato dalla riforma del 2009. L'art. 19 era stato il tentativo di introdurre in qualche modo il congegno di sfoltimento rappresentato dal *référé provision* francese e viene sostituito da un procedimento che del *référé* non ha più niente e che preannuncia un altro episodio di ingegneria dei castelli in aria. Il *procedimento sommario di cognizione* introdotto dagli artt. 702-*bis* ss. della legge n 69/2009 mira ad una pronuncia che si risolve in un accertamento destinato a fare stato tra le parti. E proprio questa scelta spiega la riluttanza dei giudici a usare il procedimento, o meglio, spiega il troppo disinvolto ricorso allo strumento della conversione del rito (da sommario in ordinario): la conversione riporta tutto sul binario della calendarizzazione a tempi lunghi, che permette la deprimente *routine* dei giudizi. Non c'è da stupirsi se (a due anni dalla introduzione) l'impiego dell'istituto appare assai ridotto.[33]

Eppure, prima ancora di sottoporlo al test dell'esperienza, il nuovo rito sommario diventa uno dei tre modelli procedimentali posti dall'art. 54 della legge n. 69/2009 a base di quel "codice satellite" che è la riunione dei riti speciali operata in seguito dal decreto legislativo n. 150/2011.[34]

Di riforma in riforma, "l'ultima è sempre la penultima". La legge n. 69/2009 di questo ha fatto addirittura un programma, dato che il suo art. 54 conteneva la delega al governo per la "semplificazione dei riti civili" extracodice, delega che porta alla legge n. 150/2011. Legge quest'ultima anticipata da un altro decreto legislativo – subito esaltato come *rivoluzionario* dalla retorica corrente – che ha egualmente la sua radice in una norma di delega (l'art. 60) della legge n. 69/2009. E' l'introduzione nel sistema della mediazione obbligatoria, cioè dell'obbligatorietà del tentativo di conciliazione[35], tentativo di aggiramento di un processo la cui perenne riforma ormai esprime solo la sua sostanziale irriformabilità.

"Mentre queste parole vengono scritte" altre riforme, di ogni dimensione vengono attuate o annunciate. La ricognizione è ardua e, da un punto di vista "scientifico" sostanzialmente inutile. "*Dopo sessanta anni il codice di procedura civile è ormai ridotto ad un mosaico di sopravvivenze*": gli anni sono diventati quasi settanta, se vogliamo aggiornare queste parole di Nicola Picardi del 2004. Tra discipline transitorie e sovrapposizioni scoordinate avanza lo spettro della illeggibilità.

---

33. Numeri irrisori si trovano nell'indagine statistica di Gerardo e Mutarelli G., *Procedimento sommario di cognizione ex art. 702 bis c.p.c.: primo bilancio operativo*, in www.judicium.it.
34. Sassani e Tiscini (a cura di), *La semplificazione dei riti civili*, Roma 2011.
35. Tiscini R., *La mediazione civile e commerciale. Composizione della lite e processo nel decreto legislativo n. 28/2010*, Torino 2011.

7. MOTUS IN FINE VELOCIOR: ACHILLE, LA TARTARUGA E LA DICOTOMIA ALL'INFINITO.

Nel tempo trascorso tra la stesura e la stampa di quest'articolo, la situazione continua a muoversi, solo che il moto accelera, anzi precipita. Sezioni specializzate in materia di impresa, riscrittura dell'appello, eliminazione del controllo di logicità nel giudizio di cassazione, rideterminazione delle circoscrizioni giudiziarie, procedimento nuovo di zecca[36] per i licenziamenti di cui all'art. 18 dello statuto dei lavoratori. E altro, altro ancora è alle porte, a stare ai ben informati: siamo tutti Achille alle prese con l'inesorabile tartaruga. Il processo si ostina a non funzionare? Legiferiamo, attacchiamo da tutte le parti, tagliamo perché non è più tempo di lussi costosi. L'appello è un lusso, dicono, ridurlo ai minimi termini ci darà un punto in più di PIL (si è letto anche questo). Come fare? Un po' come il capo della *fire brigade* di Chicago che, avendo notato che dove c'erano più danni da incendi, crolli o inondazioni c'erano anche più pompieri in opera, pensò bene di risolvere la situazione mandando meno pompieri sul posto. Riforme? Definiamole così se ci piace, ma forse si tratta solo di maldestri interventi chirurgici, addirittura in qualche caso di operazioni di autopsia. Le nuove leggi stanno producendo il solito (pregevole) flusso di commenti[37] e non è questa la sede per esegesi a carattere tecnico. E' però bene cominciare a chiedersi seriamente se si possa ancora parlare di "*diritto*" per il processo civile. Chi pensa ad una esagerazione non ha forse presente la follia della nuova disciplina dell'appello: la gestione del primo grado in tribunale è sostanzialmente affidata ad un giudice monocratico (troppo spesso professionalmente inadeguato, come l'esperienza dei vari GOA e GOT insegna), senza quindi alcuna possibilità di controllo interno soprattutto quanto all'ammissione delle prove (o comunque alla gestione dell'istruttoria). Niente collegio e niente reclamo sulle prove. In questo scenario non solo si chiude la porta ad ogni istruttoria in appello ma si invita di fatto la Corte d'appello a sbarazzarsi rapidamente delle impugnazioni sulla base di un giudizio di "*ragionevole probabilità di accoglimento*" cioè su una suggestione. Non ci sarebbe stato molto da sottilizzare se si fosse scelta la via della decisione immediata ex art. 281-*sexies* c.p.c. per le ipotesi di manifesta inammissibilità o manifesta infondatezza dell'appello (sulla linea dell'art. 375 per il giudizio di cassazione), ma qui il collegio è invitato a sbarazzarsi del lavoro sulla base di un'autentica impressione. Un'impressione peraltro ad effetti funesti per

---

36. Inutile complicazione che, scimmiottando il vecchio art. 28 dello statuto dei lavoratori, arriva proprio nel momento del ridimensionamento sociale e giuridico della tipologia di licenziamenti del'art. 18. Minicodice di procedura che moltiplica le fasi e introduce la perla dell'appello su "reclamo".
37. La riscrittura della disciplina di appello e cassazione è stata più volte esaminata in www.Judicium.it : vedi gli articoli di Girolamo Monteleone, Claudio Consolo, Marco de Cristofaro, Mauro Bove, Giampaolo Impagnatiello, i ripetuti interventi di Remo Caponi e le opinioni di Valerio Tavormina, Bruno Capponi e Mariangela Zumpano.

la razionalità dell'insieme, perché l'ordinanza di inammissibilità apre la strada al più incredibile dei percorsi: l'acquisto della ricorribilità per cassazione per la sentenza di primo grado, il che – lo capirebbe chiunque – significa aprire un nuovo massiccio fronte per la Corte di cassazione. Con ritorno poi alla Corte d'appello per il caso di accoglimento del ricorso. Lo status di sentenza appellabile trascolora: astrattamente appellabile sì, ma ricorribile per cassazione se riconosciuta concretamente inappellabile. E che significherà scrivere ancora che l'appello è mezzo sempre pienamente devolutivo visto il taglio assoluto del *finding of facts* che lo porta ad assumere le sembianze di un mero controllo? Il calco dal neodiritto inglese (*CPR*, 52.3) è evidente; meno evidente è che lì le sentenze sono tradizionalmente incentrate sulla scomposizione analitica dei fatti (la conclusione in diritto si presenta inequivocabile a chi abbia la compiacenza di seguire il *finding*), onde ben si concepisce l'impugnazione come controllo di puro diritto soggetta a *leave* (o a *permission* come si deve ora dire). Nel nostro diritto, con il nostro povero primo grado, eterno, sbrindellato, testimone della successione di più giudici istruttori, con l'ultimo incline a rottamare il ruolo del dante causa, occorrerebbe un appello che fosse piuttosto l'*achèvement* del primo grado (come ben vedono i francesi). Un *favor judicati* tutto ideologico (e la cosa è evidente già nella legge n. 353/1990) lo condanna alla paralisi, senza troppi rimorsi dal momento che la costituzione non prevederebbe garanzia del doppio grado (c'è chi lo ritiene un argomento).

Quanto alla nuova formulazione del n. 5 dell'art. 360, il senso sostanzialmente "revocatorio" del vizio denunciato vorrebbe forse riportare la situazione al paradiso perduto del rigore che precedette la riforma del 1950. La cosa non funzionò allora (e l'esperienza del codice del 1865 avrebbe dovuto insegnare qualcosa) ed è molto dubbio che possa produrre buoni risultati oggi. Nella sostanza si elimina la base della piramide che caratterizza il controllo del giudizio di diritto per correre apparentemente in aiuto ad una Corte di cassazione ossessionata da se stessa, e che negli anni non ha rinvenuto di meglio che rispondere con l'incremento del formalismo alle sfide dell'inflazione dei ricorsi (la trovata della procura spillata era sembrata il fondo, ma non si erano ancora visti gli incredibili abusi che hanno caratterizzato la vicenda dei quesiti e l'inquinamento della fiducia nella giustizia che va sotto il nome di "autosufficienza").

Una sola domanda: ma che razza di diritto processuale possiamo ancora insegnare ai nostri ragazzi nelle università?

2ª Conferência de encerramento:
Crise da justiça civil

O CÓDIGO DE PROCESSO CIVIL E O MITO DA REFORMA PERENE[1]

Bruno Sassani
Professor titular de direito processual civil na Universidade de Roma 2 Tor Vergata. Advogado.

SUMÁRIO: 1. REFORMAR O PROCESSO: UM MANTRA ; 2. AERE PERENNIUS: O CÓDIGO DE 1940 ; 3. A MUDANÇA: O PROCESSO DO TRABALHO; 4. A ILUSÃO DO TRANSPLANTE: A LEI N. 353/1990; 5 GREAT EXPECTATIONS: PROJETO TARZIA, PROJETO VACCARELLA E O METEORO DO PROCESSO SOCIETÁRIO; 6. "UM MOSAICO DE SOBREVIVÊNCIAS"; 7. MOTUS IN FINE VELOCIOR: AQUILES, A TARTARUGA E A DICOTOMIA AO INFINITO.

1. REFORMAR O PROCESSO: UM MANTRA

Entende-se por mantra, uma fórmula repetida por diversas vezes, com a finalidade de obter determinado efeito a nível mental, físico e energético. Para minha geração, a fórmula "reforma do processo" tem todas as características de um "mantra": repetitividade, positividade e evocação. Um dos argumentos utilizados com maior abuso é, de fato, aquele segundo o qual uma tese jurídico-processual vale não "*de iure condito, mas de iure condendo*", que é o mesmo que dizer: esperamos juntos a reforma da norma, isto é, para nós, de nosso respeitado Código, tão respeitado a ponto de estar sempre na iminência de ser alterado.

De reforma em reforma, a última é sempre a penúltima. A reforma de 2009 (lei n. 69/2009) foi concebida para racionalizar também e, sobretudo, no plano da duração razoável, o processo civil. Ao seu tempo, a última, mas não definitiva nem mesmo nas intenções: declaradamente incompleta essa continha a delegação ao governo para uma reforma ambiciosa.[2] Nesse ínterim, de reforma em reforma, a banal realidade dos homens e das coisas é tal que qualquer um que assista a uma audiência de *trattazione*,[3] num processo de conhecimento, não escapa da desagradável impressão de um juiz instrutor que parece

---

1. Texto traduzido por Guilherme Tambarussi Bozzo, mestrando em Direito Processual Civil pela Faculdade de Direito da Universidade de São Paulo (USP).
2. Unificação dos ritos especiais extracódigo, proliferados sem controle ao longo dos anos.
3. *Trattazione della causa* (que pode ser feita em audiência, ex vi art. 183 c.p.c.) é a atividade realizada pelas partes e juiz voltada à fixação do *thema decidendum* e do *thema probandum*. Também é o momento adequado para a apresentação da demanda e das exceções (N. do T.).

trabalhar em vão.⁴ Provavelmente trabalha em vão, mas seu tempo é tão repleto, que quando é requerida por ambas as partes, ao juiz instrutor, a especificação das conclusões, essas só as veem fixadas dentro de dois, três ou quatro anos (mesmo nos tranquilos tribunais das tranquilíssimas cidades da província, para não lembrar sempre o ordinário exemplo da Corte de Apelação de Roma, que fixa, sem se perturbar, a especificação das conclusões num período que vai de quatro a seis anos).

Somente uma corporação fechada pode tratar do processo como se esses eventos não causassem um azedamento da matéria. Volta-se ao juiz para pedir ajuda e a resposta considerada é simplesmente a refutação da ajuda.

Todos somos cultos, inteligentes, sofisticados e especialistas a ponto de saber que esta recusa é um desvalor em relação ao ordenamento e que nenhuma lacuna na lei a justifica. Todos somos cultos, inteligentes, sofisticados e especialistas para saber que um ordenamento perfeito é uma utopia, que qualquer iniciativa no sentido de rescrever a lei é sempre um compromisso e que a praxe – onde, sobretudo, estão em jogo organizações de poder – é sempre senhora do sucesso ou do insucesso das regras e das intenções do legislador. Mas todos somos vítimas da ideologia da reforma, que atribui a culpa a um defeito da lei (quando digo "ideologia da reforma" não me refiro a esta ou aquela reforma, mas à ideia de que os problemas se resolvem alterando a lei). Trata-se da via mentalmente mais simples e é a favorita da "falácia do positivista", que vive no mundo ideal dos juristas, um mundo de atores racionais, capazes de calcular a utilidade esperada, que programam e controlam mentalmente a realização do próprio programa. Naturalmente esse mundo não existe. Porque o mundo que existe é aquele de homens repletos de tarefas, a fazer aquilo que podem (ou o que creem poderem) fazer, ou a não fazer aquilo que não podem fazer, e cujos comportamentos dependem somente em parte do mundo feito de conceitos, teorias, definições, axiomas, leis, princípios e modelos.

A ciência italiana do processo nasce com o sinal da reforma. Chiovenda a propugna, mas não introduz o tema num contexto tranquilo. O último vintênio habituou-se a se ver em uma dimensão de permanente *work in progress*, que o levou progressivamente a uma espécie de Torre de Babel, mas as coisas nunca pararam e o movimento somente acelerou-se com o passar do tempo.

Quando Chiovenda escreve, circulam aqueles que para nós são "os velhos volumes do Cao" (*Per la riforma del processo civile*, 1912), uma mina de informações, de dados e reflexões. A reforma era uma moeda corrente, portanto. Mas Chiovenda coloca o *pathos* – e um *pathos* de alta qualidade literária – num

---

4. No original, "lavorare a vuoto", que ao pé da letra seria "trabalhar no vácuo" ou "trabalhar no vazio" (N. do T.).

campo dominado de aspectos técnicos, embora longe de se afigurar estático: nota-se nas pgs. 88 e seguintes do volume I das Instituições, o longo elenco de intervenções legislativas sobre o Código de 1865: "numerosas leis modificaram, todavia, algumas partes do código de processo. As principais são..." e o leitor conta 31 (salvo engano) apenas no primeiro parágrafo da pg. 88. O autor então continua por mais duas páginas e meia, escritas com o corpo 10 dos velhos (e um pouco escuros) volumes da Eugenio Jovene.

Tem de tudo. Por exemplo: da lei que aboliu o arresto por débitos de 1877, à lei que reduziu as atribuições do Ministério Público em matéria civil de 1875; da lei sobre competência dos pretores e conciliadores de 1922, à lei sobre a unificação da Corte de Cassação de 1923; da lei sobre férias judiciais e feriados de 1916, à lei sobre o Foro do erário e sobre o domicílio legal da Administração do Estado de 1923; da lei cambiária de 1933, à lei sobre os "oficiais de justiça" de 1924 (depois modificada pela lei de 1932); das tantas leis sobre jurisdição especial (tribunais das águas, dos usos cívicos, magistratura do trabalho, etc.), à lei sobre assistência judiciária gratuita de 1923; do procedimento de injunção para o pagamento das receitas patrimoniais do Estado e outros entes públicos (texto único de 1910), ao procedimento de injunção ordinário (lei de 1922). E por aí vai. O quadro é de uma oficina constante.

A verdade é, porém, que Chiovenda não almeja "uma reforma", e, sequer, simplesmente, "uma reforma sua", mas sim "a reforma". É exemplar sua crítica a uma lei que nós chamaremos "estrutural", a lei de 1901 sobre a reforma do procedimento sumário. Ele havia feito essa crítica na Exposição de 1919 do projeto elaborado pela Comissão do pós-guerra, afirmando que o legislador tinha caído no erro de acreditar que fosse possível encontrar os remédios para os males da justiça civil "sem um radical reordenamento de nosso organismo judiciário". O mesmo se encontra em Calamandrei, na Exposição: "por mais de meio século os males continuaram se agravando, através do fácil e perigoso método das reformas parciais".

Longo período de projetos. Projetos que se diferenciam, e muito, entre si. Mas uma coisa eles têm em comum – e aqui está um momento significativo da vitória de Chiovenda –, aquela que deverá vir a ser "a reforma".

2. AERE PERENNIUS: O CÓDIGO DE 1940

O Código de 1940 nasce com o soar de uma trombeta: para a Exposição, esse nasce para durar eternamente[5] (a exposição do Ministro da Justiça,[6] escri-

---

5. No original, o autor utiliza a expressão latina *aere perennius*, que quer dizer mais duradouro que o bronze. Tem um sentido de perpetuidade (N. do T.).
6. Em vernáculo, *Guardasigilli* (N. do T.).

ta, na verdade, por Piero Calamandrei, é uma obra prima de retórica alta); não é o caso de maravilhar-se, pois "a experiência concluída é a recorrente utopia dos grandes legisladores" (S. Satta).

Utopia logo submetida à dura prova, porque sofreu rapidamente com as modificações que implicaram numa diluição do *gran cru*.[7] É bem conhecida a superveniência da reforma de 1950,[8] que, com a unanimidade dos práticos, reintroduz a citação na audiência fixa e dilui consideravelmente o sistema de preclusões do Código. Do resultado ninguém se declara satisfeito: nem os teóricos, defensores do Código de 1940; nem os práticos, que não notaram significativa aceleração do processo. O Código rapidamente transformou-se num texto híbrido, mas que permanecerá substancialmente imutável por algumas décadas.

Para evitar equívocos digo que o Código de 1940 teve o grande mérito de deixar arder e permitir o desenvolvimento daquele sistema conceitual que caracteriza a civilidade da justiça civil e marca indelevelmente os seus cultores, que nele se reconhecem, trata-se do "núcleo comum do sistema da justiça civil".[9] Não é o Código de 1940, todavia, que cria este sistema conceitual – Chiovenda dá voz aos seus princípios e consegue encontrar a sua confirmação em um Código de diversa criação, que era o de 1865, tais princípios eram submergidos na superestrutura de autores como Mortara. Existiam aqueles princípios naquele Código? Pouco importa, ele apenas os encontra, porque ali os coloca e a força do Código está em ser compatível com eles. E *majori causa* compatível é também o Código de 1942: com todos os seus defeitos é o Código que permite a todos nós nos reconhecer em seus princípios, isto é, nos poucos, mas excelentes, postulados do sistema, com seu complexo de axiomas e corolários.[10] O Código de Processo Civil e o mito da reforma.

Mas tornemos ao Código de 1950, rapidamente reformado.

Os anos que se sucederam são anos de congelamento do *status quo*. O "grande inverno" – podemos assim chamá-lo se voltamos os olhos ao superaquecimento

---

7. mais alta categoria de qualidade de vinhos (N. do T.).
8. De acordo com nosso ponto de vista, conta relativamente pouco o r.d. (Régio Decreto, N. do T.) de 20 de abril de 1942, n. 504, cujo artigo único incide sobre os arts. 19, parágrafo 2º, 30, 61, 111, parágrafo 4º, do Código.
9. No original, essa expressão está em inglês: *common core of civil justice system* (N. do T.).
10. Recordados eficazmente por Virgilio Andrioli em seu prefácio à edição de 1965 dos *Princípios* de Chiovenda (mas antes veja P. Calamandrei, *In memoria di Giuseppe Chiovenda*, Padova, 1938, passim: em prol da instrumentalidade do processo em relação ao direito substancial, pela qual a regra de que a duração do processo não deve render prejuízo a quem tiver razão, da normal correlação entre situação subjetiva e titularidade da ação, do fim do processo de dar àquele que tem razão tudo aquilo e exatamente aquilo que lhe aprouvesse segundo o direito substancial, do princípio *victus victori*, como critério de repartição de despesas, etc.).

que se sucedeu – é o momento em que (se a legislação está substancialmente inalterada) a praxe deixa de invocar a reforma, enquanto a doutrina vive uma situação um tanto esquizofrênica de quem, de um lado se apresenta nas vestes de uma exposição vestal,[11] em relação ao sistema fundado sob o Código e, de outro, imagina poder outra vez alterá-lo. Estranho destino o seu: a geração precedente era coberta de glória criando um Código, e não um Código renovado, na medida em que fosse necessário pela sucessão fisiológica das leis, que tomam o lugar daquelas envelhecidas sem renegá-las, mas o "novo Código", o Código que fechava a rotina da "procedura" (e com a tradição artesanal dos "proceduristas") e, religando a história do processo, parava a própria história. O que restava à doutrina? Limitar-se a explicar, completar o "sistema"?[12]

A primeira geração pode se contentar: participou, contribuiu para "criar" e agora explica, mostra e demonstra. Defende o Código, protesta o quanto basta diante da diluição que ocorreu em 1950 e se preocupa o quanto pode para não se fazer acusar de estranha ao direito vigente, para depois tornar à visível satisfação pelo alto resultado da teoria. Exemplarmente: os *Problemi del processo civile* de E. T. Liebman, na sua coleção de estudos de 1962, são os problemas nos quais se espelha uma ciência ainda relativamente nova, mas orgulhosamente consciente dos próprios méritos especulativos. Quarenta e oito estudos, todos de sistema, história, interpretações vivamente conscientes da experiência, mas todos embebidos no otimismo do "più è fatto".[13]

Trata-se da época dos grandes Comentários: inclusive o mais crítico, como Satta (crítico do sistema e de um Código considerado maquiado pela mentalidade do sistema), dá sempre a impressão ao leitor de trabalhar no interior de uma compacta comunidade, que tem como objeto de exame a sólida realidade do Código, que será criticado quando se tem vontade, mas do qual se continua a extrair princípios indestrutíveis. Com alguns equívocos, também sobre os verdadeiros princípios: e assim Micheli,[14] segundo o qual o conteúdo íntimo da função jurisdicional (que está na avocação do Estado do poder exclusivo de eliminar qualquer litígio) encontra-se na "proibição da derrogação convencional da jurisdição italiana em favor de juízes estrangeiros ou de árbitros que se pronunciem no exterior (art. 2º, c.p.c.)". Um quarto de século depois (lei n. 258/1995): "com uma canetada do legislador bibliotecas inteiras foram para o lixo" (Julius Von Kirchmann). Está explicado, porém, que não é bem assim, mas permita-me observar que o orgulho do assim dito jurista positivo sempre sai ferido.

---

11. As vestais eram sacerdotisas da antiga Roma, que cultuavam a deusa Vesta e que mantinham sua pureza e virgindade durante todo o sacerdócio (N. do T.).
12. fórmula nobre é "direito processual", oposta à "procedura" (mantida no nome da matéria "procedura penale"). Mas o sistema é o vício do Código, aquele sistema em que de "tudo já aconteceu" (S. Satta).
13. Expressão italiana, que significa "o mais já foi feito" (N. do T.).
14. *Corso di diritto processuale civile*, Milano, 1959, I, § 3, pp. 8 e ss.

As gerações sucessivas herdaram plenamente o posicionamento científico (ou..."scientificizzante"),[15] mas é óbvio também que não podem existir para se limitarem a recontar um sistema concluído: o sistema existe, está explicado, mas deve-se ter algo mais: o processo não funciona (premissa maior de natureza factual) e a culpa é de uma lei que não se conforma perfeitamente com o sistema (premissa menor de natureza valorativa), de sorte que ocorre mudar a lei para recuperar o sistema (inferência). Trata-se de um parassilogismo, mas que a muitos satisfaz.

A prática mostra rapidamente dois aspectos: de um lado uma (sem dúvida muito zelosa) adesão à nova terminologia e conceituação de feição chiovendiana, do outro uma utilização sempre menos eficiente do modelo obtido da lei, com um progresso constante em relação aos retardos e à quebra da "procedura". Os defeitos são facilmente encontrados: a reforma de 1950... logo, "tornamos a Chiovenda". Disse bem Nicola Picardi:[16] "(...) já naquela época começaram a vir a lume, também relevantes defeitos técnicos. Com efeito, as novidades salientes do novo processo de cognição eram, sobretudo, duas. Por um lado, a instituição do juiz instrutor, ao qual o legislador atribuía todo o complexo de atividades preparatórias à sentença e que era munido de significativos poderes de ofício, para um rápido desenvolvimento do processo. Por outro lado, a previsão de um sistema de preclusões que – embora temperado por poderes discricionários do juiz – induzia as partes a desenvolverem as próprias atividades afirmativas e defensivas nos atos introdutivos, de modo a cristalizar tendencialmente (o art. 184, no texto originário, estabelecia, de fato, que somente por "graves motivos" o juiz instrutor poderia autorizar as partes a "produzir novos documentos, pedir novos meios de prova e propor novas exceções que não estivessem preclusas") o *thema decidendum* e o *thema probandum* no momento inicial do processo. Para Salvatore Satta, o Código parecia fundado sobre a 'lógica da utopia', porque pressupunha duas condições difíceis, senão impossíveis, de se realizarem: de um lado um juiz que fosse informado da controvérsia até a primeira audiência; do outro, causas encerradas até o primeiro momento" (e esta mesma "utopia" inspirará os legisladores sucessivos: o rito do trabalho de 1973 se funda sobre as duas mencionadas condições; a reforma da lei 353/1990 visa a fixar naquele rito tudo aquilo que pressupõe essas condições).

Mas continuemos em ordem.

O Código é novo, mas os projetos de reforma continuam. A matéria do Código é, portanto, assim ignóbil para ser deteriorada em tão pouco tempo?

---

15. Preferimos não traduzir essa expressão, por não haver no português uma expressão semelhante: trata-se de adjetivo com o sentido de dar um aspecto de científico a algo (N. do T.).
16. *Codice di procedura civile*, Prefazione alla IV edizione, Milano, 2008, XXIV s.

Seríamos obrigados a dizer que sim, malgrado o orgulho que ressumbra das discussões de direito processual em relação a essa obra prima da ciência jurídica italiana.

Sigo a exposição de N. Picardi, no Prefácio do Código. Os anos cinquenta e sessenta "parecem um período de preparação e estudo". Os resultados da primeira investigação são publicados no ano de 1956, em dois volumes em homenagem ao Ministro de Graça e Justiça. Picardi recorda "que a iniciativa é abraçada pelo Ministro da Justiça (...) para corresponder à ordem do dia do Senado, em 26 de março de 1954, o qual preconizava que o governo colocasse em estudo 'uma reforma mais completa e radical' do Código". O resultado foi, todavia, objeto de estudo de uma Comissão ministerial, que levou a um projeto que salvava a estrutura do Código, que se difundia em várias intervenções setoriais, com caráter notavelmente técnico.[17] Significativa a superveniência da contraposição entre a linha dos reformistas e a doutrina: "este trabalho de remendo (...) teria uma certa importância, tanto por ser representado por diversas legislaturas, como por servir de projeto de lei do Governo daquela época, mas foi vivamente criticado pela civil-processualística". Segue uma nova investigação em meados dos anos 60, realizada pelo Ministro da Justiça, cujos resultados não se transformam num específico projeto de reforma. Vem depois – o que é significativo para a falta de coalisão, um tanto esquizofrênica, dos acontecimentos – o *Projeto de lei sobre a delegação legislativa para reforma do Código*, n. 557/1963, apresentado pelo Ministro da Justiça Bosco, no qual, para o processo civil, se augurava o retorno às palavras de ordem chiovendianas, palavras de ordem que evidentemente não atuavam.

Nesse ínterim, o processo civil não ia bem. Era lento e bastante ineficiente, mas não tanto para não deixar amplo espaço para a restante (mas ainda visível) satisfação da ciência para com os seus altos resultados. Quando no fim dos anos sessenta divide-se o foco reformador, a ideia subjacente é a de que o processo é defeituoso, mas os problemas são facilmente identificados e resolvíveis: através de uma séria lei processual que marque o retorno a Chiovenda. Serão os tempos do processo do trabalho.

3. A MUDANÇA: O PROCESSO DO TRABALHO

Tanto tempo se passou desde a lei de 1973, que introduziu o processo do trabalho, mas a *epos* permaneceu. Aquela lei entrou para a cultura do processo, fez a cultura do processo, condicionando todas as reflexões sucessivas.

---

17. Picardi, *amplius*, XIX. V., em particular a tentativa de se fixarem regras preclusivas, recorrente tentação salvacionista do nosso legislador.

Compreende-se o porquê, se se considera a sua inquestionável capacidade de reprojetar o que foi vivido na dimensão do paraíso terrestre chiovendiano, um paraíso confabulado como perdido (traído...), mas na realidade nunca considerado por ninguém.

O modelo é simples – adjetivo que qualquer um traduziria como "rudimentar" (sem, todavia, dizê-lo abertamente, pena de acusação de conflito com os valores compartilhados) –, mas é seguramente eficaz. Até que enfim, pela primeira vez, se vê um mecanismo que funciona; discutível, mas eficiente; um mecanismo que não se torna o bode expiatório das desilusões dos operadores. E, desta vez, existe uma parte sociologicamente reconhecida como penalizada... mas as polêmicas se voltam contra o uso excessivamente desinibido que uma parte da magistratura vai fazendo do módulo processual, ou seja (prevalentemente, direi) da curvatura da disciplina substancial em favor da parte considerada fraca, em prejuízo dos valores de igualdade.

Na verdade, a história não pode reduzir-se à inserção no Código de Processo, da lei de 1973: a prova geral estava feita com os artigos 18 e 28 do estatuto dos trabalhadores, que entrou em vigor em 1970, e permaneceria feita, nos anos setenta, com a reforma das locações, que carregava nas costas o seu processo baseado no processo do trabalho, e com a lei sobre os pactos agrários.

Mas, atenção. Trata-se de uma legislação que é percebida como (não setorial, mas) "diferenciada", em que a aceleração, concentração e imediatidade não se apresentam como valores absolutos, mas como valores instrumentais a um programa de direito substancial.

Penso que o alto grau de efetividade alcançado descende da combinação do modelo com alguns elementos dificilmente repetíveis. Na ordem: o início desburocratizado, a criação de um corpo de juízes especializados, atribuições a seções especializadas, a forte caracterização tipológica da controvérsia, a alta motivação que fez daquele corpo a elite da magistratura, a intenção de atingir resultados compreendidos como os frutos desejados de um programa social (senão político).

Não é por acaso que esse grau de efetividade se perca no caldeirão, uma vez que falte a centralidade cultural daquele programa social. Há uma generalização do rito, com aplicação a outras matérias,[18] o fim da tensão social e o aparecimento surpreendente do seu emprego com a ex-administração pública

---

18. Tão grotesca que, sendo de todo modo o rito do trabalho bom por definição, alguma boa alma escreve o art. 3 da lei 102/2006, que impõe a aplicação do rito do trabalho "às causas relativas ao ressarcimento dos danos por morte ou lesão, resultantes de acidente nas estradas". Um verdadeiro horror excluído pela lei n. 69 de 2009.

(atribuição das controvérsias do trabalho dos dependentes das ferrovias do Estado ao juiz do trabalho, operada pela lei de 17 de maio de 1985, n. 210).

O atual ponto de chegada é representado pelo decreto legislativo n. 150/2011, que, ao abstrair o rito do trabalho da função para a qual tinha sido criado, o transforma em modelo para processos em várias e heterogêneas matérias.

4. A ILUSÃO DO TRANSPLANTE: A LEI N. 353/1990

Ao final dos anos oitenta, o estímulo propulsor do rito do trabalho encerrou-se. Acabou a tensão cultural sobre a qual se apoiava o empenho coletivo que governava a movimentação do procedimento, balanceando a concentração com a elasticidade (cúmplices da simplicidade do modelo). Mas esse fato é dificilmente percebido, falando-se do rito do trabalho ainda como uma força viva. Quando os ideais de aceleração, concentração e imediatidade forem recuperados em termos gerais, será tarde demais e – *pro malo bonum* – o processo de 1990 receberá pomposamente o recipiente vazio de uma experiência esvanecida.

À (então histórica) lei n. 353 de 1990 une-se depois um grande trabalho de projetos: antes de tudo, o assim considerado projeto *Rognoni di riforma urgente del processo civile*,[19] depois, o conhecido "projeto Vasalli", que antecipa muitas das soluções daquela que será a lei 353/90.[20] A esta lei se dará (antes e depois) uma importância enorme. Derivada de uma iniciativa de reforma "parcial e urgente", da Associação italiana dos estudiosos do processo civil,[21] essa intervém

---

19. E. F. Ricci, *Il progetto Rognoni di riforma urgente del processo civile*, in Riv. Dir. Proc., 1987, p. 626: "A reforma projetada tem caráter urgente e experimental. Essa tem caráter urgente como medida contra a demora do processo, com finalidade de aceleração: parte da convicção de que o tempo da justiça é intolerável e deve ser drasticamente reduzido (...) proposta concreta com relação ao fim de aceleração do processo, assumido como imprescindível. Aumento da competência do conciliador, juiz monocrático em substituição da colegialidade imperfeita 'incapaz de funcionar como autêntica garantia ao menos à luz dos cânones chiovendianos de oralidade – concentração, sistema de preclusões definido como 'rigoroso' –, mas não rigoroso como aquele que virá, porque estabelece os limites ao prazo da primeira audiência – 'interrogatório livre das partes, que devem comparecer pessoalmente, instrução concentrada, que deve ser finalizada em uma única audiência imediatamente sucessiva', injunção no curso da causa, executividade imediata da sentença condenatória, ab-rogação da imediata recorribilidade das sentenças não definitivas, colegialidade total da apelação, incremento da *camera di consiglio* para cassação, não automaticidade da suspensão por regulamento de jurisdição, reclamação cautelar".
20. G. Tarzia, *Il progetto Vassali per il processo civile*, in. Riv. Dir. Proc., 1989, p. 120. O artigo trata do projeto, rico em pensamentos, mas cuja leitura – à distância de um vintênio e, portanto, em retrospectiva – não foge à desagradável sensação de irrisoriedade de muitos temas e de questões relativas à realidade (todo o tema da preclusão, as medidas de antecipação e o tema da sumarização do processo).
21. Redigida por Giovanni Fabbrini, Andrea Proto Pisani e Giovanni Verde, em sequência reelaborada pelos dois primeiros. Mas as iniciativas se multiplicaram confusamente entre eles nos anos oitenta: projeto

para corrigir significativamente a estrutura do processo de cognição, rescreve o processo cautelar e deixa *a latere* a execução. O título é modesto (Provimentos urgentes), mas a expectativa é forte e a apresentação, épica. Caracterizam-na uma exibida reivindicação cultural e uma exorbitante retórica, inversamente proporcional à decisividade do conteúdo.[22]

O recipiente vazio da experiência esvanecida é antes de tudo o assim chamado princípio da preclusão.

Não há nada de errado na preclusão em si, mas enganoso, ideológico, consolador é o acento dominante que se coloca sobre o instituto: a tenuidade das preclusões se torna o bode expiatório dos males do processo e o processo com preclusões brandas aparece como perigoso, em relação ao processo com preclusões rígidas. Trata-se da inversão dos fins com os meios, mas que colore uma gama de estudos. Escreve a Exposição de Motivos da lei, firmada pelos Senadores Aconi e Lipari: "as preclusões – se lê na Exposição do Conselho Superior da Magistratura – servem não só a fazer rápido, mas a fazer bem (...). O próprio processo educa e deseduca. Deseduca quando, por haver um objeto mutável, sempre suscetível de variações e surpresas, só aparentemente funcional ao conceito de defesa, tanto as partes, como o juiz, acabam por ser abatidos por um mecanismo de desresponsabilização, no qual se empobrecem as noções de defesa e contraditório. Entretanto, educa quando, visando conseguir, através de uma articulada fase inicial, um objeto responsavelmente definido, pode-se dele falar como um projeto racional, realmente construído sobre o contraditório das partes e realmente funcional ao correto desenrolar dos poderes diretivos do juiz". A qualquer um, o posicionamento em caráter

---

de Magistratura democrática (apresentado em 1986), projeto de lei governativa n. 2214 da IX legislatura ("Provimentos urgentes para a aceleração do tempo da justiça civil", aprovado em 6 de fevereiro de 1987 e apresentado no Senado em 16 de fevereiro de 1987); rascunho de lei Pazzaglia apresentado na Câmara com o n. 142/1987; projetos de lei n. 164 e 165/1987 apresentados ao Senado; projeto de lei apresentado ao Senado com o n. 241/1987; projeto de lei apresentado na Câmara com o n. 1418/1987; projeto de lei apresentado ao Senado com o n. 427/1987; projeto de lei apresentado ao Senado com o n. 732/1987.

22. "A crise do processo é assim enraizada e profunda (em termos de cultura, além de eficiência prática) a ponto de render necessária, primeiramente, uma intervenção circunscrita de primeiros socorros, capaz de fomentar uma inversão de tendência, da qual possa descender um segundo momento, sem relação de rejeição, de outro modo inevitável, de reforma geral" (Resolução CSM de 18 de maio de 1988 realizada em homenagem na Relação Acone e Lipari). O problema da crise da justiça civil é também um problema de homens: em realidade, trata-se de uma questão de cultura do processo civil, da falta de consciência da efetiva função deste instrumento fundamental de atuação da lei, isto é, de aplicação de regras predeterminadas mediante a técnica do contraditório e, neste sentido, da função deste instrumento fundamental de democracia. Neste contexto, ora claramente delineado, uma reforma parcial e racionalizadora não representa um álibi para distanciar no tempo esta reforma mais ampla da justiça civil – como foi, entretanto, sustentado com apoio em precedentes históricos famosos –, mas constitui um primeiro passo significativo para a mesma, tendo em vista que parece compatível com as convenções já amadurecidas e, o que mais importa, com a condição não muito feliz em que se encontra o processo civil atualmente.

"educativo" da dimensão processual parece um tema alheio,[23] uma *vox clamatis in deserto*. A cultura das preclusões torna-se um critério constitutivo do proceder; a jurisprudência a adota rapidamente e de bom grado. Dela fará um *totem* nos anos que se seguiriam.

No plano estritamente normativo, todavia, a rigidez das preclusões pretendida pela reforma não prevalece; o desencontro entre os "duros e puros" e o partido dos céticos se conclui com a vitória destes últimos, o que dá ensejo à "contrarreforma" de 1995. *Annus horribilis* este de 1995: por um decênio a falta de melhoramento (ou a piora) do processo de cognição será conduzida a uma alteração da estruturação das preclusões e à introdução da audiência de primeiro comparecimento,[24] que lança para frente no tempo o momento no qual se enfrenta o mérito da causa. Um decênio que se conclui e com as leis de 2005 haverá a recuperação da originária rigidez das preclusões, própria do sistema da lei n. 353/1990 (*infra* sobre a realidade do processo depois desta reforma). Vejamos por ora o mecanismo gerado pela lei n. 353/90: processo dividido em fases, com atividade rigorosamente inútil a se cumprir rigorosamente nos prazos. Uma monstruosidade, se confrontado com o princípio da elasticidade, canção de fundo (esquecida) em Chiovenda. É um paradoxo, mas é o paradoxo que nos governa há mais de 15 anos: em Chiovenda, o processo por fases vem censurado e oposto ao processo imediato, oral e concentrado, mas pregando o retorno a Chiovenda, se regula por fases o processo.

Empregam-se muitas palavras, escrevem-se bibliotecas e consolamo-nos a pensar que a solução foi encontrada: o mau funcionamento era resultado de um modelo defeituoso, substituível por outro modelo, privado das características negativas do antigo. Efetuada a substituição, o mau funcionamento sumirá. Elementar.

Uma pena apenas que se trata de um exemplo luminoso de *post hoc propter hoc*. Detemo-nos em alguns momentos exemplares da reforma.

"Assim é para a eliminação da audiência colegiada". A "Determinação" do Conselho Superior da Magistratura, amplamente utilizada como suporte daquele documento de doutrina que é a Exposição dos Senadores Acone e Lipari, vê nesta audiência um "simulacro vazio", de necessária eliminação para "proceder-se, necessariamente, à decisão na 'camera di consiglio',[25] com a troca

---

23. G. Tarzia, *Lineamenti del nuovo processo di cognizione*, Milano, 1966, *passim*.
24. Audiência preliminar sem instrução do mérito, obtida com o restabelecimento do velho e inócuo artigo 180.
25. Essa expressão não tem uma tradução fiel. Ela pode se referir tanto à sala do Juiz, mas nos momentos em que não se realiza uma audiência pública, ou seja, quando ele se retira para consultar os autos, quanto a um procedimento especial (arts. 737-742-*bis*, c.p.c.), que serve aos processos que devem se desenvolver em segredo de justiça (N. do T.).

anterior dos memoriais conclusivos". A afirmação não precisa de comentários, devido a sua peremptoriedade, mesmo que, na verdade, aos mesmos relatores surgiu a dúvida de que "o atual tempo longuíssimo entre a audiência de 'precisazione delle conclusione'[26] e a audiência perante o colegiado" não é "determinado pela previsão da audiência perante o colégio, de modo que a sua supressão não é, por si só, idônea a acelerar o tempo da justiça ordinária". Mas sem dúvida: a supressão da audiência colegiada "pode contribuir ao menos para realizar aquela função educativa do processo civil, justamente reclamada na Resolução do Conselho Superior da Magistratura".

Uma só voz, pelo que me recordo, se levantou sarcasticamente em guarda contra a ilusão de se acelerar o momento de definição do processo eliminando-se os acontecimentos fixados em data distante.[27] Serão distanciados no tempo, diz essa voz, os acontecimentos fixados hoje em data próxima: o tempo da definição não é uma variável do calendário e da ordem dos eventos processuais; modificá-los ou modificar sua sucessão influi apenas sobre o deslocamento de uma fraqueza[28] inelminável. Tranquilamente,[29] boa contribuição seria a supressão da audiência colegial para a "função educativa do processo civil".

"Provimentos de antecipação". Recordam alguns a seriedade de perspectiva que os comentadores da reforma deram aos arts. 186-*bis* e 186-*ter*? E do debate sobre a sucessiva introdução do art. 186-*quarter*? Seriedade de perspectiva esta que o legislador havia versado na lei e seriedade de disputa,[30] a qual se empenhou a fundo a doutrina.

Então, a experiência é aquela (senão de uma verdadeira falência, ao menos) de um substancial redimensionamento do tema. Um subterrâneo ceticismo

---

26. Ato realizado pelas partes antes da causa ser remetida ao colégio e/ou após o encerramento da instrução. Trata-se de ato que se assemelha muito às nossas razões orais ou memoriais (art. 454, CPC) (N. do T.).
27. V. Tarvormina, Lei n. 353 de 26 de novembro de 1990, arts. 7-30. *Il Commento*, in *Corriere giur.* 1991, número monográfico sobre a reforma.
28. autor usa a expressão "collo de bottiglia", que ao pé da letra significa "pescoço de garrafa". Essa expressão parece ser plurívoca e é utilizada em vários ramos da ciência. No contexto em que foi colocada, parece referir-se à ideia haurida da engenharia, onde "collo di bottiglia" é utilizada como forma de exprimir o ponto fraco de determinado sistema: por exemplo, numa indústria, o setor que produz menos em relação aos demais (N. do T.).
29. "Com buona pace di", que significa "com autorização de alguém", mas que vem no texto com sentido irônico (N. do T.).
30. parte o *nonsense* do documento do CSM que a Exposição teve o cuidado de reportar, falando da precedente proposta governativa: "a propósito, o Conselho Superior da Magistratura observou: 'essa previsão será capaz de um grosso efeito de diminuição da crise do processo civil', mas 'na ponderação de vantagens e desvantagens, a sua inegável capacidade emergencial de exaurimento quantitativo parece ser superada por sua incapacidade de incidir positivamente sobre os contornos qualitativos da crise do processo civil', pelo qual não se pode falar em contribuição à recuperação dos valores do processo ordinário, se se prevê em seu bojo – sem outro requisito que não o da probabilidade – a possibilidade de concessão de uma forma assim extrema de provimento antecipatório".

quanto à efetiva redução do tempo de definição do processo ordinário levava a se atribuir grande importância a instrumentos imaginados como capazes de garantir resultados – parciais, caso queira – mas velozes e efetivos. Temidos, antes, como "Cavalos de Tróia" da sumarização no âmbito do processo ordinário![31] Uma pena que o sistema tenha de fato rejeitado os provimentos antecipatórios como corpo estranho a esse último.

E corpos estranhos o são. Se do modelo se extrai a divisão em fases – o que se nota com a seriedade enfática que vimos e que me faz pensar em afirmar hoje uma "cultura da preclusão" – não há espaço para os incidentes, que alteram a separação e a ordem das fases.

Cuida-se do triunfo do falso problema, isto é, do quesito jurídico em discussão, porque tido como iminente na cabeça dos operadores e dos destinatários das normas, mas depois se revela estranho à experiência. A doutrina atormentou-se para debater, até o limite da sobrevivência, a necessidade de extinção das medidas antecipatórias e...nenhum caso do gênero foi registrado em quinze anos. A doutrina processualística mostra assim a sua íntima vocação, que é a outra face de seu orgulho intelectual, uma vocação que é fidelidade a sua formação cultural: o direito é a prescrição e o jurisconsulto se preocupa com sua inserção num sistema lógico formal. Está pronta – com a melhor das intenções – a reconhecer a existência de outro direito, um "direito relativo" em confronto com aquele "absoluto", do qual esta custodia as chaves. É a imagem dos dois direitos de Toullier, que sugere a Salvatore Satta aquela ideia das "duas engenharias, uma superior, feita para construir castelos no céu, outra inferior, feita para construir nossas modestas casas na terra".

"O interrogatório livre das partes, mediante comparecimento pessoal". Outro corpo estranho ao *usus fori*, que a lei 353/90 forçadamente introduz na disciplina do processo de cognição é a obrigação do comparecimento pessoal das partes à audiência de *trattazione*. O instituto é de grande relevância no processo do trabalho,[32] mas não vinga mais, dando margens a equívocos e quizilas. A norma, na

---

31. Exposição Acone e Lipari, 7.1: "se, de fato, parece racional prever a pronúncia de provimentos antecipatórios durante o assim chamado desenvolvimento anormal do procedimento, que consiste em suas pausas excepcionais e que podem ser provocadas com finalidade dilatória, não se pode admitir tais provimentos durante as pausas fisiológicas, que são, hoje, o período que vai da apresentação das razões à audiência colegiada e que poderão ser, amanhã, aqueles que vão da notificação do ato introdutivo à primeira audiência, ou da fixação dos prazos para o depósito dos memoriais à elaboração da sentença. Se se pretende evitar uma 'sumarização' do processo ordinário, justamente temida pelo Conselho Superior da Magistratura, deve-se trabalhar para que tais pausas fisiológicas se reduzam sempre mais (até que coincidam com os termos fixados pela lei) e não, porém, tentar preencher a lacuna com provimentos de cognição sumária, cuja pronúncia pode implicar um risco de dilatação dessas pausas".
32. "A comissão, acolhendo proposta do governo e em conformidade com outros projetos de reforma, propõe a modificação do art. 183 do Código de Processo Civil: a disciplina que se submete à aprovação da

sua generalidade e grau absoluto, não leva em conta (juízo *in bonam partem*) a irritante desnecessidade da sua presença em um grande número de casos (como na maioria dos casos em matéria comercial), ou mesmo não leva simplesmente em conta (juízo *in malam partem*) a pouca, pouquíssima, vontade dos juízes em se ocupar de um incidente compreendido como complicação inútil na gestão da causa, isto é, na ritual divisão de controle, reenvio e exame de papéis que caracterizam o procedimento. Talvez não tenha levado em conta as duas coisas.

A reforma de 2005 – precedida, em verdade, pela criação do rito societário –, atinará a esse estado de coisas e, ao rescrever o art. 183, deixará ao juiz instrutor o poder discricional de ordenar o comparecimento pessoal das partes quando averigue a oportunidade de especificação dos fatos, ou mesmo pretenda tentar a conciliação.

Pouco, mas racional...o que já não é tão pouco.

"O processo cautelar". É opinião corrente a de que a reforma do setor foi uma coisa boa. E não há dúvida que o esforço de organicidade normativa foi notável e que dela derivou um modelo que antes fazia falta e que teve, de repente, uma mudança seguramente *in progress* (Corte Cost. n. 253 de 1994, em sede de recurso, processo societário, lei n. 80/2005). Não acaba com a bondade do modelo qualquer limite que podemos dizer como limite do intérprete: atuação, cautelar não destinada à execução direta, compatibilidade, regime de provimentos incidentais.

Mas ser um bom modelo significa apenas representar um bom equilíbrio conceitual. Não sabemos, todavia, se a sua "bondade" melhora a situação sobre o tema. A minha experiência (quanto pode valer? Pouco se considerarmos sua limitação e unilateralidade, mas certamente essa tem sua dignidade, enquanto elemento não arbitrário de valoração) é aquela de um pouco louvável *self-restraint* que corresponde à progressiva desresponsabilização do juiz civil. Uma vez havia o pretor (aquele pretor que andava no dorso de um asno a fazer inspeções nas possessórias e a recolher breves informações nos lugares), que concedia a medida de urgência com base no *fumus* e no *periculum*, com consciência e autonomia; esta autonomia veio a faltar quando o juiz começou a precaver-se contra a possibilidade de poder se contradizer no futuro. Pode ser que este seja um bem, mas nota-se que a concessão do provimento ficou rarefeita: essa é a progressiva desresponsabilização do juiz civil.

Aula se fundamenta no elementar relevo, pelo qual se faz, em primeiro lugar, a individuação dos fatos que deram lugar à controvérsia: uma vez completa essa necessária e preliminar operação, é possível proceder à qualificação jurídica daqueles fatos; e, enfim, em relação aos fatos alegados e às consequências que qualquer das partes pretende atribuí-los, pode-se proceder à declaração daqueles fatos, abrindo-se a instrução probatória". (Exposição Acone e Lipari).

5. GREAT EXPECTATIONS: PROJETO TARZIA, PROJETO VACCARELLA E O METEORO[33] DO PROCESSO SOCIETÁRIO

A reforma de 1990 dá motivos de satisfação aos teóricos, mas deixa a prática como se encontrava.

Nesse ínterim, a doutrina polemiza bastante e fala-se de desnaturação, por conta da contrarreforma introduzida com o decreto lei 432/95, que desaguou depois na lei n. 534/1995, "imposta – como escreve um combativo autor – sob a ponta de uma baioneta, após três meses de manifestações da advocacia". Acontecem, de resto, muitas coisas, algumas previstas ou previsíveis, outras imprevistas e imprevisíveis: a criação do tribunal monocrático (órgão, *a priori*, inconcebível, sendo a colegialidade um elemento da própria definição de tribunal); o distanciamento do relevo sobre as normas que criam o juiz de paz (que, com a lei 374/1992, depois atualizada pela lei 468/1999, substitui o velho juiz conciliador) e, depois, a supressão da antiga Pretura (assim dito juiz único de primeiro grau: decreto legislativo n. 51/1998); a segunda reforma da arbitragem[34] (lei n. 25/1994); a reforma do direito internacional privado e processual (lei n. 218/1995, que revoluciona a topografia tradicional, regulando fora do Código as normas sobre a jurisdição italiana em relação à jurisdição do juiz estrangeiro); a redistribuição da jurisdição interna (o decreto legislativo 80/98, a sentença das Seções Unidas da Cassação n. 500/99, o multiplicar-se dos ritos após a nova redação das disciplinas substanciais, a inserção no art. 111, da Constituição do conceito de "justo processo" e do conceito de "duração razoável" (que tantos desastres causarão mais tarde, sem nada acelerar).

Neste ambiente reabre-se o canteiro para iniciativas radicais de nova redação do Código. A experiência da reforma parcial e setorial, mas sempre declaradamente na vanguarda de uma verdadeira reforma, de que ninguém tem a ideia, abre caminho para sérios projetos de novo Código. O primeiro deles recebe o nome de "Projeto Tarzia" (com o nome do relembrado grande jurista que presidiu a Comissão ministerial encarregada de sua redação): ligado a um reclamo expresso ao projeto Liebman, o projeto Tarzia é o projeto ambicioso (se não de um Código totalmente novo), de um Código radicalmente renovado. A comissão pretende respeitar o sistema geral dado pelo Parlamento (nas reformas de 1990 e 1995) ao processo ordinário de cognição e aos procedimentos cautelares (procedendo apenas marginalmente a integrações e correções), mas age com profundidade na nova redação da parte geral, do processo de

---

33. *Texto traduzido por Guilherme Tambarussi Bozzo, mestrando em Direito Processual Civil pela Faculdade de Direito da Universidade de São Paulo (USP).
A expressão pode denotar fugacidade em determinados contextos (N. do T.).
34. Depois daquela de 1983.

execução e de outros procedimentos especiais, matérias sobre as quais o Código estava "paralisado desde 1942". A comissão apresentou seu trabalho formulando 51 pontos que, distintos nas matérias, formavam consideráveis propostas específicas.[35]

O projeto Tarzia desliza nas águas do suceder das legislaturas e do alternar-se das maiorias políticas, mas com o seu esmorecimento não se perde o espírito de renovação do Código: no fim do século e início do novo é um pouco como se, pela primeira vez, se sentisse a consolidação histórica de um Código pensado há mais de sessenta anos atrás. Os problemas agora podem ser catalogados, aqueles resolvidos em sede jurisprudencial podem ser transformados em disposições novas, aqueles não resolvidos podem ser enfrentados com soluções frescas. O testemunho do projeto Tarzia é captado pelo projeto Vaccarella, que ambiciosamente recupera muitas das soluções daquele, mas inova substancialmente sobre a introdução do juízo e da gestão do contraditório.[36]

O projeto Vaccarella naufraga na sua ambição, cúmplice da hostilidade das corporações dos magistrados e da indiferença suspeita do conservadorismo acadêmico. Da sua costela é extraído, todavia, o processo societário, o decreto legislativo n. 40/2006 (restabelecimento do juízo de cassação e da arbitragem) e, em parte, as reformas (parlamentares) do complexo de 2005/2006.

O rito societário. Particular e inovador,[37] o rito do decreto n. 5/2003 institucionaliza em grau máximo a distinção em fases, mas permite uma regulação elástica de cada fase. Nasce mal, manchado por suspeitas de torpezas políticas, antecipado por um sumário do Conselho Superior da Magistratura, nas vestes de um "parecer", em cujo *non prevalebunt*, se leem, amiúde, os desenvolvimentos futuros.

O modelo é conceitualmente simples: baseia-se sobre uma fase de troca de atos defensivos entre as partes, até o momento em que uma delas tem por madura a causa pela *trattazione apud judicem*, fecham-se as trocas e é requerida a audiência. A audiência é integralmente colegiada e é fixada por meio de

---

35. Ver por todos R. Vaccarella, in. *Riv. Dir. Proc.*, 1996, 945. Se a lei 353 de 1990 tratava a execução forçada exclusivamente sobre dois aspectos marginais (conversão da penhora e intervenção na pequena expropriação imobiliária), muito incisiva parece a tentativa da Comissão Tarzia, que elabora quarenta critérios diretivos, agrupados em sete pontos (poderes do juiz, título executivo, embargos, intervenção dos credores, penhora, fase de liquidação e expropriação de bens indivisos).
36. F. P. Luiso, B. Sassani. *Il progetto di riforma della commissione Vaccarella: c'è chi preferisce il processo attuale*, in www.judicium.it (sez. Archivio).
37. Não em absoluto – v. N. Picardi, *Prefazione alla quarta edizione del Codice di procedura civile*, XXXVI, que recorda a similitude do modelo no "Processo assim dito em contraditório" do Código sardo de 1854 e depois do "Procedimento formal" do Código de 1865; recorda ainda a exposição preliminar da causa baseada sobre o livre intercâmbio de atos fora da audiência do Projeto Acampora – Gonella.

um decreto que resume a causa; a decisão é realizada de forma simplificada. Na realidade, a máquina construída se revela, de repente, difícil de ser gerida, cheia de pedras nas engrenagens: trava-se, de repente, pela dificuldade de se compreender a classe forense e pela falta de um protocolo de verdadeira colaboração entre advogados e juízes. Se os advogados demonstram, a respeito do novo rito, o "poujadisme"[38] que lhes caracteriza como classe heterogênea e histericamente inconcludente (primeiramente, às portas fechadas, aplaudem – ou ao menos aplaudem a iniciativa de associativismo forense – depois, forçados a reanalisar os mecanismos e a adequar os costumes, protestam), os juízes deixam passar qualquer oportunidade de redigir um verdadeiro protocolo de colaboração, então, sabotam-no.

O modelo recebe fortes críticas, não pelos seus verdadeiros defeitos, entretanto. São críticas instrumentais, retóricas, fantasiosas, mas destinadas a vingar. Ele tem, de fato, dois defeitos objetivos.

O primeiro é a ingovernabilidade prática das situações caracterizadas pela pluralidade de partes, com a multiplicação e mistura de notificações, depósitos, multiplicação de termos e necessidade de se prever acontecimentos pouco previsíveis, de gestão trabalhosa (a profissão de advogado já é estressante *per se* e só Deus sabe quanta força de vontade têm os juristas em aumentar esse nível de estresse). O segundo defeito é menos evidente, mas não menos real: a incongruência de tentar somar (parafraseando a metáfora de F. P. Luiso) a "lógica do semáforo" com a "lógica da rotatória". O semáforo predetermina a prioridade e o tempo relativo de passagem, independentemente do volume e da direção do tráfego, a rotatória faz depender a prioridade da situação fática que se cria em cada situação e deixa depender o tempo de passagem do tráfego efetivo. Um mecanismo pensado para deixar às partes a condução da fase introdutiva e demonstrativa da matéria do contraditório deveria provavelmente abster-se de reproduzir, exasperando-os, o emaranhado de termos, obstruções e preclusões, com o seu minucioso corolário de extinções, misteriosamente escondidas nas entrelinhas do procedimento.

Na realidade, entretanto, o rito societário é atacado (e destruído) não tanto pelos seus defeitos reais, mas sim pelos defeitos imaginários que se lhe imputam: o pânico da não razoável duração, a "privatização (?) da justiça", a "redução do papel do juiz". O primeiro é um slogan quase despudorado (como se o processo de rito ordinário durasse pouco e fosse exemplo de eficiência), que não leva em consideração os verdadeiros fatores de alongamento do processo; o segundo é slogan despido de senso; a terceira é acusação arbitrária,

---

38. Preferimos deixar a expressão como se encontra no texto. Também designada de "poujadismo", ela denota um comportamento demagógico. Tem sentido negativo ou pejorativo, obviamente (N. do T.).

se se confronta o papel de "vigia urbano" do juiz instrutor no rito ordinário (concentrado em controlar o respeito aos termos peremptórios do depósito dos memoriais ex art. 183, c.p.c.) com o papel ativo do juiz chamado a redigir o decreto de fixação de audiência no rito societário. A verdade é que poucas coisas ferem mais o senso de casta da magistratura, que a ideia de que a marcha do juízo possa passar, ainda que apenas em parte, do juiz às partes, ou melhor, à parte que tem interesse na decisão.

A sabotagem começa imediatamente, com a indecorosa fixação da audiência – quando requerida tempestivamente (talvez pelo autor na primeira réplica) – a anos de distância.[39] Procede-se com a *interpretatio in malam partem*, que na dúvida faz prevalecer causas de nulidade e de extinção sobre a possibilidade de prosseguir até uma sentença de mérito.[40] Avança com a adesão prestada pela Corte Constitucional ao algoritmo previsto no parecer do Conselho Superior da Magistratura, parecer que essa zelosamente cuida de desenvolver com coerência e lucidez: inconstitucional o art. 13 do decreto legislativo, que havia dado à contumácia o valor de *ficta confessio* (escolha evidentemente muito avançada, à qual se opõe um reflexo condicionado)[41] e inconstitucional o regramento sobre conexão (que permitia a prevalência do rito societário sobre os demais, atraindo-os a si).[42]

Nessas condições, a sua ab-rogação – lei n. 69/2009 – chega quase como uma liberação. A revogação de todo o corpo da lei (com exceção do conjunto de normas sobre arbitragem e conciliação), carrega consigo, todavia, a injustificada ab-rogação do art. 19 e do art. 24 do decreto legislativo, implicando no desaparecimento, infelizmente, de dois institutos preciosos dos quais, ainda que estranhos à lógica do direito societário, não deveríamos necessariamente nos desfazer.

O art. 19 do decreto legislativo n. 5/2003 foi a tentativa de introduzir no sistema um mecanismo de *référé provision*, isto é, de uma decisão veloz, mas desvinculada do estreitamento da tutela cautelar, executiva, justificada pela sua utilidade concreta, embora não reprimida pela responsabilidade de dever

---

39. "Ponha-se na fila, não há privilégios", parece ser o lema de muitos juízes. Esquecem que o objetivo primário da lei (l. n. 366/2001, art. 12) era a promulgação de normas "direcionadas a assegurar uma mais rápida e eficaz definição do procedimento", tanto em matéria societária, como em matéria de intervenção de finanças, bancária e creditícia.
40. Para um caso exemplar nesse sentido (sabotagem judicial da norma que autoriza a notificação direta do procurador por postagem eletrônica ou por fax) v. B. Sassani, *Serio e faceto nella giurisprudenza: considerazioni della notifica tra avvocati nel rito societario*, in www.judicium.it.
41. B. Sassani, F. Auletta, *L'illegittimità costituzionale per "constrasto con la tradizione": in morte di uma (buona) "regola del processo"*, in Riv. Dir. Proc., 2008, p. 519 ss.
42. B. Sassani, F. Auletta, *Ansia da incostituzionalità e processo societario: ancora una discutibile applicazione di giustizia costituzionale*, in. Riv. Dir. Proc., 2009, p. 203 ss.

atingir-se uma verdadeira e própria averiguação do direito destinado a ser protegido. O instituto se fundava sobre o revolucionário princípio da valoração da autoridade do provimento ao interesse concretamente levado a juízo, o interesse necessário e suficiente a permitir a pronúncia de um provimento executivo desprovido de autoridade de coisa julgada, isto é, o máximo que se pretende ou se pode atingir em muitos casos.[43] O art. 24 do mesmo decreto era, ao revés, a tentativa de introduzir no sistema um mecanismo de efetiva aceleração, dando finalmente um conteúdo ao (tanto decantado como vazio na prática) princípio da economia processual. Sobre a feliz experiência do processo administrativo, consentiu-se ao juiz, que considerasse fundada a demanda cautelar proposta no curso da causa, de desfrutar da maturidade da causa para decidir diretamente o mérito. Muita elasticidade, deve ter pensado qualquer zeloso defensor da subdivisão do processo em fases e da sacralização das formas do processo ordinário de cognição. Muito avanço em relação à petrificação do processo, a que assiste atônito o operador.

À ab-rogação sobrevive, entretanto, a intuição da possível autonomia do provimento que – obtido com a técnica do processo cautelar – antecipa os efeitos da sentença de procedência, superando o dogma da instrumentalidade plena, reafirmado na lei n. 353/1990 (a solução é alcançada no processo societário pelo Projeto Tarzia). Não obstante a bruta etiqueta imposta – "instrumentalidade atenuada" – ela exprime a lógica do "interesse mínimo suficiente", por meio do qual se corta a quantidade de tutela jurisdicional necessária e suficiente. O conteúdo do art. 23 do decreto legislativo n. 5/2003 passa facilmente à lei n. 80/2005, que modifica o art. 669-*octies* c.p.c.

6. "UM MOSAICO DE SOBREVIVÊNCIAS"

As reformas de 2005/2006 marcam negativamente o projeto de rescrever completamente o Código. Embora previssem muito do material do Projeto Vaccarella, reconhecem o exaurimento do impulso para a adoção de um Código novo em folha.

Para o observador e para o operador obrigado a se atualizar continuamente, agora o sistema parece disfuncional, pois as ocasiões de reforma se apresentam sempre próximas. Depois daquele societário é a vez do decreto lei da chamada concorrência (n. 35/2005), com sua lei de conversão (n. 80/2005) e, rapidamente, o decreto legislativo n. 40/2006, que rescreve o juízo de cassação e a arbitragem, bem como as leis n. 263 de 2005 e n. 52 de 2006, que adicionam outras novidades à nova redação do livro III do Código, já realizada com a lei n. 80/2005.

---

43. R. Tiscini, *Il provvedimenti decisori senza accertamento*, Torino 2009.

Deixemos para trás a arbitragem, cujo *corpus* tinha sido submetido a duas séries de reformas (em 1983 e em 1994), que lhe haviam alterado significantemente as características. Vamos dar uma olhada, ao invés, no processo de conhecimento e, sobretudo, na tentativa de rescrever as normas concebidas para favorecer aquela racionalização-aceleração, que não se chega a alcançar. Retorna-se, então, ao jogo das preclusões e da sua relação com a fixação dos fatos, sempre na ilusão de conseguir encontrar a chave da deformação. É eliminada a audiência do art. 180, desdenhada como audiência inútil. Inútil ela certamente é,[44] mas é fútil dar à norma um poder que ela não tem, como se essa pudesse acelerar ou atrasar um processo que mostra a cada passo não suportar tempos e ritmos que não sejam aqueles da divisão e das etapas, segundo as atribuições de trabalho próprias da organização do órgão julgador. E parece, sem dúvida, mais racional estabelecer uma só audiência, com aglutinação dos termos, mas, em si, nem a sua exclusão, nem aquele sistema originário de 1990, eram menos racionais, abstratamente racionais, quero dizer.

O andamento efetivo do processo não goza de uma aceleração relevante com o novo sistema: na condução, operada pelo juiz, das duas audiências em que se cindia a fase introdutiva (acusada em sua origem de garantir o comodismo dos advogados) Giovanni Verde havia notado "a conveniência do ofício" ter maior valor que as efetivas exigências defensivas das partes: "faz prova o fato de que raramente os juízes se valem do poder de reenvio ex art. 168-*bis*", porque "consideram que apenas a audiência do art. 183 pressupõe uma preventiva leitura dos atos". O sistema do novo 183 se apresenta com aparência mais racional, não fosse outra coisa que uma economia de eventos inúteis do velho sistema estabelecido nos arts. 183/184. Mas vejamos um pouco o que acontece: depois de seis anos de novo regime, a experiência prática é aquela de uma influência muito reduzida sobre o andamento do processo. A audiência do art. 183 c.p.c., em substância, tomou o lugar da audiência do art. 180: juiz despreparado e mentalmente disposto somente a controlar o respeito das formas dos atos introdutivos (nem mesmo a tratar da aplicação do parágrafo 4, isto é, do conhecimento de ofício de questões), termos seguros, ainda quando forem inúteis, e fixação de uma audiência na qual se discutirão, necessariamente, os atos de instrução já formulados: se tudo correu bem nessa, eles serão discutidos e o juiz (se não optar por reservar-se) fixará uma nova audiência para assunção dos fatos. Esta audiência vem frequentemente chamada de "audiência para *trattazione*", ou seja, não se trata de assunção dos fatos.[45] Existe uma

---

44. Antes danosa, conforme interpretação já realizada: v. B. Sassani, *La prima udienza di comparizione e "il diritto al termine" del convitato di pietra*, in Giust. Civ., 2000, I, p. 229 ss.
45. "É possível que o juiz, depois que as partes tenham depositado os memoriais, mencionados no parágrafo sexto, antes de pronunciar o despacho para instrução, fixe uma nova audiência para discutir as próprias razões das partes" F. P. Luiso, *Diritto processuale civile*, 4ª ed., v. II, § 6.16.

peculiaridade: enquanto entre a audiência do art. 180 (versão 1995) e aquela do art. 183 se passava um tempo breve, hoje a segunda audiência é fixada num tempo longo. Restabelecem-se severas preclusões, segundo o esquema da lei n. 353/1990. Mas não se alteram muitas coisas. A praxe forense – que é materializada num dialeto, feito de reflexos condicionados transmitidos na história – havia, todavia, mantido um posicionamento cauteloso, que levava o réu a defender-se tempestivamente e completamente todas as vezes que esse reportava oportuna a apresentação de uma exceção. A reforma somente fortaleceu essa praxe. De resto, não é o ritmo imposto às partes para os atos iniciais que influi seriamente sobre o andamento do processo.

Como salientado, a lei n. 80/05 generaliza a assim chamada instrumentalidade atenuada (uso aqui uma formula que não me agrada, mas que passou a ser usada) já experimentada no processo societário. Do dogma da instrumentalidade seca, a Exposição Acone-Lipari não havia sequer duvidado e isso é confirmado por uma literatura substancialmente coesa ("as linhas diretivas da disciplina (...) são representadas (...) pela instauração de um rígido, mas correto, nexo de instrumentalidade entre provimento cautelar e processo de cognição plena"),[46] que, todavia, mostrar-se-á quase unânime em considerar natural a chamada "instrumentalidade atenuada".

Em 2009, torna-se com empenho a reformar e opera-se sobre muitos pontos. A lei n. 69/2009 é heterogênea: ao lado da impetuosa tentativa de racionalizar mais uma vez o existente, apresenta aspectos indiscutivelmente inovadores. Em parte, essa responde, então, a perguntas que a prática havia revelado naquele ínterim; em parte, dá resposta a perguntas que ninguém havia formulado; em todo caso, abre a estrada para um novo tempo de reformas.[47]

Sobre esse último propósito vale a pena despender algumas considerações. Aludiu-se que a lei de 2005 repudiou a possibilidade (expressa pelo art. 19, do decreto lei n. 5/2003) do provimento executivo sem julgado e que essa questão encontra uma explicação, *a posteriori*, na mudança de perspectiva levada a termo pela reforma de 2009. O art. 19 foi uma tentativa de introduzir, de qualquer modo, o instrumento de encurtamento representado pela *référé provision* francesa e vem a ser substituído por um procedimento que de *référé* não tem nada e que prenuncia outro episódio de engenharia de castelos no céu. O "procedimento sumário de cognição", introduzido pelos arts. 702-*bis* e ss. da lei n. 69/2009, visa a um pronunciamento que se resolve numa declaração destinada a fazer lei entre as partes. E mesmo essa escolha explica a relutância

---

46. A. Proto Pisani, *Lezioni di diritto processuale civile*, Napoli 2002, 652.
47. Para uma visão sintética, B. Sassani, A. D. 2009: *ennesima riforma al salvataggio del rito civile*, in www.judicium.it.

dos juízes em utilizar o procedimento, ou melhor, explica o muito desenvolto recurso ao instrumento de conversão do rito (de sumário em ordinário): a conversão refere-se à fronteira da calendarização a tempos distantes, que resulta na deprimente rotina dos juízos. Não há com o que se surpreender se (a três anos da introdução) o emprego do instituto parece tão reduzido.[48]

Entretanto, antes ainda de submetê-lo a um teste de experiência, o novo rito sumário torna-se um dos três modelos procedimentais estabelecidos pelo art. 54 da lei n. 69/2009, com respaldo daquele "Código satélite", que é a reunião dos ritos especiais, operada em seguida, com o decreto legislativo n. 150/2011.[49]

De reforma em reforma, "a última é sempre a penúltima". A lei n. 69/2009, disso realizou, absolutamente, um programa, dado que seu art. 54 continha a delegação ao governo para a "simplificação dos ritos civis" extracódigo, delegação que remete ao decreto legislativo n. 150/2011. Lei esta que foi antecipada por outro decreto legislativo – exaltado como revolucionário pela retórica corrente – que tem, igualmente, sua raiz em uma norma delegada (o art. 60) da lei n. 69/2009. Trata-se da introdução da mediação obrigatória no sistema, isto é, da obrigatoriedade da tentativa de conciliação, tentativa de superação de um processo, cuja perene reforma hoje exprime apenas sua substancial irreformabilidade.

"Enquanto essas palavras são escritas", outras reformas, de qualquer dimensão, são realizadas ou anunciadas. O reconhecimento é árduo e, sob o ponto de vista "científico", substancialmente inútil. "Depois de sessenta anos, o Código de Processo Civil é hoje reduzido a um mosaico de sobrevivência": os anos chegaram aos setenta, se quisermos atualizar estas palavras de Nicola Picardi de 2004. Entre disciplinas transitórias e sobreposições descoordenadas, avança o espectro da ilegibilidade.

7. MOTUS IN FINE VELOCIOR: AQUILES, A TARTARUGA E A DICOTOMIA AO INFINITO

No tempo necessário para a impressão deste artigo, a situação continua a mover-se, apenas que a atividade acelera e precipita-se. Seções especializadas em matéria de empresa, a reforma da apelação, a eliminação do controle de lógica no juízo de Cassação, nova determinação das circunscrições judiciárias, procedimentos novos para os licenciamentos do art. 18 do estatuto dos

---

48. Números irrisórios encontram-se na investigação estatística de Geraldo e Mutarelli, *Procedimento sommario di cognizione e art. 702 bis c.p.c.: primo bilancio operativo*, in www.judicium.it.
49. B. Sassani, R. Tiscini (a cura di), *La semplificazione dei riti civili*, Roma, 2011.

trabalhadores. E outra, outra ainda está na porta, para os bem informados: somos todos Aquiles buscando resolver incessantemente o paradoxo da tartaruga. O processo não funciona: legislemos, ataquemos por todos os lados, talhemos, pois não é mais tempo de luxos custosos. A apelação é um luxo, dizem-no, reduzir ao mínimo seus prazos aumentar-lhe-á um ponto no PIB (assim se lê).[50] Como proceder? Algo como o capitão da *fire brigade* de Chicago que, notando que onde havia maiores danos de incêndio, desabamento ou inundação, havia também maior número de bombeiros trabalhando, pensou bem em resolver a situação enviando menos bombeiros a esses lugares. Reformas? Definamos assim se agradar, mas talvez se trate apenas de intervenções cirúrgicas descuidadas, tal qual em qualquer operação de autópsia. As novas leis estão produzindo um sólido (notável e refinado) fluxo de comentários,[51] embora não seja essa a sede para exegeses de caráter técnico. É, todavia, bom começar a nos perguntarmos seriamente se se pode falar ainda de "direito" no processo civil. Quem pensa em se tratar de exagero, não tem presente a temeridade da nova disciplina da apelação: a gestão de primeiro grau no tribunal é substancialmente confiada a um juiz monocrático (no mais das vezes profissionalmente insuficiente, como a experiência dos vários GOA[52] e GOT[53] ensina), sem a possibilidade de controle interno, sobretudo quanto à admissão das provas (ou, de qualquer modo, à gestão instrutória). Nada de colegiado e nem de recurso sobre provas. Neste cenário, não apenas se fecha a possibilidade a qualquer instrução em grau de apelação, mas se convida de fato a Corte de Apelação a se livrar rapidamente das impugnações com base em um juízo de "razoável probabilidade de acolhimento", isto é, sobre uma sugestão. Não haveria muito o que se sublinhar, se fosse escolhida a via da decisão imediata ex art. 281-*sexies* c.p.c., para o caso de hipóteses de manifesta inadmissibilidade ou manifesta falta de fundamento da apelação (na mesma linha do art. 375, para o juízo de cassação), mas aqui o colégio é convidado a se livrar de seu trabalho baseado numa impressão. Uma impressão, aliás, de efeitos funestos para a racionalidade do conjunto, porque a decisão de inadmissibilidade abre caminho para os mais inacreditáveis percursos: a obtenção da recorribilidade para a cassação da sentença de primeiro grau, o que – compreenderá qualquer um – significa abrir uma nova corrente maciça de recursos para a Corte de Cassação. Com retorno, depois, à Corte de

---

50. expressão utilizada é um jogo de palavras: "un punto in più di PIL", que significa um ponto a mais no PIB, conforme o texto (N. do T.).
51. redação da disciplina da apelação e cassação foi muitas vezes examinada em www.judicium.it: veja os artigos de Giovanni Verde, Girolamo Monteleone, Claudio Consolo, Marco de Cristofaro, Mauro Bove, Giampaolo Impagniatiello, Dante Grossi, as repetidas intervenções de Remo Caponi e as opiniões de Valerio Tavormina, Bruno Capponi e Mariangela Zumpano.
52. Juízes Honorários Agregados, Lei 276, 22.7.1997 (N. do T.).
53. Juízes Honorários dos Tribunais, Dec. Min. da Justiça italiano de 26.9.2007 (N. do T.).

Apelação, no caso de acolhimento do recurso. O *status* de sentença apelável se empalidece: abstratamente apelável, sim, mas recorrível por cassação se reconhecida concretamente inapelável.

E o que significará dizer ainda que a apelação é meio sempre plenamente devolutivo, se há um corte absoluto do *finding facts*, que a leva a assumir a aparência de um mero meio de controle? A cópia do neodireito inglês (CPR, 52.3) é evidente; menos evidente é que ali, as sentenças são tradicionalmente centralizadas sobre a decomposição analítica dos fatos (a conclusão do direito se apresenta a quem, inequivocamente, teve o sucesso de seguir o *finding*), de onde bem se pode conceber a impugnação como controle de puro direito, sujeita à *leave* (ou à *permission*, como ora se deve dizer). No nosso direito, com nosso primeiro grau pobre, eterno, deformado, objeto da sucessão de muitos juízes instrutores, com o possível intuito de sucatear o trabalho do juiz que se retira, ocorrerá uma apelação que será mais um "achèvement" do primeiro grau (como veem os franceses). Um *favor iudicati*, de tudo ideológico (e isso já é evidente com a lei n. 353/1990), o condena a uma paralisia, sem muito remorso, na medida em que a Constituição não prevê a garantia do duplo grau (há quem o considera como argumento).

Quanto à nova redação do n. 5, do art. 360, o senso substancialmente "revocatório" do vício denunciado, pretenderia talvez restituir a situação ao paraíso perdido do rigor que precedeu a reforma de 1950. Mas a coisa não funcionou naquela época (e a experiência do Código de 1865 deveria ter nos ensinado alguma coisa) e é muito duvidoso que possa produzir bons resultados hoje.[54] Em substância, elimina-se a base da pirâmide que caracteriza o controle do juiz de direito, para buscar ajuda numa Corte de Cassação obcecada consigo mesma e que nos últimos anos não tem feito nada melhor que responder com o aumento do formalismo à situação de inflação de recursos (a ideia da "procura spillata"[55] era apenas o fundo, pois ainda não haviam sido revelados os inacreditáveis abusos que caracterizaram a sucessão de requisitos e o prejuízo na confiança na justiça, que levam à alcunha de "autossuficiência").

Apenas uma pergunta: mas que tipo de direito processual podemos ainda ensinar aos nossos jovens na universidade?

---

54. B. Sassani, *La logica del giudice e la sua scomparsa in Cassazione*, in www.judicium.it.
55. Forma de apresentação em separado da procuração e não da forma antiga, de subscrição na própria folha do recurso, conforme art. 83 c.p.c. (N. do T.).

Trabalhos apresentados

A EFICÁCIA TEMPORAL DA DESCONSTITUIÇÃO DA SENTENÇA TRANSITADA EM JULGADO NO BRASIL E NA ITÁLIA

Eduardo Henrique de Oliveira Yoshikawa
Mestre e Doutor em Direito Processual pela Faculdade de Direito da USP. Advogado.

SUMÁRIO: 1. INTRODUÇÃO; 2. AÇÃO RESCISÓRIA E REVOCAZIONE: PRINCIPAIS SEMELHANÇAS E DIFERENÇAS; 3. EFEITOS DA PROCEDÊNCIA DO PEDIDO RESCINDENTE SOBRE OS FATOS PRETÉRITOS; 3.1. A DISCIPLINA DO ART. 402 DO CÓDIGO DE PROCESSO CIVIL ITALIANO; 3.2. A AUSÊNCIA DE REGRAMENTO EXPRESSO NO DIREITO PROCESSUAL BRASILEIRO; 4. CONCLUSÃO; 5. BIBLIOGRAFIA.

> "A afirmação da vontade da lei inserta na sentença que desaparecer, juridicamente se considera como se jamais existisse. Certo, porém, não pode o direito destruir o *fato* de que tal sentença haja existido e tão pouco se podem *a priori* presumir cessados *todos* os efeitos jurídicos de um ato do Estado que teve, durante certo tempo, valor, por ser possível a ocorrência de certos efeitos a que seria inoportuno estender aquela cessação, quais sejam, por exemplo, os direitos adquiridos por *terceiros* de boa fé" (CHIOVENDA, Giuseppe. *Instituições de Direito Processual Civil*. v. III. 2. ed. Tradução de J. Guimarães Menegale. Notas de Enrico Tullio Liebman. São Paulo: Saraiva, 1965, p. 274).

1. INTRODUÇÃO

O presente estudo tem como objeto a análise comparativa da eficácia temporal da desconstituição de decisões de mérito transitadas em julgado nos direitos brasileiro e italiano, tema pouco versado entre nós, em que predomina a preocupação com as hipóteses de rescisão, ou seja, das situações que uma vez demonstradas resultam na procedência do pedido rescindente.

O prazo mais longo (em comparação com o dos recursos) para o ajuizamento da demanda[1], o fato de a mera propositura da ação rescisória não

---

1. Precisamente por tal motivo foi saudada a redução do prazo pelo Código Civil de 1916 (art. 178, § 10, VIII), de 30 para 5 anos, sob o argumento de que "não se pode deixar de render tributo a uma regra, que fixa

privar a decisão impugnada de sua eficácia (liberada em toda a sua amplitude desde o momento do trânsito em julgado), salvo se concedida tutela de urgência – cautelar ou antecipada – neste sentido (art. 489 do CPC/73, com a redação da Lei nº 11.28006[2]; art. 969 do NCPC), e a crônica lentidão do processo civil (apesar da promessa constitucional – art. 5º, LXXVIII – de duração razoável) são fatores que isoladamente já teriam a aptidão de fazer com que a desconstituição de decisões (de mérito) transitadas em julgado venha a afetar situações jurídicas consolidadas, contrariando a expectativa de estabilidade, que se presume legítima, decorrente da coisa julgada[3].

Combinados, constituem uma ameaça potencialmente "explosiva" à segurança jurídica, caso se admita que a procedência do juízo rescindente (normalmente acompanhado do juízo rescisório[4]), muito anos depois do trânsito em julgado, desconstitui não apenas a decisão impugnada, mas todos os efeitos dela decorrentes, expandindo-se para o passado e para o futuro de forma

---

a certeza do direito, não permitindo que, durante trinta annos, uma sentença, que se suspeita de ser nula, fique produzindo effeitos, sempre sob a ameaça de uma revisão, que lhe aniquillará os efeitos" (ESPÍNOLA FILHO, Eduardo. In: CARVALHO DE MENDONÇA, Manoel Ignacio. *Da acção rescisória das sentenças e julgados*. 2. ed. Anotações de Eduardo Espínola Filho. Rio de Janeiro: Freitas Bastos, 1940, p. 340).

2. Anteriormente o Código de Processo Civil de 1973 não admitia expressamente a possibilidade de suspensão da execução da sentença condenatória, o que fomentava intenso debate a respeito do seu cabimento, mormente diante da dificuldade de se vislumbrar a existência de *fumus boni iuris* contra a coisa julgada. Cf. GERAIDE NETO, Zaiden. *Ação rescisória*. São Paulo: Revista dos Tribunais, 2009, p. 106-132.

3. Em voto proferido em questão de ordem no Recurso Extraordinário nº 353.657-PR fornece o Min. Joaquim Barbosa uma relação de "mecanismos de estabilização de expectativas" que permitiriam a preservação de situações jurídicas pretéritas: "A Constituição federal traz alguns mecanismos de estabilização de expectativas, que são o trânsito em julgado, para o caso específico; a declaração de inconstitucionalidade ou constitucionalidade em controle concentrado; a adoção de resolução pelo Senado Federal; a súmula de entendimento, com eficácia geral e vinculante; e a prescrição e a decadência". Cf. STF – Tribunal Pleno – RE nº 353.657-PR – Rel. Min. Marco Aurélio – j. 25.06.2007 – m.v. Ressalvadas a prescrição e a decadência, que resultam do mero decurso de lapso temporal associado à inatividade do titular do direito, as demais hipóteses citadas envolvem sempre uma decisão judicial que presumivelmente irá orientar, a partir da sua prolação, a conduta de seus destinatários, sejam elas as partes no processo ou terceiros de alguma forma alcançados pela sua eficácia. Em se tratando de processo de índole subjetiva (individual ou coletivo) esse grau de segurança suficiente somente é obtido com a coisa julgada, que torna imutável e indiscutível o quanto decidido. De outro lado, temos decisões proferidas em processos ditos objetivos ou instrumentos por meio dos quais se procura atribuir caráter objetivo (*erga omnes*) a decisões proferidas em processos de natureza subjetiva. O rol acima, com o qual em princípio estamos de acordo, põe em relevo que a existência de um ou mais precedentes em determinado sentido não impede a mudança de entendimento por parte dos tribunais e, mais do que isso, tampouco obriga que esta seja aplicada apenas prospectivamente. Pode-se até dizer que a existência de um julgado de uma das turmas do Supremo Tribunal Federal, por exemplo, cria para as partes a expectativa de que a mesma *ratio decidendi* será utilizada em casos análogos, mas na ausência de um dos mecanismos acima citados seria demasia afirmar que esta expectativa já havia se estabilizado (salvo para as partes, com o trânsito em julgado) e seria assim merecedora de proteção.

4. Cf. YARSHELL, Flavio Luiz. *Ação rescisória: juízos rescindente e rescisório*. São Paulo: Malheiros, 2005, p. 27.

inexorável e irresistível e atingindo tanto as partes como terceiros que com eles mantenham relações jurídicas dependentes do que havia sido decidido[5].

Trata-se de examinar – o que começa a ser feito pela doutrina[6] e pela jurisprudência[7] – a possibilidade de preservar os efeitos já consumados da decisão transitada em julgado ou, mais propriamente, de limitar os efeitos do *iudicium rescindens*, de tal forma que eventual resultado do *iudicium rescisorium* contrário ao que fora decidido anteriormente[8] seja aplicado apenas prospectivamente, o que não se confunde – distinção que nos parece relevante e nem sempre feita – com a preservação de situações jurídicas pretéritas por força do quanto decidido no próprio juízo rescisório[9], tal como ocorre quando o mérito da causa diz respeito à nulidade ou anulabilidade de determinado ato jurídico. Ou, ainda, quando se mantém a validade de tais atos ou seus efeitos com fundamento na boa-fé[10], na vedação do enriquecimento sem causa ou outros princípios gerais de direito. Aqui, eventual preservação dos atos anteriormente

---

5. Cf. CARVALHO DE MENDONÇA, Manoel Ignacio. *Da acção rescisória das sentenças e julgados*. 2. ed. Anotações de Eduardo Espínola Filho. Rio de Janeiro: Freitas Bastos, 1940, p. 310. Afirmava o autor que a situação das partes poderia trazer ao exercício da ação rescisória "complicação quase insolúvel".
6. Cf. DIDIER JR., Fredie; CUNHA, Leonardo Carneiro da. *Curso de Direito Processual Civil*. v. 3. 12. ed. Salvador: JusPodivm, 2014, p. 434 (defendendo a possibilidade de modulação temporal dos efeitos do acórdão rescindente em homenagem ao princípio da proteção da confiança).
7. Cf., cogitando essa possibilidade, passagem do voto proferido pelo Min. Benedito Gonçalves na Ação Rescisória nº 3.788-PE, julgado pela 1ª Seção do STJ em 14.4.10: "Excepcionalmente, dada a efetividade da sentença transitada em julgado, que repercute no mundo jurídico desde logo, tenho que devem ser ressalvadas determinadas situações havidas sob a coisa julgada até então existente, sobretudo quando envolvem terceiros de boa-fé, o que não ocorre nos autos, porquanto aqui se discute, apenas, a exigibilidade de tributo, matéria restrita à relação jurídico-tributária travada entre fisco e contribuinte".
8. evidente que o problema ora examinado - e para o qual se pretende oferecer solução - somente existe se, ultrapassado o juízo rescindente, e sendo necessário o juízo rescisório, for proferida decisão de mérito no todo ou em parte contrária à decisão rescindida, consoante já afirmara Carnelutti a propósito da *revocazione* italiana: "Se o juiz considera eficaz a demanda de revogação e fundados os seus motivos, *pronuncia a rescisão* (revogação; *supra*, nº 541), com o que ainda não se acolheu, entretanto, a impugnação; a rescisão dá acesso ao que o art. 402 denomina 'a decisão de fundo', ou melhor, ao novo exame da lide ou do negócio (*iudicium rescissorium*), o qual deve terminar *na confirmação ou na reforma da sentença impugnada* (*supra*, nº 542). Somente a reforma consente ao juiz poder dispor 'a eventual restituição do que se conseguiu com a sentença revogada' (art. 402), naturalmente, quando se tenha peticionado" (CARNELUTTI, Francesco. *Instituições do Processo Civil*. v. II. Tradução de Adrián Sotero De Witt Batista. São Paulo: Classic Book, 2000, p. 339). Embora a questão da preservação dos efeitos da sentença, nos moldes em que ora defendida, seja feita no juízo rescisório, nada tem a ver com o mérito da causa (originária). Ou seja, embora a rescisão ou não da decisão seja uma questão logicamente antecedente ao novo julgamento, não no é a determinação da sua extensão, pois esta somente se coloca se o conteúdo da decisão permitir a eliminação dos efeitos da decisão rescindenda.
9. Cf., nesse sentido, o art. 402, 1º *comma*, do *Codice di Processo Civile*: "Con la sentenza che pronuncia la revocazione il giudice decide il merito della causa e dispone l'eventuale restituzione di ciò che siasi conseguito con la sentenza revocata".
10. Cf. CARVALHO DE MENDONÇA, Manoel Ignacio. *Da acção rescisória das sentenças e julgados*. 2. ed. Anotações de Eduardo Espínola Filho. Rio de Janeiro: Freitas Bastos, 1940, p. 311.

praticados encontra fundamento (e, portanto, também limites, às vezes inafastáveis) no direito material e não no direito processual.

O presente estudo pretende refutar a ideia de que uma vez rescindida a decisão de mérito cairiam automática e necessariamente todos os efeitos por ela produzidos e que somente seria possível a preservação, em alguma medida, do *status quo* existente, caso assim venha a decidir o novo julgamento de mérito (quando cabível!) ao proceder ao *accertamento* da relação de direito material existente entre as partes.

2. AÇÃO RESCISÓRIA E REVOCAZIONE: PRINCIPAIS SEMELHANÇAS E DIFERENÇAS

Antes mesmo do Código de Processo Civil de 1939 (Decreto-lei nº 1.608/39) já predominava na doutrina o entendimento de que a rescisória, instrumento de que se vale a parte ou terceiro interessado para impugnar decisões de mérito transitadas em julgado, possuía a natureza de ação e não de recurso.

Em monografia publicada em 1916, defendia energicamente Manoel Ignacio Carvalho de Mendonça que não se vulgarizasse a equiparação da ação rescisória com os recursos que poderiam caber contra as sentenças e acórdãos, afirmando que "como noção é isto um erro gravíssimo; como simples imagem é vulgar e indigna dos cultores de direito"[11].

Desde então tal entendimento pode-se dizer pacífico, como revela o exame das obras escritas sob a vigência do CPC/39[12] e do CPC/73[13]: "Seria hoje anacronismo injustificável prolongar a controvérsia, que em certa época lavrou na doutrina, sobre a assimilação da ação rescisória à figura do recurso"[14].

---

11. Cf. *Da acção rescisória das sentenças e julgados*. 2. ed. Anotações de Eduardo Espínola Filho. Rio de Janeiro: Freitas Bastos, 1940, p. 295. O autor, porém, chegava a tal conclusão basicamente a partir do prazo para a propositura da ação rescisória, que incluía entre as ações perpétuas (com prazo de 30 anos), consideravelmente maior do que seus congêneres europeus (França, Itália, Áustria e Alemanha), aos quais reconhecia natureza recursal.
12. Cf., em ordem cronológica crescente, AMERICANO, Jorge. *Da acção rescisória*. 3. ed. São Paulo: Saraiva, 1936, p. 16-18; ANDRADE, Odilon de. *Comentários ao Código de Processo Civil*. v. IX. Rio de Janeiro: Forense, 1946, p. 59; PONTES DE MIRANDA. *Comentários ao Código de Processo Civil*. v. IV. Rio de Janeiro: Forense, 1949, p. 523.
13. Cf., em ordem cronológica crescente, VIDIGAL, Luís Eulálio de Bueno. *Comentários ao Código de Processo Civil*. v. VI. 2. ed. São Paulo: Revista dos Tribunais, 1976, p. 21-22; COSTA, Coqueijo. *Ação rescisória*. 6. ed. Atualizada por Roberto Rosas. São Paulo: LTr, 1993, p. 24; DINAMARCO, Márcia Conceição Alves. *Ação rescisória*. São Paulo: Atlas, 2004, p. 19-15; DONADEL, Adriane. *A ação rescisória no direito processual civil brasileiro*. 2. ed. Rio de Janeiro: Forense, 2009, p. 31-36; GERAIDE NETO, Zaiden. *Ação rescisória*. São Paulo: Revista dos Tribunais, 2009, p. 68-76; CRAMER, Ronaldo. *Ação rescisória por violação da norma jurídica*. 2. ed. Salvador: Juspodivm, 2012, p. 141-144.
14. Cf. BARBOSA MOREIRA, José Carlos. *Comentários ao Código de Processo Civil*. v. V. 16. ed. Rio de Janeiro: Forense, 2012, p. 99 (ressalvando, porém, que a questão deve ser resolvida à luz do direito positivo de cada país, influenciada a opção de política legislativa por razões de conveniência e igualmente da tradição).

Na Itália tampouco parece haver dúvida a esse respeito, ao menos após a promulgação do Código vigente. Ao tempo do *Codice di Procedura Civile* de 1865 referia-se Chiovenda à *revocazione* na hipótese do art. 494, nºs 1, 2 e 3 e a *opposizione di terzo* como ações autônomas, pois destinavam-se "a combater o resultado de uma relação já encerrada"[15], ressalvando, porém, que a distinção não produzia todas as diferenças que se podia esperar, pois a lei as havia assimilado aos recursos[16]. Mattirolo, por sua vez, a ela se referia como recurso de natureza extraordinária[17]. No regime instituído pelo *Codice di Procedura Civile* de 1940 (CPCI) também é possível afirmar possuir a *revocazione straordinaria* (fundada nos números 1, 2, 3 e 6 do art. 395 do CPCI) a natureza de ação, por se tratar de meio de impugnação de que se vale a parte após o trânsito em julgado da decisão por ela atacada, ex vi do art. 324 do mesmo *Codice*[18]. Por sua vez, *a revocazione ordinária* (fundada nos números 4 e 5 do art. 395), na medida em que cabível contra decisões ainda não transitadas em julgado, teria a natureza de recurso[19].

A competência para o julgamento[20], no Brasil, é dos tribunais locais ou superiores, cabendo aos primeiros o exame do pedido de rescisão das sentenças proferidas em primeira instância e de suas decisões (em grau de recurso ou competência originária), e aos segundos apenas os relativos aos seus próprios julgados. Na Itália, por sua vez, a competência é sempre do órgão prolator da decisão impugnada (art. 398), solução que já era adotada no regime anterior (art. 498).

No Brasil a ação rescisória pode ser proposta em face de decisões de mérito de qualquer instância[21], desde que invocada alguma das hipóteses previstas

---

15. Cf. CHIOVENDA, Giuseppe. *Instituições de Direito Processual Civil*. v. III. 2. ed. Tradução de J. Guimarães Menegale. Notas de Enrico Tullio Liebman. São Paulo: Saraiva, 1965, p. 227.
16. No mesmo sentido: LUISO, Francesco P. *Diritto Processuale Civile*. v. II. 7. ed. Milano: Giuffrè, 2013, p. 299 ("l'impugnazione straordinaria è un'*azione sotto veste di impugnazione*").
17. Cf. MATTIROLO, Luís. *Tratado de Derecho Judicial Civil*. t. IV. Tradução de Ricardo Garrido Juan. Madrid: Reus, 1936, p. 782.
18. Do qual se extrai a distinção entre os meios de impugnação ordinários (*appello, cassazione* e *revocazione* fundada nas hipóteses de números 4 e 5 do art. 395) e extraordinários (*revocazione* fundada nas demais hipóteses legais e *opposizione di terzo*), que permanece válida no direito italiano (embora com diferente configuração), apesar de não repetida pelo Código vigente o preceito do art. 465 do *Codice* de 1865. Cf. MANDRIOLI, Crisanto; CARRATTA, Antonio. *Corso di Diritto Processuale Civile*. v. II. 11. ed. (editio minor). Torino: Giappichelli, 2013, p. 265.
19. Em obras mais antigas nem sempre esta distinção é feita. Marco Tullio Zanzucchi, por exemplo, ao tratar da natureza dos diferentes meios de impugnação, coloca de um lado o *appello* e de outro os demais (incluindo a *revocazione*), atribuindo àquele a natureza de *gravame in senzo stretto* e aos demais de *azioni di impugnativa*. Cf. ZANZUCCHI, Marco Tullio. *Diritto Processuale Civile*. t. II. 5. ed. Milano: Giuffrè, 1962, p. 180.
20. competência para o julgamento da ação rescisória decorre da competência para proferir o juízo rescindente, porque o juízo rescisório pode não ocorrer ou ser de competência de órgão diverso. Cf. YARSHELL, Flavio Luiz. *Ação rescisória: juízos rescindente e rescisório*. São Paulo: Malheiros, 2005, p. 276.
21. respeito do conceito de decisão de mérito na doutrina recente, cf. CARVALHO, Fabiano. *Ação rescisória: decisões rescindíveis*. São Paulo: Saraiva, 2010, *passim*; YARSHELL, Flavio Luiz. *Ação rescisória: juízos rescindente e rescisório*. São Paulo: Malheiros, 2005, p. 239-157.

em lei (art. 485, incisos I a X, do CPC/73; art. 966, I a VIII, do NCPC). Diversamente, segundo o CPCI em regra são impugnáveis por *revocazione* apenas os acórdãos proferidos em grau de apelação e as sentenças proferidas em instância única (e, portanto, recorríveis apenas por meio de recurso de cassação); no tocante às sentenças que tenham transitado em julgado em razão do decurso *in albis* do prazo de apelação (entre as quais se inclui a hipótese de revelia), admite o direito italiano a *revocazione* apenas nas hipóteses de dolo da parte contrária, falsidade da prova, descoberta de documento novo e dolo do juiz (art. 396 do CPCI). Outra diferença é a inadmissibilidade da impugnação da decisão proferida na *revocazione* por outra *revocazione* (art. 403 do CPCI), ao passo que no direito brasileiro a lei não estabelece restrição à propositura de ação rescisória contra a decisão de mérito proferida no julgamento de ação rescisória.

A propósito das hipóteses de rescisão das sentenças, a comparação dos arts. 485 do CPC/73 e 966 do NCPC com o art. 395 do CPCI revela uma quase identidade entre os dois modelos, explicada pela influência que o *Codice* de 1865 e o projeto de CPC italiano de 1940 tiveram no nosso Código de Processo Civil de 1939, que foi o primeiro diploma legal brasileiro a sistematizar a matéria. A notável diferença é a inexistência, no direito italiano, de rescisão das decisões de mérito sob o fundamento de ilegalidade, pois no direito peninsular alegação de tal natureza deve ser feita exclusivamente por meio da *cassazione* (art. 360 do CPCI)[22].

Outra notável diferença entre a ação rescisória e a *revocazione* consiste na inexistência no direito italiano de um termo inicial pré-estabelecido para a propositura da ação nas hipóteses de dolo da parte, falsidade da prova, descoberta de documento novo e dolo do juiz (art. 326 do CPCI)[23], deixando o *giudi-*

---

22. No direito italiano o recurso de cassação tem por objeto questões de direito, enquanto que na *revocazione* discute-se questões de fato (novas). Por essa razão não há no processo civil peninsular identidade de função, ainda que parcial, entre um e outro remédio jurídico. Quando se fala em *concorso* entre *cassazione* e *revocazione* se alude à interposição simultânea ou pendência de ambos os meios de impugnação e não a utilização de um no lugar do outro. Cf. IMPAGNATIELLO, Gianpaolo. *Il concorso tra cassazione e revocazione*. Napoli: Edizioni Scientifiche Italiane, 2003, *passim*. Diversamente ocorre entre nós, em que há superposição da ação rescisória proposta com fundamento no art. 485, V, do CPC/73 (art. 966, V, do NCPC) e dos recursos especial e extraordinário nos casos dos arts. 102, III e 105, III, da CF, de forma incoerente e criticável: "A ação rescisória, por alguns dos seus fundamentos, serve a desmoralizar a autoridade da coisa julgada. Há de se convir em que seja demasia, senão desmando, que certas questões de ordem processual, que a ilegalidade de um ato, a inconstitucionalidade de uma lei, possam ser objeto de discussão na primeira instância, na segunda instância, em recurso de embargos, e servir, ainda, depois de proferida a última decisão, de matéria para uma nova contenda judiciária intentada com a finalidade de modificar uma situação perfeita e acabada conforme sentença transitada em julgado" (DIOGENES, Nestor. *Da ação rescisória*. São Paulo: Saraiva, 1938, p. 11).
23. Sendo este o reflexo necessário da distinção entre os meios de impugnação ordinários e extraordinários, fundada na possibilidade ou não de se perceber o vício a partir da própria decisão rescindenda. Cf. LUISO, Francesco P. *Diritto Processuale Civile*. v. II. 7. ed. Milano: Giuffrè, 2013, p. 295-296; MANDRIOLI, Crisanto; CARRATTA, Antonio. *Corso di Diritto Processuale Civile*. v. II. 11. ed. (editio minor). Torino: Giappichelli, 2013, p. 345-346.

cato em tese sujeito a impugnação *ad eternum*[24], solução que foi rejeitada pelo legislador brasileiro ao estabelecer um prazo peremptório de 2 (dois) anos para o ajuizamento da ação rescisória (art. 495 do CPC/73; art. 975 do NCPC), após o qual torna-se juridicamente irrelevante a constatação de que a decisão coberta pela coisa julgada padecia de qualquer desses vícios. Por sua vez, o prazo decadencial de 30 (trinta) dias para a propositura da *revocazione* (art. 325 do CPCI) é consideravelmente menor do que o previsto no direito brasileiro, aproximando-se mais dos prazos que entre nós são reservados aos recursos.

À semelhança do que ocorre no direito brasileiro vigente, em que é pressuposto de validade do processo o depósito pelo autor da quantia equivalente a 5% do valor da causa (art. 488, II, do CPC/73; art. 968, II, do NCPC[25]), a título de multa, caso o pedido venha a ser rejeitado (por unanimidade), previa o CPC italiano de 1865 (art. 499) o depósito pelo autor do valor em dinheiro igual à penalidade ou multa a que estava sujeito em caso de improcedência do pedido, sob pena de sua extinção *ex officio*. A exigência foi mantida pelo *Codice* de 1940 (art. 398, 2º *comma*), porém não subsiste atualmente, tendo sido revogada pelo art. 7º da Lei n. 793, de 18 de outubro de 1977.

Precisamente por se tratar de um meio de impugnação extraordinário, a mera propositura da ação rescisória ou da *revocazione* não suspende (automaticamente) a execução da decisão transitada em julgado, embora ambos os Códigos admitam em caráter excepcional a atribuição do efeito suspensivo, conforme expressamente dispõem, respectivamente, o art. 489 do CPC/73[26] (art. 969 do NCPC) e o art. 401 do CPCI.

3. EFEITOS DA PROCEDÊNCIA DO PEDIDO RESCINDENTE SOBRE OS FATOS PRETÉRITOS

3.1. A disciplina do art. 402 do Código de Processo Civil italiano

No *Codice di Procedura Civile* de 1865 estabelecia o art. 507 que "la sentenza che ammette la rivocazione ordina la restituzione delle somme depositate, e rimette le parti nello stato in cui erano prima della pronunciazione della sentenza rivocata".

---

24. Cf. LUISO, Francesco P. *Diritto Processuale Civile*. v. II. 7. ed. Milano: Giuffrè, 2013, p. 296. O autor, no entanto, minimiza os efeitos da eventual propositura da demanda depois de longo tempo, afirmando que o direito que a parte pretende defender já estará prescrito ou extinto, com fundamento nos institutos de direito material.
25. parágrafo 2º do dispositivo em comento, porém, limita o depósito ao montante equivalente a 1.000 salários mínimos, o que não ocorria no CPC/73.
26. No direito brasileiro tal possibilidade somente foi expressamente prevista em lei a partir da alteração do art. 489 pela Lei nº 11.280/06, enquanto que na Itália tal possibilidade já constava do *Codice* de 1865 (art. 503).

Trata-se de regime jurídico análogo ao dos efeitos da anulação dos atos jurídicos, estabelecido pelo direito privado, o que fica evidente se compararmos o preceito acima com a redação do art. 182 do Código Civil brasileiro (que nesse particular não se distanciava do art. 158 do Código Civil de 1916), segundo o qual, "anulado o negócio jurídico, restituir-se-ão as partes ao estado em que antes dele se achavam, e, não sendo possível restituí-las, serão indenizadas com o equivalente".

O art. 508 do *Codice* de 1865, porém, em seguida estabelecia que quando o estado da controvérsia assim o permitisse, deveria ser apreciada pela mesma decisão a admissibilidade do pedido de rescisão e o mérito da causa (cumulação do *iudicium rescindens* e do *iudicium rescissorium*), hipótese em que deveria ser disciplinada pela nova decisão a restituição do que fora obtido com fundamento na decisão rescindida[27].

Haveria, então, contradição entre tais preceitos?

A resposta é negativa, na linha do que se adiantou na introdução. A leitura conjugada dos arts. 507 e 508, 2º *comma*, do *Codice* de 1865 sugere que o legislador italiano afastou a possibilidade de preservação dos efeitos da sentença rescindida com fundamento no próprio direito processual (v.g., a proteção da confiança decorrente da coisa julgada), permitindo-a, contudo, caso tal solução seja autorizada pelo direito material e relegando o deslinde do problema ao novo julgamento de mérito, caso admissível. Ou seja, a solução determinada pelo art. 507 seria a regra e a ressalva do art. 508 (da qual se extrai a *contrario sensu* a possibilidade de preservação dos efeitos da decisão) a exceção[28].

---

27. "508. Quando lo stato della controversia lo permetta, si giudica con una sola sentenza sull'ammessione della domanda di rivocazione e sul merito della controversia. In questo caso la restituzione di ció che siasi conseguito colla sentenza rivocata è regolata dalla nuova sentenza".
28. Nos casos em que há a cumulação dos juízos rescindente e rescisório, porém, é forçoso concluir que a desconstituição dos efeitos da sentença não é desde logo eficaz, pois se no juízo rescisório o resultado do julgamento for contrário ao impugnante não há que se cogitar de aplicação do art. 402, 1º *comma*, do CPCI: "Se o juiz considera eficaz a demanda de revogação e fundados os seus motivos, *pronuncia a rescisão* (revogação; *supra*, nº 541), com o que ainda não se acolheu, entretanto, a impugnação; a rescisão dá acesso ao que o art. 402 denomina 'a decisão de fundo', ou melhor, ao novo exame da lide ou do negócio (*iudicium rescissorium*), o qual deve terminar *na confirmação ou na reforma da sentença impugnada* (*supra*, nº 542). Somente a reforma consente ao juiz poder dispor 'a eventual restituição do que se conseguiu com a sentença revogada' (art. 402), naturalmente, quando se tenha peticionado" (CARNELUTTI, Francesco. *Instituições do Processo Civil*. v. II. Tradução de Adrián Sotero De Witt Batista. São Paulo: Classic Book, 2000, p. 339). Em outras palavras, o acolhimento do pedido rescindente será apenas uma vitória de Pirro caso o juízo rescisório não seja igualmente favorável ao impugnante. Aplicada esta *ratio* ao direito brasileiro, a conclusão é que antes de julgado o pedido rescindente não será possível antecipar os efeitos da tutela pleiteada no juízo rescisório, tema pouco versado pela doutrina e que foi objeto de estudo por Flavio Luiz Yarshell. Cf. YARSHELL, Flavio Luiz. *Ação rescisória: juízos rescindente e rescisório*. São Paulo: Malheiros, 2005, p. 397-395.

Nesse sentido observava Mortara que "le decisioni relative al regolamento definitivo dei rapporti fra le parti, comprese le restituzioni che possono essere conseguenza della ritrattazione in merito della sentenza impugnata, devono riservarsi alla sentenza definitiva, como prescrive appunto il citato art. 508"[29].

Destes preceitos legais apenas o do art. 508 foi reproduzido pelo *Codice di Processo Civile* de 1940, em seu art. 402, 1º *comma*, o que em tese poderia suscitar dúvida a respeito da mudança do regime jurídico anteriormente existente. A doutrina, porém, assim não tem entendido.

Segundo Carpi e Taruffo, por exemplo, "la revocazione travolge completamente i capi della sentenza che sono frutto di errore"[30], os quais, não mais subsistindo, abririam caminho à pretensão de restituição da parte vencedora à situação anterior, propondo um regime jurídico unitário para a rescisão das sentenças definitivas (art. 402), a responsabilidade objetiva do credor pela execução injusta (art. 96, 2º *comma*) e a reforma das sentenças em grau de *appello*[31]. De Stefano, citando outros autores, menciona o entendimento de que "non sai necessaria la pronuncia sul merito, potendo collegarsi la condanna alla restituzione anche già soltanto al travolgimento della sentenza impugnata all'esito della sola fase rescindente"[32].

Essa visão não destoa do entendimento manifestado em obras mais antigas, nas quais se ressalta que os limites à restituição das partes ao estado anterior devem ser encontrados no direito material (v.g., os arts. 1153 e 1445 do Código Civil Italiano) e basicamente (para não dizer unicamente) envolvem os casos em que a rescisão prejudicaria o direito de terceiros, decorrente da decisão rescindida[33].

---

29. Cf. MORTARA, Lodovico. *Commentario del Codice e delle Leggi di Procedura Civile*. v. IV. 3. Ed. Milano: Vallardi, 1912, p. 498. No mesmo sentido: CHIOVENDA, Giuseppe. *Instituições de Direito Processual Civil*. v. III. 2. ed. Tradução de J. Guimarães Menegale. Notas de Enrico Tullio Liebman. São Paulo: Saraiva, 1965, p. 241.
30. Cf. CARPI, Federico; TARUFFO, Michele. *Commentario breve al Codice di Procedura Civile*. Padova: CEDAM, 2010, p. 2390.
31. remissão ao art. 96 tem como consequência a necessidade do pedido da parte para que haja a condenação do vencido ("su istanza della parte danneggiata") à restituição ao estado anterior. Cf. CARNELUTTI, Francesco. *Instituições do Processo Civil*. v. II. Tradução de Adrián Sotero De Witt Batista. São Paulo: Classic Book, 2000, p. 339. Em matéria tributária há o entendimento de que a condenação pode ser pronunciada de ofício, com fundamento no art. 67, 1º *comma*, do Decreto Legislativo nº 546/92. Cf. VIGNARELLI, Andrea Colli. *La revocazione delle sentenze tributarie*. Bari: Cacucci, 2007, p. 159-160.
32. Cf. DE STEFANO, Franco. *Revocazione e opposizione di terzo*. Milano: Giuffrè, 2013, p. 244.
33. Cf. CHIOVENDA, Giuseppe. *Instituições de Direito Processual Civil*. v. III. 2. ed. Tradução de J. Guimarães Menegale. Notas de Enrico Tullio Liebman. São Paulo: Saraiva, 1965, p. 241; MICHELI, Gian Antonio. *Curso de Derecho Procesal Civil*. v. II. Tradução de Santiago Sentís Melendo. Buenos Aires: EJEA, 1970, p. 389; SATTA, Salvatore. *Derecho Procesal Civil*. v. I. Tradução de Santiago Sentís Melendo e Fernando De La Rúa. Buenos Aires: EJEA, 1971, p. 508.

3.2. A ausência de regramento expresso no direito processual brasileiro

Se no direito italiano a disciplina da eficácia temporal da desconstituição das decisões de mérito transitadas em julgado pode dar ensejo a dúvidas, muito pior é a situação do direito brasileiro (tanto no CPC/73 como no NCPC), que sequer contempla regra como a do art. 402 do *Codice di Procedura Civile*.

Com efeito, na falta de expressa previsão legal neste sentido, tem recaído sobre a jurisprudência dos tribunais a tarefa de indicar os casos em que, apesar da rescisão da sentença ou acórdão, devem ser preservados os efeitos até então produzidos, tendo como consequência, por exemplo, a inexistência de obrigação de restituir bens ou quantias recebidas, como nos casos de benefícios previdenciários ou outras verbas de natureza alimentar[34].

De qualquer forma, nestas situações semelhante preservação do *status quo* é feita caso a caso, à luz do direito aplicável à relação jurídica de direito material existente entre as partes e das consequências (por vezes terríveis) que poderiam advir[35], por ocasião do *iudicium rescissorium*, partindo-se do pressuposto de que a desconstituição dos efeitos da sentença é consequência necessária da procedência do *iudicium rescindens*:

> "Se tem bom êxito o remédio rescindente, a prestação jurisdicional, que fora entregue, é retomada pela justiça. O que decorreu da sentença rescindida desfaz-se *ex tunc*. Se por nulidade anterior a ela, desde tal ato se rompe todo o laço jurídico processual que ela parecia consagrar. Não se fale em *retroatividade* da sentença rescisória, porque a terminologia seria imprópria: a sentença corta, rescinde, dilui, destroça a outra, – não se opõe à outra, indo até ela. Desfeita, tudo que entre uma e outra aconteceu desapareceu ou juridicamente deve desaparecer. Mas, se a rescisão não importa em mais do que na situação antes da lide, sem que se decida a pendência, só o rescisório poderá resolver quanto às condições das partes"[36].

De forma análoga manifestava-se Jorge Americano, defendendo inclusive a restituição de frutos e rendimentos eventualmente recebidos[37].

---

34. Cf. STJ – 1ª Turma – REsp. nº 1.375.252-SC – Rel. Min. Ari Pargendler – j. 21.5.13 – v.u.; STJ – 6ª Turma – REsp. nº 828.073-RN – Rel. Min. Celso Limongi – j. 4.2.10 – v.u.; STJ – 5ª Turma – REsp. nº 824.617-RN – Rel. Min. Felix Fischer – j. 20.3.07; STJ – 5ª Turma – Resp. nº 728.728-RS – Rel. Min. José Arnaldo da Fonseca – j. 7.4.05 – v.u.
35. De que são exemplos eloquentes os efeitos da rescisão de divórcio ou anulação de casamento sobre o matrimônio posterior ou a rescisão da sentença de interdição sobre os atos praticados pelo curador. Cf. PONTES DE MIRANDA. *Comentários ao Código de Processo Civil*. v. IV. Rio de Janeiro: Forense, 1949, p. 603-604.
36. Cf. PONTES DE MIRANDA. *Comentários ao Código de Processo Civil*. v. IV. Rio de Janeiro: Forense, 1949, p. 599. No mesmo sentido: CRAMER, Ronaldo. *Ação rescisória por violação da norma jurídica*. 2. ed. Salvador: JusPodivm, 2012, p. 149-150.
37. Cf. AMERICANO, Jorge. *Da acção rescisória*. 3. ed. São Paulo: Saraiva, 1936, p. 210. Segundo Mattirolo na hipótese de rescisão da sentença (art. 507 do *Codice* de 1865), deveria o credor restituir o valor

Em nossa opinião, porém, há que se demonstrar em primeiro lugar a possibilidade ou não de preservação dos efeitos da decisão rescindida à luz do próprio direito processual, pois, em sendo isso possível, desnecessário será tal investigação por ocasião do juízo rescisório.

A natureza da ação rescisória ou, mais propriamente, do pedido rescindente que necessariamente é nela formulado, por si só não oferece resposta a tal indagação.

Deveras, o fato de tratar-se, e quanto a isso não há dúvida, de decisão constitutiva (negativa) não fornece solução para o problema[38]. A sentença constitutiva tanto pode produzir efeitos para o futuro (como no caso da interdição de incapaz) como desde um momento anterior (caso da decretação da falência ou da renovação de locação comercial).

Como observa Barbosa Moreira tudo depende do que dispuser o direito positivo, incluídas não apenas as normas de direito material, mas igualmente as de direito processual:

> "Toca à lei determinar se a sentença há de surtir efeitos tão logo seja proferida, ou somente a partir de outro instante, podendo até ocorrer que, uma vez eficaz, ela projete os seus efeitos, ou alguns deles, para o passado, em ordem a atingir atos praticados anteriormente"[39].

No que diz respeito à ação rescisória, todavia, inexiste preceito legal expresso a esse respeito, o que tem levado os estudiosos a recorrer à analogia, aos costumes e aos princípios gerais de direito (art. 4º da Lei de Introdução às Normas do Direito Brasileiro).

Entendemos ser inadmissível, com o devido respeito aos que sustentam o contrário, submeter os efeitos da rescisão de decisão judicial de mérito revestida da autoridade da coisa julgada ao regime jurídico da anulação dos atos jurídicos em geral, válida para o direito privado (art. 182 do Código Civil)[40]. Se já seria criticável a aplicação da disciplina das invalidades do direito privado ao direito processual, que como cediço pertence ao direito público e está sujeito

---

eventualmente recebido, acrescido de juros legais desde o dia do pagamento. Cf. *Tratado de Derecho Judicial Civil*. t. IV. Tradução de Ricardo Garrido Juan. Madrid: Reus, 1936, p. 838.
38. Em sentido contrário: VIDIGAL, Luís Eulálio de Bueno. *Comentários ao Código de Processo Civil*. v. VI. 2. ed. São Paulo: Revista dos Tribunais, 1976, p. 227-229.
39. Cf. BARBOSA MOREIRA, José Carlos. Eficácia da sentença e autoridade da coisa julgada. *Temas de Direito Processual: Terceira Série*. São Paulo: Saraiva, 1984, p. 100.
40. Cf. AMERICANO, Jorge. *Da acção rescisória*. 3. ed. São Paulo: Saraiva, 1936, p. 209-210 (mencionando o art. 158 do Código Civil de 1916, então vigente); DIDIER JR., Fredie; CUNHA, Leonardo Carneiro da. *Curso de Direito Processual Civil*. v. 3. 12. ed. Salvador: JusPodivm, 2014, p. 351-352.

a outro regime jurídico[41], equívoco maior ainda seria equiparar a rescisão da coisa julgada ao desfazimento de um contrato. Caso houvesse preceito expresso nesse sentido já seria ele de duvidosa constitucionalidade, por equiparar o que não é equiparável (como revela a atual redação do art. 587 do CPC)[42]; na sua falta nos parece ser temerária a interpretação.

Tampouco nos parece que a regra da eficácia retroativa do acolhimento do pedido de rescisão possa ser extraída do art. 574 do CPC/73 (art. 776 do NCPC), conforme entendem alguns autores[43].

Em que pese localizado na parte geral do Livro II do Código de Processo Civil, o que autorizaria a incidência do preceito nas execuções fundadas tanto em título executivo judicial como extrajudicial, parece-nos que uma interpretação sistemática autoriza a conclusão de que o seu objeto é a disciplina da situação das partes em caso de procedência de embargos à execução (ou ação ou incidente processual – como a exceção de pré-executividade – que lhe faça as vezes) voltado contra os atos jurídicos que autorizam o exercício da jurisdição *in executivis* sem prévia cognição judicial (= títulos executivos extrajudiciais), sendo inaplicável às execuções definitivas[44] porque fundadas em decisão condenatória transitada em julgado.

Tratando-se de execução fundada em decisão judicial sujeita a reforma (fundada em cognição sumária – decisão interlocutória – ou exauriente

---

41. "Não se pode raciocinar com elementos do direito civil. Por uma razão muito simples: a de não estarmos nesse terreno, e sim em pleno direito processual" (PONTES DE MIRANDA. *Comentários ao Código de Processo Civil*. v. IV. Rio de Janeiro: Forense, 1949, p. 601).
42. Não se pode reputar "definitiva" (no sentido próprio do termo) a execução fundada em ato jurídico não submetido a prévia cognição judicial ou enquanto ainda sujeito a recurso o resultado dessa cognição.
43. Cf. DIDIER JR., Fredie; CUNHA, Leonardo Carneiro da. *Curso de Direito Processual Civil*. v. 3. 12. ed. Salvador: JusPodivm, 2014, p. 351; DONADEL, Adriane. *A ação rescisória no direito processual civil brasileiro*. 2. ed. Rio de Janeiro: Forense, 2009, p. 255.
44. Cf. LIMA, Alcides de Mendonça. *Comentários ao Código de Processo Civil*. v. VI. t. I. Rio de Janeiro: Forense, 1974, p. 215; CASTRO, Amílcar de. *Do Procedimento de Execução*. 2. ed. Rio de Janeiro: Forense, 2000, p. 21. Em sentido contrário: ASSIS, Araken de. *Manual da execução*. 10. ed. São Paulo: Revista dos Tribunais, 2006, p. 313; DIDIER JR., Fredie; CUNHA, Leonardo Carneiro da; BRAGA, Paula Sarno; OLIVEIRA, Rafael Alexandria de. *Curso de Direito Processual Civil*. v. 5. 6. ed. Salvador: JusPodivm, 2014, p. 62; PONTES DE MIRANDA. *Comentários ao Código de Processo Civil*. t. IX. 2. ed. Atualização legislativa de Sergio Bermudes. Rio de Janeiro: Forense, 2002, p. 107-108; ZAVASCKI, Teori Albino. *Comentários ao Código de Processo Civil*. v. 8. 2. ed. São Paulo: Revista dos Tribunais, 2003, p. 116-117. Ressalvamos apenas hipótese de acolhimento da impugnação com fundamento em fato superveniente (art. 475-L, VI, do CPC), na qual não se ataca a existência do título ou a coisa julgada. Essa parece ser a opinião de Humberto Theodoro Júnior, que relaciona o preceito em questão aos "casos em que o credor conserve o título executivo, sem ser mais o titular do direito substancial" (*Comentários ao Código de Processo Civil*. v. IV. 2. ed. Rio de Janeiro: Forense, 2003, p. 103). Em suma, o art. 574 do CPC até pode ser aplicado a execução fundada em título judicial, mas não trata das consequências da procedência da ação rescisória. Cf. CALMON DE PASSOS, José Joaquim. "Responsabilidade do exequente no novo Código de Processo Civil". In: BARBOSA MOREIRA, José Carlos (Coord.). *Revista Forense Comemorativa – 100 anos*. t. V. Rio de Janeiro: Forense, 2006, p. 286-287.

– sentença) ou em título que dispensa prévio reconhecimento judicial da existência do direito, há sentido afirmar que o exercício da jurisdição corre "por conta e risco" daquele que se identifica como credor, seja em razão da sua urgência (nas antecipações de tutela e cautelares), seja em razão da sua "impaciência" (decidindo não esperar a confirmação da decisão, nas hipóteses de execução provisória). Via de consequência, justifica-se impor a ele, de forma objetiva e sem qualquer ressalva, a obrigação de restituir o suposto devedor ao estado em que se encontrava ou a indenizá-lo quando isto não for possível.

Certificada pelo Estado-juiz a existência do direito, porém, a situação muda de figura, não sendo lícito afirmar que o início da execução (ou da produção dos efeitos da sentença, em sentido amplo) seja um "risco" assumido pela parte[45], porque a imutabilidade e indiscutibilidade que caracterizam a coisa julgada afastam tal estado de incerteza[46], ainda que em tese impugnável por meio de

---

45. Em verdade, pode-se dizer, ressalvada a possibilidade de a parte vencedora ter dado causa ao fundamento da rescisão, que o risco deveria ser do Estado, como bem observou Calmon de Passos: "Se de responsabilidade pudesse falar, seria ela do Estado, por ter certificado direito inexistente" (CALMON DE PASSOS, José Joaquim. "Responsabilidade do exequente no novo Código de Processo Civil". In: BARBOSA MOREIRA, José Carlos (Coord.). *Revista Forense Comemorativa – 100 anos*. t. V. Rio de Janeiro: Forense, 2006, p. 286). O Estado deveria garantir as decisões proferidas por seus juízes e tribunais e a prestação jurisdicional que por meio delas foi entregue, ao menos quando o vício de que padecerem não for imputável a qualquer das partes. Sem responsabilidade não há garantia (se o fabricante não responde pelos defeitos do produto, que garantia de qualidade é oferecida?) e sem garantia não pode haver verdadeira e duradoura confiança na atividade jurisdicional. Isso nos lembra de um conhecido episódio da mitologia nórdica, que trata da captura pelos deuses do terrível lobo Fenrir, destinado a matar o todo-poderoso deus Odin no fim dos tempos (*Ragnarok*). Tendo o lobo destruído duas fortes e grossas correntes de ferro com as quais pretendiam aprisioná-lo, encomendaram os asgardianos aos anões uma corrente mágica (*Gleipnir*), que era tão macia e flexível quanto uma fita de seda. O lobo Fenrir, porém, desconfiado da novidade, relutou a se deixar amarrar, diferentemente do que fizera anteriormente. Não acreditando na promessa dos deuses de que o soltariam se não conseguisse arrebentar *Gleipnir*, mas tampouco desejando ser acusado de covardia, consentiu a fera em ser amarrado com a corrente mágica desde que um dos deuses colocasse a mão direita em sua boca em garantia do compromisso. O único que aceitou colocar a mão na boca do lobo foi Tyr (do qual deriva o vocábulo *Tuesday* – terça-feira), divindade associada, além da guerra, também à justiça, que teve a mão decepada tão logo Fenrir percebeu que não conseguiria se libertar (quanto mais a fera se debatia, mais apertada ficava a corrente), tendo este sido o preço pago pelos deuses para prender o maior de seus inimigos. Cf. CROSSLEY-HOLLAND, Kevin. *The Norse Myths*. New York: Pantheon Books, 2007, p. 33-37 e 192-193. A confiança na Justiça tem um preço, que se por um lado pode ser alto, de outro é sempre pequeno à vista dos benefícios que produz.
46. Tanto é assim que não se aplica à ação rescisória, em caso de revelia, o efeito previsto no art. 319 do CPC/73 (art. 344 do NCPC). Cf. STJ – 3ª Seção – AR n 4.309-SP – Rel. Min. Gilson Dipp – j. 11.4.12 – v.u. ("a coisa julgada envolve direito indisponível"); STJ – 3ª Seção – AR nº 3.341-SP – Rel. Min. Arnaldo Esteves Lima – j. 14.2.09 – v.u.; STJ – 2ª Seção – AR nº 213-RJ – Rel. Min. Waldemar Zveiter – j. 13.12.89 – m.v. A certeza proporcionada pela coisa julgada, porque proveniente de um ato de autoridade do Estado, torna irrelevante a vontade do réu em resistir ou não a pretensão do autor: "É que no âmbito da rescisória é irrelevante a incontrovérsia, não se podendo simplesmente aceitar eventual reconhecimento da procedência do pedido rescindente, ainda que parcial. A vontade do demandado na rescisória, nesse ponto, é irrelevante para o tribunal, que só decretará a desconstituição da decisão rescindenda se presentes os requisitos legais para tanto" (YARSHELL, Flavio Luiz. *Ação rescisória: juízos rescindente e rescisório*. São

ação rescisória[47]. Tal possibilidade (ou mesmo o efetivo exercício do direito à impugnação) não torna "menos certo" o direito cuja existência foi afirmada na decisão transitada em julgado, sob pena de se admitir que a certeza jurídica produzida pela coisa julgada depende, no fundo, da aquiescência do vencido, como já advertira Carnelutti[48].

Quando muito poder-se-ia cogitar de regra a ser aplicada por ocasião do juízo rescisório e que a ele teria restrita a sua incidência, o que de per si não afasta a possibilidade de manutenção dos efeitos da decisão rescindida (ou parte deles) por ocasião do próprio juízo rescindente. Interpretação nesse sentido parece ser autorizada pelo fato de que, sob a ótica do *iudicium rescissorium*, importa menos o fato em si da rescisão (porque o julgamento do mérito pode ou não coincidir com o que foi rescindido), que é objeto do *iudicium rescindens*, do que o reconhecimento de que a execução é injusta, que é do que trata o art. 574 do CPC/73[49] (art. 776 do NCPC). Primeiro há que se decidir se os efeitos caem ou não com a decisão, para somente depois investigar a possibilidade de sua manutenção com fundamento no direito material.

Logo, tampouco se justifica sob este ponto de vista a retroatividade plena da rescisão com arrimo no art. 574 do CPC (art. 776 do NCPC).

O que em nossa opinião não percebem os partidários da tese da retroatividade automática é que o princípio da segurança jurídica impede que se aplique à decisão transitada em julgado o regime jurídico da revogação das tutelas de urgência ou da reforma das decisões sujeitas a recurso (= execução provisória).

Paulo: Malheiros, 2005, p. 397). Como consequência, observa o douto processualista ser duvidosa a possibilidade de concessão da antecipação de tutela (ex vi do art. 489 do CPC/73) com fundamento no art. 273, II, do CPC/73 (= abuso do direito de defesa), porque "o próprio sistema é restritivo ao cabimento da ação rescisória e ao consequente novo julgamento", o que confirma a interpretação de que o sistema induz o réu a "confiar" na validade da decisão impugnada.

47. Os artigos 475-O, II, 574 e 811 do CPC/73 (arts. 302, 520, II, e 776 do NCPC) estruturam o regime de responsabilidade objetiva que recai sobre a parte que, sem que haja decisão judicial definitiva reconhecendo a existência do seu direito, pleiteia providência que vá atingir a esfera jurídica do adversário. A ausência de certeza a respeito da existência do direito, que somente é obtida com a coisa julgada, é o que justifica a responsabilidade objetiva da parte, sendo o preço que ela terá de pagar por pleitear a tutela jurisdicional quando não há (= título executivo extrajudicial) ou antes que haja (= execução provisória em sentido amplo) o seu reconhecimento.

48. Cf. CARNELUTTI, Francesco. Reflexiones sobre la condición jurídica de la sentencia sujeta a impugnación. *Estudios de Derecho Procesal*. v. II. Tradução de Santiago Sentís Melendo. Buenos Aires: EJEA, 1952, p. 390-391.

49. Cf. RODRIGUES, Walter Piva. "Responsabilidade objetiva do exequente: o artigo 574 do CPC". São Paulo, *Revista Dialética de Direito Processual*, n. 36, mar., 2006, p. 125 (ressaltando que o preceito não tem aplicação na hipótese de extinção da execução por outro fundamento, como a ilegitimidade de parte do executado).

Deveras, afirmar-se que uma vez rescindida a decisão de mérito devem necessariamente ser desconstituídos os efeitos por ela até então produzidos é submeter a coisa julgada ao regime jurídico da execução provisória, aplicável às tutelas de urgência (art. 273, § 3º e 811, do CPC/73[50]; art. 297, parágrafo único e 302 do NCPC) e às decisões de mérito impugnadas por recurso desprovido de efeito suspensivo (art. 475-O do CPC/73 e 520 do NCPC), o que a nosso ver não encontra apoio no sistema processual e contraria o princípio constitucional da segurança jurídica, que impõe ao Estado a proteção da confiança legítima[51] depositada pela parte (e, eventualmente, por terceiros) na estabilidade da sua situação jurídica resultante da entrega presumivelmente definitiva da prestação jurisdicional.

Não há como se equiparar decisões interlocutórias proferidas com base em cognição sumária (= tutela de urgência), decisões fundadas em cognição exauriente (ou a ela equiparada, como no caso da revelia) sujeitas a recurso desprovido de efeito suspensivo e decisões de mérito tornadas imutáveis pela coisa julgada, ainda que sujeitas a impugnação por meio de ação rescisória, de modo a estabelecer um regime jurídico único para os efeitos da rescisão (em sentido amplo) das decisões judiciais em geral[52].

---

50. No mesmo sentido dispõe o enunciado da Súmula nº 405 do Supremo Tribunal Federal ("Denegado o mandado de segurança pela sentença, ou no julgamento do agravo, dela interposto, fica sem efeito a liminar concedida, retroagindo os efeitos da decisão contrária"), que tem sido aplicado pelos tribunais à revogação das medidas liminares em geral. Cf. MESQUITA, José Ignacio Botelho de; ZVEIBIL, Daniel Guimarães; RIBEIRO, Débora; TEIXEIRA, Guilherme Silveira; DELLORE, Luiz Guilherme Pannacchi; LOMBARDI, Mariana Capela; SILVEIRA, Susana Amaral. "Antecipação de tutela *versus* improcedência da ação". In: CARVALHO, Milton Paulo (Coord.). *Direito Processual Civil*. São Paulo: Quartier Latin, 2007, p. 590. Ainda assim, encontra-se no Superior Tribunal de Justiça precedentes que, em casos "excepcionalíssimos" (só faltava que não o fossem!), admitem a preservação dos efeitos de decisões judiciais provisórias que vieram a ser reformadas após longo período de tempo, com base na chamada *teoria do fato consumado*. Cf., entre outros, STJ – 1ª Turma – Resp. nº 1.444.690-MS – Rel. Min. Benedito Gonçalves – j. 24.04.2014 – v.u.; STJ – 5ª Turma – RMS nº 31.152-PR – Rel. Min. Jorge Mussi – j. 18.02.2014 – v.u.; STJ – 1ª Turma – AgRg no REsp. nº 1.205.434-RS – Rel. Min. Napoleão Nunes Maia Filho – j. 21.08.2012. Ora, se a confiança (mal) depositada da parte em uma decisão provisória pode ser merecedora de proteção pelo Poder Judiciário, não vemos como negar tal possibilidade àquele que confia na existência de um direito certificado por decisão transitada em julgado.
51. "Na realidade, o bem jurídico tutelado pela segurança jurídica é a legítima confiança das pessoas (físicas e jurídicas) no Direito (e, indiretamente, no Estado, que produziu as normas jurídicas e deve assegurar a sua observância) ou, em outras palavras, em que o Direito foi e será corretamente interpretado e aplicado, permitindo-lhes pautar suas condutas sem surpresas" (YOSHIKAWA, Eduardo Henrique de Oliveira. *Processo (In)Civil e (In)Segurança Jurídica* (Tese de Doutorado). São Paulo: Faculdade de Direito da Universidade de São Paulo, 2014, p. 25).
52. No direito italiano anterior (sob a vigência do *Codice* de 1865) Mattirolo equiparava as sentenças sujeitas à *revocazione* e as sentenças apeláveis com cláusula de executoriedade provisória (*Tratado de Derecho Judicial Civil*. t. IV. Tradução de Ricardo Garrido Juan. Madrid: Reus, 1936, p. 838-839), o que nos parece ainda mais desproposital. Considerando-se que lá na maioria dos casos o termo inicial do prazo para propositura da *revocazione* é incerto (i.e., não vinculado à data da intimação da decisão impugnada), o que impede se possa falar *a priori* em coisa *soberanamente* julgada, isso deixaria a entrega da prestação jurisdicional em eterno estado de incerteza e reduziria consideravelmente a autoridade da coisa julgada.

Carece de razoabilidade solução desta natureza, vez que a decisão de mérito sujeita a ação rescisória encontra-se inegavelmente mais próxima da decisão imune a qualquer tipo de impugnação (coisa soberanamente julgada) do que de decisões interlocutórias e julgamentos de mérito sujeitos a recurso ordinário ou extraordinário:

> "Não se deve supor que a sentença portadora de qualquer dos vícios enumerados no art. 485, porque rescindível, deixe de revestir-se da autoridade de coisa julgada. Bem ao contrário: é até *pressuposto* da rescisão o fato de ter-se ela revestido de tal autoridade. Enquanto não rescindida, apesar de defeituosa, a sentença tem força que normalmente teria, e produz os efeitos que normalmente produziria, se nenhum vício contivesse"[53].

Da mesma forma que a produção ou não de efeitos pelas decisões depende do tipo de impugnação que contra elas possa ser apresentada, de tal forma que a mera pendência de algum tipo de impugnação não afasta por si só a sua imperatividade[54], a possibilidade de rescisão da decisão de mérito de per si não autoriza sejam destruídos os efeitos que dela se originaram.

Como observam Chiovenda[55] e Satta[56], a rescisão da decisão de mérito transitada em julgado não tem como apagar o fato de que esta existiu e produziu efeitos[57], afirmação que é válida (e nisso reside a nossa divergência) não apenas em relação a terceiros, mas igualmente à parte que havia se sagrado

---

53. Cf. BARBOSA MOREIRA, José Carlos. *Comentários ao Código de Processo Civil*. v. V. 16. ed. Rio de Janeiro: Forense, 2012, p. 106. No mesmo sentido: PONTES DE MIRANDA. *Comentários ao Código de Processo Civil*. v. IV. Rio de Janeiro: Forense, 1949, p. 523.
54. Cf. MICHELI, Gian Antonio. *Curso de Derecho Procesal Civil*. v. II. Tradução de Santiago Sentís Melendo. Buenos Aires: EJEA, 1970, p. 277.
55. Cf. CHIOVENDA, Giuseppe. *Instituições de Direito Processual Civil*. v. III. 2. ed. Tradução de J. Guimarães Menegale. Notas de Enrico Tullio Liebman. São Paulo: Saraiva, 1965, p. 274. Nessa passagem afirma o autor que os direitos adquiridos por terceiros seriam apenas um exemplo de efeitos que poderiam ser preservados, mas em momento anterior (p. 241), como visto, sugere que esta seria a única exceção, à vista do quanto estabelecido pelo art. 507 do *Codice* de 1865. Isso fica claro em um trecho posterior, em que ao comentar o referido dispositivo afirma que "consiste o efeito da revogação em repor as partes no estado em que se encontravam antes da prolação da sentença revogada" (p. 280).
56. Cf. SATTA, Salvatore. *Derecho Procesal Civil*. v. I. Tradução de Santiago Sentís Melendo e Fernando De La Rúa. Buenos Aires: EJEA, 1971, p. 508.
57. também o caso, bastante conhecido, do efeito do inadmissível sobre o *dies a quo* do prazo para a propositura da ação rescisória. Como leciona Botelho de Mesquita, embora a declaração da inadmissibilidade seja a rigor retroativa, não tem o condão de desconstituir retroativamente a litispendência (e com ela o prazo para a propositura da ação rescisória), pois "a litispendência é um fato e os fatos não se desconstituem por sentença" (MESQUITA, José Ignacio Botelho de. Da ação rescisória. *Teses, estudos e pareceres do processo civil*. v. 2. São Paulo: Revista dos Tribunais, 2005, p. 250). O mestre ressalvava a hipótese do recurso intempestivo, mas, em nossa opinião, a situação é a mesma, salvo se manifesta a má-fé da parte (v.g., a interposição ocorreu dois meses depois da intimação da decisão).

vencedora e que não pode ser desconsiderada[58] em um ordenamento jurídico que consagre a segurança jurídica como um dos subprincípios do Estado Democrático de Direito, como é o caso do Brasil[59].

A existência da coisa julgada material induz a parte vencedora[60] a acreditar na estabilidade da situação jurídica resultante do julgamento do mérito pelo Poder Judiciário, razão pela qual a preservação dos efeitos produzidos pelo ato judicial até que venha a ser desconstituído o julgado (ou, antes disso, até que tais efeitos venham a ser suspensos na forma do art. 489 do CPC/73 e do art. 969 do NCPC) nada mais é do que a necessária consequência da legítima confiança depositada na prestação jurisdicional entregue pelo Estado.

Essa solução, ao mesmo tempo em que preserva o direito do réu da ação rescisória à segurança jurídica resultante da coisa julgada, por outra impõe ao autor o ônus de propor, o quanto antes, a ação de impugnação e de igualmente pleitear a suspensão da sua eficácia, sob pena de, não o fazendo, permitir a consolidação no todo ou em parte dos efeitos da decisão rescindenda até que sobrevenha a sua desconstituição[61]. Seria injusto e contrário à boa-fé (da qual decorre o dever de procurar mitigar o prejuízo – *duty to mitigate the loss*[62] – próprio ou alheio) permitir que o autor, comodamente, demorasse a ajuizar a ação rescisória (dentro do prazo decadencial de 2 anos) ou deixasse de pleitear a suspensão dos efeitos da decisão rescindenda, permitindo a sua produção e a consolidação de situações jurídicas (que inclusive podem envolver terceiros) ao longo do tempo, para apenas ao final do processo, muito anos depois, pretender desconstituí-las[63].

---

58. "Nesse sentido, a edição de regras de transição não deve ser vista apenas como um poder estatal, mas como um *dever* decorrente da cláusula do Estado de Direito, com o correlato e respectivo direito individual" (CABRAL, Antonio do Passo. *Coisa julgada e preclusões dinâmicas*. Salvador: JusPodivm, 2013, p. 536).
59. Cf. MENDES, Gilmar Ferreira; BRANCO, Paulo Gustavo Gonet. *Curso de Direito Constitucional*. 7. ed. São Paulo: Saraiva, 2012, p. 436.
60. Não se ignora, porém, que igualmente o vencido tem interesse na imutabilidade do julgamento, na medida em que esta impede possa a sua situação ser *agravada*, fixando dessa forma um limite ao sacrifício de seus interesses.
61. Na linha do que defendeu Antonio do Passo Cabral a continuidade da produção de efeitos após o trânsito em julgado contribui para eliminar ou reduzir o impacto de eventual alteração. Cf. CABRAL, Antonio do Passo. *Coisa julgada e preclusões dinâmicas*. Salvador: JusPodivm, 2013, p. 508.
62. Cf. DIAS, Daniel Pires Novais. "O *duty to mitigate the loss* no Direito civil brasileiro e o encargo de evitar o próprio dano". São Paulo, Revista de Direito Privado, n. 45, jan., 2011, p. 89-144; DIDIER JR., Fredie. Multa coercitiva, boa-fé processual e *supressio*: aplicação do *duty to mitigate the loss* no processo civil. Revista de Processo, n. 171, mai, 2009, p. 35-48. Na jurisprudência: STJ – 4ª Turma – REsp. nº 1.325.862-PR – Rel. Min. Luis Felipe Salomão – j. 5.9.13 – v.u.; STJ – 3ª Turma – Resp. nº 758.518-PR – Rel. Min. Vasco Della Giustina – j. 17.6.10 – v.u.
63. suspensão dos efeitos da decisão rescindenda, caso concedida, cria uma espécie de "regime de transição" na hipótese de subsequente procedência da ação rescisória, dividindo entre as partes os inconvenientes resultantes de um vício para o qual, em regra, nenhuma delas deu causa (como se verá a seguir, se o réu na ação rescisória deu causa ao fundamento da rescisão, não se justifica a preservação dos

O entendimento ora defendido, no sentido da preservação dos efeitos da decisão que venha a ser rescindida, somente não é de ser aplicado em duas circunstâncias, diante das quais deixa de haver por parte do réu da ação rescisória confiança que possa ser reputada legítima e merecedora de proteção: a) caso a rescisão tenha por fundamento ilícito (em sentido amplo) por ele praticado[64], o que ocorre na hipótese de dolo (art. 485, III, do CPC/73; art. 966, III, do NCPC) e, eventualmente, de corrupção do juiz (art. 485, I, do CPC/73; art. 966, I, do NCPC), falsidade da prova (art. 485, VI, do CPC//73; art. 966, VI, do NCPC), caso seja o autor ou mandante do falso, obtenção de documento novo (art. 485, VII, do CPC/73; art. 966, VII, do NCPC), se contribuiu para que o adversário o ignorasse ou dele não pudesse fazer uso, invalidade de confissão, desistência ou transação (art. 485, VIII, do CPC/73; art. 966, § 4º, do NCPC), se responsável pelo vício; e b) na hipótese do inciso V do art. 485 do CPC/73 (art. 966, V, do NCPC), se a decisão adotar interpretação de lei inadmissível, por ser contrária a orientação já pacificada (por meio da edição de súmula, uniformização de jurisprudência ou julgamento repetitivo) no âmbito do tribunal competente para o julgamento da questão de direito (v.g., do STF em matéria constitucional, do STJ em matéria de lei federal e dos Tribunais de Justiça em se tratado de legislação local) ao tempo da sua prolação.

Nesta última situação, embora não responsável pelo vício de que padece a decisão, não pode a parte vencedora, de boa-fé (a boa-fé *objetiva*, avaliada

---

efeitos da decisão rescindida; por outro lado, se quem deu causa ao vício foi o autor, dificilmente será acolhido o pedido de rescisão). Evidentemente que a preservação dos efeitos, no todo ou em parte, da decisão em si mesma cria uma espécie de regra de transição, mas como uma definição (= trânsito em julgado) a respeito da desconstituição ou não da decisão pode demorar muito tempo é conveniente que, dentro do possível, essa transição seja antecipada. Também é digna de nota, embora a nosso ver apenas de *lege ferenda*, a ideia de pagamento de uma compensação financeira à parte prejudicada, defendida de forma pioneira por Antonio do Passo Cabral, que tal como a modulação dos efeitos da rescisão serviria para criar um regime de transição. Cf. *Coisa julgada e preclusões dinâmicas*. Salvador: JusPodivm, 2013, p. 548-558.

64. que Carnelutti denominava "conduta anômala da parte", ainda que o processualista tivesse em vista a hipótese de rescisão fundada em dolo. Cf. CARNELUTTI, Francesco. *Instituições do Processo Civil*. v. II. Tradução de Adrián Sotero De Witt Batista. São Paulo: Classic Book, 2000, p. 326-328. Solução análoga fora proposta por Luís Eulálio de Bueno Vidigal, que apesar de defender que como regra "o réu vencido na rescisória de sentença proferida em ação de reivindicação não está obrigado a restituir os frutos da coisa reivindicada auferidos no período compreendido entre a data das decisões rescindenda e rescindente", entendia que a solução seria diversa "se a rescisão se der por ter sido a decisão rescindenda proferida por suborno do juiz ou por se ter baseado em prova falsa, desde que tais ocorrências sejam imputáveis àquele a quem a decisão rescindida dera ganho de causa" (VIDIGAL, Luís Eulálio de Bueno. *Comentários ao Código de Processo Civil*. v. VI. 2. ed. São Paulo: Revista dos Tribunais, 1976, p. 229). Nem poderia ser de outra forma, pois embora o processo civil não seja um concurso de bom-mocismo entre as partes e o seu caráter dialético não se compadeça com a imposição a elas da obrigação de laborarem contra os próprios interesses, trata-se de um mecanismo de resolução de controvérsias sujeito a limites éticos, de forma que seria contraditório permitir à parte que pudesse manter em seu patrimônio os benefícios por ela obtidos com a prática de ilicitudes.

segundo os padrões de comportamento esperado), alegar ser legítima a sua confiança no quanto decidido, sabedora que é que a sua vitória decorre, no fundo, da álea, provocada pela falta de atenção do órgão julgador ou de inadmissível rebeldia deste para com a jurisprudência do órgão hierarquicamente superior, o que não a torna merecedora de proteção. A *contrario sensu*, deve-se manter os efeitos da decisão rescindenda se a interpretação da lei era controvertida à época do julgamento ou, com maior razão, se houve mudança de jurisprudência após o trânsito em julgado (dentro do prazo decadencial de 2 anos para a propositura da ação rescisória).

4. CONCLUSÃO

Na falta de preceito legal semelhante ao do art. 402, 1º *comma*, do *Codice di Procedura Civile*, que sugere não ser possível a manutenção dos efeitos da decisão rescindenda após resultado favorável do *iudicium rescindens*, salvo caso alguma regra ou princípio de direito material assim o autorize (questão a ser apreciada por ocasião do *iudicium rescissorium*), entendemos que no direito brasileiro deve-se reconhecer, como regra, tal possibilidade, com fundamento na eficácia normativa do princípio da segurança jurídica[65], do qual decorre a necessidade de proteção da legítima do réu da ação rescisória na estabilidade de sua situação jurídica decorrente da coisa julgada material.

A rescisão das decisões de mérito transitadas em julgado somente deve ter eficácia *ex tunc* quando o réu tenha contribuído para a existência do vício que fundamenta o pedido de desconstituição[66] ou, ainda, quando esta tenha adotado interpretação do direito em tese (art. 485, V, do CPC/73; art. 966, V, do NCPC) manifestamente errônea, porquanto em conflito com jurisprudência já pacificada ao tempo da sua prolação[67].

---

65. "Em razão da sua estatura constitucional o princípio da segurança jurídica possui eficácia normativa, servindo assim como parâmetro ou régua para medir a validade de normas hierarquicamente inferiores, reputando-se nulas estas em caso de conflito (= inconstitucionalidade), bem como para orientar a atividade interpretativa que as tenha por objeto (o que também ocorre com as regras e princípios contidos na própria Constituição), o que impõe, a nosso ver, que nos casos em que mais de uma interpretação da lei for possível deve-se privilegiar aquela que melhor contribuir para a estabilidade e confiança no direito" (YOSHIKAWA, Eduardo Henrique de Oliveira. *Processo (In)Civil e (In)Segurança Jurídica* (Tese de Doutorado). São Paulo: Faculdade de Direito da Universidade de São Paulo, 2014, p. 20).
66. Tanto para fins de acolhimento do pedido de rescisão como para determinar os seus efeitos há que se examinar a existência ou não de comportamento relevante da parte sob o prisma da causalidade. Cf. CABRAL, Antonio do Passo. *Coisa julgada e preclusões dinâmicas*. Salvador: JusPodivm, 2013, p. 511-512.
67. Cf. YOSHIKAWA, Eduardo Henrique de Oliveira. "Ação rescisória por violação a norma jurídica (art. 485, V, do CPC) em matéria constitucional: o prévio exercício pelo Supremo Tribunal Federal de sua função nomofilácica como pressuposto para o afastamento da Súmula nº 343". São Paulo, *Revista Dialética de Direito Processual*, n. 140, nov., 2014, p. 31-44.

5. BIBLIOGRAFIA

AMERICANO, Jorge. *Da acção rescisória*. 3. ed. São Paulo: Saraiva, 1936.

ANDRADE, Odilon de. *Comentários ao Código de Processo Civil*. v. IX. Rio de Janeiro: Forense, 1946.

ASSIS, Araken de. *Manual da execução*. 10. ed. São Paulo: Revista dos Tribunais, 2006.

BARBOSA MOREIRA, José Carlos. *Comentários ao Código de Processo Civil*. v. V. 16. ed. Rio de Janeiro: Forense, 2012, p. 99-113.

_____. Eficácia da sentença e autoridade da coisa julgada. *Temas de Direito Processual: Terceira Série*. São Paulo: Saraiva, 1984.

CABRAL, Antonio do Passo. *Coisa julgada e preclusões dinâmicas*. Salvador: JusPodivm, 2013.

CALMON DE PASSOS, José Joaquim. "Responsabilidade do exequente no novo Código de Processo Civil". In: BARBOSA MOREIRA, José Carlos (Coord.). *Revista Forense Comemorativa – 100 anos*. t. V. Rio de Janeiro: Forense, 2006, p. 277-287.

CARNELUTTI, Francesco. *Instituições do Processo Civil*. v. II. Tradução de Adrián Sotero De Witt Batista. São Paulo: Classic Book, 2000.

_____. Reflexiones sobre la condición jurídica de la sentencia sujeta a impugnación. *Estudios de Derecho Procesal*. v. II. Tradução de Santiago Sentís Melendo. Buenos Aires: EJEA, 1952, p. 389-397.

CARPI, Federico; TARUFFO, Michele. *Commentario breve al Codice di Procedura Civile*. Padova: CEDAM, 2010.

CARVALHO, Fabiano. *Ação rescisória: decisões rescindíveis*. São Paulo: Saraiva, 2010.

CARVALHO DE MENDONÇA, Manoel Ignacio. *Da acção rescisória das sentenças e julgados*. 2. ed. Anotações de Eduardo Espínola Filho. Rio de Janeiro: Freitas Bastos, 1940.

CASTRO, Amílcar de. *Do Procedimento de Execução*. 2. ed. Rio de Janeiro: Forense, 2000.

CHIOVENDA, Giuseppe. *Instituições de Direito Processual Civil*. v. III. 2. ed. Tradução de J. Guimarães Menegale. Notas de Enrico Tullio Liebman. São Paulo: Saraiva, 1965.

COSTA, Coqueijo. *Ação rescisória*. 6. ed. Atualizada por Roberto Rosas. São Paulo: LTr, 1993.

CRAMER, Ronaldo. *Ação rescisória por violação da norma jurídica*. 2. ed. Salvador: Juspodivm, 2012.

DE STEFANO, Franco. *Revocazione e opposizione di terzo*. Milano: Giuffrè, 2013.

DIAS, Daniel Pires Novais. "O *duty to mitigate the loss* no Direito civil brasileiro e o encargo de evitar o próprio dano". São Paulo, Revista de Direito Privado, n. 45, jan., 2011, p. 89-144.

DIDIER JR., Fredie . Multa coercitiva, boa-fé processual e *supressio*: aplicação do *duty to mitigate the loss* no processo civil. Revista de Processo, n. 171, mai, 2009, p. 35-48.

_____; CUNHA, Leonardo Carneiro da. *Curso de Direito Processual Civil.* v. 3. 12. ed. Salvador: JusPodivm, 2014.

_____; CUNHA, Leonardo Carneiro da; BRAGA, Paula Sarno; OLIVEIRA, Rafael Alexandria de. *Curso de Direito Processual Civil.* v. 5. 6. ed. Salvador: JusPodivm, 2014.

DINAMARCO, Márcia Conceição Alves. *Ação rescisória.* São Paulo: Atlas, 2004.

DIOGENES, Nestor. *Da ação rescisória.* São Paulo: Saraiva, 1938.

DONADEL, Adriane. *A ação rescisória no direito processual civil brasileiro.* 2. ed. Rio de Janeiro: Forense, 2009.

GERAIDE NETO, Zaiden. *Ação rescisória.* São Paulo: Revista dos Tribunais, 2009.

LIMA, Alcides de Mendonça. *Comentários ao Código de Processo Civil.* v. VI. t. I. Rio de Janeiro: Forense, 1974.

LUISO, Francesco P. *Diritto Processuale Civile.* v. II. 7. ed. Milano: Giuffrè, 2013.

MANDRIOLI, Crisanto; CARRATTA, Antonio. *Corso di Diritto Processuale Civile.* v. II. 11. ed. (editio minor). Torino: Giappichelli, 2013.

MATTIROLO, Luís. *Tratado de Derecho Judicial Civil.* t. IV. Tradução de Ricardo Garrido Juan. Madrid: Reus, 1936.

MENDES, Gilmar Ferreira; BRANCO, Paulo Gustavo Gonet. *Curso de Direito Constitucional.* 7. ed. São Paulo: Saraiva, 2012.

MESQUITA, José Ignacio Botelho de. *Da ação rescisória. Teses, estudos e pareceres do processo civil.* v. 2. São Paulo: Revista dos Tribunais, 2005.

MICHELI, Gian Antonio. *Curso de Derecho Procesal Civil.* v. II. Tradução de Santiago Sentís Melendo. Buenos Aires: EJEA, 1970.

MORTARA, Lodovico. *Commentario del Codice e delle Leggi di Procedura Civile.* v. IV. 3. Ed. Milano: Vallardi, 1912.

NEGRÃO, Theotonio; GOUVÊA, José Roberto F.; BONDIOLI, Luis Guilherme A.; FONSECA, João Francisco N. da. *Código de Processo Civil e legislação processual em vigor.* 46. ed. São Paulo: Saraiva, 2014.

PONTES DE MIRANDA. *Comentários ao Código de Processo Civil.* v. IV. Rio de Janeiro: Forense, 1949.

_____. *Comentários ao Código de Processo Civil.* t. IX. 2. ed. Atualização legislativa de Sergio Bermudes. Rio de Janeiro: Forense, 2002.

RODRIGUES, Walter Piva. "Responsabilidade objetiva do exequente: o artigo 574 do CPC". São Paulo, *Revista Dialética de Direito Processual,* n. 36, mar., 2006, p. 121-126.

SATTA, Salvatore. *Derecho Procesal Civil.* v. I. Tradução de Santiago Sentís Melendo e Fernando De La Rúa. Buenos Aires: EJEA, 1971.

THEODORO JÚNIOR, Humberto, *Comentários ao Código de Processo Civil.* v. IV. 2. ed. Rio de Janeiro: Forense, 2003.

VIDIGAL, Luís Eulálio de Bueno. *Comentários ao Código de Processo Civil.* v. VI. 2. ed. São Paulo: Revista dos Tribunais, 1976.

VIGNARELLI, Andrea Colli. *La revocazione delle sentenze tributarie.* Bari: Cacucci, 2007.

YARSHELL, Flavio Luiz. *Ação rescisória: juízos rescindente e rescisório.* São Paulo: Malheiros, 2005.

YOSHIKAWA, Eduardo Henrique de Oliveira. "Ação rescisória por violação a norma jurídica (art. 485, V, do CPC) em matéria constitucional: o prévio exercício pelo Supremo Tribunal Federal de sua função nomofilácica como pressuposto para o afastamento da Súmula nº 343". São Paulo, *Revista Dialética de Direito Processual,* n. 140, nov., 2014, p. 31-44.

_____. *Processo (In)Civil e (In)Segurança Jurídica* (Tese de Doutorado). São Paulo: Faculdade de Direito da Universidade de São Paulo, 2014.

ZANZUCCHI, Marco Tullio. *Diritto Processuale Civile.* t. II. 5. ed. Milano: Giuffrè, 1962.

ZAVASCKI, Teori Albino. *Comentários ao Código de Processo Civil.* v. 8. 2. ed. São Paulo: Revista dos Tribunais, 2003.

Trabalhos apresentados

NÃO COMPARECIMENTO DO RÉU NO PROCESSO CIVIL BRASILEIRO E NO PROCESSO CIVIL ITALIANO

Lia Carolina Batista Cintra

Mestre e doutoranda em Direito Processual Civil pela Universidade de São Paulo. Advogada em São Paulo. Membro do Instituto Brasileiro de Direito Processual.

SUMÁRIO: 1. INTRODUÇÃO; 2. PRELIMINARMENTE: BREVE ESCLARECIMENTO TERMINOLÓGICO E O OBJETO DESTE ESTUDO; 3. O NÃO COMPARECIMENTO DO RÉU NO PROCESSO CIVIL BRASILEIRO; 3.1. CÓDIGO DE PROCESSO CIVIL DE 1973; 3.2. CÓDIGO DE PROCESSO CIVIL DE 2015; 4. O NÃO COMPARECIMENTO DO RÉU NO PROCESSO CIVIL ITALIANO; 4.1. DIREITO VIGENTE ; 4.2. O PROCESSO SOCIETÁRIO; 4.3. O PROJETO VACARELLA; 4.4. O PROJETO PROTO PISANI; 4.5. O NOVO PROJETO VACCARELLA; 5. CONCLUSÃO; 6. REFERÊNCIAS.

1. INTRODUÇÃO

A disciplina sobre o não comparecimento do réu nos diversos ordenamentos – ora chamada revelia, ora chamada contumácia – é de crucial importância para o processo civil. Além de os efeitos do não comparecimento serem determinantes para a configuração das ulteriores fases do procedimento, é inegável a íntima relação que a disciplina do não comparecimento do réu tem com o escopo do processo de oferecer tutela jurisdicional justa à parte que tem razão.[1]

Não existe uma solução logicamente necessária para o não comparecimento do réu que seja universalmente válida. A disciplina de seus efeitos, assim, varia de ordenamento para ordenamento, conforme opção política do sistema. Ainda que essa opção não seja inteiramente livre, pois precisa se adequar sistematicamente a outros tantos institutos processuais, é inegável a existência de uma grande margem de escolha sobre como disciplinar o fato do não comparecimento.

Em uma primeira leitura, que mais se aproxima de uma interpretação literal dos dispositivos legais que regulam a matéria, Brasil e Itália adotam opções absolutamente opostas para disciplinar o não comparecimento do réu no

---

1. Cf. Cândido Rangel Dinamarco, *Instituições de direito processual civil*, v. III, p. 569.

processo civil. Enquanto no Brasil vige o sistema da *ficta confessio*,[2] inspirado no ordenamento alemão, na Itália vige o da *ficta contestatio* ou *ficta litiscontestatio*, inspirado no ordenamento francês.

No Brasil, se o réu não comparecer, de acordo com a literalidade do artigo 319 do Código de Processo Civil de 1973, "reputar-se-ão verdadeiros os fatos afirmados pelo autor"; o artigo 344 do Código de Processo Civil de 2015 repete a mesma fórmula, apenas com aprimoramento redacional: "se o réu não contestar a ação, será considerado revel e presumir-se-ão verdadeiras as alegações de fato formuladas pelo autor". Já na Itália, o não comparecimento é entendido como um comportamento *neutro*, de modo que o ônus de provar as alegações iniciais continua a recair sobre o autor, como se o réu tivesse contestado integralmente a demanda.

É evidente que a adoção radical de cada um desses modelos pode gerar conflitos com outras regras e princípios de cada um dos sistemas. Não é por outro motivo que, ora por meio de uma interpretação sistemática realizada pela doutrina e pelos tribunais, ora por meio de reformas, busca-se um temperamento dessas regras a fim de atingir o ponto ótimo – talvez inatingível, mas sempre buscado – de preservação razoável do interesse das partes e também do interesse público do Estado envolvido na atividade jurisdicional, que, como já dito, visa a conceder tutela jurisdicional justa a quem tem razão.[3]

Desse modo, mesmo partindo de polos opostos, é possível que os ordenamentos brasileiro e italiano possam dialogar a respeito do não comparecimento do réu e dos efeitos desse comportamento.

Com base nessa premissa, o presente estudo busca analisar pormenorizadamente as consequências do não comparecimento do réu nos sistemas

---

2. Calmon de Passos critica o uso dessa expressão, uma vez que "o art. 319 [que disciplina o principal efeito do não comparecimento do réu no Brasil] não presume nenhuma declaração ou manifestação de vontade do réu, nem presume qualquer declaração ou manifestação de conhecimento de sua parte, nem busca retirar ou inferir intenções de seu comportamento omissivo. Apenas autoriza o juiz a decidir como se os fatos afirmados pelo autor estivessem verificados no processo. Dispensa-se o juiz da tarefa de verificá-los como se libera o autor do ônus de prová-los" (cf. *Comentários ao Código de Processo Civil*, v. III, p. 348). Esclareça-se que, segundo Antonio Carratta, a *ficta confessio* surgiu como sanção, uma vez que no processo romano clássico e no processo germânico havia um verdadeiro dever de colaborar (cf. *Il principio della non contestazione nel processo civile*, p. 157-158).
3. Digna de nota a lição de Michele Taruffo segundo a qual existem duas noções de processo justo: a primeira é aquela segundo a qual se tem um processo justo quando são observadas as garantias processuais fundamentais; a segunda, quando se tem uma decisão justa (cf. *La semplice verità*, p. 116-117). Conclui o processualista que "non è possibilie collassare il ragionamento e ridurre la giustizia della decisione alla correttezza del procedimento da cui essa deriva" (idem, p. 117) e aponta três específicas condições cumulativas para que se tenha uma decisão justa: (i) a decisão deve ser resultado de um processo justo; (ii) deve haver correta interpretação e aplicação da norma utilizada como critério de decisão e (iii) a decisão deve se fundar sobre a verdade dos fatos (idem, p. 117-118).

processuais brasileiro e italiano, a fim de verificar se as experiências de um país podem ser aproveitadas pelo outro, especialmente considerando que (I) o Brasil tem um novo Código de Processo Civil, prestes a entrar em vigor, o qual, embora já tenha promovido significativas alterações na disciplina do não comparecimento, ainda pode ser aprimorado na sua efetiva aplicação pelos tribunais e que (II) a Itália tem assistido a sucessivas reformas de seu Código de Processo Civil nos últimos anos, destacando-se a existência de alguns projetos que visavam e ainda visam a modificar a disciplina até então vigente sobre o não comparecimento do réu naquele país.

Para que fique bem delimitado o objeto deste artigo, necessário esclarecer que o estudo voltar-se-á unicamente ao processo civil de conhecimento, com especial destaque para o procedimento comum. Como salienta Cândido Rangel Dinamarco, os efeitos do não comparecimento relacionam-se com o julgamento de mérito, de modo que não seria possível cogitar de sua incidência quando não se produz sentença de mérito, pois aí não se cogita de ônus de responder e de suas respectivas sanções.[4]

Antes de prosseguir, é necessária uma nota de esclarecimento: este estudo foi originalmente escrito para ser apresentado no I Colóquio Brasil-Itália de Direito Processual Civil, quando ainda não havia sido aprovado o novo Código de Processo Civil. Sua estrutura, portanto, foi pensada tendo como parâmetro o Código de Processo Civil de 1973; o então Projeto de novo Código de Processo Civil, à época aprovado pela Câmara dos Deputados e pendente de aprovação pelo Senado Federal, era citado apenas como uma perspectiva futura de alteração legislativa. Com a decisão de atualizar os textos do Colóquio para publicação após a promulgação do novo Código de Processo Civil, decidiu-se ainda assim manter a estrutura do texto, que dedica grande atenção ao sistema do Código de Processo Civil de 1973, simplesmente porque o novo Código incorpora algumas soluções doutrinárias e jurisprudenciais pensadas em função dos problemas que surgiram na vigência do Código de Processo Civil de 1973.

---

4. Cf. *Instituições de direito processual civil*, v. III, p. 572. O autor afasta expressamente a possibilidade de se falar em revelia no processo executivo, na fase de execução e no processo monitório. Em sentido contrário, Rogério Lauria Tucci aponta que a omissão do executado faz com que ele deva sofrer as consequências da contumácia, correndo contra ele todos os prazos independentemente de qualquer comunicação (cf. *Da contumácia no processo civil brasileiro*, p. 196). No entanto, como aponta Artur César de Souza, mesmo diante do não comparecimento do réu na execução, "é de rigor sua intimação para todos os demais atos do procedimento executivo" (cf. *Contraditório e revelia*, p. 219). Como quer que seja, quando não há julgamento de mérito não se cogita do *principal* efeito do não comparecimento, tão importante a ponto de Cândido Rangel Dinamarco destacar que *"efeito da revelia* é o nome que, por antonomásia, o Código de Processo Civil dá a um destacado efeito desta, consistente na presunção de veracidade das alegações do autor (art. 319). A revelia tem outras consequências, mas tal locução transmite a ideia dessa, em particular" (cf. *Instituições de direito processual civil*, v. III, p. 560).

Além disso, acrescente-se que nessa fase de transição legislativa é essencial que os estudos não deixem de lado o Código de Processo Civil de 1973, quer porque ele ainda terá aplicação durante algum tempo em processos pendentes, quer porque o novo Código não é uma criação inteiramente nova, mas fruto de uma evolução que tem como ponto de partida o Código de Processo Civil de 1973 e que dialoga com esse diploma legal e com os entendimentos criados a partir de sua interpretação pela doutrina e pelos tribunais.

2. PRELIMINARMENTE: BREVE ESCLARECIMENTO TERMINOLÓGICO E O OBJETO DESTE ESTUDO

Optou-se por utilizar a expressão "não comparecimento do réu" para especificar o tema que se pretende abordar, uma vez que o específico nome do fenômeno – revelia ou contumácia – é objeto de divergências doutrinárias no Brasil. E não se trata de questão meramente terminológica, que possa ser desconsiderada, pois é necessário saber precisamente daquilo que se está falando.

Parcela da doutrina atribui sentidos diferentes aos termos, afirmando que contumácia seria gênero do qual revelia é espécie.[5] Nesse sentido, contumácia significaria qualquer tipo de inatividade das partes enquanto revelia seria fenômeno mais restrito consistente na ausência de resposta do réu. Em sentido contrário, outra parcela da doutrina entende que contumácia e revelia são sinônimos, ambas significando ausência de resposta do réu.[6]

Nesse ponto, parece estar com a razão a parcela da doutrina que conclui pela sinonímia dos termos. Ainda que existam diversos tipos possíveis de inatividade no curso do processo, não existe uma disciplina uniforme para a omissão da parte em relação a todo e qualquer ato que justifique a atribuição de um nome específico a fenômeno tão amplo. Além disso, como bem salienta Calmon de Passos, a distinção entre contumácia e revelia dificulta a comparação jurídica, pois a utilização de cada uma das expressões nos diversos ordenamentos depende da tradição legislativa e doutrinária.[7]

Há ainda divergência quanto ao significado do termo revelia, em certa medida favorecida pela disciplina legislativa do não comparecimento do réu. O

---

5. esse o posicionamento, por exemplo, de Rita Gianesini, *Da revelia no processo civil brasileiro*, p. 66.
6. Cf. nesse sentido, José Joaquim Calmon de Passos, *Comentários ao Código de Processo Civil*, v. III, p. 341-342 e Rogério Lauria Tucci, *Da contumácia no processo civil*, p. 123.
7. Nas palavras do autor, "a preferência por uma ou outra expressão depende da tradição legislativa e doutrinária. Inutilmente se procurará no Código de Processo Civil italiano o instituto da revelia; nele só se conhece a contumácia. Por outro lado, inutilmente se procurará em nosso Código, como no revogado, e por igual no argentino ou no espanhol, o instituto da contumácia; eles só conhecem o da revelia" (cf. *Comentários ao Código de Processo Civil*, v. III, p. 342).

Código de Processo Civil brasileiro de 1973 prevê que a ausência de *contestação* faz com que se reputem verdadeiros os fatos alegados pelo autor, levando muitos autores a concluírem que revelia é, portanto, sinônimo de ausência de contestação.[8] Ocorre que a contestação é apenas uma das possíveis respostas do réu e parte da doutrina defende que o oferecimento de qualquer modalidade de resposta é suficiente para que não se configure a revelia (e consequentemente para a não incidência dos efeitos previstos nos artigos 319 e 322 do Código de Processo Civil de 1973 e nos artigos 344 e 348 do Código de Processo Civil de 2015).[9]

Esse segundo posicionamento é mais lógico se considerados os efeitos da revelia previstos no Código de Processo Civil, pois não teria sentido impor as severas consequências disciplinadas nos já referidos dispositivos legais ao réu que comparece nos autos e se defende por meio da apresentação de alguma das modalidades de resposta que tem à sua disposição. O Código de Processo Civil de 2015 continua a se referir apenas à contestação, mas o problema está solucionado na medida em que todas as possíveis respostas do réu agora são concentradas na contestação (CPC 2015, arts. 336 e 337; ver também arts. 126 e 131).

Por tudo que se disse, parece ficar mais clara a intenção deste estudo ao designar o fenômeno por não comparecimento do réu, que, no Brasil, pode ter como consequência aquilo que está previsto nos artigos 319 a 322 do Código de Processo Civil de 1973 e nos artigos 344 a 346 do Código de Processo Civil de 2015.[10]

Na Itália, o fenômeno do não comparecimento do réu recebe o nome de *contumacia*, sem que se possa falar de algum relevante debate a respeito da terminologia adotada; no entanto, fala-se que a *contumacia* pode ser tanto do autor quanto do réu,[11] o que já é suficiente para que se abandone a genérica nomenclatura *contumacia* em prol daquela aqui eleita, pois este estudo versa exclusivamente sobre o não comparecimento do réu.

Quando aqui se fala em não comparecimento do réu, assim, deve-se entender que o réu não apresentou qualquer modalidade de resposta no processo

---

8. Ver, por todos, José Carlos Barbosa Moreira, *O novo processo civil brasileiro*, p. 47 e José Roberto dos Santos Bedaque, *Da revelia*, p. 966 e 970.
9. Nesse sentido, Cândido Rangel Dinamarco, *Instituições de direito processual civil*, v. III, p. 559 e Umberto Bara Bresolin, *Revelia e seus efeitos*, p. 4-7 e 85.
10. De todo modo, apesar da disciplina legal e como já se indicou acima, está com a razão Umberto Bara Bresolin ao concluir que "a revelia do réu, no processo civil de conhecimento, é a situação de inatividade total do demandado que, regularmente citado, desatende por completo o ônus de responder e não comparece ao processo" (cf. *Revelia e seus efeitos*, p. 85).
11. Esclareça-se que isso é possível em razão da disciplina da fase inicial do procedimento italiano, bastante diferente da fase inicial do processo civil brasileiro. O tema será abordado no item pertinente.

brasileiro – o que para esta autora também poderia receber o nome de *revelia* – e que não se constituiu em juízo no processo civil italiano – o que também pode receber o nome de *contumacia del convenuto*, ou seja, contumácia do réu. Passa-se agora ao exame do instituto nos dois ordenamentos.

3. O NÃO COMPARECIMENTO DO RÉU NO PROCESSO CIVIL BRASILEIRO

3.1. Código de Processo Civil de 1973

A fase inicial do processo civil brasileiro, da maneira como disciplinada pelo Código de Processo Civil de 1973, desenvolve-se de maneira bastante singela. O autor apresenta sua petição inicial em juízo e partir daí o processo já é autuado. A citação, ato por meio do qual se dá ciência do ajuizamento da demanda ao réu,[12] é requerida pelo autor, que deve, em regra, arcar com as custas respectivas, mas sua realização prática é operacionalizada pelo Poder Judiciário. Após a citação, a lei assinala um prazo para que o réu apresente, também em juízo, as possíveis respostas previstas no Código de Processo Civil: contestação, exceções, reconvenção, intervenções de terceiros, impugnação ao valor da causa, arguição de falsidade documental, pedido contraposto.[13] O autor evidentemente terá ciência da prática de tais atos, também operacionalizada pelo Poder Judiciário.

O sistema processual brasileiro é um sistema de preclusões bastante rígidas, de modo que as alegações de fato que devem ser apresentadas pelo réu só podem ser deduzidas nesse momento inicial previsto para a apresentação de respostas. O artigo 302 do Código de Processo Civil de 1973 prevê que cabe ao réu "manifestar-se precisamente sobre os fatos narrados na petição inicial", pois "presumem-se verdadeiros os fatos não impugnados"[14] – regra conhecida como ônus da impugnação específica ou especificada[15] – e o artigo 303 do

---

12. Ressalte-se que na citação deve constar o alerta, para o réu, sobre o prazo para apresentar resposta e sobre as consequências decorrentes do descumprimento desse ônus (CPC73, arts. 225 e 285; CPC2015, art. 250). O Superior Tribunal de Justiça tem entendimento pacificado sobre o tema: "segundo entendimento jurisprudencial firmada (sic) nesta Corte, o mandado citatório sem a indicação do prazo para apresentação de contestação viola frontalmente o art. 225 do CPC, gerando a nulidade da citação" (STJ, 2ª Turma, REsp n. 1.355.001/CE, rel. Min. Eliana Calmon, j. 16.4.2013, DJe 22.4.2013). Evidentemente o mesmo se aplica aos demais requisitos legais exigidos para o mandado de citação.
13. Cf. *Instituições de direito processual civil*, v. III, p. 462.
14. Existem algumas exceções legais à presunção de veracidade: (I) se não for admissível, a seu respeito, a confissão; (II) se a petição inicial não estiver acompanhada do instrumento público que a lei considerar da substância do ato e (III) se estiverem em contradição com a defesa, considerada em seu conjunto (CPC73, art. 302, incs. I a III; CPC2015, art. 341, incs. I a III).
15. Essa regra, por expressa disposição legal, não se aplica ao réu citado por edital, para o qual será nomeado curador que tem a prerrogativa de apresentar contestação por negativa geral (artigo 9º, inc. II c/c artigo 302, parágrafo único do Código de Processo Civil).

mesmo diploma não deixa dúvidas de que essa manifestação deve ocorrer no prazo da resposta, pois só será lícito ao réu deduzir novas alegações após a contestação – *rectius*, resposta – em hipóteses excepcionais.[16]

Assim, se o réu quiser se defender adequadamente, certamente deverá comparecer nesse momento inicial do processo, apresentando suas possíveis respostas. Se sua resposta não for completa – ou seja, se deixar de impugnar todas as alegações apresentadas pelo autor – serão presumidos verdadeiros os fatos que não foram impugnados.

Caso o réu simplesmente não apresente qualquer resposta, verifica-se a incidência do artigo 319 do Código de Processo Civil, segundo o qual reputar-se-ão verdadeiros todos os fatos alegados pelo autor. Existe, assim, uma inegável relação entre os artigos 302 e 319 do Código de Processo Civil de 1973: se o réu comparecer e não impugnar todas as alegações do autor, aquelas não impugnadas serão presumidas verdadeiras;[17] não comparecendo, o réu deixa de impugnar todas as alegações do autor e assim a presunção de veracidade recai sobre todas elas.[18]

Também há estreita relação desses artigos com o art. 334, incs. II, III e IV, do mesmo diploma. Segundo tais dispositivos, independem de prova os fatos "afirmados por uma parte e confessados pela parte contrária", "admitidos no processo como incontroversos" e "em cujo favor milita presunção legal de existência ou de veracidade".[19]

Cabe aqui abrir parênteses para um esclarecimento. É possível que o réu junte aos autos procuração, mas ainda assim não apresente qualquer resposta.

---

16. De acordo com o artigo 303 do Código de Processo Civil, poderá o réu deduzir novas alegações após o prazo para resposta quando (I) forem relativas a direito superveniente; (II) competir ao juiz conhecer delas de ofício; (III) por expressa autorização legal, puderem ser formuladas em qualquer tempo e juízo. Vale ressaltar que essas regras a respeito do momento adequado para as alegações do réu dizem respeito a alegações de fato; afinal, *iura novit curia* e o réu pode deduzir alegações de direito a qualquer momento.
17. Essa não é, evidentemente, a única modalidade de defesa deficiente do réu que comparece. Pode ser que ele deixe de alegar um fato impeditivo, modificativo ou extintivo do direito do autor; nesse caso a ausência de contestação conduz "à preclusão quanto à produção da prova que lhe competia relativamente a esses fatos" (STJ, 4ª Turma, REsp n. 1.084.745/MG, rel. Min. Luis Felipe Salomão, j. 6.11.2012, DJe 20.11.2012).
18. Irretocável a lição de Cândido Rangel Dinamarco segundo a qual "lidos em conjunto, esses dois dispositivos mandam o juiz presumir os fatos não impugnados no processo, com a diferença de que, se o réu fica inteiramente omisso (revel), *todos* os fatos alegados permanecem incontroversos e portanto todos se presumem (art. 319); enquanto que, o réu contestando mas deixando de impugnar alguma alegação fática, somente se presumem os *fatos não impugnados na contestação*" (cf. *Instituições de direito processual civil*, v. III, p. 558-559). Em outra passagem, acrescenta o autor que referidos artigos "são responsáveis pela imposição ao réu de dois ônus relativamente distintos mas entrelaçados, que são o de responder e o de, na resposta, impugnar todos os fatos alegados" (idem, p. 560).
19. As normas continuam a ter previsão no art. 374, incs. II, III e IV, do Código de Processo Civil de 2015.

Trata-se de um comparecimento meramente formal ou, nas palavras de Calmon de Passos, "comparecimento com inatividade",[20] que faz igualmente incidir o artigo 319 do Código de Processo Civil de 1973. Nesses casos em que o réu constitui advogado nos autos e por isso *formalmente* comparece, mas ainda assim não apresenta nenhuma resposta,[21] esse seu comparecimento só é apto a afastar a incidência do artigo 322 do Código de Processo Civil de 1973, que será examinado adiante.

De acordo com Cândido Rangel Dinamarco, o comportamento normal esperado do réu é o de apresentar resposta à demanda ajuizada pelo autor.[22] Além dessa expectativa, o réu tem o ônus de responder,[23] já que "a ordem processual conta com a vontade dos litigantes como mola propulsora que induz cada um deles a participar ativamente do processo civil mediante atos destinados a gerar resultados favoráveis".[24]

Ocorre que por motivos variados é possível que o réu, regularmente citado,[25] não apresente resposta. E para essa situação de fato[26] a lei prevê determinadas consequências, que guardam relação com a premissa já enunciada de que o réu tem o ônus de responder. Como ônus é imperativo do próprio interesse, sua não observância pode acarretar consequências desfavoráveis ao réu.

---

20. Cf. *Comentários ao Código de Processo Civil*, v. III, p. 347.
21. Ainda de acordo com Calmon de Passos, "revel, já o dissemos, é o que se faz ausente em juízo ou, comparecendo, deixa de contestar a demanda. Contudo, os efeitos da revelia variam numa e outra circunstância. O revel que não contesta sofre sanção do art. 319. O que se faz ausente, a sanção do art. 322. Elas se somam ou não, conforme as circunstâncias" (idem, p. 382).
22. Cf. *Instituições de direito processual civil*, v. III, p. 554. Ainda segundo Dinamarco, "a omissão em responder constitui uma contradição psicológica do sujeito que vinha resistindo à pretensão do outro e depois, quando chamado a fazê-lo perante o único que pode decidir imperativamente a respeito – o juiz – vem a *baixar a guarda*, deixando de empregar as armas legítimas que a ordem jurídica lhe põe à disposição" (idem, ibidem).
23. Idem, ibidem.
24. Idem, p. 553.
25. Vale esclarecer que aqui não há que se falar naquilo que a doutrina chama de citação ficta, ou seja, citação por edital e citação por hora certa. Nesses casos, justamente porque a real ciência do réu a respeito da pendência da demanda é duvidosa, a lei prevê a necessidade de nomeação de curador, que está autorizado a gerar controvérsia a respeito de todos os fatos alegados pelo autor por meio da *negativa geral* (artigo 9º, inc. II c/c artigo 302, parágrafo único do Código de Processo Civil).
26. Fala-se aqui na situação de fato que é observada após o decurso de prazo para resposta. Olha-se para o processo e constata-se objetivamente a ausência de qualquer manifestação do réu. Vários autores que se dedicam ao exame da natureza jurídica do não comparecimento do réu destacam que prevalece a teoria da inatividade, prevalecendo o *elemento objetivo* (cf., por todos, Sergio Costa, *Contumacia (diritto processuale civile)*, p. 773-774, e Umberto Bara Bresolin, *Revelia e seus efeitos*, p. 61-62). Cândido Rangel Dinamarco fala em "verificação objetiva do não comparecimento" (cf. Ônus de contestar e o efeito da revelia, p. 5). Fredie Didier Jr. qualifica expressamente a revelia como um ato-fato processual (cf. *Curso de direito processual civil*, v. 1, p. 553). Em outra obra, o autor, ao lado de Pedro Henrique Pedrosa Nogueira, esclarece que "os atos-fatos processuais são os fatos jurídicos em que, apesar de produzidos por ação humana, a vontade de praticá-lo é desprezada pelo Direito" (cf. *Teoria dos fatos jurídicos processuais*, p. 43).

De acordo com a disciplina do Código de Processo Civil de 1973, o não comparecimento do réu gera dois efeitos relevantes: a já anunciada presunção de veracidade das alegações do autor (artigo 319)[27] e a desnecessidade de se intimar o réu dos ulteriores atos praticados no processo (artigo 322). E uma interpretação literal das consequências do não comparecimento do réu previstas nesses dispositivos em conjunto com o disposto no artigo 330, inciso II, do Código de Processo Civil de 1973 chega a ser alarmante. Presumindo-se verdadeiras as alegações do autor, essas independem de prova e seria em tese possível, desde logo e sem maiores considerações a respeito do conteúdo de tais alegações, o julgamento antecipado do mérito, com provável reconhecimento da procedência da demanda.[28] E desse julgamento o réu sequer teria ciência.

Diante desse quadro, Calmon de Passos chega a afirmar que "o nosso sistema se distinguiria por aquilo que se poderia chamar de ódio desabrido e irracional pelo contumaz".[29]

Essa construção podia fazer algum sentido na fase autonomista, em que o processo valia por si mesmo, mas não se justifica sob a perspectiva da instrumentalidade.[30] Não é por outro motivo que doutrina e jurisprudência brasileiras oferecem uma interpretação mais razoável para esses dispositivos, que podem gerar graves distorções se aplicados de forma literal. Busca-se, assim, adequar os efeitos do não comparecimento do réu à premissa da instrumentalidade, que deve reger a interpretação de todos os institutos processuais.[31]

---

27. Tanto destaque dá-se a esse efeito que Cândido Rangel Dinamarco afirma que embora a revelia tenha mais de um efeito, quando se fala em efeito da revelia tem-se em mente, por antonomásia, a presunção de veracidade das alegações do autor (cf. *Instituições de direito processual civil*, v. III, p. 560).
28. Vale frisar, de todo modo, que mesmo que se opte pela mais radical interpretação do dispositivo, o não comparecimento do réu jamais implicará automática procedência da demanda do autor, pois as presunções só podem incidir sobre fatos, jamais sobre alegações de direito; assim, mesmo se se admitissem verdadeiras as alegações do autor por meio de presunção absoluta, seria plenamente possível que da narração dos fatos não decorresse a consequência jurídica pleiteada pelo autor. Nesse sentido, v. Cândido Rangel Dinamarco, *Instituições de direito processual civil*, v. III, p. 562-563.
29. Cf. *Comentários ao Código de Processo Civil*, v. III, p. 387. Umberto Bara Bresolin destaca que já na tramitação do projeto do vigente Código de Processo Civil essa disciplina causava incômodo pelo seu rigor e foi objeto de várias emendas, as quais, contudo, não foram aprovadas (cf. *Revelia e seus efeitos*, p. 65).
30. Afirmei, em outro artigo, ao interpretar outros dispositivos do Código de Processo Civil de 1973 que "o processualista, atualmente, tem a difícil tarefa de ser instrumentalista tendo à sua disposição, como instrumento de trabalho, um Código de Processo Civil construído sob a perspectiva autonomista" (cf. Lia Carolina Batista, *Pressupostos processuais e efetividade do processo civil – uma tentativa de sistematização*, p. 80). O novo Código de Processo Civil, por sua vez, já foi pensado sob a perspectiva instrumentalista e ainda que seja possível apontar falhas, muitos dos institutos já se encontram adaptados a essa premissa.
31. Umberto Bara Bresolin, em obra monográfica sobre a revelia e seus efeitos, declara expressamente sua pretensão de "revisitar o tema dos *efeitos da revelia* sob o viés da premissa metodológica da *instrumentalidade do processo*, ressaltando seu caráter *público*, tentando buscar interpretação que se coadune com seu objetivo de promover a *pacificação com justiça*" (cf. *Revelia e seus efeitos*, p. 4). No mesmo sentido, Maria Lúcia L. C. de Medeiros, *A revelia sob o aspecto da instrumentalidade*, passim.

Cogita-se também de razões sociais para afastar a fria incidência dos efeitos da revelia, em razão das evidentes discrepâncias entre "pobres" e "ricos" existentes no Brasil.[32] Parece, contudo, que eventuais mitigações a esses efeitos devem ser aplicadas indistintamente, qualquer que seja a condição econômica, cultural ou psíquica do réu, de modo que é preferível justificá-las com fundamento na instrumentalidade e na decorrente necessidade de se oferecer às partes tutela jurisdicional justa.

Na perspectiva instrumentalista, é necessário em primeiro lugar compreender que a disciplina prevista nos mencionados artigos 319 e 322, como já apontado, incide sobre o fato do não comparecimento do réu *tout court*. Ainda que a lei fale em ausência de contestação, é perfeitamente possível que o réu compareça apresentando outras modalidades de resposta e por meio dessas crie controvérsia em relação às alegações de fato do autor.[33] Cândido Rangel Dinamarco destaca os aspectos ético e técnico desse entendimento: pelo primeiro, não se justificaria a severidade do tratamento previsto no artigo 319 do Código de Processo Civil ao réu que manifesta interesse em se defender, mesmo que por resposta diversa da contestação; já pelo segundo, basta o surgimento da controvérsia para que o fato controvertido integre o objeto da prova e o autor tenha o ônus de prová-lo.[34]

Em segundo lugar, é verdade que o próprio Código prevê exceções à incidência dos efeitos da revelia,[35] mas elas estão longe de ser suficientes. De acordo com o artigo 320 do Código de Processo Civil de 1973, não se presumem verdadeiras as alegações do autor (I) se, havendo pluralidade de réus, algum deles contestar a ação; (II) se o litígio versar sobre direitos indisponíveis e (III)

---

32. Embora longo o trecho em que Calmon de Passos cogita desse problema, vale sua transcrição: "O Brasil é um continente, segundo velho, mas expressivo, lugar-comum. Possui Estados maiores que países como Áustria, Portugal e a Alemanha. Estados dolorosamente pobres e atrasados, onde analfabetos e marginalizados vivem em lugares precariamente servidos de meios de comunicação e nos quais muitas vezes nem chegou a ser visto um profissional do direito. Lugares onde as partes, sem que isso constitua raridade, nem mesmo sabem o real significado de uma citação e, recebendo-a das mãos do oficial (quando a recebem), procuram na cidade o coronel ou o compadre letrado, para que as oriente a respeito. E tanto o oficial quanto o citado viajam léguas 'na alpercata', que ainda é meio de comunicação do mundo esquecido deste Brasil que não 'cheira' a mar, nem a café, nem a petróleo. E todos são brasileiros, apesar de tudo. E porque o são, aliando a essa qualificação cívica a qualificação de seres humanos, esses Josés de Coisa Nenhuma deveriam ser considerados como um dado relevante na solução de problemas dessa ordem. Os cultos, os bem-providos, ou bem-nascidos e os bem-situados financeira e geograficamente, esses dificilmente são revéis. Mas os outros, os que se situam fora da cerca, ou dentro do cercado, esses dificilmente não são revéis de fato ou de direito. E eles foram esquecidos" (cf. *Comentários ao Código de Processo Civil*, v. III, p. 341).
33. Como afirma Cândido Rangel Dinamarco, "a simples ausência de *contestação* não é sequer sinal de revelia nem gera o seu efeito" (cf. *Instituições de direito processual civil*, v. III, p. 560).
34. Idem, p. 559.
35. Uma coisa é a revelia (o fato do não comparecimento); outra coisa bem diferente são os efeitos da revelia. Assim, é plenamente possível que haja revelia mas que não incidam os efeitos da revelia.

se a petição inicial não estiver acompanhada do instrumento público, que a lei considere indispensável à prova do ato.[36]

No primeiro caso, a controvérsia é criada por um dos réus e não teria sentido o juiz, em um mesmo processo, considerar o fato ocorrido para um réu e não ocorrido para outro. Frise-se que isso não tem aplicação só nos casos de litisconsórcio unitário, mas em todos os casos em que a negativa do fato seja relevante para a defesa de todos os litisconsortes.[37]

No segundo caso, o afastamento do efeito da revelia justifica-se em razão de não se admitir, quanto a esses fatos, a confissão. Assim, não é razoável também admitir que a omissão do réu possa gerar presunção de veracidade a seu respeito.

No terceiro caso, trata-se de hipótese de indeferimento da petição inicial, pois se trata de documento indispensável à propositura da demanda (artigos 283 e 284 do Código de Processo Civil de 1973). Sequer seria necessária qualquer manifestação do réu para que o autor recebesse sentença desfavorável.

Para suprir a insuficiência das exceções legais é necessária, como preconizado mais uma vez por Cândido Rangel Dinamarco, uma leitura sistemática dos dispositivos que regem os efeitos do não comparecimento do réu.[38] E tem especial relevância nessa leitura sistemática o artigo 131 do Código de Processo Civil de 1973, que prevê o *livre convencimento motivado do juiz*. Dessa forma, em nenhuma hipótese, mesmo na ausência total de qualquer manifestação do réu, o juiz pode ser obrigado a aceitar como verdadeiro qualquer fato alegado pelo autor.

Em torno dessa ideia começou-se a construir a tese, de larga aceitação jurisprudencial,[39] segundo a qual o artigo 319 do Código de Processo Civil de

---

36. Essas exceções, segundo Dinamarco, guardam similitude com aquelas previstas nos incisos do artigo 302 do Código de Processo Civil (idem, p. 564-567).
37. Idem, p. 566. No mesmo sentido, Calmon de Passos, *Comentários ao Código de Processo Civil*, v. III, p. 375. Acrescente-se que essa controvérsia, em alguns casos, poderia ser gerada também por terceiros intervenientes. Não há espaço para aprofundamento do tema nesta sede.
38. Cf. *Instituições de direito processual civil*, v. III, p. 559. No mesmo sentido, Calmon de Passos afirma que é "de todo desautorizada qualquer interpretação meramente gramatical, ou lógica do art. 319 do Código de Processo Civil, como se fosse ele uma entidade bastante em si, quando é peça de um todo, cuja operacionalidade deve ocorrer de forma integrada, coerente e sistêmica, de modo a não gerar antinomias" (cf. *Comentários ao Código de Processo Civil*, v. III, p. 351). Umberto Bara Bresolin fala na necessidade de busca da *verdade real*, não devendo o juiz contentar-se com a mera *verdade formal* (v. *Revelia e seus efeitos*, p. 101). Bedaque, contudo, afirma que "tais expressões incluem-se entre aquelas que devem ser banidas da ciência processual. Verdade formal é sinônimo de *mentira formal*, pois ambas constituem duas faces do mesmo fenômeno: o julgamento feito à luz de elementos insuficientes para verificação da realidade jurídico-material" (v. *Poderes instrutórios do juiz*, p. 19-20).
39. Já consolidado há muitos anos no Superior Tribunal de Justiça o entendimento de que o artigo 319 do Código de Processo Civil prevê uma presunção relativa que pode, portanto, ser afastada por outras provas dos autos: STJ, 3ª Turma, REsp n. 302.280/RJ, rel. Min. Carlos Alberto Menezes Direito, j. 26.6.2001;

1973 prevê uma presunção relativa, e não absoluta, de modo a viabilizar a fase instrutória mesmo em caso de não comparecimento do réu.[40]

É possível, assim, apontar outras hipóteses[41] em que se afasta a aplicação do artigo 319 do Código de Processo Civil: (I) quando o autor alega fatos impossíveis, improváveis ou inverossímeis,[42] (II) quando as alegações do autor se contrapõem a fatos notórios, (III) quando as alegações do autor estão em contraste com a prova eventualmente existente nos autos.

Pontua com acerto Cândido Rangel Dinamarco que o objetivo do artigo 319 do Código de Processo Civil de 1973 é de aceleração processual, mas essa solução deve ser extraordinária, uma vez que coloca em risco o objetivo do processo de oferecer tutela jurisdicional justa a quem tiver razão.[43] A celeridade, embora extremamente desejável, não pode ser colocada acima de tudo.

Para que seja possível a efetiva aplicação dessas outras exceções à incidência do artigo 319 do Código de Processo Civil de 1973, o juiz deve seguir uma verdadeira receita dada por Cândido Rangel Dinamarco: (I) "permitir ao omisso a *produção de prova*, sempre que ele se faça ativo em tempo ainda útil",[44] pois a garantia constitucional do direito à prova "não pode ficar à mer-

---

STJ, 4ª Turma, REsp n. 434.866/CE, rel. Min. Barros Monteiro, j. 15.8.2008; STJ, 2ª Turma, REsp n. 689.331/AL, rel. Min. Castro Meira, j. 21.2.2006; STJ, 4ª Turma, AgRg no AI n. 1.079.578/SP, rel. Min. Luis Felipe Salomão, j. 16.6.2009; STJ, 4ª Turma, AgRg nos EDcl no AI n. 1.123.277/SP, rel. min. João Otávio de Noronha, j. 27.4.2010; STJ, 2ª Turma, REsp n. 1.198.159/RS, rel. Min. Mauro Campbell Marques, j. 2.9.2010; STJ, 4ª Turma, AgRg no AREsp n. 450.729/MG, rel. Min. Luis Felipe Salomão, j. 20.5.2014, DJe 28.5.2014.

40. tese da presunção relativa prestou um grande serviço ao processo civil em razão dos efeitos de sua aplicação prática; entretanto, como será visto adiante, não é tecnicamente adequada.
41. Ver, nesse sentido, Cândido Rangel Dinamarco, *Instituições de direito processual civil*, v. III, p. 568-569 e Umberto Bara Bresolin, *Revelia e seus efeitos*, p. 199. Acrescente-se que existem ainda outras exceções construídas em hipóteses específicas, mas sua abordagem extrapolaria os limites deste artigo.
42. Nesses casos não é possível negar a alta carga de subjetivismo na apreciação do juiz. Ver, nesse sentido, Cândido Rangel Dinamarco, *Instituições de direito processual civil*, v. III, p. 568.
43. Idem, p. 569. O autor trata ainda de alguns casos particulares nos quais não incidiria o artigo 319 do Código de Processo Civil: (I) na reconvenção, na ação declaratória incidental, nos embargos ao mandado monitório, na impugnação ao cumprimento de sentença e nos embargos à execução, pois "o ato de propositura da demanda inicial já é suficiente manifestação de interesse" e (II) na ação rescisória, pois "a *coisa julgada material* tem um valor muito grande no sistema e é garantida constitucionalmente", de modo que "seria ilegítima a facilitação da procedência da ação rescisória em razão daquelas presunções ditadas no plano infraconstitucional e fundadas em razões que não têm o mesmo peso nem função social tão importante quando a da *auctoritas rei judicatae*" (idem, p. 573). Em sentido contrário, Calmon de Passos preconiza a incidência dos efeitos da revelia na reconvenção, na ação declaratória incidental e nos embargos à execução (cf. *Comentários ao Código de Processo Civil*, v. III, p. 360-363). Não é tão simples tomar posição a respeito da incidência dos efeitos da revelia nos embargos à execução ou na impugnação ao cumprimento de sentença, mas o aprofundamento do tema extrapolaria os limites deste trabalho. No que diz respeito à ação rescisória, vale registrar que o posicionamento mereceu acolhida do Superior Tribunal de Justiça (cf., nesse sentido, STJ, 3ª Turma, REsp n. 23.596/RS, rel. Min. Eduardo Ribeiro, j. 12.3.1996, DJU 22.4.1996).
44. Cf. *Instituições de direito processual civil*, v. III, p. 570. Em relação a esse específico ponto existe até mesmo enunciado sumular: "o revel, em processo civil, pode produzir provas, desde que compareça em tempo oportuno" (súmula n. 231 do STF).

cê da aplicação excessivamente severa de regras infraconstitucionais sobre a revelia"[45]; (II) "o direito do revel a produzir prova impõe que todo documento trazido aos autos pelo revel *ali permaneça apesar da revelia*"[46] e (III) "impõe-se que ele [o juiz] *deixe nos autos também a contestação intempestiva*", que não produzirá seus efeitos processuais típicos, mas valerá "somente como fonte de informações úteis".[47]

Interessante notar ainda que em caso de contestação intempestiva, verifica-se o não comparecimento do réu, mas logo em seguida dá-se o seu comparecimento, afastando a incidência do artigo 322 do Código de Processo Civil de 1973 e permitindo sua participação útil durante quase todo o procedimento. Ainda assim, incidirá, dentro dos limites aqui traçados, o artigo 319 do Código de Processo Civil de 1973.

Não é possível esquecer ainda que no ordenamento brasileiro, de acordo com o artigo 130 do Código de Processo Civil de 1973, poderá o juiz, mesmo na ausência do réu, determinar de ofício a produção de provas que entender necessárias, o que terá especial relevância nos casos em que se estiver diante de alegações improváveis ou inverossímeis deduzidas pelo autor.

Além disso, "qualquer matéria que interfira no acolhimento ou rejeição da demanda inicial já proposta pelo autor deve, em princípio, ser levada em conta pelo juiz, ressalvados os casos em que a lei *expressamente* exija a iniciativa do interessado".[48]

A "presunção relativa" disciplinada pelo artigo 319 do Código de Processo Civil de 1973, assim, tem apenas o efeito de, não se verificando as exceções acima apontadas, inverter o ônus da prova em relação aos fatos constitutivos do direito alegados pelo autor. Em situações normais, seria dele o ônus de provar tais fatos, como está disposto no artigo 333 do Código de Processo Civil de 1973; se o réu não oferecer resposta, passa a ser seu o ônus de provar que aqueles fatos não ocorreram. Ao final do processo, eventual dúvida sobre a ocorrência dos fatos constitutivos do direito do autor fará com que o juiz ainda assim julgue a demanda em seu favor.

Umberto Bara Bresolin opõe-se com acerto à tese da presunção relativa, observando que essa ideia só ganhou força na medida em que se contrapôs à

---

45. Idem, ibidem.
46. Idem, ibidem. Em sentido contrário, STJ, 4ª Turma, AgRg no REsp n. 799.172/MT, rel. Min. Aldir Passarinho Junior, j. 6.8.2009.
47. Idem, p. 571.
48. Cf. Heitor Vitor Mendonça Sica, *O direito de defesa no processo civil brasileiro – um estudo sobre a posição do réu*, p. 141. Em sentido análogo, também se admite que o réu apresente provas de fatos modificativos, impeditivos e extintivos desde que sejam fatos que possam ser alegados após a contestação (cf. Umberto Bara Bresolin, *Revelia e seus efeitos*, p. 175-176).

ideia de presunção absoluta. Afirma, entretanto, ser tecnicamente equivocada essa tese, pois o fenômeno não se enquadra rigorosamente nos moldes da presunção.[49]

Para o autor, trata-se de "hipótese específica de inversão do ônus da prova",[50] entendida como regra de julgamento. Embora seja tecnicamente mais acertada a construção segundo a qual o mencionado artigo 319 disciplina uma hipótese de inversão do ônus da prova, as duas correntes convergem para um resultado prático comum, pois, como já dito, a presunção relativa implica justamente inversão do ônus da prova.

Até mesmo o legislador buscou mitigar os efeitos do não comparecimento do réu em época mais recente ao disciplinar o procedimento sumário e o procedimento perante os juizados especiais, prevendo que o juiz deixará de aplicar o efeito da revelia, respectivamente, "se o contrário resultar da prova dos autos" (artigo 277, § 2º do Código de Processo Civil de 1973) e "se o contrário resultar da convicção do juiz" (artigo 20 da Lei n. 9.099/95).

No tocante ao procedimento sumário, as respostas do réu devem, em regra, ser apresentadas em audiência (artigo 277 do Código de Processo Civil de 1973). E para que não seja revel, sendo o *ius postulandi* privativo do advogado, deve comparecer acompanhado de seu patrono. Há entendimentos, contudo, mitigando o rigor dessa regra e afastando a revelia quer quando o réu não compareça acompanhado de seu advogado,[51] quer quando apresente contestação antes da audiência.[52]

Por tudo que se disse, de acordo com uma leitura sistemática dos efeitos do não comparecimento do réu, é forçoso concluir que apenas em alguns casos isso poderá dar ensejo à pronta procedência da demanda.[53]

---

49. Cf. *Revelia e seus efeitos*, p. 128. Também Dinamarco, embora trate o fenômeno como presunção nas suas Instituições, no passado afirmava que não se tratava "tecnicamente de uma 'presunção', no ponto de vista ortodoxo do conceito" (cf. Ônus de contestar e o efeito da revelia, p. 6).
50. Cf. *Revelia e seus efeitos*, p. 129.
51. Cf. Cândido Rangel Dinamarco, *Instituições de direito processual civil*, v. III, p. 569, e Artur César de Souza, *Contraditório e revelia*, p. 213.
52. Cf. Rita Gianesini, *Da revelia no processo civil brasileiro*, p. 128, Umberto Bara Bresolin, *Revelia e seus efeitos*, p. 91-92, e Artur César de Souza, *Contraditório e revelia*, p. 213. Recentemente, ainda, o Superior Tribunal de Justiça afastou a revelia em um específico caso em que a audiência foi presidida por conciliador auxiliar e não pelo juiz, concluindo que "no procedimento sumário, descumprido o rito dos arts. 277 e 278 não cabe a decretação da revelia" (STJ, 4ª Turma, REsp n. 1.166.340/RJ, rel. Min. Maria Isabel Gallotti, j. 1.3.2012).
53. Para esses casos excepcionais, vale transcrever a lição de Cândido Rangel Dinamarco: "litígios onde o réu não compareça e se aplique o efeito da revelia são litígios que talvez sejam solucionados com alguma discrepância do Direito Material. Situação esta que se tem de suportar. É função instrumental da jurisdição na sociedade: é um litígio a menos na sociedade, é algo a menos que se discute, é um ponto a menos de conflito entre pessoas. Então, embora o escopo jurídico da jurisdição fique eventualmente prejudicado pela aplicação de efeito da revelia, o seu escopo social fica favorecido na medida em que se caminha mais rapidamente para solução dos litígios. Penso que nós devemos encarar a jurisdição como uma expressão

Frise-se que os eventuais efeitos da revelia dizem respeito exclusivamente às alegações de fato. Ainda que admita a veracidade das alegações do autor por força da revelia, o juiz sempre terá oportunidade de dar a solução jurídica que entender mais adequada.

Cabem ainda algumas breves palavras finais sobre os artigos 321 e 322 do Código de Processo Civil de 1973, que, com exceção dos casos em que o autor buscar alterar o pedido ou a causa de pedir ou ainda demandar declaração incidente, quando será necessária nova citação, preveem a desnecessidade de intimação do réu que não compareceu a respeito da prática de ulteriores atos processuais.

Não há dúvidas de que esse efeito será prontamente afastado assim que, em qualquer momento durante a pendência do processo, o réu apresentar-se em juízo constituindo advogado. No entanto, há dúvidas sobre a compatibilidade dessa regra com as garantias do contraditório e da ampla defesa.[54] Uma solução de meio termo seria dar ciência ao réu ao menos de alguns atos processuais, dentre os quais "aqueles que determinam que a parte *faça ou deixe de fazer alguma coisa*"[55] e a sentença.[56]

3.2. Código de Processo Civil de 2015

O novo Código de Processo Civil alinha-se com tudo quanto foi dito até agora ao afastar a presunção de veracidade das alegações formuladas pelo autor em caso de não comparecimento do réu quando "as alegações de fato formuladas pelo autor forem inverossímeis ou estiverem em contradição com prova constante dos autos" (CPC 2015, art. 345, inc. IV).[57] Com isso, afasta-se de uma vez por todas a ideia de que o julgamento antecipado favorável ao autor deve ocorrer tão logo seja verificada a revelia.[58]

Complementando essa alteração, o artigo 349 do Código de Processo Civil de 2015 garante expressamente ao réu a possibilidade de produzir prova: "ao

---

do próprio poder político uno, indivisível e que deve ser exercido assim, com vistas e com muita atenção e sensibilidade à função social a ser desenvolvida" (v. Ônus de contestar e o efeito da revelia, p. 9-10).

54. Nesse sentido, Artur César de Souza chega a propor que verificada a revelia, sempre deveria ser nomeado curador especial ao revel (cf. *Contraditório e revelia*, p. 233 e ss.).
55. Cf. Umberto Bara Bresolin, *Revelia e seus efeitos*, p. 162.
56. Cf. Calmon de Passos, *Comentários ao Código de Processo Civil*, v. III, p. 387.
57. Também Cássio Scarpinella Bueno, ao examinar o dispositivo do Projeto, conclui que é "consagração legislativa de segura orientação doutrinária e jurisprudencial" (cf. *Projetos de Novo Código de Processo Civil comparados e anotados*, p. 194).
58. Paralelamente a isso, foi mantida a regra segundo a qual, no caso de contestação incompleta (descumprimento do ônus da impugnação especificada), só se presumirão verdadeiros os fatos alegados pelo autor se não estiverem em contradição com a defesa considerada em seu conjunto (CPC2015, art. 341, inc. III). Entretanto, também deve ser aplicada nesses casos a regra prevista para a revelia segundo a qual não se presumem verdadeiras as alegações de fato formuladas pelo autor se forem inverossímeis ou estiverem em contradição com aprova constante dos autos (cf. Heitor Vitor Mendonça Sica, *Contestação*, p. 916).

réu revel será lícita a produção de provas, contrapostas às alegações do autor, desde que se faça representar nos autos a tempo de praticar os atos processuais indispensáveis a essa produção".

Algumas pequenas alterações procedimentais promovidas pelo Código de Processo Civil de 2015 não devem repercutir na disciplina da revelia. A fase inicial do procedimento ordinário sofreu pequena modificação e agora há a previsão de uma audiência de conciliação e mediação antes da apresentação da contestação pelo réu (CPC2015, art. 334). Isso só posterga o *termo a quo* do prazo para apresentação de contestação nos casos em que não houver acordo, mas o réu continua tendo o ônus de, na contestação, manifestar-se precisamente sobre as alegações de fato constantes da petição inicial (CPC2015, art. 341).[59]

Por fim, observa-se que o novo Código poderia ter ido além ao incorporar os saudáveis entendimentos doutrinários e jurisprudenciais construídos em torno da revelia e de seus efeitos; contudo, não foram promovidas as necessárias alterações na redação do artigo 322 do Código de Processo Civil de 1973 e o correspondente artigo 346 do Código de Processo Civil de 2015 continua prevendo que "os prazos contra o revel que não tenha patrono nos autos fluirão da data de publicação do ato decisório no órgão oficial". Como já visto, ainda que não tenha comparecido, é conveniente que o réu seja cientificado de alguns atos processuais relevantes.

O novo Código prevê apenas, ao disciplinar a fase de cumprimento de sentença, que o réu será citado por edital quando tiver sido revel na fase de conhecimento (art. 513, §2º, inc. IV). Isso pode até ser considerado um avanço em relação ao Código de Processo Civil de 1973 que nada previa nesse sentido e deu margem ao surgimento de entendimento jurisprudencial segundo o qual a intimação do revel para o cumprimento de sentença é desnecessária.[60] Contudo, a citação por edital é uma citação ficta e nessa medida muito pouco efetiva para o real estabelecimento do contraditório nessa fase processual.

4. O NÃO COMPARECIMENTO DO RÉU NO PROCESSO CIVIL ITALIANO

4.1. Direito vigente

Antes que se possa falar propriamente do não comparecimento do réu, é necessária uma breve explicação a respeito da fase inicial do procedimento

---

59. Como já observado acima, o Código de Processo Civil de 2015 agora prevê que todas as possíveis respostas do réu serão apresentadas em uma única peça, a contestação (CPC2015, arts. 336 e 337; ver também arts. 126 e 131); assim, felizmente perde sentido a discussão em torno da revelia como ausência de contestação ou como ausência de resposta.
60. STJ, 6ª Turma, REsp n. 1.241.749/SP, rel. Min. Maria Thereza de Assis Moura, j. 27.9.2011, DJe 13.10.2011.

comum ordinário, a fim de que se verifique de que forma é constatado esse não comparecimento.[61]

Diferentemente do que se passa no Brasil, na Itália é o próprio autor que, antes mesmo de ir a juízo, cita o réu para responder à demanda por ele formulada, desde logo convocando-o a comparecer a uma primeira audiência em dia designado pelo próprio autor (artigo 163 do Código de Processo Civil), devendo respeitar a exigência de que entre a data da notificação da citação e a data da audiência exista um intervalo de no mínimo noventa dias (artigo 163-*bis* do Código de Processo Civil).[62] Após a notificação da citação, autor e réu devem constituir-se em juízo. O autor deve fazê-lo em regra no prazo de dez dias após a citação do réu (artigo 164 do Código de Processo Civil), provocando com isso a autuação do processo (*iscrizione della causa a ruolo*).[63] O réu, por sua vez, deve constituir-se no prazo de até vinte dias antes da primeira audiência (artigo 166 do Código de Processo Civil).

Ao constituir-se, o réu deve apresentar sua resposta, oportunidade em que apresentará sua defesa em relação aos fatos alegados pelo autor, juntando documentos e indicando os meios de prova de que pretende se valer. Nessa oportunidade, deverá ainda, sob pena de decadência, apresentar eventual demanda reconvencional, exceções processuais e de mérito não cognoscíveis de ofício e promover o chamamento de terceiros (artigo 167 do Código de Processo Civil).

Tendo o autor se constituído no prazo, poderá o réu, contudo, constituir-se somente na própria audiência (artigo 171 do Código de Processo Civil);[64] mas nesse caso não mais poderá apresentar eventual demanda reconvencional, exceções processuais e de mérito não cognoscíveis de ofício e promover o chamamento de terceiros.

---

61. Segundo Bruno Sassani e Roberta Tiscini, "il processo ordinario di cognizione costituisce lo schema procesuale generalmente applicabile alle controversie civili, salvo che la legge non individui un rito speciale. Trattasi infatti del processo idoneo ad assicurare il massimo delle garanzie e la pienezza della cognizione (il cd. giusto processo) e perciò dotato di portata generale" (cf. *Compendio di diritto processuale civile*, p. 79). Anote-se, contudo, que no processo civil italiano existem alguns ritos simplificados, como por exemplo o relativo a controvérsias trabalhistas, em que a fase inicial é diferente e mais simplificada.
62. Após a designação do juiz instrutor, é possível que haja alteração na data da audiência (artigo 168-*bis* do Código de Processo Civil). Vale lembrar que na Itália o processo desenvolve-se perante o juiz instrutor, que pode, ao final da instrução, proferir sentença sozinho ou compor um colégio de três juízes para emitir a decisão. Antigamente, a regra era que a causa, em primeiro grau, era decidida de forma colegiada. Agora, em regra, é decidida por um juiz monocrático, mantida a decisão colegiada nas específicas hipóteses previstas no artigo 50-bis do Código de Processo Civil italiano.
63. Mais uma vez segundo Bruno Sassani e Roberta Tiscini, "iscrivere la causa al ruolo – tramite la cancelleria – significa attribuire ad essa un numero progressivo ed inserirla ruolo generale delle cause civili, unico per tutto il tribunale adito. Successivamente, la causa andrà assegnata al ruolo specifico di ciascun giudice designato" (cf. *Compendio di diritto processuale civile*, p. 83).
64. Essa mesma faculdade tem o autor no caso de o réu constituir-se tempestivamente, mas esse tema não interessa para o objeto do presente artigo.

A contumácia é reconhecida pelo juiz – e declarada por meio de *ordinanza*[65] – quando se verifica que o réu não se constituiu em juízo nem mesmo na audiência, desde que não haja qualquer vício, seja na própria citação, seja na notificação da citação ao réu;[66] ou seja, o réu simplesmente não apresentou qualquer manifestação nos autos nas duas oportunidades em que tinha para fazê-lo embora estivesse ciente da demanda. Assim como no Brasil, não se cogita das razões pelas quais a parte deixou de comparecer; a ausência é tratada de forma objetiva.[67]

Se o ordenamento brasileiro permite em tese – embora há muito se acredite que isso não seja legítimo – uma interpretação do não comparecimento completamente desfavorável ao réu, no ordenamento italiano o não comparecimento é tido como um *comportamento neutro*.[68] O não comparecimento é tratado como uma *faculdade* do réu.[69]

---

65. Os possíveis atos do juiz no processo civil italiano são *sentenza*, *ordinanza* e *decreto*. Bruno Sassani e Roberta Tiscini apresentam de forma resumida o significado de cada um deles (cf. *Compendio di diritto processuale civile*, p. 71-72): (i) "la sentenza è il típico atto a contenuto decisorio con il quale il giudice chiude il processo davanti a sé"; (ii) "l'ordinanza è un provvedimento che di regola non ha natura decisória, bensì há carattere ordinatório ed è resa nel corso del processo previo contraddittorio tra le parte"; (iii) "il decreto è la forma di provvedimento del giudice più 'semplice' in quanto di regola concesso senza previo contraddittorio tra le parte (*inaudita altera parte*), anche d'ufficio o su istanza verbale delle parti e trascritto nel processo verbale di udienza".
66. V., nesse sentido, artigos 163, 163-bis e 164 do Código de Processo Civil. Em caso de vício, não há que se falar em contumácia e a notificação da citação deve ser renovada (artigo 291 do Código de Processo Civil). De todo modo, se o processo prossegue apesar do vício, poderá o réu valer-se da *rimessione in termini* (afastamento das preclusões), conforme dispõe o artigo 294 do Código de Processo Civil.
67. comum na doutrina italiana a utilização das expressões *contumacia volontaria* e *contumacia involontaria*. Mas essa diferenciação só tem sentido ao se tratar da verificação da existência ou não de vícios na citação e no respectivo ato de notificação. Presentes os vícios, fala-se em contumácia involuntária; ausentes, em contumácia voluntária. Como bem sintetizado por Arieta, De Santis e Montesano, "la legge prescinde dalle ragioni che sono alla base della scelta della parte di non costituirsi in giudizio, ma richiede che questa sia frutto di una scelta consapevole, che presupponga la legale conoscenza del processo o l'assenza di eventi o fatti incolpevoli, che abbiano impedito la costituzione" (cf. *Corso base di diritto processuale civile*, p. 421-422). Recentemente, contudo, Daniela D'Adamo propõe nova interpretação para a contumácia voluntária, segundo a qual a parte na verdade escolhe não comparecer como estratégia de defesa, ou seja, uma forma de exercício do direito de defesa alternativa à constituição em juízo (cf. *Contributo allo studio della contumacia*, esp. p. 222-234).
68. Cf., por todos, Proto Pisani, *Lezioni di diritto processuale civile*, p. 206. Como esclarecem Comoglio, Ferri e Taruffo, "il principio fondamentale è che, salvo alcune situazioni particolari dovute al fatto che una parte non è presente nel processo, questo deve svolgersi secondo le regole ordinarie" (cf. *Lezioni sul processo civile*, v. I, p. 383). Acrescentam esses mesmos autores que a única consequência que deriva da contumácia é a renúncia, a princípio, ao exercício de todos os direitos, poderes e faculdades que a lei confere às partes constituídas; entre esses direitos está certamente aquele de ser intimado dos atos processuais, com algumas exceções previstas em lei que serão estudadas a seguir.
69. De acordo com Comoglio, Ferri e Taruffo, "poiché la contumácia si configura come una facoltà che viene riconosciuta alla parte, si ritiene che dal libero esercizio di tale facoltà non debbano derivare per la parte conseguenze negative ulteriori rispetto a quelle che discendono automaticamente dalla rinuncia a difendersi nel processo" (cf. *Lezioni sul processo civile*, v. I, p. 384).

Na disciplina do *processo contumaciale*, a lei prevê apenas uma consequência negativa para o não comparecimento do réu. O réu não será intimado dos atos processuais, com exceção de alguns previstos taxativamente no artigo 292 do Código de Processo Civil: (i) decisões – *ordinanze* – que admitem o interrogatório formal e o juramento; (ii) petições apresentadas pelo autor que contenham novas demandas ou demandas reconvencionais; (iii) sentenças.[70] Além disso, em razão de duas sentenças da Corte Constitucional que declararam a parcial inconstitucionalidade, por omissão, do artigo 292 do Código de Processo Civil (sentença n. 250/1986 e sentença n. 317/1989), deve ser notificada pessoalmente ao réu contumaz a produção em juízo de escrituras privadas que não tenham sido indicadas em atos precedentemente notificados a ele.[71]

De acordo com o artigo 293 do Código de Processo Civil, o réu poderá constituir-se tardiamente até a audiência de apresentação das conclusões (espécie de *alegações finais*), mas receberá o processo no estado em que se encontra e terá o ônus de, na primeira audiência após sua constituição ou no prazo estabelecido pelo juiz, contestar as escrituras privadas produzidas contra ele, o que é uma exceção à regra de que o contumaz que se constitui posteriormente recebe o processo no estado em que se encontra.

Assim, se o réu não comparece ao processo, o autor permanece com o ônus de provar os fatos constitutivos de seu direito; por isso afirma-se que o ordenamento italiano se filia ao sistema da *ficta contestatio* ou *ficta litiscontestatio*.[72] Apesar de o regime jurídico aplicável ao réu contumaz aparentar ser

---

70. Mais uma vez de acordo com Comoglio, Ferri e Taruffo, "la ratio di questa previsione è evidente: le ordinanze ammissive dell'interrogatorio e del giuramento debbono essere portate a conoscenza del contumace perché costui dovrebbe comparire all'udienza per rispondere all'interrogatorio o prestare il giuramento (in queste ipotesi il contumace può comparire rimanendo tale, ossia senza costituirsi in giudizio). Le comparse contenenti domande modificano l'oggetto del giudizio e quindi debbono esser rese note al contumace, così come accade per la domanda iniziale, anche perché egli potrebbe decidere di costituirsi per difendersi a seguito della proposizione di domande nuove. Infine le sentenze debbono essergli notificate perché sono efficaci nei suoi confronti, ed anche perché il contumace potrebbe aver interesse ad impugnarle" (cf. *Lezioni sul processo civile*, v. I, p. 384). Luiso divide tais atos em três grupos – (i) atos que contêm propositura de demandas novas, (ii) atos que têm por objeto alguma decisão instrutória e (iii) sentenças – e afirma não ser razoável que o réu deva ser notificado dos atos do segundo grupo pois manifestou seu desinteresse em se defender em relação ao objeto do processo definido na inicial e também porque não teria lógica a notificação em relação a alguns meios instrutórios e não em relação a outros (cf. *Diritto processuale civile*, v. II, p. 221-223).
71. Cf. Arieta, De Santis, Montesano, *Corso base di diritto processuale civile*, p. 424-425.
72. Antonio Carratta, após uma análise histórica do processo, conclui que a *ficta litiscontestatio* não necessariamente implica dar sequência no processo como se o réu tivesse efetivamente contestado a demanda. Esclarece o autor que a *litis contestatio* tinha duas funções: (i) pressuposto processual e (ii) induzir a parte a manifestar claramente sua posição sobre o afirmado pelo adversário; assim, a *ficta litis contestatio* existia em razão da necessidade de o processo prosseguir mesmo na ausência do réu. Ou seja, a ficção diz respeito apenas ao pressuposto processual e não à tomada de posição sobre os fatos da causa. Nas palavras do autor: "il ricorso alla *ficta litis contestatio* non implicò, sempre e comunque, che i fatti allegatti dovessero essere considerati *ipso iure* 'contestati' e perciò bisognosi di essere provati" (cf. *Il principio della non contestazione nel processo civile*, p. 159).

largamente favorável a ele no ordenamento italiano, Proto Pisani pondera que é muito mais fácil para o autor convencer o juiz da ocorrência dos fatos constitutivos na ausência do réu e sem contraprova produzida por ele.[73]

Diversamente do que se passa no ordenamento brasileiro, na Itália nem sempre doutrina e jurisprudência estabelecem uma estrita e necessária correspondência entre o ônus da impugnação especificada dos fatos para parte que compareceu e a contumácia (não comparecimento), o que gera alguma perplexidade quanto ao caráter neutro atribuído ao não comparecimento do réu.

Quando se fala na parte constituída que deixa de impugnar as alegações apresentadas pelo autor, discute-se a incidência do *princípio da não contestação*.[74] Por muito tempo, o *princípio da não contestação* foi, no máximo, um princípio geral extraído do sistema, sem previsão legal específica, e doutrina e jurisprudência atribuíam-lhe significados diversos, divergindo tanto sobre o fundamento quanto sobre os efeitos da não contestação. Apenas em 2009, com a alteração do art. 115 do Código de Processo Civil italiano, o *princípio da não contestação* foi expressamente sancionado,[75] mas isso não foi suficiente para eliminar as divergências.[76]

Existe, no seio da doutrina, divergência até mesmo sobre qual seria a orientação majoritária da jurisprudência em cada época,[77] de modo que aqui a preocupação será apenas a de ilustrar os possíveis posicionamentos.

---

73. Cf. *Lezioni di diritto processuale civile*, p. 206.
74. Vale esclarecer que na Itália se tem por "princípio da não contestação" uma regra processual segundo a qual, em se tratando de direitos disponíveis, não é necessário que uma parte prove fatos não expressamente contestados pela outra (cf. Antonio Carratta, *Il principio della non contestazione nel processo civile*, p. 1).
75. Antes de 2009, outras reformas deram alguns passos no sentido de atribuir ao réu o ônus de se manifestar sobre as alegações do autor, mas apenas em 2009 o ordenamento passou a prever uma consequência para a ausência de contestação. Segundo Antonio Carratta, "il lungo dibattito intorno all'applicabilità del cd. principio di non contestazione anche nel nostro sistema processuale, accompagnato da significativi interventi della Cassazione, finalmente ha condotto, con la l. n. 69/2009, alla sua esplicita codificazione nel co. 1 dell'art. 115 c.p.c., il quale, ora, espressamente prevede che 'salvi i casi previsti dalla legge, il giudice deve porre a fondamento della decisione le prove proposte dalle parti o dal pubblico ministero, nonché i fatti non specificamente contestati dalla parte costituita'" (cf. *Principio della non contestazione e art. 115 c.p.c.*, n. 1). No mesmo sentido, Fabio Rota afirma que com a reforma de 2009 foi preenchida uma lacuna normativa: "alla non contestazione è ora esplicitamente riconosciuta una valenza generale che prima era possibile desumere soltanto sulla scorta di argomenti di carattere sistematico" (cf. *I fatti non contestati e il nuovo art. 115*, p. 182-183). Vale recordar, contudo, que ainda antes de 2009 o princípio da não contestação recebeu previsão legal específica no decreto legislativo que regulava o processo societário (art. 10 do d. lgs. 5/2003).
76. Ainda se discute se a utilização da palavra "deve" implica ou não necessária vinculação do juiz. Ver, nesse sentido, Antonio Carratta, *Principio della non contestazione e art. 115 c.p.c.*, nn. 2.1 e 2.2 e Fabio Rota, *I fatti non contestati e il nuovo art. 115*, p. 195-199 e 219-221.
77. Ver, nesse sentido, Antonio Carratta, *Il principio della non contestazione nel processo civile*, p. 8, Fabio Rota, *I fatti non contestati e il nuovo art. 115*, p. 183-189, e Michele Taruffo, *La semplice verità*, p. 122.

Antes da pioneira monografia de Antonio Carratta, publicada em 1995, era possível identificar dois principais entendimentos sobre o princípio de não contestação: de um lado, entendia-se que não era possível aplicá-lo onde não houvesse previsão de um ônus de contestar (o que de fato não existia até a reforma de 1990), de modo que a não contestação só poderia ser levada em consideração no âmbito residual dos *argomenti di prova*; de outro lado, entendia-se que a não contestação equivaleria a um ato de vontade da parte,[78] vinculante para o juiz, de excluir determinado fato do conjunto de fatos dependentes de prova.

Carratta, especialmente a partir da reforma de 1990, que incluiu no art. 167 do Código de Processo Civil italiano a necessidade de o réu tomar posição sobre os fatos alegados, ainda que sem a previsão de uma consequência específica para isso, defendeu a necessidade de reexaminar tais entendimentos e propôs um novo: o réu, em razão da autorresponsabilidade,[79] tem o ônus[80]

---

78. Essa corrente admite a possibilidade de uma *verdade negociada*, entendimento que deve ser descartado a partir do momento em que se entende que o princípio dispositivo não tem qualquer relação com os fatos que constituem fundamento da demanda, mas apenas com a relação jurídica. Como esclarece Antonio Carratta, "per avere un vero e proprio acordo negoziale è necessário che la manifestazione di volontà fra le parti sia diretta a costituire regolare o estinguere un 'rapporto giuridico di natura patrimoniale (art. 1321 c.c.)'" (cf. *Il principio della non contestazione nel processo civile*, p. 265). No mesmo sentido, Luigi Paolo Comoglio afirma que o monopólio dispositivo das partes não diz respeito aos fatos (cf. *Fatti non contestati e poteri del giudice*, p. 1.056). Importante esclarecer que opor-se à concepção de verdade negociada não é sinônimo de atribuir caráter neutro à não contestação; trata-se de buscar a qualificação mais adequada tecnicamente para o fenômeno. Michele Taruffo também é um grande opositor da ideia de *verdade negociada*, uma vez que "la concezione negoziale della determinazione dei fatti è discutibile per varie ragioni, ma il punto più importante è che essa appare fondata su un equivoco que riguarda la natura e la funzione dell'allegazione dei fatti e della loro contestazione o non contestazione" (cf. *La semplice verità*, p. 125); afinal, "per quanto attiene alla verità o alla falsità dell'enunciato che è stato oggetto di allegazione, sia la contestazione che la non contestazione di esso sono *assolutamente irrilevanti*" (idem, p. 128). Também opõe-se à ideia segundo a qual a alegação dos fatos é intimamente conexa ao princípio dispositivo: "il principio dispositivo va certamente riferito alla formulazione della domanda, ossia agli effetti giuridici che si vogliono far derivare dai fatti che si alegano, ma non può essere riferito alla pura e semplice formulazione di enunciati che descrivono questi fatti" (idem, p. 126). Mas isso não significa que repute ilegítimo atribuir ao réu efeitos desfavoráveis diante da não contestação. Segundo o autor, jamais a não contestação pode determinar a veracidade do enunciado não contestado (cf. *La semplice verità*, p. 128-130); entretanto, ele não descarta a técnica da não contestação como apta a liberar o autor do ônus da prova dos fatos alegados (idem, p. 132), desde que seja preservada a possibilidade de verificar a veracidade ou a falsidade dos fatos alegados sempre que possível ou oportuno, inclusive afastando preclusões (idem, ibidem). Segundo o autor, "risulta comunque opportuno minimizzare l'eventualità che una decisione venga presa senza un accertamento effettivo della verità dei fatti rilevanti" (idem, p. 134). Não é possível dar valor desproporcional à economia processual; afinal, ainda segundo Michele Taruffo, "chi pensasse al funzionamento del processo solo in termini di efficienza nella risoluzione delle controversie, infatti, potrebbe esser tentato – in un'epoca *new age* – di resuscitare le ordalie medievali, che in effetti erano assai rapide ed efficaci (...)" (idem, p. 123)
79. Segundo o autor, "il principio della non contestazione comporta l'esclusione dei fatti pacifici dal *thema probandum* e questo per effetto dell'autoresponsabilità che governa l'attività delle parti nel processo" (cf. *Il principio della non contestazione nel processo civile*, p. 279).
80. Nas palavras de Carratta, "il processo, per come è strutturato, risulta compatibile più con la figura dell'onere che con quella della facoltà o del diritto" (idem, p. 293).

de contestar os fatos alegados pelo autor e, ainda que a lei não preveja consequência para a não contestação, se não o fizer sujeitar-se-á a consequências desfavoráveis consistentes na dispensa do autor do ônus probatório (*relevatio ab onere probandi*) e na consequente exclusão daqueles fatos do *thema probandum*, o que é bem diferente de vincular o juiz a admitir como verdadeiros os fatos não contestados.[81] Essa parece ser a melhor opção interpretativa para a não contestação da parte constituída – e é hoje adotada pela doutrina majoritária[82] – especialmente porque (I) dá uma qualificação tecnicamente adequada para a não contestação e (II) permite que o juiz, não vinculado ao comportamento da parte, possa verificar com base em alguns elementos do processo se as alegações não contestadas são verdadeiras ou falsas.

O tema relativo ao princípio da não contestação é riquíssimo e não se pretende aqui esgotá-lo.[83] O que releva demonstrar é que esse princípio – disciplinado ou não legislativamente – tem, segundo a doutrina majoritária, aplicação apenas para a parte constituída, o que deixa evidente a diferença de tratamento dispensada à parte constituída que apresenta resposta eventualmente incompleta e a parte que não comparece.

Inconformado com essa diferença de tratamento, Carratta há tempos propõe que o não comparecimento do réu gere os mesmos efeitos que a não contestação do réu constituído,[84] pois manter o entendimento a respeito da contumácia como comportamento neutro significa incentivar o não comparecimento sobretudo quando a parte não tem argumentos fundados para contestar a demanda.[85]

Outros autores também apresentam inflamada oposição ao regime jurídico que se aplica ao réu contumaz a partir da constatação de que o ordenamento

---

81. Como esclarece Carratta, "una cosa è dire che i fatti non contestati non hanno bisogno di prova (*relevatio ab onere probandi*); altra cosa dire che il giudice è obbligato a considerarli veri (*ficta confessio*). Nel primo caso si restringe l'area del *thema probandum*, a favore dell'avversario, ma si lascia intatto il potere del giudice di valutare, sulla base degli elementi in suo possesso (ad es. fatti notori o prove raccolte su altri fatti controversi), se i fatti non contestati siano veri o falsi. Di conseguenza, pur in presenza della non contestazione, se il giudice fosse convinto della non verità dei fatti non contestati, potrebbe tranquillamente disattenderli. Nel secondo caso, invece, si lascia intatto l'ambito dei fatti bisognosi di prova, ma si allarga quello degli accertamenti vincolanti per il giudice o della 'fissazione formale dei fatti'" (idem, p. 282).
82. Cf. Fabio Rota, *I fatti non contestati e il nuovo art. 115*, p. 192-193.
83. Existe, por exemplo, importante discussão sobre a necessidade ou não de a contestação ser explícita, com refutação específica de cada alegação de fato do autor (ver, nesse sentido, Michele Taruffo, *La semplice verità*, p. 126-128 e Antonio Carratta, *Il principio della non contestazione nel processo civile*, p. 292).
84. São bastante ilustrativas as seguintes passagens: "continuare a sostenere la totale irrilevanza della contumacia appare inaccetabile alla luce della nuova formulazione dell'art. 167, comma 1, c.p.c." (idem, p. 297) e "dal momento che il legislatore del 1990 ha inteso applicare in modo generalizzato lo schema dell'onere di dichiararsi sulle allegazioni avversarie per finalità di concentrazione processuale, diventa poco convincente il riferimento al solo art. 186 bis per concludere che la contumazia deve essere equiparata ad una vera e propria 'presa di posizione' ed anzi ad una esplicita contestazione dei fatti ex adverso allegati" (idem, p. 299).
85. Idem, p. 302.

italiano protege demasiadamente o réu ausente, de modo que sua posição é mais cômoda do que aquela do réu que comparece ao processo e tem o ônus de impugnar os fatos constitutivos alegados pelo autor. Merecem especial menção, nesse sentido, Bruno Sassani[86] e Francesco Paolo Luiso.[87]

Arieta, De Santis e Montesano pontuam que o legislador tomou posição a respeito desse problema ao prever, em razão da já anunciada reforma de 2009, no artigo 115 do Código de Processo Civil que apenas a parte *constituída* fica sujeita aos efeitos da não contestação.[88] De todo modo, esse tema está longe de ser pacífico e tem constado reiteradamente em projetos de reforma do processo civil italiano.[89]

4.2. O processo societário

No início de 2003, por meio do d. lgsl. 5/2013, introduziu-se na Itália uma nova disciplina para o processo societário. Dentre as modificações dignas de

---

86. De acordo com Bruno Sassani, "la posizione del convenuto contumace è decisamente più comoda di quella del convenuto sostituito che è onerato di una contestazione specifica dei fatti costitutivi" (cf. *Lineamenti del processo civile italiano*, p. 292).
87. Francesco Paolo Luiso, para quem seria mais oportuno um sistema no qual o desinteresse do réu implicasse desnecessidade de prova dos fatos alegados pelo autor (cf. *Diritto processuale civile*, v. II, p. 214), afirma que "la disciplina della contumacia è rivolta a favore e non a sfavore del contumace. Costui si trova, cioè, normalmente in una posizione più favorevole di quella in cui si troverebbe se fosse costituito, in quanto la disciplina speciale della contumacia è derogatoria alle norme comuni in senso favorevole al contumace" (idem, v. II, p. 213). Acrescenta o autor ainda que a aplicação da regra segundo a qual a contumácia significa uma *ficta litiscontestatio* produz resultados grotescos, dando um exemplo significativo: "Tizio propone domanda contro Caio, allegando i fatti costitutivi del suo diritto. Caio si costituisce, e si difende ammettendo l'esistenza di tali fatti, ma contestandone le conseguenze giuridiche. Trattandosi di fatti pacifici, e come tali non bisognosi di essere provati, ovviamente Tizio non articola prova su di essi. Al momento della decisione, il giudice rivela di ufficio un difetto nella costituzione in giudizio di Caio, lo dichiara contumace, qualifica (correttamente) come inutilizzabili le attività processuali compiute da Caio e – del tutto coerentemente con il principi della contumacia intesa come *ficta litiscontestatio* – rigetta la domanda di Tizio perché questi non ha provato i fatti costitutivi del suo diritto" (idem, p. 213-214). Em sentido contrário, destaca-se a posição de Fabio Rota, para quem "in fondo, non può negarsi che il silenzio della parte costituita sia assai più significativo, giacchè soltanto questa avrebbe potuto e *dovuto* contestare" (cf. *I fatti non contestati e il nuovo art.* 115, p. 217).
88. Cf. *Corso base di diritto processuale civile*, p. 422, nota n. 2. No mesmo sentido, Fabio Rota: "chiaramente la norma esprime soprattutto la volontà di escludere che il principio di non contestazione possa operare anche nei confronti della parte contumace" (cf. *I fatti non contestati e il nuovo art.* 115, p. 216).
89. Vale ressaltar contundente crítica de Bruno Sassani: "la 'neutralità' della contumacia – l'accettazione cioè del fatto che essa non abbia, non possa e non debba ricevere alcun significato – è formula che la dottrina ripete, e che la giurisprudenza estremizza, senza che nessuno abbia mai saputo spiegare perché. Un perché è però arrivato con il nuovo testo dell'art. 115 comma 1 c.p.c.: perché lo dice la legge e stat pro ratione voluntas!Di fronte alla quale legge i più resteranno nella propria convinzione che oggi essa lo (ri) dica perché ... così è sempre stato. I pochi altri vedranno invece nella nuova legge la fine del tentativo di riflettere, liberi dalle briglie rappresentate dalla 'risalente tradizione', sull'incentivo a non costituirsi che il sistema offre a chi, costituendosi, avrebbe qualcosa da perdere" (cf. *L'onere della contestazione*, p. 19).

relevo, quando comparada essa nova disciplina com o processo ordinário comum, destaca-se um novo regramento a respeito do não comparecimento do réu; abandonou-se o sistema da *ficta litiscontestatio* para adotar aquele da *ficta confessio*.

Concretamente, passou-se a prever, no artigo 13, §2º: "se il convenuto non notifica la comparsa di risposta nel termine stabilito a norma dell'articolo 2, comma 1, lettera c), ovvero dell'articolo 3, comma 2, l'attore, tempestivamente costituitosi, può notificare al convenuto una nuova memoria a norma dell'articolo 6, ovvero depositare istanza di fissazione dell'udienza; in quest'ultimo caso i fatti affermati dall'attore, ache quando il convenuto si sia tardivamente costituito, si intendono non contestati e il tribunale decide sulla domanda in base alla concludenza di questa; se lo ritiene oportuno, il giudice deferisce all'attore giuramento suppletorio".

Daniela D'Adamo pontua que a *ficta confessio* não é propriamente efeito da não contestação, mas sim da falta de notificação de resposta oferecida pelo réu ao autor (artigo 13),[90] pois o comparecimento do réu, que inclui a necessidade de protocolo da resposta já notificada em juízo, deve se dar em até dez dias após prazo final para notificação da resposta ao autor (artigo 5; artigo 2, §1º, c e artigo 3, §2º). Assim, uma vez não notificada a resposta ao autor nos prazos estabelecidos em lei, se este apresentar requerimento de realização de audiência,[91] o juiz tem como não contestados os fatos alegados.[92]

A Corte Constitucional (sentença n. 340/2007), contudo, considerou inconstitucional essa disciplina por violar o artigo 76 da Constituição italiana,[93] que prevê a necessidade de a lei delegada observar os limites da delegação. A lei de delegação (lei n. 366/2001) havia previsto como escopo para a lei delegada a concentração dos procedimentos e a redução dos prazos processuais.

De acordo com a Corte Constitucional, o artigo 13 do decreto legislativo que regulava o processo societário, "detta una regola del processo contumaciale in

---

90. Cf. *Contributo allo studio della contumacia*, p. 252.
91. Daniela D'Adamo afirma que nesse caso, "proprio perché l'istanza di fissazione dell'udienza preclude alla parte che ne è destinataria la sucessiva contestazione dei fatti ex adverso allegati, all'atto della notifica dell'istanza di fissazione d'udienza, la parte istante dovrebbe individuare e segnalare al giudice quali sono, a suo avviso, i fatti ritenuti ormai pacifici in ragione della mancata specifica contestazione delle controparti e, se del caso, riformuli, di conseguenza, le proprie istanze istruttorie" (idem, p. 255). O autor poderá, no entanto, "dar mais uma chance" notificando-o uma vez mais (artigo 13 c/c artigo 6).
92. Daniela D'Adamo aponta, na disciplina legal, uma grave violação ao direito de defesa uma vez que não se inclui, entre os requisitos da citação (artigo 2) a exigência de advertência de que a falta de notificação determina a admissão dos fatos afirmados pelo autor (idem, p. 253).
93. Quando o Tribunal remeteu a questão para ser decidida pela Corte, alegou também, subsidiariamente, violação aos artigos 3 e 24 da Constituição. Mas isso sequer chegou a ser considerado, pois a Corte julgou inconstitucional a disposição pelo contraste com o artigo 76 da Constituição.

contrasto con la tradizione del diritto processuale italiano, nel quale alla mancata o tardiva costituzione mai è stato attribuito il valore di confessione implicita". Pontuou ainda que nem sempre a *ficta confessio* contribui para a rápida e eficaz definição dos procedimentos – partindo da premissa que o objetivo da lei delegada era criar um procedimento simplificado com redução de termos processuais.[94]

Referida decisão foi alvo de ácidas críticas da doutrina. Bruno Sassani e Ferruccio Auletta chegam a afirmar que a decisão da Corte Constitucional é "sostanzialmente immotivata, agli occhi di chi, per 'motivazione', intende la giustificazione secondo i dettami della logica e delle regole dell'arte".[95]

Referidos autores apontam ainda que a tradição louvada pela Corte Constituição nada mais é do que hábito, sendo impossível provar que o ordenamento italiano imponha o valor de *ficta contestatio* à inércia do réu.[96] No mesmo sentido, Fabio Rota observa que a afirmação segundo a qual é contrária à tradição do direito processual italiano que a não contestação tenha valor de confissão implícita é desmentida pelo artigo 663 do Código de Processo Civil, que prevê justamente isso nos casos de demanda sobre locação.[97]

Ressalte-se, por fim, que na interpretação de Bruno Sassani e Ferruccio Auletta, a norma do artigo 13 não obrigava o juiz a acolher a demanda, mas apenas liberava o autor do ônus da prova desses fatos, de modo que "al giudice sarebbe spettato sempre e comunque verificare che la rappresentazione fattuale operata dall'attore in citazione fosse effettivamente idonea ad integrare la fattispecie invocata dell'effetto giuridico richiesto".[98] Isso é evidente, na medida em que a não contestação diz respeito apenas aos fatos e não às consequências jurídicas afirmadas pelo autor. Mas além disso, poderia o juiz também "valutare l'implausibilità di uno o più elementi fattuali".[99]

4.3. O Projeto Vacarella

No fim de 2003, foi apresentado, por uma comissão presidida por Romano Vaccarella, projeto que visava à reforma do processo civil. Entre os pontos

---

94. Em sentido contrário, para Bruno Sassani e Ferruccio Auletta (cf. *L'illegittimità costituzionale per "contrasto con la tradizione": in morte di una (buona)"regola del processo"*, p. 524) e para Daniela D'Adamo (cf. *Contributo allo studio della contumacia*, p. 251), a ficta confessio é instrumento útil para a economia processual.
95. Cf. *L'illegittimità costituzionale per "contrasto con la tradizione": in morte di una (buona) "regola del processo"*, p. 520.
96. Idem, p. 526.
97. Cf. *I fatti non contestati e il nuovo art. 115*, p. 218.
98. Cf. *L'illegittimità costituzionale per "contrasto con la tradizione": in morte di una (buona) "regola del processo"*, p. 526.
99. Idem, ibidem.

cogitados para reforma estava a disciplina do não comparecimento do réu; de acordo com a previsão projetada, em caso de contumácia o juiz deveria considerar admitidos os fatos constitutivos da demanda relativa a direitos disponíveis (artigo 23 do projeto).

Referido projeto, contudo, não alcançou o objetivo de fazer entrar em vigor essa nova diretriz.[100]

4.4. O projeto Proto Pisani

Apesar de não se encontrar na obra de Proto Pisani críticas ao regime jurídico aplicável ao réu contumaz,[101] em recente projeto de reforma do Código de Processo Civil apresentado em 2009, embora ele próprio declare tratar-se de uma proposta intencionalmente teórica,[102] consta a tentativa de modificação dessa disciplina, passando-se a prever que "in materia di diritti disponibili ove il convenuto non si sia tempestivamente costituito il giudice deve ritenere esistenti i fatti posti dall'attore a fondamento della sua domanda e pronunciarsi sulla domanda stessa sulla base della sola valutazione in diritto".[103]

Uma das diretivas do projeto é a "chiusura semplificata del processo in prima udienza in caso di contumacia (con disciplina modellata in coerenza con quella dei procedimenti monitori), non contestazione o riconoscimento del diritto da parte del convenuto".[104]

Essa proposta é coerente com seu entendimento a respeito do princípio da não contestação que, para ele, exclui os fatos não contestados do *thema probandum*, de modo que devem ser considerados existentes pelo juiz.[105]

Vale anotar, contudo, que não parece recomendável, como faz o Projeto Proto Pisani, impor ao juiz que repute existentes os fatos alegados pelo autor

---

100. Como esclarece Daniela D'Adamo, "il progetto di riforma elaborato dalla Comissione Vaccarella è stato sottoposto al Consiglio dei Ministri in data 25 Ottobre 2003 ed è stato assegnato, in sede referente, alla Comissione Giustizia della Camera il 26 Gennaio 2004. Il disegno *de quo*, come si è visto, non ha peraltro concluso il suo *iter* parlamentare" (cf. *Contributo allo studio della contumacia*, p. 274, nota n. 86).
101. autor discorre sobre o tema com neutralidade, em certa medida até justificando a opção do legislador: "per comprendere appieno le scelte effettuate dal nostro legislatore in tema di contumacia, è da tenere presente che le esigenze di semplificazione che sono perseguite in altri ordinamenti con l'attribuzione alla contumacia della eficácia di *ficta confessio*, sono raggiunte nel nostro ordenamento tramite più largo ricorso ai titoli esecutivi di formazione stragiudiziale e tramite la previsione di procedimenti speciali (processo d'ingiunzione e processo per convalida di sfratto) caratterizzati dalla circostanza che lo svolgimento del processo nelle forme della cognizione piena è fatto dipendere da un atto di iniziativa del convenuto" (v. *Lezioni di diritto processuale civile*, p. 207-208). Entretanto, o autor mostra-se favorável à disciplina da contumácia como *ficta confessio* no processo societário (idem, p. 852).
102. Ver, nesse sentido, *Per un nuovo Codice di Procedura Civile*, p. 1.
103. Idem, p. 31 (artigo 2.16 da proposta de novo Código).
104. Idem, p. 2.
105. Cf. *Lezioni di diritto processuale civile*, p. 407.

em caso de contumácia. A exposição a respeito do não comparecimento do réu no ordenamento brasileiro mostra que essa não é uma solução bem aceita pela doutrina e pela jurisprudência em razão das graves injustiças que pode gerar. E mesmo aqueles que, no ordenamento italiano, pretendem afastar o caráter de neutralidade do não comparecimento do réu, propõem que o juiz tenha certa margem de liberdade na apreciação dos fatos.

Seria melhor que prevalecesse tanto em relação à não contestação da parte constituída quanto em relação à contumácia o entendimento segundo o qual tais comportamentos apenas dispensam o autor do ônus da prova de tais fatos.

4.5. O novo Projeto Vaccarella

Em 2013, foi constituída outra comissão, presidida por Romano Vaccarella, para propor novas reformas. Entre os temas eleitos para reforma está o da contumácia.

Propõe-se, nesse sentido, a alteração da redação do artigo 115 do Código de Processo Civil para passar a prever que o juiz deverá colocar como fundamento da decisão os fatos não contestados especificamente, sem mais restringir esse efeito à parte constituída. Impõe-se, ainda, à parte constituída o ônus de contestar as alegações do adversário na primeira defesa sucessiva às respectivas alegações.[106]

Para operacionalizar as mudanças acima referidas, foi necessário propor também alterações em outros dispositivos, a fim de adaptar a disciplina da fase inicial do processo a essa nova configuração da contumácia.[107] Analisar

---

106. redação do artigo 115 se aprovada a reforma passaria a ser: "Salvi i casi previsti dalla legge, il giudice deve porre a fondamento della decisione le prove proposte dalle parti o dal pubblico ministero, nonché i fatti non specificatamente contestati. La parte costituita deve, a pena di decadenza, contestare le allegazioni avversarie nella prima difesa successiva all'allegazione stessa". Assim justifica Romano Vaccarella a proposta de alteração apresentada pela comissão: "la modifica dell'art. 115, ancorché costituita dalla soppressione di sole tre parole, è in realtà la testa di ponte di una novità epocale per il processo civile italiano, perché segna il passaggio dal principio per cui la contumacia volontaria è trattata come contestazione integrale delle allegazioni della controparte (la quale è quindi onerata della loro prova), al principio per cui la contumacia volontaria, pur restando una legittima scelta defensiva, comporta – nei giudizi aventi ad oggetto diritti disponibili – l'ammissione della verità delle allegazioni avversarie, rese pertanto non bisognose di prova" (cf. *Lavori Commissione Vaccarella - relazione e articolato*, p. 3-4).
107. Mais uma vez de acordo com a justificativa de Romano Vaccarella: "l'attuazione di questo principio – generalmente adottato dagli ordinamenti simili al nostro, e *olim* tentata dal rito societario, ma naufragata davanti alla Corte costituzionale in quanto non coerente con l'opposto principio ispiratore del codice – ha richiesto interventi su numerose norme: dall'art. 163, 7° comma (per l'esigenza di un chiaro avvertimento al convenuto dell'effetto prodotto dalla scelta di non costituirsi in giudizio) all'art. 186 bis (ordinanza per il pagamento di somme non contestate con effetto, indiretto, sul corrispondente istituto del rito del lavoro, art. 423), dall'art. 291 (cautele da osservare per la dichiarazione di contumacia) all'art. 291 bis (decisione in contumacia) e all'art. 292 (comunicazioni al contumace circa novità intervenute dopo la mancata sua costituzione)" (idem, p. 4).

minuciosamente todas as alterações propostas para esses artigos correlatos extrapolaria os objetivos deste artigo.

Como já visto no item 3.1 acima, doutrina e jurisprudência italianas não chegaram a um consenso sobre o fundamento e o alcance do princípio da não contestação. Louva-se a iniciativa de tornar coerente a disciplina da não contestação da parte constituída e do contumaz, mas arrisca-se a dizer que seria mais adequado entender – e na medida do possível deixar isso claro mesmo na lei – que tanto em um como em outro caso deveria prevalecer o entendimento segundo o qual o juiz não é obrigado a reputar existentes os fatos não contestados, sem qualquer verificação a seu respeito. Assim, a não contestação valeria como dispensa do autor do ônus de provar tais fatos ou como uma inversão do ônus da prova em relação aos fatos constitutivos do alegado direito do autor.

5. CONCLUSÃO

Por tudo que se disse, fica desde logo descartada a adoção radical de qualquer um dos modelos – *ficta confessio* ou *ficta contestatio* – enunciados no início deste artigo. Tanto um como outro modelo, se levados ao extremo, podem gerar injustiças.

Parece ser possível afirmar que o Brasil, na interpretação doutrinária e jurisprudencial que se dá aos efeitos do não comparecimento do réu, agora positivada no novo Código de Processo Civil, alcançou patamar quase ideal em termos de instrumentalidade e da preocupação em oferecer, na medida do possível, tutela jurisdicional justa a quem tem razão. Tem a aprender com a Itália ainda, contudo, a necessidade de previsão legal a respeito de atos que devam ser cientificados mesmo ao réu revel.

Na Itália, verifica-se um claro movimento de afastamento do sistema da *ficta contestatio*, o qual, entretanto, encontra dificuldades para ser superado *de lege lata*. Uma eventual reforma nesse sentido precisa tomar o cuidado de não impor ao réu ônus pesado demais, como aquele que poderia decorrer de uma interpretação literal do Código de Processo Civil brasileiro de 1973 e também das disposições legais que se pretende inserir no Código de Processo Civil italiano.

Ainda que eventual não comparecimento do réu possa ser considerado sinal de um possível desinteresse seu em defender-se da demanda apresentada pelo autor, a jurisdição envolve valores que se sobrepõem à exclusiva vontade das partes, de modo que qualquer solução deve sempre ser pautada pela busca, na medida do possível, de uma tutela jurisdicional justa.

6. REFERÊNCIAS

ARIETA, Giovanni, DE SANTIS, Francesco, MONTESANO, Luigi. Corso base di diritto processuale civile. 4ª ed. Padova: CEDAM, 2010.

BARBOSA MOREIRA, José Carlos. O novo processo civil brasileiro (exposicão sistemática do procedimento). 25ª ed. Rio de Janeiro: Forense, 2007.

BATISTA, Lia Carolina. Pressupostos processuais e efetividade do processo – uma tentativa de sistematização. Revista de Processo, v. 214, dez./2012.

BEDAQUE, José Roberto dos Santos. Da revelia. In: MARCATO, Antonio Carlos. Código de Processo Civil interpretado. São Paulo: Atlas, 2004, p. 966-974.

_____. Poderes instrutórios do juiz. 7ª ed. São Paulo: Revista dos Tribunais, 2013.

BRESOLIN, Umberto Bara. Revelia e seus efeitos. São Paulo: Atlas, 2006.

BUENO, Cássio Scarpinella. Projetos de Novo Código de Processo Civil comparados e anotados. São Paulo: Saraiva, 2014.

CALMON DE PASSOS, José Joaquim. Comentários ao Código de Processo Civil. v. III. 8ª ed. Rio de Janeiro: Forense, 2001.

CARRATTA, Antonio. Il principio della non contestazione nel processo civile. Milano: Giuffrè, 1995.

_____. Principio della non contestazione e art. 115 c.p.c. Disponível em: www.treccani.it.

COMOGLIO, Luigi Paolo. Fatti non contestati e poteri del giudice. Rivista di diritto processuale civile, ano LXIX, nn. 4-5, luglio-ottobre/2014.

COMOGLIO, Luigi Paolo, FERRI, Corrado, TARUFFO, Michele. Lezioni sul processo civile. v. I. 4ª ed. Bologna: Mulino, 2006.

COSTA, Sergio. Contumacia (diritto processuale civile). In: AZARA, Antonio, EULA, Ernesto. Novissimo digesto italiano. v. IV. Torino: UTET, 1959, p. 772-778.

D'ADAMO, Daniela. Contributo allo studio della contumacia nel processo civile. Milano: Giuffrè, 2012.

DIDIER JR., Fredie. Curso de direito processual civil. v. 1. 16ª ed. Salvador: Jus Podivm, 2014.
DIDIER JR., Fredie, NOGUEIRA, Pedro Henrique Pedrosa. Teoria dos fatos jurídicos processuais. Salvador: Jus Podivm, 2011.

DINAMARCO, Cândido Rangel. Instituições de direito processual civil. v. III. 6ª ed. São Paulo: Malheiros, 2009.

_____. Ônus de contestar e o efeito da revelia. Revista de Processo, v. 41, jan./1986. Consultado em: www.revistadostribunais.com.br.

GIANESINI, Rita. Da revelia no processo civil brasileiro. São Paulo: Revista dos Tribunais, 1977.

LUISO, Francesco Paolo. Diritto processuale civile. v. II. 5ª ed. Milano: Giuffrè, 2009.

MEDEIROS, Maria Lúcia L. C. de. A revelia sob o aspecto da instrumentalidade. São Paulo: Revista dos Tribunais, 2003.

PROTO PISANI, Andrea. Lezioni di diritto processuale civile. 5ª ed. Napoli: Jovene, 2010.

_____. Per un nuovo codice di procedura civile. Disponível em: www.osservatoriogiustiziacivilefirenze.it

ROTA, Fabio. I fatti non contestati e il nuovo art. 115. In: TARUFFO, Michele. Il processo civile riformato. Bologna: Zanichelli, 2010, p. 181-221.

SASSANI, Bruno. Lineamenti del processo civile italiano. 4ª ed. Milano: Giuffrè, 2014.

_____. L'onere della contestazione. Disponível em: www.judicium.it

SASSANI, Bruno, AULETTA, Ferruccio. L'illegittimità costituzionale per "contrasto con la tradizione": in morte di una (buona) "regola del processo". Rivista di diritto processuale civile, ano LXIII, n. 2, marzo-aprile/2008.

SASSANI, Bruno, TISCINI, Roberta. Compendio di diritto processuale civile. Roma: Dike, 2013.

SICA, Heitor Vitor Mendonça. O direito de defesa no processo civil brasileiro – um estudo sobre a posição do réu. São Paulo: Atlas, 2011.

_____. Contestação. In: ARRUDA ALVIM WAMBIER, Teresa, DIDIER JR., Fredie, TALAMINI, Eduardo, DANTAS, Bruno. Breves comentários ao Código de Processo Civil. São Paulo: Revista dos Tribunais, 2015.

SOUZA, Artur César de. Contraditório e revelia – perspectiva crítica dos efeitos da revelia em face da natureza dialética do processo. São Paulo: Revista dos Tribunais, 2003.

TARUFFO, Michele. *La semplice verità – il giudice e la costruzione dei fatti*. Bari: Laterza, 2009.

TUCCI, Rogério Lauria. Da contumácia no processo civil brasileiro. São Paulo: José Bushatsky, 1964.

VACCARELLA, Romano. Lavori Comissione Vaccarella – relazione e articolato. Disponível em: www.judicium.it

Trabalhos apresentados

O CALENDÁRIO PROCESSUAL NO DIREITO FRANCÊS E NO ITALIANO: REFLEXOS NO NOVO CÓDIGO DE PROCESSO CIVIL

Thaís Aranda Barrozo

Doutoranda pela Universidade de São Paulo – USP, na área de Direito Processual. Professora da Universidade Estadual de Londrina – UEL. Advogada.

> **SUMÁRIO:** INTRODUÇÃO. 1 O CALENDÁRIO PROCESSUAL NO DIREITO FRANCÊS. 1.1 CONTRATUALIZAÇÃO E GERENCIAMENTO DO TEMPO PROCESSUAL. 1.2 O JUIZ DE *LA MISE EN ÉTAT*. 1.3 O CALENDÁRIO PROCESSUAL. 2 O CALENDÁRIO PROCESSUAL NO DIREITO ITALIANO. 2.1 A GESTÃO DO TEMPO PROCESSUAL E O CALENDÁRIO DO ART. 81 *BIS* DISP. ATT. C.P.C. 2.2 CALENDÁRIO PROCESSUAL E ADAPTABILIDADE DO PROCEDIMENTO À LIDE. 2.3 CALENDÁRIO PROCESSUAL: PODER OU DEVER DO JULGADOR? 3 REFLEXOS DO DIREITO FRANCÊS E ITALIANO NO CALENDÁRIO PROCESSUAL DO NOVO CÓDIGO DE PROCESSO CIVIL. 3.1 A ADAPTABILIDADE PROCEDIMENTAL E OS ACORDOS DE PROCEDIMENTO NO NOVO CÓDIGO DE PROCESSO CIVIL. 3.2 O CALENDÁRIO PROCESSUAL NO NOVO CÓDIGO DE PROCESSO CIVIL. CONCLUSÃO.

1. INTRODUÇÃO

O processo, enquanto sucessão ordenada de atos destinados ao escopo final de prestação jurisdicional pelo Estado aos cidadãos, exige – por sua própria natureza e definição – certo lapso temporal para regular desenvolvimento e maturação, observando-se, como conseguinte, que os estudos do direito processual, por seus diversos vieses, não raras vezes se entrecruzam num ponto comum: a relação entre tempo e processo, no intuito de divisar a demora fisiológica da patológica, para combate à última.

O problema da demora patológica do processo não é recente e já há algum tempo os processualistas dele se ocupam, em razão de sua estreita e direta relação com a ineficiência da prestação jurisdicional pelo Estado, sendo uníssonos os comentários – e comuns as inquietações – na doutrina estrangeira e nacional, no sentido de que justiça tardia não é justiça. Daí a previsão da duração razoável do processo em vários tratados internacionais, tais como a Convenção Europeia para a Salvaguarda dos Direitos do Homem e das Liberdades Fundamentais (1950 – Roma)[1] e na Convenção Americana de Direitos Humanos

---

1. Este documento é apontado por Andre Vasconcelos Roque e Francisco Carlos Duarte como o primeiro diploma a reconhecer o direito a um processo sem dilações indevidas. In: *As dimensões do tempo no*

(1969 – Pacto de San José da Costa Rica), reforçada em diversos textos constitucionais e legais nas ordens internas.

Revela-se, assim, como campo de pesquisa científica, o gerenciamento do tempo do processo, por meio do estudo de mecanismos voltados à asseguração do tempo necessário de duração do processo, este pensado qualitativamente, e não meramente de forma matemática e quantitativa, com os olhos voltados à necessidade de se pôr fim às "etapas mortas" do processo.

As recentes reformas das legislações processuais civis da França e da Itália, nesse intuito, instituíram um sistema de fixação, pelo julgador, de calendário processual específico para cada lide, levando em conta as suas particularidades (sobretudo complexidade e urgência), como mecanismo apto à adaptabilidade do procedimento e ao gerenciamento do tempo do processo.

Refletidas na reforma da legislação processual brasileira, na redação dada ao art. 191 do Novo Código de Processo Civil (em sua redação final do Substitutivo da Câmara dos Deputados ao Projeto de Lei do Senado n.º 166, de 2010), constituem o objeto do presente estudo, que se inicia com a análise do modelo francês de contratualização procedimental e fixação de calendário processual, segue com apontamentos sobre questões correlatas à autorização legislativa italiana para fixação de calendário processual pelo juiz instrutor da lide e, ao final, aponta as (as)simetrias entre os sistemas processuais estrangeiros estudados e o brasileiro reformado.

2. O CALENDÁRIO PROCESSUAL NO DIREITO FRANCÊS

2.1. Contratualização e gerenciamento do tempo processual

Ao final do século XX, o desenvolvimento da litigiosidade nos tempos modernos colocou a Justiça francesa diante de questão paradoxal, que imprescindia de emergencial enfrentamento: de um lado, um incremento quantitativo do contencioso, que se tornava cada vez mais volumoso, acompanhado da conseguinte e crescente lentidão na prestação jurisdicional; e de outro, em contrapartida, um incremento qualititativo da natureza dos litígios, envolvendo situações dinâmicas e complexas, que exigiam, para sua oportuna solução, um Poder Judiciário desembaraçado[2].

---

processo civil: tempo quantitativo, qualitativo e duração razoável do processo. Revista de Processo, 2013, p. 338.

2. PERROT, 1998. p. 205.

As reformas do *Code de Procédure Civile* francês, ocorridas nos anos de 1998[3], 2004[4] e 2005[5], tiveram por foco, assim, a introdução de normas voltadas a sanar o problema da demora patológica do processo, por meio da instituição de medidas destinadas ao gerenciamento do tempo processual[6]. Em relação às duas últimas, o projeto elaborado pela comissão presidida por Jean-Claude Magéndie redundou não só na modernização do processo civil francês, mas teve por escopo atuar diretamente na resolução do problema relativo à necessidade de se fixar uma duração do processo no exato limite de sua razoabilidade[7].

A gestão racional do novo processo civil francês funda-se na contratualização da atividade jurisdicional, esta entendida como um meio de regulação do funcionamento do processo de maneira mais consensual e, de conseguinte, menos autoritária e unilateral[8]. Substitui-se, assim, o modelo antes vertical, em que o órgão judiciário atuava para imposição da vontade estatal, por outro mais horizontal e cooperativo, em que as partes e o julgador assumem o papel de verdadeiros atores processuais, que dialogam e escolhem, por consenso, os rumos do procedimento.

O sistema processual contratualizado pressupõe, portanto, um empoderamento do julgador e das partes, que, por consenso mútuo, estabelecem as regras do jogo processual. Insere-se, assim, no ordenamento processual francês, a ideia de contratualização da produção jurídica normativa[9], observando-se, ainda que de forma atípica, a liberdade de atuação da vontade das partes no âmbito da atividade jurisdicional estatal.

Os acordos de procedimentos põem, então, em relevo, o princípio de cooperação que deve orientar a conduta dos atores processuais, como mecanismo complementar de gestão processual. Daí a afirmação de Loïc Cadiet de que os

---

3. Decret n.º 98-1231 du 28 décembre 1998, Journal Officiel du 30 décembre 1998, em vigueur le 1er mars 1999.
4. Décret n.º 2004-836 du 20 août 2004, Journal Officiel du 22 août 2004, em vigueur le 1er janvier 2005.
5. Décret n.º 2005-1678 du 28 décembre 2005, Journal Officiel du 29 décembre 2005, em vigueur le 1er mars 2006.
6. Como dito por PERROT, ibidem, p. 206, "todas as mais importantes reformas processuais francesas têm sido ditadas por uma única e mesma preocupação, a da aceleração da Justiça".
7. CANELLA, 2010, p. 552.
8. Como bem explicitado no relatório da Comission Européene pour l'Efficacité de la Justice (CEPEJ), intitulado "Contratctualisation et Processus Judiciaires em Europe", lavrado em 10/12/2010, em Srtasbourg, "[...] l'activité judiciaire a evolué. Aujourd'hui, ele n'est plus seulement une activité d'autorité. Le modèle vertical, fondé sur l'imposition de régles, s'enrichit peu à peu d'éléments nouveaux. Un modèle horizontal, reposant sur l'accord de volontés, envahit peu à peu les différents compartiments de l'activité judiciaire. Dans de nombreaux États européens, la procédure et la pratique témoignent de l'existence d'élements procéduraux reposant désormais sur um príncipe de'interactions, d'échanges entre différents acteurs".
9. Considera-se, aqui, a natureza de norma jurídica individual e concreta que se reveste o ato jurisdicional ao resolver a questão objeto do litígio entre as partes.

princípios da cooperação e do contraditório são, atualmente, os diretores do processo civil francês[10].

Como bem dito por Canella, "Si trata de collocare la logica nell'ambito della attuale tecnica di produzione giuridica"[11]. Ou ainda, nas palavras de Loïc Cadiet, uma vez nascido o litígio, o recurso ao contrato se opera no âmbito da instituição judiciária como um instrumento de gestão do processo[12]. O processo civil francês se concebe, portanto, de modo a admitir uma maior adaptabilidade do procedimento ao objeto da causa e à complexidade da lide, tendo o juiz como gestor da instauração e desenvolvimento da lide[13].

Dito isso, cabe apontar que o direito francês admite acordos processuais (a) relativos à instauração do processo ("l'introduction de l'instance") e (b) relativos ao desenvolvimento do processo ("au déroulament de l'instance")[14].

Os primeiros referem-se à "requête conjointe", definida no art. 57 do Code de Procédure Civil como "l'acte commun par lequel les parties soumettent au juge leurs prétentions respectives, les points sur lesquels elles sont en désaccord ainsi que leurs moyens respectifs"[15]. Ao contrário do que se vê na arbitragem, na *requête conjointe* as partes não têm a liberdade de escolha quanto ao julgador do conflito (que tem a sua competência previamente fixada na lei), mas podem convencionar a delimitação do objeto da lide, além de realizar outros acordos quanto ao seu desenvolvimento.

Os acordos de procedimento (*accords de procédure*), tal qual acima destacado, vinculam as partes à realização de atos processuais nas formas e prazos consensualmente avençados perante o juiz de *la mise en état*, bem como exigem deste a vigilância quanto ao bom e regular desenvolvimento da instrução processual.

Nesse cenário, ganham destaque, portanto, a figura do juiz *de la mise en état*[16], bem como o *contrat de procédure*, previstos nos arts. 763 a 781 do Code de Procédure Civile, a seguir estudados.

---

10. CADIET, 2008, p. 71.
11. CANELLA, 2010, p. 555.
12. CADIET, op. cit., p. 64: "[...] une fois le litige né, le recours au contrat s'opère au sein même de l'institution judiciaire comme um instrument de gestion de l'instance.".
13. CANELLA, op. cit., p. 550.
14. CADIET, op. cit., p. 72-73.
15. Em tradução livre, trata-se de "ato comum pelo qual as partes submetem ao juízo suas respectivas pretensões, os pontos sobre os quais recai a controvérsia, bem como seus respectivos meios".
16. figura do *juge de la mise en état* surge nas reformas processuais ocorridas na década de 80 (PERROT, 1998, p. 207), e permanece em vigor até os dias atuais.

2.2. O juiz de la mise en état

Para melhor compreensão de como se estabelecem os acordos de procedimento (*contrats de procédure*) e a fixação do calendário processual francês, procedemos à explanação, *grosso modo*, do desenvolvimento do processo ordinário de cognição nos moldes previstos no Code de Procédure Civile.

O processo se inicia com a *"assignation"* (art. 750), que é a cientificação ao réu da demanda contra si dirigida, cabendo-lhe, a partir de então, constituir advogado nos autos no prazo de 15 dias (art. 755), constituição esta que será comunicada ao autor da demanda (art. 756). O juízo, de sua vez, constitui-se nos quatro meses subsequentes, a partir do momento que uma das partes faça o depósito da cópia do pedido inicial (art. 757). Na sequência, o presidente do tribunal fixará o dia e a hora em que haverá a primeira audiência de chamada à causa, designando e intimando-se os advogados, inclusive quanto à câmara de julgamento ao qual foi distribuído (art. 789) e, na data e horário fixados, deliberará com os advogados quanto ao estado da causa (art. 758).

Entendendo que a causa encontra-se madura para julgamento, o julgador declarará encerrada a instrução e procederá ao envio do feito para a audiência de julgamento (art. 760). Daí a classificação dessas causas como de *circuit court* (circuito curto).

Poderá, todavia, o julgador, se entender necessário, determinar o comparecimento das partes a mais uma sessão perante o juízo, para última conferência do feito e troca pelas partes de suas conclusões definitivas, no prazo que houver por bem fixar, de modo a deixar o feito em condições de julgamento. Nesta ocasião, dará por encerrada a instrução, remetendo a causa à audiência de julgamento (art. 761). Essas causas são classificadas como de *circuit moyen* (circuito médio).

As demais causas, de *circuit long* (circuito longo), eis que mais complexas, ingressam a fase instrutória no intuito de que atinjam condição suficiente para receberem julgamento pela Corte. Um feito só deverá ser decidido quando efetivamente estiver maduro para julgamento; daí dizer-se que, nesse momento, está *"en état"* (em estado) de receber a decisão judicial.

Tem-se, assim, nos moldes do art. 763 do Code de Procédure Civile, a figura do juiz de *la mise en état*, encarregado de estabelecer um acordo entre as partes para fixação de modo específico de instrução da causa nas formas mais complexas do processo de cognição francês[17], competindo-lhe, ainda, a condução e fiscalização do regular desenvolvimento do procedimento.

---

17. CANELLA, 2010, p. 557. Conforme anteriormente destacado, o processo de cognição francês classifica-se em circuito curto, médio e longo, e "Nei casi piu complessi (circuit long) si procede invece alla vera e

Dentre as principais funções do juiz de *la mise en état* estão: a) ordenar as medidas necessárias à instrução do feito; b) a partir do acordo estabelecido com os advogados das partes, fixar um calendário de *mise en état*; c) tentar obter a conciliação entre as partes e, uma vez obtida, homologá-la; d) fixar as eventuais dilações necessárias à instrução do feito, conforme sua complexidade ou urgência; e) constatar a extinção da instância[18].

Compete-lhe, assim, nos termos do art. 763 do Code de Procédure Civile, o controle da instrução da causa, atento à finalidade de promover o princípio da concentração, podendo, inclusive, limitar o número de manifestações escritas pelas partes ao longo do feito[19]. O juiz torna-se, assim, o gestor da instrução processual.

2.3. O calendário processual

O calendário processual encontra sua previsão legal no art. 764 do Code de Procédure Civile[20], cuja leitura revela que o direito francês admite duas formas de fixação do calendário processual.

A primeira delas, como acima se destacou, é aquela em que o juiz de *la mise en état*, analisando a urgência e complexidade da causa, fixa os prazos para a realização dos atos instrutórios (tendo poderes para dilatá-los, se a causa assim o exigir), bem como estipula, de antemão, a provável data de encerramento da instrução e envio da causa para julgamento (art. 764, parágrafos primeiro e segundo).

No entanto, na reforma de 2005, com a inserção do parágrafo 3º, no art. 764, surge a possibilidade de instituição do calendário processual por comum

---

própria mise en état (istruzione) della causa devanti ad um magistrato della stessa sezione, che deve controllare il legale sovlgimento della procedura, com particolare riguardo ala puntualità dello scambio delle conclusioni e della comunicazioni dei documenti".
18. Informações disponíveis em http://www.justice.gouv.fr/_telechargement/doc/Presentation_du_metier_de_juge_de_la_mise_en_etat.pdf, acesso em 02/08/2014.
19. CANELLA, op. cit., 2010, p.562.
20. "Le juge de la mise en état fixe, au fur et à mesure, les délais nécessaires à l'instruction de l'affaire, eu égard à la nature, à l'urgence et à la complexité de celle-ci, et après avoir provoqué l'avis des avocats. Il peut accorder des prorogations de délai.
Il peut, après avoir recueilli l'accord des avocats, fixer un calendrier de la mise en état.
Le calendrier comporte le nombre prévisible et la date des échanges de conclusions, la date de la clôture, celle des débats et, par dérogation aux premier et deuxième alinéas de l'article 450, celle du prononcé de la décision.
Les délais fixés dans le calendrier de la mise en état ne peuvent être prorogés qu'en cas de cause grave et dûment justifiée.
Le juge peut également renvoyer l'affaire à une conférence ultérieure en vue de faciliter le règlement du litige."

acordo entre as partes e o julgador, ensejando, assim, figura de natureza reconhecidamente contratual[21]. E, justamente por ser fruto do acordo de vontade entre as partes, estas se vinculam estritamente aos prazos processuais nele estabelecidos[22], só se admitindo em caráter excepcional a sua eventual dilação pelo julgador, em casos graves e devidamente justificados (art. 764, parágrafo 5º).

Sobressai, assim, a ideia de processo cooperativo e da assunção de postura proativa das partes, comprometidas com a duração razoável do processo, e consensualmente ocupadas em evitar as delongas desnecessárias da demanda[23]. Fortalece-se, igualmente, o sistema de preclusão no processo civil francês, haja vista permitir ao julgador encerrar a instrução para a parte que descumprir o calendário processual (art. 780[24]).

Ressalve-se, contudo, a necessária cautela que deverá orientar o julgador na ordenação de conclusão parcial da instrução, como sanção ao descumprimento dos prazos fixados no calendário processual, em vista das eventuais consequências nefastas que poderia advir ao direito da parte ao contraditório [25]. Muito provavelmente por essa razão, a norma processual civil francesa prevê a possibilidade de o juiz afastar a regra de encerramento da instrução, se entender justificado o desatendimento ao calendário, ou mesmo permitir à parte suas manifestações quanto aos pedidos formulados e provas produzidas pela parte contrária ao longo da instrução.

---

21. "Ainsi vont ce que l'on nomme les *contrats de procédure* qui ont pour objet la détermination d'um commun accord du juge et des parties du calendrier procedural de l'affaire" (CADIET, 2008. p. 74).
22. CANELLA, 2010, p. 557
23. "Ces accords processuels sont en harmonie avec le principe de coopération du juge et des parties qui est avec le principe du contradictoire um des deux principes directeurs du procès civil français" (CADIET, 2008. p. 71).
24. "Si l'un des avocats n'a pas accompli les actes de la procédure dans le délai imparti, le juge peut ordonner la clôture à son égard, d'office ou à la demande d'une autre partie, sauf, en ce dernier cas, la possibilité pour le juge de refuser par ordonnance motivée non susceptible de recours. Copie de l'ordonnance est adressée à la partie défaillante, à son domicile réel ou à sa résidence.
Le juge rétracte l'ordonnance de clôture partielle, d'office ou lorsqu'il est saisi de conclusions à cette fin, pour permettre de répliquer à des demandes ou des moyens nouveaux présentés par une partie postérieurement à cette ordonnance. Il en est de même en cas de cause grave et dûment justifiée.
Si aucune autre partie ne doit conclure, le juge ordonne la clôture de l'instruction et le renvoi devant le tribunal."
25. VILLACEQUE, 2006. p. 539. "Plus curieux est le nouvel article 780 qui permettra la clôture partielle de l'instance à l'égard de la partie qui n'aurait pas accompli les actes qui lui auraient été impartis dans le délai fixé. La mise en oeuvre rigoureuse de ces dispositions en première instance risque d'avoir pour effet que le plaideur qui n'aura pu faire valoir tous ses moyens et qui aura succombé envisagera presque à coup sûr l'appel. Au contraire, permettre aux parties de s'expliquer complètement devant le premier juge atténue cette tentation. Il faut donc souhaiter que le juge de la mise en état, qui a tout pouvoir pour clôturer et ensuite rétracter son ordonnance, le fasse avec le maximum de pragmatisme».

De todo modo, seja quando unilateralmente fixado pelo juiz, ou quando convencionado entre as partes perante o juiz (*contrats de procédure*), o fato é que o calendário processual comportará o número de manifestações pelas partes e seus respectivos prazos, a data para encerramento da instrução, para os debates finais e, até mesmo, a data em que será proferida a sentença (art. 764, parágrafo 4º). Por essa razão, diz-se que o juiz de *la mise en état*, tal qual acima se mencionou, é o verdadeiro condutor da instrução e gestor do tempo do processo, eis que atua livremente, no âmbito de seus poderes-deveres instrutórios[26], na fixação dos prazos do processo, adaptando o procedimento à natureza e complexidade da causa, primando não só pela celeridade, mas sobretudo pela qualidade do tempo do processo.

Como tal, e conforme já apontado, nos termos do art. 782[27], o juiz de *la mise en état* tem o poder de, por decisão irrecorrível, encerrar a instrução (*"clôture de l´instruction"*). O encerramento deve ser feito, contudo, em data mais próxima possível daquela da audiência designada para os debates finais, evitando-se que sobrevenha fato novo até data fixada para o julgamento da causa, hipótese que exigiria do julgador a reabertura da instrução[28]. Isso porque, a ideia é que a fixação do calendário processual sirva para extirpar as dilações indevidas do processo, para que este seja, efetivamente, instrumento para prestação jurisdicional tempestiva.

3. O CALENDÁRIO PROCESSUAL NO DIREITO ITALIANO

3.1. A gestão do tempo processual e o calendário do art. 81 bis disp. att. c.p.c.

Em meados de 2009, a legislação processual civil italiana sofreu algumas reformas voltadas ao gerenciamento do tempo do processo, destacando-se, dentre elas, a previsão contida no art. 81-*bis* delle disposizioni di atuazione del Codice de Procedura Civile[29], que atribui ao julgador poderes para fixação do calendário processual.

---

26. CADIET; JEULAND; SERINET, 2006, I 146. «Le décret consacre la pratique des calendriers de procédureet l'insère à l'article 764, alinéa 3 du NCPC qui dispose désormais que le juge de la mise en état peut – – *il ne s'agit que d'une faculté* – – fixer un calendrier de procédure avec l'accord préalable des parties. ».
27. "La clôture de l'instruction, dans les cas prévus aux articles 760, 761, 779 et 780, est prononcée par une ordonnance non motivée qui ne peut être frappée d'aucun recours. Copie de cette ordonnance est délivrée aux avocats."
28. CANELLA, 2010, p. 558.
29. Lei 18 giugno 2009, n. 69, modificada pelo D.L. 13 agosto 2011, n. 138, transformado na Lei 14 settembre 2011, n. 148. Texto do artigo: "Il giudice, quando provvede sulle richieste istruttorie, sentite le parti e tenuto conto della natura, dell'urgenza e della complessità della causa, fissa il calendario del processo con l'indicazione delle udienze successive e degli incombenti che verranno espletati. I termini fissati nel

Segundo o artigo de lei em referência, quando entender necessária a instrução da lide, monocrática ou colegial, o juiz instrutor, após a apresentação das alegações pelas partes, fixará o calendário processual para a produção das provas, inclusive com a designação da data da audiência para apresentação das conclusões finais pelas partes e da remessa da causa para decisão[30]. A prorrogação dos prazos fixados no calendário processual é admitida por lei apenas em caráter excepcional, abrindo, assim, a possibilidade de imposição de penalidades (funcionais e disciplinares), àquele que descumprir o calendário judicialmente estabelecido[31].

A norma processual italiana, mais uma vez reformada em meados de 2011[32], teve nela introduzida a determinação expressa ao juiz instrutor de, ao fixar o calendário processual, orientar sua conduta pelo princípio da duração razoável do processo, enfatizando, assim, o caráter do instituto como mecanismo funcional à gestão e à limitação do tempo do processo[33].

Tendo, desse modo, como pano de fundo a necessidade de racionalização da duração do processo, a introdução do calendário processual no direito italiano não há que ser vista meramente como instrumento de "aceleração" do processo, mas sim, tal qual se observa no modelo francês, como método à disposição do julgador para melhor gestão do tempo do processo, pensando-se em termos qualitativos. Em verdade, observa a doutrina que, ao início da vigência da norma, o instituto não serviu de imediato a uma aceleração da duração do processo[34], o que não quer dizer que a sua previsão legal não tenha trazido qualquer benefício em termos de gestão processual.

Aponta-se que a fixação do calendário processual pelo juiz instrutor da causa permite conhecer, de forma antecipada, o termo de todas as fases do processo e, assim, ter uma previsão da duração do processo considerado em seu todo[35].

E não só isso. A possibilidade de fixação do calendário processual pelo juiz instrutor carrega consigo outros benefícios, dentre os quais se destacam:

---

calendario possono essere prorogati, anche d'ufficio, quando sussistono gravi motivi sopravvenuti. La proroga deve essere richiesta dalle parti prima della scadenza dei termini."
30. FONSECA, 2012, p. 1394.
31. Ibidem, p. 1393-1394.
32. Legge 18 giugno 2009, n. 69, modificada pelo D.L. 13 agosto 2011, n. 138, convertido na L. 14 settembre 2011, n. 148
33. FONSECA, op. cit., p. 1395.
34. Idem.
35. PICOZZA, 2009, p. 1651-1652. Para a autora, até então, a única fase do processo que não tinha sua duração fixada na lei era a instrutória. Com a reforma, abre-se a possibilidade do julgador estabelecer o calendário para essa fase, permitindo às partes uma estimativa da duração global do processo.

(a) o favorecimento do espírito de cooperação e responsabilização recíproca na solução do conflito, garantindo-se, via de consequência, maior eficiência ao processo; (b) a responsabilização das partes pela primazia duração razoável do processo, em vista das possíveis sanções disciplinares decorrentes do descumprimento do calendário; (c) a vantagem de se ter um processo moldado à exigência do direito das partes; (d) servir de parâmetro para indicar a duração razoável e justificável para lides de características semelhantes[36].

Por fim, sobreleva destacar a diferente denominação adotada no direito francês e no italiano para a instituição de um calendário processual. Enquanto o direito francês trata de um "acordo de procedimento", ali dito como um *"contrat de procédure"*, o direito italiano trata da adoção de um "protocolo" para fixação do calendário, minimizando, assim, a sua natureza contratual se comparada ao modelo francês[37]. Esses protocolos, segundo Remo Caponi[38], nada mais são do que uma "[...] 'codificação' de práticas autorregulamentadas e compartilhadas, orientadas em seu complexo à consequência de promover eficiência na gestão do processo". Complementa o autor afirmando que os protocolos assumem caráter de norma jurídica de eficácia persuasiva (não absolutamente vinculante, portanto).

Logo, também no direito italiano o calendário processual é instrumento para gestão processual, realizada de forma coparticipativa entre os atores do processo – juiz e partes –, ainda que "longe do vínculo negocial do *contrat de procédure* francês, obstaculizado para alguns pela reserva de lei nos termos do art. 111"[39].

Valoriza-se, assim, uma transformação de postura processual das partes e do julgador, com vistas a um processo efetivamente colaborativo.

3.2. Calendário processual e adaptabilidade do procedimento à lide

Considerando que muitos dos poderes previstos no art. 81 *bis* disp. att. c.p.c. já se encontravam, de uma forma mais ampla, inseridos no art. 175 do Codice de Procedura Civile[40], não há como deixar de apontar a crítica à nova disposição legal, no sentido de que, ao prever a possível fixação pelo julgador

---

36. FONSECA, 2012, p. 1396.
37. CANELLA, 2010, p. 553.
38. CAPONI, 2014. p. 371.
39. FONSECA, op. cit., p. 1395-1396, com a parte final em tradução livre da autora.
40. "Il giudice istruttore esercita tutti i poteri intesi al piu' sollecito e leale svolgimento del procedimento. Egli fissa le udienze successive e i termini entro i quali le parti debbono compiere gli atti processuali. Quando il giudice ha omesso di provvedere a norma del comma precedente, si applica la disposizione dell'articolo 289".

do calendário processual, a norma reformada não lhe atribuiu qualquer outro poder além daqueles que já tinha em mãos como condutor do procedimento[41].

Sem desmerecer a robustez da crítica, não há como desconsiderar que a previsão legal, específica para a gestão do tempo do processo, no mínimo, afasta a discussão de que o juiz instrutor, ao adaptar o procedimento às exigências da causa, fixando o calendário para a realização dos atos processuais, violaria o princípio do devido processo legal.

Cumpre, no entanto, destacar que a autorização contida na lei para adaptação do procedimento à lide (aí incluída a fixação do calendário processual), ainda que ausente a previsão expressa nesse sentido, orienta o juiz instrutor a atuar com critérios de razoabilidade e proporcionalidade, sempre tomando em conta a *natureza*, a *complexidade* e a *urgência* da lide. Essa leitura da norma reformada conduz o intérprete à conclusão de que a duração razoável de um processo não deve ser parametrizada por critérios objetivos. O processo há que ser gerido à luz das especificidades da causa, pois só assim estará o julgador, de fato, adequando, caso a caso, o procedimento à lide[42].

Pois bem. Reforçando a ideia de que a fixação do calendário processual encontra-se dentre os poderes instrutórios do juiz (art. 175), destaca-se que o momento para a sua fixação é aquele do art. do art. 183 c.p.c., ou seja, no momento em que o juiz se pronunciará sobre os requerimentos relativos à instrução do processo e, constatada a necessidade desta[43], estabelecerá o momento para a realização dos atos instrutórios[44].

Mesmo que distante do vínculo contratual do direito francês, o art. 81 *bis* disp. att. c.p.c. dispõe que o juiz fixará o calendário processual após *"ouvidas as partes"*, restando, desse modo, a indagação quanto à necessidade de que o juiz designe audiência para oitiva das partes para essa finalidade.

Considerando a *ratio* das reformas legislativas, a questão vem sendo respondida negativamente pela doutrina, que afirma inexistir qualquer nulidade processual se não realizado o ato, ressalvando-se, todavia, que nada impede que o juiz proceda à oitiva das partes em audiência para fixação do calendário processual. O que não se pode é exigir que o julgador realize o ato processual apenas para essa finalidade, o que poderia se revelar contraproducente,

---

41. PICOZZA, 2009, p. 1653.
42. FONSECA, 2012, p. 1396.
43. Ibidem, p. 1395; PICOZZA, 2009, p. 1654. Uma vez madura a causa para julgamento, a despeito da lei preveja a fixação do calendário processual pelo julgador para a instrução da causa, sendo esta desnecessária, na impede que o juiz remeta o caso diretamente à fase decisória.
44. PICOZZA, ibidem. p.1653

alongando ainda mais o procedimento, e afastando o instituto de seu escopo de asseguração de duração razoável do processo[45].

Ao fixar o calendário processual (em audiência ou não), o juiz designará as datas de todas as audiências que se realizarão ao longo da instrução, inclusive aquela para conclusão da instrução, bem como fixará os momentos para a produção de provas (depoimentos pessoais, oitiva de testemunhas, exibição de documentos, perícias etc.).

Imprevistos, contudo, podem surgir ao longo do desenvolvimento da instrução, a exigir do juiz, se entender necessário (pautando-se por critérios de razoabilidade), rever o calendário para designação de novas datas para o prosseguimento do feito[46]. Logo, possível a prorrogação de prazos fixados no calendário, desde que em casos de grave motivo superveniente (sob pena de, em assim não sendo, fragilizar-se o sistema de preclusão processual) e, sempre, tomando em conta a natureza, urgência e complexidade da causa, aliadas à ideia de duração razoável do processo[47].

A prorrogação dos prazos pode se dar de ofício ou a requerimento das partes; nesta última hipótese, o requerimento há que ser feito antes do advento do termo final (art. 154). Mas, mesmo se requerida pela parte após o termo final, pode, ainda, o juiz determiná-la de ofício, devendo a designação de nova audiência ou fixação de novo prazo ser tempestivamente comunicada às partes[48].

Não há, todavia, nenhuma sanção expressamente prevista em lei para a hipótese de omissão pelo juiz na fixação, ou mesmo desrespeito, por ele, aos prazos fixados no calendário processual, reservando-se a matéria à aferição da (ir)regularidade da conduta no âmbito de sua responsabilidade funcional, não restando às partes qualquer instrumento de reação no curso do processo. Também os defensores e os peritos podem ser disciplinarmente penalizados pelo descumprimento injustificado dos prazos fixados no calendário processual[49].

Por fim, convém salientar que, ainda que previsto para aplicação nos processos de cognição que sigam o procedimento ordinário, vislumbra-se a possibilidade de se aplicar à sua *ratio* de maneira mais ampla, estendendo-se, a critério do juiz, a possibilidade de fixação de calendário processual também aos procedimentos especiais, cautelares e de cognição sumária[50].

---

45. FONSECA, op. cit., p. 1399; PICOZZA, ibidem, p.1654.
46. PICOZZA, 2009, p.1655.
47. Ibidem, p.1656.
48. FONSECA, 2012, p. 1399-1400.
49. Ibidem, p. 1401-1402; PICOZZA, op. cit., p.1658-1659.
50. PICOZZA, ibidem, p.1657.

3.3. Calendário processual: poder ou dever do julgador?

Após o advento do art. 81 bis disp. att. cpc, doutrina e jurisprudência se puseram a discutir a questão da obrigatoriedade/discricionariedade de sua fixação pelo juiz instrutor da causa[51].

Num primeiro momento, a doutrina apontou que a fixação do calendário processual encontrava-se dentre os poderes atribuídos ao julgador para gerir a instrução da causa, constituindo-se, assim, mera opção do juiz na condução do procedimento[52]. Contudo, ao fundamento de que o texto legal não atribuiu qualquer discricionariedade ao julgador[53], seguiu-se um segundo entendimento, no sentido de que a fixação do calendário processual seria, em verdade, um "poder-dever" do juiz, devendo ser considerado de fixação necessária quando presentes, no caso concreto, as condições para tanto[54].

A constitucionalidade do art. 81 bis disp. att. c.p.c[55] em face dos arts. 3 e 111 foi discutida perante a Corte Constituzionale italiana, tendo por foco a questão da eventual obrigatoriedade imposta ao juiz para a fixação do calendário do processo e, ainda, se a atuação do julgador ao assim proceder configuraria ofensa ao princípio do devido legal.

A Corte acabou, no entanto, entendendo pela constitucionalidade da norma, afirmando-a decorrência direta dos poderes instrutórios já conferidos ao julgador pelo art. 175 do c.p.c, explicitando que o legislador apenas disciplinou com maior detalhe o "poder-dever" do juiz de estabelecer o calendário processual, quando precisar evitar os atrasos processuais, sempre com vistas à concretização do princípio da duração razoável do processo[56]. Afirmou tratar-se o calendário processual de instrumento destinado a uma organização programada do processo, permitindo às partes uma previsão mais concreta do momento que a causa receberá julgamento.

Acresça-se, ainda, em reforço à tese da não obrigatoriedade da fixação do calendário processual, a inexistência de qualquer sanção prevista em lei para

---

51. Ressalve-se que o problema não assumiu tanto destaque no sistema francês, haja vista que a própria previsão legal da "possibilidade" do juiz de la mise en état fixar o calendário processual, evidenciando tratar-se de faculdade à disposição do julgador.
52. BUFFONE, 2014.
53. PICOZZA, 2009, p.1658. A discricionariedade do magistrado limita-se a "como" definir o calendário processual, haja vista que a sua fixação não se trata de mera faculdade do juiz instrutor da causa.
54. FONSECA, 2012, p. 1397.
55. Artigo reformado pelo decreto-lei de 13 agosto 2011, n.º 138, convertido na lei de 14 de setembro de 2011, n.º 148.
56. Sentenza 216/2013. GIUDIZIO DI LEGITTIMITÀ COSTITUZIONALE IN VIA INCIDENTALE. Presidente GALLO – – Redattore CRISCUOLO. Camera di Consiglio del 03/07/2013. Decisione del 03/07/2013. Deposito del 18/07/2013. Pubblicazione in G. U. 24/07/2013.

a hipótese de o julgador não fixá-lo, ou mesmo deixar de cumpri-lo, configurando-se (quando muito) nessas hipóteses, infração disciplinar sujeita a sua responsabilidade funcional[57]. Dessa feita, a sua omissão na fixação ou o seu desrespeito ao calendário fixado, trata-se de mera irregularidade procedimental, a ser afastada pelo juiz de ofício ou a requerimento da parte, nos termos dos art. 175, parágrafo 3º e art. 289 da lei processual italiana[58].

E não só isso. Tornar obrigatória a fixação do calendário processual a todos os casos, não dando ao julgador a margem de liberdade para a sua fixação conforme a natureza, complexidade e urgência do caso, conduziria não só à redução de seus poderes de gestor do procedimento, como também negaria o escopo da norma reformada de se priorizar a adaptabilidade do procedimento em prol da duração razoável do processo.

Quanto à pretensa ofensa ao devido processo legal, esta restou afastada pela Corte Constitucional italiana quando analisada a norma à luz dos poderes instrutórios que são atribuídos, por lei, ao juiz condutor da instrução processual. Afinal, na contemporaneidade, o princípio da legalidade em matéria processual civil há que ser reafirmado num contexto cultural modificado, "no qual o intérprete teórico e o operador prático do direito são definitivamente liberados do papel insuficiente de exegeta, para assumir aquele de coprodutor e intermediador de sentido das normas processuais"[59]. Atua, assim, o legislador, nos exatos limites da lei quando fixa o calendário processual.

Superada, portanto, no direito italiano a questão da (in)constitucionalidade da fixação do calendário processual, nos termos em que prevista no art. 81-bis delle disp. att. c.p.c.

4. REFLEXOS DO DIREITO FRANCÊS E ITALIANO NO CALENDÁRIO PROCESSUAL DO NOVO CÓDIGO DE PROCESSO CIVIL

4.1. A adaptabilidade procedimental e os acordos de procedimento no Novo Código de Processo Civil

Afirmação corrente na atual doutrina processual brasileira é que "O maior problema dentro do processo não está propriamente na duração dos prazos legais ou no número de recursos existentes, mas sim nas chamadas 'etapas

---

57. BUFFONE, 2014; FONSECA, 2012, p. 1397-1398; PICOZZA, 2009, p.1659.
58. FONSECA, idem.
59. CAPONI, 2014, p. 375.

mortas' do processo, em que não há atividade processual por fatores estruturais da administração da justiça"[60].

Ante essa contingência, proceder a reformas processuais limitadas ao controle quantitativo do tempo do processo, tal qual se viu nas últimas décadas, não parece ter resolvido o problema. Imperioso, assim, o seu enfrentamento e a busca por soluções sob uma perspectiva qualitativa, por meio da adoção de "técnicas de gerenciamento de processos, que consistem, basicamente, no planejamento da condução de demandas judiciais em direção à solução mais adequada do conflito, com o menor dispêndio de tempo e de custos"[61].

O direito processual civil brasileiro, seguindo a tendência do direito francês e do italiano de empreender medidas voltadas ao combate da morosidade e da ineficiência jurisdicional, volta-se agora à implementação de um sistema gestão do tempo do processo, para realização, em concreto, do princípio de duração razoável e do efetivo acesso à justiça. Nessa linha, avança a ciência processual brasileira no estudo de temas como a contratualização do processo e a flexibilização do procedimento, bem como do princípio constitucional da eficiência, previsto nos arts. 5º, LIV e 37 da Constituição Federal.

Em breves linhas, o princípio da eficiência, aplicado à atividade jurisdicional do Estado, impõe a condução eficiente dos processos judiciais pelo órgão jurisdicional, verdadeiro gestor do processo que, para tanto, recebe da lei poderes de condução do procedimento e de gestão do tempo do processo[62]. O princípio da eficiência é, assim, fundamento para que se permita a adaptabilidade do procedimento à lide, por meio da adoção de acordos entre as partes e o julgador[63], tal qual vem ocorrendo no processo civil francês e no italiano.

Quanto aos fenômenos da contratualização e da flexibilização do procedimento, a doutrina brasileira caminha lado a lado com a francesa e a italiana no trato que lhes dirige, afirmando a sua estrita vinculação à exigência de legitimação pelo contraditório. Considerando o contraditório um verdadeiro imperativo ao julgador, a atividade por este desenvolvida na condução do processo há que ser efetivamente participativa quando da realização dos "atos de direção, de prova e de diálogo"[64]. O direito processual civil contemporâneo brasileiro ruma, assim, tal qual os modelos estrangeiros em estudo, em direção ao alcance de um processo dialógico, em que reforçados os poderes-deveres de participação

---

60. ROQUE; DUARTE, 2013, p. 352.
61. Ibidem, p. 353.
62. DIDIER JR; 2013, p.436.
63. Ibidem, p.439.
64. DINAMARCO, 2010, p. 524.

do juiz e ampliadas as oportunidades de efetiva participação dos litigantes[65]. Ganha relevo o espírito de coparticipação e de colaboração entre partes e julgador na condução do processo.

O Novo Código de Processo Civil alinha-se à tendência de flexibilização com vistas à adaptabilidade procedimental às especificidades da demanda, prevendo, em seu art. 190, *caput*, que:

> "Versando o processo sobre direitos que admitam autocomposição, é lícito às partes plenamente capazes estipular mudanças no procedimento para ajustá-lo às especificidades da causa e convencionar sobre os seus ônus, poderes, faculdades e deveres processuais, antes ou durante o processo."

Advém, assim, a autorização legal para a realização de "negócio jurídico processual"[66], permitindo às partes, plenamente capazes e no âmbito da sua esfera de disponibilidade de direitos, a negociação das regras do procedimento, antes de instaurado o litígio ou mesmo no curso do processo.

As notas da contratualização francesa são facilmente observadas na nova norma processual, quando nela se constata a autorização legal para que as partes realizem "acordos de procedimento", tendo por limites (a) a capacidade das partes e (b) a disponibilidade do direito debatido na demanda[67]. Assim, respeitados os limites legais, as partes são livres para negociação sobre seus ônus, poderes, faculdades e deveres processuais, reservando-se o controle judicial à aferição do atendimento aos requisitos da lei, exatamente como se dá com os *contrats de procédure* do direito processual francês.

O caráter negocial atribuído ao acordo de procedimento celebrado pelas partes e pelo julgador é, também, reforçado pela previsão do parágrafo único do art. 190, que, complementando o *caput* da norma, diz caber ao último, de ofício ou a requerimento, controlar a validade das convenções de alteração procedimental realizadas pelas partes, "recusando-lhes aplicação somente nos casos de nulidade ou de inserção abusiva em contrato de adesão ou em que alguma parte se encontre em manifesta situação de vulnerabilidade".

As hipóteses de nulidade da convenção, sujeitas a controle judicial e mencionadas de forma abrangente na norma reformada, remetem ao estudo do

---

65. DINAMARCO, 2010, p. 518.
66. questão do acordo de procedimento ter, efetivamente, natureza de negócio jurídico processual, a despeito de sua relevância, não será objeto do presente estudo.
67. As limitações são, portanto, aquelas inerentes a todo e qualquer negócio jurídico, o que revela que o legislador do Novo Código de Processo Civil admitiu a formulação de negócios jurídicos processuais para além dos casos comumente apontados pela doutrina (eleição de foro e inversão do ônus da prova por hipossuficiência da parte).

tema à luz da teoria das regras de nulidade, de existência e de validade dos negócios jurídicos.

Nesse âmbito, considerando, com base na doutrina clássica de Pontes de Miranda, que "A constituição dos negócios jurídicos só se permite dentro dos limites legais"[68], não há erro em afirmar que a ilicitude do objeto e/ou a ilegalidade dos pressupostos necessários à sua constituição implicam na nulidade do negócio entabulado, que não produzirá qualquer efeito no mundo jurídico, por nele sequer se inserir.

Nessa ordem de ideias, constado que falta ao acordo de procedimento algum elemento substancial à sua regular constituição, caberá ao juiz pronunciar a sua nulidade, tomando-o por inexistente para a lide.

Também a livre manifestação de vontade da parte, porque essencial a todo negócio jurídico, vem protegida pelo parágrafo único, do art. 190 do Novo Código de Processo Civil, com a previsão do controle judicial do acordo de procedimento quando verificada a inserção abusiva do acordo de procedimento em contrato de adesão, ou quando alguma parte se encontrar em situação de vulnerabilidade.

A norma é, assim, voltada às hipóteses em que não se vislumbra a livre manifestação de vontade pela parte que, em razão de sua hipossuficiência ou situação de vulnerabilidade, possa ter declarado sua vontade de forma viciada. Em situações tais, reconhece-se a existência e até mesmo a validade do negócio jurídico, porém, não se lhe atribui eficácia, por dele não se extrair aptidão para produção de qualquer efeito para a lide.

Como se vê, por meio da alteração normativa veiculada pelo art. 190 do Novo Código de Processo Civil, o sistema processual brasileiro, de fato, remodela o rigorismo formal do procedimento e fortalece o sistema de instrumentalidade das formas, admitindo a adaptação do procedimento à lide até mesmo por convenção celebrada entre as partes e o julgador, tendo como pano de fundo a necessidade de assegurar eficiência e efetividade à atividade jurisdicional. Sobressaem, na nova ordem processual civil brasileira, os reflexos dos sistemas francês e italianos, por meio de autorização legislativa expressa ao julgador para atuar como gestor do tempo do processo, tal qual procedido pelos legisladores europeus nas reformas processuais estudadas neste trabalho.

4.2. O calendário processual no Novo Código de Processo Civil

Foquemos, agora, na análise dos §§1º e 2º do art. 191 do Novo Código de Processo Civil[69].

---

68. PONTES DE MIRANDA, 1954, p. 47.
69. "Art. 191. De comum acordo, o juiz e as partes podem fixar calendário para a prática dos atos processuais, quando for o caso.

Também aqui visivelmente inspirado pelo direito francês e pelo direito italiano, o Novo Código de Processo Civil incluiu, na parte destinada a tratar da forma dos atos processuais, a previsão da possibilidade de fixação do calendário processual no sistema processual brasileiro. A medida, até então atípica como mecanismo de gerenciamento do tempo do processo, passa a ter a sua previsão expressa em lei, reforçando a ideia de processo coparticipativo e colaborativo no novo modelo.

A norma estabelece que a fixação do calendário processual, fruto do comum acordo entre o juiz e as partes, destina-se à estipulação dos momentos e prazos para a realização dos atos processuais (art. 191, *caput*), vinculando a todos os atores processuais – partes e juiz – à sua estrita obediência, admitindo-se excepcionais modificações nos casos devidamente justificados (§1º).

Alguns aspectos do art. 191, §§ 1º e 2º, do Novo CPC, são comuns ao direito francês e ao italiano, destacando-se, dentre eles: (a) a vinculação das partes e do juiz à sua estrita obediência, haja vista que todos participam da convenção do procedimento que resultará na fixação do calendário processual; e (b) a previsão de que os prazos processuais serão modificados apenas em casos excepcionais, devidamente justificados. Nesses pontos, a lei processual brasileira (art. 191, §1º) reproduz, tal e qual, a *ratio* das reformas das legislações processuais francesa e italiana, com vistas à fixação do calendário processual.

Também há identidade nos sistemas processuais estudados (francês, italiano e brasileiro) no que toca à dispensa de intimação às partes dos atos processuais e audiências cujos momentos e prazos para realização já estejam previstos no calendário processual (art. 191, §2º), medida esta que, certamente, influencia num almejado desembaraço dos cartórios judiciais, em vista de reduzir o número de intimações ao longo do feito, combatendo, igualmente, as malsinadas etapas mortas do processo.

No entanto, quanto ao conteúdo, o calendário processual da norma brasileira parece se aproximar mais do *calendrier* francês, em razão de sua abrangência a todas as fases do procedimento (a previsão é genérica ao admitir a fixação de calendário para a realização de atos processuais, indistintamente). Contrapõe-se, assim, ao sistema italiano, que o limita à fase instrutória do processo.

Acresça-se, também, como ponto diferencial, que no modelo italiano o juiz, por iniciativa sua, fixa o calendário processual após "ouvidas as partes", em

---

§ 1º O calendário vincula as partes e o juiz, e os prazos nele previstos somente serão modificados em casos excepcionais, devidamente justificados.
§ 2º Dispensa-se a intimação das partes para a prática de ato processual ou a realização de audiência cujas datas tiverem sido designadas no calendário."

audiência ou não. No sistema processual brasileiro, a fixação decorre de verdadeiro "acordo de procedimento" entre o juiz e as partes, aproximando-se, também aqui, da natureza contratual do instituto francês.

Contudo, a despeito de sua aproximação do *contrat de procédure* do direito francês, a norma brasileira, ao contrário da francesa, não previu a possibilidade de encerramento parcial de instrução para a parte que, injustificadamente, descumprir o calendário processual. Nesse ponto, portanto, o art. 191 do Novo Código de Processo Civil assemelha-se mais à normativa italiana, muito provavelmente pelo fato de Brasil e Itália serem dotados de um sistema de preclusões mais rígidos que o frágil modelo francês (anterior às reformas de 1998, 2004 e 2005).

Ante a omissão legislativa, caberá à doutrina e à jurisprudência a análise dos reflexos do descumprimento do calendário processual pelas partes no sistema de preclusões, bem como no sistema de nulidades processuais, haja vista a necessidade de uma avaliação sistemática da contingência processual em que verificado o descumprimento e/ou a invalidade do ato praticado em desconformidade com o calendário judicialmente fixado.

Quanto à omissão pelo julgador na fixação do calendário processual, ou o seu eventual desrespeito ao calendário já fixado, há que se apontar que a ausência de previsão legal expressa muito provavelmente nos conduzirá ao tratamento da questão tal qual procedido pelos legisladores francês e italiano, limitando-se a aferição da (ir)regularidade na condução do processo no âmbito das responsabilidades funcionais do julgador, sujeito, portanto, a controle pelas corregedorias dos tribunais, ou mesmo pelo Conselho Nacional de Justiça.

Destaque-se, por fim, que, sendo o calendário processual do Novo Código de Processo Civil fruto de convenção entre as partes e o juiz, aplica-se também à sua fixação a possibilidade de controle judicial, de ofício ou a requerimento, nos termos do parágrafo único do art. 190.

5. CONCLUSÕES

O estudo comparado dos sistemas francês e italiano de gerenciamento do tempo do processo revelou que França e Itália, já há algum tempo, vinham enfrentando problemas análogos àqueles da (embaraçada) realidade judiciária brasileira, procedendo a inúmeras reformas de sua legislação processual com vistas ao combate da morosidade, nota comum dos ordenamentos jurídicos pesquisados.

Como se viu, a França, desde 1998, vem reformulando a sua legislação processual com os olhos voltados à necessidade de adotar mecanismos destinados à gestão do tempo do processo, chegando às reformas da última década (2004 e 2005), pelas quais, em fenômeno de evidente contratualização da justiça civil, outorgou maior liberdade às partes e aos julgadores para a celebração de acordos de procedimentos, imbuindo os atores processuais da construção das regras do seu próprio jogo processual.

Igual tendência seguiu a Itália que, a partir das reformas da legislação processual de 2009, autorizou o juiz instrutor da lide a otimizar o tempo do processo, instituindo o seu poder-dever de fixar o calendário processual para a fase instrutória, levando em conta a natureza, complexidade e urgência da causa, permitindo, assim, adaptar o procedimento às necessidades instrutórias de cada lide.

As possibilidades de sanções disciplinares e funcionais aos julgadores e defensores, bem as posições desfavoráveis que poderiam advir às partes pelo eventual descumprimento dos acordos de procedimento, especificamente aquele destinado à fixação do calendário processual, fazem com que o processo eminentemente cooperativo e o comprometimento das partes com o bom andamento do processo, consensualmente ocupadas em evitar as delongas desnecessárias da demanda, tornem-se a marca do novo processo civil daqueles países.

A inserção dos arts. 190 e 191 no Novo Código de Processo Civil, autorizando, uma vez em vigor, que as partes celebrem acordos para estipulação de alterações do procedimento, com vistas a adaptá-lo às especificidades da causa (art. 190, *caput*), ou ainda, para a fixação do calendário processual (art. 191, §§1º e 2º), configura-se, sem dúvida, atitude vanguardista do legislador brasileiro, revelando a sua (pre)ocupação em munir o julgador de mecanismos aptos ao gerenciamento do processo, no intuito de assegurar efetiva e tempestiva solução aos conflitos submetidos à atividade jurisdicional do Estado.

A sua redação, contudo, pelo que se viu ao longo do estudo, revela que o acordo de procedimento e o calendário processual previstos no Novo Código de Processo Civil são, em certa medida, uma mescla dos institutos na forma em que concebidos em sua origem franco-italiana, representando, ao que parece, mera importação dos modelos processuais europeus, aproximando-se ora mais de um instituto, ora mais do outro.

É bem verdade que a autorização legislativa ao julgador para que proceda, caso a caso, a adaptação do procedimento à especificidade da causa, e até mesmo para que institua um calendário processual, revela-se, em princípio, salutar, constituindo um dos primeiros passos do legislador processual brasileiro na caminhada para admissão de mecanismos voltados à gestão temporal do processo pelo viés qualitativo.

A questão que fica, todavia, é se a realidade brasileira equipara-se, efetivamente, em termos de desenvolvimento socioeconômico e cultural, bem como em estágio de maturidade judiciária, àquela dos Estados europeus de que importou os modelos processuais paradigmas, sem ajustes. A esta, a resposta, salvo melhor juízo, é negativa.

Primeiramente, porque não parece correto afirmar, como regra geral (que, como tal, certamente admite exceções), que na realidade adversarial brasileira estejam os jurisdicionados, ou mesmo seus defensores, efetivamente imbuídos desse espírito de colaboração e coparticipação, que lhes permita efetivamente adotar uma postura proativa, responsabilizando-se mutuamente pelo bom, regular e oportuno desenvolvimento do processo.

Além do que, o gerenciamento do processo exige uma estrita sintonia entre juízes e auxiliares da justiça – sobretudo os serventuários dos cartórios judiciais –, que necessitam de treinamento específico ao gerenciamento e à organização das rotinas judiciárias, para que a adaptação do procedimento e a fixação do calendário, sirva, efetivamente à gestão do tempo do processo, otimizando-o.

Distantes dessa realidade colaborativa e eficiente, ainda caminhamos a passos largos rumo ao ponto ótimo de maturidade judiciária que nos permita efetivamente usufruir, com tranquilidade e sem maiores percalços no regular desenvolvimento do processo tempestivo e eficaz, dos mecanismos francês e italiano de gerenciamento do tempo processual, refletidos no Novo Código de Processo Civil.

6. REFERÊNCIAS BIBLIOGRÁFICAS

BRASIL, **Código de Processo Civil**. Lei 13.105, 16 mar. 2015, **Código de Processo Civil**. Brasília, DF: Senado, 2015.

BUFFONE, Giuseppe. **Calendario del processo: potere o dovere?** Tribunale Catanzaro, sez. II civile, ordinanza 03.06.2010. Disponível em: ‹http://www.altalex.com/index.php?idnot=11484›. Acesso em: 08 ago. 2014.

CADIET, Loïc. Les conventions relatives au procès en droit français. Sur la contractualisation du règlement des litiges. **Revista de Processo**, ano 33, n. 160, jun. de 2008. São Paulo: RT, 2008.

CADIET, Loïc; JEULAND, Emmanuel; SERINET, Yves-Marie; Le procès civil français à son point de déséquilibre? – À propos du décret « procédure ». **La Semaine Juridique Edition Générale nº 24**, 14 Juin 2006, I 146.

CANELLA, Maria Giulia. Gli accordi processuali francesi volti alla "regolamentazione collettiva" del processo civile. **Rivista trimestrale di diritto e procedura civile**, Vol. 64, n. 2, 2010.

CAPONI, Remo. Autonomia privada e processo civil: os acordos processuais. **Revista de Processo**, ano 39, n. 228, fevereiro de 2014. São Paulo: RT, 2014.

DIDIER JR, Fredie. Apontamentos para a concretização do princípio da eficiência do processo. In: Novas Tendências do Processo Civil – Estudos sobre o Projeto do Novo CPC. Salvador: JusPodivm, 2013, p.436. Disponível em: ‹http://www.editorajuspodivm.com.br/i/f/soltas%20novas%20tendencias%20do%20processo%20civil.pdf›. Acesso em 06 ago. 2014.

DINAMARCO, Cândido Rangel. **Fundamentos do Processo Civil Moderno**, vol. I. São Paulo: Malheiros, 2010.

FRANÇA, **Code de Procédure Civile**. Disponível em: ‹http://www.legifrance.gouv.fr›. Acesso em: 02 ago. 2014.

FONSECA, Elena Zucconi Galli. Il calendario del processo. **Rivista trimestrale di diritto e procedura civile**, Volume 66, n. 4, 2012.

ITÁLIA, **Codice di Procedura Civile**. Disponível em: ‹http://www.studiocataldi.it/codiceproceduracivile/codicediproceduracivile.pdf›. Acesso em: 02 ago. 2014.

ITÁLIA, **Disposizioni di attuazione del Codice di Procedura Civile**. Disponível em: ‹http://www.altalex.com/index.php?idnot=33898›. Acesso em: 13 ago. 2014.

PERROT, Roger. O processo civil francês na véspera do século XXI. Tradução de José Carlos Barbosa Moreira. In: **Revista de Processo**, ano 23, n. 91, jul-set de 1998. São Paulo: RT, 1998.

PICOZZA, Elisa. Il calendario del processo. **Rivista di Diritto Processuale**. Padova. v.64. n.6. nov./dic. 2009.

PONTES DE MIRANDA, Francisco Cavalcante. **Tratado de direito privado**. Parte Geral. Tomo III, 2ª edição. Rio de Janeiro: Borsoi, 1954.

ROQUE, André Vasconcelos; DUARTE, Francisco Carlos. As dimensões do tempo no processo civil: tempo quantitativo, qualitativo e duração razoável do processo. **Revista de Processo**, ano 38, n. 218, abril de 2013.

VILLACEQUE, Jean. **A propos du décret n° 2005-1678 du 28 décembre 2005 réformant la procédure civile – Perspectives et regrets**. Recueil Dalloz, 2006.

Trabalhos apresentados

APONTAMENTOS SOBRE A ESTABILIZAÇÃO DA TUTELA ANTECIPADA NO NOVO CÓDIGO DE PROCESSO CIVIL

Gresiéli Taíse Ficanha

Graduada em Direito pela Universidade Federal do Paraná, pós-graduada em Direito Público pela Escola da Magistratura Federal do Paraná – ESMAFE/PR, mestranda em Direito das Relações Sociais pela Universidade Federal do Paraná.

SUMÁRIO: 1. INTRODUÇÃO. 2. BREVE ANÁLISE DO RITO ORDINÁRIO. 2.1. A PRETENSA NEUTRALIDADE. 2.2. A INSUFICIÊNCIA. 3. SUCESSÃO LEGISLATIVA BRASILEIRA. 4. INFLUÊNCIAS ESTRANGEIRAS. 4.1. O RÉFÉRÉ FRANCÊS. 4.2. OS *PROVVEDIMENTI D'URGENZA* ITALIANOS. 5. A TUTELA ANTECIPADA NO NOVO CÓDIGO DE PROCESSO CIVIL. 5.1. A ANTECIPAÇÃO E A TUTELA CAUTELAR. 5.2. A AUTONOMIA DA ANTECIPAÇÃO DE TUTELA. 6. ESTABILIZAÇÃO. 6.1. OS EFEITOS DA DECISÃO. 6.2. A PROPOSTA LEGISLATIVA. 7. CONSIDERAÇÕES CONCLUSIVAS.

1. INTRODUÇÃO

O procedimento ordinário, adotado como padrão pelo atual Código de Processo Civil, e o excessivo formalismo vêm sendo, há algum tempo, denunciados pela sua incapacidade de atender as demandas de tutela jurisdicional da sociedade contemporânea. A exigência de efetividade dos direitos e de adequação da tutela jurisdicional, da qual os cidadãos muitas vezes não podem escapar em razão do monopólio da jurisdição, é algo que tem se tornado frequente, o que demonstra que alguns institutos processuais não encontram espaço no Estado Constitucional ou não cumprem com o seu papel de instrumento para realização de direitos.

As normas processuais, que são e devem ser relativas à forma de atuação da jurisdição, acabam abrindo espaço para formalismos inadequados diante da ideia de que elas valem por si mesmas. É verdade que existem formas que são essenciais para a concepção de processo atualmente, como aquelas que concretizam a garantia fundamental do contraditório, mas algumas formas acabam por transbordar seu limite de aplicação e ganham importância própria, como a exigência das Cortes Superiores de apresentação de instrumento de mandato nas vias ordinárias sob pena de não conhecimento do recurso especial ou extraordinário.[1]

---

1. "Na instância especial, é inexistente recurso interposto por advogado sem procuração nos autos (Súmula 115/STJ). Vício não sanável por juntada posterior de mandato ou substabelecimento, uma vez inaplicável

A análise dos institutos que permitem a flexibilização do dogma da ordinariedade e a efetivação da tutela jurisdicional temporalmente adequada é fundamental para o desenvolvimento do processo civil e sua atualização em relação às relações sociais, em uma perspectiva de instrumentalismo substancial.[2]

Neste trabalho, em um primeiro momento, buscamos fazer uma breve análise do modelo padrão do processo civil para tentar deixar claro que a concepção de Estado que temos hoje e a nossa realidade social exigem uma postura diferente do operador do Direito. Com essa premissa, passamos à análise das propostas constantes do Novo Código de Processo Civil, especificamente no que se refere às técnicas de efetivação de direitos a partir de cognição sumária – tutela antecipada e medidas cautelares.

2. BREVE ANÁLISE DO RITO ORDINÁRIO

2.1. A pretensa neutralidade

O procedimento padrão adotado pelo atual Código de Processo Civil, de 1973, é baseado no rito ordinário elaborado no continente europeu sob as influências, principalmente, do iluminismo, do liberalismo e dos ideais da Revolução Francesa, o qual atendia aos anseios daquela sociedade, espacial e cronologicamente determinada.[3] Com um procedimento aplicável a todas as pessoas e situações, indistintamente, destinado apenas a conhecer o caso concreto, buscou-se alcançar a igualdade formal tão desejada pelos revolucionários europeus do século XVIII.

A ligação entre o rito ordinário e as demandas plenárias foi consolidada por Giuseppe Chiovenda, que o concebeu como um procedimento amplo, com máximas garantias às partes.[4] Essa ordinarização do processo traz os benefícios de permitir uma cognição plena e exauriente, possibilitando um "alcance

---

o disposto no artigo 13 do CPC na instância extraordinária." (STJ, AgRg no AREsp 499.670/RJ, Rel. Ministro MARCO BUZZI, QUARTA TURMA, julgado em 24/06/2014, DJe 01/08/2014); "AUSÊNCIA DE PROCURAÇÃO DO ADVOGADO QUE SUBSCREVE O RECURSO EXTRAORDINÁRIO. RECURSO INEXISTENTE. PRECEDENTE. EMBARGOS REJEITADOS. BAIXA IMEDIATA DOS AUTOS. I – Ausência dos pressupostos do art. 535, I e II, do Código de Processo Civil. II – É pacífico o entendimento nesta Corte no sentido de ser inexistente o recurso subscrito por advogado sem procuração nos autos." (STF, ARE 790960 AgR-ED, Relator(a): Min. RICARDO LEWANDOWSKI, Segunda Turma, julgado em 25/03/2014, PROCESSO ELETRÔNICO DJe-073 DIVULG 11-04-2014 PUBLIC 14-04-2014)

2. WATANABE, Kazuo. *Cognição no Processo Civil*, p. 20. Nesse mesmo sentido, Fredie Didier Junior fala do "princípio da adequação do processo à situação substancial", em uma perspectiva legislativa, e do princípio da adaptabilidade, dirigido à atuação do magistrado. DIDIER JUNIOR, Fredie. Sobre dois importantes, e esquecidos, princípios do processo: adequação e adaptabilidade do procedimento, p. 4-5.
3. SILVA, Ovídio Araújo Baptista da. *Curso de processo civil*: processo de conhecimento, p. 113-116.
4. CHIOVENDA, Giuseppe. *Instituições de Direito Processual Civil*, v. 1, p. 175.

dialético e supostamente ensejador de uma decisão mais completa e mais justa".[5]

As normas sobre o procedimento são vistas pela doutrina tradicional como normas de ordem pública e cogentes, que devem ser observadas para que o Estado possa cumprir legitimamente o seu papel de pacificação social. A observância do procedimento previamente fixado na lei busca garantir a segurança e a previsibilidade do sistema, capaz de assegurar a liberdade individual contra o arbítrio estatal e a confiança da população sobre uma atividade que pode ser controlada externamente.

Tais garantias, contudo, apenas têm sentido quando relacionadas a um fim que, no caso do processo, é a tutela do direito material. Às vezes, a aplicação formalista das normas procedimentais pode levar justamente a negar o que elas visavam proteger. O caráter geral e abstrato do procedimento neutraliza as condições materiais em que os sujeitos estão envolvidos,[6] mostrando-se o atendimento rígido a essas regras como fonte de injustiça.

Para o Professor Luiz Guilherme Marinoni,

> A relação jurídica processual, nos moldes pensados pela doutrina clássica, nada diz sobre o conteúdo do processo. Tal relação jurídica processual pode servir a qualquer Estado e a qualquer fim. Daí a sua evidente inadequação quando se pretende explicar o processo diante do Estado constitucional e dos direitos fundamentais.[7]

Até hoje a ordinariedade é algo de que não conseguimos nos desvencilhar porque ela continua sendo o ideal de um processo que leva a uma decisão justa, mas a sua insuficiência – ou exagero – é percebida em vários âmbitos do direito material.

2.2. A insuficiência

Com o passar dos anos e a complexidade das relações sociais, passou-se a recusar o procedimento ordinário diante de algumas situações urgentes que não poderiam ser adequadamente tuteladas se tivessem que aguardar sentença proferida após cognição exauriente. Os indivíduos buscaram a tutela de direitos em situação de urgência por meio do processo cautelar,[8] que permite

---

5. FUX, Luís. *Tutela de segurança e tutela de evidência*, p. 31.
6. MARINONI, Luiz Guilherme. Da teoria da relação jurídica processual ao processo civil do Estado Constitucional, p. 2.
7. MARINONI, L. G. Da teoria da relação jurídica processual..., p. 36.
8. DIDIER JUNIOR, F. Op. cit., p. 10.

a execução no curso da fase de conhecimento e a tutela jurisdicional baseada em cognição sumária, ou seja, com restrição da cognição e fundada apenas em probabilidade – o que era inviável, até então, em uma ação judicial que seguisse o rito ordinário.[9]

A tutela dos direitos com base em cognição sumária, e, portanto, sem uma declaração de certeza por parte do Judiciário, contraria a ideia de processo que o direito moderno defendia no séc. XVIII, adotada como regra pelo legislador de 1973. Portanto, a concessão de "cautelares" com natureza satisfativa, como recorrente no direito italiano, era vista como um enxerto de algo não previsto e não autorizado pelo ordenamento.[10]

As reformas processuais ocorridas em 1994, alavancadas pela utilização distorcida do processo cautelar, buscaram dar atenção maior ao direito substancial e à proteção adequada e tempestiva das garantias prometidas pelo ordenamento. Com o escopo de manter o rigor técnico próprio das ciências e sistematizar institutos que permitiam a efetividade do processo, considerando a "desnecessária duplicação de procedimentos (...) [e a] impossibilidade da realização de parcela do direito evidenciado no curso do processo",[11] o legislador disciplinou o instituto da tutela antecipada, de forma genérica, no art. 273 do CPC, acrescentado pela Lei 8.952/1994.

Além de introduzir um tratamento processual mais isonômico ao distribuir o ônus do tempo do processo, a antecipação de tutela faz com que a tutela prometida pelo Estado seja prestada com celeridade, em nome da efetividade dos direitos e da tempestividade de sua satisfação, ambos corolários do princípio do acesso à justiça ou à ordem jurídica justa e da inafastabilidade da jurisdição (Constituição Federal, art. 5º, XXXV).[12]

Mesmo diante da alteração da sociedade, a essência do processo civil atual se mantém substancialmente como formulado no Estado Liberal, de modo que é possível questionar a teoria e a sua suficiência.

O fato é que muitas vezes permanecemos com uma ideia mais tradicional que nos parece natural e lógica, mas que é vinculada essencialmente ao início da formulação do Estado de Direito e a um discurso científico de pretensa neutralidade. Dessa forma, corremos o risco de deixar passar despercebido que essas posturas foram dogmatizadas em um momento histórico bastante específico e que talvez seja adequado fazer uma adaptação dos conceitos e das premissas diante do Estado Constitucional.

---

9. SILVA, O. A. B. *Curso de processo civil*: processo cautelar (tutela de urgência), p. 25.
10. SILVA, O. A. B. da. A "antecipação" da tutela na recente reforma processual, p. 129-130.
11. MARINONI, L. G.; ARENHART, Sérgio Cruz. *Curso de processo civil* – processo de conhecimento, p. 200.
12. MARINONI, L. G. *Antecipação da tutela*, p. 133.

Após 20 anos da introdução da antecipação de tutela de forma genérica no art. 273, a possibilidade de execução provisória baseada em decisão não definitiva já está bastante assente na doutrina e na jurisprudência pátrias. Não se pode mais imaginar um processo que atenda aos ditames constitucionais sem esse instituto que garante a atuação fática da tutela jurisdicional, ainda que provisória, antes da cognição exauriente e do fim do processo.

Nesse período, a concepção que se tem de jurisdição mudou sensivelmente. Da ideia tradicional parte-se para uma concepção mais consentânea com o constitucionalismo e com os princípios que informam o ordenamento jurídico. Uma vez que a Constituição está no ápice do escalonamento normativo, todas as funções estatais assumem o papel de dar fiel cumprimento aos seus preceitos. Embora a lei mantenha a sua centralidade, ela está condicionada à sua conformação com a Constituição. Não se trata apenas de uma análise de compatibilidade que pode gerar a revogação da lei, mas é um processo "capilar e difuso" feito pelas cortes e pelos juízes singulares de releitura e interpretação dos textos legais.[13]

Nesse sentido, se altera o papel da jurisprudência, que, de mera aplicadora imparcial do direito, passa a ser uma fonte de normatividade[14] a fim de atender aos ditames constitucionais, os quais representam as opções estruturais da nossa sociedade.

Na busca de desenvolver ainda mais os institutos processuais para atender com mais celeridade e efetividade as demandas materiais, o Novo Código de Processo Civil propõe a estabilidade das decisões prolatadas em cognição sumária que não forem impugnadas, objeto do presente estudo. Ainda que suscintamente, é relevante analisar, primeiramente, as normas brasileiras relacionadas ao assunto e as influências estrangeiras que informam a reforma legislativa.

3. SUCESSÃO LEGISLATIVA BRASILEIRA

A respeito da restrição da cognição e da possibilidade de prolação de sentença em razão da ausência de impugnação, o Código de Processo Civil de 1939 continha previsão em relação à ação cominatória para prestação de fato ou abstenção de ato.[15] Na inicial, o autor deveria requerer a citação do réu para o cumprimento da obrigação e, caso a determinação não fosse cumprida ou não

---

13. FIORAVANTI, Maurizio. La trasformazioni della cittadinanza nell'età dello Stato Costituzionale, p. 429.
14. VACCA, Letizia. Interpretazione e scientia iuris: problemi storici e attuali.
15. Art. 303. O autor, na petição inicial, pedirá a citação do réu para prestar o fato ou abster-se do ato, sob a pena contratual, ou a pedida pelo autor, si nenhuma tiver sido convencionada. § 1º – Dentro de dez (10)

apresentada a contestação, os autos seriam encaminhados para sentença.[16] O Código de 1939 também continha disposição a respeito de medidas cautelares inominadas, raramente utilizadas na prática.[17]

É verdade que a cognição sumária pode ser identificada em ordenamentos mais antigos,[18] mas uma pequena menção a respeito da legislação codificada anterior à atual tem apenas a finalidade de deixar mais evidente a significativa alteração do processo civil nos últimos anos.

Com o Código de Processo Civil de 1973, a ação cominatória deixou de ser prevista expressamente, mas a tutela dos direitos que antes era feita através dela encontra outros mecanismos, como as ações de prestação de contas (art. 914 e ss.) e de obrigação de fazer e não fazer (art. 461 e 461-A, acrescentados pela Lei 8.952/1994).

O exemplo mais evidente de tutela baseada em cognição sumária no Código, em sua redação original, é representado pelas medidas cautelares, cuja aplicação se expandiu a partir de sua promulgação. A antecipação da tutela e a ação monitória foram introduzidas mais tarde, a primeira pela Lei 8.952/1994 e segunda pela Lei 9.079/1995. Com isso podemos perceber que a cognição sumária apenas aparece com maior espaço na legislação brasileira a partir da década de 1990.

Em grande parte isso é efeito das novas ideias e ideologias trazidas com o Estado Constitucional inaugurado em 1988, que impõe princípios fundamentais e garantias estruturantes do ordenamento jurídico. A segurança jurídica da ordinarização do procedimento e da declaração de certeza do direito, com autoridade de coisa julgada, agora, "cede espaço ao ideal da efetividade"[19] e à preocupação com a eficácia da atividade jurisdicional.

Para desenvolver um devido processo legal e conferir legitimidade à jurisdição não mais é suficiente garantir o exercício do contraditório ou a efetiva participação das partes de modo a influir na decisão judicial, pois um procedimento padrão inflexível e sem efetividade não atende às expectativas materiais dos sujeitos.

A partir de uma nova concepção desse princípio, em uma perspectiva substancial da legitimidade do procedimento, exige-se que o processo admita

---

dias poderá o réu contestar; si o não fizer ou não cumprir a obrigação, os autos serão conclusos para sentença. § 2º – Si o réu contestar, a ação prosseguirá com o rito ordinário.
16. CUNHA, Alcides Alberto Munhoz da. Correlação lógica entre cognição, preclusão e coisa julgada, p. 361.
17. SILVA, O. A. B. da. *Curso de Processo Civil*: processo cautelar (tutela de urgência), p. 21.
18. WATANABE, Kazuo. Op. cit., p. 135 e ss.; CUNHA, Leonardo Carneiro. Tutela jurisdicional de urgência no Brasil: relatório nacional (Brasil), p. 308 e ss.
19. CUNHA, A. A. M. da. Op. cit., p. 361.

uma cognição adequada ao direito material[20] e, portanto, a devida atenção às situações de urgência.

Nesse sentido, já foi proposto – e arquivado – o Projeto de Lei do Senado nº 186/2005, elaborado pelo Instituto Brasileiro de Direito Processual[21] com a finalidade de alterar a redação do art. 273 do atual Código para estabelecer que a antecipação de tutela concedida e não impugnada fosse acobertada pela coisa julgada.

O Novo Código de Processo Civil disciplina a antecipação de tutela determinando a sua estabilidade quando não houver impugnação, tomando por base a restrição da cognição que já ocorre no sistema brasileiro e tendo como exemplo alguns institutos do direito comparado.[22]

4. INFLUÊNCIAS ESTRANGEIRAS

4.1. O référé francês

A estabilização dos efeitos de uma decisão tomada com base em cognição sumária não é novidade no nosso ordenamento jurídico, já que a técnica utilizada na ação monitória é bastante similar – conforme veremos mais a frente. No campo da antecipação de tutela, alguns ordenamentos jurídicos já adotam solução parecida.

O exemplo mais recorrente é o *référé* francês, em que há sumarização do procedimento e da cognição para facilitar e acelerar a prestação jurisdicional.[23] Trata-se de ação autônoma que, com base em aparência e verossimilhança, permite a tutela judicial de direitos de forma satisfativa ou cautelar antes do processo principal. Essa decisão provisória pode se tornar a solução definitiva para o caso se as partes optarem por não prosseguir na discussão judicial sobre a matéria de fundo, o que ocorre em aproximadamente 90% dos casos.[24]

---

20. WATANABE, K. Op. cit., p. 73. A cognição é vista pelo ator como técnica processual no sentido de sua utilização como instrumento para elaboração de processos diferenciados, adotando uma perspectiva de instrumentalismo substancial para garantir que o processo tenha "aderência à realidade sociojurídica" e cumpra com sua função de realização de direitos. WATANABE, K. Op. cit., p. 151.
21. Através de comissão composta por Ada Pellegrini Grinover, Kazuo Watanabe, José Roberto dos Santos Bedaque e Luiz Guilherme Marinoni. GRINOVER, Ada Pellegrini. Tutela antecipatória em processo sumário, p. 21.
22. Na Exposição de Motivos do Anteprojeto há a indicação: "Também visando a essa finalidade, o novo Código de Processo Civil criou, inspirado no sistema italiano e francês, a estabilização de tutela, a que já se referiu no item anterior, que permite a manutenção da eficácia da medida de urgência, ou antecipatória de tutela, até que seja eventualmente impugnada pela parte contrária." Disponível em: <http://www.senado.gov.br/senado/novocpc/pdf/Anteprojeto.pdf>.
23. Artigos 484 a 492-1, 808 a 810, 848 a 850 e 872 e 873 do *Code de Procédure Civile*.
24. GRINOVER, A. P. Tutela jurisdicional diferenciada: a antecipação e sua estabilização, p. 23.

De acordo com o art. 484 do *Code de Procèdure Civile*, a ordem de *référé* é uma decisão provisória dada por um juiz diferente daquele responsável por analisar o processo principal e tem como finalidade ordenar a realização imediata de medidas necessárias.[25]

Atualmente, o *référé* pode ser concedido em casos de urgência, quando não for apresentada uma contestação séria ou que justifique a existência do litígio, em casos de perigo de dano ou de manifesta ilicitude e mesmo em casos em que uma dívida não é seriamente contestada,[26] possuindo ligação, portanto, também com a tutela da evidência. O procedimento é bastante rápido e simplificado, dispensando a constituição de advogado e apenas encontrando limite no respeito ao princípio do contraditório e na possibilidade de seu envio para as vias ordinárias caso a complexidade do caso concreto o exija.[27]

Percebe-se que, em que pese o nome do instituto nos trazer uma ideia de dependência, o procedimento não faz qualquer "referência" a outra forma processual. Com efeito, tradicionalmente, o *référé* foi pensado como forma de evitar os efeitos danosos do tempo do processo até a decisão final, mas com a utilização constante desse sistema tais decisões provisórias foram aceitas pelas partes, que passaram a dispensar o processo de cognição exauriente.[28] Essa função assessória ganhou progressivo destaque e maior importância diante da crescente complexidade e massificação das relações sociais e consequente aumento de demandas judiciais.[29]

Assim, percebe-se que o *référé* não é desenhado de forma a ser uma tutela definitiva. Contudo, em razão de sua autonomia, a decisão proferida em *référé* não pressupõe qualquer conexão com eventual processo futuro, pois não se exige o requerimento de uma prestação jurisdicional definitiva. Ainda que exista a propositura de uma "demanda principal", os dois procedimentos não buscam o mesmo objeto, embora se refiram ao mesmo litígio, motivo pelo qual não são considerados como processos dependentes.[30]

É importante perceber que a tutela é concedida de forma autônoma no *référé*, considerando o tempo que o processo pode demandar para chegar à

---

25. "L'ordonnance de référé est une décision provisoire rendue à la demande d'une partie, l'autre présente ou appelée, dans les cas où la loi confère à un juge qui n'est pas saisi du principal le pouvoir d'ordonner immédiatement les mesures nécessaires."
26. *Le fonctionnement de la justice*. Qu'est-ce qu'une procédure de référé? Disponível em: ‹http://www.vie--publique.fr/decouverte-institutions/justice/fonctionnement/justice-civile/qu-est-ce-qu-procedure-refere.html›. Acesso em 31/07/2014.
27. PAIM, Gustavo Bohrer. O référé francês, p. 105.
28. PAIM, G. B. Idem, p. 102.
29. PAIM, G. B. Idem, p. 108.
30. THEODORO JÚNIOR, Humberto. Tutela antecipada. Evolução. Visão comparatista. Direito brasileiro e direito europeu, p. 137.

conclusão definitiva sobre o caso, ainda que haja a possibilidade de ele nem vir a ser instaurado.[31]

Ainda, vale mencionar que a ordem dada não pode ser modificada ou revogada no *référé*, exceto quando diante de nova situação fática,[32] de modo que a alteração da decisão apenas pode ocorrer caso instaurado o processo principal que vai fornecer uma tutela definitiva às partes.

Na Bélgica, o mesmo instituto é visto como solução natural para proteção das situações de urgência,[33] chegando a ser a decisão judicial final para grande parte dos casos.[34] Uma diferença considerável é que ele tem uma estabilidade maior,[35] apenas podendo ser modificado em caso de alteração das circunstâncias fáticas, de acordo com a cláusula *rebus sic stantibus*.[36] Assim, ele serve de parâmetro para o julgamento de eventual processo principal instaurado, embora não seja vinculante.

Enquanto na França o *référé* é procedimento autônomo e a impugnação da ordem por recurso não impede também a instauração do processo principal, na Bélgica, contra o provimento admite-se a apelação ou oposição posterior por processo de fundo do direito, sem possibilidade de se optar pelas duas vias impugnativas.[37]

4.2. Os provvedimenti d'urgeza italianos

Também o direito italiano tem instrumentos alternativos ao processo ordinário, como a monitória e a convalidação de licença e despejo, havendo casos em que o provimento dado em cognição sumária permanece com sua eficácia mesmo se extinto o processo sem julgamento de mérito. Nesses casos, os juristas afirmam que a renúncia à impugnação ou a inatividade confere natureza de sentença à decisão, para uns sujeita a recurso e para outros com autoridade de coisa julgada.[38]

O art. 700 do *Codice de Procedura Civile*, inserido na Seção V (*"Dei provvedimenti d'urgenza"*) do Livro IV (*"Dei procedimenti speciali"*), prevê a possibilidade da concessão de provimentos urgentes para a tutela dos direitos, determinando que "quem tenha fundado motivo para temer que durante o tempo necessário

---

31. PAIM, G. B. Op. cit., p. 106.
32. PAIM, G. B. Idem, ibidem.
33. THEODORO JÚNIOR, H. Op. cit., p. 138.
34. GRINOVER, A. P. Tutela jurisdicional diferenciada..., p. 22.
35. Vide item 7 sobre a estabilidade da decisão.
36. GRINOVER, A. P. Tutela jurisdicional diferenciada..., p. 22.
37. GRINOVER, A. P. Idem, p. 24.
38. GRINOVER, A. P. Idem, p. 23.

para fazer valer seu direito pela via ordinária ele seja ameaçado de prejuízo iminente e irreparável pode requerer ao juiz os provimentos de urgência que pareçam, segundo as circunstâncias, mais idôneos a assegurar provisoriamente os efeitos da decisão de mérito".[39]

Muito se discutia sobre a possibilidade de serem também abrangidas pelo dispositivo as medidas satisfativas, pois a expressão *"assegurar* provisoriamente os efeitos da decisão de mérito" não engloba, em uma interpretação literal, a antecipação da tutela final.[40] As exigências do direito material, contudo, acabaram por impor a prestação de tutelas satisfativas com base em cognição sumária, sob pena do próprio instrumento inviabilizar a efetivação do direito substancial.

Com base no princípio da efetividade da tutela e com fundamento no direito material, houve ampliação do dispositivo, admitindo-se a antecipação de tutela com fundamento no poder geral de cautela do magistrado, previsto no art. 700.[41] Os requisitos, portanto, para a tutela sumária satisfativa são os mesmos das cautelares.[42]

Há também hipóteses específicas de tutela antecipada no ordenamento italiano, como no art. 423, a respeito do processo do trabalho, e no art. 186-*bis*, referente ao pagamento de somas não contestadas.[43] Nesse último caso, o provimento mantém a sua eficácia mesmo em caso de extinção do feito.[44]

O art. 186-*ter* também prevê hipótese de estabilização do decreto injuntivo dado pelo juiz nos casos em que o autor poderia ter obtido um provimento monitório antes da causa. Embora a lei fale de eficácia executiva do provimento,[45] por analogia ao provimento monitório, a jurisprudência entende que os efeitos são os mesmos de uma sentença com trânsito em julgado em relação ao que foi concedido pelo provimento – e, portanto, o que foi rejeitado não tem eficácia alguma –, interpretação que já começa a ser aplicada também à tutela antecipada incidental.[46]

---

39. Tradução livre: "chi ha fondato motivo di temere che durante il tempo occorrente per far valere il suo diritto in via ordinaria, questo sia minacciato da un pregiudizio imminente e irreparabile, può chiedere con ricorso al giudice i provvedimenti d'urgenza, che appaiono, secondo le circostanze, più idonei ad assicurare provvisoriamente gli effetti della decisione sul merito".
40. RICCI, Edoardo Flavio. A tutela antecipatória no Direito italiano, p. 126.
41. THEODORO JÚNIOR, H. Op. cit., p. 132.
42. BAUERMAN, Desirê. Estabilização da tutela antecipada, p. 36.
43. RICCI, E. F. A tutela antecipatória no Direito italiano, p. 130.
44. *Secondo comma*: "L'ordinanza costituisce titolo esecutivo e conserva la sua efficacia in caso di estinzione del processo".
45. *Quarto comma*: "Se il processo si estingue l'ordinanza che non ne sia già munita acquista efficacia esecutiva ai sensi dell'art. 653, primo comma."
46. RICCI, E. F. A tutela antecipatória brasileira vista por um italiano, p. 703-704.

Um aspecto destacado por Edoardo Flavio Ricci é que, se o provimento antecipatório tem eficácia declaratória suficiente para se transformar em uma decisão com coisa julgada, o indeferimento da antecipação de tutela ou o seu deferimento apenas parcial também teria eficácia de um "acertamento negativo" – a não ser que se adote uma eficácia diferente *secundum eventum litis*.[47]

O art. 186-*quarter* do *Codice* estabelece que, caso o provimento seja proferido após a instrução probatória, adquirirá eficácia de título executivo se o processo continuar em relação a outros pedidos, sendo revogável pela sentença de mérito, ou adquirirá eficácia de sentença impugnável – seja em relação ao que foi concedido, seja em relação ao que foi negado – se o processo for extinto.[48] Embora nesse caso a cognição não seja sumária, há um provimento incidental ao processo que mantém a sua eficácia mesmo em caso de extinção do feito sem julgamento de mérito.

Também no âmbito societário há previsão semelhante de estabilização do provimento proferido com base em cognição sumária em ação antecedente.[49] O Decreto Legislativo nº 5/2003 dispõe em seu art. 23 que os provimentos de urgência anteriores à causa não perdem sua eficácia se a causa não for instaurada.[50]

Algumas reformas do *Codice* são de especial importância em tema de efetividade do processo e antecipação dos efeitos da tutela de mérito. A Lei 80/2005 acrescentou os artigos 669-*octies* e 669-*novies*, estabelecendo que, uma vez concedida, a antecipação de tutela pode se tornar uma decisão estável que independe da propositura do processo principal.

O art. 669-*octies*, que dispõe sobre a *ordinanza di accoglimento*, caso em que a demanda é proposta antes do início do processo de fundo do direito, estabelece no sexto *comma* que qualquer das partes pode iniciar o processo de mérito e a extinção deste "não implica a ineficácia dos provimentos antecipados, mesmo quando o requerimento é feito no curso do processo principal".[51]

---

47. RICCI, E. F. Idem, p. 705.
48. *Secondo e terzo comma*: "L'ordinanza è titolo esecutivo. Essa è revocabile con la sentenza che definisce il giudizio. Se, dopo la pronuncia dell'ordinanza, il processo si estingue, l'ordinanza acquista l'efficacia della sentenza impugnabile sull'oggetto dell'istanza."
49. QUERZOLA, Lea. Tutela cautelare e dintorni: contributo ala nozione di "provvedimento anticipatorio", p. 788.
50. "Art. 23. Provvedimenti cautelari anteriori alla causa. 1. Nelle controversie di cui al presente decreto, ai provvedimenti d'urgenza e agli altri provvedimenti cautelari idonei ad anticipare gli effetti della decisione di merito non si applica l'articolo 669-octies del codice di procedura civile, ed essi non perdono la loro efficacia se la causa non viene iniziata. (...) 4. Quando il giudizio di merito sia iniziato, si applicano gli articoli 669-novies, terzo comma, e 669-decies del codice di procedura civile. L'estinzione del giudizio di merito non determina l'inefficacia della misura cautelare."
51. *Sesto comma*: "Le disposizioni di cui al presente articolo e al primo comma dell'articolo 669-novies non si applicano ai provvedimenti di urgenza emessi ai sensi dell'articolo 700 e agli altri provvedimenti

O art. 669-*novies* estabelece a perda de eficácia do provimento cautelar no caso de não ser proposta a ação principal ou se esta é extinta, mas é possível que o magistrado, a pedido da parte, conceda uma ordem com eficácia executiva e mantenha os efeitos da tutela de urgência.[52]

A manutenção dos efeitos do provimento de urgência não significa, no entanto, que a decisão esteja protegida pela coisa julgada. Ainda que inexistente impugnação, a decisão tendencialmente provisória adquire estabilidade para além dos limites do processo, haja vista que independe da existência de um processo de fundo do direito. Tal decisão, por ser apenas estável, não pode ser invocada em outro processo[53] e apenas pode ser revista em caso de alteração da situação de direito material ou diante de novas provas que, ainda que relativa a fatos anteriores, não se tenha podido juntar previamente.[54]

Com essas novidades do *Codice*, a Sergio Menchini parece ter se inaugurado a "época da jurisdição sem finalidade cognitiva e, portanto, sem processo de conhecimento (ou de mérito) e sem acertamento das situações subjetivas substanciais".[55] Nesse sentido, a jurisdição assumiria nova função de prestar tutela rápida e efetiva que satisfaça as partes.

5. A TUTELA ANTECIPADA NO NOVO CÓDIGO DE PROCESSO CIVIL

5.1. A antecipação e a tutela cautelar

No atual Código, as medidas cautelares e a tutela antecipada são tratadas separadamente, cada uma recebendo disciplina própria: enquanto as medidas cautelares constam do Livro III ("Do processo cautelar"), a possibilidade de antecipação da tutela é regulada pelo art. 273, no âmbito do procedimento comum (Livro I – "Do processo de conhecimento").

---

cautelari idonei ad anticipare gli effetti della sentenza di merito, previsti dal codice civile o da leggi speciali, nonché ai provvedimenti emessi a seguito di denunzia di nuova opera o di danno temuto ai sensi dell'articolo 688, ma ciascuna parte può iniziare il giudizio di merito."
Ottavo comma: "L'estinzione del giudizio di merito non determina l'inefficacia dei provvedimenti di cui al sesto comma, anche quando la relativa domanda è stata proposta in corso di causa".

52. "In entrambi i casi, il giudice che ha emesso il provvedimento, su ricorso della parte interessata, convocate le parti con decreto in calce al ricorso, dichiara, se non c'è contestazione, con ordinanza avente efficacia esecutiva, che il provvedimento è divenuto inefficace e dà le disposizioni necessarie per ripristinare la situazione precedente."
53. Art. 669-octies, nono *comma*: "L'autorità del provvedimento cautelare non è invocabile in un diverso processo".
54. Art. 669-decies.
55. MENCHINI, Sergio. Nuove forme di tutela e nuovi modi di risoluzione dele controversie: verso il superamento della necessità dell'accertamento con autorità di giudicato, p. 870.

A realização prática de alguns, ou todos, os efeitos requeridos pelo autor como tutela final diferencia a tutela antecipada da cautelar, motivo pelo qual a antecipação não pode ser definida a partir da característica da acessoriedade, nos moldes como ocorre com a cautelar. A satisfação, no plano fático, do direito do autor, por meio de um provimento que coincide materialmente com os efeitos da tutela de mérito, e a precaução que garante a realização futura do direito são situações que respondem a diferentes tipos de perigo,[56] um ao perigo da demora, outro ao perigo de dano. Isso justificava a separação das medidas, já que a finalidade é nitidamente distinta.

A aproximação do regramento dos institutos começou com a Lei 10.444/2002, que alterou o art. 273 do Código para incluir o §7º e autorizar a concessão da tutela cautelar quando solicitada a antecipação de tutela.[57] A doutrina logo se manifestou afirmando que a redação do dispositivo tinha um significado que ia além de sua literalidade, defendendo que tal fungibilidade era uma via de mão dupla, estando autorizada também a concessão da tutela antecipada quando equivocadamente solicitada medida cautelar.[58]

No Novo Código de Processo Civil, a opção estrutural de tratamento dessas tutelas consolida a alteração legislativa. As medidas cautelares e antecipatórias são reguladas conjuntamente no Livro V ("Da tutela provisória"), que também diferencia as tutelas da urgência e da evidência.

A tutela da evidência deve ser concedida quando verificado "o abuso do direito de defesa ou o manifesto propósito protelatório da parte" (art. 311, I), a existência de provas documentais do direito da parte e julgamento de casos repetitivos ou súmula vinculante (art. 311, II), houve pedido reipersecutório fundado em prova documental adequada do contrato de depósito (art. 311, III) e quando os fatos constitutivos do direito do autor estiverem documentalmente comprovados e o réu não apresentar prova que gere dúvida razoável (art. 311, IV).

Tratando-se da proteção de um direito que se apresenta como evidente, não parece adequada uma tutela jurisdicional meramente acautelatória. Nessa situação, portanto, o provimento deve ser satisfativo, embora o dispositivo não seja expresso nesse sentido.

Para a tutela de situação de urgência, unem-se medida cautelar e antecipação de tutela, como deixa clara a redação do art. 300, §3º, e art. 301, *caput*.[59]

---

56. CALAMANDREI, Piero. *Introdução ao Estudo Sistemático dos Procedimentos Cautelares*, p. 88-90.
57. "Se o autor, a título de antecipação de tutela, requerer providência de natureza cautelar, poderá o juiz, quando presentes os respectivos pressupostos, deferir a medida cautelar em caráter incidental do processo ajuizado."
58. DINAMARCO, Cândido Rangel. *Nova era do processo civil*, p. 60.
59. Art. 300, § 3º. "A tutela de urgência de natureza antecipada não será concedida quando houver perigo de irreversibilidade dos efeitos da decisão."

Percebe-se que tanto a tutela antecipada quanto a medida cautelar passam a ser analisadas sob o ponto de vista da "tutela de urgência".

Daniel Mitidiero fala em *técnica* antecipatória, que "é apenas um *meio* para realização da tutela *satisfativa* ou da tutela *cautelar*".[60] Na medida em que a "tutela cautelar é tão *definitiva* quanto a tutela satisfativa",[61] pois reconhece o direito à cautela, e não o direito acautelado, a tutela jurisdicional baseada em cognição sumária que antecipa os efeitos da tutela definitiva pode ter natureza cautelar ou satisfativa. É, pois, o momento e a profundidade da cognição que caracterizam a *técnica* antecipatória.[62]

De toda forma, ambas as formas de decisões liminares – satisfativa e cautelar – são vistas em um aspecto prévio à decisão final de mérito, com a finalidade de proteger ou satisfazer o direito do autor que se encontra em situação urgente, com perigo de demora ou de dano.

A unificação da disciplina das decisões acautelatórias e satisfativas também ocorre na Itália, conforme se viu acima, e em Portugal, onde a tutela de urgência é tratada de forma única, sob o Título IV ("Dos procedimentos cautelares"), submetendo ambas as providências ao mesmo regime no art. 362º e seguintes.[63] Há quem critique essa unificação, pois a tutela antecipada se aproxima mais da sentença de mérito, até porque coincide em parte com esta por antecipar alguns de seus efeitos, do que das medidas cautelares, que apenas asseguram a posterior satisfação do direito.[64]

No Novo Código, a unificação das medidas satisfativas e acautelatórias é feita de acordo com a situação de direito material que se busca proteger, tendo por requisitos "elementos que evidenciem a probabilidade do direito e o perigo de dano ou o risco ao resultado útil do processo" (art. 300). Verifica-se, então, que o dispositivo não faz distinção entre os requisitos da antecipação da tutela e da medida cautelar, que alguns autores afirmam existir no atual Código.

"Art. 301. A tutela de urgência de natureza cautelar pode ser efetivada mediante arresto, sequestro, arrolamento de bens, registro de protesto contra alienação de bem e qualquer outra medida idônea para asseguração do direito."

60. MITIDIERO, Daniel. Tendências em matéria de tutela sumária: da tutela cautelar à técnica antecipatória, p. 36. Destaque no original.
61. Idem, p. 34. Conforme Luiz Guilherme Marinoni, "A técnica antecipatória (...) é uma técnica de distribuição do ônus do tempo do processo." MARINONI, L. G. *Antecipação da tutela*, p. 23.
62. MITIDIERO, D. Op. cit., p. 38.
63. "Art. 362º. Âmbito das providências cautelares não especificadas. 1 – Sempre que alguém demonstre fundado receio de que outrem cause lesão grave e dificilmente reparável ao seu direito, pode requerer a providência conservatória ou antecipatória concretamente adequada a assegurar a efetividade do direito ameaçado."
64. RICCI, E. F. A tutela antecipatória brasileira..., p. 708.

A união da antecipação da tutela com a cautelar sob o aspecto da urgência suprime um problema prático da recorrente dificuldade dos juristas em distinguir a antecipação de tutela da cautelar e distinguir o que é satisfativo da pretensão final do autor e o que apenas a assegura. Esse problema, embora não esteja resolvido, é irrelevante para o requerimento da tutela de urgência no Novo Código. Essa indistinção feita na lei busca tutelar adequadamente o direito material, diante de uma situação de urgência, sem que tenha importância a forma do instituto processual.

O que se pode perceber desde já, contudo, é que, embora a nova legislação não diferencie o requerimento de antecipação da tutela ou de medidas cautelares diante de uma situação de urgência, a diferenciação continua sendo necessária para saber quando existe a estabilização do provimento, que apenas ocorre no caso da tutela antecipada.

5.2. A autonomia da antecipação de tutela

Outro aspecto importante do Novo Código é a previsão da possibilidade de requerimento de tutela satisfativa em caráter antecedente ao processo principal. O momento para o requerimento da tutela antecipatória – e de todas as medidas de urgência – não pode ser previamente limitado pelo legislador, pois os fatos não podem ser controlados pelas normas jurídicas.[65] Assim, diante de situações de urgência, a tutela jurisdicional deve ser móvel e concedida antes da instauração do procedimento destinado à sentença se for necessário,[66] sob pena de se negar a prestação jurisdicional.

A percepção da autonomia da tutela antecipatória, para Edoardo Flavio Ricci, é obstada pela sua disciplina muito próxima das medidas cautelares, bem como pela escolha legislativa de não lhe conferir estabilidade e a possibilidade de consolidar-se.[67]

Conforme já constava na apresentação dos motivos do PLS 186/2005, a utilização do processo cautelar com finalidade satisfativa, antes que o ordenamento contemplasse a possibilidade de antecipação de tutela no art. 273, revela a utilidade de um provimento satisfativo autônomo antecedente.

O Novo Código, embora aproxime em grande parte a regulamentação das cautelares e das tutelas antecipatórias concedidas diante de uma situação

---

65. MARINONI, L. G. *Antecipação da tutela*, p. 158.
66. "É o que a doutrina italiana costuma denominar de tutela urgente ante causam. (...)a técnica antecipatória fundada na urgência ser naturalmente móvel – atua onde quer e no momento em que se faz necessária." MITIDIERO, D. Op. cit., p. 51.
67. RICCI, E. F. A tutela antecipatória brasileira..., p. 709.

urgente, as diferencia a partir da previsão de estabilização. Apenas a tutela antecipada antecedente, caso concedida, pode preservar seus efeitos independentemente do desenvolvimento do rito ordinário. Com isso, a antecipação de tutela assume autonomia em relação ao procedimento ordinário, já que a sua concessão e efetivação material dispensa o processo direcionado à prolação da sentença de mérito, que apenas vai ser instaurado a pedido do interessado.

Tal disposição normativa e a autonomia da antecipação de tutela valorizam o juiz de primeiro grau que, no nosso ordenamento, é muitas vezes visto apenas como um ritual de passagem para o verdadeiro julgamento a ser proferido pelo Tribunal e aumenta os poderes do magistrado, no sentido de que a decisão provisória baseada em cognição sumária pode se tornar definitiva.

A estabilização da tutela antecipada deixa mais evidente a proximidade das tutelas sumárias com o procedimento monitório. Aliás, em direito comparado, os procedimentos com estrutura monitória são a forma mais comum de tutela antecipada,[68] iniciando com a prova produzida pelo requerente e sem contraditório e apenas passando para o procedimento ordinário em caso de impugnação do réu.

É possível perceber o embasamento da regulamentação das tutelas de urgência concedidas em caráter antecedente na técnica monitória, na medida em que, da mesma forma que o processo monitório regulado nos artigos -1.102A a -1.102C do atual Código de Processo Civil, há formação de um título executivo com base em cognição sumária que se estabiliza quando não há impugnação do devedor.[69] O Professor Ovídio Araújo Baptista da Silva já havia mencionado a aproximação da antecipação de tutela com a técnica monitória quando da reforma que conferiu ao art. 273 sua redação atual.[70]

A previsão de estabilização de medidas urgentes preparatórias, que consta da parte geral do Novo Código e, portanto, não tem previamente delimitada sua matéria de atuação, "apresenta-se como um mecanismo geral, que aparentemente seria apto a 'monitorizar' o processo brasileiro como um todo."[71] É uma forma de "encurtamento" do processo que, por ser satisfativo e tratar, ainda que com base em cognição sumária, do mérito do litígio, deve prevalecer caso as partes se satisfaçam com esse provimento jurisdicional, em benefício da tempestividade da resposta judicial.

---

68. GRINOVER, A. P. Tutela jurisdicional diferenciada..., p. 14.
69. TALAMINI, Eduardo. Tutela de urgência no projeto de novo código de processo civil: a estabilização da medida urgente e a "monitorização" do processo civil brasileiro, p. 23.
70. Para o Professor, "a introdução das liminares antecipatórias em nosso direito, na forma como elas foram concebidas pelo art. 273 do Código de Processo Civil, consagra uma modalidade de *processo monitório genérico*". SILVA, O. A. B. da. A "antecipação"..., p. 135.
71. TALAMINI, E. Op. cit., p. 25.

6. ESTABILIZAÇÃO

6.1. Os efeitos da decisão

Da mesma forma como ocorre no Direito francês e, mais recentemente, no Direito italiano, o Novo Código de Processo Civil pretende estabilizar os efeitos da decisão que antecipa a tutela antecedente no caso de ausência de impugnação por aquele que é prejudicado com a medida.

Especificamente para o caso de concessão de tutela antecipada (satisfativa) em procedimento autônomo no caso de urgência, há previsão de estabilização da decisão na hipótese da medida não ser impugnada. Com isso, a decisão continua produzindo seus efeitos, embora sem a autoridade da coisa julgada, ainda que não se tenha percorrido o rito ordinário e não haja declaração judicial baseada em "certeza".

Dispõe o art. 304:

> Art. 304. A tutela antecipada, concedida nos termos do art. 303, torna-se estável se da decisão que a conceder não for interposto o respectivo recurso.
>
> § 1º No caso previsto no caput, o processo será extinto.
>
> § 2º Qualquer das partes poderá demandar a outra com o intuito de rever, reformar ou invalidar a tutela antecipada estabilizada nos termos do caput.
>
> § 3º A tutela antecipada conservará seus efeitos enquanto não revista, reformada ou invalidada por decisão de mérito proferida na ação de que trata o § 2º.
>
> § 4º Qualquer das partes poderá requerer o desarquivamento dos autos em que foi concedida a medida, para instruir a petição inicial da ação a que se refere o § 2º, prevento o juízo em que a tutela antecipada foi concedida.
>
> § 5º O direito de rever, reformar ou invalidar a tutela antecipada, previsto no § 2º deste artigo, extingue-se após 2 (dois) anos, contados da ciência da decisão que extinguiu o processo, nos termos do § 1º.
>
> § 6º A decisão que concede a tutela não fará coisa julgada, mas a estabilidade dos respectivos efeitos só será afastada por decisão que a revir, reformar ou invalidar, proferida em ação ajuizada por uma das partes, nos termos do § 2º deste artigo.

De acordo com o art. 303, o autor deve apresentar um pedido sumário de antecipação de tutela – em um processo autônomo e para tutelar uma situação de urgência –, demonstrando "elementos que evidenciem a probabilidade do direito e o perigo de dano ou o risco ao resultado útil do processo" (art. 300). Após a concessão da tutela de urgência, a inicial deve ser aditada para apresentar todos os fundamentos da lide (art. 303, §1º, I).

Se o réu, citado e intimado para audiência de conciliação ou de mediação (art. 303, §1º, II), não apresentar recurso (art. 304, *caput*), e, em uma interpretação literal da redação do dispositivo, não basta a contestação, haverá a estabilização da decisão que concedeu a tutela de urgência.

Nesse caso, o contraditório, que não apenas é um princípio fundamental, mas foi eleito como uma diretriz estrutural do Novo Código,[72] é postergado e apenas existe continuidade do processo com cognição exauriente se houver iniciativa do interessado, invertendo-se, de regra, ônus de acessar a via do rito ordinário.[73]

Em razão da ausência de declaração suficiente, decorrente do fato de que nesse caso a cognição é sumária, não existe a formação de coisa julgada, de forma similar ao Direito francês[74] e ao Direito italiano.[75] Há quem defenda, além da eficácia executiva, uma eficácia histórico-persuasiva em relação ao juízo de mérito ou a uma tutela de urgência requerida em sentido contrário e uma eficácia de imperatividade, pois o provimento, embora provisório, "exprime um comando jurídico vinculante e historicamente verdadeiro".[76]

Trata-se de uma ideia bastante recente, que altera a concepção tradicional de Direito e de justiça e do papel do Poder Judiciário. De acordo com o ideal moderno, "há uma relação necessária entre o nível de cognição e a justiça das decisões: quanto mais aprofundado aquele, maior será o grau de probabilidade de acerto da sentença",[77] de modo que a finalidade de pacificação social apenas seria atingida no caso de proteção das decisões contra o ataque dos contrariados.[78]

Com base na própria etimologia da palavra "jurisdição" (*juris dictio*, dizer o direito), a finalidade da tutela jurisdicional sempre foi ligada à solução de

---

72. art. 9º do projeto, incluído no Capítulo sobre as normas fundamentais do processo civil, estabelece a essencialidade do contraditório no processo: "Não se proferirá decisão contra uma das partes sem que ela seja previamente ouvida." Contudo, o parágrafo único já abre espaço às exceções: "Parágrafo único. O disposto no caput não se aplica: I – à tutela provisória de urgência; II – às hipóteses de tutela da evidência previstas no art. 311, incisos II e III".
73. TALAMINI, E. Op. cit., p. 23.
74. Artigo 488 "L'ordonnance de référé n'a pas, au principal, l'autorité de la chose jugée."
75. Art. 669-octies, *nono comma*: "L'autorità del provvedimento cautelare non è invocabile in un diverso processo".
76. BIAVATI, Paolo. Prime impressione sulla rigorma del processo cautelare, p. 568.
77. ZAVASCKI, Teori Albino. *Antecipação da tutela*, p. 23.
78. ZAVASCKI, T. A. Idem, p. 23.

conflitos após cognição exauriente e com definitividade. Sempre foi essa a segurança jurídica que se esperou que o Poder Judiciário desse às relações sociais.

O Estado Constitucional, contudo, impõe uma ampliação do significado dos princípios jurídicos e a segurança jurídica não é mais atendida apenas com um provimento que se pretende imutável. A ideia de segurança jurídica no âmbito da jurisdição não diz respeito apenas ao processo, mas também ao direito material e ao aspecto fático dos provimentos, envolvendo a ideia de confiabilidade de realização dos direitos substanciais garantidos pelo ordenamento, em um tempo adequado para garantir a efetividade do Direito.[79]

Na Itália, entende-se que a Constituição exige que sempre exista a possibilidade de tutela dos direitos após cognição plena e com provimento com declaração suficiente para adquirir a autoridade de coisa julgada, mas "Isto não implica, porém, que a jurisdição contenciosa deva sempre – por imposição constitucional – ter em vista a formação da coisa julgada."[80] Remo Caponi destaca que a coisa julgada não é uma decorrência da atividade estatal, mas uma opção legislativa para proteção da parte vencedora da demanda.[81] Também Paolo Biavati destaca que a escolha dos provimentos que adquirem coisa julgada é uma opção política,[82] sendo que a sociedade contemporânea exige celeridade na prestação jurisdicional, impondo ao procedimento ordinário uma natureza residual.[83]

Como consta da exposição de motivos do PLS 2005/186,

> O que se pretende por razões eminentemente pragmáticas – mas não destituídas de embasamento teórico – é deixar que as próprias partes decidam sobre a conveniência, ou não, da instauração ou do prosseguimento da demanda e sua definição em termos tradicionais, com atividades instrutórias das partes, cognição plena e exauriente do juiz e a correspondente sentença de mérito.[84]

A declaração que é pressuposto para a formação da coisa julgada, e, portanto, é fundamental para a jurisdição de um ponto de vista teórico, "não é o

---

79. MITIDIERO, Daniel. Op. cit., p. 45.
80. CAPONI, Remo. O princípio da proporcionalidade na Justiça Civil. Primeiras notas sistemáticas, p. 415.
81. CAPONI, R. Op. cit., p. 415.
82. "Il fatto che, in linea teorica, la decisione del giudice cautelare possa essere ridiscussa e rovesciata non può avere un ecessivo peso sull'efficacia del provvedimento. In realtà, a mio avviso, non vi sarebbe alvun ostacolo reale ad attribuire ala decisione anticipatoria, uma volta esaurita la fase del reclamo e senza che le parti abbiano inteso dar evita al giudizio di merito, um'efficacia di giudicato. Vi è, però, una compresibile ritrosia del legislatore a giungere a tanto, senza avere circondato le misure in oggetto dello opportune garantizie che le reole costituzionali sul giusto processo impongono. Si trata, però, di um limite politico, non di um limite strutturale." BIAVATI, P. Op. cit., p. 569.
83. PISANI, Proto. Verso la residualità del processo a cognizione piena?, p. 249.
84. PLS 186/2005. Disponível em: ‹http://legis.senado.leg.br/mateweb/arquivos/mate-pdf/5724.pdf›.

tema mais importante da jurisdição do ponto de vista prático."[85] As exigências da sociedade atual não mais se amoldam ao modelo de processo civil eleito pela sociedade do século XVIII e XIX e muitas vezes não existe interesse na tutela definitiva e na coisa julgada material em razão do tempo necessário para sua formação.[86]

O problema que a inexistência da coisa julgada levanta é a instabilidade do provimento jurisdicional, que é dado de uma forma precária. Embora a decisão adquira estabilidade e deva manter seus efeitos fora do processo, fica aberta a possibilidade de impugnação da medida a qualquer momento dentro do prazo de dois anos, sem que se exija qualquer requisito. Ou seja, a decisão não tem autoridade de coisa julgada e também não fica preclusa – ao menos durante o prazo de dois anos.

Assim, a inexistência de coisa julgada, embora seja um efeito processual que à parte não faz diferença – o que realmente faz diferença é a satisfação material de seu direito –, tem consequências práticas.

O próprio autor pode ter interesse em instaurar o procedimento ordinário para imunizar a decisão que o beneficia, até porque, se ele já obteve uma decisão antecipatória da tutela, que está produzindo efeitos, o tempo e desenvolvimento de um processo pelo rito ordinário é, talvez, um "preço" razoável, até atrativo, diante da insegurança da outra parte impugnar a medida dentro de dois anos.[87]

Se não houver impugnação do provimento pelo réu, ele se torna estável, mas essa estabilidade não é reconduzível à noção de preclusão ou de coisa julgada, como vimos. Com isso, a tutela antecipada concedida de forma antecedente continua produzindo seus efeitos independentemente de uma ação principal.

Exclui-se, a princípio, a possibilidade de propositura de uma ação rescisória para rever a medida, já que esta ação tem a finalidade precípua de desconstituir a coisa julgada. Sequer haveria interesse na propositura de uma rescisória, já que as hipóteses de cabimento são bastante restritas e previamente definidas pelo legislador. A revisão da decisão, portanto, apenas poderia ocorrer, como define o §3º do art. 304 do Novo Código, acima transcrito, por decisão que trate sobre o mérito com cognição exauriente, no prazo de dois anos (§5º).

É difícil imaginar a estabilização de uma decisão sem pensar na ideia de preclusão ou de coisa julgada, pois são os institutos que o ordenamento

---

85. RICCI, E. F. A tutela antecipatória no Direito Italiano, p. 136.
86. MARINONI, L. G. *Antecipação da tutela*, p. 44.
87. Na Itália o prazo é de 60 dias, nos termos do art. 669-*octies*.

brasileiro adota para proteção da decisão judicial contra a discussão eterna. Mesmo no direito italiano há dúvidas sobre como manter os efeitos extraprocessuais ou *pro iudicato* do provimento sumário e garantir a realização do direito com base nele, vedando à parte prejudicada pleitear o desfazimento dos atos, sem que se remeta à coisa julgada.[88]

A depender do conceito que se adote de coisa julgada poder-se-ia pensar em alguma solução através desse instituto. De acordo com a doutrina tradicional, apenas existe coisa julgada quando há resolução do conflito apresentado[89] e, nesse caso, seria mesmo impossível atribuir eficácia de coisa julgada a um provimento sumário elaborado com base em aparência, porque ele não muda sua natureza e função com a ausência de impugnação da parte prejudicada.[90] Por outro lado, se a coisa julgada diz respeito à imutabilidade dos efeitos da decisão, não podemos falar de coisa julgada enquanto os efeitos da antecipação da tutela antecedente estável puderem ser revistos por uma sentença de mérito,[91] mas talvez pudéssemos falar de trânsito em julgado após o prazo de dois anos (§5º), abrindo espaço para a ação rescisória.

No entanto, o legislador deliberadamente não fala em coisa julgada, tampouco em preclusão, deixando a matéria para desenvolvimento pelos juristas e adaptação diante do que se mostrar como mais adequado na prática.

6.2. A proposta legislativa

Ainda, necessário tecer alguns comentários a respeito do Novo Código, especificamente sobre os âmbitos de aplicação do art. 304.

A estabilização da tutela antecipada antecedente não se aplica ao provimento concedido de forma incidental no curso da demanda, tampouco à tutela de evidência.

A respeito da tutela antecipada incidental, a Itália prevê a possibilidade de estabilização também desse provimento (art. 669-*octies*, sétimo *comma*, do *Codice*[92]), mas isso depende de regras específicas que permitam amoldar a estabilização de uma tutela concedida no curso de um procedimento "com a estrutura e a dinâmica de um processo de cognição exauriente já em curso."[93]

---

88. MENCHINI, S. Op. cit., p. 878.
89. RICCI, E. F. Verso un nuovo processo civile?, p. 215.
90. MENCHINI, S. Op. cit., p. 887-888.
91. RICCI, E. F. Verso un nuovo processo civile?, p. 215.
92. "L'estinzione del giudizio di merito non determina l'inefficacia dei provvedimenti di cui al sesto comma, anche quando la relativa domanda è stata proposta in corso di causa."
93. TALAMINI, E. Tutela de urgência..., p. 30.

Em uma análise coerente, se um procedimento sumário prévio pode gerar uma decisão provisória estável, também o procedimento ordinário deveria ser sede adequada para que um provimento produza esses efeitos.[94]

No que tange à tutela da evidência requerida em caráter antecedente, considerável crítica é feita por Eduardo Talamini, já que se trata de provimento que tutela um direito que se apresenta como evidente por meio da técnica monitória. Para o Professor, a técnica monitória que temos hoje em nosso ordenamento, e que é utilizada no Novo Código para autorizar a tutela de urgência e da evidência antecedentes, é mais uma tutela da evidência do que da urgência,[95] não se justificando a inexistência de estabilização também nesse caso.

Ainda, é relevante mencionar que, embora a estabilização conste da parte geral do Novo Código sem nenhuma limitação, os trabalhos recentes que já tratam do assunto esboçam alguns casos em que não se poderia pensar na estabilização.

A princípio, cabe para todas as situações, mas podemos excluir desde logo os casos de tutela declaratória e constitutiva, que não cumprem com sua função a não ser que tenham a definitividade característica da coisa julgada.[96]

Também traria dúvida a sua aplicação nos casos que tratam de direitos indisponíveis e naqueles em que o réu da tutela antecipada preparatória for citado por edital ou por ora certa,[97] quando for menor e não tiver representante ou tiver seus interesses colidentes com os deste ou quando for preso, pois o curador especial que deve ser nomeado nesses casos tem o dever de apresentar defesa.[98]

7. CONSIDERAÇÕES CONCLUSIVAS

A importação de institutos estrangeiros a fim de tornar o processo civil brasileiro mais efetivo é, evidentemente, salutar, na medida em que o processo, por mais que seja uma disciplina autônoma, vai sempre ser e atingir a sua finalidade enquanto instrumento de realização do direito material.

A disciplina da estabilização, conforme consta do Novo Código, não traz muitas informações a respeito da operação do instituto, que é novo no Direito Brasileiro. Este estudo buscou levantar algumas questões, mas certamente

---

94. MENCHINI, S. Op. cit., p. 874; RICCI, Edoardo F. Verso un nuovo processo civile?, p. 216-218.
95. TALAMINI, E. Op. cit., p. 33.
96. MARINONI, L. G. Antecipação da tutela, p. 51.
97. CARNEIRO, Athos Gusmão. Tutela de urgência. Medidas antecipatórias e cautelares. Esboço de reformulação legislativa, p. 75.
98. TALAMINI, E. Op. cit., p. 25-26.

ainda muitas hipóteses estão em aberto e, além de uma análise de direito comparado, devemos observar o que é adequado ao nosso Estado Constitucional e se encaixa às opções legislativas brasileiras.

O fato é que as normas jurídicas dependem, em grande parte, da ideologia e da cultura em que estão inseridas. Não é nova a ideia de que uma boa legislação não traz bons efeitos se não for bem aplicada, do mesmo modo que uma lei deficitária pode ser corrigida e trazer ótimos efeitos se devidamente adaptada no momento de sua concretização.

A absoluta ausência de estatísticas amplas e confiáveis a respeito do processo brasileiro impede uma avaliação prévia mais segura. Não se sabe em que medida a técnica monitória, no procedimento especial que hoje a empresa, tem sido eficiente na eliminação de conflitos.[99] Também na Itália, em que há a estabilização da tutela de urgência desde 2005, não há notícia a respeito da aceleração da resolução dos conflitos,[100] ao contrário, há quem julgue que os efeitos buscados com a estabilização são tornados vãos na prática, pois "frequentemente, as formas sumárias confluem nas ordinárias ou são substituídas por estas últimas."[101]

A tradição brasileira do processo civil aponta para a recorribilidade de todas as decisões e os instrumentos de impugnação têm sido efetivamente utilizados na prática, seja na real tentativa de alteração da decisão ou na busca de prolongar o trâmite processual.[102] É difícil imaginar que a estabilização da tutela chegue a resolver a maioria dos casos, como ocorre na França com o procedimento do *référé*, ainda mais com a disciplina limitada ao provimento de urgência concedido em caráter antecedente.

A alteração da cultura da litigiosidade, que o instituto também visa coibir, é fundamental para a concretização dos instrumentos legislativos previstos para buscar maior tempestividade e efetividade jurisdicional.

8. BIBLIOGRAFIA

BAUERMAN, Desirê. Estabilização da tutela antecipada. *Revista Eletrônica de Direito Processual*, ano 4, v. VI, p. 32-48, jul./dez. 2010. Disponível em: <http://www.redp.com.br/>. Acesso em 20/07/2014.

BIAVATI, Paolo. Prime impressione sulla rigorma del processo cautelare. *Rivista Trimestrale di Diritto e Procedura Civile*. Milão: Giuffrè, ano LX, n. 2, p. 563-574, jun. 2006.

---
99. TALAMINI, E. Op. cit., p. 32.
100. TALAMINI, E. Idem, ibidem.
101. MENCHINI, S. Op. cit., p. 876.
102. BAUERMAN, D. Op. cit., p. 35.

BRASIL. Projeto de Lei nº 8.046/2010, aprovado pelo Plenário da Câmara dos Deputados em 26 de março de 2014, disponível em: <http://www.camara.gov.br/proposicoesWeb/prop_mostrarintegra?codteor=1246935&filename=Tramitacao-PL+8046/2010>. Acesso em 15/04/2014.

BRASIL. Projeto de Lei do Senado nº 186/2005. Disponível em: <http://legis.senado.leg.br/mateweb/arquivos/mate-pdf/5724.pdf>. Acesso em 20/07/2014.

CALAMANDREI, Piero. Introdução ao Estudo Sistemático dos Procedimentos Cautelares. Carla Roberta Andreasi Bassi (trad.). Campinas: Servanda, 2000.

CAPONI, Remo. O princípio da proporcionalidade na Justiça Civil. Primeiras notas sistemáticas. *Revista de Processo*. São Paulo: Revista dos Tribunais, v. 192, p. 415-397, fev./2011.

CARNEIRO, Athos Gusmão. Tutela de urgência. Medidas antecipatórias e cautelares. Esboço de reformulação legislativa. *Revista de Processo*. São Paulo: Revista dos Tribunais, v. 140, p. 85-72, out./2006.

CHIOVENDA, Giuseppe. *Instituições de Direito Processual Civil*. v. 1. 2. ed. Campinas: Bookseller, 2000.

CUNHA, Alcides Alberto Munhoz da. Correlação lógica entre cognição, preclusão e coisa julgada. *Revista de Processo*. São Paulo: Revista dos Tribunais, v. 163, p. 359-375, set./2008.

CUNHA, Leonardo Carneiro. Tutela jurisdicional de urgência no Brasil: relatório nacional (Brasil). *Revista de Processo*. São Paulo: Revista dos Tribunais, v. 219, p. 307-343, mai./2013.

DIDIER JUNIOR, Fredie. Sobre dois importantes, e esquecidos, princípios do processo: adequação e adaptabilidade do procedimento. Disponível em: <http://www.abdpc.org.br/abdpc/artigos/Fredie%20Didier_3_-%20formatado.pdf>. Acesso em 18/07/2014.

DINAMARCO, Cândido Rangel. *Nova era do processo civil*. São Paulo: Malheiros, 2007.

FIORAVANTI, Maurizio. La trasformazioni della cittadinanza nell'età dello Stato Costituzionale. *Quaderni Fiorentini per la storia del pensiero giuridico moderno*, ano XLI, v. 41, p. 427-439, 2012. Disponível em: <http://www.centropgm.unifi.it/cache/quaderni/41/0429.pdf >. Acesso em 21/06/2014.

FRANÇA. Code de Procédure Civile. Disponível em <http://www.legifrance.gouv.fr/affichCode.do?cidTexte=LEGITEXT000006070716>. Acesso em 14/07/2014.

FUX, Luiz. *Tutela de segurança e tutela da evidência* (fundamentos da tutela antecipada). São Paulo: Saraiva, 1996.

GRINOVER, Ada Pellegrini. Tutela antecipatória em processo sumário. In: ARMELIN, Donaldo (coord.). *Tutelas de urgência e cautelares*. Estudos em homenagem a Ovídio A. Baptista da Silva, p. 19-24. São Paulo: Saraiva, 2010.

_____. Tutela jurisdicional diferenciada: a antecipação e sua estabilização. *Revista de Processo*. São Paulo: Revista dos Tribunais, v. 121, p. 11-37, mar. 2005.

ITÁLIA. Codice di Procedura Civile. Disponível em: ‹http://www.gdp3000.it/files/12211.pdf›. Acesso em 14/07/2014.

Le fonctionnement de la justice. Qu'est-ce qu'une procédure de référé? Disponível em: ‹http://www.vie-publique.fr/decouverte-institutions/justice/fonctionnement/justice-civile/qu-est-ce-qu-procedure-refere.html›. Acesso em 31/07/2014.

MARINONI, Luiz Guilherme. Da teoria da relação jurídica processual ao processo civil do Estado Constitucional. Disponível em ‹http://www.abdpc.org.br/abdpc/artigos/Luiz%20G%20Marinoni(8)%20-%20formatado.pdf›. Acesso em 05/04/2014.

_____. Antecipação da tutela. 11. ed. rev. e atual. São Paulo: Revista dos Tribunais, 2009.

_____; ARENHART, Sérgio Cruz. Curso de processo civil – Processo de conhecimento. v. 2. 8. ed. rev. e atual. São Paulo: Revista dos Tribunais, 2010.

MENCHINI, Sergio. Nuove forme di tutela e nuovi modi di risoluzione dele controversie: verso il superamento della necessità dell'accertamento con autorità di giudicato. Rivista di Diritto Processuale. Milão: CEDAM, ano LXI seconda serie, n. 3, p. 869-902, jul./set. 2006.

MITIDIERO, Daniel. Tendências em matéria de tutela sumária: da tutela cautelar à técnica antecipatória. Revista de Processo. São Paulo: Revista dos Tribunais, v. 197, p. 27-66, jul. 2011.

PAIM, Gustavo Bohrer. O référé francês. Revista de Processo. São Paulo: Revista dos Tribunais, v. 203, p. 118-99, jan./2012.

PISANI, Proto. Verso la residualità del processo a cognizione piena? Revista de Processo. São Paulo: Revista dos Tribunais, v. 131, p. 249-239, jan. 2006.

QUERZOLA, Lea. Tutela cautelare e dintorni: contributo ala nozione di "provvedimento anticipatorio". Rivista Trimestrale di Diritto e Procedura Civile. Milão: Giuffrè, ano LX, p. 787-819, set. 2006.

RICCI, Edoardo Flavio. A tutela antecipatória no Direito Italiano. Genesis – Revista de Direito Processual Civil. Curitiba: Genesis, n. 4, p. 125-141, jan./abr. 1997.

_____. Verso un nuovo processo civile? Rivista di Diritto Processuale. Milão: CEDAM, ano LVIII, seconda serie, n. 1, p. 211-226, jan./mar. 2003.

_____. A tutela antecipatória brasileira vista por um italiano. Gênesis – Revista de Direito Processual Civil. Curitiba: Genesis, n. 6, p. 691-720, set./dez. 1997.

SILVA, Ovídio Araújo Baptista da. Curso de processo civil: processo de conhecimento. v. 1. 5. ed. rev. e atual. São Paulo: Revista dos Tribunais, 2001.

_____. Curso de processo civil: processo cautelar (tutela de urgência). v. 3. 3. ed. rev., atual. e ampl. São Paulo: Revista dos Tribunais, 2000.

_____. A "antecipação" da tutela na recente reforma processual. In: TEIXEIRA, Sálvio de Figueiredo (coord.). Reforma do Código de Processo Civil. São Paulo: Saraiva, 1996. P. 129-142.

TALAMINI, Eduardo. Tutela de urgência no projeto de novo código de processo civil: a estabilização da medida urgente e a "monitorização" do processo civil brasileiro. *Revista de Processo*. São Paulo: Revista dos Tribunais, v. 209, p. 13-34, jul. 2012.

THEODORO JÚNIOR, Humberto. Tutela antecipada. Evolução. Visão comparatista. Direito brasileiro e direito europeu. *Revista de Processo*. São Paulo: Revista dos Tribunais, v. 157, p. 146-129, mar. 2008.

VACCA, Letizia. *Interpretazione e scientia iuris: problemi storici e attuali*. Disponível em: ‹http://dirittoestoria.it/10/Tradizione-Romana/Vacca-Interpretazione-e-scientia-iuris.htm#_1._-_Interpretazione›. Acesso em 11/06/2014.

WATANABE, Kazuo. *Cognição no Processo Civil*. 4. ed. rev. e atual. São Paulo: Saraiva, 2012.

ZAVASCKI, Teori Albino. *Antecipação da tutela*. 7. ed. São Paulo: Saraiva, 2009.